Wolf Schneider
Die Sieger

Zu diesem Buch

Die Vorläufer des Geniekults reichen bis in die Renaissance zurück; in der Aufklärung erlebte er seinen ersten Höhepunkt. Als die größten Genies der Menschheit gelten Alexander der Große, Cäsar, Dante, Shakespeare, Mozart, Goethe – und einige mehr. Aber wer definiert den Begriff des Genies, wer setzt die Maßstäbe zur Beurteilung? Wie wurden sie zu Siegern? Welche Talente und Charaktereigenschaften mußten zusammentreffen, und wo bleiben in dieser Aufzählung die Frauen? Und warum waren so viele, die Großes geschaffen haben, besessene oder widerwärtige oder tiefleidende Menschen? Von den Siegern im Wettlauf nach dem Ruhm handelt dieses Buch: von Genies wie Mozart, von Verbrechern wie Hitler, von Glücksrittern wie Kolumbus, von Phantasten wie Marx. Ein Panorama der faszinierendsten Persönlichkeiten der Geschichte, ein Handbuch der Verblüffungen.

Wolf Schneider, Jahrgang 1925, ist seit 1948 Journalist und seit 1980 GEO-Reporter. Er hat 23 Sachbücher publiziert, darunter die Bestseller »Überall ist Babylon« und »Deutsch für Profis«. Schneider war Korrespondent der Süddeutschen Zeitung in Washington, Verlagsleiter des Stern, Chefredakteur der Welt, Moderator der NDR-Talkshow und von 1978 bis 1995 Leiter der renommierten Hamburger Journalistenschule. Seitdem lebt er auf Mallorca als GEO-Reporter, Buchautor und Veranstalter von Sprachseminaren für Presse und Wirtschaft. 1994 erhielt er den Medienpreis für Sprachkultur.

Wolf Schneider

Die Sieger

Wodurch Genies, Phantasten und
Verbrecher berühmt geworden sind

Piper München Zürich

Von Wolf Schneider liegen in der Serie Piper außerdem vor:
Wörter machen Leute (479)
Deutsch für Kenner (2216)

Ungekürzte Taschenbuchausgabe
Piper Verlag GmbH, München
1. Auflage November 1996
3. Auflage März 2001

Umschlag: Büro Hamburg
Isabel Bünermann, Meike Teubner
Umschlagabbildung: Cary Wolinsky
Satz: Neef, Wittingen
Druck und Bindung: Clausen & Bosse, Leck
Printed in Germany ISBN 3-492-22217-X

A. FACETTEN EINER MENSCHHEITSFRAGE

B. DAS GENIE

Zur Entstehung dieses Buches

Zu diesem Buch bekam Wolf Schneider zwei Anstöße: den ersten, als er 1942 Jacob Burckhardts Aufsatz über die historische Größe las – einen brillanten Essay, der aber nur Schlaglichter auf das Panorama wirft, das in diesem Buch ausgebreitet wird.

Den zweiten Anstoß erhielt der Autor, als er 1953 in München ein langes Gespräch mit Alexander Kerenski führte, dem russischen Ministerpräsidenten von 1917, dem Vorgänger Lenins. Da drängte sich die Frage auf: Was hatte Lenin, das Kerenski nicht besaß, der doch ein redlicher Mensch und großer Redner war und die Mehrheit der Russen hinter sich hatte?

Bei diesem Buch waren Schneider auch die Gespräche von Nutzen, die er als Journalist mit fünf Bundespräsidenten, vier Bundeskanzlern und drei amerikanischen Präsidenten geführt hat.

A

FACETTEN EINER MENSCHHEITSFRAGE

1.

Wer klebt das Etikett „Genie“ auf welchen Kopf?

> Täglich zu sehen, wie die Leute zum Namen „Genie“ kommen wie die Kellerasseln zum Namen „Tausendfuß“ – nicht, weil sie so viele Füße haben, sondern weil die meisten nicht bis auf 14 zählen wollen.
>
> *Georg Christoph Lichtenberg*

Dieses Buch handelt von drei Arten von Menschen: den berühmten, die groß waren; den berühmten, die nicht groß waren; und den großen, die nie berühmt geworden sind. Der Ruhm traf Genies und Heilige, Säufer und Krüppel, Glücksritter und Scharlatane, Phantasten und Verbrecher, Besessene, Schizophrene und von Verfolgungswahn Gejagte; und viele, die groß an Geist und groß an Seele waren, traf er nicht.

Die Berühmten, die groß waren, haben für ihren Ruhm zumeist einen schrecklich hohen Preis bezahlt: Die Begabung war erstaunlich oft an eine Krankheit von Leib oder Seele gebunden; sie mußte sich mit eisenhartem Fleiß vereinen, mit rücksichtsloser Unterordnung aller Wünsche unter das eine Ziel – und häufig mit der Bereitschaft, Jahrzehnte oder das ganze Leben lang verkannt, wenn nicht verhöhnt zu werden. Die Berühmten, die groß waren, haben mehr gelitten als andere Menschen, und zusammen mit unserer Bewunderung verdienen sie unser Mitgefühl.

Der Ruhm traf den schmächtigen Charmeur *Lord Nelson* wegen seines wütenden Vernichtungswillens und den notorischen Nichttänzer *Johann Strauß*, weil er zwischen seinen schwarzen Depressionen die Walzer schuf, nach denen erst Wien tanzte und dann die Welt; seine Operetten hat er möglicherweise aus dem Nachlaß seines Bruders Joseph gestohlen. Der Ruhm traf *Thomas Chatterton* für das lyrische Werk, das er hinterließ, als er sich mit 17 Jahren vergiftete, und *Grandma Moses*, die mit 77 ihre vierundzwanzigjährige Karriere als naive Malerin begann. Er traf einen hühnerbrüstigen Wikinger im Reich des Geistes, *Immanuel Kant*, und *Bismarck*, einen manchmal schluchzenden Hünen.

Die Berühmten, die nicht groß waren: Das sind die großen Wüstlinge der Weltgeschichte wie Tschingis Khan, Stalin oder Hitler (jedenfalls empfiehlt dieses Buch, eine solche Umwertung vorzunehmen); es sind die Stars unserer Massenmedien; und es sind die, die in der Lotterie des Ruhms sogleich das Große Los gewinnen: Durch Geburt erben sie ein Königreich. Die erbliche Monarchie hat „Kinder, Ungeheuer und Idioten“ zu Staatsoberhäuptern gemacht, wie Rousseau bemerkt; doch etliche der geborenen Könige haben durchaus Bedeutendes geleistet: *Friedrich II.* zum Beispiel, Kaiser des Heiligen Römischen Reiches, König von Sizilien und Jerusalem, oder Elisabeth I. von England oder Heinrich IV. von Frankreich. Wenn einer noch dazu eine perfekte Armee von seinem Vater erbte wie *Alexander der Große* und *Friedrich der Große* – wie leicht konnte er da zum Kriegshelden werden! Und wie vorteilhaft war es für Alexanders Ruhm, daß er mit 20 den Thron bestieg, weil sein Vater schon mit 46 Jahren ums Leben kam, von einem Leibwächter erstochen; und Friedrich hätte nie der Große werden können, wären nicht drei Menschen zur rechten Zeit gestorben: seine beiden älteren Brüder kurz nach der Geburt, so daß er die Königswürde erbte, und die Zarin Elisabeth so, daß er den Siebenjährigen Krieg doch noch gewann. Sein jüngerer Bruder Heinrich, General und Kritiker von Friedrichs „allzu genialer Kriegführung“, schrieb 1762: „Hätte es doch Gott gefallen, daß unsere verstorbene Mutter am 24. Januar 1712“ (Friedrichs Geburtstag) „eine Fehlgeburt gehabt hätte!“ Es gefiel Gott nicht, er drehte das Roulette des Ruhms, und wir begaffen die Gewinner.

Immerhin darf man den Satz wagen: Jeder zehnte oder zwanzigste dieser Geburtszufallsmonarchen hatte Größe. Heißt das aber nicht im Umkehrschluß: In jedem Volk bleiben Millionen Menschen mit großen Talenten unbekannt, weil ihre Wiege nicht im richtigen Zimmer gestanden hat? Welcher Genie-Vorrat wird hier niemals ausgeschöpft? Potentielle Menschheitsreformer regieren Luxemburg oder einen mittelständischen Betrieb, und an die Spitze einer Weltmacht gelangt ein Erbsenzähler.

Und schließlich die Großen, die nicht berühmt geworden sind: Unzählige außerordentliche Menschen sinken namenlos ins Grab. Braucht man nicht hundert Napoleons, damit einer als junger Soldat den Kugelhagel überlebt und dann die Umstände vorfindet, die seiner Entfaltung günstig sind? Dem einen *Bonaparte*, den wir kennen, wurden 1793 bei der Belagerung von Toulon die Stirn von einer Kugel gestreift, das Bein von einer Lanze verletzt und das Pferd unter dem Leib weggeschossen, woraufhin eine Krätze ihn fast das Leben kostete, da er von Strapazen und Skorbut geschwächt war. 1794 war er als Hochverräter in Haft und der Guillotine nah; und 1795 heckte er in Paris, arbeitslos, hungernd und krank, zwei Pläne aus, die ihn beide allen Lexika ferngehalten haben würden: in türkische Dienste zu treten oder Selbstmord zu begehen. Und selbst als die Revolution wieder nach Bonaparte rief, hätte vermutlich allein *Lazare Hoche* genügt, ihm den Weg zu verlegen – der genialische Revolutionsgeneral, Kriegsminister und Sieger in unzähligen Schlachten; aber er starb 1797 im Feldlager an einer ungeklärten Krankheit mit 29 Jahren.

Künstler sind nicht minder auf die Gunst der Umstände angewiesen. *Mozart* war das siebente Kind seiner Eltern, hätte also in unserer Ära keine Chance mehr gehabt, zur Welt zu kommen – und unter sieben Kindern das zweite, das die Kindheit überlebte. Müssen nicht auf jeden Mozart, der das Glück hatte, als Sohn eines Musikers in Salzburg aufzuwachsen, hundert Unbekannte treffen, deren vergleichbare Talente von der Cholera vernichtet wurden oder unter chinesischen Kleinbauern verkümmern? Was wüßten wir von *Georg Büchner*, hätte seine Braut nach seinem schrecklich frühen Tod ihre Absicht wahrgemacht, seine sämtlichen Schriften zu vernichten? Was von *Dante*, wenn seine Muttersprache das Bulgarische gewesen wäre; was von *Greta Garbo*, wäre sie gestorben, bevor das Kino kam? Daß Mozart komponieren und Napoleon siegen *konnte*, hat ihnen also noch lange nicht den Weg ins Lexikon gebahnt; es hat sie nur berechtigt, sich an der Lotterie des Ruhms zu beteiligen.

Die Aussichten auf einen Treffer in diesem Glücksspiel erhöhen sich beträchtlich, wenn sich günstige Umstände, überragendes Können und eiserne Zielstrebigkeit mit Eigenschaften verbinden, die nach landläufiger Meinung unausstehlich sind: mit Egozentrik und Rücksichtslosigkeit, mit Eitelkeit und dem Talent, sich selbst in Szene zu setzen. Es wäre ja kurios, wenn von zwei Menschen mit ähnlichen Gaben nicht derjenige bessere Chancen hätte, der zu seinen Taten die Glocken zu läuten versteht. Manche kennen wir als Großmeister dieser Kunst, wie Richard Wagner oder Salvador Dalí; von vielen anderen wüßten wir es auch, wenn uns nicht der Blick auf die Wahrheit verstellt wäre durch beschönigende Memoiren, verlogene Hofpoeten und unseren empfindlichen Verehrungsdrang, der seine Abgötter nicht besudelt sehen möchte.

Mit anderen Worten: Wer im Lexikon verzeichnet ist, war mit höherer Wahrscheinlichkeit ein Scheusal als einer, der nicht im Lexikon verzeichnet ist. Da gibt es Ausnahmen wie Schiller, Schubert oder Verdi; im allgemeinen aber sind Gottes Gaben nicht so ungerecht verteilt, daß ein genialer Kopf auch noch eine gute Seele mitbekommen hätte oder das Talent, ein netter Mensch zu sein. *Johann Sebastian Bach* war für die, die ihn kannten, ein pedantischer, rechthaberischer, geiziger und jähzorniger Provinz-Organist. „Das Genie ist ein schlechter Nachbar“, sagt Lessing. Wer sich in der Verehrung großer Menschen nicht stören lassen möchte, sollte sich freuen, wenn er keinem begegnet. Ihm wird dieses Buch viel Ärger machen – in der Zuversicht, daß am Schluß eine desto größere Bewunderung steht.

Ist also einer ein hochbegabter, geplagter, egozentrischer Sonderling von unmenschlichem Fleiß: So besitzt er gute Karten, wenn nun jene Jury mit ihm spielt, die die Chancen zuteilt. Ohne sie ist alles nichts.

Handelt es sich bei der Jury beispielsweise um das Kardinalskollegium, so gab sie 455 Jahre lang nur dem die Möglichkeit, *Papst* zu werden, der Italiener war; kein kirchenpolitisches Genie, kein heiligmäßiges Leben hätte je einen Deutschen oder einen Franzosen auf den Heiligen Stuhl gebracht. 1978 aber wurde der Erzbischof von Krakau Papst – natürlich nicht, weil er großartiger als alle italienischen Kandidaten gewesen wäre, sondern weil die Kardinäle den polnischen Katholiken den Rücken stärken wollten. Schriftsteller sind machtlos, wenn kein Verleger, Maler, wenn kein Galerist ihnen eine Chance gibt. Erst, wenn sie diesen Engpaß überwunden haben, können sie am Wettlauf um den Ruhm teilnehmen; Schiedsrichter sind dabei die Kritiker, die Interpreten und jene Gremien, die die Preise verleihen.

Sind die Lose gezogen und die Nieten aussortiert, so schlägt zuletzt die anonyme Gilde der Lexikon- und Schulbuch-Redakteure zu, die über das Ob und Wie eines Eintrags entscheiden. Daß sie dabei von tieferer Einsicht oder höherer Weisheit geleitet würden, behauptet niemand, oft nicht einmal sie selbst. Manche bekennen sich hochmütig zur Verfälschung: „Wir verlangen monumentale Bilder unserer großen Männer“, schrieb 1898 Herman Grimm, der Goethe als Dichterfürsten durchsetzte. „Nicht wie sie waren, wollen wir sie sehen (...), sondern wie sie innerhalb der Volksphantasie sich erheben.“ In die Kämmerchen zu leuchten, in denen sich entscheidet, wen wir bewundern sollen und wie der angeblich beschaffen war; den Weg zu verfolgen, den einer zurücklegen muß, um vom Schlachtfeld oder von der Premiere ins Schulbuch zu gelangen – das hat dieses Buch sich vorgenommen.

Manchmal bewundern wir die Falschen, obwohl wir die Richtigen kennen könnten; oft kennen wir die Richtigen nicht. *Epikur* war kein

Lüstling, *Joseph Guillotin* ein Menschenfreund, der die Guillotine weder gebaut noch erfunden hat; *Lindbergh* hat nicht als erster den Atlantik überflogen; der Pythagoreische Lehrsatz stammt nicht von *Pythagoras*, und das leuchtende Namensschild *Homer* klebt auf zwei Unbekannten.

Wenn aber der Ruhm ein Lotteriespiel ist, dann sollten wir uns die Freiheit nehmen, in den Zufall und die unautorisierte Ruhmzuweisung durch Historiker, Kritiker und Redakteure mit neuem, eigenem Urteil einzubrechen. Große Männer haben uns das vorgemacht: Verdi verspottete Mozart, Nietzsche goß seinen Hohn über Richard Wagner, Tolstoi über Shakespeare aus, Baudelaire stufte den französischen Nationalheiligen Voltaire als „König der Schafsköpfe" ein, und Bertrand Russell zweifelte am menschlichen Verstand, weil Hegel mit dem „gequirlten Unsinn" seiner Philosophie berühmt geworden sei.

Das neuartige Urteil könnte darin bestehen, daß wir eine generelle Reform des Begriffs vom *großen Mann* erwögen. „Nichts gefährlicher als die Pietät vor der einmal erkannten Größe", schreibt Stefan Zweig, „nichts verhängnisvoller als die Kniebeuge vor der offiziell geheiligten Macht!" Ließe sich nicht an die Stelle der Machtmenschen und Kriegshelden beispielsweise der Typus setzen „Hat ein Kolonialreich liquidiert"?

Da träfe dann der Preis auf Männer wie den britischen Premierminister *Clement Attlee*, den französischen Staatspräsidenten *De Gaulle* und über allen *Michail Gorbatschow*, der 1989 die europäischen Vasallen der Sowjetunion in die Freiheit entließ, wofür das amerikanische Nachrichtenmagazin „Time" ihn zum „Mann des Jahrzehnts" ernannte; inwieweit er *handelte* oder nur das Unvermeidliche vollzog, ist die Grundsatzfrage, die Kap.8 zu beantworten sucht.

Sollte man nicht sogar die Kategorie erfinden „Hat eine Befreiungsbewegung gewaltsam unterdrückt und dann sein Volk *langsam* der Freiheit entgegengeführt"? Dann würde *Janos Kádár* in Ungarn und *General Jaruzelski* in Polen Lob und Preis gebühren – zwei „Helden des Rückzugs" und „Abbruch-Spezialisten" (Hans Magnus Enzensberger): Kádár, weil er zwar 1956 mit den Sowjets gegen die Ungarn paktierte, aber dann dreißig Jahre lang listig und beharrlich auf immer mehr Freiheit hinarbeitete; Jaruzelski, weil 1981 der drohende Einmarsch der Sowjettruppen wahrscheinlich nur so zu verhindern war, wie er es tat: indem er die Gewerkschaft „Solidarität" entmachtete und das Kriegsrecht ausrief. Jaruzelski hätte dafür den Friedensnobelpreis verdient, schrieb der polnische Philosoph Adam Schaff 1985.

Vielleicht wäre dies ein Beitrag, den herkömmlichen *Geniekult* abzubauen, der ja viele Züge eines Götzendienstes trägt und noch dazu leicht in einen *Führerkult* umschlagen kann: Denn in uns ist nun einmal „ein Bedürfnis der Unterwürfigkeit und des Staunens“, sagt Jacob Burckhardt, „ein Verlangen, uns an einem für groß gehaltenen Eindruck zu berauschen und darüber zu phantasieren“ - ein zweischneidiger Drang nach dem starken, weisen Mann, dem Vater, Führer, Guru, Gott, der uns Geborgenheit vermitteln und Trost für unsere Schwäche spenden soll.

Neben das Werben um eine öffentliche Neubewertung könnte durchaus ein unbefangenes privates Urteil treten, nach dem Vorbild des schönen Satzes, mit dem der jüngere Cato Cäsars Triumph quittierte: „Die siegreiche Sache hat den Göttern gefallen, die besiegte aber dem Cato.“ Warum sollte nicht jeder sich selbst die Antwort auf die beliebte Frage geben, ob *Joseph Beuys* ein Scharlatan, ein Eulenspiegel oder einer der größten Künstler des 20.Jahrhunderts war? Wir dürften uns nicht scheuen, sagt Stefan Zweig, „ab und zu eine der mit serviler Ehrfurcht gesalbten Gestalten vor unser privates Tribunal zu rufen“. Und Grillparzer notierte, oft habe er sich gefreut, „wenn mir jemand sagte, er finde Goethe langweilig und Shakespeare roh; nicht als ob ich ihm recht gegeben hätte, sondern es war mir nur angenehm, daß ich bei meiner Frage nicht die Antwort schon voraus wußte.“

Dabei haben die großen Exemplare unserer Gattung es verdient, daß wir nicht Kotau vor einem Popanz machen, sondern daß wir die wirklich kennenlernen, die wir bewundern wollen – falls wir sie kennen können; und daß wir den anderen das errichten, was ihnen gebührt: das Denkmal des unbekannten Genies.

Zunächst aber *Kolumbus.* Wie kommen wir eigentlich darauf, ihn als „Entdecker Amerikas“ zu feiern oder neuerdings zu verdammen? War der Kontinent nicht längst vielfältig entdeckt, hatte nicht gerade Kolumbus ihn nie entdecken wollen, und hatte nicht eben Kolumbus bis zu seinem Tod darauf bestanden, ihn nie entdeckt zu haben? Wie da aus unverdientem Glück, Besessenheit und halbem Wahnsinn die große Tat erblühte und wie sie sich zum Weltruhm verbündete mit dem Irrtum und einer noch heute vorwaltenden geistigen Genügsamkeit: Das lohnt die Analyse.

2.

Wer entdeckte Kolumbus?

Der Amerikaner, der den Kolumbus zuerst entdeckte, machte eine böse Entdeckung.
Georg Christoph Lichtenberg (1783)

Unstreitig hatte Kolumbus erstaunliche Gaben: vor allem, daß er besessen war von einer großen Idee und sie mit unerhörtem Stehvermögen im Intrigenspiel zweier Königshöfe durchzusetzen verstand; daß er Wagemut besaß, der ihm freilich durch Verblendung erleichtert wurde; und daß er ein großer Redner und Schriftsteller war und zugleich ein begnadeter Schauspieler am Rande der Hochstapelei. Bestenfalls die dritte Entdeckung Amerikas geht auf sein Konto; vielleicht erst die zehnte. Und hat einer „Amerika entdeckt", wenn er bis zu seinem Tode schwört, er sei immer nur in Asien gewesen? Was oder wer hat diesen Kolumbus so berühmt gemacht, daß die Schulkinder ganz Amerikas ihn bis vor kurzem für den wichtigsten aller Menschen hielten, Papst Pius IX. ihn heiligsprechen wollte – und noch die Proteste zum 500. Jahrestag seiner Landung so taten, als ob er eine Zentralfigur der Weltgeschichte wäre?

Da wuchs also in Genua der rothaarige *Christòforo Colombo* heran, Sohn eines ärmlichen Webers, der möglicherweise ein getaufter Jude aus Spanien war. Schon mit 14 fuhr Christòforo zur See. Verzehrt von der Sucht nach Ruhm wie so viele große Männer, ja von einer Gier, die an Napoleon oder Richard Wagner erinnert, nutzte Colombo auf seinen Handels- und Seeräuberschiffen jede Chance, Astronomie zu studieren und Latein, die beiden Schlüssel zur Seefahrt und zur Wissenschaft. Er kämpfte auf einem großen portugiesischen Schiff gegen die Flotte seiner Heimatstadt Genua und will 1476 als Schiffbrüchiger in Portugal an Land geschwommen sein, 25 Jahre alt.

Das ist auch schon fast alles, was wir über seine Jugend wissen; Colombo verwischte seine Spuren, offenbar weil er weder von ärmlicher noch von jüdischer noch von genuesischer Herkunft sein wollte. In portugiesischen Diensten erreichte er vermutlich Island, also die Route, die ein halbes Jahrtausend vor ihm die Wikinger nach Amerika genommen hatten. 1478 heiratete er in Lissabon die Tochter eines wohlhabenden Kapitäns. Das machte ihn förmlich zum Portugiesen, der sich *Cristovão Colom* nannte; es verschaffte ihm den sozialen Status, den er stets vermißt hatte, und zugleich den Zugang zu einer Welt der Bücher und Seekarten, über die er sich, getrieben von Fernweh und ungeheuren Plänen, mit heißem Atem beugte.

Lissabon 1478: Das war das westliche Ende der bewohnten Welt, mit dem Blick auf das unermeßliche, unheimliche Meer, und zugleich die Stadt, die auf dem Sprung lag, binnen weniger Jahrzehnte zum größten Hafen und Handelsplatz der Erde aufzusteigen. Madeira, die Azoren, die Kapverdischen Inseln hatten die Portugiesen entdeckt und besiedelt, 1446 den westlichsten Punkt Afrikas erreicht, immer weiter tasteten sie sich an der Küste des gewaltigen Kontinents entlang nach Süden, bis 1488 *Bartolomé Diaz* die Südspitze Afrikas umfuhr. Von Abenteurern wimmelte es in Lissabon, die namhaftesten Astronomen und Kosmographen der Erde waren dort versammelt, und der König verschenkte Freibriefe und Besitztitel an alle, die ein neues Stück Land betraten.

All dies aber konnte nur der Anfang sein, unendlich dehnte sich ja die unbekannte Erde, rechtsherum und linksherum mußte man sie befahren können. Hatte nicht schon Ptolemäus von Alexandria im 2. Jahrhundert verkündet, sie sei eine Kugel? Und hatte nicht der französische Kardinal *Pierre d'Ailly* (Petrus de Alliaco) 1410 in seinem Buch „Imago Mundi" die Lehre von der Kugelform populär gemacht und zugleich die Rechnung angestellt: Da Europa von Indien zu Lande eine riesige Entfernung trenne, könne der Seeweg, andersherum um den Globus, nur sehr kurz sein, wenige Tagereisen von Portugal? Dieses Buch versah Colom mit Randnotizen, die uns zeigen, wie leidenschaftlich ernst er es nahm und wie es seine Träume auf grandiose Taten richtete. Erzählten nicht Seefahrer, die von den Azoren kamen, daß bei Weststurm die Stämme nie geschauter Bäume angetrieben worden seien, ja zwei Leichen von Menschen mit unchristlichen Gesichtern?

König *Johann II.* von Portugal, der 1481 den Thron bestieg, war weniger durch Gerüchte zu beeindrucken als durch den Umstand, daß die Türken 1453 Konstantinopel erobert und damit den Landweg nach Indien, dem Reich der Gewürze, der Seide, der Juwelen, abgeschnitten hatten. Dies mag dazu beigetragen haben, daß der König 1483 dem Rat seines jüdischen Leibarztes und Hofastrologen folgte, seinen Untertan Cristovão Colom zu empfangen.

Colom versprach: Wenn er in *westlicher* Richtung nach den Ländern fahre, die man den Osten nenne, dann werde er „große Reiche entdecken, Inseln und Festland von den herrlichsten Eigenschaften, überreich an Gold und Silber, an Perlen und Juwelen". So hat es *Barto-*

lomé de Las Casas, der später Kolumbus über den Atlantik begleitete, in seiner „Allgemeinen Geschichte der Indischen Lande“ aufgezeichnet. Johann II. war skeptisch und übertrug den Fall drei wissenschaftlichen Ratgebern; die sagten nein.

Nicht so sehr an seinen wolkigen Visionen indessen scheiterte Colom als vielmehr an der Maßlosigkeit seiner Forderungen: Vor dem Aufbruch wollte er zum Ritter mit goldenen Sporen geschlagen werden und durch den Titel *Dom* für sich und seine Nachkommen in den Hochadel aufrücken. Nach vollzogener Entdeckung wollte er „Großadmiral des Ozeanischen Meeres“ heißen und Vizekönig aller von ihm oder unter seiner Mitwirkung entdeckten Länder sein; dazu beanspruchte er ein Zehntel von allen Einkünften, die der Krone aus den neuen Ländern zufließen würden. Johann II. war außer sich und lehnte ab.

Da beschloß Cristovão Colom, sich einen anderen König zu suchen: Er reiste nach Spanien und verwandelte sich in *Cristóbal Colón*. Mittellos und unbekannt, wie er war, gelang es ihm dennoch, nacheinander die Gunst zweier Herzöge zu gewinnen; sie lehnten es zwar ab, ihm die gewünschte Flotte auszurüsten, ermutigten ihn jedoch, sich an den Hof *Ferdinands von Aragonien* und der *Isabella von Kastilien* zu begeben, denen er im Januar 1486 eine Denkschrift vorlegte. Als „Abgesandter der Heiligen Dreifaltigkeit“ stellte er sich darin vor, der den mächtigen Herrschern der Christenheit helfen wolle, den christlichen Glauben bis nach Indien zu verbreiten.

Im Frühling 1486 wurde Colón in Córdoba vom Königspaar empfangen. Und hier muß er nun all den zwingenden Charme und all die flammende Beredsamkeit entwickelt haben, die er nach dem Urteil der Zeitgenossen besaß: Aus den Augen sprühte die Leidenschaft, rot vor Erregung wurde die weiße Haut zwischen den Sommersprossen, während er in phantastischem Gedankenflug seine Ahnungen in die Sicherheit verwandelte, den Katholischen Majestäten die Reichtümer der Indischen Lande zu Füßen zu legen (worunter man damals Indien, China und Japan verstand). „Es war, als ob er diese Länder schon in seiner Schatztruhe eingeschlossen hätte”, berichtet Las Casas.

Doch was er erreichte, war nur wieder: eine Kommission. *Hernando de Talavera* leitete sie, Bischof von Avila, Beichtvater und engster Berater der Königin. Und der ließ ihn warten, vier jammervolle Jahre lang. Wie Ahasver irrte Colón in Spanien umher, meist dem Hofstaat folgend, immer neuen peinlichen Befragungen nach den Quellen seiner Zuversicht unterworfen, von Höflingen belächelt, von Astrologen umringt. Von 1487 an bezog er immerhin eine Rente aus dem Kronschatz, weil er wieder einmal das Talent bewiesen hatte, einflußreiche Leute für sich einzunehmen: diesmal den Erzieher des Thronerben, *Diego de Deza*, Professor an der Universität von Salamanca. 1489 trat Colón aufs neue vor Ferdinand und Isabella hin und versuchte sie leuchtenden Auges für den Gedanken zu gewinnen, daß alle Reichtümer, die er aus den Indischen Landen heranschaffen würde, dazu verwendet werden sollten, das heilige Jerusalem aus den Klauen der Türken zu befreien.

Doch 1490 sagte Bischof Talavera: nein. Colón suchte Halt im Kloster von La Rábida in der Südwestecke Spaniens, nahe dem Hafen von Palos, wo sich die Segel der Schiffe blähten, die aus Afrika kamen und nach Afrika fuhren. Den Abt und einen vermögenden Reeder, *Martin Alonso Pinzón*, überredete er, ihm eine nochmalige Audienz bei Ferdinand und Isabella zu verschaffen; und diesmal legte er eine Trumpfkarte bei, die auszuspielen er vier Jahre lang nicht gewagt hatte, weil er unrechtmäßig in ihren Besitz gelangt war: die Weltkarte des *Paolo Toscanelli* aus Florenz. Der berühmte Kosmograph hatte sie 1474 dem portugiesischen König übersandt, und heimlich hatte Cristovão Colom sie kopiert, ehe er Portugal verließ: Denn sie zeigte den Ozean zwischen Westeuropa und Ostasien ziemlich schmal, mit dem Kommentar, daß der westliche Seeweg nach Indien viel kürzer sein müsse als die Ostroute um Afrika herum.

Obwohl nun diese Karte bezüglich Ostasiens frei erfunden war und nichts bewies, bewirkte sie, daß Colón bei Ferdinand und Isabella nicht mehr über das Projekt der Westfahrt zu diskutieren brauchte, sondern nur noch über seinen Preis. Und da verlangte er: Vor dem Aufbruch wolle er zum Ritter mit goldenen Sporen geschlagen und durch den Titel *Don* für sich und seine Nachkommen in den Hochadel aufgenommen werden. Nach vollzogener Entdeckung wolle er „Großadmiral des Ozeanischen Meeres" heißen und... Schockiert über solche Verwegenheit aus dem Munde eines portugiesischen Bettlers, sprach das Königspaar zum zweitenmal: nein. Colón reiste sofort ab in Richtung Frankreich, um sich den nächsten König zu suchen.

Doch da geschah das Wunder, ohne welches wir nichts von einem gewissen Cristòforo Colombo wüßten: Ein reitender Bote holte ihn ein und überbrachte ihm die Einladung des Königshofs, zurückzukehren. War es, weil die Berater von Ferdinand und Isabella auf das geringe Risiko verwiesen hatten: Colón bekam ja fast nichts, solange er nichts erobert hatte? Oder war es, weil ein Höfling sich bereit erklärte, die Kosten des Unternehmens vorzustrecken? Oder weil Spanien, wenn alles auch sehr vage klang, einen möglicherweise fetten Bissen keinem andern gönnen wollte? Oder gar, weil Colón die Katholischen Majestäten mit seiner Unmäßigkeit auch beeindruckt hatte?

Am 17. April 1492 ist der Vertrag perfekt. Am 2. August sind alle Mann an Bord, doch Don Cristóbal Colón sticht noch nicht in See; es ist der Tag, an dem alle Juden aus Spanien ausgewiesen werden. Am 3. August werden die Segel gesetzt. Am 12. Oktober landet Colón auf den Bahamas und erklärt die Indischen Lande für erreicht. Auf eine solche Idee war von allen, die vor ihm Amerika betreten hatten, keiner verfallen; vielleicht hat dies dazu beigetragen, daß man von den Vorläufern so wenig weiß.

Den Namen des wirklichen Entdeckers kennen wir nicht, doch man muß sich wundern, mit welcher Selbstverständlichkeit die Entdekkung Amerikas *durch den Menschen* niemals beredet wird. Es war ein Mongole aus dem östlichen Sibirien, der vor etwa 30 000 Jahren nach Alaska hinüberging – ging, denn die Beringstraße, die heute 85 Kilometer breit zwischen Amerika und Asien liegt, ist nur 45 Meter tief, und damals, in der Eiszeit, lag der Meeresspiegel so viel niedriger, daß man vermutlich hinüberwandern oder mit einem Einbaum hinüberfahren konnte. Vielleicht war der, der dies als erster wagte, ein kühner, ein großer Mann? Nur daß er nicht schreiben konnte, keinen Chronisten fand und keinen Hofpoeten beschäftigte?

Von den Phöniziern, von den Etruskern, auch von den Japanern wird dann und wann behauptet, sie seien vor dreitausend Jahren bis Amerika gesegelt. Bessere Indizien gibt es dafür, daß indochinesische Seefahrer vor rund zweitausend Jahren die Westküste von Mittel- und Südamerika erreichten und sogar kolonisierten. Im 2. Jahrhundert n. Chr. soll ein Boot mit Juden, die vor den Römern flüchteten, in Nordamerika gelandet sein – Indiz: eine rätselhafte Grabinschrift in Tennessee, die sich als hebräisch deuten läßt. Im 6. Jahrhundert könnte der Abt von Cluainfert in Irland, *St. Brendan*, ein Hellseher und wundertätiger Mann, Amerika erreicht haben, von Insel zu Insel hüpfend wie später die Wikinger: Island – Grönland – Baffinland – Neufundland, nirgends mehr als vierhundert Kilometer über offenes Meer. 1977 bewies eine irische Expedition, daß eine solche Reise mit den ledernen Booten, wie sie zu St.Brendans Zeiten gebräuchlich waren, möglich ist. Schließlich bildet Amerika im Weltmeer eine so riesige Barriere, daß es für Seefahrer von einigem Wagemut schwer war, nicht an ihr zu stranden.

Daß die Wikinger unter *Leif Eriksson* zwischen 986 und 991 auf der heute kanadischen Halbinsel Labrador landeten und 1001 dort eine Siedlung anlegten, ist inzwischen gewiß. Mit dieser Nachricht schokkierte jener Indianer, der Kolumbus entdeckte, den spanischen Spätling – dem amerikanischen Satiriker Art Buchwald zufolge; woraufhin Kolumbus gedroht habe: „Wenn du das *einem* Menschen sagst, werden meine Boys Mokassins aus Zement für euch machen."

Mit dem Hinweis auf Leif Eriksson versuchte der Botschafter Islands bei den Vereinten Nationen 1982 einen Antrag von 36 überwiegend lateinischen Staaten zu Fall zu bringen, die die UNO auf eine würdige Gedenkfeier im Jahre 1992 zum 500. Jahrestag der Landung des Kolumbus festlegen wollten. Der Isländer kündigte an, falls die Resolution angenommen würde, werde er eine 1000-Jahr-Feier für Leif Eriksson beantragen. Der irische Botschafter sprang ihm unter Hinweis auf St. Brendan bei – und nach vierjährigem Tauziehen fiel die Resolution 1986 ins Wasser. Was die UNO verwarf, feierten 1991 die Königin von Norwegen, die Präsidentin von Island und Präsident Bush in Washington: Sie begrüßten drei nachgebildete Wikinger-Boote, die Leif Erikssons mehr als 8000 Kilometer langes Inselhüpfen nachvollzogen hatten.

Gerücht geblieben ist die Behauptung italienischer und polnischer Heimatforscher, ihre Landsleute hätten 1390 und 1476 die Neue Welt betreten. Einen aussichtsreichen Platz auf der Liste der vielen Entdekker Amerikas hat dagegen *Diedrick Pining* aus Hildesheim, der dänischer Statthalter auf Island war und 1475 Amerika erreicht haben soll – auf der Inselroute, an der er ohnehin wohnte.

Bestenfalls also blieb Kolumbus die dritte Entdeckung Amerikas (nach Leif Eriksson und dem unbekannten Mongolen), wahrscheinlicher die sechste, wenn man die Indochinesen, St. Brendan und Diedrick Pining mitzählt.

Nun ist es üblich, gegen all diese Vorläufer einzuwenden, sie hätten weder den Willen zur großen Entdeckung besessen noch das Bewußtsein, etwas Außerordentliches entdeckt zu haben; anders als dem Großadmiral Colón gebühre ihnen daher das Prädikat „Entdecker" nicht. Das läßt sich hören – mit der Einschränkung, daß es dann auch Kolumbus nicht zukommt, weil er zwar „entdecken" wollte, nur absolut nicht das, was er fand, und weil er bis zu seinem Tode leugnete, das entdeckt zu haben, was er gefunden hatte: eine neue Welt. Während der berühmte Alchimist Johann Friedrich Böttger, der August dem Starken das Goldmachen versprach, anno 1709 statt dessen wenigstens Porzellan erzeugte, beharrte Colón darauf, sein Porzellan als „Gold“ – seinen neuen Erdteil als „Indien“ zu bezeichnen.

Doch sein *Wagemut* – diese für alle Zeitgenossen ungeheuerliche Idee, in den leeren Ozean hinauszusegeln? Ja, auch darin war Kolumbus groß, nicht nur in seiner *Besessenheit* und seinem *taktischen Genie*; drei Eigenschaften, deren Kombination auf Erden schon viel Großes bewirkt und vielerlei Schrecken angerichtet hat. Diesem Wagemut nimmt es wenig, wenn man von ihm zwei notwendige Abstriche macht: Objektiv wäre so viel davon nicht nötig gewesen – wenn Kolumbus, der schließlich Island gekannt zu haben scheint, von Insel zu Insel gesegelt wäre wie vor ihm Leif Eriksson und vielleicht noch vor diesem St. Brendan der Abt. Und auch subjektiv war seine Tollkühnheit geringer, als sie uns scheinen möchte, wenn wir nur die Angst seiner Zeitgenossen vor der Unermeßlichkeit des Meeres bedenken: Denn er brach mit gänzlich falschen, nur eben sehr tröstlichen Vorstellungen von der *Kürze* seines Weges auf, weil er sich nicht des Wissens seiner Zeit bediente, sondern einiger ihm willkommener Visionen jüdischer Propheten.

Was also – wer also hat diesen Kolumbus so berühmt gemacht?

3.

Der Admiral des Wahnsinns

> Kolumbus lebte von Irrtümern, und je unwahrscheinlicher seine Lage war, desto besser segelte er nach dem Kompaß seiner Phantasie darin umher.
>
> *Salvador de Madariaga*

In einer Raumkapsel zum Mond zu fliegen, das war ein geringes Wagnis, verglichen mit dem Abenteuer, das die Seefahrer des 15. und 16. Jahrhunderts auf sich nahmen, um sich die Ozeane untertan zu machen. Die Astronauten wußten exakt, was sie erwartete, vor aller Augen lag ihr Ziel, keine Minute lang verloren sie den Kontakt zur Zivilisation, nach wenigen Tagen kehrten sie in ihren Schoß zurück.

Als dagegen die Portugiesen 1419 aufbrachen, sich immer weiter an den Küsten Afrikas entlang nach Süden vorzutasten: da war das eine Reise ans Ende der Welt. Welchen Ungeheuern in Menschen- oder Tiergestalt würden sie begegnen? Konnte man nicht schon bei den Griechen von mörderischen Frauen und einäugigen Riesen lesen und Mißgeburten aus Mensch und Pferd? Waren nicht sogar die nahen Alpen von Drachen bevölkert, von einem Schweizer Naturforscher namens Scheuchzer noch 1746 „nach der Natur" gemalt? Welche Teufel würden in der Ferne wohnen, wenn schon daheim die Nachbarin eine Hexe sein konnte? Kochte das Meer im heißen Süden?

Don Cristóbal Colón hatte noch Entsetzlicheres im Sinn: Nicht in Sichtweite einer Küste wollte er segeln oder wenigstens parallel zu ihr, so daß man immer wissen konnte: Das Land ist nah! Sondern hinaus in die Unendlichkeit. Zwar wurde auf den Seemannsschulen schon gelehrt, wie ein Kapitän den Kurs bestimmen könne, indem er die Höhe der Sonne oder des Polarsterns maß und den Kompaß mit Windrose und kardanischer Aufhängung zu Hilfe nahm, der Anfang des 14. Jahrhunderts in Italien erfunden worden war. Doch die Probe aufs Exempel hatte keiner gemacht.

Am 3. August 1492, beim Aufbruch von Palos, war die Angst an Bord der drei Schiffe noch gedämpft; ins wirklich unbekannte Meer hinaus segelten sie erst am 6. September von den Kanarischen Inseln, und da Flaute herrschte, geriet erst am 9. September im Osten die letzte Insel außer Sicht. Die Schiffsjungen weinten, die Matrosen bekreuzigten sich. Vierunddreißig Tage lang blieb der Ozean leer.

Da war Charakterstärke nötig und ansteckendes Selbstvertrauen und leidenschaftliche Beredsamkeit, damit das ferne Ziel lockend vor aller Augen stand und keiner daran zweifelte, daß sie es erreichen würden. Kolumbus trug das Feuer in sich und verstand es, es für alle leuchten zu lassen. Darin gehört er zu den Großen der Geschichte.

Freilich, die Flamme loderte deshalb so hell, weil Don Cristóbal wie von Sinnen durch eine Traumwelt tanzte und von keinerlei Einsicht in die Wirklichkeit angekränkelt war. Auf eine abergläubische und aberwitzige Weise hatte er sich selbst bewiesen, daß die Entfernung nach Indien nur wenige Tagereisen betragen könne. Pierre d'Ailly mit seiner „Imago Mundi" von 1410 und Paolo Toscanelli mit seiner Weltkarte von 1474 hatten ihn darin zwar unterstützt; entscheidend für seine Fehlrechnung war jedoch, daß er blind dem jüdischen Propheten Esra (Ezra, Esdras) vertraute, der mit einem Buch in der Lutherbibel vertreten ist und in einem andern behauptet hatte, die Erdoberfläche bestehe zu sechs Siebenteln aus Land – während wir heute wissen, daß es nur zwei Siebentel sind. Die Wahrheit konnte Kolumbus nicht kennen; doch sprach andererseits wirklich nichts dafür, daß ein alttestamentarischer Prophet eine korrekte Vorstellung von der Aufteilung des Globus hätte haben können. Nur war es eben eine, die in Kolumbus' phantastische Visionen paßte: Wie schmal muß der Ozean zwischen uns und Indien sein, wenn es auf Erden so wenig Wasser gibt!

Setzt man dann noch die eurasische Landmasse zu groß an und den Abstand zwischen den Längengraden zu klein und rechnet man in italienischen statt in den längeren arabischen Meilen, in denen schon im 9. Jahrhundert der Erdumfang mit einer Abweichung von nur 26 Kilometern berechnet worden war – und all dies tat Kolumbus: Dann glaubt man, es seien nicht 18 000 Kilometer nach Zipangu (Japan), dem östlichsten der „Indischen Lande", sondern nur 4 000, und überzeugt mit seinem mystischen Unsinn ein Königspaar und segelt los.

Hätte Colón wirklich bis Zipangu segeln müssen – er wäre jämmerlich verschollen mit Mann und Maus auf einer Reise um die halbe Erde. Doch siehe, der Zufall, der für den Ruhm mehr tut als jede große Tat auf Erden: Er legte ihm dort, wo er Zipangu wähnte, die karibischen Inseln in den Weg, ein Stück Amerika. Weil er das fand, was er *nicht* suchte, was er niemals hatte finden wollen und was gefunden zu haben er abstritt bis ins Grab – deshalb konnte er zu Weltruhm kommen. Alles taktische Genie, alle grandiose Vision hätte ihn nicht vor dem Untergang in der Namenlosigkeit gerettet. Wer zählte damals die verhungerten oder ertrunkenen Kapitäne! Es waren die Bahamas,

Cuba und Haiti, die Kolumbus den Einzug ins Lexikon verschafften.

Noch genauer, und obschon es pedantisch klingen mag: Wäre Kolumbus denn berühmt geworden, wenn Fortuna ihrem Traumtänzer nicht noch ein zweites Lächeln gewährt hätte, ein schieres doppeltes Glück ohne Spur von Verdienst: daß sich hinter diesen Inseln ein *Kontinent* verbarg? Würde man Kolumbus ein Grabmal errichtet haben in der Kathedrale von Sevilla, wenn sich westlich von Cuba weiter der Ozean gedehnt hätte?

Er selbst tat das Äußerste, um die herrschende Verwirrung über die Art seiner Entdeckung noch zu steigern. Unzufrieden damit, daß er bis dahin nur behauptet hatte, auf Zipangu, der großen Insel vor der Ostküste Asiens, gelandet zu sein, stellte er am 12. Juni 1494, auf seiner zweiten Reise, förmlich fest: Die Insel Cuba, auf der er sich befand, sei das Festland, das asiatische natürlich, also Cathay, China, des Großkhans Reich, das einst Marco Polo über die lächerlich lange Ostroute besucht hatte. Und damit seine Matrosen und der Königshof und die Nachwelt auch keinen Zweifel daran hegten, mußten alle Mitglieder der Besatzung mit ihrem Eid bekräftigen, daß Cuba China sei, das Festland, über das mithin jeder, der es wolle, getrost zu Fuß nach Spanien wandern könne, andersherum. Wer jemals das Gegenteil von dem sagen würde, was er jetzt unter Eid gesprochen habe (1502 sagte es Kolumbus selbst) – dem drohte der Großadmiral des Ozeanischen Meeres Geldstrafen, Peitschenhiebe und abgeschnittene Zungen an, je nach Dienstgrad. Es war wie bei Don Quijote, schreibt Salvador de Madariaga, als Sancho Pansa und der Barbier sich stritten, ob der Stuhl ein Stuhl oder ein Packsattel sei.

Cuba jedenfalls war als China erkannt, und Kolumbus war ein Mann „just this side of the edge of insanity", wie die Encyclopaedia Britannica ihren Artikel über ihn vornehm schließt: haarscharf am Rand des Wahnsinns. Daß Genie und Wahn zusammenhingen, ist bis zum Überdruß behauptet wie auch bestritten worden, und richtig ist es doch (was dieses Buch drastisch belegen wird).

Seltener ist davon die Rede, wie sehr zum Welterfolg des Cristòforo Colombo die Gunst der Zeit und die Gunst des Ortes gehörten. Wie viele Männer konnten nur deshalb Ruhm erwerben, weil sie im richtigen Alter den richtigen Krieg erlebten: alle Feldherren natürlich, aber auch Winston Churchill, der in beiden Weltkriegen sogleich zu den höchsten Ämtern gelangte; sogar Konrad Adenauer und Ludwig Erhard, die schließlich Zerstörung vorfinden mußten, damit ihr ungewöhnliches Talent zum Wiederaufbau sich entfalten konnte.

Das Glück des Kolumbus war es, in einer großen Hafenstadt geboren zu werden, zwei Jahre bevor die Türken den Landweg nach Indien blockierten (1453) und damit Handel und Schiffahrt Europas tödlich bedrohten. Die törichten Berechnungen von Esra, d'Ailly und Toscanelli mußten seiner Fahrt vorangegangen sein, um ihm falschen Mut zu machen, auch die portugiesischen Entdeckungen und die Erfindung des seetüchtigen Kompasses. Hundert Jahre früher hätte niemand in Europa sich für ein paar so ferne Inseln interessiert; fünfzig Jahre später hätten längst andere Seefahrer Amerika gefunden. Die Zeit war reif für die Reise, wie Las Casas richtig bemerkte. Allerdings fügte er gläubig hinzu: „Deshalb war es notwendig, daß Gott Colón nach Spanien führte." In solchem Denken vom guten Ende her wurde Las Casas noch von Schiller übertroffen, der 1795 in seinem Gedicht „Steure, mutiger Segler..." poetisch behauptete, „die Natur" habe Amerika gleichsam herangeschafft, weil Kolumbus Amerika brauchte:

> Wär' sie (die Küste) noch nicht, sie stieg' jetzt
> aus den Fluten empor.
> Mit dem Genius steht die Natur im ewigen Bunde:
> Was der eine verspricht, leistet die andre gewiß.

Mit unsereinem ist, mangels Genius, die Natur natürlich nicht verbündet; aber schlimmer noch: Nicht im Bunde steht sie auch mit jenen Tausenden, die, mit allen Talenten des Kolumbus versehen, zu früh, zu spät oder am falschen Ort geboren worden sind. Was hilft es einem Genie des 20. Jahrhunderts, wenn es die Kräfte hätte, Amerika zu entdecken, die Welt zu umsegeln, Peru zu erobern? Die Arbeit ist getan.

Wo aber die Glücksgöttin zulangt, da kann ihr Günstling sich vielerlei erlauben. Der Großadmiral zum Beispiel erlaubte es sich nach Rückkehr von seiner ersten Reise, seinen Triumph durch die Lüge zu krönen, er sei es gewesen, der als erster Land gesehen habe – ihm also stehe die lebenslange Rente von zehntausend Maravedi zu, die das Königspaar demjenigen Mitglied der Besatzung versprochen hatte, das zuerst Neuland sichten würde. Die Rente strich Kolumbus ein, doch bei seinen Besatzungen hatte er damit allen Kredit verspielt.

Kredit verlor er bald auch bei den Katholischen Majestäten – weil er offenkundig unfähig war, das Amt eines Vizekönigs der entdeckten Inseln auszuüben. Egozentrisch, eitel und rücksichtslos wie die meisten großen Männer, hatte er noch weitere Fehler: Diszipliniertes Arbeiten lag ihm nicht, Disziplin bei seinen Leuten herstellen konnte er nicht, und unmäßig bevorzugte er seine Brüder. Und da er nicht imstande war, auch nur annähernd so viel Gold und Gewürze nach Spanien zu senden, wie er versprochen hatte, fing er Indianer ein, um sie in Spanien als Sklaven zu verkaufen.

Das empörte Königspaar schickte 1499 einen Bevollmächtigten über den Ozean, der zwar nur nach dem Rechten sehen sollte, jedoch Kolumbus und seine Brüder kurzerhand in Ketten legen und nach Spanien schaffen ließ. Als auf der Überfahrt der Kapitän dem Großadmiral die Ketten abnehmen wollte, weigerte sich dieser: In Ketten wolle er Spanien betreten, damit die Welt sehe, wie ein Mann von seinen Verdiensten sich behandeln lassen müsse; mit seinen Gebeinen zusammen, befahl er, sollten die Ketten dereinst beerdigt werden. So investiert man in seinen Ruhm!

Gleichzeitig schrieb Kolumbus Briefe an seine Freunde bei Hofe mit bitteren Anklagen gegen den Emissär des Königspaares, und dem Kapitän handelte er ab, daß sofort nach der Landung in Spanien ein Bote an den Königshof eilte, um dem Bericht des Bevollmächtigten zuvorzukommen. Ferdinand und Isabella ordneten an, daß der Großadmiral unverzüglich in Freiheit zu setzen sei, und empfingen ihn in Ehren. Schluchzend sank er vor ihnen auf die Knie.

Dies war die letzte Genugtuung in seinem Leben. In den sieben Jahren, die ihm noch blieben, wandte das Glück sich von ihm ab; Mißerfolg, Demütigung, Krankheit und Not trieben ihn dem Tod entgegen. Bevor er 1502 zu seiner vierten und letzten Reise aufbrach, gestand er sogar in Andeutungen ein, daß er das chinesische Festland vielleicht doch noch nicht betreten habe: Denn er wolle, schrieb er an Ferdinand und Isabella, eine *Durchfahrt* durch die neuen Länder in neue Meere suchen, um mit desto größerer Sicherheit im Reich des Großkhans anzulangen. In seinem Bericht aus Jamaika hieß es freilich wieder: „Als ich die Indischen Lande entdeckte" und „Hier in den Indischen Landen" und „Die Erfahrung hat bewiesen, daß die Erde nur zu einem Siebentel von Wasser bedeckt ist". Mit dieser trotzigen Behauptung, die vermutlich eine weniger feste Überzeugung war, sank er am 21. Mai 1506 ins Grab, nach jahrelangem Krankenlager, aufbrausend, verzweifelt, halb gelähmt von Gicht.

Den Verdacht, daß die Inseln des Kolumbus vielleicht doch nicht Indien seien, hatte als erster *Pietro Martire d'Anghiera* (Petrus Martyr) geäußert, ein aus Italien zugewanderter Priester, Lehrer und Schriftsteller am spanischen Hof. In einem Zeitalter ohne Zeitungen pflegte er hochgestellten Persönlichkeiten vertrauliche Informationen zuzuschicken. 1493 schrieb er: „Ein gewisser Cristóbal Colón ist von den

Antipoden im Westen zurückgekehrt", und 1494 über die von Kolumbus mitgebrachten Indianer: Offenbar seien sie keine Untertanen des Großkhans, sie kämen aus einer neuen Welt.

Hieß dies, daß Europa von einem neuen Erdteil Kenntnis nahm? Das nun wieder nicht. Könige, Kaufleute, Kosmographen beredeten zwar die Sensation, ohne sich doch über die geographische Einordnung klar zu werden. Ein ungeheurer herrenloser Gegenstand war es, von dem Kolumbus Kunde brachte. Dazu muß man sich vergegenwärtigen, daß für eine Neue Welt eigentlich kein Platz war im Weltbild der griechisch und biblisch geprägten Europäer: Die Griechen hatten *Europa* aus der Feindschaft zu den „Barbaren" in Asien definiert, ein Christenmensch kannte Morgenland und Abendland; hätte es ein Drittes gegeben – hätte Gott nicht davon gesprochen?

So geschah es erst 1502, daß der Florentiner *Amerigo Vespucci*, als Steuermann und Geograph zweimal auf spanischen und zweimal auf portugiesischen Schiffen in Amerika, zu der Überzeugung kam, all die herbeiströmenden Entdeckerschiffe führen nicht an der Ostküste Asiens, sondern an einem neuen Kontinent, einer Neuen Welt entlang.

Den entsprechenden Reisebericht des Amerigo Vespucci nahmen der elsässische Kosmograph *Matthias Ringmann* und der Kartograph *Martin Waldseemüller* aus Radolfzell am Bodensee zum Anlaß, auf ihrer Weltkarte von 1507 Vespucci als den Entdecker der Neuen Welt abzubilden (noch ein Entdecker Amerikas, und in einer wichtigen Hinsicht war er's auch); und ihm zu Ehren tauften sie den herrenlosen Gegenstand *America*. Kolumbus, ein Jahr zuvor gestorben, wurde von ihnen nicht erwähnt. Offenbar bekamen sie erst in den folgenden Jahren von ihm Kenntnis: In der Neuauflage von 1511 fehlte der Hinweis auf Vespucci, und statt dessen hieß es: „Dieses Land und die umliegenden Inseln wurden von Christoph Columbus auf Befehl des Königs von Kastilien entdeckt." Doch der Name „America" hatte sich unwiderruflich festgesetzt. Die bis heute akzeptierte Entscheidung, daß der Ruhm gleichwohl Kolumbus gebühre, traf schließlich Pietro Martire d'Anghiera 1516 in seiner Entdeckungsgeschichte „De rebus oceanicis et orbe novo".

Daß es sich bei Amerika wirklich um eine Kontinentalbarriere handelte, wurde indessen erst 1520 durch *Fernando Magallanes* bewiesen: Bis Feuerland hinab mußte er segeln, um endlich den westlichen Seeweg nach Indien zu finden, den viel zu langen und gänzlich unbrauchbaren, auf dem er den Tod fand. 1552 brachte der spanische Priester *Francisco López de Gómara* in seiner „Historia general de las

Indias“ die Begriffe Indien und Amerika noch einmal durcheinander: „Das größte Ereignis seit der Erschaffung der Welt – ausgenommen Menschwerdung und Tod ihres Schöpfers – ist die Entdeckung Indiens, das *darum* Neue Welt genannt wird.“ Doch hatte Gómara mit dieser Bewertung die entscheidende Wende im Bewußtsein Europas markiert: Aus der zufällig entdeckten lästigen Barriere wurde das neue Wunderland, das den Orient überstrahlte. Dem, der von ihm Besitz ergriffen hatte, war also das größte Ereignis seit der Kreuzigung Jesu zu danken.

Die *historische* Größe des Kolumbus ist damit definiert: Obwohl ein Entdecker wider Willen und keinesfalls der, dem dieser Name gebührt, so war er doch die Gallionsfigur an einem Wendepunkt der Geschichte, das Vollzugsorgan der Besitzergreifer; er kommandierte die Vorhut der spanischen Invasion. Es ist Kolumbus, der den Indianern die Unterwerfung, das Pferd, den Schnaps und die Pocken gebracht und umgekehrt dem Import der Kartoffel, des Tabaks und der Syphilis den Weg geöffnet hat.

Insofern war es nur konsequent, daß der 500. Jahrestag der Kolumbus-Tat im Jahre 1992 den ursprünglich geplanten Charakter der Jubelfeier völlig verlor. So laut tönten seit 1989 die Proteste über den Atlantik, daß der spanische König Juan Carlos anordnete, statt der „Entdeckung Amerikas“ *die Begegnung zweier Welten* zu begehen. Vielen Schwarzen, Weißen und Indianern in den USA und vielen Lateinamerikanern ging das nicht weit genug: Nicht des Triumphs der Entdecker, der *Tragödie der Entdeckten* solle man gedenken, forderten Professoren, Bürgerrechtler, Feministinnen und der (primär protestantische) Nationalrat der Kirchen in den USA. Geraubt worden sei Amerika, gemordet seine Kultur, und auf Transparenten wurde Kolumbus mit Attila, Hitler und Adolf Eichmann verglichen. Das Nachrichtenmagazin „Time“ sprach von einem intellektuellen Masochismus, der die Vergangenheit nach den einseitigen Maßstäben der Gegenwart beurteile; die Linke sei begeistert über ihr schönstes Thema seit dem Krieg in Vietnam. Die Evangelische Kirche in Deutschland nannte 1991 den Tag, an dem Kolumbus landete, „den großen Karfreitag des Leidens und des Blutes“, auf den bis heute keine Auferstehung gefolgt sei; Jubelfeiern wären da „geradezu zynisch“.

Gleichzeitig tauchten in den USA zwei Legenden auf: die neue, daß auch schwarze Afrikaner vor Kolumbus in Amerika gelandet seien, und die alte, die schon Rousseau zu seinem Wahn vom idyllischen Urzustand der Menschheit verleitet hatte: Kolumbus habe Amerikas edle

Ureinwohner um ihr friedliches Leben betrogen – ein bedeutender Unsinn, wie allein der unbestrittene Brauch der Azteken beweist, alljährlich Zehntausenden von Gefangenen bei lebendigem Leibe das Herz herauszureißen, um es dem Sonnengott zu opfern und alsdann die Leiber zu verspeisen.

Kolumbus selber hat von all dem nichts gewußt, nichts gewollt und nichts verstanden. Gold wollte er aus Japan holen und verirrte sich. Seine historische Rolle war eine Spottgeburt aus tausend Zufällen – die sich freilich nicht zufällig an einem Individuum kristallisierten, das ein Phantast, ein Besessener und ein genialer Taktiker war.

Sein Weltruhm entspringt beiden Quellen: daß wir ein Gewirr historischer Abläufe mit Tausenden von Mitwirkenden nur allzu gern an einem festmachen (wie das folgende Kapitel beweisen wird); und dies zumal dann, wenn der eine zwischen Triumph und Tragödie, zwischen Vision und Narretei, zwischen Genie und Wahnsinn pendelt. Der entscheidende Moment, da „Größe" möglich werde, schreibt Jacob Burckhardt, sei der, „da die Phantasie vieler sich mit *einem* beschäftigt". Ein kühl kalkulierender, extrem rationaler Entdecker wie *James Cook* – er hat, obwohl er so viel Neuland sah und vermaß wie nie ein Mensch zuvor und nie ein Mensch danach, bei denen, die rühmen und bewundern wollen, keine Chance gegen einen so bunten Vogel wie Kolumbus, der zugleich ein Pfau, ein Falke und eine diebische Elster war.

Der Große Meyer von 1890 hat also allenfalls zur Hälfte recht, wenn er aus „der schwärmerischen Anmaßung, der Doppelzüngigkeit und der goldgierigen Grausamkeit" des Kolumbus folgert, dies stoße uns ab; denn es zieht uns auch an. Und wenn der Große Meyer dieser Goldgier „die Hauptschuld an der späteren unmenschlichen Behandlung der Eingeborenen" gab, so läßt sich doch auch hören, was der Große Brockhaus von 1843 dazu sagte: „Nur dadurch, daß Kolumbus gierigen Erwartungen zu entsprechen suchte, durfte er hoffen, zur Fortsetzung seiner Entdeckungen Mittel und Erlaubnis zu erhalten." Salvador de Madariaga resümiert in seiner großen Biographie von 1939: Mutig war er und verzagt, halsstarrig und aalglatt, naiv und heuchlerisch, großherzig und habgierig; besessen von Selbstsucht und durchdrungen von seiner himmlischen Sendung.

Wie schrieb Kolumbus selbst, der Dichter, im Bericht an Ferdinand und Isabella über die leiblichen und seelischen Foltern seiner letzten Reise? „Das Meer schien wie flüssiges Blut und kochte wie ein Kessel, unter dem ein großes Feuer brennt. Das Fieber peinigte mich, die

Mühsal nahm kein Ende. Voll Beschwer stieg ich so hoch am Mast hinauf, wie ich nur konnte, und mit furchtsamer Stimme schrie ich in alle vier Winde die Namen der Kriegskapitäne Eurer Majestäten, daß sie Hilfe brächten (...) Erschöpft schlief ich endlich ein. Da hörte ich eine sanfte Stimme, die sprach: 'O du Tor und Zauderer im Glauben und im Dienst an deinem Gott! Hat er wohl für Moses mehr getan und für David, seinen Knecht? Seit du geboren bist, stets nahm er sich deiner gütig an. Wundersam ließ er deinen Namen erschallen allenthalben auf der Welt. Die Indischen Lande, die ein so reicher Teil der Erde sind, gab er dir zu eigen, du verteiltest sie, wie es dir gefiel. (...) Und in vielen Landen war man dir gehorsam, und bei allen Christen gewannst du so viel Ehre und Ruhm (...) Über ein kleines wird dein Schöpfer dir den Preis für alle Mühen und Gefahren geben, die du im Dienst für andere bestanden hast (...) Fürchte nichts, vertraue. Geschrieben standen im voraus alle diese Prüfungen, gehauen in Marmorstein.'"

Selbst für Moses also tat der Herr nicht mehr als für Cristòforo Colombo, den Weberssohn aus Genua; ihm zu eigen gab er die Indischen Lande!

„Die größesten Veränderungen auf der Welt", schrieb Johann Gottfried Herder 1794, „sind von Halbwahnsinnigen bewirkt worden."

4.

Die zweihunderttausend Sieger von Tannenberg

> Wer baute das siebentorige Theben? In den Büchern stehen die Namen von Königen. Haben die Könige die Felsbrocken herbeigeschleppt? (...) Der junge Alexander eroberte Indien. Er allein? Cäsar schlug die Gallier. Hatte er nicht wenigstens einen Koch bei sich?
>
> *Bert Brecht*

Über viele große Menschen wissen wir nicht mehr als Kolumbus über Amerika – das heißt gar nichts oder etwas ziemlich Falsches. Bei Kolumbus ist die *Person* klar umschrieben, doch ihre Leistung einzustufen fällt nicht leicht; umgekehrt gibt es manche große *Leistung* zu bewundern, denen eine Person, ein einzelner unstreitiger Urheber, nicht mit Anstand zugeordnet werden kann.

Von wem zum Beispiel stammt die Odyssee? Von *Homer* höchstens teilweise, sagen die einen – überhaupt nicht, sagen die andern; von einer Frau, behauptete 1897 der englische Schriftsteller Samuel Butler in seinem Buch „The Authoress of the Odyssee", einem Werk, das man zwar als Satire lesen, dem man indessen auch ziemlich gute Gründe für eine solche Theorie entnehmen kann. Ist dann wenigstens die Ilias von Homer? Vermutlich ja; falls wir uns damit abfinden, daß wir fast nichts von ihm wissen, außer daß er wahrscheinlich *Melesigenes* hieß. Da wir die beiden Epen bewundern, *wollen* wir irgendeinen Autor ehren, und daß wir ihn nicht kennen können, irritiert uns nicht. Grandios und weise soll er sein, rühren soll uns seine frei erfundene Büste mit den blinden Augen.

War *Jesus von Nazareth* eine historische Gestalt? Im 19. Jahrhundert wurde das von vielen Gelehrten, auch Theologen, angezweifelt, nicht ohne gute Gründe. Ein anderer Streit dauert noch an: ob das Weltpanorama der *Shakespeare*schen Dramen wirklich von einem Schauspieler entrollt worden sein könne, der kleinbürgerlichen Verhältnissen entstammte und neben seinen Dichtungen kaum eine Lebensspur hinterlassen hat. Sollten diese Dramen nicht eher von Francis Bacon sein, dem Lordkanzler und Philosophen, dem schillernden Charakter, brillanten Stilisten und sprühenden Geist? Oder von Edward de Vere, siebzehntem Earl von Oxford, Lyriker, Dramatiker und Betreuer einer Schauspieltruppe, wie Shakespeare mit einer Reihe dunkler Jahre in seiner Biographie, aber anders als Shakespeare in Italien gewesen – ein klarer Fall nach Meinung Sigmund Freuds. Oder von dem großen Dramatiker Christopher Marlowe, der 1593 in einem Wirtshausstreit erstochen wurde – vier Monate bevor Shakespeare aus dem Dunkel trat? Wie nun, wenn Marlowe seinen Tod nur inszeniert hätte, um der Verfolgung wegen Homosexualität und Atheismus zu entgehen, und einen unseriösen Schauspieler namens Shakespeare dafür bezahlt hätte, daß er Marlowes Dramen als die seinen ausgab? So üppig wuchern hier seit zwei Jahrhunderten die Theorien, daß schon Mark Twain die Parodie in Umlauf setzte: „Shakespeares Werke sind nicht von Shakespeare, sondern von einem unbekannten Dichter gleichen Namens."

Wieviel Erfolg man noch im 20. Jahrhundert als literarischer Betrüger haben kann, bewies 1957 der tibetische Lama *Lobsang Rampa* mit seinem autobiographischen Weltbestseller „Das dritte Auge". 1958 stellte sich heraus, daß der Autor ein kaufmännischer Angestellter namens Cyril Henry Hoskins aus Plymton in Südwest-England war, der Tibet nie gesehen hatte, allerdings von sich behauptete, neun Jahre zuvor habe bei einer Gehirnerschütterung der Geist eines Lamas von seinem Körper Besitz ergriffen.

Bis zuletzt umstritten blieb das Inkognito des Schriftstellers *B. Traven*, Autor der Bestseller „Das Totenschiff" (1926) und „Der Schatz der Sierra Madre": Dreiundvierzig Jahre lang, vom „Totenschiff" bis zu seinem Tod, wurde er gesucht und meist nur angeblich gefunden, und noch heute streiten sich die Experten, ob er als Otto Wienecke oder als Traven Torsvan in Deutschland, in Norwegen oder in Amerika zur Welt kam und ob er das Produkt eines Seitensprungs von Kaiser Wilhelm II. war.

Als ein Mysterium unserer Tage behauptet sich *Thomas Pynchon*, für manche Kritiker der größte lebende Schriftsteller englischer Sprache, oft mit James Joyce und Thomas Mann verglichen. Ein Mensch dieses Namens wurde zwar 1937 im Staat New York geboren, aber zuletzt als Schüler fotografiert; seit 1963 der erste seiner vier großen Romane erschien, ist „Thomas Pynchon" eine Behauptung seiner Lektoren und Agenten, die durch keine Begegnung und kein Foto bewiesen wird. Wäre Pynchon ein menschenscheuer Sonderling am Rande des Verfolgungswahns wie etliche seiner Romangestalten? Oder hätte er eine gesunde Abneigung gegen amerikanische Publicity? Oder umgekehrt einen wachen Instinkt für die Werbekraft des Mysteriösen? Oder wäre er das Schwindel-Etikett eines anonymen Autoren-Teams?

Dergleichen gab es ja, wenn auch durchschaubar angelegt: *Jorge Luis Borges* erschuf zusammen mit dem befreundeten Schriftsteller Adolfo Bioy Casares den fruchtbaren Autor *Honorio Bustos Domecq*, dessen gesammelte Werke seit 1985 auch auf deutsch zu haben sind. Dies mit der zusätzlichen Feinheit, daß in Argentinien 1981 behauptet wurde, der Mann, der als der große Borges auftrete, sei ein Schauspieler, der von drei anonymen Autoren ausgehalten werde. Auch solche Maskeraden sind belegt: Der Goncourt-Preisträger *Romain Gary* (der eigentliche Roman Kacew hieß) erfand den Schriftsteller *Emile Ajar* und trieb seinen Spaß daran, die Kritiker zu foppen, so weit, daß er einen Verwandten in der Rolle des Ajar agieren ließ.

Mit letzter Sicherheit auszuschließen ist solche Vermummung nie, und sie erfolgreich durchzuhalten war gewiß noch leichter mit den spärlichen Nachrichtenverbindungen und dubiosen Dokumenten früherer Jahrhunderte. Wir leben mit dem Risiko, daß wir den Falschen ehren, einen Mythos, einen Scharlatan oder ein bloßes Etikett. Wo historische Irrtümer, gefälschte Überlieferungen oder die Lust am Mummenschanz uns irreführen, haben wir selten eine Chance zur nachträglichen Korrektur.

Doch auch dort, wo wir diese Chance hätten, nutzen wir sie schlecht. Zum Beispiel könnten wir uns angewöhnen, nicht Richelieu zu sagen, wenn wir uns auf die überlegene Intelligenz, die stählerne Härte, den überwältigenden Erfolg des Kardinals beziehen – sondern *Richelieu & Père Joseph:* Denn „*zusammen* arbeitend entwickelten sie die größte Intelligenz, die damals in politischen Dingen tätig war", sagt Ranke – der Herzog von Richelieu und der Baron de Maffliers, der sich als Kapuziner Pater Joseph nannte und für Richelieu „die labyrinthischen Gänge einer vor nichts zurückscheuenden Politik und dunklen Gewaltsamkeit eröffnet" hat.

Es gäbe sogar gute Gründe, *Kolumbus & Pinzón* zu sagen, denn es war Martin Alonso Pinzón, der alte Seebär und reiche Reeder, der erstens am Zustandekommen der entscheidenden Audienz beteiligt war (S. 19), der zweitens für die Entdeckungsreise erfahrene Seeleute gewann, als Kolumbus schon begonnen hatte, Sträflinge anzuwerben, denen die Krone dafür die Freiheit versprach; und es war Pinzón, der drittens am 21. Tag auf hoher See eine drohende Meuterei abwendete, was Kolumbus nicht gelungen war. Niemand nahm nach der Heimkehr von Pinzón Notiz, wenig später war er tot – während der großmäulige Großadmiral einen Triumph genoß, den er ohne Pinzón vermutlich nicht hätte erringen können.

Wie viele solcher Nothelfer, Berater, Einbläser, Drahtzieher und Anderen Ichs mag es in der Weltgeschichte gegeben haben – solche, deren Namen die Hofpoeten verschwiegen, und solche, deren Einfluß wir kennen oder ahnen, ohne doch zumeist daraus zu folgern, daß auf dem Etikett zwei oder mehr Namen stehen müßten. Die Reichskanzler, die auf Bismarck folgten, wie auch ihre Außenminister kamen in der deutschen Außenpolitik nicht an *Friedrich von Holstein* vorbei, Vortragendem Rat im Auswärtigen Amt, neben dem Père Joseph das andere vielgenannte Beispiel einer *Grauen Eminenz*. Was bliebe von der Außen- und Verteidigungspolitik des Präsidenten Truman ohne seinen Außenpolitischen Berater *George F. Kennan* oder gar des Präsidenten Eisenhower ohne seinen Außenminister *John Foster Dulles*? Als Dulles gestorben war und Eisenhower in den letzten sieben Monaten seiner Amtszeit ohne ihn regieren mußte, sah die Welt teils mit Schadenfreude, teils mit Erbarmen auf eine klägliche Figur.

Natürlich, sich die richtigen Mitarbeiter und Berater auszusuchen ist ein Talent für sich. Der Professor braucht die Assistenten, der Star-Architekt die Zuarbeiter, die ihm zum Erfolg verhelfen; und ist seine eigene Rolle manchmal auch nicht größer, als in der richtigen Minute mit dem Kopf zu nicken, so gebührt ihm immer noch das Verdienst, daß er es unterlassen hat, an die Stelle der trefflichen Ratschläge seiner Untergebenen einen individuellen Unfug zu setzen. Nur wir, wenn wir den Ruhm zuteilen, sollten öfter Doppelnamen wählen, auch wenn dies die anonymen Verfasser der Nachschlagewerke vor Probleme mit dem Alphabet stellen würde: *Truman & Kennan* zum Beispiel und wohl auch *Ho-Tschi Minh & Giap*. Denn nichts hätte der berserkerhafte Eroberungswille Ho-Tschi Minhs bewirkt ohne seinen Verteidigungsminister und Oberbefehlshaber, den Sieger von Dien Bien Phu und Vater jener Strategie, die die Amerikaner in die Knie zwang.

Bis dahin kennen viele politisch Interessierte den Zusammenhang. Doch wer denkt noch an *Le Duan*, den Generalsekretär der nordvietnamesischen KP und Betreiber des vielleicht kriegsentscheidenden Bündnisses mit der Sowjetunion? Und wer erinnert sich gar, daß 1973 ein paar Eingeweihte einen Vierten als den eigentlichen Meister des Erfolgs vorstellten: Giaps Stabschef *Van Tien Dung*? Wenig weiß man im Westen über ihn, nie hat die Öffentlichkeit von ihm Notiz genommen, und die Studenten, die 1968 auf den Straßen von Berlin und Paris ihr „Ho-Ho-Ho-Tschi Minh“ skandierten, ahnten nicht nur nichts von den Hintergründen, sondern würden sich nach aller Lebenserfahrung auch bei höherem Kenntnisstand geweigert haben, der Wahrheit zuliebe ihren Schlachtruf zu verlängern. Für die Bewunderung wie für den Protest braucht man den Einen – auf die Gefahr hin, daß sein Anteil am Erfolg geringer war als der der drei, die in seinem Schatten standen.

Den vier Vätern des Sieges für Nordvietnam entsprechen die vier (oder mehr) Sieger der Schlacht von Tannenberg im Jahre 1914. Das ist nun lange her und durch die Schrecken des Zweiten Weltkriegs überdeckt; doch wurde Tannenberg einstmals als die größte „Vernichtungsschlacht" der Weltgeschichte gefeiert, als eine der perfektesten wird sie noch heute in allen Generalstäben analysiert, Alexander Solschenyzin hat sie 1972 (in seinem Buch „August Vierzehn") als zeitloses Monument russischer Unfähigkeit beschrieben, auf verschlungenen Wegen hat sie etwas mit dem Aufstieg Hitlers zu tun – und vor allem ist diese Schlacht ein Paradebeispiel für die fast unglaubliche Oberflächlichkeit, mit der wir unsere Gier befriedigen, aus den Durchkreuzungen und Verwirbelungen der Glücksfälle, Pannen und unterschiedlichsten Motive jene ein oder zwei Menschen herauszupicken, an denen alles gelegen haben soll.

Der deutschen 8. Armee unter Hindenburg gelang es also, die zahlenmäßig überlegene russische 2. Armee unter General Samsonow vom Gros der russischen Truppen in Ostpreußen zu isolieren, sie einzukesseln und sie vollständig zu „vernichten", militärisch gesprochen: 93 000 Gefangene, fast 100 000 Tote, und das erbeutete Kriegsgerät rollte auf sechzig Güterzügen ins Reich.

Als Sieger gefeiert wurde *Hindenburg*. Aber „daß *Ludendorff* der eigentliche Könner, der wahre Sieger von Tannenberg sei, wußten bald alle, die es wissen wollten" (Golo Mann). Hindenburg beeilte sich in seinen „Kriegserinnerungen" von 1920, einerseits Ludendorff, seinem Stabschef und späteren Generalquartiermeister, gerecht zu werden, andererseits wenigstens als Mitsieger im Spiel zu bleiben: „Eine meiner vornehmsten Aufgaben", schrieb er, „sah ich darin, den geistvollen Gedankengängen, der nahezu übermenschlichen Arbeitskraft und dem nie ermattenden Arbeitswillen meines ‚Chefs' so viel als möglich freie Bahn zu lassen"; denn Ludendorff sei „geschaffen für ein gigantisches Werk wie kaum ein zweiter in der Geschichte". Mit diesem Mann habe er, Hindenburg, eine „glückliche Ehe" geführt: „Die Worte des einen sind oftmals nur der Ausdruck der Gedanken und Empfindungen des anderen." Ludendorff war nicht so höflich: Die meisten Entscheidungen habe Hindenburg verschlafen, schrieb er 1935 – kein Wunder, da niemand es für nötig gehalten habe, ihn zu wecken.

Die Encyclopaedia Britannica gibt Ludendorff sechsmal mehr Raum als die Brockhaus-Enzyklopädie, würdigt ihn als einen Feldherrn größer als Hannibal und rühmt, fast mit den Worten Hindenburgs, „seine beinahe übermenschliche und unüberwindliche Arbeits- und Tatkraft". Für die Militärakademien in aller Welt ist er einer der genialsten Soldaten der Geschichte. Kein Zweifel: Nach seiner Begabung, seiner Leistung und anfänglich auch nach seinem Erfolg war Ludendorff ein großer Mann; wie Größe sich zur Moral verhält, ist die Frage von Kap. 9.

Nur gab es da noch einen Dritten, den Oberstleutnant *Max Hoffmann*, Chef der Operationsabteilung beim Oberkommando der 8. Armee. Als Hindenburg und Ludendorff am 23. August 1914 in Ostpreußen ankamen, hatte Hoffmann bereits viele der Weichen gestellt, auf denen Ludendorffs Zug zum Sieg fuhr; die Anekdote besagt, Hindenburg habe, von Hoffmann mit den Plänen zur Einkreisung der Russen konfrontiert, erwidert: „Mir fällt auch nichts Besseres ein."

Wer war dieser Hoffmann? Laut Ludendorff „ein geistreicher, vorwärtsstrebender Offizier", dem englischen Historiker Michael Balfour zufolge „der geistig bedeutendste Mann im Hauptquartier der Ostfront". Und wie hoch war sein Anteil am Sieg? Nicht sehr hoch nach Ludendorffs „Kriegserinnerungen" – denn „der Gedanke über die Führung der Schlacht formte sich in seinen Einzelheiten allmählich in der Zeit vom 24. bis 26. August", das heißt erst ein bis drei Tage *nach* der Ankunft der beiden Generale; man kann den Satz allerdings auch anders lesen: Nur „in seinen Einzelheiten" entstand der Plan so spät, während die große Linie von Hoffmann bereits entworfen war.

So scheint vernünftig, was der Große Meyer von 1929 schrieb: „Der kriegsgeschichtliche Streit um Tannenberg kann als dahin geklärt angesehen werden, daß Hoffmann den Grundplan aufstellte, Ludendorff die praktische Durchführung einleitete und Hindenburg" (der Mann mit den besseren Nerven) „die Schlacht durchhielt." Ähnlich der englische Historiker Gordon A. Craig: „Der gewaltige Sieg, den die vereinten militärischen Begabungen Hindenburgs, Ludendorffs und Hoffmanns bei Tannenberg errangen ..."

Zweierlei daran ist bemerkenswert. Erstens, daß die Kenntnis von der Dreigestaltigkeit des Sieges, obwohl 1929 von einem der populärsten deutschen Lexika verbreitet, bis 1945 (das heißt so lange, wie Tannenberg wichtig genommen wurde) weder vom Geschichtsunterricht in Deutschlands Schulen noch gar vom deutschen Gemüt Besitz ergriff. Zweitens, daß Historiker und Lexika zugleich so tun, als sei mit der Nennung *dreier* Sieger nun die volle Wahrheit über die Hintermänner des Erfolgs ans Licht gekommen.

Zunächst gibt es einen vierten Sieger, jedenfalls seinen eigenen Memoiren zufolge: General *Hermann von François*, Kommandeur des I. Armeekorps. Er behauptet, *ihm* sei die Idee zur Kesselschlacht gekommen, ja er habe sie durchgezogen in einem Stadium, in dem Hindenburg und Ludendorff nahe daran gewesen seien, sie aufzugeben; mit der zweiten Behauptung wird er von vielen Militärhistorikern unterstützt.

Doch ob drei oder vier – sie waren die Erben einer langen militärischen Tradition: der preußischen Disziplin, die mindestens bis auf Friedrich Wilhelm I. zurückgeht; des am besten „gezüchteten Offiziersmaterials", nach Bismarcks Worten; des Siegeswillens und der Siegeszuversicht, die die preußisch-deutsche Armee seit Friedrich dem Großen, Blücher und Moltke erfüllten; der Vernichtungsstrategie, die Schlieffen, Generalstabschef von 1891 bis 1905, bis in die äußerste Konsequenz formuliert und gefordert hatte: „Ich dachte an General Graf von Schlieffen und dankte diesem Lehrmeister", schrieb Ludendorff nach der Schlacht. Die drei Sieger verfügten ferner über das damals beste Führungsinstrument der Welt, den Großen Generalstab – ersonnen von Gneisenau, von Moltke zur Spitze geführt. Hat irgendeiner von diesen etwa *nicht* bei Tannenberg gesiegt?

Im Jahr von Königgrätz, 1866, wurde in Deutschland das Wort geflügelt, es sei „der preußische Schulmeister" gewesen, der diese Schlacht gewonnen habe. Sollten die preußischen Schulen den russischen nicht stärker überlegen gewesen sein als einst den österreichischen? Also zählen natürlich die Lehrer zu den Siegern von Tannenberg. Und die Deutsche Reichsbahn, die Soldaten und Material in endloser Kette ohne Zwischenfälle bis an den Rand des Schlachtfelds fuhr, und die deutschen Nachrichtentechniker, die ein den Russen unendlich überlegenes Netz von Feldtelefonen ausbauten und betriebsfähig hielten, während in jede der wenigen Lücken sofort ein Beobachtungsflugzeug stieß. Der gefeierte Hindenburg, der geniale Ludendorff, der geistreiche Hoffmann – sie waren Nutznießer und Vollstrecker einer nahezu perfekten Organisation, und nichts wären sie gewesen ohne diese.

Und dabei hätte all das zusammen nichts genützt, die Lehrer nichts und die Eisenbahner nichts und die brillanten Generale nichts – wenn auf russischer Seite ähnliche Talente und Traditionen im Spiel gewesen wären. Das ist keine historische Haarspalterei; es ist ein legitimer

Versuch, jenes Problem aufzuspießen, das uns beim Studium der historischen Größe, beim Abwägen von Leistung und Verdienst ständig begleitet: Inwieweit können wir die Größe des einen nur ermessen, weil – ja inwieweit besteht sie nur darin, daß – der andere ihm seine Kleinheit oder Schlappheit als Geschenk darbringt?

Das Geschenk an Ludendorff und Hoffmann waren russische Trägheit und Desorganisation. Gewiß, die Sieger haben dies richtig erkannt und optimal genutzt: „Der Entschluß zur Schlacht baute sich auf der Ansicht über die Schwerfälligkeit der russischen Führung auf", schrieb Ludendorff. Der Große Generalstab hatte schon zwei Jahre vorher festgestellt, an der russischen Front werde man Bewegungen wagen können, die gegenüber einem anderen Gegner unmöglich wären. Ja, Solschenyzin wirft den deutschen Generalen vor, sie hätten die Chancen zu einem noch größeren Sieg verpaßt, weil sie die Verknöcherung der russischen Generale immer noch unterschätzt hätten.

Und trotzdem wären die Deutschen mitsamt ihrer vielfältigen Überlegenheit in eine Katastrophe gerannt, wenn General Rennenkampff mit seiner untätigen Njemen-Armee der eingekesselten Narew-Armee des Generals Samsonow zu Hilfe gekommen wäre, ja wenn er nur, und wäre es fahrlässig oder irrtümlich gewesen, irgendeine Bewegung in Richtung auf die deutschen Truppen unternommen hätte. Russische Desorganisation und Trägheit hin oder her: Einmal hätte ja ein russischer General einen richtigen Einfall haben können, und sei es aus Versehen. Zum Schlachtplan Ludendorffs und Hoffmanns gehörte, daß Rennenkampf diesen Einfall nicht haben werde. Nur war dies eben nichts, was deutsche Generale hätten planen können; hier haben sie *gepokert* und gewonnen. Sie hatten die „fortune", die Friedrich der Große von seinen Generalen forderte. Die Schläue des einen reichte nicht zum Sieg; es mußte hinzukommen, daß der andere ihm seine Dummheit und sein Pech zu Füßen legte. Wie schon Schiller über das Heer des Herzogs von Alba in den Niederlanden schrieb: „Schwer dürfte es zu bestimmen sein, ob die Klugheit seines Führers oder die Verblendung seiner Feinde mehr unsere Verwunderung verdienen."

Bei all dem war noch nicht die Rede von jenen 153 000 deutschen und 191 000 russischen *Soldaten*, die die Schlacht geschlagen haben – von ihren Leiden nicht und nicht von den Leistungen, ohne die weder Ludendorff noch die Deutsche Reichsbahn noch der deutsche Schulmeister hätten siegen können. Waren die Deutschen bessere Soldaten? Und wenn – war etwas an ihnen, was sie den russischen Soldaten auch dann überlegen gemacht hätte, wenn sie *nicht* besser ausgebildet, gedrillt, geführt und versorgt worden wären? Wahrscheinlich nicht. Doch niemand kann es wissen.

Nur so viel wissen wir: Nie kommen sie ins Lexikon, jene hunderttausend Namenlosen, ohne die der General nichts könnte und nichts wäre. Über all diese schrieb Montaigne anno 1592: „Infinies belles actions se doibvent perdre sans tesmoignage, avant qu'il en vienne une à proufit – unzählige schöne Taten müssen ohne Zeugen untergehen, bevor *eine* zu Ehren gelangt. Man steht nicht immer auf der Höhe einer Bresche oder an der Spitze eines Heeres (...) Man wird zwischen Hecke und Graben überrascht; man muß sein Leben beim Kampf um einen Hühnerstall riskieren (...) In einer ganzen Schlacht, in der zehntausend Mann zu Krüppeln oder zu Tode geschlagen wurden, gibt es keine fünfzehn, von denen man spricht (...) Man muß der Feldherr bei der Eroberung eines Reiches oder einer Krone gewesen sein; man muß, immer an Zahl unterlegen, zweiunddreißig Schlachten gewonnen haben wie Cäsar. In seinem Gefolge fielen tapfer und unerschrocken zehntausend brave Kämpfer und manche großen Hauptleute, deren Namen nicht länger gedauert haben, als ihre Weiber und Kinder lebten."

So spiegelt der Ruhm von Staatsmännern und Feldherren fast durchweg weniger die Größe eines Menschen wider als vielmehr ein Bedürfnis, das wir ihnen entgegentragen: Wir mögen es, die unüberschaubaren Wechselfälle des Lebens zu personifizieren. Damit erreichen wir zweierlei zugleich, was uns am Herzen liegt: die Vereinfachung und die Verehrung.

Personifizierung: Alle primitiven Kulturen und noch das klassische Griechenland schoben alles, was zugleich eindrucksvoll und schwer durchschaubar war, Göttern, Geistern und Dämonen zu. Die Sonne war ein Gott, das Glück eine Göttin und „Echo" der Name einer Nymphe, die in den Schluchten hauste. In uns hallt solche Personifizierung nach, wenn wir von Vater Rhein, Vater Staat und Mutter Erde sprechen oder wenn wir mit wenig Mühe unsere Kinder dazu bringen, die Wonnen der Weihnacht einem Weihnachtsmann oder dem Christkind zuzuschreiben. Das erzeugt ein Gefühl von Geborgenheit.

Irritiert sind wir schon, wenn wir zwar die Taten bestimmter Menschen, nicht aber ihre Namen kennen: „Weise aus dem Morgenland". So unbestimmt war die Mitteilung des Matthäus über den Besuch, den das Jesuskind bekam (während die anderen Evangelisten nichts von ihnen wußten). Im 5. Jahrhundert wurden drei daraus, und zwar nicht mehr Weise, sondern Könige, und im 9. Jahrhundert wurden ihnen die Namen Kaspar, Melchior, Balthasar verliehen. Nun hatte alles seinen Namen, wie es sich gehört.

Der Name ist ein Werkzeug der *Vereinfachung.* Und die befriedigt nicht nur seelische Bedürfnisse – sie hat auch praktische Vorteile, die wir kaum entbehren können. Mag es uns zehnmal einleuchten, daß der General das Verdienst für eine gewonnene Schlacht mit hunderttausend Mitstreitern und Zuarbeitern teilt: Die jedesmal zu erwähnen wäre beschwerlich, sie aufzuzählen unmöglich, Biographien würden ausufern ins Unendliche, und auch unsere Lexika wären in Not: Ihre Existenzbedingung ist ja die Fiktion, daß die Welt sich auf eine begrenzte Zahl klar benennbarer Sachen und Personen reduzieren lasse. Insofern sei der „große Mann" eine Notwendigkeit der Sprachökonomie, weil jede Erörterung sonst endlos würde, schrieb 1914 Julian Hirsch in seinem gescheiten Buch „Die Genesis des Ruhmes".

Die Vereinfachung, die wir schätzen und der wir gleichzeitig nur schwer entrinnen können, kommt ihrerseits unserem anderen Bedürfnis entgegen: dem nach *Verehrung* (im nächsten Kapitel mehr darüber). „Ein natürlicher Hang des Menschen läuft darauf hinaus, der Führergestalt die Ergebnisse, die unter ihrer Führung zustande kamen, auch dann zuzuschreiben, wenn sie weniger als Folge ihrer Führung eingetreten sind als vielmehr im Gegensatz zu ihr", schreibt der amerikanische Historiker Sidney Hook in seinem Standardwerk „Der Held in der Geschichte", und Jacob Burckhardt sagt: Die Völker wollen große Repräsentanten, und so deuten sie das historisch Vorhandene um und schaffen das nicht Existierende neu. Mit anderen Worten: Biographen haben auf ihre Weise recht, wenn sie aus der wirren Fülle der geschichtsgestaltenden Mächte ein Individuum mehr oder weniger mutwillig isolieren; das beschreibt sich leichter, und die Leute lesen es lieber.

Damit ließe sich ja leben – wenn es bei Hindenburg so gewesen wäre, daß nur *Soldaten* dem Popanz des siegreichen Feldherrn nachliefen wie einer Fahne, die ja auch nur ein Fetzen und trotzdem von hoher Symbolkraft ist. Doch es war die Mehrheit aller Deutschen, die aus Hindenburgs repräsentativer Rolle im Ersten Weltkrieg folgerte, daß er Reichspräsident werden müsse, 1925 und 1932 noch mal, mit 84 Jahren; was ihn in die Lage versetzte, Hitler zum Reichskanzler zu ernennen. Niemand hat ihn je geweckt.

5.

Was ist das: ein großer Mann?

> Für einen Kammerdiener gibt es keinen Helden, ist ein bekanntes Sprichwort; ich habe hinzugesetzt: nicht aber darum, weil dieser kein Held, sondern weil jener der Kammerdiener ist.
>
> *Hegel, Vorlesungen über die Philosophie der Geschichte*

Homer historisch nicht gesichert, Kolumbus nicht der Entdecker Amerikas, Hindenburg ein bloßes Namensschild für eine Massenleistung – will dieses Buch denn die großen Männer leugnen, die Genies, die Göttersöhne, die „Geschäftsführer des Weltgeistes“, wie sie bei Hegel heißen?

O nein. Es will nur dazu beitragen, daß wir der Zwangsvorstellung entrinnen, jeder Lorbeerkranz bürge dafür, daß der groß war, den er schmückt. Ein Denkmal besagt zunächst nicht mehr, als daß eine mit Geld versehene Autorität es für angezeigt hielt, es zu errichten. Es heißt wirklich nicht die Großen herunterziehen, wenn man ein paar solcher Monumente als deplaziert bezeichnet und zugleich nach einigen anderen ruft, die möglicherweise vergessen worden sind. Wer Denkmäler für unumstößlich hält, dem sei ein Abstecher zu den drei Büsten von Fuerte Bulnes empfohlen: Die erste Büste zeigt den General, der dieses Fort am Südzipfel von Chile errichtet hat; die zweite den Staatspräsidenten, der den Einfall hatte, dem General den Auftrag dazu zu geben; und die dritte? Jenen General, der den Einfall hatte, den beiden ersten dieses Denkmal zu setzen (so in der Inschrift als Begründung ausgewiesen).

Was also ist das: Größe? Wollen wir damit herausragende *Eigenschaften* benennen, und welche, und auch dann, wenn sie sich nicht in einer herausragenden *Leistung* niedergeschlagen haben sollten wie bei so vielen Pechvögeln oder faulen Genies? Oder meinen wir eine herausragende *geschichtliche Rolle*, und von welcher Art, und auch im Bösen – und selbst dann, wenn es ein Mensch mit eher durchschnittlichen Eigenschaften war, den die Umstände auserwählten, sie zu spielen, wie so viele Könige?

Wer Antworten auf solche Fragen sucht, gerät rasch in den antiken Mythos und in halbverschüttete Gänge unserer Seele. „Groß“ waren zunächst nur die Götter oder Gott: „Der Herr ist groß und sehr zu loben, und seine Größe ist unausforschlich", singt der Psalmist (145,3), und Jesus spricht: „Mein Vater ist größer als alles" (Johannes 10,29). Ägyptens Pharaonen ließen sich göttliche Ehren erweisen, und natürlich war eben solche Größe gemeint, als *Kyros II.*, König der Perser von 559 bis 529 v. Chr., sich „der Große" nennen ließ, womit er sich als erste historische Figur im Abendland durchgesetzt hat bis heute. *Alexander der Große* wurde 331 v. Chr. in der Oase Siwa vom Orakelpriester als Sohn Ammons begrüßt, des höchsten ägyptischen Gottes; er selbst war großherzig genug, seine göttliche Abkunft nie zu bestreiten.

Das schwingt noch mit, ob wir wollen oder nicht, wenn wir „der Große" sagen, in Karl, Otto, Gregor, Peter, Friedrich dem Großen; der war der letzte, bei dem der Ehrentitel sich in aller Welt (mit Ausnahme Österreichs) etabliert hat. Der mythische Untergrund schimmert auch durch die Wörter *Heros, hero, Held:* Heros, das war ursprünglich ein Halbgott im griechischen Mythos, wie Achilles, ein Urenkel des Zeus. Dann ging das Wort über auf eine historische Person, der göttliche Ehren erwiesen wurden wie Alexander dem Großen und vor ihm Lysander, dem spartanischen Feldherrn, der den Peleponnesischen Krieg siegreich beendete.

Die Angelsachsen sind also tief im Mythos verwurzelt, wenn sie das Wort *hero* nicht nur für heldische Führergestalten, sondern arglos für jede große Persönlichkeit verwenden. Die Deutschen sind es auch: Schleiermacher nannte 1826 die großen Männer „die Heroen der Gattung, das dämonische Geschlecht, königlich und herrschend seiner Natur nach". Und noch in dem 1956 erschienenen Sammelwerk „Die großen Deutschen" können wir lesen, Archimedes, Newton und Gauß seien „die drei Heroen ihrer Wissenschaft". Ein bißchen sehen wir unsere großen Männer immer noch als die Halbgötter an, als die die Helden galten.

Auch das Wort *Charisma* sollte uns mißtrauisch stimmen, falls wir etwa ein Quantum Vernunft in die Betrachtung der Größe einfließen lassen wollen: Zwar wird darunter heute überwiegend die Ausstrahlung, die Kraft der Persönlichkeit verstanden, die zum Beispiel der eine Staatsmann habe und der andere nicht. Nur wählen wir dafür ein griechisches Wort, das weit mehr bedeutet, nämlich göttliche Begnadung. So grenzt *Max Weber* die charismatische Herrschaft, ausgeübt von Propheten, Kriegshelden oder großen Demagogen, von der bloß legalen oder traditionellen Herrschaft ab (die einem guten Demokraten eigentlich willkommener sein müßte). Als Beispiele für Charisma nennt Weber Perikles, Jesus und *Napoleon* – und man lese nur einige der Superlative, mit denen Napoleon überzogen worden ist: „der gewaltigste Lebensatem, der jemals den menschlichen Lehm beseelte" (Chateaubriand), „das alles beherrschende Riesengehirn" (Thomas Mann).

Sind wir auf eine Sehnsucht nach Halbgöttern angelegt? Ja, der Heroenkult scheint tief in uns verwurzelt. Nach Sigmund Freud entspringt nicht nur unser Gottesglaube, auch unser Verlangen nach dem großen Mann der Sehnsucht nach dem verlorenen *Vater:* „Man muß ihn bewundern, darf ihm vertrauen, aber man kann nicht umhin, ihn zu fürchten. Wir hätten uns vom Wortlaut leiten lassen sollen: Wer anders als der Vater soll denn in der Kindheit der große Mann gewesen sein!" Der Vater: unser Beschützer, unsere Genugtuung, wenn wir an seine Siege denken, unsere Hoffnung in der Not und für die Bildhauer das Modell.

„Die als Ideale fortlebenden großen Männer haben einen hohen Wert für die Welt und für ihre Nationen insbesondere", schreibt Jacob Burckhardt. „Sie geben denselben ein Pathos, einen Gegenstand des Enthusiasmus und regen sie bis in die untersten Schichten intellektuell auf durch das vage Gefühl von Größe; sie halten einen hohen Maßstab der Dinge aufrecht, sie helfen zum Wiederaufraffen aus zeitweiliger Erniedrigung." So sei Napoleon bei allem Unheil, das er über sie gebracht habe, für die Franzosen „ein unermeßlich wertvoller Besitz".

Wie nun erst eine Heilsgestalt, ein starker, weiser Führer wie Romulus oder Wilhelm Tell! Gab es ihn nicht, so stellte man ihn her. *Romulus* war für Francis Bacon in seinem Essay über den Ruhm (1625) einer der beiden größten „Männer der Tat", neben Cäsar, und noch der Große Meyer von 1890 teilte ohne Einschränkung mit, Romulus habe die Stadt Rom erbaut und sei ihr erster König gewesen. Heute bestreitet niemand mehr, daß er Legende ist.

Wie *Wilhelm Tell.* Für viele Schweizer indessen war dies eine schmerzliche Einsicht, über die auch keiner sprach, als Tell im Zweiten Weltkrieg noch einmal zum Symbol eidgenössischen Selbstbehauptungswillens wurde; für Schokolade, Käse und Atomschutzbunker wirbt er unverdrossen noch heute. Daß die Historiker den Schweizern jüngst auch ihren zweiten Nationalhelden genommen haben, den *Arnold Winkelried,* erfüllt viele bis in die Gegenwart mit Empörung. Aber es kann inzwischen als erwiesen gelten: Der wackere Landmann aus Unterwalden hat nie gelebt, bevor er 1386 in der Schlacht bei Sempach angeblich dadurch ums Leben kam, daß er die

Lanzen mehrerer österreichischer Ritter auf seine Brust lenkte und so eine Bresche in die Phalanx schlug.

Dabei sind mythische Gestalten von beglaubigten Helden nur dem Grade nach verschieden: Bei der historischen Überlieferung nehmen wir – in Teil D, „Der Ruhm", ist es nachzulesen – eine mythisch-anekdotische Verfälschung in Kauf, die selten unter zwanzig Prozent liegen dürfte, bei vaterländischen Leitfiguren wie dem Alten Fritzen bis 1945, Lenin bis 1989, Washington und Lincoln bis heute aber leicht achtzig Prozent erreichen kann; Tell ist der hundertprozentige Mythos. Was sogar einen Vorzug hat: Das verbreitete Begehren nach natürlicher Autorität, nach dem Führer aus der Not wird hier durch keinen wahren Charakterzug getrübt, durch keinen Historiker gefährdet, der den Bewunderern Irrtümer oder kritiklose Lobhudelei nachweisen könnte.

Robin Hood ist noch mit solchem Risiko behaftet – einem geringen allerdings, weil die historische Figur, um die sich die Legende ranken mag, sich nicht mehr rekonstruieren läßt aus den Volksballaden, die vom 14. bis ins 16. Jahrhundert das Lied vom hochherzigen Räuberhauptmann sangen, der die Reichen überfiel, um ihr Vermögen unter den Armen zu verteilen.

Über *Harun al-Raschid* wissen wir mehr, und nichts davon stützt die Märchen aus 1001 Nacht, wonach der Kalif durchs nächtliche Bagdad streifte, um seine Untertanen zu prüfen und den Armen zu helfen. Wann immer Harun in die Stadt ritt, wurde er von seiner Leibwache und seinem Scharfrichter mit gezücktem Schwert begleitet. Sein leiblicher Bruder, der in der Thronfolge vor ihm rangiert hatte, war unter mysteriösen Umständen gestorben; seinen Milchbruder und besten Freund ließ Harun hinrichten und seine Schwester lebendig begraben. *Richard Löwenherz*, der edle Ritter der Troubadoure, war ein habgieriger und brutaler Mensch von hemmungslosem Jähzorn, und das englische Volk verdankt ihm wenig, wie Winston Churchill schreibt. Doch gegenüber Wilhelm Tell haben die Historiker ihr Recht verloren; er bleibt unbesudelt immerdar.

Der Frage, was das eigentlich ist, ein großer Mann: Der sind wir bei all dem nicht viel näher gekommen – außer daß wir den mythischen Hintergrund angeleuchtet und davon die Einladung zum Mißtrauen gegenüber leichtfertigen Personifizierungen und hurtigen Wertungen mitgenommen haben.

Fragen wir also die Lexika. Sie definieren „Größe" ziemlich einmütig als Schöpfertum, Großartigkeit und Seelenadel. Doch damit ist wenig erreicht. „Großartigkeit" ist bloß die Größe noch einmal; „Schöpfertum" trifft überwiegend nur auf einen Teil der Großen, nämlich die Künstler zu; und „Seelenadel"? Würden wir ihn wirklich zur Bedingung der Größe machen, so müßte in unseren Schulbüchern und Lexika ein fürchterliches Aufräumen stattfinden. Daß große Männer wie Kolumbus, Rousseau oder Richard Wagner durch Seelenadel ausgezeichnet wären, haben ja nicht einmal ihre engsten Freunde behauptet (mehr in Kap. 10).

Hilft der Begriff der *historischen Größe*, seit Jacob Burckhardt populär, uns weiter? Nicht sehr. „Historisch" heißt: die Geschichte betreffend; als wahr erwiesen; von historischer Bedeutung. Nur das dritte kann gemeint sein. „Historische Größe" käme demnach denjenigen Menschen zu, die historisch wirksam, die zum Gegenstand der Geschichte geworden sind, wie Kolumbus. Nur wird damit leider alles vermengt, was zu trennen am Anfang jeder ernstlichen Betrachtung stehen müßte: die geniale Begabung mit der manifesten Leistung, mit dem Erfolg und mit dem Ruhm. Der aber stellt sich bekanntlich oft auch ohne Talent und Leistung ein (wie bei den meisten Monarchen und vielen Stars), ja nicht selten krönt er den totalen Mißerfolg wie bei Leonidas oder Maria Stuart.

Legen wir also den Begriff „historische Größe" rasch zu den Akten und betrachten wir Burckhardts konkrete Definition. Sie geht „von unserem Knirpstum" aus und konstatiert: *Größe ist, was wir nicht sind.* Burckhardt schränkt dann ein und nimmt zum Maßstab die *Unersetzlichkeit* (wie vor ihm Schopenhauer: Jedes Genie habe „an seinen Werken der Welt ein Geschenk dargebracht, welches sie außerdem von gar keinem andern in der gesamten Gattung jemals hätte erhalten können"). Burckhardt sagt: „Der große Mann ist ein solcher, ohne den die Welt uns unvollständig schiene, weil bestimmte große Leistungen nur durch ihn innerhalb seiner Zeit und Umgebung möglich waren und sonst undenkbar sind; er ist wesentlich verflochten in den großen Hauptstrom der Ursachen und Wirkungen. Sprichwörtlich heißt es: Kein Mensch ist unersetzlich. Aber die wenigen, die es eben doch sind, sind groß (...) Einzig und unersetzlich aber ist nur der mit abnormer intellektueller oder sittlicher Kraft ausgerüstete Mensch, dessen Tun sich auf ein Allgemeines, d.h. ganze Völker oder ganze Kulturen, ja die ganze Menschheit Betreffendes bezieht."

Das klingt schlüssig. Doch es schleppt ein Bündel Risiken und Unterstellungen mit, die den Wert der Definition nahezu aufheben.

Daß es „unersetzliche" Männer gebe, setzt voraus, es seien die Individuen – und nicht die Massen, nicht die Zeitumstände, nicht der „Weltgeist", die Geschichte machten; darüber gehen die Meinungen auseinander, Kap. 8 wird das beleuchten. Der amerikanische Historiker Sidney Hook stuft Napoleon, Thomas Jefferson und Abraham Lincoln als durchaus ersetzbar ein; Sebastian Haffner sagt über Napoleon, Bismarck und sogar über Lenin, schon heute seien sie fast aus der Geschichte wegzudenken, und in tausend Jahren werde es für den Zustand der Menschheit völlig gleichgültig sein, ob sie gelebt hätten oder nicht.

Viel merkwürdiger ist, daß alle *Forscher, Entdecker und Erfinder* bei dieser Definition der Größe durch den Rost fallen. Ob Kolumbus oder Amundsen, ob Newton, Thomas Edison oder Rudolf Diesel – keiner von diesen hat eine Leistung vollbracht, die nicht wenig später von anderen ebenfalls vollbracht worden wäre und oft genug fast gleichzeitig vollbracht worden ist; Kap. 7 wird beleuchten, wie sich die Erfinder häufig im halben Dutzend um ihren Anteil an der Erfindung und um die historische Reihenfolge balgen. Kopernikus war für den Lauf der Weltgeschichte ein doppelt überflüssiger Mensch, denn er tat nichts, als die Erkenntnis des griechischen Astronomen Aristarch aus dem 3. Jahrhundert v. Chr. wiederzuentdecken und zu popularisieren, und dasselbe wäre ohne ihn spätestens Kepler oder Galilei gelungen. Bei *Philosophen* wiederum würde der Maßstab der Unersetzlichkeit zu kuriosen Resultaten führen: Wer das Naheliegende, Vernünftige oder in irgendeinem Sinne „Wahre" gelehrt hätte, wäre ersetzbar, denn darauf wären auch andere gestoßen; wer aber einen originellen Unsinn verbreitete, dem wäre die Unersetzlichkeit gewiß.

Auch Burckhardt räumt ein, daß sie als Kennzeichen der historischen Größe problematisch ist. Der Beweis, schreibt er, sei „nicht immer streng beizubringen, schon weil wir den präsumptiven *Vorrat* der Natur und der Weltgeschichte nicht kennen, aus welchem statt *eines* großen Individuums ein anderes wäre auf den Schauplatz gestellt worden. Aber wir haben Ursache, uns diesen Vorrat nicht allzu groß vorzustellen."

Sollte also *Kolumbus* doch unersetzlich gewesen sein? Burckhardt sagt über ihn einerseits, er sei, als einziger unter den Entdeckern, groß, „weil er sein Leben und eine enorme Willenskraft an ein Postulat setzte, welches ihn mit den größten Philosophen in einen Rang bringt (...) Und doch ließe sich die Entbehrlichkeit des Kolumbus behaupten. Amerika würde bald entdeckt worden sein, auch wenn Kolumbus in der Wiege gestorben wäre, was von Aischylos, Phidias und Platon nicht gesagt werden könnte. Wenn Raffael in der Wiege gestorben wäre, so wäre die Transfiguration wohl ungemalt geblieben."

So hat auch Jacob Burckhardt mehr Fragen gestellt als beantwortet; und mit schöner Selbstverständlichkeit verliert er kein Wort über *die großen Frauen* (von denen das folgende Kapitel handelt). Da ist man gespannt, wie die zwölf mächtigen Lexikonbände mit dem Titel „Die Großen der Weltgeschichte" das Problem angehen, erschienen in Zürich von 1970 bis 1979, eine der aufwendigsten Ruhmeshallen der Weltliteratur. Attila, Robespierre, Hitler, Stalin sind nicht aufgeführt – ein offenbar moralischer Maßstab, dem Respekt gebührt. Nur: Massenmörder waren auch Tschingis Khan, Peter der Große, Lenin und Mao, und denen wird je ein Essay gewidmet.

Als einer der Großen der Weltgeschichte ist *Kurt Waldheim* eingestuft, österreichischer Bundespräsident von 1986 bis 1992. Man traut seinen Augen nicht: Waldheim, der seine Nazi-Vergangenheit vertuschte und sich auf klägliche Weise zu halben Wahrheiten darüber durchlog? Wahrscheinlich lag er im automatischen Zugriff der Herausgeber, weil er zur Zeit des Erscheinens Generalsekretär der Vereinten Nationen war. Warum aber wurde er das? Nach allen Indizien deshalb, weil ihn jene Blässe kennzeichnete, die sich die Großmächte (nach ihren Erfahrungen mit dem eigenwilligen Dag Hammarskjöld) von jedem Chef der UNO wünschten. Und ein solcher Generalsekretär sollte eines der 706 Spitzenprodukte der Gattung „Mensch" gewesen sein?

706, das ist die Zahl der „Großen", die die Weltgeschichte hervorgebracht hat, dem zwölfbändigen Werk zufolge; und da möchte man schon die Maßstäbe kennenlernen, nach denen hier behauptet wird, diese 706 seien alle „groß" – und alle anderen Menschen demnach nicht. Walter Jens sagte bei der Vorstellung des ersten Bandes, Größe sei hier daran gemessen, wieviel sie zu Menschlichkeit und Fortschritt beigetragen habe (Waldheim! Tschingis Khan!). Der Herausgeber Kurt Fassmann schreibt in seinem einleitenden Essay, die Auswahl sei durch die Wertung bestimmt, daß die Sache des Menschen „das Überleben ist". Das Werk spüre „jene Interessen, die unser gegenwärtiges Leben bestimmen, in der Vergangenheit auf (...) Die Größe, die hier gemeint ist, muß sich also vor allem in der zukunftsträchtigen Konsequenz zeigen", die ein Mensch aus seinen Möglichkeiten gezogen habe. So konzentriere sich die Auswahl auf Integrationsfiguren, Organisatoren des sozialen Lebens und Entdecker von Naturgesetzen oder von Möglichkeiten zur Verbesserung der Lebensbedingungen.

In schlechtem Deutsch erfahren wir also vor allem zweierlei: daß ein Großer der Antike nur dann Gnade fand, wenn seine Leistung unseren Interessen entspricht, und daß hier ein Glaube an die Herrlichkeit der Wissenschaft im Spiel war, der eigentlich schon 1972, im dritten Jahr der neunjährigen Erscheinungsperiode, einen Stoß hätte bekommen müssen: Da veröffentlichte der Club of Rome das Buch „Die Grenzen des Wachstums".

So aber stellt das kolossale Werk nicht weniger als 182 Naturwissenschaftler, Erfinder, Techniker und Industrielle vor – verglichen mit insgesamt 19 *Musikern.* Unter denen befinden sich *nicht:* Berlioz, Brahms, Bruckner, Gluck, Haydn, Liszt, Mahler, Mendelssohn, Rossini, Schumann, Telemann, Tschaikowski, Vivaldi und Carl Maria von Weber, um nur die wichtigsten zu nennen. Unter den 102 porträtierten *Dichtern* fehlen, man glaubt es nicht, Jean Paul, Kleist und Büchner, Milton, Defoe, Melville und Orwell, Stendhal, Baudelaire und Maupassant, Strindberg und Tschechow, Lope de Vega und Jorge Luis Borges.

Die Begeisterung für Wissenschaft und Technik, die das zwölfbändige Werk seiner Auswahl zugrunde legt, ist unter den Versuchen, „Größe" in Kategorien zu fassen, eine Ausnahme. Kant lehrte das Gegenteil: Es seien die schaffenden Künstler, denen der Vorrang gebühre. So schrieb er in der „Kritik der Urteilskraft", alles, was *Newton* in seinem unsterblichen Werk vorgetragen habe, könne man „gar wohl lernen; aber man kann nicht geistreich dichten lernen (...) Im Wissenschaftlichen also ist der größte Erfinder vom mühseligsten Nachahmer und Lehrlinge nur dem Grade nach, dagegen von dem, welchen die Natur für die schöne Kunst begabt hat, spezifisch unterschieden." Unter allen Künsten wiederum „behauptet die Dichtkunst den obersten Rang" – eine Meinung, die Adalbert Stifter teilte, der sein Leben lang zwischen dem Schreiben und dem Malen schwankte.

Ähnlich schrieb Montaigne: Sokrates war größer als Alexander der Große; und Voltaire: „*Groß* nenne ich Männer, die sich im Nützlichen oder im Erhebenden hervorgetan haben; die anderen, die Provinzen verheeren und erobern, sind bloß *Helden.*" Wilhelm von Humboldt sagte: „Reiche vergehen, ein guter Vers bleibt", und der amerikanische Schriftsteller Ambrose Bierce: „Große Staatsmänner und Soldaten gibt es wie die Fliegen. Den Überfluß an ihnen drücken wir in der Redensart aus, daß die Stunde den Mann hervorbringt, den sie braucht. Von herausragenden literarischen Werken sagen wir das nicht."

Auch die gegenteilige Meinung wird mit Emphase vertreten – von

Schleiermacher: „Die Gründer und Wiederhersteller der Staaten, die Stifter und Reiniger der Religionen, das sind die großen Männer." Von Oswald Spengler: „Platon ist ewig – für Philosophen. Aber Napoleon beherrscht uns alle innerlich."

Das Problem, wie man „Größe" definieren soll, bleibt indessen ungelöst. Vielleicht begnügen wir uns mit der ausdrücklich als „vorläufig" gekennzeichneten Formel Sigmund Freuds: „eine locker gebrauchte und ziemlich willkürlich vergebene Anerkennung der überdimensionalen Entwicklung gewisser menschlicher Eigenschaften in ziemlicher Annäherung an den ursprünglichen Wortsinn *Größe*".

Das, was wir offenbar wirklich meinen, wenn wir „Größe" sagen, abseits hehrer Formeln und eigensinniger Rubrizierungen – das hat am griffigsten Sebastian Haffner ausgedrückt: „was das Maximale ist, das Menschen allenfalls leisten können, wenn man sie gewissermaßen wie Athleten betrachtet, die zum Weltrekordsprung ansetzen". Wer hat den größten Sprung gemacht, den schwierigsten Weg zurückgelegt, einer mißgünstigen Umwelt am nachhaltigsten seinen Stempel aufgedrückt oder ihr die größten Werke abgerungen – ist es nicht das, was wir bewundern?

Dieser Ansatz hat zudem den Vorzug, daß er Persönlichkeiten wie Newton und Kolumbus die Türen wieder öffnet, die ihnen durch Kategorien wie „Unersetzlichkeit" vor der Nase zugeschlagen wurden: Da hat einer, gemessen an seinen Möglichkeiten in seinem Raum zu seiner Zeit, Großes gewagt und Großes gewonnen – und also soll er groß heißen dürfen, ob er unersetzlich oder austauschbar, von Seelenadel überwölbt oder prall von Gemeinheit war.

Dabei haben wir in Kauf zu nehmen, daß wir, als Abendländer, eine halbwegs realistische Einschätzung von Größe nur bei Abendländern vornehmen können, im wesentlichen also bei Europäern und ihren Nachkommen in Übersee – zu lückenhaft sind sonst unsere Kenntnisse, zu anfechtbar unsere Maßstäbe. Mit anderen Worten: Nur solche Großen wissen wir zu würdigen, die nach Erfindung der Schrift in einem der großen Kulturräume des Abendlands gelebt und dort etwas geleistet haben, was berufenen oder unberufenen Historikern, Kunstrichtern, Ruhmrednern als überliefernswert erschien – so daß wir drei Büsten aufstellen sollten: eine für den unbekannten Großen, der nicht die Umstände antraf, unter denen er sich hätte entfalten können; die zweite für den Großen, der sich zwar beweisen konnte, aber keinen fand, der seine Größe überliefert hätte bis ins Abendland und ins 20. Jahrhundert; und nur die dritte für den Großen, den wir kennen (auf die Gefahr hin, daß er bloß ein Repräsentant einer kollektiven Leistung ist, „eine Notwendigkeit der Sprach-Ökonomie").

Damit zieht dieses Buch sich einen Vorwurf zu, der seit Beginn der neunziger Jahre für amerikanische Bürgerrechtler (zumal an den Universitäten) der schlimmste ist: nur von DWEMs zu handeln, Dead White European Males. Ja, von gräßlich weißen Europäern, aus der genannten Einsicht, die frei von Hochmut ist; warum die Frauen eine vergleichsweise geringe Rolle spielen, davon handelt das folgende Kapitel.

Die großen Weißen, die wir kennen, werden anschließend unter vier Aspekten untersucht: Wie ordnen wir die Erfinder ein, die doch allesamt ersetzbar wären? (Kap. 7). Haben große Männer überhaupt etwas bewegt – oder sind sie nur Namensschilder für Ereignisse, die ohne sie genauso abgelaufen wären? (Kap. 8). Wie verhält sich Größe zu Moral? (Kap. 9 und 10). Und schließlich: Welche Großen verdienen es, „Genie" zu heißen? (Kap. 12). Mit den Frauen fangen wir an.

Die einflußreichsten Menschen der Weltgeschichte

errechnet nach einem selbsterfundenen Punktsystem von dem amerikanischen Mathematiker Michael H. Hart in dem Buch „The 100. A ranking of the most influential persons in history", New York 1979:

1. Mohammed
2. Newton
3. Jesus
4. Buddha
5. Konfuzius
6. Paulus
7. Tsai Lun (der chinesische Erfinder des Papiers)
8. Gutenberg
9. Kolumbus
10. Einstein
11. Marx
12. Pasteur
13. Galilei
14. Aristoteles
15. Lenin

Aus dem deutschen Sprachraum verzeichnet die Liste ferner:

23. Luther
24. Kopernikus
32. Freud
35. Hitler
42. Beethoven
43. Werner Heisenberg
54. Max Planck
59. Gregor Mendel
61. Nikolaus Otto
73. Wilhelm Röntgen
74. Johann Sebastian Bach
85. Karl den Großen
87. Leonhard Euler
97. Johannes Kepler

Napoleon erscheint in Harts Liste auf Platz 34. Nicht vertreten sind u.a. Goethe, Dante, Kant, Hegel, Nietzsche und Leonardo da Vinci.

6.

Kann der Ruhm weiblich sein?

Ich muß mich doch wirklich drüber wundern, wie unsere Weiber jetzt, auf bloß dilettantischem Wege, eine gewisse Schreibgeschicklichkeit sich zu verschaffen wissen, die der Kunst nahekommt.
Schiller an Goethe, 30. Juni 1797

Unter den 706 „Großen der Weltgeschichte" in der zwölfbändigen Züricher Enzyklopädie befinden sich 27 Frauen, gleich 3,8 Prozent. Das fünfbändige Sammelwerk „Die Großen Deutschen" enthält 236 Porträts, darunter 8 von Frauen, gleich 3,4 Prozent. Unter den 606 Trägern des Nobelpreises bis 1992 befinden sich 26 Frauen, gleich 4,3 Prozent. Sind Frauen weniger begabt?

Millionen, wenn nicht Milliarden Männer dachten es und denken so. Schiller dachte es, wie im Motto ausgewiesen. Jean Paul sprach zwar von *weiblichen Genies*, verstand darunter jedoch nicht etwa geniale Frauen, sondern „weibliche, empfangende, passive" geniale Männer wie Diderot, Rousseau, Novalis und Ludwig Tieck, die er auch „geniale Mannweiber" nannte. Und Carl Friedrich Gauß beglückwünschte zwar die französische Mathematikerin *Sophie Germain* zu ihrem vortrefflichen Mut und ihrem „höchsten Genie", jedoch eben deshalb, weil es für eine Frau „nach unseren Denkgewohnheiten und Vorurteilen unendlich schwieriger sein muß, sich mit diesen dornigen Untersuchungen anzufreunden" – was wir nicht mehr so recht glauben können nach dem zweifachen Nobelpreis für die Chemikerin *Marie Curie* und dem Nobelpreis für ihre Tochter, die Atomphysikerin *Irène Joliot-Curie.*

Nur ist eines klar: Beim Wettlauf um Leistung und Ruhm war das weibliche Geschlecht *biologisch* im Nachteil. Mindestens zwei Millionen Jahre lang gingen die Männer jagen und schafften das Fleisch heran; die Frauen blieben im Lager, betreuten die Kinder, hüteten das Feuer und sammelten Nüsse und Beeren. So wurden die Männer von der Natur auf Dauerlauf, Muskeln und Durchsetzungsvermögen gezüchtet, und beide Geschlechter wurden daran gewöhnt, daß es Männersache sei, die nach außen gerichtete, die spektakuläre Leistung zu vollbringen. „Helden" sind keine Frauen. Der Frau oblag es, ihre Kraft vollständig nach innen zu wenden.

Daß die Frau damit geringeren Ranges sei, wurde von dem Geschlecht mit den stärkeren Muskeln entschieden, und die Verfasser der heiligen Schriften und der Gesetzbücher haben diese Ordnung für weitere Jahrtausende kodifiziert. „Der Mann ist das Haupt der Frau“, schrieb Paulus an die Korinther und die Epheser. „Männer sollen den Frauen vorgezogen werden, weil Allah sie mit Vorzügen begabt hat“, heißt es im Koran (Sure 4, Vers 35); die Frau schulde dem Mann Gehorsam, und er solle sie züchtigen, wenn sie ihn erzürnt. In der Bundesrepublik blieb die Unterordnung der Ehefrau unter den Mann bis 1957 bestehen. Das Wahlrecht, also die politische Gleichberechtigung, erwarben die Frauen in Deutschland, Österreich, England 1918, in den USA 1920, in der Schweiz erst 1971.

Mit all dem hat sich wenig daran geändert, daß Frauen, die Karriere machen oder gar Ruhm erwerben wollen, nicht weniger als vier Hindernisse zu überwinden haben, die beim gleichen Versuch den Männern *nicht* im Wege stehen.

Die biologische Benachteiligung ist nicht aus der Welt: Schwangerschaft kann der Höchstleistung im Männersinn nicht dienlich sein, und die Fürsorge für die Kinder mit dem Vater zu teilen ist nicht jeder Frau gegeben und nicht nach jederfraus Geschmack.

Dabei erweist sich das ganze Denken in Leistung und Erfolg – dies *das zweite Hindernis* – als eine männliche Art, an die Welt heranzugehen. Das meiste, was die meisten Frauen schaffen, läßt sich schwer messen und steht in keinem Lexikon. Als der 26jährige Rechtsanwalt Dr. Goethe, schon berühmt als Autor des „Götz von Berlichingen“ und der „Leiden des jungen Werthers“, 1775 nach Weimar kam, verliebte er sich sogleich in die sieben Jahre ältere Charlotte von Stein, die sieben Kinder hatte; später, von Goethe längst verstoßen, schrieb sie an Schillers Frau Charlotte: „Man glaubt nicht, wie zu so viel kleinen Geschäften des Lebens, die wir besorgen müssen, mehr Geisteskraft muß aufgewendet werden, die uns für nichts angerechnet wird, als die eines Genies, das Ehre und Reichtum erntet.“

Es wird „nicht angerechnet“, was die Frau leistet – ein Ausdruck der starr männlichen Prägung des Genie-Begriffs. Der holländische Kulturphilosoph *Johan Huizinga* wendet gegen Jacob Burckhardt ein (ebenso wie gegen Thomas Carlyle, der 1841 die „Führergestalten“ der Geschichte präsentierte), beide hätten ein Prinzip als allgemeingültig hingestellt, „das, streng genommen, nur auf die Hälfte des Menschengeschlechts anwendbar ist. Sie haben darüber hinweggesehen, daß es nicht ‚Größe‘ ist, was die Welt von der Frau verlangt (...) An der Vorstellung *Größe, Heroismus* klebt nun einmal ein Stück männlichen

Wahns. Das Wesen des Weiblichen verträgt diese der Quantität entliehene Metapher nicht (...) Der ganze Begriff der historischen Größe zerschellt an seiner Unzulänglichkeit als Maßstab für die höchste und tiefste weibliche Würde." Auch Genialität drücke das höchste und tiefste Vermögen der Frau nicht aus.

So jedenfalls widerfährt dem weiblichen Geschlecht mehr Gerechtigkeit als mit der These des Psychiaters Ernst Kretschmer: „Das Genie der Frau liegt in ihren Söhnen" oder in der Behauptung des Psychoanalytikers K. R. Eissler, „die Überlegenheit von Männern über Frauen in der Schaffung der höchsten kulturellen Werte" sei eine gesicherte Tatsache, vermutlich, weil die schöpferische Fähigkeit der Frau in ihrem größeren Beitrag zur Fortpflanzung aufgehe – während umgekehrt „der Neid der Männer auf das Gebärprivileg der Frauen" eine der Wurzeln der kulturellen Überlegenheit des Mannes sei.

Eindeutig aber haben viele Frauen Leistungen vollbracht, die auch Männern imponieren. Nur traten ihnen da millionenfach und treten ihnen oft noch heute die Männer mit einem Nein! entgegen – *das dritte Hindernis* auf dem Weg zum Ruhm. Die meisten Felder, auf denen die Luxuspflanze „Ruhm" gedeiht, haben von altersher die Männer sich selber vorbehalten.

So in der *Wissenschaft:* Noch der große Neuerer Rousseau wollte die Erziehung der Mädchen allein darauf ausrichten, „dem Manne zu gefallen" („La femme est faite spécialement pour plaire à l'homme", heißt es in „Emile oder über die Erziehung"), und ungehinderten Zutritt zu den Universitäten haben Frauen in Deutschland erst seit 1908 – ohne daß sich damit an der Neigung vieler Eltern, eher die Söhne studieren zu lassen, alsbald etwas geändert hätte.

So in der *Politik:* In die Staatsgeschäfte gelangte eine Frau bis ins 20. Jahrhundert nur entweder durch den Zufall der Geburt (wie Elisabeth I. von England oder Maria Theresia) oder indem sie mächtige Männer mit den Waffen des Weibes überlistete wie die Zirkustänzerin Theodora den Kaiser von Byzanz, Justinian I., oder die Marquise von Pompadour den König von Frankreich, Ludwig XV.; während Kleopatra sowohl Königin von Geburt als auch die einflußreiche Geliebte des jeweils mächtigsten Mannes des Römischen Reiches war: erst Cäsar, dann Antonius. *Katharina die Große*, von Geburt nur eine deutsche Prinzessin, wurde die Frau des späteren Zaren Peter III., veranlaßte seinen Sturz, spielte eine ungeklärte Rolle bei seiner Ermordung und ließ sich zur Zarin ausrufen. Als solche zeigte sie staatsmännische Talente, die sie allen Männern ihrer Umgebung überlegen machte; wie auch Theodora von Byzanz und Elisabeth von England. Theodora war eine ungleich stärkere Persönlichkeit und raffiniertere Politikerin als ihr Gatte; Elisabeth I. eine geborene Herrscherin: unerschrocken, rasch entschlossen, wendig, schlagfertig und imstande, Untergebene durch feurige Reden zu motivieren, dazu eine Bogenschützin von großer Körperkraft.

Selbst die scheinbar männlichsten Eigenschaften können also in Frauen kulminieren; und wenn wir nichts von „Feldherrinnen" wissen, so vor allem deshalb, weil die Männer stets über ihr Kriegsmonopol gewacht haben. Fand der Krieg vor der Haustür statt wie in Bürgerkriegen, so waren regelmäßig Tausende von Frauen so leistungsstark wie nur je ein Mann – freilich auch so grausam, wie dies zumal vom spanischen Aufstand gegen Napoleon (1808/09) und vom Spanischen Bürgerkrieg (1936-1939) drastisch bezeugt ist; und der englische Belagerungsring um Orléans wurde 1429 unter der Führung von Jeanne d'Arc gesprengt.

Ist aber nicht die *Literatur* ein Feld, auf dem die Frauen sich von jeher tummeln durften? Ja, sagt *Virginia Woolf* – „dank der geringen Kosten des Schreibpapiers und der Tatsache, daß Federn kaum Lärm machen". Doch gleichzeitig seien den Frauen jene Erfahrungen vorenthalten worden, aus denen die Literatur viele ihrer größten Stoffe nehme: Sie konnten nicht Kommandanten von Segelschiffen werden wie Joseph Conrad und weder an Kriegen teilnehmen noch das rauschhafte Leben eines reichen Gutsherrn führen wie Tolstoi.

Und die *Musik*, diese besonders weiche, so gar nicht kriegerische Kunst – müßten in ihr die Frauen nicht geradezu dominieren, nach all den über sie umlaufenden Vorurteilen von Empfänglichkeit und Tiefe des Gemüts? Doch der Name einer Komponistin fällt so leicht keinem ein. Wie das? Sollte es den Frauen wirklich an schöpferischer Musikalität gebrechen? Oder liegt es daran, daß die Frau im Musikbetrieb stets benachteiligt gewesen ist? Die Zurücksetzung reicht vom Verdikt des Apostels Paulus, die Frau habe in der Kirche zu schweigen (1. Korinther 14,34), also dort zu schweigen, wo Musik einst überwiegend betrieben wurde, bis zu der Tragikomödie, zu der die Berliner Philharmoniker von 1982 bis 1984 aufspielten.

Damals hatte sich die 22jährige Klarinettistin *Sabine Meyer* in Berlin beworben, stach beim Probespiel alle männlichen Mitbewerber aus – und wurde von den 117 Philharmonikern, darunter 116 Männern, abgelehnt. Daraufhin zwang der Chefdirigent Herbert von Karajan seinem Orchester ein Probejahr für Sabine Meyer auf, nach dessen Ablauf sie hätte bleiben können, wenn sich zwei Drittel der 117 Musiker in geheimer Abstimmung für sie ausgesprochen hätten. Behandelt wurde Frau Meyer von den 116 Männern jedoch so, daß sie es vorzog, auf eine Kandidatur zu verzichten. Gewiß war da auch ein Machtkampf zwischen dem Orchester und Karajan im Spiel, aber daß er auf dem Rücken einer jungen Frau ausgetragen wurde, kann kein Zufall sein. Offenbar hatten die 116 Männer genug von Weibern, seit sie sich 1982 schon hatten hinreißen lassen, zum erstenmal in der hundertjährigen Geschichte des Orchesters eine Frau zu akzeptieren: die Schweizer Geigerin Madeleine Caruzzo.

Was war es, als die weltbekannte Pianistin *Clara Wieck* sich dem Komponisten Robert Schumann gänzlich unterwarf? Sie heiratete ihn, gebar ihm acht Kinder, verzichtete auf das Üben am Klavier, weil es ihn beim Komponieren störte, und finanzierte mit ihren Konzertreisen die ganze Familie. War es die Einsicht, daß er der Größere sei und ihrer Förderung bedürfe? War es die demütige Hinnahme der klassischen Rolle des Weibes? Auch von anderen bedeutenden Frauen ist ja die freiwillige Unterwerfung überliefert – von *Cosima Wagner*, die über ihren Richard ins Tagebuch schrieb: „Verstummen möchte ich, verschwinden, nichts wissen, nichts hören, außer ihm dienen, ihm!" Oder von *Katja Mann*, die ihrem Thomas ein halbes Jahrhundert lang alle Steine aus dem Wege räumte und alle Marotten nachsah. „Ich habe in meinem Leben nie tun können, was ich hätte tun wollen", notierte sie in ihren „Ungeschriebenen Memoiren". Ja es hält sich die Theorie, daß die serbische Physikerin *Mileva Maric*, die mit Albert Einstein zusammen in Zürich studierte und später seine erste Frau wurde, an der Entstehung der Relativitätstheorie wesentlich beteiligt war und auf allen Ruhm verzichtete; sei es ihrem Mann zuliebe, sei es, weil die Scheidungsvereinbarung von 1919 vorsah, daß, wenn er den Nobelpreis bekommen sollte, die gesamte Summe ihr gehören würde (er bekam ihn 1921).

Nun gibt es aber durchaus Frauen, die nicht in der Hingabe an ihre Familie aufgehen, die ihre biologischen Nachteile überwinden, Höchstleistungen auch nach männlichen Maßstäben vollbringen und dabei alle männliche Mißgunst niederringen. Ihnen also müßten die Ruhmeshallen offenstehen.

Aber da bauen die Männer, die ihnen schon den Weg nach oben erschwert haben, *das vierte Hindernis* auf: Sie nehmen ein bißchen weniger Kenntnis von den Frauen, als wenn ihre Leistungen von Männern vollbracht worden wären. Männer sind alle sieben Herausgeber der zwölfbändigen Enzyklopädie „Die Großen der Weltgeschichte" und 323 ihrer 350 Autoren. Diese zu 92 Prozent männlichen Richter haben die zu 96 Prozent männliche Auswahl vorgenommen.

Ließe sich nun geltend machen: „Es zählen halt nur 27 Frauen zu den 706 Großen der Weltgeschichte, wir bedauern das ja – aber stand es in unserer Macht, die biologische Benachteiligung zu beseitigen und die historische nachträglich zu korrigieren?"

Das ließe sich hören – wenn einem jenseits der 27 weiblichen Porträts keine Frau von unstreitiger Größe einfiele. Doch wer fehlt da alles! So sind zum Beispiel in der gesamten Weltliteratur, dieser Auswahl zufolge, genau vier Frauen heimisch: Sappho, Simone de Beauvoir und zwei japanische Dichterinnen der vorigen Jahrtausendwende. Gab es da nicht ein paar Nobelpreisträgerinnen – Selma Lagerlöf, Sigrid Undset, Gabriela Mistral, Pearl S. Buck? Gab es da nicht George Sand und Germaine de Staël, Jane Austen, Virginia Woolf und Margaret Mitchell, die den populärsten Roman des Jahrhunderts und den erfolgreichsten in der Geschichte der Bücher geschrieben hat? Wenn bei den Politikerinnen Theodora, die Pompadour und Katharina die Große fehlen – hat das moralische Gründe? Wenn ja – warum übergeht die zwölfbändige Enzyklopädie Eleanor Roosevelt, die von 1946 bis 1951 Vorsitzende der Menschenrechtskommission der UNO und Mitautorin der wegweisenden Menschenrechtserklärung von 1948 war? Warum die von Freund und Feind bewunderte Golda Meir, Mitbegründerin des Staates Israel und Ministerpräsidentin von 1969 bis 1974?

Besonders kurios in einem Werk, das sich dem humanitären Fortschritt verschrieben hat, ist die Unterschlagung von *Harriet Beecher Stowe*, der Autorin von „Onkel Toms Hütte", dem Bestseller des 19. Jahrhunderts. Mit der herzzerreißenden Geschichte von den geschundenen Negersklaven wurde die kleine Mrs. Stowe zur großen Anstifterin der Sklavenbefreiung. Die Encyclopaedia Britannica rechnet ihr Buch unter die Ursachen des Amerikanischen Bürgerkriegs, der schließlich nicht nur ein grausamer Waffengang war, sondern die Befreiung der Sklaven in den Südstaaten erzwang; Abraham Lincoln soll, als er die zierliche Lehrerin und Pfarrerstochter kennenlernte, gesagt haben: „Das ist also die kleine Lady, die diesen großen Krieg verursacht hat." An die Bibel muß man denken oder an Rousseaus „Neue Heloise", den Bestseller des 18. Jahrhunderts, wenn man andere Bücher sucht, die zur Veränderung der Welt einen ähnlich großen Beitrag geleistet haben.

Dieses vierte Hindernis (von großen Frauen zu wenig Kenntnis nehmen) kann dieses Buch leicht überwinden. An den drei anderen aber – der historischen und der biologischen Benachteiligung sowie dem möglicherweise unweiblichen Denkansatz „Größe" – kommt der Verfasser nicht vorbei. Wer den Weg zum Ruhm nachzeichnet, sieht nun einmal hauptsächlich Männer unterwegs. Wie rüde sie sich dabei benehmen und wie armselig sie in die Fußangeln des Zufalls stolpern: Das ist noch selten so gründlich angeleuchtet worden wie hier; dies mag die Frauen trösten.

Die von Männern Erwählten

Das fünfbändige Sammelwerk *Die großen Deutschen* (1956) hat unter 236 Porträts 8 Frauen aufgenommen, und zwar:

Annette von Droste-Hülshoff
Marie von Ebner-Eschenbach
Elisabeth von Thüringen
Hildegard von Bingen
Ricarda Huch
Käthe Kollwitz
Helene Lange
Maria Theresia

Die zwölfbändige Enzyklopädie *Die Großen der Weltgeschichte* enthält unter 706 Porträts 27 Frauen, und zwar:

Sieben Königinnen:
Elisabeth I. (England)
Hatschepsut (Ägypten)
Isabella die Katholische (Kastilien)
Kleopatra (Ägypten)
Maria Theresia (Österreich)
Semiramis (Assyrien)
Viktoria (England)

Drei Politikerinnen:
Rosa Luxemburg (1870-1919)
Emmeline Pankhurst (1858-1928)
Bertha von Suttner (1843-1914)

Acht Wissenschaftlerinnen:
Rachel Carson (1907-1964)
Marie Curie (1867-1934)
Anna Freud (1895-1982)
Irène Joliot-Curie (1897-1956)
Marie Leakey (1913)
Lise Meitner (1878-1968)
Emmy Noether (1882-1935)
Cécile Vogt (1875-1962)

Vier Schriftstellerinnen:
Simone de Beauvoir (1908-1986)
Izumi Shikibu (um 1000)
Murasaki Shikibu (um 1000)
Sappho (um 600 v.Chr.)

Drei Heilige:
Jeanne d'Arc (1412-1431)
Katharina von Siena (1347-1380)
Theresia von Avila (1515-1582)

Ferner:

Greta Garbo (1903-1990)
Florence Nightingale (1820-1910)

Unter diesen 27 weiblichen „Großen der Weltgeschichte" befinden sich zwei deutsche Frauen, die in dem Sammelwerk *Die großen Deutschen* fehlen:

Emmy Noether aus Erlangen, oft als die bedeutendste Mathematikerin überhaupt bezeichnet

Rosa Luxemburg aus dem damals russischen Polen, durch Heirat Deutsche geworden

sowie drei Österreicherinnen, die natürlich genauso hätten aufgenommen werden können wie Maria Theresia:

Anna Freud, Tochter Sigmund Freuds, Kinderpsychologin
Lise Meitner, Physikerin von Weltruf
Bertha von Suttner, Pazifistin und Trägerin des Friedensnobelpreises.

Freud, Luxemburg, Meitner, Noether waren Jüdinnen. Als das Sammelwerk 1935 in seiner ersten Form erschien, waren nur Persönlichkeiten „aus germanischer Wurzel und deutschem Blut" zugelassen. Die Herausgeber der Neuauflage von 1956, darunter der Bundespräsident Theodor Heuss, nahmen nun zwar Heine, Marx und Albert Einstein auf, nicht aber die genannten Frauen.

7.

Erfinder im Dutzend

> Überhaupt ist die Welt jetzt so alt, und es haben seit Jahrtausenden so viele bedeutende Menschen gelebt und gedacht, daß wenig Neues mehr zu finden und zu sagen ist.
>
> *Goethe zu Eckermann, 16.12.1828*

Den Darwinismus haben zwei Wissenschaftler zur selben Stunde verkündet, und unter den mindestens drei Erfindern des Telefons ist der zweite berühmt geworden, obwohl der dritte um ganze zwei Stunden hinter dem zweiten zurücklag und noch dazu vom zweiten betrogen wurde. Die Geschichte der Entdeckungen und Erfindungen ist ein Knäuel aus Zwist und Neid, Glück und Pech, Irrtum und Intrige, gesehen durch einen Vorhang von hurrapatriotischen Vorurteilen; und wo dieses Knäuel sich entwirren läßt, da stehen etliche berühmte Männer plötzlich ohne Kleider.

Der erste Erfinder des Telefons war der deutsche Physiklehrer *Philipp Reis*. Er baute 1861 einen batteriegespeisten Apparat, der erkennbare Melodien und eine näselnde menschliche Stimme in ein anderes Zimmer übertragen konnte (Ruhm in Deutschland). Der zweite Erfinder des Telefons wird häufiger als der eigentliche bezeichnet: der nach Amerika ausgewanderte Schotte *Alexander Graham Bell* – insofern zu Recht, als sein batterieloses elektromagnetisches Telefon von 1876 zum Ausgangspunkt der technischen Entwicklung geworden ist und jenen gewaltigen Aufschwung der Nachrichtenübermittlung einleitete, den Bell auch kommen sah und herbeiführen half (Ruhm in Amerika und aller Welt).

Nur daß zwei Stunden nach Bell der amerikanische Physiker *Elisha Gray* auf dem Patentamt vorsprach und erfuhr, daß er zu spät gekommen war (Ruhm nirgendwo). Als aber Bell sein erstes Telefongespräch führte, benutzte er als Mikrofon vermutlich nicht das, das Bestandteil seines Patents war, sondern die von Gray erfundene Ausführung. Gray und andere Miterfinder überzogen Bell mit fast 600 Klagen, die schließlich vom Obersten Gerichtshof der USA allesamt abgewiesen wurden, jedoch mit jener Stimmengleichheit, die den Kläger in Nachteil setzt.

Berühmt kann also einer werden, der, nach Millionen telefonlosen Menschenjahren, zwei Stunden früher als ein anderer zum Patentamt geht, den Zuspätkommenden ein bißchen bestiehlt und dann das Glück hat, mit vielen Prellungen und wenig Ehre einer Prozeßlawine zu entkommen. Ein Denkmal für Elisha Gray! Und wahrlich kein Grund, auf der Liste der „100 einflußreichsten Menschen der Weltgeschichte" (S. 52) Alexander Graham Bell auf Platz 44 zu setzen, über Cromwell, Michelangelo und weit über Karl den Großen; die zweistündige Verzögerung in der Entwicklung des Telefons, die ohne Bell eingetreten wäre, hätte die Menschheit wahrlich tragen können. „Die Ersten jeder Art gehen mit dem Majorat des Ruhms davon", schrieb Schopenhauer; „den übrigen bleiben eingeklagte Alimente."

Wer hat die Glühlampe erfunden? Es war *Heinrich Goebel*, ein Uhrmacher aus Springe bei Hannover, der seit 1854 in New York seine Werkstatt mit ihr erleuchtete. Goebel konnte seine Lampe nur aus Leidener Flaschen speisen, weil weder die Batterie noch die Lichtmaschine bekannt war; er glaubte auch nicht, etwas Bedeutendes erfunden zu haben, meldete die Glühlampe folglich nicht zur industriellen Verwertung an – und mußte so allen Ruhm an *Thomas Alva Edison* abtreten, der sie ein Vierteljahrhundert später noch einmal erfand: eine bessere, die als Glühfaden statt einer verkohlten Bambusfaser wie bei Goebel einen Kohlefaden verwandte, der freilich schon ein Jahr zuvor von dem Engländer Joseph Swan erfunden worden war. Warum ist Edison berühmt geworden? Weil er die Massenproduktion einleitete, ja; und weil er, schreibt Sidney Hook, „als Sieger aus einem Rennen hervorging, an dem dermaßen viele Menschen teilnehmen, daß keiner beim Endspurt unentbehrlich ist – einer gewinnt immer".

Die Telegrafie? Wenn ein deutscher Autor nun zum drittenmal auf deutsche Urheber großer Erfindungen verweist, die in der öffentlichen Meinung einem Amerikaner zugeschrieben werden, so setzt er sich dem Verdacht eines sektiererischen Patriotismus aus. Es mag ja sein, daß die Auswertung französischer, spanischer, italienischer Lexika noch mehr Vor- oder Miterfinder zutage fördern würde, vermutlich vor allem französische, spanische und italienische. Die Sowjetunion wurde in der Stalin-Ära mit der Behauptung, fast jede große Erfindung sei in Wahrheit von einem Russen gemacht worden, zum Gespött der Welt, bis hin zu jenem Berliner Kabarett, das in den fünfziger Jahren „den gräßten läbenden russischen Maler aller Zeiten" rühmte: Lenardo da Wischinski.

Doch, von solchen Exzessen abgesehen, wird man sagen dürfen: Wo immer noch mehr „eigentliche" Erfinder, Vorläufer und Teilhaber ans Licht gefördert werden, handelt es sich vermutlich um ein Stückchen

Wahrheit – mindestens um eine größere Annäherung an diese, als wenn wir uns mit der allzu einschichtigen Feststellung begnügten: „Das Telefon hat Bell erfunden." Noch mehr: Die berühmt gewordenen Erfinder werden ja nicht nur von den wenig bekannten flankiert, die den Sprung ins Lexikon immerhin noch geschafft haben wie Goebel und Elisha Gray, sondern auch von solchen, deren Namen ungedruckt geblieben sind: der Heerschar der verkannten, verschüchterten, verbitterten Vor- und Mitläufer.

Den ersten Apparat also, mit dem sich Stromstöße zur Nachrichtenübermittlung durch Drähte schicken ließen, baute, soweit wir wissen, 1809 der königlich-bayerische Leibarzt Samuel Thomas Sömmerring, weitere 1832 der baltische Gelehrte Paul Schilling, der in Cannstatt bei Stuttgart lebte, 1833 Carl Friedrich Gauß (er verband die Sternwarte von Göttingen mit dem „Physikalischen Kabinett"), 1837 Charles Wheatstone für die englische Eisenbahn und Karl August Steinheil für eine fünf Kilometer lange Leitung zwischen München und Bogenhausen – und bestenfalls den sechsten der amerikanische Maler und Erfinder *Samuel Morse*, der den Ruhm geerntet hat.

Natürlich, auch Morse entwickelte Sömmerrings Erfindung weiter, er führte ein rationelles Zeichensystem ein, das Morse-Alphabet, und er konstruierte einen Anker, der die langen und kurzen Stromstöße als Striche und Punkte mit einem Stift auf einen Papierstreifen zeichnete. Vor allem aber bekam Morse 1843 von der amerikanischen Regierung die Chance, die erste große Telegrafenleitung der Erde zu verlegen, von Washington nach Baltimore. Alle Erfinder nach Sömmerring profitierten ferner von den Arbeiten des Franzosen André Ampère und des Dänen Hans Christian Örsted, der die Lehre vom Elektromagnetismus begründete; und schließlich kann man sagen, daß *Guglielmo Marconi* die Telegrafie 1897 noch einmal erfand, nämlich die ohne Draht, die die Welt eroberte.

An zwei der größten Erfindungen überhaupt – dem Rad und der Uhr – wird es besonders deutlich: Unser Bedürfnis, große Leistungen großen Männern zuzuschreiben, nimmt wenig Rücksicht auf die geringe Eignung von Entwicklungssprüngen, sich einem einzelnen zuschreiben zu lassen. Das Rad ist um 3800 v. Chr. im heutigen Irak entstanden, in einer gewiß mühseligen Prozedur vom gerollten Baumstamm bis zur Holzscheibe mit Nabe, Zapfen und Riemen; wahrscheinlich im Zusammenspiel namenloser Fuhrleute, Zimmerleute und Tüftler über Generationen hin. Die ersten mechanischen Turmuhren tauchten um 1300 in Europa auf und läuteten das Zeitalter der

Präzision in Handwerk und Zeitabläufen ein – ein Umsturz wie vielleicht kein zweiter in der Menschheitsgeschichte; aber die, die ihn herbeiführten, kennen wir nicht.

Und wo wir sie zu kennen glauben, werden wir immer wieder genarrt von der Fülle der Namen, die mit der Erfindung verbunden sind. Nachdem die *Dampfmaschine* in ihren verschiedenen Stadien 1690 von Denis Papin, 1698 von Thomas Savery, 1712 von Thomas Newcomen und 1765 bis 1785 von James Watt erfunden worden war, stellte der walisische Bergwerksingenieur *Richard Trevithick* sie 1803 auf Schienen – die Geburt der Lokomotive; doch beförderte Trevithicks Eisenbahn nur Kohlen, und die reden nicht, im Unterschied zu den Menschen, die zu transportieren 1825 *George Stephenson* riskierte; und so wurde Trevithick in einem Armengrab verscharrt und Stephenson unter „die Großen der Weltgeschichte" aufgenommen.

Wer dem eigentlichen Erfinder des *Autos* nachgrübelt, hat es noch schwerer und stößt überdies auf die Mißgunst des Industriegiganten Daimler-Benz, bei dem schon die Frage nicht gern vernommen wird: *Gottlieb Daimler* und *Carl Benz* natürlich, so hört man es in Stuttgart am liebsten. Doch war die Firma korrekt genug, 1986 nicht „100 Jahre Automobil" zu feiern, sondern „100 Jahre Motorisierung des Verkehrs" – für Eingeweihte eine Konzession an den Umstand, daß die Geschichte mal wieder viel komplizierter war. 117 Jahre lang wurde das Automobil sozusagen andauernd erfunden, ehe endlich 1885 das erste Daimler-Motorrad durch Cannstatt und 1886 die erste Benz-Kutsche durch Mannheim knatterte.

Definiert man das Automobil als einen straßentauglichen Wagen, der die zu seiner Fortbewegung erforderliche Kraft selbst erzeugt – und das muß man wohl: Dann ist nicht einzusehen, warum das Auto nicht von Dampf getrieben werden soll, und dann war sein Erfinder der lothringische Artillerieleutnant *Nicolas Cugnot;* mit seinem dreirädrigen Dampfwagen fauchte er 1769 eine Viertelstunde durch Paris. Ein Jahrhundert lang fuhren zahllose Dampfautos über die Straßen Englands, Frankreichs und der USA, Omnibusse mit 20 Stundenkilometern, Privatwagen, die 40 Kilometer erreichten, und 1888 brachte es der französische Radrennfahrer Léon Serpollet mit einem dreirädrigen Dampfwagen auf 121 Stundenkilometer, womit er die neumodischen Benzinkutschen weit hinter sich ließ.

Nach den Dampfwagen kamen die Autos mit Gaskraftmaschinen. Der Schweizer Ingenieur Isaac de Rivaz fuhr 1802 mit einem solchen und erhielt 1807 ein Patent darauf. Mit Gasmotor fuhren 1823 Samuel Brown durch London und 1863 Etienne Lenoir durch die Umgebung von Paris. Mit dem ersten Benzinwagen legte 1864 Siegfried Marcus in der Nähe von Wien 200 Meter zurück. Doch da fehlte es noch an dem überlegenen Viertaktmotor, den 1878 Nikolaus Otto in Deutz bei Köln patentiert bekam – bis ihm das Patent 1886 wieder aberkannt wurde, weil der französische Ingenieur Alphonse Beau de Rochas nachweisen konnte, daß er den ersten Viertakter schon 1862 konstruiert hatte.

Zwei Angestellte Ottos, *Gottlieb Daimler* und *Wilhelm Maybach*, machten sich 1882 selbständig, entwickelten den Otto-Motor zu einem Schnelläufer weiter und bauten ihn 1885 in ein Zweirad ein; im folgenden Jahr fuhren sie mit einer Benzinkutsche spazieren, ebenso wie *Carl Benz*, den sie nicht kannten. 1887 gelang es Benz als erstem der vielen Erfinder des Straßenwagens mit Verbrennungsmotor, für sein Erzeugnis jemand anderen als sich selbst zu interessieren: Er fand einen Käufer aus Paris und wurde so der Welt erster *Fabrikant* jener Benzinkutschen, auf die das Wort „Automobil" schließlich einschrumpfte. Das erste Auto, in dem wir unser heutiges Lieblingsfahrzeug wiedererkennen, den „Mercedes" von 1900, einen Vierzylinder mit 35 PS und 72 Stundenkilometern Spitze, konstruierte wiederum Wilhelm Maybach in der Firma Daimler.

Es ist also ganz einfach: Das Auto erfunden haben in der Form der Dampfkutsche Cugnot, in der Form der Gaskutsche Rivaz, in der Form der Benzinkutsche nach den Vorarbeiten von Beau de Rochas und Otto die Herren Marcus, Daimler, Maybach, Benz – und wer noch zehn Erfinder wüßte, hätte wahrscheinlich recht und sollte uns willkommen sein. Bastler und Experimentierer, einer auf dem anderen aufbauend, besessen von ihrer Vision und, im Unterschied zu unzähligen anderen Erfindern, dem Bedarf der Zeit entgegenkommend – so kennen wir sie, so respektieren wir sie; nur das Wort „Genie" drängt sich eigentlich nicht auf. Es war ihre Umwelt, die sie einlud, ein Produkt ihrer Phantasie zu realisieren, mit dem hundert Jahre vorher keiner etwas hätte anfangen können. Der Erfinder, der seiner Zeit am weitesten voraus, also eigentlich der großartigste wäre, hätte zugleich die geringste Chance, von seinen Zeitgenossen gewürdigt zu werden und seinen Namen überliefert zu sehen.

Wie war das mit dem *Flugzeug?* 1842 ließ sich der englische Erfinder *Samuel Henson* einen „Luftdampfwagen" patentieren, mit dem er Briefe, Güter und Menschen über Land und Ozean transportieren wollte, vorzugsweise von London nach Indien und zurück. Der Luftdampfwagen sollte aus einer Tragfläche von vierzig Metern Länge und zehn Metern Breite sowie einem schiffsähnlichen Rumpf bestehen, in dem eine Dampfmaschine zwei Propeller von sieben Metern Durchmesser anzutreiben hatte. Kein ganz kleines Projekt also, für das Henson da Geldgeber suchte; daß er keine fand, lag unter anderem daran, daß ein Modell von sieben Metern Spannweite sich nie in die Luft erhob.

1871 gelang es dem genialischen 21jährigen Franzosen *Alphonse Pénaud*, ein Flugzeugmodell mit Gummimotor vor einer mißtrauischen Kommission der Société de Navigation Aérienne 60 Meter weit fliegen zu lassen. Obwohl winzig und nur 16 Gramm schwer, hat dieser Flugapparat Geschichte gemacht: Denn mit Tragflächen, Rumpf, Propeller und Schwanzsteuer enthielt er bereits die wesentlichen Elemente der späteren Flugzeuge, und zum erstenmal bewies er einwandfrei, daß ein von Menschen gebauter Apparat fliegen kann, auch wenn er schwerer ist als Luft.

1882 soll, nach russischen Quellen, dem Marineoffizier *Alexander Moshaiski* auf einem Exerzierplatz bei Petersburg der erste Motorflug gelungen sein. 1890 gelang es dem französischen Major *Clément Ader*, einen Flugapparat in den genauen Proportionen einer Fledermaus, von zwei Dampfmaschinen angetrieben, fünfzig Meter weit über den Boden hüpfen zu lassen, bevor das Flugzeug zerschellte. Das französische Kriegsministerium stellte jedoch in einer Zeit, in der man mit Luftschiffen schon acht Kilometer weit fahren konnte, an das Fliegen höhere Anforderungen und versagte dem Erfinder die weitere Unterstützung.

1891 packte den amerikanischen Ingenieur *Hiram Steve Maxim*, der 1884 das Maschinengewehr erfunden hatte und damit reich geworden war, der Ehrgeiz, mit einem Flugapparat einen Menschen in die Luft zu schicken – lieber einen anderen als sich selber. Bis 1894 baute er an einem Monstrum von Flugmaschine mit 31 Metern Spannweite und einem verschachtelten Tragflächensystem, das von zwei Dampfmaschinen angetrieben wurde. Es sollte sich von einem Gleis abheben, das Maxim in der Nähe von London anlegen ließ. Damit es sich wiederum nicht zu früh erhöbe, brachte der Erfinder auch über den Rädern Schienen an, und damit es nicht nach der Seite ausbräche, führte er beiderseits des Gleises Bretterwände auf. Mit einer solchen Mischung aus Erfinderdrang und Hasenherzigkeit war die riesige Apparatur offensichtlich überfordert: Auf den Schienen brach ein Rad nach dem andern weg, und als sich am Ende des Gleises der schaukelnde Drache in die Luft zu heben drohte, drehte der Mechaniker erschrocken den Dampf ab, so daß das Ungetüm hopsend und flügellahm zum Stehen kam. Dazwischen hatte es jedoch auf dem Gras keine Spuren hinterlassen, war also, technisch gesprochen, geflogen.

Die längsten und die ersten gesteuerten Flüge mit einem Apparat schwerer als Luft nahm von 1891 bis 1896 *Otto Lilienthal* vor – nur Gleitflüge zwar von Hügelkuppen hinab; aber auf diese Weise bis zu 350 Metern weit durch die Luft zu segeln war ja ebenfalls eine neue Kunst, da es allen früheren Gleitfliegern so ergangen war wie dem Schneidermeister Berblinger aus Ulm, der 1811 von der Adlerbastei aus über die Donau gleiten wollte, doch statt dessen in sie fiel. Die Wissenschaft von der Aerodynamik erhielt durch Lilienthal entscheidenden Auftrieb. Sein Plan, in seinen Gleiter einen Motor einzubauen, wurde durch seinen Tod durchkreuzt: 1896 stürzte er aus 40 Metern Höhe ab.

Im gleichen Jahr surrte das erste Flugzeug mit Verbrennungsmotor eine Meile weit an einer verdutzten Kommission der amerikanischen Armee vorüber. Es war ein kleines Modell, das der amerikanische Professor *Samuel Pierpoint Langley* konstruiert hatte. Sein Erfolg verschaffte ihm den Auftrag des Militärs, ein größeres Flugzeug zu bauen, das Menschen befördern könnte.

1901 wollte der österreichische Klavierbauer *Wilhelm Kreß* mit einem Flugboot mit Benzinmotor in die Luft steigen; als er sich schon halb aus dem Wasser erhoben hatte, raste die Ufermauer auf ihn zu, er wendete, kenterte und gab auf. Im selben Jahr, am 14. August 1901, flog der Deutsch-Amerikaner *Gustav Whitehead* bei Bridgeport in Connecticut in 13 Metern Höhe 800 Meter weit – so jedenfalls hat ein Lokalreporter es berichtet. Dies wäre nicht nur ein früherer, sondern überdies ein viel längerer Motorflug gewesen als der der Brüder Wright von 1903; bis heute ist nicht geklärt, ob man dem Journalisten trauen darf, und wenn, warum dann nicht aller Ruhm auf Whitehead fiel (vielleicht nur deshalb, weil er es im Unterschied zu den Brüdern Wright unterließ, für ein fotografisches Dokument zu sorgen).

Unbestritten ist dagegen, daß im August 1903 der Allerwelts-Erfinder *Karl Jatho* in der Lüneburger Heide 18 Meter weit in einem Meter Höhe flog; im November 1903 schwebte sein selbstgebauter Doppeldecker mit 12-PS-Motor 60 Meter weit. Dies waren zwar Flüge im technischen Sinn; aber die Um- und Nachwelt erwartete vom Fliegen mehr und versagte dem deutschen Bastler die Anerkennung.

Am 7. Dezember 1903 war Professor Langley so weit, daß er den ihm 1896 erteilten Auftrag ausführen zu können glaubte: Sein Flugzeug sollte mit einem Katapult vom Dach eines Hausboots auf dem Potomac bei Washington in die Luft geschleudert werden. Aber der Katapultstart mißlang. Am nächsten Tag ein neuer Versuch – und diesmal versagte die Schleudervorrichtung in der Weise, daß sie das Flugzeug statt in die Luft aufs Wasser schoß, wo es zerschellte. Der Pilot wurde gerettet, aber die amerikanische Regierung verweigerte dem Projekt die weitere Förderung.

Zehn Tage später erlitt Langley einen Nervenzusammenbruch, von dem er sich bis zu seinem Tod im Jahr 1906 nicht mehr erholte. Denn am 18. Dezember 1903 mußte er in der Zeitung lesen, daß es tags zuvor zwei unbekannten Mechanikern aus Ohio, *Wright* mit Namen, gelungen war, ein Motorflugzeug in vier Versuchen viermal in die Luft zu bringen – das erstemal 12, das letztemal 59 Sekunden lang und 260 Meter weit. Ihr Flugapparat war in keinem Punkt besser, in mancher Hinsicht primitiver und dazu mit einem viel schwächeren Motor ausgerüstet als Langleys; aber er flog. Er flog, weil die Wrights sich nicht auf eine so riskante Art zu starten eingelassen hatten. Ihr von zwei Propellern geschobener Doppeldecker rutschte über eine Startschiene einen Hügel hinab und hob sich dann mühelos in die Luft, begünstigt durch einen starken Gegenwind, der mit 34 Stundenkilometern blies. Eigens dieses stetigen Windes wegen hatten die Wrights ihren Versuch in den Dünen einer schmalen Halbinsel vorgenommen, die der Küste von North Carolina vorgelagert ist. Gegenüber dem Wind erreichte das Flugzeug 50, gegenüber dem Boden 16 Kilometer Geschwindigkeit – das letzte Glied in der langen Kette der Flugzeug-Erfindungen.

Daß die *Fotografie* nicht von *Louis Daguerre* erfunden worden ist, hat sich ja herumgesprochen: Das erste erhaltene Lichtbild stammt von Daguerres Landsmann *Nicéphore Niepce* und ist elf Jahre älter als die erste Daguerrotypie; das noch heute verwendete Negativ-Positiv-Verfahren mit beliebig vielen Papierabzügen erfand der englische Privatgelehrte *William Henry Talbot* 1835, zwei Jahre vor der Daguerrotypie. Und warum wurde Daguerre berühmt? Weil er mit dem namhaften Physiker Dominique François Arago befreundet war, der Daguerres Verfahren der versilberten Metallplatte (ohne Vervielfältigungsmöglichkeit) der Pariser Akademie der Wissenschaften als große Menschheitstat vorstellte; die französische Regierung kaufte Daguerre das Patent ab und machte es der Welt zum Geschenk. Wer Regierungen und Akademien auf seiner Seite hat, der steht schon mit einem Bein im Lexikon.

Bei geographischen und wissenschaftlichen Entdeckungen finden wir uns auf nicht minder schwankendem Boden, wenn wir den Einen greifen wollen, obwohl doch meistens Viele es gewesen sind. Wer hat *Amerika* entdeckt? Jedenfalls Kolumbus nicht. Wer hat als erster den *Südpol* betreten? Roald Amundsen, das ist unbestritten – nur auch ziemlich unerheblich, weil fünf Wochen später Robert Scott zur Stelle war, und so lange hätte die Menschheit wieder durchaus warten können.

Die *Nordpol*-Frage aber ist ungeklärt. Zwei Amerikaner behaupteten, den Pol jeweils als erster betreten zu haben: 1908 *Frederick Cook*, 1909 *Robert Peary*. Bis heute ist der Streit nicht entschieden, ob beide den Pol erreichten und folglich Cook als erster, oder nur einer, und wer, oder ob keiner von beiden. Fest steht nur, daß Cook leise blieb, während Peary wußte, wie man Ruhm erntet: Er trumpfte auf, und da er sich seine Expedition von der Zeitschrift „National Geographic" und der „New York Times" hatte finanzieren lassen, standen sie ihm bei. In einem ungewöhnlichen Akt teilte die „New York Times" allerdings 79 Jahre später, 1988, unter der Überschrift „Eine Berichtigung" mit: „Pearys Expedition wurde von der National Geographic Society unterstützt, die New York Times hatte die Weltexklusivrechte erworben. So könnten beide es unterlassen haben, genau zu prüfen, was sie nur zu gern glauben wollten (...) Die meisten Experten stimmen heute darin überein, daß weder Cook noch Peary einen unbefleckten Anspruch darauf haben, der erste am Nordpol gewesen zu sein."

Welch große Geste einer großen Zeitung! (Für die Betroffenen leider zu spät: Cook starb als gebrochener Mann, Peary liegt in einem Ehrengrab auf dem Nationalfriedhof von Arlington.) Nicht auszudenken, wie viele falsche Helden aus unseren Lexika verschwänden, wenn so viel Gründlichkeit und Selbstkritik wie hier auch unter Historikern und Biographen üblich wäre. (Übrigens will der erste Mensch auf dem wirklichen Nordpol der sowjetische Polarforscher Pawel Gordijenko 1948 gewesen sein.)

Ein *Prioritätsstreit*, der die Mathematiker zumal Deutschlands und Englands jahrhundertelang bewegte und noch heute unter diesem Namen im Lexikon zu finden ist, brach über die Erfindung der *Differentialrechnung* aus: jener mathematischen Methode, mit der stetig veränderliche Größen sich berechnen lassen, zum Beispiel die Bahn einer Rakete, deren zunehmende Beschleunigung ja mit ständig abnehmender Masse einhergeht.

Isaac Newton hatte – auf vielen Vorläufern aufbauend, darunter Archimedes und Descartes – 1664 mit seinen Arbeiten daran begonnen; 1668 war der schottische Mathematiker James Gregory ihm darin gefolgt; und 1673 trat *Gottfried Wilhelm Leibniz* mit seiner Version als erster an die Öffentlichkeit. Während Gregory schwieg (und wir seine Arbeiten dazu überhaupt erst aus dem seit 1939 veröffentlichten Nachlaß kennen), glaubte Newton sich von Leibniz ausgebeutet, trat in einen erbitterten Briefwechsel mit diesem, erhob den Vorwurf des Plagiats und veranlaßte 1712 die Royal Society, deren Präsident er war, förmlich festzustellen, daß er, Newton, im Recht sei – womit er, nach dem Urteil des Großen Brockhaus von 1845, erstens Leibnizens „letzte Lebensjahre trübte" und zweitens im Unrecht war.

Auch den *Darwinismus* hätten wir ohne *Charles Darwin* haben können, und zwar am selben Tag. Wie hartnäckig Darwin sein Leben in den Dienst seiner einen Idee stellte, wird uns im Kap. 17 noch beschäftigen; hier geht es um die Entbehrlichkeit aller Individuen bei jeglichem wissenschaftlichen und technischen Fortschritt. Das schließt nicht aus, daß, durch eine zufällige Verquickung mit anderen Werken oder Taten, der Zeitpunkt historisch wirksam werden kann: Ohne den Buchdruck hätte Luther seine weltgeschichtliche Rolle nicht spielen können, und wann die beweglichen Lettern ohne Gutenberg erfunden worden wären, wissen wir nicht.

Darwin hat überliefert, der Gedanke von der Zuchtwahl durch die Natur sei ihm blitzartig 1838 gekommen, und zwar bei der Lektüre des 1798 erschienenen Buches von Thomas Robert Malthus über das Bevölkerungsgesetz, wonach jedes Volk die Tendenz hat, schneller zu wachsen als seine Ernährungsmöglichkeiten. Bis 1844 schrieb Darwin eine kürzere und eine längere Abhandlung über sein Thema, die er nicht veröffentlichte; erst 1856, von Freunden bedrängt, nahm er die Arbeit wieder auf.

1858 las der vierzehn Jahre jüngere englische Naturforscher *Alfred Russel Wallace* das Buch von Malthus und hatte, nach seinen Worten, ebenfalls „blitzartig die Idee, daß die am besten angepaßten Lebewesen überleben" (survival of the fittest). Er faßte seine Theorie sogleich auf zwölf Seiten zusammen – und trug sie nicht einem wissenschaftlichen Gremium vor, mit der möglichen Folge, daß wir heute vom „Wallacismus" statt vom Darwinismus sprächen; sondern er schickte sie an Darwin, von dessen Arbeit man in wissenschaftlichen Kreisen gehört hatte.

Darwin war konsterniert. Noch am Tag des Posteingangs notierte er:

„Ich habe nie einen krasseren Zufall erlebt. Hätte Wallace mein Manuskript von 1842 besessen, er hätte keine bessere Zusammenfassung liefern können. Seine Fachausdrücke sind die Überschriften meiner Kapitel." Dem Rat seiner Freunde folgend, lud Darwin Wallace ein, ihrer beider Theorie gemeinsam der Linnéschen Gesellschaft vorzutragen, und so geschah es am 1. Juli 1858.

Warum wurde dann doch Darwin weltberühmt, während Wallace zu einem Lexikon-Eintrag schrumpfte, den nur Kenner suchen? Darwin schrieb sein Buch nun sehr eilig zu Ende und publizierte es 1859; ein Jahr später kam es darüber in Oxford zu der berühmten Kontroverse, in der der anglikanische Bischof Samuel Wilberforce Darwins Fürsprecher, den Zoologen Thomas Huxley, fragte: „Und Sie, Sir – stammen Sie großväterlicherseits oder großmütterlicherseits von einem Affen ab?" Worauf Huxley erwiderte: Wenn er sich seine Vorfahren aussuchen und dabei wählen könnte zwischen einem Affen und einem gelehrten Mann, der so unter seiner Würde argumentiere, dann würde er sich für den Affen entscheiden.

Wallace stellte seine Theorie erst 1870 in Buchform vor, zehn Jahre nach diesem ruhmträchtigen Wortgefecht. Vom Menschen sagte er darin, anders als alle anderen Lebewesen sei er nicht allein durch Zuchtwahl entstanden. Falls Wallace eine Strategie der Berühmtheit hätte einschlagen wollen, wäre dies ein dramatischer Fehler gewesen: Denn schon 1871 erschien Darwins zweites Buch über die Zuchtwahl der Natur, und diesmal bezog er den Menschen ausdrücklich in seine Abstammungslehre ein, indem er ihn als Abkömmling der Tiere vorstellte. Zwar vermied er es, die Affen als unsere Ahnen zu bezeichnen, doch das Schlagwort „Der Mensch stammt vom Affen ab", schon in der Oxforder Kontroverse von 1860 vorgeprägt, zog nun um die Erde, und der Weltruhm war ihm sicher.

8.

Der Weltgeist kam aus Scheibelsgrub

> Die Nase der *Kleopatra:* Wäre sie kürzer gewesen, das Gesicht der Welt hätte sich verändert.
>
> *Pascal, Pensées*

Wieviel kürzer? fragte André Gide. „Denn um ein klein wenig kürzer hätte sie vielleicht doch sein dürfen, oder?" Nach allem, was wir wissen, war Kleopatra ein geistreiches und charmantes Luder mit einer in der Tat auffallend fleischigen Nase, wie antike Münzen zeigen. Da Ägyptens Königin erst Cäsar und dann Antonius faszinierte, scheinen die beiden großen Römer diese Nase als reizvoll empfunden zu haben. Cäsar war in ihre Besitzerin derart verschossen, daß er sie zwei Jahre in Rom mit Luxus überhäufte und im Venustempel eine goldene Statue von ihr aufstellte – eine Demonstration nackten Hochmuts, die ein Nagel zu seinem Sarge wurde. Antonius noch mehr: Er unterwarf sich gänzlich dem Willen der schönen Königin und besiegelte damit seinen Untergang; so konnte sein Nebenbuhler Octavian Roms erster Kaiser werden, als welcher er Augustus hieß. *Daher* die Frage von Pascal und Gide.

Wenn es aber zutrifft, daß ein Zufall von solcher Winzigkeit wie die Form des Nasenknorpels einer einzelnen Frau den Gang der Geschichte beeinflussen konnte, dann wird es wahrscheinlich, daß gravierendere Eigenschaften eines Individuums – Machtwille, Besessenheit, verbrecherischer Wahnsinn – dies erst recht vermögen; und so sind wir mitten in der Antwort auf eine zentrale Frage, die schon mehrfach angeklungen ist: ob und inwieweit die Großen der Lexika Gestalter oder Mitläufer der Geschichte waren, Stoßende oder ihrerseits Vorangestoßene, Beweger oder bloße Etiketten für historische Abläufe, an deren Stelle genausogut andere Namensschilder hätten treten können, weil die Zeit und die Masse sich ihre Führer schaffe. Mit anderen Worten: Hätte irgendwann, irgendwo die Weltgeschichte einen anderen Gang genommen, wenn ein bestimmter Mensch, dem wir dramatische Wirkungen zusprechen wie Napoleon oder Lenin, als Kind gestorben wäre? Agierte Hitler als Schwert des Großkapitals und Vollstrecker kleinbürgerlichen Hasses – oder war er ein Vulkan an Energie, der den Deutschen seinen Willen aufzwang?

Es war *Hegel*, der dem herkömmlichen Personenkult den Boden entzog und damit jenen Streit entzündete, den später der englische

Philosoph Herbert Spencer und vor allem die Marxisten anfachten. Hegel postulierte – leider in einer Form, die dem Laienverständnis nicht entgegenkommt, ja streckenweise an Bertrand Russells Diktum vom „gequirlten Unsinn" erinnert – einen absoluten Geist, der „an und für sich" sei und sich in Kunst, Religion und Philosophie offenbare. Soweit dieser absolute Geist sich in der Weltgeschichte als objektiver Geist verwirkliche, soll er Weltgeist heißen (andere Philosophen sprachen statt dessen von kosmischer Vernunft, Weltseele, Allwille oder Gott, Jacob Burckhardt vom „Gesamtwillen"). *Die Geschäftsführer des Weltgeistes*, das seien die welthistorischen Individuen. „Sie waren praktische und politische Menschen", schreibt Hegel, „aber zugleich waren sie denkende, die die Einsicht hatten von dem, was not und was an der Zeit ist (...) Die welthistorischen Menschen, die Heroen ihrer Zeit, sind darum als die Einsichtigen anzuerkennen; ihre Handlungen, ihre Reden sind das beste der Zeit (...) Deshalb folgen die anderen diesen Seelenführern, denn sie fühlen die unwiderstehliche Gewalt ihres eigenen inneren Geistes, der ihnen entgegentritt."

Wollte Hegel nun unter allen außerordentlichen Menschen nur diejenigen als groß *gelten* lassen, die seiner Definition entsprechen? Oder unterstellte er, daß die großen Individuen die Geschäfte des Weltgeistes gleichsam unweigerlich besorgen, also gar keine Chance haben, von dem Weg abzuweichen, den die Geschichte ihnen vorzeichnet, und wäre es durch Verblendung oder durch Verbrechen? Das zweite, so grotesk es klingt: Die Weltgeschichte, schreibt Hegel, könnte die Individuen „unerwähnt" lassen – „denn was sie zu berichten hat, sind die Taten des Geistes der Völker". Ein Zuwiderhandeln gegen den Weltgeist, ein Irrweg, ein Anachronismus: Hegel schließt dies aus.

Es war diese tollkühne These, in die sich Karl Marx und seine Nachfolger verliebten. Friedrich Engels bezeichnete das große Individuum als stets austauschbar; *Napoleon* sei zwar ein Zufall gewesen, aber wäre dieser Zufall ausgeblieben, so hätte ein anderer die Stelle ausgefüllt – „das ist bewiesen dadurch, daß der Mann sich jedesmal gefunden, sobald er nötig war: Cäsar, Augustus, Cromwell". Der marxistische Theoretiker Georgij Plechanow schrieb 1898 über die Rolle der Persönlichkeit in der Geschichte: „Ein großer Mann ist nicht dadurch groß, daß seine Besonderheiten den großen Ereignissen ein individuelles Gepräge geben, sondern dadurch, daß er Besonderheiten besitzt, die ihn am fähigsten machen, den großen gesellschaftlichen Bedürfnissen seiner Zeit zu dienen."

Zu den ersten Marxisten, die bemerkten, daß man hier leicht in einen Zwiespalt geraten konnte, gehörte Trotzki. Was blieb noch an *Lenin* zu bewundern, wenn er doch nur das Unvermeidliche vollzogen hatte? „Die Diktatur des Proletariats ergab sich aus der ganzen Situation", schrieb Trotzki. „Aber man mußte sie erst errichten. Dies ging nicht ohne die Partei. Die Partei wiederum konnte ihre Mission erst erfüllen, nachdem sie sie erkannt hatte. Dazu war Lenin notwendig (...) Kann man mit Bestimmtheit sagen, die Partei würde auch ohne ihn ihren Weg gefunden haben? Dies zu behaupten, können wir uns keinesfalls entschließen." Das war nur der erste von vielen Eiertänzen in Hegels Garten. Einen der kunstvollsten hat Ernst Bloch aufgeführt: „Der Subjektfaktor, freilich nur im Bund mit der objektiven Tendenz", habe „die Kraft zum Gegenzug gegen das Schicksal und zur Beschleunigung des zögernden Möglichen guter Art". Der Rechtsphilosoph Rudolf Stammler fand für solchen Aberwitz die Formel: An geschichtliche Unvermeidbarkeit zu glauben und zugleich revolutionäre Anstrengungen zu fordern sei so widersinnig wie die Gründung einer Partei zur Herbeiführung der nächsten Mondfinsternis.

Tolstoi trieb in „Krieg und Frieden" die Absage an die Macht des großen Mannes auf die Spitze: *Napoleon* habe nichts bewegt, ein Geschobener sei er gewesen genau wie sein letzter Soldat. „Der Umstand, daß die französischen Truppen nun zurückgingen, beweist keineswegs, daß Napoleon das befohlen hatte, sondern es beweist, daß die Kräfte, die auf die ganze Armee einwirkten und sie zurückfluten ließen, zu gleicher Zeit auch auf Napoleon wirkten." Das mag ja sein; nur behauptet Tolstoi nicht, daß die fliehende Armee ihren vorangegangenen Vorstoß auf Moskau ebenfalls ohne Napoleon ausgeführt haben würde.

Überhaupt lassen sich gegen die ganze Hegelei zwei gewichtige Einwände erheben: Die Geschäfte, die *Hitler* trieb, können eigentlich nicht die des „Weltgeistes" gewesen sein; und die Rolle des Zufalls in der Weltgeschichte wird dabei, in groteskem Widerspruch zu aller Lebenserfahrung, ignoriert.

Ob nun *John F. Kennedy* den großen gesellschaftlichen Bedürfnissen seiner Zeit gedient hat oder nicht – jedenfalls war sein Mörder stark genug, ins Rad der Geschichte zu greifen. Nicht nur wurde an Kennedys Stelle ein Mensch von gänzlich anderem Zuschnitt Präsident, *Lyndon Johnson*, sondern zugleich waren damit auch die Weichen für unabsehbare weitere Veränderungen gestellt. 1978, beim Begräbnis von *Hubert Humphrey*, dem demokratischen Präsidentschaftskandidaten, der 1968 gegen Richard Nixon unterlegen war, versammelten sich der damalige Präsident Carter, die ehemaligen Präsidenten Nixon und Ford, der frühere Vizepräsident Nelson Rockefeller und die Witwe des ehemaligen Präsidenten Johnson zu einem „Kaffeeklatsch", wie die deutsche Überschrift in „Time" vom 30.1.1978 hieß, und weiter schrieb das amerikanische Nachrichtenmagazin:

„Es war Rockefeller, der als erster die Ironie registrierte: Wie die Geschichte von diesen Männern geformt und wie oft ihr individuelles Schicksal durch einen hauchdünnen Zufall bestimmt worden sei. Er blickte durch den Raum und sprach von den seltsamen Wogen, auf denen sie alle geschwommen seien und die sie nun wieder zusammengespült hätten (...) Mrs. Johnson war hier, weil John F. Kennedy ermordet wurde, Nixon, weil vor ihm Johnson Präsident gewesen war, Ford wegen Nixon, Rockefeller wegen Ford. Und vielleicht stand Carter deshalb hier, weil Ford Rockefeller nicht als Kandidaten für die Vizepräsidentschaft akzeptiert hatte. Und natürlich waren alle hier, um einen Mann zu ehren, der, wie manche von ihnen meinten, mehr als jeder andere hätte Präsident werden sollen."

Über *Edward Kennedy*, den jüngsten der Brüder, spekulierte „Time" 1991: Hätte er nicht 1969 in Chappaquiddick den Tod einer Wahlhelferin verschuldet, so wäre er in der Nachfolge seiner ermordeten Brüder natürlich zum Vorsitzenden der Demokratischen Partei gewählt, 1972 Präsidentschafskandidat und spätestens 1976 Präsident geworden, statt Carter, und wahrscheinlich 1980 statt Reagan; nur habe er vielleicht unter dem Eindruck der Morde Angst vor diesem Weg gehabt und ihn verbauen wollen „by making a mess of his life" – nämlich getrunken und deshalb in Chappaquiddick ...

Da, wie die Chaos-Theorie uns lehrt, in letzter Konsequenz der Flügelschlag eines Schmetterlings über die Richtung eines Wirbelsturms entscheiden kann – sollte es eine Mücke gewesen sein, die den Lauf der Weltgeschichte änderte, indem sie auf *Alexander den Großen* die Malaria übertrug, die ihn mit 32 Jahren fällte, im Zenit seiner Macht? Oder starb er an einer Lungenentzündung? Wurde der tödliche Verlauf der Krankheit begünstigt durch Alexanders Trunksucht und seine maßlose Selbstausbeutung in dem zehnjährigen Krieg gegen die halbe Erde, war er ausgebrannt, gar lebensüberdrüssig? Es läßt sich nicht mehr klären. Tatsache ist nur, daß Alexander in Babylon ein Heer ausrüstete und eine Flotte baute, sei es, um mit ihr Arabien zu umsegeln, sei es, um sich auch die restliche bekannte Welt zu unterwerfen, darunter Rom; und daß sogleich nach seinem Tod sein Riesenreich zerfiel;

und daß schon römische Historiker sich ausrechneten, was ohne dieses jähe Sterben ihrem Imperium widerfahren wäre.

Noch 1969 hat der englische Geschichtsphilosoph *Arnold Toynbee* die Vision einer Welt ausgemalt, in der Alexander in normalem Alter gestorben wäre: Den gesamten Mittelmeerraum und das ganze Indien hätte er sich unterworfen; die Juden hätte er nicht unterdrückt, wie es später die Römer taten, sondern ihnen, wie allen seinen Völkern, die Chance zur Mitgestaltung des Riesenreichs, zur Seefahrt, zur Weltoffenheit gegeben; damit wäre die religiöse Inbrunst der Juden entfallen, die gewiß mit ihrer Unterdrückung und Verfolgung zusammenhing – und folglich auch das Christentum. Und wie, wenn der Amerikanische Bürgerkrieg ins Fernseh-Zeitalter gefallen wäre, mit grausamen Bildern nach Art von Vietnam? Dann wäre der Kampf wohl rasch beendet gewesen, spekulierte „Time“ 1992, und die Südstaaten wären selbständig geworden (was übrigens eine Lieblingsidee Winston Churchills war).

Müßige Spekulationen nach Art der alten Scherzfrage: „Was wäre gewesen, wenn Friedrich der Große Maria Theresia geheiratet hätte?“ Nicht nur. Der Kulturphilosoph Theodor Lessing schreibt: „Nachdem das Unerwartete, Widersinnige, Absurde, Abrupte plötzlich eingebrochen und Ereignis geworden ist, wird der Mensch (...) immer Gründe finden, daß alles so habe kommen müssen, wie es eben kam.“ Und der Historiker Alexander Demandt meint, oft wirke das wirklich Geschehene weniger wahrscheinlich als das, womit nach den Umständen zu rechnen gewesen wäre: „Das Auftreten von Männern wie Alexander oder Jesus war von grotesker Unwahrscheinlichkeit.“ Die wirkliche und die ungeschehene Geschichte seien „in gleichem Maße, aber auf verschiedene Weise absurd“. Die Realität entpuppe sich bei näherer Betrachtung „als bloße Kostprobe des grundsätzlich Realisierbaren (...) Die Wirklichkeit bildet eine Insel im Ozean des Möglichen.“ Oder, mit den Worten Friedrich Dürrenmatts: „Die Wirklichkeit ist die Unwahrscheinlichkeit, die eingetreten ist.“

Eine Kostprobe kaum größer als ein Nasenknorpel wurde am 15. September 1949 in Bonn genommen: *Konrad Adenauer* wurde mit einer Stimme Mehrheit zum Bundeskanzler gewählt. Daß es seine eigene gewesen sei, ist richtig, doch zu kurz gegriffen. Es wundert ja keinen, daß einer in geheimer Wahl für sich selber stimmt – alles andere wäre ihm als „Heuchelei“ erschienen, schrieb Adenauer in seinen Erinnerungen. Unerwartet dagegen kam das Votum des Landwirts *Johann Wartner* aus Scheibelsgrub bei Straubing in Niederbayern, der

der Bayernpartei angehörte, jedoch entgegen dem Fraktionsbeschluß für Adenauer stimmte, wie er später beichtete. In seiner Hand lag die Macht, Adenauers Weg in die Weltgeschichte zu blockieren. Er, wenn irgendeiner, war an diesem denkwürdigen Tag der Geschäftsführer des Weltgeistes. Sollte Hegel seinen Weltgeist so verstanden haben? Hätte er ihn aber nicht eben so verstehen müssen?

Zu Recht resümiert der amerikanische Historiker Sidney Hook: „Die Tore der Vergangenheit schließen sich schweigend hinter uns mit der furchtbaren Endgültigkeit eines Gottesgerichts. Aber Endgültigkeit bedeutet dabei nur, daß historische Ereignisse unabänderlich sind – nicht, daß sie allesamt notwendig oder gar gut gewesen wären. In irriger Rückschau stufen wir das Unvorhergesehene als das Vorherbestimmte ein. Der hypnotische Einfluß des Unabänderlichen verführt den Unbefangenen oft zu dem Glauben, daß sich damit ein heimlicher Zweck verbinde, und den Frommen zu der lästerlichen Überzeugung, daß das Urteil der Geschichte das Urteil Gottes sei."

Natürlich behauptet kaum jemand, Zufall und Absurdität allein regierten die Welt. Nur ist es nützlich, sich ihre Rolle klarzumachen und sie in die Rechnung einzusetzen, wenn es abzuwägen gilt zwischen der Leugnung der geschichtsgestaltenden Kraft von Individuen wie im Marxismus und einem ebensooft überzogenen Personenkult. Halbgötter, die der Zeit ihren Willen aufzwingen und die Welt aus den Angeln heben, sind sie eben auch nicht, jene großen Männer, die bis vor wenigen Jahrzehnten unsere Geschichtswerke und unsere Schulbücher völlig beherrschten.

Goethe übertrieb, als er 1826 schrieb: „Zu allen Zeiten sind es nur die Individuen, welche für die Wissenschaft gewirkt, nicht das Zeitalter. Das Zeitalter war's, das den Sokrates durch Gift hinrichtete; das Zeitalter, das Hus verbrannte; die Zeitalter sind sich immer gleich geblieben." Thomas Carlyle übertrieb, wenn er 1841 die Weltgeschichte „im Grunde die Geschichte der großen Männer" nannte, für die er „unterwürfige Bewunderung" forderte: Sie bändigten das Chaos und stifteten den Sinn. Schopenhauer rühmte die großen Geister als *Leuchttürme der Menschheit*, „ohne welche diese sich in das grenzenlose Meer der entsetzlichsten Irrtümer und der Verwilderung verlieren würde". Der amerikanische Lyriker Walt Whitman forderte 1871 für die Demokratie den großen Denker, Dichter und Seher, der bewußt in die Geschichte eingreift. Bei Solschenyzin heißt es: „Nicht das Schicksal sucht den Kopf, der Kopf sucht sich selbst sein Schicksal." Und Tito hielt den in seiner Umgebung üblichen Redensarten von der Allmacht der Massen keck entgegen: „Ach was! Oft hängt der ganze Verlauf der Geschichte an einer einzigen Person" – Geniekult zu den eigenen Gunsten, wie bei so vielen, die sich für Auserwählte halten.

Doch während Soziologen und Historiker noch um eine Entheroisierung der Weltgeschichte kämpfen, sind die *Massenmedien* auf den Plan getreten und bereiten dem alten Hang zur Abgötterei ein frisches und opulentes Bett. Einst reichte das Bild vom großen Mann nur so weit, wie Skalden und Rhapsoden es besangen; später, wie Schriftrollen und Denkmäler es tragen konnten. Heute kann der Nutznießer einer bestimmten Machtkonstellation sich in jedem Wohnzimmer der Nation zur Schau stellen.

Die Parteistrategen folgern daraus zweierlei: daß man rücksichtslos personifizieren muß wie nur je in heidnischen Zeiten, denn Wahlprogramme sind langweilig und oft kaum zu durchschauen, aber ein Mann kann Vertrauen wecken; und daß folglich das Gesicht und die Sprüche dieses Mannes so lange geschminkt werden müssen, bis er stark und weise wirkt. So schmeicheln sie unseren Instinkten und verbiegen die Wahrheit wie nur je ein orientalischer Hofpoet.

Diese Entwicklung sollte uns nicht den Blick für die Einsicht trüben, daß der außerordentliche Mensch weder allein das Produkt seiner Zeit noch allein ihr Überwinder sein kann. So bleibt die Frage: *Bis zu welchem Grade* sind die Großen die Mitläufer der Moden, die Vollstrecker der Wünsche, die ihre Umwelt hegt – und welcher Spielraum bleibt der Macht, der Phantasie, dem Eigensinn des Individuums? Die Frage beantwortet sich ganz verschieden je nach dem Feld, auf dem der Große ackert.

Forscher, Entdecker, Erfinder schwimmen vollständig mit dem Strom der Zeit, wie im vorigen Kapitel dargetan, und beschleunigen ihn manchmal nur um Wochen, ja um Stunden. Andernfalls wüßten wir gar nichts von ihnen, weil sie zu früh, zu spät oder am falschen Ort geboren wurden und etwa die Differentialrechnung am Hof Karls des Großen vermutlich von niemandem in ihrem Wert erkannt, folglich auch nicht überliefert worden wäre.

Und die *Dichter?* Georgij Plechanow versuchte nachzuweisen, daß die französischen Dramen des 18. Jahrhunderts das Produkt der damaligen ökonomischen Situation gewesen seien und ihren Charakter im Gleichschritt mit dieser verändert hätten; und die Lesart des Marxismus, die bis 1989 in der DDR gültig war, definiert Kunst als „ästhetische Form des gesellschaftlichen Bewußtseins" – mit dem nicht ausdrücklich vollzogenen, aber kaum abweisbaren Umkehrschluß, daß solches Bewußtsein sich statt des einen Shakespeare jederzeit einen anderen geschaffen haben würde, wäre der eine an der Cholera gestorben. Aus welchem gesellschaftlichen Bewußtsein aber wurden Kleist oder Georg Büchner gespeist, wenn die Gesellschaft doch erst mehr als zwei Generationen nach ihrem Tod bereit war, ihre Werke anzunehmen?

Klarheit schaffen irgendwo zwischen Hegel und Carlyle läßt sich am ehesten bei den *Männern, die die Massen bewegen.* Unter denen gibt es wirklich immer wieder einen, auf den die individualistisch-heroische Deutung zuzutreffen scheint. Hat nicht *Peter der Große* seinen zwanzig Millionen trägen russischen Untertanen die Rolle einer modernen Großmacht aufgenötigt? Hat nicht *Friedrich der Große* seine Kriege um Schlesien mit äußerstem Mutwillen begonnen „des Ruhmes wegen", wie er 1741 schrieb, und sollte er dabei wirklich von der Einsicht getrieben worden sein, „was not und was an der Zeit ist"? Falls er aber ein Geschäftsführer des Weltgeistes gewesen wäre, allem Anschein entgegen – so waren es jedenfalls vor allem die Geschäfte Englands, die er führte, denn als Preußens Bundesgenosse raubte England im Siebenjährigen Krieg den Franzosen Kanada, und das war einiges mehr als Schlesien.

Und *Lenin!* War die Oktoberrevolution nicht allein sein Werk, in groteskem Widerspruch zu Marx, einem Volk aufgezwungen, das den Zaren längst verjagt, den Weg sozialdemokratischer Reformen eingeschlagen und im November 1917, in den einzigen freien Wahlen seiner Geschichte bis 1991, den Bolschewiki eine verheerende Niederlage bereitet hatte? (Einzelheiten darüber in Kap. 24.) Und *Hitler!* Nach seinem amerikanischen Biographen John Toland „die außerordentlichste Gestalt in der Geschichte des 20. Jahrhunderts"; nach Sebastian Haffner „in weniger als zwanzig Jahren aus dem völligen Nichts zur Zentralfigur der Welt geworden"; dem englischen Historiker Hugh Trevor-Roper zufolge einer, der etwas fertiggebracht habe, „was noch keinem Menschen vor ihm gelungen ist" – bei Null angefangen, ein Weltreich aufgebaut und als einziger Revolutionär der Geschichte in allen Stadien der Revolution ihr Herr geblieben. Nach Joachim Fest hat mit Hitler „ein einzelner noch einmal seine stupende Gewalt über den Geschichtsprozeß demonstriert". Elias Canetti fragt: „Wo ist der Historiker, der es vermocht hätte, die Prognose ‚Hitler' zu stellen?" Welche Aussagen also ließen sich über einen Weltgeist machen, wenn er seine Absichten offenkundig *keinem* Menschen offenbart?

Nur ist selbst Hitler *kein* Beleg für die These, daß der herausragende Mann allein das Schicksal gestalte. Nichts wäre Hitler geworden ohne die Weltwirtschaftskrise und die sieben Millionen Arbeitslosen im Deutschen Reich, nichts ohne das verbreitete deutsche Leiden an der „Schmach von Versailles", nichts ohne die Kooperationsbereitschaft von Kleinbürgern und Großindustriellen, nichts, wenn er all dies in Jugoslawien vorgefunden hätte statt in der zweitgrößten Industriemacht der Erde; und vielleicht wieder nichts, wenn ihm im Westen ein Clemenceau oder ein Churchill gegenübergestanden hätte und in Deutschland eine starke Persönlichkeit, die von seinen sämtlichen Gegnern respektiert worden wäre. Sie fehlte – so, wie den Deutschen nach dem Urteil Ernst Jüngers 1848 in der Paulskirche „ein Garibaldi" fehlte, einer also, der, wie der italienische Freiheitskämpfer, sich mit dem Geist der Zeit vermählt und ihn stürmisch vorangetrieben hätte. Hitler dürfe den „Allbezwinger" spielen, schrieb Thomas Mann 1939, „da zufällig kein Wasser fließt, das nicht seine Mühlen triebe".

Für die Verschränkung von Mensch und Zeit ist dies eine schöne Formel. Mit ihr müssen wir uns arrangieren. Heroenkult entweder zu treiben oder ihn gänzlich zu zertrümmern macht zwar mehr Vergnügen; von der Wahrheit aber läßt sich nichts Originelleres sagen, als daß sie in der Mitte liegt. „Nicht allein die allgemeinen Tendenzen entscheiden in dem Fortgang der Geschichte", schreibt Ranke; „es bedarf immer großer Persönlichkeiten, um sie zur Geltung zu bringen." Der amerikanische Philosoph William James bot 1880 in seinem Vortrag über „Große Männer und ihre Umwelt" die Formel an, ein großes Individuum verkörpere nie alle Möglichkeiten seiner Zeit, sondern eine bestimmte und oft gewaltsame Auswahl aus ihnen. Nichts „mußte so kommen", sondern hinterher seien wir schlau geworden und projizierten die Wirkungen des großen Mannes als scheinbare Ursachen in die Vergangenheit zurück.

Vielleicht sollte man sich mit der gelassenen Weisheit des alten Sigmund Freud anfreunden. „Durch die unübersehbare Komplikation des Geschehens geschreckt", schrieb er 1939, kurz vor seinem Tod, ergriffen wir Partei entweder für die Heldenverehrung oder für die Theorie, daß die großen Männer nur die Repräsentanten von Massenstrebungen seien. Doch hier gebe es „eine Unstimmigkeit zwischen der Einstellung unseres Denkorgans und der Einrichtung der Welt". Wir stellten Gegensätze auf, die nicht bestünden; wie unser Denken sich umgekehrt die Freiheit bewahrt habe, „Zusammenhänge aufzufinden, denen nichts in der Wirklichkeit entspricht". Ob einer den überragenden Einfluß eines einzelnen oder die Rolle der unpersönlichen Faktoren würdige – er brauche sich so und so nichts vorzuwerfen: „Es ist grundsätzlich Raum für beides." Mancher Berühmte mag nur der Funke am Pulverfaß, mancher eben das Pulverfaß gewesen sein, dessen Explosion die Welt erschreckte.

Das große Individuum ist immer ein Zufall. Größe kann es nur demonstrieren, wenn es zufällig in die richtige Umwelt gerät; umgekehrt kann sich die „Weltbewegung" (wie Jacob Burckhardt sagt) in ihm nur konzentrieren, wenn es zufällig zur Stelle ist: „Nicht jede Zeit findet ihren großen Mann, und nicht jede große Fähigkeit findet ihre Zeit." Das glückliche Zusammentreffen eines allgemeinen Bedürfnisses mit dem Mann, der es befriedigt, ist häufig, aber das Gegenteil auch: Washington war ein solcher Glücksfall 1775 für Amerika, Churchill 1940 für England, Adenauer 1949 für Westdeutschland, Gorbatschow 1985 für die Völker, die unter der Knute des Kommunismus lebten – während etwa die Iren in ihrem 800jährigen Kampf gegen die englische Übermacht nie das Glück eines großen Führers hatten. Niemals hätten die Kräfte, die Hitler trugen, die halbe Erde zerstören können, wenn der Gefreite Hitler im Ersten Weltkrieg gefallen oder der putschende Hitler 1923 an der Feldherrnhalle erschossen worden wäre.

Von wie vielen Umständen und anderen Menschen sie auch abhängig sein mögen: Es gibt Individuen von überwältigender, erschreckender Macht. Nach Lenin, Stalin und Hitler hat das in unserem Jahrhundert ein vierter demonstriert und vielleicht noch rabiater als diese: *Mao Tse-tung.* Vom „Weltgeist" läßt sich nur hoffen, daß ein so aberwitziger Einfall wie Maos „Große Proletarische Kulturrevolution" ihm niemals hätte kommen können. Sie war die vielleicht widerwärtigste Posse der Weltgeschichte. Soll man den Menschen „groß" nennen dürfen, der sie veranstaltet hat? Wie überhaupt verhält sich Größe zu Moral?

 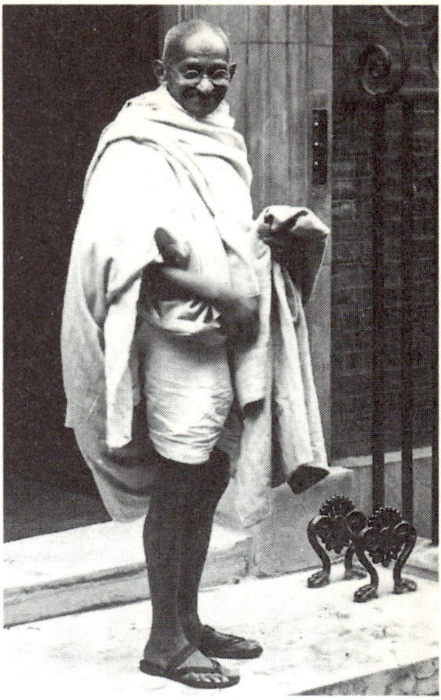

GANDHI
Gewaltlosigkeit war seine Predigt und sein Welterfolg. Als Rechtsanwalt in Südafrika lernte er das Elend der dort lebenden Inder kennen und organisierte ihren passiven Widerstand – was ihn dort und später in Indien in viele Gefängnisse brachte. Aber auch mehrfach in den Amtssitz des britischen Premierministers, zuerst 1931.

MAO
Der 72jährige, sechs Jahre zuvor entmachtet, ließ sich 1966 als Schwimmer im Jangtsekiang fotografieren – ein Signal an das chinesische Volk: Ich greife wieder nach der Macht! Und er dachte sich die gräßliche Posse der „Großen Proletarischen Kulturrevolution“ aus. Westliche Marxisten entzückte sie; Millionen Chinesen kostete sie das Leben.

9.

Die Wüstlinge der Weltgeschichte

> Wenn es sich hier nun also um das Wesen der Größe handelt, so müssen wir uns vor allem dagegen verwahren, daß im folgenden sittliche Ideale der Menschheit sollten geschildert werden; denn das große Individuum ist ja nicht zum Vorbild, sondern als Ausnahme in die Weltgeschichte gestellt.
>
> *Jacob Burckhardt*

Also gut, man kann nicht zwanzig Jahre lang einen Bürgerkrieg führen, der schließlich in offenen Schlachten kulminiert, ohne daß es Hunderttausende von Toten gibt. Daraus erwächst *Mao Tse-tung* kein Vorwurf herkömmlicher Art. Die Frage, ob nach so viel Leid und Blutvergießen die Überlebenden wenigstens glücklicher geworden sind, läßt sich kaum beantworten – obwohl es durchaus nicht verschroben, sondern höchst menschenfreundlich wäre, sie wenigstens hartnäckig zu stellen.

Doch wie dringend war es, daß Mao *nach* seinem totalen Sieg von 1949 dreimal über sein Volk herfiel? Mindestens 19 Millionen, nach anderen Schätzungen mehr als 40 Millionen Chinesen bezahlten die Launen ihres neuen Gottkaisers mit dem Leben und weitere Millionen mit einer Erniedrigung, wie sie so planmäßig und so abstoßend kaum von Stalin und Hitler betrieben worden ist. Diese beiden aber gelten ja als Monstren; Mao dagegen wurde 1976, bei seinem Begräbnis, als „Leuchtturm des Weltgeistes" tituliert (Valéry Giscard d'Estaing), als „Titan unserer Zeit" (Henry Kissinger), als „der größte Politiker des Jahrhunderts" (vom „Spiegel"); noch 1978 als der große Erzieher und Wohltäter seines Volkes (in der Enzyklopädie „Die Großen der Weltgeschichte"). Wie viele Millionen Menschen darf einer eigentlich demütigen, foltern und töten, bis seine Anbeter aufhören, ihre widerlichen Hymnen auf ihn zu singen?

In den ersten fünf Jahren nach Maos Sieg wurden Millionen chinesischer Grundbesitzer, Großbauern, Kaufleute, Gelehrter, Priester und Beamter erschlagen oder von Schnellgerichten als „Konterrevolutionäre" verurteilt und liquidiert – mit Maos Segen, wenn nicht auf Maos Wunsch. Die chinesische Revolution sei „dreiköpfig", hatte er gesagt: im Stadium der Ohnmacht die Politik des Kopfnickens, beim Kampf um die Macht die Politik des Kopfschüttelns, nach dem Sieg die Politik der abgeschlagenen Köpfe. Geschätzte Zahl der Todesopfer in dieser Phase: mindestens eine Million, vielleicht fünf Millionen, nach Maos eigenen Worten 800 000. „Wen haben wir denn getötet?“ fragte er. „Die, die von den Massen gehaßt wurden.“

1958 verkündete Mao den *Großen Sprung nach vorn.* Das sowjetische Vorbild sei für das bäuerliche China ungeeignet, China werde seinen eigenen Weg des „Mehr, Schneller, Besser“ einschlagen und in wenigen Jahren den sowjetischen Sozialismus ebenso überholt haben wie die britische Industrieproduktion. Zu diesem Zweck wurden die Chinesen in „Volkskommunen“ organisiert, Tausendschaften, die gemeinsam arbeiteten, schliefen, aßen und Parteiparolen hörten; in die Volkskommunen hatten die Kleinbauern das Land einzubringen, das nach der Revolution den Großbauern weggenommen und zunächst ihnen übereignet worden war. Mit Trommeln und Fahnen marschierten sie auf die Felder, in Arbeitsbrigaden errichteten sie Straßen, Dämme und Kanäle, die Erde in Körben bewegend. Auf den Hinterhöfen wurden Schmelzöfen aufgestellt, um die Eisenproduktion zu erhöhen, viele Bauern warfen sogar ihre Töpfe ins Feuer, um einen höheren Ausstoß melden zu können, und was sie produzierten, war Schrott. Bücher nannte Mao überflüssig, jeder sei sein eigener Experte, „je mehr man liest, desto dümmer wird man“, hieß sein Spruch dazu.

1960 endlich – unzählige Warnungen und Hiobsbotschaften hatte er in den Wind geschlagen – mußte Mao einsehen, daß er sein Volk in eine Katastrophe gejagt hatte: Das Sozialprodukt war um ein Drittel gesunken, zwischen 17 und 30 Millionen Chinesen waren den Hungertod gestorben. Mao verlor Einfluß und Gesicht, trat als Staatschef zurück und siedelte nach Schanghai über, weit weg von der verhaßten Pekinger Bürokratie.

Ein Mensch von leidlichem Anstand, auch ein Staatsmann, der die Absichten eines etwaigen Weltgeistes zu erspüren versuchte, hätte nun die Zeichen erkannt, sich in sein Schicksal gefügt und sich aufs Altenteil zurückgezogen. Aber so sind sie eben nicht, die großen Wüstlinge der Weltgeschichte: Sie interessiert nur eine Macht auf Erden, und das ist die, die sie selber haben.

So war *Napoleon* 1815 von Elba aus noch einmal über Frankreich und Europa hergefallen: „Seiner Leidenschaft, wieder auf der Bühne zu erscheinen, opferte er die Ruhe eines Volkes, das ihm sein Blut und seinen Wohlstand hingegeben hatte“, schrieb Chateaubriand, und noch einmal zahlten Zehntausende mit ihrem Leben bei Ligny und bei

Waterloo. So hatte einst *Cäsar* sich das Recht angemaßt, den Rubikon zu überschreiten; angeblich mit den Worten: „Der Verzicht auf den Übergang wird mir – der Übergang wird allen Menschen Unglück bringen“, und damit war der blutige Bürgerkrieg eröffnet, den er viereinhalb Jahre lang durch Italien, Spanien, Griechenland und Nordafrika trug – so lange, bis niemand mehr gegen ihn aufzustehen wagte.

Mao aber, als hätten Übermacht und ideologische Verblendung noch nicht genug Unheil angerichtet, sammelte in Schanghai seine Freunde aus Partei und Armee um sich, und im Juli 1966 holte er aus zum großen Schlag: Er ließ sich, 72 Jahre alt, als Schwimmer im Jangtsekiang fotografieren und dazu die Behauptung verbreiten, er habe schwimmend zwölf Kilometer zurückgelegt – für Chinas des Schwimmens unkundige Bauern eine Nachricht, „als hätte die Queen den Kanal durchschwommen“, schreibt der amerikanische China-Kenner John Fairbank; obwohl das weltberühmte Foto auch einen Mao zeigen könnte, der auf einer Sandbank stand.

So oder so: Die Wirkung war ungeheuer, die Kampfansage an die „Schwarze Bande“ in Peking verstanden, dem Personenkult alle Schleusen aufs neue geöffnet. Im Triumph zog Mao in Peking ein und gewann im August 1966 das Zentralkomitee der Kommunistischen Partei für den Beschluß, eine Generaloffensive gegen den „Revisionismus“ zu starten. Das war die Basis, auf der Mao Partei, Armee und Volk zur *Großen Proletarischen Kulturrevolution* aufrief, die das Oberste zu unterst kehren, „die stinkenden Intellektuellen“ entmachten und jenen Apparat zerstückeln sollte, den einst Mao selbst errichtet hatte. Dazu rief er die Roten Garden ins Leben: Studenten und Schüler von zwanzig Jahren bis auf zehn hinab; sie legten rote Armbinden an und wurden von Mao zu jeder Grausamkeit und zu nacktem Irrsinn ermuntert: „Lernt Revolution machen, indem ihr Revolution macht!“ hieß eine seiner Parolen, eine andere: „Bombardiert das Hauptquartier!“

Und so schlugen sie los. Sie tobten durch die Straßen, sie zerrten alte Männer an den Bärten, sie plünderten Tempel und Museen. Bei Funktionären, Beamten, Wohlhabenden, Intellektuellen brachen sie ein, verbrannten alle Bücher, die nicht von Mao waren, zerstachen alle Bilder, zerschlugen die Klaviere. Professoren stülpten sie meterhohe „Schandtüten“ auf den Kopf und prügelten sie durch die Straßen. Sie schmähten und quälten Millionen, trieben sie zur Zwangsarbeit, zum Latrinenreinigen, zur Umerziehung, zur stundenlangen öffentlichen Selbstbezichtigung. Jeder Chinese sollte den Tag mit einem Treuegelöbnis vor dem Mao-Bild beginnen und ihn mit einer öffentlichen Beichte seiner Verfehlungen vor dem Mao-Bild beschließen; wer sich beim Aufsagen von Mao-Zitaten versprach, wurde als Konterrevolutionär belangt. Kurz: Hier fand der widerlichste und zerstörerischste Personenkult der Weltgeschichte statt.

Im Januar 1967, nach einem knappen halben Jahr des organisierten Wahnsinns, legte Mao nach: Er befahl den Rotgardisten, alle Beamten aus ihren Ämtern zu jagen und selbst ihre Stelle einzunehmen sowie die Armee von „kapitalistischen" Elementen zu säubern, während er der Armee befahl, die Rotgardisten zu unterstützen – bis zum Juli 1968. Da endlich hielt er das Chaos für genügend etabliert und befahl der Armee, die Rotgardisten zu demobilisieren, notfalls mit Gewalt, denn sie hätten „ihre Aufgabe nicht erfüllt". Die Folge: mörderische Kämpfe, Bürgerkrieg. Nun wurden auf Maos Weisung die Halbwüchsigen gejagt, die Mao zwei Jahre lang als Jäger hatte wüten lassen.

Im April 1969 erklärte er die Kulturrevolution für beendet – 1970 und noch mehrfach bis zu seinem Tod flammte sie wieder auf mit Hinrichtungen und Hexenjagd. Bilanz: Zehntausende von Selbstmorden, Millionen von Erschlagenen und zu Tode Gefolterten, Abermillionen von Gedemütigten und Geschändeten; der beispiellose Krieg eines allmächtigen Mannes gegen seine Mitstreiter und sein Volk; für ihn die Genugtuung, wieder der unangefochtene Gottkaiser zu sein bis zu seinem Tod. Dazu fabrizierte er Sprüche von permanenter Revolution und immer aufs neue aufzubrechenden Klassenfronten und Verkrustungen, die viele westliche Intellektuelle ihm von den Lippen schlürften. 1989 war die chinesische KP so weit, Mao als diktatorisch, borniert und eine Tragödie in der Geschichte Chinas hinzustellen – bis zum Massaker auf dem „Platz des Himmlischen Friedens" im Juni; danach wurde Mao verblüffend rasch wieder zum „größten Nationalhelden der chinesischen Geschichte", die demontierten Denkmäler wurden wieder aufgestellt, verherrlichende Filme und Fernsehserien über ihn gedreht. Schrecklich hat sich an Mao das alte chinesische Sprichwort bewahrheitet, daß der große Mann ein öffentliches Unglück ist.

Stalin und *Hitler* hatten mit Mao gemeinsam, daß sie Massenmörder abseits aller Kriegshandlungen waren. Stalin nahm bei der Zwangskollektivierung der Landwirtschaft von 1929 bis 1933 den Hungertod von 14 bis 22 Millionen Menschen mindestens in Kauf, wenn er ihn nicht gar wollte; zwischen 7 und 9 Millionen fielen von 1935 bis 1938 seiner wahnwitzigen „Säuberung" zum Opfer, der Vernichtung seiner wirklichen und vermeintlichen Gegner in Partei, Armee und Staat.

Über *Hitler* sagt Sebastian Haffner, er sei nicht deshalb ein Verbrecher, weil er versucht habe, durch Eroberungskriege ein Weltreich zu gründen; das hätten auch Alexander und Napoleon getan, und niemand werde sie deshalb schlechthin als kriminell bezeichnen. Hitler aber habe Millionen harmloser Menschen umbringen lassen zu seiner persönlichen Befriedigung; insofern sei er einfach ein Massenmörder. Die Sieger hätten einen Fehler begangen, schreibt Haffner, als sie den Massenmord an den Juden als „Kriegsverbrechen" eingestuft und so mit den „sozusagen normalen Kriegsgreueln" (wie Geisel-Erschießungen) vermengt hätten; das habe den Sinn für den besonderen Charakter der Hitlerschen Verbrechen abgestumpft.

Klaren Urteilen wie diesem stehen in Sachen Hitler immer wieder irritierende Feststellungen gegenüber. Eine Gruppe von 24 Historikern, Philosophen, Journalisten und Militärs aus Nordamerika und Westeuropa, 1974 vom amerikanischen Nachrichtenmagazin „Time" nach den „größten Führergestalten der Geschichte" befragt (history's great leaders), nannte Hitler so oft wie nur noch *Lincoln* und *Gandhi*, viermal nämlich. Auf je drei Nennungen kamen Alexander der Große, Jesus, Mohammed, Washington, Lenin und F. D. Roosevelt (Einzelheiten am Schluß des Kapitels). In verwirrender Weise laufen bei einer solchen Wertung Hitlers drei halsbrecherische Unterstellungen mit: daß die große Führergestalt ihren Rang nicht einbüßt, wenn sie erstens einen Eroberungskrieg mit Millionen Toten führt, zweitens abseits der Kriegshandlungen Millionen Menschen meuchelt und drittens auch noch eine Reihe privater Rachemorde verübt wie Hitler beim sogenannten Röhm-Putsch am 30. Juni 1934.

Solch mörderisches Wüten unter Freunden und Mitkämpfern, zum Teil überdies in der eigenen Familie, war ja üblich bei orientalischen Potentaten und römischen Kaisern, auch bei englischen Königen wie Richard III. und Heinrich VIII., laut Jonathan Swift der „teuflischsten Bestie, die je auf Erden herrschte". *Mohammed II.*, Sultan von 1451 bis 1481 und Eroberer von Konstantinopel, trug seinen Nachfolgern testamentarisch auf, zur Sicherung der Dynastie ihre Brüder umzubringen, sobald sie den Thron bestiegen hätten; er selbst hatte sich daran gehalten, bis ins 17. Jahrhundert blieb dies der Brauch im Osmanischen Reich. Der hemmungslose Gewaltmensch, den wir als *Alexander den Großen* kennen, ließ, nachdem sein Vater ermordet worden war, sofort dessen zweite Frau und deren Sohn umbringen. Seinen Feldherrn Parmenion und dessen Sohn Philotas ließ er foltern und hinrichten, weil sie nicht so wollten wie er, ebenso den mitreisenden Hofpoeten Kallisthenes, einen Neffen seines Lehrers Aristoteles; und seinen Freund und Lebensretter Kleitos brachte Alexander in Rausch und Streit eigenhändig mit einem Wurfspieß um – ein Verbrechen des Totschlags, wenn auch unter mildernden Umständen. *Napoleon* ließ 1804 den Herzog von Enghien kidnappen und nach einem Scheinprozeß „in einem Anfall kalter Wut" (sagt Chateaubriand) erschießen; in die Literatur ist dies als Justizmord eingegangen, für Shaw hatte Napoleon damit klargemacht, daß er „ein Mörder und ein Schurke" war.

Jedenfalls verwischte er, wie so viele Inhaber der Staatsgewalt, auf diese Weise eine Grenze, auf deren Verlauf die zivilisierten Völker sich sonst geeinigt haben: Der Bürger, dem das Töten innerhalb des Staates bei Androhung drastischer Strafen verboten ist, darf und muß töten, sobald der Staat ihn aufruft gegen einen äußeren Feind. Für eine bestimmte Frist soll aus dem braven Buchhalter ein Krieger werden, der Bajonette in Menschenbäuche bohrt, aber, sobald das Blut getrocknet ist, wieder alten Frauen über die Straße hilft. Bei *Dostojewski* überschreitet der Student Raskolnikow mutwillig diese Grenze: Er ermordet eine böse alte Wucherin, weil Napoleon ja auch gemordet habe; er nimmt sich das Recht, Blut zu vergießen, da die geborenen Machthaber „es wie Champagner verschütten, wofür sie im Kapitol gekrönt und Wohltäter der Menschheit genannt werden".

Eigentlich ist kein Grund ersichtlich, warum die Inhaber der Staatsgewalt, die Herren über die Scheidelinie zwischen öffentlichem und privatem Töten, diese Grenze nicht ebenfalls respektieren sollten. Von einem, der sich das Recht nimmt, im Krieg über Millionen Menschenleben zu entscheiden, könnte immer noch erwartet werden, daß er es unterläßt, seine Frau und seine Mutter zu ermorden wie Nero oder seinen Sohn wie Peter der Große; daß er jedoch, falls er es dennoch tut, als Mörder verurteilt wird oder wenigstens in den Augen der Nachwelt als solcher dasteht.

Solche Urteile aber sind rar bei Historikern und Staatsphilosophen. Alexander der Große geistert als Lichtgestalt durch unsere Bibliotheken, und Goethes überschäumende Bewunderung für Napoleon bekam durch die Ermordung des Herzogs von Enghien keinen Stoß. Auch Hegel zieht die Grenze nicht: „Ein welthistorisches Individuum (...) gehört ganz rücksichtslos dem *einen* Zwecke an", schreibt er in der „Philosophie der Geschichte". „Solche große Gestalt muß manche unschuldige Blume zertreten, manches zertrümmern auf ihrem Wege." Die Weltgeschichte bewege sich auf einem höheren Boden als dem der Moralität; „die Litanei von Privattugenden der Bescheidenheit, Demut, Menschenliebe und Mildtätigkeit muß nicht gegen sie erhoben werden." Einverstanden, was die Demut angeht; doch warum läßt Hegel die oberste aller Privattugenden unerwähnt, nämlich die, das private Morden zu unterlassen? Auch Jacob Burckhardt registriert bei den großen Männern nur kühl „die merkwürdige Dispensation von dem gewöhnlichen Sittengesetz"; dem Mann, der in den Augen seines Volkes „nach dem Herzen Gottes" sei, werde alle Ruchlosigkeit nachgesehen.

Nach dem Herzen Gottes – war das nicht *Hitler* in den Augen von Millionen Deutschen? In seinem Essay „Bruder Hitler" von 1939 schrieb Thomas Mann: „Das Phänomen des Großen Mannes (...), das zwar vorwiegend ein ästhetisches Phänomen, nur selten auch ein moralisches war", sollte man sich durch ein „Vorkommnis" wie Hitler nicht verleiden lassen: „Wir müssen uns mit dem historischen Lose abfinden, das Genie auf dieser Stufe seiner Offenbarungsmöglichkeiten zu erleben." Dabei sei Hitler ein Feigling, „dessen Rolle am ersten Tage eines wirklichen Krieges ausgespielt wäre".

Anders als Thomas Mann zur Zeit dieser Niederschrift *wußte* Joachim Fest bei seiner großen Biographie von 1973, daß Hitler einen Weltkrieg vom Zaun gebrochen und den Massenmord an den Juden befohlen hatte. Dennoch schrieb Fest fast wortgleich mit Thomas Mann: Man zögere, Hitler „groß" zu nennen – weniger, weil er ein Verbrecher war; sondern „das Phänomen des großen Mannes ist vorab ästhetischer, nur äußerst selten auch moralischer Natur (...) Ein alter Lehrsatz der Ästhetik lautet, daß zum Helden nicht tauge, wer bei allen herausragenden Eigenschaften ein unangenehmer Mensch ist." Und eben dies sei Hitler gewesen mit seiner Unduldsamkeit, seiner Rachsucht, seinem nackten Materialismus; solche ordinären Eigenschaften „bringen ein Element abstoßender Gewöhnlichkeit ins Bild, das von dem herkömmlichen Begriff der Größe nicht mehr gedeckt wird".

Dieser Maßstab ist doppelt anfechtbar: zum einen, weil er die Deutung zuläßt, daß der Massenmord an den Juden weniger schrecklich gewesen wäre, wenn Hitler bessere Manieren gehabt hätte; und zum anderen, weil er ein Postulat in die Welt setzt, vor dem die Großen der Weltgeschichte zu Hunderten durchfallen. Rachsucht erfüllte *Konstantin den Großen*, der das Christentum im Römischen Reich zur Staatsreligion erhob und in der Ostkirche als Heiliger gilt, aber seine Frau und einen seiner Söhne hinrichten ließ. *Mohammed* war nach

Ansicht Jacob Burckhardts unter den Religionsstiftern „das unsauberste Exemplar“, gewiß aber unduldsam – eine Untugend, in der Martin Luther und Karl Marx ihm wiederum nicht nachgestanden haben dürften. *Cäsar* plünderte mit nacktem Materialismus halb Gallien aus, um seine Privatschatulle zu füllen, den Pöbel von Rom zu bestechen und die gigantischen Schulden abzuzahlen, die er bei früheren Bestechungen angehäuft hatte; und die meisten erfolgreichen Staatsmänner sind es nur geworden, weil sie über die Leichen ihrer Freunde schritten – in der deutschen Nachkriegsgeschichte zum Beispiel Konrad Adenauer, Herbert Wehner und Helmut Kohl.

Schon gar nicht sind Rachsucht und Unduldsamkeit aus *Napoleon* wegzudenken, auch nicht Verleumdung, Falschspiel und Schnüffeln in fremden Briefen. Sigmund Freud nannte ihn „einen großartigen Lumpen, der, an seine Pubertätsphantasien fixiert, von unerhörtem Glück begünstigt, durch keinerlei Bindungen außer an seine Familie gehemmt, wie ein Nachtwandler durch die Welt geflattert ist, um endlich im Größenwahn zu zerschellen. Es war kaum je ein Genie, dem alle Spur des Vornehmen so fremd war, ein so klassischer Anti-Gentleman, aber er hatte großartiges Format.“ Kurz: Es ist schwer, mehr unrecht zu haben als Joachim Fest. Wie wir unter den *Künstlern* wüten müßten, wenn wir die „unangenehmen Menschen“ ausscheiden wollten, darüber im folgenden Kapitel mehr.

Die großen Führergestalten der Geschichte

In der auf Seite 88 zitierten Umfrage des amerikanischen Nachrichtenmagazins „Time" vom 15.7.1974 haben die 24 befragten Historiker, Philosophen, Journalisten und Militärs aus Nordamerika und Westeuropa genannt:

je viermal: Lincoln
Gandhi
Hitler

je dreimal: Alexander den Großen
Jesus
Mohammed
Washington
Lenin
F. D. Roosevelt

je zweimal: Buddha
Konfuzius
Cäsar
Augustus
Jefferson
Th. Roosevelt
Churchill
George Marshall
Mao Tse-tung
John F. Kennedy

Napoleon erhielt nur eine Stimme. Golo Mann, das deutsche Mitglied der Jury, nannte Mark Aurel, F. D. Roosevelt und Adenauer. Die vier, die sich für Hitler entschieden, waren der Kanzler der amerikanischen Vanderbilt-Universität, Alexander Heard, der amerikanische Psychoanalytiker Jules Masserman, der britische Militärhistoriker Corelli Barnett und der französische Schriftsteller Jean-François Revel, Autor des Buches „Weder Marx noch Jesus".

Barnett versah seine Nennung mit dem Beiwort „leider"; Revel stellte Hitler als dem Massenverführer zum Schlimmsten den Verführer zum Besten gegenüber, den griechischen Philosophen Epikur, weil er gelehrt habe, wie man glücklich wird, ohne andere Menschen zu schädigen. Heard nannte Inbrunst und Feuer (zeal and fervor) als Kennzeichen der Führerschaft, und die hätten Martin Luther King, Hitler, Gandhi und Nehru besessen, ebenso die Propheten des Alten Testaments. Masserman machte kommentarlos die Reihe Alexander – Cäsar – Hitler auf.

10.

Wieviel Unglück dürfen große Männer stiften?

> Ich werde das Blut beweinen, welches fließen muß; aber ich werde es vergießen.
>
> *Feldmarschall Radetzky*

Worüber man zunächst noch einmal nachdenken sollte, das ist die Selbstverständlichkeit, mit der die *Kriegstoten* von den meisten Historikern und Geschichtsphilosophen in Kauf genommen werden – als Tribut an den Weltgeist bei Hegel, bei Jacob Burckhardt dann, wenn der große Mann mit seinen Kriegen sein Volk in einen höheren Kulturzustand überführt habe wie Tschingis Khan und Peter der Große. Auch die gewaltsame Ausbreitung der griechischen Kultur durch Alexander, der römischen durch Cäsar und andere Eroberer wird zumeist mit dem Bonus versehen, den der höhere Kulturzustand genießt.

Hier drängt sich nun eine elementare und ketzerische Frage auf. *Peter der Große* also hat Rußland dem Westen geöffnet, mit Krieg nach außen und Terror nach innen, und damit das hergestellt, was die meisten Historiker einen höheren Kulturzustand nennen. Angenommen, er hätte auf alle Gewalt nach innen und außen verzichtet – würde sich Rußland dann nicht ebenfalls dem Westen geöffnet haben, nur ein bißchen später? Mit wieviel Toten darf man für eine frühere Öffnung bezahlen? Angenommen aber, ohne Peter den Großen hätte Rußland sich nie dem Westen aufgeschlossen – wie schlimm wäre das gewesen, und für wen? Ist „Öffnung nach Westen“ ein Freibrief für tausend Tonnen Blut? Wer hat solche Maßstäbe in die Welt gesetzt? Wieviel *Kultur* ist in einem „höheren Kulturzustand“ enthalten, wenn er nur mit Waffengewalt herbeigeführt werden kann?

„Cäsar, bleib zu Hause!“ möchte man rufen. Wie unglücklich wären die Gallier geworden, wenn kein Römer sie unterworfen hätte? Und wie würde sich dieser Nachteil – gesetzt, es wäre einer – zu dem Unglück verhalten, das Cäsar unstreitig über sie gebracht hat? Müssen wir die Kritik an der Heldenverehrung Marxisten überlassen wie Bert Brecht, die zusammen mit dem Heldentum auch noch die Persönlichkeit aus der Geschichte tilgen wollen, aller Wahrheit zuwider?

Vereinzelt erhebt sich die Stimme der Skepsis. 1797, ein Vierteljahrhundert vor Hegels Freibrief für jeden Massentöter, der den Weltgeist auf seiner Seite sieht, schrieb *Herder* in seinen Briefen zur Beförderung der Humanität der „großen Friedensfrau namens Menschlichkeit“ als „erste Gesinnung“ zu: *Abscheu gegen den Krieg* – „wo er nicht erzwungene Selbstverteidigung, sondern ein toller Angriff auf eine ruhige benachbarte Nation ist“; als zweite Gesinnung: *verminderte Achtung gegen den Heldenruhm.* Denn „der ländererobernde Heldengeist“ sei ein Würg-Engel der Menschheit und verdiene lange nicht die Verehrung, die Griechen, Römer und Barbaren ihm zollten. Es sei an der Zeit, „den falschen Schimmer wegzublasen“, der Männer wie Attila und Tschingis Khan umgaukle.

In seiner souveränen Studie „Über Glück und Unglück in der Weltgeschichte“ stellt auch Jacob Burckhardt der historischen Größe das Unheil gegenüber, das sie so oft über die Menschheit gebracht hat. Er spricht von dem „entsetzlichen Bild, wenn man sich die Summe von Verzweiflung und Jammer vorstellt, welche das Zustandekommen zum Beispiel der alten Weltmonarchien voraussetzte“. Die Nachwelt aber verfahre mit dem Leiden der Unzähligen „äußerst kühl“, wobei sie unterstelle, „der Anblick des Genius habe verklärend und beglükkend auf die von ihm behandelten Völker gewirkt“.

Lassen wir also nur denjenigen Krieg als moralisch gelten, der der Verteidigung dient – dann tauchen freilich zwei neue Schwierigkeiten auf. England verteidigte Polen und sich selber, als es Krieg gegen Hitler führte, aber für die Zerstörung Dresdens am 13. Februar 1945, „als Deutschland schon erledigt war“, hätte *Churchill* hängen müssen, schrieb Rudolf Augstein 1985 im „Spiegel“ - nach den Maßstäben des Nürnberger Kriegsverbrecher-Tribunals (nach welchen auch Napoleon hätte hingerichtet werden müssen, demselben Autor zufolge). Im Juli 1944 befahl Churchill, einen Luftangriff mit den tödlichen Milzbrand-Erregern vorzubereiten, mit denen Berlin, Hamburg, Frankfurt und Stuttgart für ein Jahrhundert unbewohnbar gemacht werden sollten – nach Dokumenten, die die BBC 1981 vorlegte.

Was für eine Art Krieg aber war es, den Amerika von 1941 bis 1945 gegen Japan führte? Die Japaner überfielen Pearl Harbor, ja – doch die Historiker sind sich ziemlich einig, daß *Roosevelt* diesen Angriff wünschte, um in den Krieg eintreten zu können, ohne der Angreifer zu sein (als welcher er nicht erscheinen durfte, weil er dreizehn Monate zuvor im Wahlkampf den Müttern Amerikas versprochen hatte: „Eure Jungen werden nicht in auswärtige Kriege geschickt!“). Tatsache ist, daß Roosevelt seine ultimativen Forderungen an Japan immer höher schraubte, es aber unterließ, im Gleichschritt damit die Warnungen an die amerikanische Pazifikflotte in Pearl Harbor zu verschärfen. Die letze Warnung des Kriegsministeriums an den Oberbefehlshaber auf

Hawaii lautete: „Feindselige Akte jederzeit möglich. Ergreifen Sie diejenigen Aufklärungs- und anderen Maßnahmen, die Sie für erforderlich halten, jedoch so, daß sie nicht (wiederhole: nicht) die Zivilbevölkerung alarmieren oder ihren Zweck verraten." Tatsache ist auch, daß zwei von Roosevelts Mitarbeitern, sein Berater Harry Hopkins und seine Arbeitsministerin, nach der Nachricht von dem japanischen Überfall seine auffallend entspannte Stimmung registrierten.

Der amerikanische Konteradmiral Robert Theobald leitete aus diesem Umstand als erster, nicht als letzter die Behauptung ab, Roosevelt habe den Japanern die Flotte „als Einladung zum Angriff" förmlich angeboten. Churchill jedenfalls machte kein Hehl aus seiner Begeisterung darüber, Amerika nun an der Seite Englands im Krieg zu sehen: „Das vereinfacht alles", sagte er am Telefon zu Roosevelt am Abend nach der Katastrophe mit ihren 3350 Toten. „Jetzt haben wir den Krieg gewonnen!" rief er aus, und „überwältigt von Stürmen des Gefühls, ging ich zu Bett und schlief dankbar den Schlaf des Geretteten".

So wird „Verteidigung" zum Definitionsproblem, und der Verteidigungskrieg schließt Exzesse des Verteidigers nicht aus, wie es die Atombomben auf Japan und der Feuersturm von Dresden waren. Wer der Frage nachspürt, wie sich die historische Rolle bedeutender Staatsmänner zur Moral verhält, tappt in einen Sumpf.

Wie schwer der Versuch gelingt, die Politik mit der Moral zu versöhnen, dafür gab *William Gladstone* ein Beispiel, der zwischen 1868 und 1894 dreimal britischer Premierminister war – ein gewaltiger Debattenredner mit glänzenden Manieren, ein Mann von Pflichtgefühl und unerbittlicher Redlichkeit, der sich viele Feinde schaffte und sich mit vielen seiner Freunde überwarf. Churchill schrieb über Gladstone in süffisanter Bewunderung: „Was ihn allmählich zur umstrittensten Gestalt seines Jahrhunderts machte, war seine Fähigkeit, sich selbst und seine Anhänger in moralische Entrüstung hineinzusteigern."

Nur in einem einzigen dokumentierten Fall ist es einem Menschen in großem Stil gelungen, mit nichts als Güte Politik zu machen: *Gandhi* hieß er und ermordet wurde er – von einem hinduistischen Fanatiker, der die Vertreibung der Moslems aus dem neuen Indien gefährdet sah, solange Gandhi ihre Gleichberechtigung predigte. Kurz zuvor hatte er noch zweimal dem Gemetzel zwischen Hindus und Moslems Einhalt gebieten können, indem er in den Hungerstreik trat. Ist er nun gescheitert, oder hat er gewonnen? Wäre Indien nicht auch ohne seinen Kampf aus der Kolonialherrschaft entlassen worden wie schließlich alle Kolonien nach 1945? Eindeutig ist nur zweierlei: Jahrzehntelang hat Gandhi auf imposante Weise demonstriert, daß Gewaltlosigkeit um jeden Preis, daß Toleranz und Nächstenliebe politische Waffen sein können und den berühmt machen, der sie zu führen versteht; und er bildet damit die eine Ausnahme in der Geschichte.

Meistens aber ist die Politik ein Geschäft, das entweder vorwiegend von zwielichtigen Charakteren betrieben wird (so sieht es Sidney Hook); oder bei dem der Saubere nicht sauber bleiben kann (so sieht es Thomas Mann: „Schwerlich hat es je einen Staatsmann gegeben, der Großes erreichte und sich nicht danach hätte fragen müssen, ob er sich noch zu den anständigen Menschen zählen dürfe"); oder bei dem der Redliche zum Untergang verurteilt ist – so sieht es Machiavelli: Lügen, Heucheln und Betrügen gehörten zum Handwerkszeug des Fürsten; milde und aufrichtig zu sein sei schädlich, aber *den Ruf* der Redlichkeit solle der Fürst sich unbedingt verschaffen. Natürlich wird gegen Machiavelli von vielen Politikern protestiert; doch dieser Protest schmeckt oft nach eben jener Heuchelei, zu der der Politiker als mutmaßlicher Jünger Machiavellis verpflichtet ist.

Jacob Burckhardt sagt, die politische Größe müsse egoistisch sein, wolle alle Vorteile ausbeuten und betrachte es als erste Aufgabe, „sich zu behaupten und zu steigern, und Macht bessert den Menschen überhaupt nicht". Dabei wäre es ein Trugschluß zu meinen, „es werde ohne die Verbrechen großer Männer recht tugendhaft zugehen. Als ob nicht die Kleinen, sobald sie auf Widerstand stoßen, eben auch böse würden."

Allem Anschein nach gehören zum Erfolg des Politikers die List und die Lüge, die Bereitschaft, Freunde zu opfern und den politischen Gegner zu verteufeln – in *Konrad Adenauer* offenkundig und von der Mehrheit der Deutschen ihm nicht einmal verübelt: Denn er log nicht ohne Charme, seine Listigkeit war mit Erfolg gesegnet, und die perfide Behauptung im Wahlkampf von 1953, ein Sieg der SPD würde „der Untergang Deutschlands" sein, war rasch vergessen.

Mögen wir am Ende die Bösen? „Wenn der Adler nicht raubt und zerfleischt, ist er weiter nichts als ein paar Pfund Fleisch mit Federn überwachsen", schrieb Wilhelm Heinse, Schriftsteller der Goethe-Zeit und Prediger des Genie-Kults. „Wenn Cäsar den Pompejus in die Pfanne haut, dann ist er fürchterlich. Setzt ihn auf ein Katheder und laßt ihn das herrlichste Kollegium über Krieg und Staatskunst lesen, und er ist eine Null." Nietzsche empfahl, den bösen Menschen „als eine wilde Landschaft zu genießen"; solange er sich gesetzlich verhalte, mache uns derselbe Mensch nur Pein als ein Flecken in der Natur.

So überdreht das klingt – es scheint an eine psychologische Wahrheit zu rühren. Stefan Zweig wies mit einem Seufzer darauf hin, daß Leidenschaft sich dankbarer darstelle als Gerechtigkeitsliebe, Gewalt und Sieg sich leichter rühmten als die milde Humanität des Erasmus von Rotterdam; und man darf wohl hinzufügen: Auch Franz von Assisi und Albert Schweitzer, Florence Nightingale und Mutter Teresa und ebenso all die guten Menschen, deren Statuen in der Riverside Church zu New York die Menschheit repräsentieren sollen (am Schluß des Kapitels vorgestellt) – sie ziehen Respekt auf sich, vielleicht Bewunderung, doch kaum je die Begeisterung, mit der Millionen von den Taten der großen Missetäter und Massentöter lesen.

Es hilft nichts, wir müssen zur Kenntnis nehmen, daß die Weltgeschichte *das Scheusal* gleich doppelt begünstigt: Es kämpft sich leichter nach oben (ein Kernthema dieses Buches), und seinen Ruhm vermehrt es zusätzlich dadurch, daß seine Buntheit, seine Tücke, selbst sein Ludergeruch uns mehr faszinieren als der Edelmut derer, deren Grab die Sonntagspredigt ist. Es geht uns da wie mit den Schlagzeilen in der Zeitung: Ein abgestürztes Flugzeug interessiert uns mehr als tausend sicher gelandete und ein saftiges Verbrechen mehr als tausend gute Werke. Das ist traurig, das ist wahr.

So wird auch dieses Buch die großen Verbrecher selbstverständlich nicht aussparen. Ihre Rolle in der Geschichte und in unserem Gemüt verbietet das; und schließlich demonstrieren einige dieser kriminellen Riesenhirne, nach Stefan Zweig, „das frevelhafte Maximum aller irdischen Erreichbarkeit". Die Sympathie des Autors jedoch gehört niemals denen, die das Blut anderer vergossen haben – sie gehört den großen Künstlern, Denkern und Forschern.

Wohl stößt man bei ihnen oft auf kaum weniger abstruse und abscheuliche Charakterzüge als bei den Männern der Tat; Oscar Wilde hat es in zynischer Zuspitzung als Anrecht eingeklagt: „Die Tatsache, daß ein Mensch ein Giftmischer ist, ist nichts gegen seine Prosa." Voltaire war gefürchtet für seine Rachsucht, seine Geldgier, seine maßlose Eitelkeit. *Richard Wagner* hinterging seine Freunde, betrog seine Gläubiger, rächte sich an seinen Feinden – Offenbach, Schumann, Mendelssohn, Meyerbeer – übers Grab hinaus und beutete den Bayernkönig Ludwig II. aus zugunsten seiner Verschwendungssucht; 1870 wünschte er sich, daß die Preußen Paris niederbrennten und daß die Deutschen ihre Frauen wieder prügelten. Der Musikhistoriker Alfred Einstein zog das Resümé: „Es *kommt* manchmal vor, daß eine überwältigende Begabung an einen detestablen Menschen fällt."

Jeder halbwegs Belesene könnte es mit Händen greifen, wenn er wollte: daß selten genug *eine* überragende Fähigkeit in einem Menschen durchbricht; daß sie sich oft am großartigsten entfaltet, wenn dieser Mensch, von seinem Dämon gejagt, am Rande des Wahnsinns balanciert wie Kleist und Kafka, wie Poe und Baudelaire, wie Dostojewski und van Gogh; und daß es folglich aberwitzig wäre anzunehmen, diese hundert oder tausend Größten besäßen allesamt auch noch das Talent, die Zeit und den Ehrgeiz, edel, hilfreich und gut zu sein. Dies ist nicht ihre Aufgabe auf Erden. Hilfreich sind wir selber. Es sei unzulässig, aus der Größe der Werke auf die Größe der Charaktere zu schließen, schreibt Martin Gregor-Dellin in seinen Porträts von sieben großen Deutschen; ja Genie und Charakter seien unvereinbar, und gar „die unverbindliche Liebenswürdigkeit eines Wiener Konditors ist vom Genie nicht zu haben". Die Wahrscheinlichkeit, auf Menschen jenseits von Gut und Böse zu stoßen, drastischer gesagt: auf Charakterschweine, ist in keiner Menschengruppe so hoch wie bei den Großen der Weltgeschichte – die Kriminellen vielleicht ausgenommen, die Künstler aber nicht.

Trifft man indessen auf einen heiteren, hilfsbereiten, zartfühlenden und noch dazu leicht gerührten Menschen unter ihnen, dann heißt er möglicherweise *Michael Bakunin*, predigt die totale Anarchie und will „alles" niederbrennen, am liebsten Pfarrhäuser mit Pfarrer, Weib und Kind darin, wie sein Freund Richard Wagner entsetzt berichtete. Andere machen uns die Verehrung schwer durch üble Verstöße gegen die Humanität: Richard Wagner zusätzlich mit seinen antisemitischen Pamphleten; Martin Heidegger, Knut Hamsun und der amerikanische Lyriker Ezra Pound mit ihren Sympathien für den Faschismus. Die Parteitags- und Olympia-Filme der Leni Riefenstahl zu den Spitzenprodukten der Filmkunst zu zählen (wie es viele Cinéasten tun) erfordert eine asketische Bereitschaft, zwischen dem Können und der politischen Moral zu unterscheiden. *Bert Brecht* rechtfertigte in seinem Lehrstück „Die Maßnahme" (1930) die Erschießung eines jungen Kommunisten, weil der es gewagt hatte, sich von seinem Mitleid und seinem Gerechtigkeitsgefühl bestimmen zu lassen statt von den Interessen der Partei. Sein demonstratives Eintreten für Stalin während der Schauprozesse von 1935 bis 1938 trug Brecht unter deutschen Emigranten den Spottnamen „Minnesänger der GPU" ein. Heinrich Mann sah 1945 (in seinem Buch „Ein Zeitalter wird besichtigt") in der Sowjetunion die „bis jetzt höchste Stufe der europäischen Moral" verwirklicht.

Bei all dem besitzen die meisten Künstler, Denker und Forscher einen unschätzbaren Vorzug: Getötet haben sie nicht. Mit ein paar Einschränkungen, es ist ja wahr: Heidegger, Hamsun, Leni Riefenstahl und Brecht haben einen mörderischen Führerkult gefördert, und viele Massentöter wurden von Schriftstellern beflügelt wie Robespierre von *Rousseau*. Darf es uns trösten, daß der Schreiber es so nicht gewollt und daß man ihn meist mißverstanden oder umgebogen hat, wie es *Marx* durch Lenin, Stalin, Mao widerfuhr? Überdies kennen wir alle die innige Verbindung zwischen Wissenschaft und Waffentechnik – von manchem Forscher als Chance des sofortigen Erfolgs begriffen und offensichtlich unentrinnbar über die Jahrhunderte hin: „Von Galilei führt ein schnurgerader Weg zur Atombombe", sagte Carl Friedrich von Weizsäcker 1991. „Ich wüßte nicht, wo man diesen Weg hätte unterbrechen sollen."

So fließen die Grenzen. Arno Schmidt behauptet, das „Inferno" in *Dantes* Göttlicher Komödie sei ein „Handbuch für KZ-Gestaltung". Und vielleicht war die Arroganz des alten *Goethe* gegenüber dem jungen Kleist ein Beitrag dazu, daß Kleist Selbstmord beging. Der Grübler kommt zu keinem Ende. Wir wissen ja nicht einmal, ob *Judas* wirklich ein Verräter war, oder ein Vertrauter und Verbündeter Jesu, oder gar der eigentliche Initiator des Christentums, indem er einen zaudernden Jesus ans Kreuz lieferte. All dies ist schon behauptet worden – wobei die letzten Maßstäbe für die Rolle der Moral in der Geschichte in die Brüche gehen.

Lauter gute Menschen

In der protestantischen Riverside-Church in New York, 1926 bis 1931 an der 122. Straße in Manhattan in neugotischem Stil erbaut, werden sieben Jesus-Statuen in einem Halbkreis hinter dem Altar flankiert von 31 Propheten, Evangelisten, Missionaren und Samaritern sowie 42 prominenten historischen Figuren: Reformatoren und Heiligen, Philantropen, frommen Dichtern, Kirchenmusikern, Ärzten und anderen Wohltätern der Menschheit; darunter Leonardo und Michelangelo.

Die Mitglieder des Kirchenausschusses, die die Auswahl trafen, sind nicht mehr am Leben, Unterlagen nur wenige erhalten. Wer aus den 42 Figuren auf die Auswahlkriterien zu schließen versucht, muß sich mindestens über vier Namen wundern, die nicht aufgenommen worden sind: Albertus Magnus, Dante, Platon, Raffael.

Erhalten ist ein Brief, in dem der Vorsitzende des Ausschusses den wichtigsten Geldspender, John Rockefeller jr., um die Erlaubnis bittet, dessen Vater (den Ölmagnaten und reichsten Mann der Welt) unter die Wohltäter der Menschheit einzureihen. Der Sohn antwortete (am 24.2.1930), er sei über dieses Anerbieten sehr gerührt, halte es jedoch für unklug, „einen Lebenden, insbesondere einen Kapitalisten“ in die Galerie aufzunehmen.

Die 42 erwählten Wohltäter („humanitarians“) sind:

Fra *Angelico* (1401-1450), italienischer Mönch und Maler
Samuel Chapman *Armstrong* (1839-1893), General der Nordstaaten im amerikanischen Bürgerkrieg und Gründer einer Technischen Schule für Schwarze
Thomas *Arnold* (1795-1842), englischer Geistlicher, Pädagoge und Sportförderer, Direktor der Schule von Rugby
Augustinus (354-430), Kirchenvater
Johann Sebastian *Bach* (1685-1750), gewürdigt als „der größte Komponist für Orgelmusik“
William *Booth* (1829-1912), Gründer der Heilsarmee
Johann *Calvin* (1509-1564), Schweizer Reformator
Henry *Drummond* (1786-1860), englischer Bankier, einer der zwölf Apostel der Erneuerungsbewegung „Katholisch-Apostolische Gemeinden“
Elisabeth die Heilige (1207-1231), Tochter des Königs von Ungarn, Landgräfin von Thüringen
Erasmus von Rotterdam (1466-1536)
George *Fox* (1627-1691), Begründer der Quäker
Franz von Assisi (1182-1226), Stifter des Franziskaner-Ordens, Schutzheiliger Italiens
Valentin *Hauy* (1754-1822), französischer Philantrop, Gründer der ersten Blindenschule
Hippokrates (460-375 v. Chr.), Vater der Medizin
John *Howard* (1726-1790), englischer Philantrop, Reformer des Gefängniswesens
Edward *Jenner* (1749-1823), englischer Arzt, Erfinder der Pocken-Impfung
John *Knox* (1513-1572), der Reformator Schottlands

Robert *Koch* (1843-1910), Entdecker der Erreger der Tuberkulose, des Milzbrands und der Cholera
Leonardo da Vinci (1452-1519)
Abraham *Lincoln* (1809-1865), 16. Präsident der USA
Joseph *Lister* (1827-1912), englischer Chirurg, Begründer der antiseptischen Wundbehandlung
Martin *Luther* (1483-1546)
Michelangelo (1475-1564)
John *Milton* (1608-1674), englischer Dichter, Autor des Epos „Das verlorene Paradies"
Florence *Nightingale* (1820-1910), englische Krankenpflegerin
Giovanni *Palestrina* (1525-1594), Komponist, Kapellmeister an der Peterskirche
Louis *Pasteur* (1822-1895), entdeckte das Prinzip der Infektion durch Bakterien
Paulus (gestorben in Rom um 65 n. Chr.)
Johann Heinrich *Pestalozzi* (1746-1827), schweizerischer Pädagoge und Sozialreformer
Walter *Reed* (1851-1902), amerikanischer Militärarzt, besiegte das Gelbfieber und schaffte damit eine Voraussetzung für den Bau des Panamakanals
John *Ruskin* (1819-1900), englischer Sozialreformer
Girolamo *Savonarola* (1452-1498), italienischer Bußprediger
Shaftesbury, 7. Earl von (1801-1885,) englischer Philantrop und Sozialreformer
Sokrates (470-399 v. Chr.)
Stephan der Heilige (975-1038), König und Schutzpatron von Ungarn
Thomas *Sydenham* (1624-1689), „der englische Hippokrates"
Thomas von Aquin (1225-1274), italienischer Theologe und Philosoph
Andreas *Vesalius* (1514-1564), Leibarzt Karls V. und Philipps II., Begründer der Anatomie
Booker T. *Washington* (1856-1915), als Sklave geboren, Gründer der ersten Bildungsanstalt für Schwarze in den USA
John *Wesley* (1703-1791), Begründer des Methodismus
John Greenleaf *Whittier* (1807-1892), amerikanischer Lyriker und Philantrop
John *Wycliffe* (1320-1384), englischer Vorläufer der Reformation.

Unter den 42 Figuren befinden sich 20 Angelsachsen, drei Deutsche (Bach, Koch, Luther), zwei Frauen (die heilige Elisabeth und Florence Nightingale).

11.

Judas – Verräter, Vertrauter, Vollstrecker?

Der Handelnde ist immer gewissenlos, es hat niemand Gewissen als der Betrachtende.
Goethe, Über Kunst und Altertum

Judas hat gehandelt. Für Freunde geistreicher Argumentation ist er ein wahrer Leckerbissen.

Niemand braucht das Neue Testament als verläßliche Quelle zu betrachten. Doch wer es tut, gerade der hat allen Grund, der vordergründigen Deutung vom „Verrat" des Judas mit Argwohn zu begegnen. Die Geschichte, die die Evangelisten erzählen, läßt sich auch gänzlich anders deuten, und zwar durchaus auf dem Boden des christlichen Glaubens – also ohne Rücksicht auf die Sekte der Kainiten, die im 2. Jahrhundert Judas anbetete, und auf jüdische Legenden, in denen Judas als Sieger über Jesus verherrlicht wird.

Für die fromme Überlieferung schien alles klar: Der Teufel war in Judas gefahren, und aus Bosheit und Habgier verübte er an seinem Meister den schändlichen Verrat, ihn den Häschern auszuliefern. Bei Dante wird Judas zermalmt in einem der drei Mäuler des Höllenkönigs, aus dessen Augen blutiger Geifer auf die zappelnden Glieder des Verräters tropft. Bei Abraham a Sancta Clara hat Judas, bevor er sich als Jünger einschleicht, schon seinen Milchbruder und seinen Vater ermordet und seine Mutter zum Weibe genommen wie Ödipus in der griechischen Sage. Prediger, Dichter und Maler übertrafen einander jahrhundertelang darin, Judas noch gemeiner zu porträtieren, mit krummer Nase und stechenden Augen, schwarz- oder rothaarig unter den Blonden, ausgestoßen, vom Tische stehlend, mit blutigem Gedärm behangen – denn als er sich erhängte, „da barst er mitten entzwei", wie die Apostelgeschichte berichtet.

Es war dieses Judasbild, in dem der frühe, religiös bestimmte Antisemitismus sich verkörperte und aus dem er immer neue Nahrung zog, bis zu den Passionsspielen von Oberammergau; gefördert durch die fatale akustische Verwandtschaft zwischen „Judas" und „Jude", die es so leicht machte, dem ganzen Volk der Juden Geldgier und Gemeinheit nachzusagen.

Bei all dem wurde stets eine Einsicht unterdrückt, die naheliegend und unabweisbar ist: Wenn ein Christenmensch Judas für vom Teufel besessen hält – muß er *die Funktion* des Judas dann nicht trotzdem bejahen? Wenn es Gottes Wille war, seinen Sohn zu opfern, um die Menschheit zu erlösen – haben dann nicht alle an Jesu Opfertod Beteiligten, Judas und Pilatus, die Pharisäer, Sadduzäer und Henkersknechte, genau das getan, was notwendig war, damit das Heilsgeschehen seinen Lauf nehmen konnte? Müssen sie nicht allesamt Werkzeuge des christlichen Gottes gewesen sein? Zweimal sagt das sogar Petrus. Im 1. Kapitel der Apostelgeschichte spricht er: „Ihr Männer und Brüder, es mußte das Wort der Schrift erfüllet werden (...) von Judas, der denen voranging, die Jesus fingen." Und im 3. Kapitel: „Gott aber hat erfüllet, was er durch den Mund all seiner Propheten verkündet hat: daß Christus leiden sollte."

Wenn das so ist, so müßte der Abscheu vor den Motiven des Judas einhergehen mit dem Respekt für seine Rolle im Heilsgeschehen – worauf schon Lessing hingewiesen hat: „Alle Verfolgungen der Juden sind der Absicht Christi eher behilflich als entgegen gewesen", schrieb er 1751. „Satan (...) wandte alles an, ihn zu töten, und Christus sollte, uns zu erlösen, getötet werden."

Den erstaunlichsten Einspruch gegen die Verteufelung des Judas aber liefert, immer nach dem Zeugnis der Evangelien, Jesus selbst: Er kennt den, der ihn verraten wird, begegnet ihm gelassen, ja schiebt ihm den besten Bissen zu und spricht: „Was du tust, das tue bald." Unmittelbar vor diesen Worten fährt, nach dem Johannes-Evangelium, der Satan in Judas – ein seltsamer Widerspruch: Denn Jesus fühlt sich ja nicht als hilfloses Opfer eines Verräters, sondern er hindert seinen Jünger Simon Petrus daran, ihn mit dem Schwert zu verteidigen. „Soll ich den Kelch nicht trinken, den mein Vater mir gegeben hat?" fragt er bei Johannes, und bei Matthäus: „Oder meinst du, daß ich nicht könnte meinen Vater bitten, daß er mir zuschickte mehr denn zwölf Legionen Engel? Wie würde aber die Schrift erfüllet?" Jesus hat es gesehen, die Bibel hat es geschrieben, der Kirchenvater Augustinus hat es bestätigt, daß Judas ein notwendiges Werkzeug war: „Wissend gebrauchte Gott den unwissenden Judas." Von Gott gebraucht! Wie teuflisch kann er eigentlich gewesen sein?

Ausgeschlossen ist damit noch nicht, daß Judas zugleich ein Schurke war, an seinen *Motiven* gemessen. Doch etliche grüblerische Köpfe haben sich die Freiheit genommen, seine Beweggründe anders zu deuten als die Kirche: Judas als der Vertraute, Verbündete und Bruder Jesu, der wie dieser Gottes Heilsplan kennt – und von den beiden notwendigen Rollen die schwerere auf sich nimmt: vor der Nachwelt als der Verräter dazustehen.

Bei dem russischen Schriftsteller Leonid Andrejew (1907) fleht Judas Jesus an, ihm dieses schreckliche Opfer zu ersparen: „Erlöse mich! Nimm mir die Bürde ab!" Den Kuß, der ihn verrät, gibt er Jesus „in tödlichem Schmerz", und in ihm „dröhnten, heulten und donnerten Tausende wilder und feuriger Stimmen: 'Ja, mit dem Kuß der Liebe rufen wir die Henker aus ihren finsteren Höhlen!'" Andrejew malte überdies ein Bild, das Jesus und Judas nebeneinander mit dem Ausdruck gleichen Schmerzes zeigt, unter einem gemeinsamen Heiligenschein. Ähnlich schrieb 1909 der schwedische Schriftsteller Nils Runeberg in seinem Buch „Der heimliche Heiland", Judas habe als einziger unter den Jüngern das schreckliche Vorhaben Jesu durchschaut und in äußerster Demut sein Schicksal auf sich genommen, aller Ehre entsagend, allem Seelenfrieden und dem Himmelreich. In dem Roman „Die letzte Versuchung" von Nikos Kazantzakis (1951) ist es Jesus, der Judas *anfleht*, standzuhalten: „Ich muß getötet werden, und du mußt mich verraten, wir zwei müssen die Welt retten, hilf mir! Gott hat sich meiner erbarmt und mir den leichteren Auftrag gegeben." Schon gekreuzigt, träumt Jesus, er habe die Kreuzigung verweigert, er wolle kein Gott sein, und Paulus und Judas schmähen ihn dafür.

Walter Jens erzählt in seinem fiktiven Bericht „Der Fall Judas" (1975) von einem deutschen Franziskanerpater, der 1960 beim Patriarchen von Jerusalem beantragt habe, Judas seligzusprechen und ihm die Würde eines Märtyrers zu verleihen: Denn hätte er nein gesagt, er wäre zum Verräter an Gott geworden, und Jesus hätte als Rentner in Galiläa Kreuze geschnitzt. Freiwillig, aus Frömmigkeit habe Judas sich dazu hergegeben, „die Rolle des leibhaftigen Satans zu spielen, den Part Tschingis Khans oder Eichmanns". Nach zweijährigem Prozeß kommt laut Walter Jens ein vom Patriarchen berufenes Sachverständigengremium zu dem Ergebnis: Jesus habe Judas „zum Verworfenen erwählt", weil er der Frömmste und der Klügste gewesen sei. „Er mußte um Christi Willen zum Schlächter und Selbstmörder werden und, gehorsam gegen Gott, sich durch seine grauenvolle Tat so weit erniedrigen, daß nicht einmal die Heiligen wagen dürfen, für ihn zu beten. Aber er hat es getan. (Darum sind wir erlöst.) Er hat seinen Auftrag erfüllt. (Wir haben Grund, ihm zu danken.)" Der Patriarch bittet daraufhin die Ritenkongregation des Heiligen Stuhls, das apostolische Verfahren über Judas zu eröffnen. Ob das geschah, berichtet Walter Jens nicht mehr.

Der evangelische Theologe Walter Nigg bezeichnete 1980 in seinem Buch „Große Unheilige" (worin sich neben Judas auch Bakunin, Baudelaire und Nietzsche tummeln) den Bericht von Walter Jens als „Effekthascherei" und bestand darauf, daß der Teufel in Judas gefahren sei; doch er räumte ein: „Der göttliche Jesus und der teuflische Judas sind durch ein unausdeutbares Band miteinander verbunden", ja er erlaubte sich die Frage: „Hat der Ewige ihn gezwungen, das Schreckliche zu tun? Opferte sich Judas, weil einer Jesus verraten mußte, damit das Opfer von Golgatha geschehen konnte, das die Erlösung der Welt bewirkte?" Eine Antwort erlaubte Nigg sich nicht.

Judas dem Heiland in Liebe verbunden oder Judas vom Teufel besessen und trotzdem unentbehrlich für das Heilsgeschehen – zu diesen zwei Deutungen tritt noch eine dritte: Judas der Ungeduldige, der einen zaudernden, von Angst ergriffenen Jesus zwingen will, sich endlich als Messias zu offenbaren, als den Gottkönig, der dem Volk Israel verheißen ist, um es zu Freiheit und Macht zu führen. Schon in Klopstocks „Messias" klingt dieses Motiv an (1773), Richard Wagner hat es in seinem Entwurf zu einem Jesus-Drama fortgesponnen (1848), nach ihm Thomas De Quincey (1857) und etliche deutsche und französische Dramatiker. Da erscheint denn Judas als einer, der Jesus *prüfen* will (Bist du der Messias oder bist du's nicht?) und sich erhängt aus Verzweiflung darüber, daß der Tod am Kreuz ihn zu widerlegen scheint; oder als Patriot, der Jesus preisgibt aus Wut darüber, daß er sich weigert, die *weltliche* Macht zu ergreifen, die doch zur jüdischen Messias-Erwartung gehört; bei Paul Claudel als einer, der Jesus hindern will, schwache Geister zu verwirren und im Volk Unzufriedenheit zu säen; ja sogar Eifersucht wird ihm als Motiv unterschoben: auf Johannes, weil er der Lieblingsjünger sei, oder auf Maria Magdalena, weil beide, Jesus und Judas, sie liebten.

Und dazwischen immer wieder Bewunderung: „Judas ist der Allergläubigste", sagt Friedrich Hebbel. „Es bleibt", schreibt der evangelische Theologe Karl Barth, „daß Jesus faktisch nicht allein in den (...) Tod gegangen ist. Sondern mit ihm ging Judas." Und in einem Drama von 1954 (André Puget/Pierre Bost) wirft Judas den anderen Jüngern vor, sie seien es, die Jesus verrieten, weil sie ihn hindern wollten, ein Gott zu sein: „Der einzige, der ihn nicht verrät, bin ich."

Welch ein Irrgarten der Interpretationen! Gar nicht gerechnet jene islamische Legende aus dem 14. Jahrhundert, wonach Judas in den Leib Jesu schlüpfte und selbst der Gekreuzigte war. Nicht gerechnet auch den merkwürdigen Umstand, daß *Paulus* zwar von der Nacht spricht, in der Jesus verraten wurde, aber von Judas nichts weiß, ja ihn indirekt zum Zeugen der Auferstehung macht: „... daß Jesus gesehen worden ist von den *zwölfen*", schreibt er an die Korinther; bei Markus und Lukas ist er nur elfen erschienen (der neue zwölfte Jünger, Matthias, war noch nicht bestimmt); und alle vier Evangelien haben ihre kanonisierte Form erst nach Paulus' Tod erhalten. *Brauchten* die Evangelisten einen Schurken, eine „tendenziöse Karikatur", fragt der jüdische Theologe Pinchas Lapide – damit das Licht Jesu desto heller strahlte und die Absonderung des Christentums vom Judentum erleichtert wurde?

So bleibt zu fragen, warum dieses Buch sich bei einer möglicherweise erdichteten Figur und bei der hohen Artistik der Deutungen aufhält, die ihren angeblichen Wirkungen gegeben worden sind. Die Antwort lautet: weil das Beispiel „Judas" für die Betrachtung des Ruhmes unvergleichliche Meriten hat.

Es zeigt zum ersten und drastischer als jede andere Figur, daß *die Tat* – die wirkliche oder die erdichtete – fast nichts und ihre Interpretation fast alles ist; Emsigkeit und Phantasie von Kirchenvätern, Dichtern und Historikern können ihren Gegenstand völlig überwältigen. Wir haben also gute Gründe, jeglicher historischen Wertung zunächst einmal mit tiefem Mißtrauen zu begegnen.

Das Beispiel „Judas" zeigt zum zweiten, wie hoffnungslos die *moralische* Benotung in einem Meer der Widersprüche schwimmt. Derselbe Mensch vom Teufel besessen oder von Gott erwählt, ein Märtyrer oder der Schurke aller Schurken, ein böswilliges Instrument des Guten oder der Begnadete, der Jesus in seine Rolle stieß – alles ist denkbar, beweisbar ist nichts. Dieser Sachverhalt sollte im weiteren Verlauf des Buches den Umgang mit moralischen Wertungen erleichtern: Sie finden nicht mehr statt.

Auch liefert Judas ein Beispiel mehr für zwei schon vertraute Einsichten: daß Berühmtheit sich sogar dann einstellen kann, wenn offenbleibt, ob der Berühmte je das Licht der Welt erblickte – ein Pendant zu Romulus und Wilhelm Tell; und daß eine schändliche Seele, ja schon die Legende von ihr der Berühmtheit bekömmlich ist: Keines anderen Jüngers haben sich die Künstler mit so viel Hingabe angenommen, und vielen lauen Christen fällt allein Judas ein, wenn sie einen der zwölf Jünger nennen sollen. Auch der Berüchtigte ist eben ein Berühmter. Da öffnet sich ein Blick in zwei Abgründe zugleich: Beihilfe zum Justizmord als ein möglicher Weg, berühmt zu werden; und der ans Kreuz Geschlagene hat damit nicht nur den göttlichen Heilsplan erfüllt, sondern auch einen überwältigenden irdischen Ruhm geerntet.

Kehren wir zum weltlichen Aspekt zurück, so stellt sich in aller Unschuld die Frage: Ist es vielleicht dem Nachruhm günstig, ermordet oder zu Unrecht hingerichtet worden zu sein? Die Antwort kann nur lauten: Ja. Wenn auffallend viele Berühmte eines gewaltsamen Todes gestorben sind, so wahrscheinlich aus dem doppelten Grund, daß sie Racheakte und Verbrechen leichter auf sich zogen, wie zum Beispiel die Präsidenten der USA und die Zaren – und daß ihr tragisches Schicksal zugleich die Wahrscheinlichkeit erhöhte, ihren Namen lebendig zu halten.

Was wüßten wir noch von der französischen Königin *Marie Antoinette,* hätte ihr nichtsnutziges Leben nicht mit dem würdig ertragenen Gang zur Guillotine geendet? *Maria Stuart* kennen die meisten nur, weil sie als Opfer des Machtkampfs zweier Königinnen sterben mußte, und als Schillers Dramenheldin – aber würde Schiller den Stoff gewählt haben, wenn Maria nicht hingerichtet worden wäre? Der Schierlingsbecher (und dazu die heitere Art, ihn zu leeren) mehrte den Ruhm des *Sokrates,* der Scheiterhaufen den von Jeanne d'Arc, Jan Hus, Savonarola, Giordano Bruno, die Liquidierung den von Federico Garcia Lorca und Che Guevara, die tödlichen Attentate den von Rosa Luxemburg, Gandhi, Martin Luther King. Über *Sokrates* sagt Karl Jaspers: „Vielleicht wäre er ohne seinen Tod historisch nicht das geworden, als was er gewirkt hat"; erst die Erschütterung über sein Ende habe seine Größe leuchten lassen. Über *Rosa Luxemburg* sagt der Politologe Ossip Flechtheim, ihre Statur habe „seit ihrem Ende von Mörderhand an Größe fast ständig zugenommen". Über *Garcia Lorca* sagt Jorge Luis Borges, seine Berühmtheit sei ein Mißverständnis und bloß eine Folge seines tragischen Todes.

Ermordete appellieren an unsere Gefühle. Als der Altertumsforscher *Johann Joachim Winckelmann* 1768 in Triest einem Raubmord zum Opfer gefallen war, 50 Jahre alt, da notierte Goethe: „Sein frühzeitiger Tod schärfte die Aufmerksamkeit auf den Wert seines Lebens. Ja, vielleicht wäre die Wirkung seiner Tätigkeit, wenn er sie auch bis in ein höheres Alter fortgesetzt hätte, nicht so groß gewesen, als sie jetzt werden mußte, da er, wie mehrere außerordentliche Menschen, auch noch durch ein seltsames und widerwärtiges Ende vom Schicksal ausgezeichnet worden." Eine Auszeichnung, die viele gern *Mozart* gönnen würden: Unsterblich wie er sind die Gerüchte, er sei in Wahrheit ermordet worden – von dem Komponisten Antonio Salieri aus Neid, oder von Franz Hofdemel aus Eifersucht, weil er Frau Hofdemel verführt habe, oder von Franz Xaver Süßmayr als dem Liebhaber seiner eigenen Frau; so erfinderisch ist die Nachwelt, wenn es gilt, ihren Lieblingen etwas besonders Eindrucksvolles anzuhängen.

Ermordeten Staatsmännern – Cäsar, Wilhelm I. von Oranien, Heinrich IV. von Frankreich, Gustav III. von Schweden, Abraham Lincoln, John F. Kennedy, Olof Palme – wuchs durch den gewaltsamen Tod eine weitere Chance zu, ihren Ruhm zu steigern: Das vorzeitige Ende könnte sie davor bewahrt haben, Fehler zu begehen oder mit den weniger großartigen Konsequenzen ihrer großartigen Absichten konfrontiert zu werden. Daß *Lincoln* fünf Tage nach der Kapitulation der Südstaaten ermordet wurde, noch dazu am Karfreitag, ließ beide Faktoren zusammenwirken: Es machte ihn fast zu einem Heiligen – „Jesus ist für die Welt gestorben, Lincoln für sein Vaterland", sagte ein Redner am Grabe; und es ersparte ihm den dornigen Weg, den Frieden gewinnen zu müssen gegen die Radikalen seiner eigenen Partei, die nach Unterjochung und Enteignung der Besiegten riefen. Daß ein weiterregierender *Kennedy* nicht unbedingt als großer Präsident in die Geschichte eingegangen wäre, darüber sind die Historiker sich ziemlich einig. Und hat nicht Joachim Fest viel Beifall für seine These gefunden, *Hitler* würde als Deutschlands größter Staatsmann gelten, wenn ihm das Glück widerfahren wäre, 1938 ermordet worden zu sein? Fällt nicht jedem von uns ein Politiker ein, der vor der Nachwelt besser dastünde bei einem Attentat zur rechten Zeit?

Das mag zynisch klingen. Gemeint ist es als Muster für jene Unbefangenheit, die allein eine Untersuchung über die Gründe des Ruhms fruchtbar machen kann; für einen Freimut, zu dem die einstmalige Vergöttlichung des Mao Tse-tung und die nachhaltige Verteufelung des Judas uns gleichermaßen ermutigen sollten.

B

DAS GENIE

12.

Wie „das Genie“ erfunden wurde

> Wie aufgehendes Sonnenlicht trifft das aufsteigende Genie die Welt, die sämtlichen Kritiker niesen, die Nachahmer zeugen, und alles fühlt sich neugeboren.
>
> *Jean Paul*

Wie der *Heros* ursprünglich ein Halbgott war und *Charisma* eigentlich „göttliche Begnadung“ heißt: So gehörte für die Römer auch der *genius* zur Religion – als der Schutzengel, der den Mann durchs Leben begleitete, die Verkörperung seiner Zeugungskraft. Zwar wurde das Wort noch im Brockhaus von 1833 so verwendet (*Der Genius* des Findelkindes Kaspar Hauser führte ihm einen Pflegevater zu); doch hatte dieser Engel schon seit dem 18. Jahrhundert in England, Frankreich, Deutschland einen doppelten Wandel durchgemacht. Einerseits nannte man „Genius“ eine allegorische Figur, einen geflügelten Knaben wie Amor, auch einen Kobold oder Poltergeist. Andererseits begannen einige Dichter und Essayisten dieser drei Länder unter „Genius“ einen schöpferischen Menschen zu verstehen, meist in der französischen Form *génie.*

Und das génie nun stieg auf zum Kultgegenstand, wie seit der Antike der Heros: der Staatsmann oder Feldherr, der zur Symbolfigur einer Massenleistung stilisiert wurde oder sich stilisieren ließ (Kap. 4). Das Neue im 18. Jahrhundert war, daß auch die schöpferischen Menschen mit einem Wort von religiöser Herkunft aus der Masse herausgehoben wurden, daß also neben den Heroenkult der *Geniekult* trat.

Für das Christentum gab es nur *einen* Schöpfer, und der Mensch war sein Geschöpf. Die Baumeister der gotischen Dome – Alleskönner zwischen höchster Kunst und unerhörter Technik – sind uns entweder gar nicht oder als bloße Namensschilder überliefert. Für Aristoteles war Poesie nicht etwa Schöpfung, sondern bloße Nachahmung der Natur. Spinoza verfügte, seine „Ethik“ solle nach seinem Tod anonym veröffentlicht werden, denn der Name sei Ziererei und eines Philosophen unwürdig. Auch ist der Geniekult eine Besonderheit des Abendlands geblieben; die meisten Völker und Kulturen kannten nichts dergleichen. In Japan findet bis heute keinen Beifall, wer Individualität zur Schau trägt und originelle Gedanken zu äußern wagt; noch immer regiert dort das Sprichwort: „Auf einen Nagel, der herausragt, fällt der Hammer nieder.“ Ausnahmen gelten für Ausländer, zumal für Deutsche, am meisten für *Beethoven;* dem Kult, den die Japaner mit ihm treiben, ist kaum ein anderer auf Erden vergleichbar: 162 Aufführungen der 9. Symphonie allein im Dezember 1991, in Tokio mit zwei Orchestern und 5150 Sängern.

Seine Vorläufer hatte der Geniekult in der Renaissance, vor allem in Giorgio Vasari mit den Lebensbeschreibungen italienischer Maler, Bildhauer und Architekten, die er 1550 in Florenz veröffentlichte. Erst im 18. Jahrhundert aber griff die Sitte um sich, alle großen Künstler, und nun zumal die Dichter, als bewundernswerte Individuen herauszustellen, wie vorher nur Staatsmänner von ihren besoldeten Hofmalern und Hofpoeten gewürdigt worden waren; das Ergebnis einer vierfachen Entwicklung, die sich in den gebildeten Kreisen der führenden europäischen Kulturnationen vollzogen hatte.

Die Aufklärung unterhöhlte erstens den Glauben an den christlichen Schöpfergott und zweitens den Glauben an ein Weiterleben nach dem Tode. „Schöpfer“ durfte nun jeder werden, und „Unsterblichkeit“ war nur durch den Ruhm großer Taten oder Werke zu erlangen. Zum dritten setzte die Aufklärung das angemaßte Gottesgnadentum der Könige ins Zwielicht, während gleichzeitig und viertens eine bürgerliche Bildungsschicht entstand – also ein Lesepublikum, das die Dichter aus der finanziellen Abhängigkeit vom Hof befreite. Nun durfte man, abseits von Göttern und Monarchen, die großen Individuen anstaunen, eben die génies.

Die ersten, auf die sich die Scheinwerfer der weltlichen Verehrung richteten, waren *Pindar,* der griechische Lyriker des 5. Jahrhunderts v. Chr., mit seinen erhabenen Preis- und Siegesliedern auf Götter und Menschen; *Raffael,* der im 18. und 19. Jahrhundert als der größte aller Maler galt, *Newton* und über allen *Shakespeare.* Nur der letzte ist geblieben – wenn man zum Maßstab die Urteile nimmt, wie sie gegen Ende des 20. Jahrhunderts im Abendland in Lexika und Geschichtswerken, Biographien und Jubiläumsartikeln, Konzertsälen und Museen im Schwange sind. Als die größten Genies der Menschheit gelten überwiegend: *Dante, Shakespeare, Goethe; Bach, Mozart, Beethoven; Leonardo, Michelangelo; Alexander der Große, Cäsar und Napoleon.* Hier mögen Homer oder Vergil hinzugerechnet werden, da Platon oder Kant, dort Newton oder Einstein, oft Rembrandt oder Velázquez – ein so hoher Konsens wie bei den genannten elf wird bei anderen nicht erreicht.

Daß da mancher Einwand zu erheben wäre, ist ein Generalthema dieses Buches; hier geht es um die Frage, wie und mit welchen Folgen im 18. Jahrhundert das Genie zu einer Gestalt erblühte, die die Geister beschäftigte und die Herzen bewegte.

Als Künder der neuen Größe traten vor allem hervor: In England der 3. Earl von Shaftesbury (1711), in Frankreich Antoine Léonard Thomas, Mitglied der Académie Française, Verfasser eines „Essays über die Lobreden“ (1773) und berühmt für solche Elogen, die er aus Prinzip nur auf Verstorbene hielt, so auf den französischen Marschall Graf Moritz von Sachsen, auf Descartes und auf Mark Aurel. Die bekanntesten deutschen Genie-Anwälte waren Klopstock, Herder und die Dichter des „Sturms und Drangs“, der darum auch „Geniezeit“ heißt – Friedrich Maximilian von Klinger mit seinen „Kraftgenies“ (wie dem Guelfo in dem Drama „Die Zwillinge“); dann vor allem Goethe und Schiller mit ihren Jugendwerken. „Mir ekelt vor diesem tintenklecksenden Säkulum, wenn ich in meinem Plutarch lese von großen Menschen“ – so betritt bei Schiller Karl Moor die Szene.

Es geschah 1772, daß der 22jährige *Goethe* den Sprung vom Priester des Geniekults zu dem wenig verschlüsselten Bekenntnis wagte, daß er selbst ein Genie sei. In seiner Schrift „Von deutscher Baukunst“ zum Ruhm des Straßburger Münsters stand Goethe „anbetend vor dem Werk des Meisters“, das „die Herrlichkeit seines Herrn“, Erwins von Steinbach, verkünde – eine Wortwahl, die vorher nur gegenüber Göttern üblich war. In seiner Ode „Wanderers Sturmlied“ aber vollzog Goethe jene Wende, die den Zeitgenossen ungeheuerlich in den Ohren klang: „Wen du nicht verlässest, Genius“ – so beginnen die ersten vier Strophen, und wer vom Genius nicht verlassen wird, der *singt* in Regen, Hagel und Sturm, der wandelt über den Schlamm mit Blumenfüßen. Bleibt bis dahin noch ungewiß, wer es ist, den der Genius geleitet, so läßt die fünfte Strophe keinen Zweifel mehr: „Ich wandle göttergleich“, und die sechste noch mal: „Ich schwebe über Wasser, über Erde, göttergleich.“

In einem Gedicht von 1774 nahm Goethe sich Kronos, den Vater des Zeus und menschenfressenden Titanen, zum Postillion (zum „Schwager“, wie man damals sagte), ließ sich von ihm übermütig zur Unterwelt kutschieren und rief ihm zu:

> Töne, Schwager, ins Horn,
> Raßle den schallenden Trab,
> Daß der Orkus vernehme: Ein Fürst kommt!

Solch unverhüllte Selbstanbetung rief alsbald die Spötter auf den Plan.

Georg Christoph Lichtenberg in Göttingen suchte noch im selben Jahr 1774 „Trostgründe für die Unglücklichen, die keine Original-Genies sind“, und 1794 schrieb er: „Es gibt heutzutage so viele Genies, daß man recht froh sein soll, wenn einem einmal der Himmel ein Kind beschert, das keines ist.“ Bei E. T. A. Hoffmann (1819) erklärt der „Kater Murr“ sich zum Genie und teilt seinen Lesern huldvoll mit, „wie man sich zum großen Kater bildet“ – eine erkennbare Parodie auf Goethe, der ja mit seiner Autobiographie „Dichtung und Wahrheit“ nach seinen Worten dem Leser die Möglichkeit geben wollte, „aus der Selbsterkenntnis großer Männer für ihr eigenes Dasein Nutzen zu ziehen“.

Aufhalten konnte Hoffmann damit nichts. Der schweizerische Schriftsteller Johann Kaspar Lavater (von Goethe seinerseits als Genie bewundert) feierte die Genies als „Lichter der Welt! Salz der Erde! Substantive in der Grammatik der Menschheit!“ Jean Paul nannte 1804 das Genie „das Beste, was die Erde hat“. In Napoleon schließlich floß der modische Geniekult mit dem alten Heroenkult zusammen: „Sein Leben war das Schreiten eines Halbgottes von Schlacht zu Schlacht und von Sieg zu Sieg“, sagte Goethe zu Eckermann. Hegel glaubte in Napoleon den „Weltgeist zu Pferde“ erkannt zu haben. Heine nannte St. Helena „das heilige Grab, wohin die Völker des Orients und Okzidents wallfahrten in bunt bewimpelten Schiffen und ihr Herz stärken durch große Erinnerungen an die Taten des weltlichen Heilands“.

Da bestätigte sich drastisch, was der englische Philosoph David Hume 1757 in seiner „Naturgeschichte der Religion“ geschrieben hatte: Der Mensch projiziere seine Götter nicht nur in den Himmel, sondern vergöttliche auch sterbliche Menschen von herausragender Macht, Kühnheit oder Einsicht. David Friedrich Strauß schrieb 1835 im „Leben Jesu“, die Verehrung Napoleons, wie auch Goethes, sei ein neuer Götzendienst: „Man hat an der einen Menschwerdung Gottes nicht genug (...) Der einzige Kultus, welcher den Gebildeten dieser Zeit aus dem religiösen Zerfalle der letzten übriggeblieben, ist der Kultus des Genies.“ Julian Hirsch fügte 1914 in seiner „Genesis des Ruhmes“ hinzu: „Das Verehrungsbedürfnis sucht sich, wenn das eine Objekt ihm verlorengegangen ist, auf andere Weise Befriedigung.“ Die Gläubigen unserer „Geniereligion“, schrieb der Wiener Philosoph Edgar Zilsel in seinem gleichnamigen Klassiker, suchten hinter jedem Gemälde das *Persönlichkeitserlebnis;* sie verehrten Haarlocken und Tabaksdosen als Reliquien, hätten sich Tempel errichtet wie das Panthéon und wallfahrteten nach Stratford, Weimar und Bayreuth; „eine unreinliche Metaphysik hat die Verehrung der Berühmtheiten als höchstes Ziel gepredigt".

So erklärt sich dann, daß ein vielbewundertes Bild über Nacht auf ein Zwanzigstel seines Wertes schrumpft, wenn es nicht mehr das Persönlichkeitserlebnis vermittelt: Dem „Mann mit dem Goldhelm" ist das 1988 widerfahren, als bewiesen war, daß er nicht von *Rembrandt* stammt. In Betrachtung des Goldhelms dem Genie seines vermeintlichen Schöpfers zu huldigen, war offenbar wichtiger als das Kunstwerk selber in seiner gänzlich unbefleckten Qualität. Nur schrumpft zusammen mit dem Marktwert der Bilder auch die Persönlichkeit: Seit 1913 ist die Zahl der Rembrandt zugeschriebenen Werke von 988 auf knapp 250 gesunken; unsere Großeltern haben einen ganz anderen Rembrandt verehrt, vor allem den des magischen „Helldunkels" – wobei die Restauratoren des 20. Jahrhunderts das Dunkel leider weitgehend entdunkeln mußten, weil es durch die Alterung des Firnis entstanden, wenn nicht gar, nach dem Geschmack des 19. Jahrhunders, durch den Auftrag von dunklem Firnis hervorgerufen war. Ähnlich verstört reagierten die Bewunderer *Michelangelos,* weil sich das Deckenfresko der Sixtinischen Kapelle seit Entfernung der Patina in kindlicher Buntheit darbietet. Es versteht sich, daß die Zahl der Zeichnungen, die Michelangelo zugeschrieben werden, schwankt; zwischen 244 und 630, je nach Kunsthistoriker.

Die Hohenpriester, die unseren Geniekult auf solche Höhen trieben, waren der englische Historiker Thomas Carlyle, der amerikanische Essayist Ralph Waldo Emerson, Friedrich Nietzsche und Thomas Mann. *Carlyle* hob 1841 aus der Weltgeschichte zehn Halbgötter heraus (am Schluß dieses Kapitels vorgestellt). *Emerson* ernannte 1849 sechs Männer zu „Repräsentanten der Menschheit": Platon, Montaigne, Shakespeare, Goethe, Napoleon sowie den schwedischen Naturforscher und Mystiker Emanuel Swedenborg; dies seien die „Schutzheiligen", denen Lobpreis und Ehre gebühre.

Nietzsche redete einerseits Richard Wagner in seinem ersten Brief an ihn dreimal als „Genius" an, setzte das dubiose Ideal des „Übermenschen" und das schlimme Zerrbild der „blonden Bestie" in die Welt und trug der Menschheit auf, sie solle „fortwährend daran arbeiten, einzelne große Menschen zu erzeugen – dies und nichts anderes sonst ist ihre Aufgabe". Unser aller Nichtigkeit verdichtete er schließlich zu dem Satz in „Jenseits von Gut und Böse": „Ein Volk ist der Umschweif der Natur, um zu sechs, sieben großen Männern zu kommen." Derselbe Nietzsche aber war zu schöner Nüchternheit und mildem

Spott im Umgang mit dem Genieproblem imstande. Es sei unsere Eitelkeit, die den Kultus fördere: Stuften wir das Genie als „übermäßig wunderbar“, als „ganz fern von uns“ ein, so habe seine Leistung nichts Verletzendes für uns; „jemanden göttlich nennen heißt: 'Hier brauchen wir nicht zu wetteifern.'“ Ja Nietzsche widerspricht dem „Aberglauben vom Genie“ und lädt uns ein, die Genies nicht zu bewundern: Sie verstünden sich lediglich „besser als die Talente darauf, den Leierkasten zu verstecken, vermöge ihres umfänglicheren Faltenwurfs; aber im Grunde können sie auch nicht mehr als ihre alten sieben Stücke immer wieder spielen“. In seinen letzten Briefen nannte er sich „Cäsar“ und „Gott“.

Thomas Mann pries *Goethe* als „Übermenschen“, „Liebling der Menschheit“, „eine Vereinigung des Urbanen und des Dämonischen, wie sie in so gewinnender Größe kein zweitesmal vorgekommen ist in der Geschichte der Gesittung“, ja er sprach vom „Erscheinen eines Gottes auf Erden“. Im „Dr. Faustus“ trieb er den Geniekult bis zum kalkulierten Irrsinn hoch: Der Komponist Adrian Leverkühn, verzweifelt über die Grenzen seiner Schöpferkraft, infiziert sich mutwillig mit der Syphilis, um in ihrem Spätstadium in einen ähnlichen Schöpfungsrausch zu geraten wie einst Nietzsche, bevor ihn der Wahnsinn schlug.

Was also soll das sein, ein „Genie“? Wer setzt die Maßstäbe, wer definiert einen solchen Begriff des Überschwangs? Über ein paar Elemente der Genialität herrscht immerhin eine Art Einigkeit.

Zum Beispiel darüber, daß zwischen genialer Begabung und meßbarer Intelligenz *kein* notwendiger Zusammenhang besteht. *Intelligenz* wird überwiegend definiert als Verstandeskraft, Gabe rascher Auffassung und Fähigkeit, zweckvoll zu handeln; ob und inwieweit man sie mit den herkömmlichen Intelligenztests messen kann, ist umstritten, und zwar zu Recht; sie nachträglich auf Tote anzuwenden jedenfalls nicht mehr als ein Gesellschaftsspiel: *Leonardo, Einstein, Newton, Edison* – das sollen die intelligentesten Menschen der Geschichte gewesen sein, nach einer Erhebung, die „Mensa“ 1981 vornahm, die internationale Vereinigung von Personen mit einem Intelligenzquotienten von 132 und mehr. Doch es ist völlig offen, inwieweit ein begnadeter Maler oder Musiker extremer Verstandeskraft bedarf, während umgekehrt die höchste Intelligenz unproduktiv bleiben, also beispielsweise in einem versponnenen Mathematiker kulminieren könnte, der blitzschnell, aber stumm auf ausgefahrenen Gleisen rollt.

Die bis heute tonangebende Theorie hat Kant 1790 in der „Kritik der Urteilskraft" teils registriert, teils aufgestellt. Genialität, schreibt er, sei ein Talent, dasjenige hervorzubringen, „wozu sich keine bestimmte Regel geben läßt", *Originalität* also ihr wichtigstes Merkmal. Da es aber auch „originalen Unsinn" geben könne, müßten die Produkte des Genies „zugleich Muster, d.i. exemplarisch sein".

Doch da sind Gründe genug, warum Originalität sich zum Prüfstein der Genialität nicht eignet: Sie läßt sich kaum definieren; sie ist kein Maß für Schöpferkraft, sondern für die Einbettung des schöpferischen Individuums in die Zufälle von Zeit und Ort; und in vielen Kulturen ist Originalität kaum, bei uns war sie bis ins 18. Jahrhundert gar nicht gefragt. In der orientalischen Dichtkunst wurde nie das Originelle bewundert, sondern allein die Fähigkeit, das vorgegebene Form-Ideal kunstvoll auszufüllen oder abzuwandeln. *Shakespeare* nahm sich kaum je die Mühe, seine Stoffe zu erfinden: Er entnahm sie nicht nur Mythen, Novellen und historischen Berichten, sondern großenteils sogar deren Bearbeitungen durch frühere Dramatiker. *Bach* und *Händel* griffen hundertfach auf vorliegende Werke zurück und variierten sie nach dem Zeitgeschmack oder für den Tagesbedarf – und dabei war es ihnen egal, ob die ursprünglichen Werke von ihnen selbst oder von einem anderen stammten. Die Vorstellung, daß ein Kunstwerk eine geheiligte Einheit bilde, hätte als abstrus gegolten, der Begriff „geistiges Eigentum" war unbekannt, ein Urheberrecht wurde erst 1709 in England, 1793 in Frankreich, ein Jahr später in Preußen gesetzlich geregelt.

Und wie soll man „Originalität" definieren? Am Beispiel *Mozart:* Die beiden sogenannten Lambacher Symphonien von 1769 wurden ursprünglich Leopold Mozart zugeschrieben, dann seinem Sohn (weil sie so viel frischer und inspirierter klangen als die anderen Kompositionen des Vaters) – und heute doch wieder dem Vater. Und weiter: Inwieweit hob sich Mozarts *Personalstil* überhaupt vom *Zeitstil* ab? Er lebte und lernte in den Zentren der abendländischen Musikkultur, in Salzburg, Wien, London, Paris, Rom, Mailand und Bologna, angeleitet von seinem Vater und von Joseph Haydn, im lebhaften Austausch mit den berühmtesten Musikern seiner Zeit, befruchtet von Händel, Gluck und aufs innigste von Johann Christian Bach, den er als Achtjähriger in London kennenlernte und schwärmerisch verehrte. Wer in das Wort „Originalität" verliebt ist, mag sie nun darin entdecken, wie Mozart aus dieser überwältigenden Fülle von Anregungen und Vorbildern die eigenen Werke formte; doch ebenso treffend wäre die Aussage: Er war das Gotteskind, das alles Können seiner Zeit zur Spitze führte. Ernst Krenek sagt, Mozart sei als Komponist den Zeitgenossen nicht einmal aufgefallen, „da seine Originalität so glücklich in die Konvention eingebettet war“.

Nicht genug damit, daß es keine verbindliche Antwort auf die Frage geben kann, *wie originell* „Originalität“ sein muß, um so zu heißen – es erhebt sich ein weiterer, sehr handfester Einwand gegen Kants Kriterium. Das Wort „Originalität“ benennt ja nicht die Eigenschaft eines Subjekts, sondern einen objektiven Sachverhalt, nämlich den historischen oder sozialen Zufall, daß die Einfälle und Produkte eines bestimmten Menschen in seinem Kulturkreis neu sind. Wäre aber Mozart weniger genial, wenn er das Pech gehabt hätte, daß zwanzig Jahre vor ihm ein musikalisches Genie ähnlichen Ranges und Zuschnitts geboren worden wäre? Oder hätten wir in diesem Fall von ihm erwartet, daß er radikal anders komponierte, eigens um unserem Anspruch auf „Originalität“ zu genügen?

Goethe hatte recht, als er an die Stelle einer strengen Definition ein vages Maß des künstlerischen Ranges setzte. „Was ist Genie anders als jene produktive Kraft, wodurch Taten entstehen, die vor Gott und der Natur sich zeigen können“, sprach er zu Eckermann. „Alle Werke Mozarts sind von dieser Art.“ In „Dichtung und Wahrheit“ nennt Goethe Genie „diejenige Kraft des Menschen, welche durch Handeln und Tun Gesetz und Regel gibt“.

Was bleibt? Ein Wort wie „grandios“ oder „überwältigend“: gefühlsbetont, unscharf, von Moden geprägt und fast nach Belieben zu gebrauchen. Definieren läßt sich nur, wie das Wort „Genie“ überwiegend verwendet wird: nämlich als ein Orden, den eine verehrende Gemeinde von Meinungsführern verleiht; im Abschnitt über den Ruhm wird das ein zentrales Thema sein. Hier nur so viel:

Ein Genie ist einer, der in einem bestimmten Kulturkreis dafür gehalten wird – meist ein Mensch von außerordentlicher, zumal schöpferischer Begabung, falls er zusätzlich folgende vier Bedingungen erfüllt:

1. **Er hatte die Chance und nutzte sie, diese Begabung bis zum Exzeß auszureizen.**
2. **Seine Produkte oder Leistungen lagen innerhalb dessen, was die Mit- oder Nachwelt begreifen konnte und bewundern wollte.**

3. Sein Name und sein Persönlichkeitsbild sind überliefert, anders als bei den gotischen Baumeistern.
4. Sein Werk oder sein Leben „greifen ans Herz" (Lange-Eichbaum). Künstler und Eroberer tun das mit höherer Wahrscheinlichkeit als Staatsmänner des Friedens, Forscher und Erfinder. Wenn zudem etwas Unheimliches durch ihre Schöpfungen oder durch ihr Schicksal geistert, ist der Orden ihnen sicher.

Die Chance zur Entfaltung der Begabung *haben:* das heißt **Erfolg** haben – und ohne Erfolg wüßten wir von genialen Menschen nichts. Die Chance zur Entfaltung der Begabung *nutzen:* das heißt **Leistung** erbringen; es wäre ja ein Mensch mit den Gaben Mozarts denkbar, der seine Tage im Schilf verdämmerte und seine kostbaren Lieder nur den Lämmerwölkchen vorsänge, ein faules Genie; das gibt es, nur erfahren wir selten von ihm.

Was schließlich das Kriterium „begreifen können und bewundern wollen" angeht, so stehen wir vor folgendem Sachverhalt: Wir kennen Genies, die ihre Wirkung erst nach hundert Jahren zu entfalten begannen, wie Bach oder Kleist; mit Hilfe der überlieferten Noten und Schriften hatten sie die Chance, von der Nachwelt entdeckt zu werden, und daß sie demnach ihrer Zeit so weit voraus waren, sehen wir geradezu als Abzeichen ihres Ranges an.

Nur daß dies einen merkwürdigen Maßstab setzt: Denn wie, wenn ein Genie seinen Zeitgenossen derart überlegen gewesen wäre, daß es eines ganzen Jahrtausends bedurft hätte, um es zu begreifen? Wäre das nicht ein besonders starker Grund zur Bewunderung – nur leider mit der Wahrscheinlichkeit verbunden, daß die Verehrungswilligen ihr Objekt nie fänden, weil seine hinterlassenen Papiere im Lauf der tausend Jahre verbrannt, vergilbt oder zerfleddert worden sind? (Wobei wir noch von jenem Supergenie absehen, für das der Menschheit der Maßstab fehlt bis zum Jüngsten Tag.)

Ruhm ist immer ein Sozialprodukt, großenteils ein Zufall, meistens ein wendischer Wind. Doch ehe das Buch nacheinander Leistung, Erfolg und Ruhm analysiert, sollte es jene Eigenschaften anleuchten, die den Hochseilartisten des Menschengeschlechts großenteils gemeinsam sind – den Erhobenen und Besessenen, den Tanzenden und den Gejagten; ob sie nun „Genies" zu heißen verdienen oder nicht.

Wotan ja – Goethe nein

In seinem einflußreichen Buch „Über Helden und Heldenverehrung“ (1841) stellt der englische Historiker Thomas Carlyle die Männer vor, die er die „heroes“ der Weltgeschichte nennt; wobei zu bedenken ist, daß das englische „hero“ nicht nur Held oder Führergestalt bedeutet, sondern allgemein die herausragende Persönlichkeit.

Kurioserweise beginnt Carlyle mit dem germanischen Göttervater Wotan oder Odin, den er als eine nachträglich vergöttlichte historische Figur betrachtet. Dann behandelt er die folgenden zehn:

Der Held als Prophet
Mohammed

Der Held als Dichter („poet“)
Dante
Shakespeare

Der Held als Priester
Luther
John Knox (der Reformator Schottlands)

Der Held als Schriftsteller („man of letters“)
Rousseau
Samuel Johnson (der englische Schriftsteller, Historiker, Kritiker und Lexikograph des 18. Jahrhunderts)
Robert Burns (schottischer Dichter des 18. Jahrhunderts)

Der Held als König
Cromwell
Napoleon

Friedrich den Großen, dem Carlyle später eine sechsbändige Geschichte widmete, erwähnt er in dem Buch über die „Helden“ noch nicht. Über *Goethe* schreibt er, der sei zwar der bemerkenswerteste „Man of Letters“ der letzten hundert Jahre, der größte Geist seit Shakespeare und „ein wahrer Held“, jedoch der Mehrzahl seiner Leser nur vage bekannt, so daß er, Carlyle, nicht auf Verständnis hoffen könne. Daher spreche er statt dessen von drei Männern, die das Licht nicht, wie Goethe, gebracht, sondern es nur gesucht hätten: Rosseau, Johnson, Burns.

PAUL VERLAINE
Lyriker, Säufer, Liebhaber des genialen Knaben Artur Rimbaud und so häßlich, „daß Frauen aufschrien, wenn sie ihn sahen".

FRIEDRICH FRÖBEL
Weltberühmt als Erfinder des Kindergartens – mit einer so flachen Stirn, daß er nach altem Vorurteil dumm hätte sein müssen.

ADOLPH VON MENZEL
Einer der vielen Zwerge, die zu Ruhm gekommen sind; 1,37 groß (hier im Gespräch mit seinem Malerkollegen Anton von Werner). In gnomenhaften Körpern wohnte auch das Genie von Kant und Lichtenberg, von Schubert und Toulouse-Lautrec, von Victor Hugo und Gottfried Keller. Buckel, Klumpfüße, Wasserköpfe, Knollennasen waren unter den großen Männern häufiger als die edle Erscheinung, die ihre Hofmaler ihnen gern angedichtet haben.

ANTOINE DE SAINT-EXUPÉRY
Wer würde hinter diesem allzu glatten Gesicht den Flugpionier und großen Schriftsteller vermuten? 1944 stürzte er ab.

ISAAK BABEL
Verfasser brillanter und explosiver Reportagen und Geschichten aus der Frühzeit der Sowjetunion, im GULAG 1941 umgekommen.

JEAN PAUL SARTRE
Ein kleiner Mann mit Silberblick, nach 1945 als Philosoph, Schriftsteller, Agitator zum Weltruhm aufgestiegen. In seinen letzten Jahren erschraken seine Freunde über seinen verzerrten Mund. Junge Frauen blieben ihm gewogen; Simone de Beauvoir, seine langjährige Vertraute, nahm das in Kauf. „Er hat sich oft entschieden, *gegen sich zu denken*", schrieb sie über ihn; „Knochen in seinem Kopf zu zerbrechen" sei sein Bestreben geblieben.

13.

Die Kranken und die Garstigen

> Beneiden wir die großen und berühmten Männer nicht! Könnten wir sie heute sehen – wie viele von ihnen würden mehr unser Mitleid provozieren als unsere Glückwünsche.
>
> *Daniel Defoe, The Instability of Human Glory*

Häßlich war er, dieser „Halbgott", dieser „weltliche Heiland", „dieses alles beherrschende Riesengehirn": *Napoleon,* 1,62 groß, mit dicklichem Oberkörper auf kurzen, dünnen Beinen, die Haut gelblich, die Augäpfel ebenso, der rechte Mundwinkel meist nach unten gezogen; bei den Augenbrauen fehlte das äußere Drittel. Die Lippen und die rechte Schulter wurden oft von einem Krampf befallen, und an der linken Wade zitterten sichtbar die Muskeln, so oft er in Wut geriet. Und neben diesen Anblick halte man das Bild des Generals Bonaparte als griechischer Jüngling am Großen St. Bernhard auf sich bäumendem Pferd, von Jacques David aus der Phantasie gestaltet, nachdem er zum Hofmaler ernannt worden war – unbekümmert darum, daß Napoleon bergauf ein vorsichtiges Maultier und bergab einen Schlitten benutzt hatte.

So sind sie eben, die Großen: Teils halten sie sich Angestellte zur Verfälschung ihres Bildes, teils werden sie ohne ihr Zutun von ihren Bewunderern idealisiert. Bei allen Porträts vor Erfindung der Fotografie dürfen wir davon ausgehen, daß sie geschönte Menschen zeigen; wo selbst die gemalten häßlich sind wie bei Goya der spanische König Karl IV. mit seiner Familie, da werden die wirklichen Menschen noch abstoßender ausgesehen haben (wofür es Indizien gibt).

So verfehlt wie die Erwartung, Genies müßten zu allem Überfluß auch einen edlen Charakter haben, wäre die andere, die Schönheit ihrer Werke müsse sich in ihrer physischen Erscheinung widerspiegeln. Beethovens knollige Nase in seinem derben, finsteren, pockennarbigen Gesicht, Gogols riesige Nase, die er mit der Unterlippe berühren konnte, die Sattelnasen von Sokrates, Michelangelo, Tolstoi, Jean-Paul Sartres erschreckender Silberblick – sie sprechen eine andere Sprache.

Der Apostel *Paulus* war ein schielender, krummbeiniger Zwerg, *Mozart* ein kleiner, dicklicher, laut Ludwig Tieck „unansehnlicher"

Mensch mit fleischiger Nase und Ohren ohne Läppchen, *E. T. A. Hoffmann* ein Monstrum an Häßlichkeit, *Abraham Lincoln* ein Knochenmann von 1,93 mit ungewöhnlich langen Armen und Beinen und krankhaft verlängerten Händen und Füßen, *Adalbert Stifter* so fett, daß ihm auf der Treppe keiner begegnen durfte. Dazu der Klumpfuß von Byron (ein Makel, der zu Talleyrand und Goebbels besser paßte), die Buckel von Alexander Pope, Kierkegaard und Moses Mendelssohn, die schiefe Schulter und die überlange Nase von Voltaire, der Gnom Gottfried Keller, 1,40 Meter groß, die Wasserköpfe auf den schmächtigen Körpern von Kant, Helmholtz, Victor Hugo oder Adolph von Menzel, der 1,37 Meter maß, die lebenden Totenschädel von Franz Kafka und Edgar Allan Poe! Dem englischen Dramatiker *Ben Jonson* sagte Thomas Wolfe eine „wahnwitzige Wüstlingsfresse" nach, der französische Lyriker *Paul Verlaine* hatte einen Wasserkopf mit Henkelohren, „so häßlich, daß Frauen aufschrien, wenn sie ihn sahen – als ob sie einen Pavian erblickten, der seine Lippen in Absinth tauchte" (wie der englische Kritiker John Drinkwater ihn schilderte).

Daß die geniale Leistung an einem edlen Anblick abzulesen wäre, ist also Legende: Die Genies sind anscheinend häufiger häßlich oder mißgestaltet als andere Menschen. Damit unterscheidet sich ihre Oberfläche positiv von ihrer inneren Beschaffenheit: Denn krank sind sie mit drastisch höherer Wahrscheinlichkeit als unsereiner; und ihre körperlichen Leiden verdienen die Betrachtung, ehe wir zur Rolle des kranken Geistes übergehen.

Schrecklich ist noch heute zu lesen, von welchen Plagen *Luthers* Leben überzogen war: seit Jugendtagen von Schwindel, Ohrensausen, Weinkrämpfen und Ohnmachten, später von chronischer Verstopfung, chronischen Kopfschmerzen und chronischer Mittelohrentzündung, von wiederholten Ruhr-Anfällen, Gicht, Schlaflosigkeit, Hämorrhoiden sowie Nieren- und Blasensteinen mit furchtbaren Schmerzen; schließlich von nässenden, juckenden Unterschenkelgeschwüren, die ihn in den letzten fünfzehn Jahren seines Lebens peinigten; nicht gerechnet die cholerischen Ausbrüche und die häufige Heimsuchung durch Melancholie. Und zwischen all dem die göttlichen Gesichte, die feurigen Predigten, die Übersetzung der gesamten Bibel, die Fülle der Streitschriften, das Wüten gegen den Papst! Hat dieser Mensch sein Werk dem Leiden abgetrotzt – oder hat, umgekehrt, sein Werk den Körper krank gemacht – oder gibt es einen Zustand körperlicher Qual, der das Werk begünstigt?

Jonathan Swift wurde 77 Jahre alt, doch seit seinem 20. Lebensjahr hatte er ein Ohrenleiden, das heute Ménièrsche Krankheit heißt: dauerndes Ohrensausen, zunehmende Schwerhörigkeit, chronische Unterleibsbeschwerden und dazu anfallweise Drehschwindel und Erbrechen; im Alter begleitet von Melancholie und zunehmender Schrulligkeit, wozu seine Zwangsvorstellung gehörte, er müsse täglich viele Meilen spazierengehen, und zwar am besten in seinem Hause, stampfend treppauf und treppab, bis zu zehn Stunden lang. Mit 74 Jahren erlitt Swift einen Schlaganfall, verlor die Sprache und wurde unter Kuratel gestellt; die letzten Jahre verdämmerte er im Schwachsinn, von einem Augentumor gepeinigt. Und diesem Mann verdanken wir „Gullivers Reisen" und die boshaftesten und brillantesten Satiren der Weltliteratur.

Georg Christoph Lichtenbergs Wirbelsäule war so stark verbogen, daß Asthma, chronischer Husten und akute Atemnot bis zur Todesangst ihn plagten, einen buckligen Zwerg mit zu großem Kopf und überlangen Armen.

Es waren ja so viele gerade der Größten mit jeglichem Leiden geschlagen. *Pascal* entdeckte mit 12 Jahren aufs neue die ersten 32 Theoreme des Euklid, ohne je Mathematikunterricht erhalten zu haben, erregte als 16jähriger mit einem Werk über die Kegelschnitte Aufsehen in der mathematischen Welt, erfand mit 18 die Addiermaschine, wandte sich mit 31, nach einer mystischen Erleuchtung, der Religion und der Philosophie zu und starb mit 39 Jahren – die längste Zeit seines kurzen Lebens geplagt von Kopfschmerzen, Verdauungsstörungen, Schlaflosigkeit, Lähmungen und der permanenten Zwangsvorstellung, daß direkt neben ihm ein Abgrund gähne.

Die Erleuchtung überfiel Pascal in zwei Nachtstunden im November 1654, und seine eigenhändige Notiz darüber – ein Blatt, von den Nachkommen „Mémorial" genannt, der bei weitem kürzeste Text, dem ein Stichwort in „Kindlers Literaturlexikon" gewidmet wurde – dieses Blatt enthält zur Kennzeichnung seiner Empfindungen nur das Wort *feu,* „Feuer". Ein Feuerschein und ein neues Leben nach zwei Stunden? Das erinnert an das Damaskus-Erlebnis, das den Rabbi Saulus in den Apostel *Paulus* verwandelte: „Und da er auf dem Wege war und nahe bei Damaskus kam, umleuchtete ihn plötzlich ein Licht vom Himmel, und er fiel auf die Erde" (Apostelgeschichte 9,3) – „ein Licht, heller denn der Sonne Glanz" (26,13), und Paulus „ward entzücket bis in den dritten Himmel" (2. Korinther 12,2).

Licht, Entzückung, Fall – das ist die Überlieferung. Man sollte danebenhalten, was der Epileptiker *Dostojewski* in seinem Roman „Der

Idiot" über einen epileptischen Anfall des Fürsten Myschkin schrieb: „Kurz vor jedem Anfall erhellte sich ganz plötzlich in der Traurigkeit, der inneren Finsternis, des Bedrücktseins und der Qual sein Gehirn für Augenblicke gleichsam blitzartig, und all seine Lebenskräfte spannten sich mit einem Schlage krampfhaft an (...) Der Verstand, das Herz waren von ungewöhnlichem Licht erfüllt; alle Aufregung, alle Zweifel lösten sich in einer höheren Ruhe auf (...) In jener Sekunde, das heißt im allerletzten Augenblick des Bewußtseins vor dem Anfall, vermochte er sich manchmal noch klar zu sagen: ‚Ja, für diesen Augenblick kann man das ganze Leben hingeben.' Wahrscheinlich ist das dieselbe Sekunde, in der der bis zum Rand mit Wasser gefüllte Krug des Epileptikers *Mohammed* umstürzte und doch nicht Zeit hatte überzufließen, während Mohammed in derselben Sekunde alle Wohnstätten Allahs überschaute (...) Dann war es ihm (Fürst Myschkin) plötzlich, als täte sich etwas vor ihm auf: Unbeschreibliches, nie dagewesenes Licht erhellte seine Seele." Licht, Entzückung, Fall.

Natürlich: Noch heute ist die Diagnose „Epilepsie" nicht immer eindeutig; sie erstreckt sich auf Anfälle, die von einer bloßen Bewußtseinstrübung bis zum großen Krampf reichen, mit Sturz, Schrei, Ohnmacht und Schaum vor dem Mund; durch verschiedene Arten von Gehirnschäden hervorgerufen. Ob nun gar ein Mensch, der vor 200 oder 2000 Jahren lebte, als Epileptiker einzustufen ist, läßt sich meist kaum noch klären.

Andererseits trifft in den Fällen Paulus, Mohammed, Pascal der überlieferte Ablauf der Offenbarung mit dreierlei zusammen, was die These diskutabel macht. Zum ersten: Die sogenannte *Aura* vor dem Anfall, die Lichtsekunde – könnte sie nicht ein Sturm von Einsichten und Ideen sein, der den Epileptikern einen Vorteil vor anderen Menschen verschaffte? Der jäh Bekehrte oder der Stifter einer Religion: Braucht er nicht, zweitens, die innere Gewißheit, daß es eine himmlische Macht war, der er seine Vision verdankte? Und welche Lebensszene könnte ihm im höheren Grade zu dieser Überzeugung verhelfen als jenes Drama aus Licht und Fall? Und was, zum dritten, sollte eine mißtrauische Umwelt stärker davon überzeugen, daß hier kein Geflunker, sondern eine Offenbarung vorliege, als das grausige Schauspiel von Sturz, Schaum und Schrei? (Ein Vorgriff auf die doppelte Rolle des *Wahnsinns:* Das Genie peitscht er voran, und seinem Ruhm öffnet er die Tore.)

Seltsam mutet dabei der Eifer an, mit dem immer wieder versucht worden ist, den Apostel *Paulus* gegen die Diagnose „Epilepsie" zu verteidigen. Dabei sagte er selber, ihm sei „gegeben ein Pfahl ins Fleisch, nämlich des Satans Engel, der mich mit Fäusten schlagen soll, damit ich mich nicht überhebe" (2. Korinther 12,7). Der „Pfahl" ist als Epilepsie, aber auch als Malaria, Wundrose oder chronische Augenentzündung gedeutet worden. Angenommen also, Paulus wäre Epileptiker gewesen – welchen Christen müßte das kränken oder irremachen? Warum sollte sich eine göttliche Offenbarung *nicht* einer Krankheit bedienen, um den Weg zu den Menschen zu finden? „Was ist denn dabei, daß es Krankheit ist!" läßt Dostojewski den Fürsten Myschkin räsonieren. „Was geht es mich an, daß dies nicht normal sei, wenn sich der Augenblick dieser Empfindung als höchste Stufe der Harmonie erweist, als ein unerhörtes Gefühl der Fülle und des erregten, wie im Gebet sich steigernden Zusammenfließens zur höchsten Synthese des Lebens?"

So scheint die Epilepsie eine Krankheit zu sein, die die geniale Leistung begünstigt. Daß der Kirchenvater Augustinus an ihr gelitten haben soll, paßt zu Paulus und Pascal. Auch Alexander dem Großen und Cäsar werden epileptische Anfälle nachgesagt. Das spasmische Zukken von Schultern, Kopf und Gesicht, mit dem *Peter der Große* seine Umgebung irritierte, ist als eine mildere Form der Epilepsie gedeutet worden – bei einem Riesen von 2.04 Metern, der Silberteller mit den Händen zu Klumpen formen konnte. *Napoleon* soll epileptische Anfälle gehabt haben; schwer abzugrenzen von jenen Wutausbrüchen, bei denen er sich zu Boden warf. Richelieu, Petrarca, Händel, Paganini, Poe, Flaubert, Swinburne und van Gogh – die Indizien sind strittig, der Zusammenhang mit der großen Leistung wäre jedesmal plausibel.

Ob nicht auch die *Schwindsucht,* an der einst so viele Menschen starben, oft die künstlerische Produktion gefördert hat? Zwar raffte sie viele der Größten schrecklich früh dahin – mit 25 Jahren John Keats, mit 26 den genialen norwegischen Mathematiker Niels Henrik Abel, mit 28 Novalis, mit 29 den amerikanischen Schriftsteller Stephen Crane, mit 36 Watteau, mit 38 Giacomo Leopardi, mit 39 Carl Maria von Weber, mit 40 Chopin und Kafka, in ihren Vierzigern Spinoza, Schiller, Tschechow, Robert Louis Stevenson und George Orwell. Doch die meisten der Frühverstorbenen haben bezeugt oder legen mit ihren Werken Zeugnis davon ab, daß der allmähliche Verfall der Körperkräfte und die lange Erwartung des Todes den Lebenswillen steigerten, daß ihr Fieber nicht nur im Leib, sondern auch in den Werken war.

Schiller starb, 45 Jahre alt, mit einem völlig zerstörten Lungenflügel. Auch an Asthma hatte er gelitten mit stechenden Schmerzen in der Brust, an Schwindelanfällen, chronischer Bauchfellentzündung und hartnäckig wiederkehrenden Unterleibskrämpfen. Thomas Mann macht in seiner Erzählung „Schwere Stunde" anschaulich, wie der 37jährige um seinen „Wallenstein" rang: hustend, schmerzverkrümmt, mit roten Augen und wunden Nasenlöchern vom chronischen Schnupfen, fröstelnd im Schlafrock an der gebrechlichen Schreibkommode, und im kalten Ofenrohr heulte der Dezemberwind. Nach einem schlimmen Krankheitsschub schrieb Schiller: „Überhaupt hat dieser schreckhafte Anfall mir innerlich sehr gut getan. Ich habe dabei mehr als einmal dem Tod ins Gesicht gesehen, und mein Mut ist dadurch gestärkt worden."

Marcel Proust fesselte das Asthma für die letzten sechzehn Jahre seines Lebens an das Zimmer, worin er, bei stets geschlossenen Fenstern und von schallschluckendem Kork umgeben, in fünfzehn Bänden „auf den Spuren der verlorenen Zeit" seine Vergangenheit beschwor. Von einer Begegnung des reichen und schon berühmten Marcel Proust ein Jahr vor seinem Tod mit dem armen und noch kaum bekannten James Joyce hat der amerikanische schriftsteller W. C. Williams folgenden Dialog überliefert:

> Joyce: Ich habe jeden Tag Kopfschmerzen. Meine Augen sind fürchterlich.
> Proust: Mein armer Magen. Was soll ich nur tun? Er bringt mich fast um. Eigentlich muß ich gleich wieder gehen.
> Joyce: Ich auch. Wenn ich nur jemanden fände, der mich führt!
> Proust: Es war mir ein Vergnügen. Ach, mein Magen!

Franz Kafka vernahm sein Todesurteil, die Diagnose „Tuberkulose", im September 1917, lebte fast sieben Jahre weiter und schrieb „Das Schloß" und viele Erzählungen, darunter zuletzt seine großartigste, das Fragment „Der Bau": die Geschichte vom Verfolgungswahn eines Tieres, das sich unter der Erde eine weitverzweigte Festung gegraben hat, mit Vorräten, an denen es zu ersticken fürchtet. Es hegt den verzweifelten Wunsch, gleichzeitig erholsam zu schlafen und sich dabei scharf bewachen zu können; es wird zerrissen von der Not, daß es, vom Jagen heimgekehrt, in seiner Festung nicht verschwinden kann, ohne hundert lauernden Augen den Zugang preiszugeben, während längeres Warten es erst recht zur hilflosen Beute machen würde. Der unbekannte Feind, dessen fernes Zischen das Tier im Bau fast zum

Wahnsinn treibt, erlegt es schließlich ungesehen – so Kafkas Plan, doch er starb darüber.

Drei Jahre zuvor, nach einem Mitleidsbesuch im Sterbezimmer eines anderen Patienten, hatte Kafka geschrieben: „Was man dort in dem Bett sieht, ist ja viel schlimmer als eine Hinrichtung, ja selbst als eine Folterung. Die Folterungen haben wir ja nicht selbst erfunden, sondern den Krankheiten abgeschaut." Dabei werde der Gefolterte gezwungen, durch das Einnehmen von Medizinen die Folter in die Länge zu ziehen, während Ärzte und Verwandte ihn besuchten, um ihn zu weiterem Elend aufzumuntern.

Ihm gab ein Gott, zu sagen, wie er litt. Niemand kann bestreiten, daß Kafka weniger Schrecklich-Großartiges geschrieben haben würde, hätte nicht das Fallbeil sichtbar über ihm gehangen. Er selbst ging noch weiter – in einem Brief an seinen Freund und späteren Herausgeber Max Brod nahm er sich die Schwindsucht zur Verbündeten gegen seinen Lebensüberdruß: „Manchmal scheint es mir, Gehirn und Lunge hätten sich ohne mein Wissen verständigt. ‚So geht es nicht weiter', hat das Gehirn gesagt, und nach fünf Jahren hat sich die Lunge bereit erklärt zu helfen."

Als *Rubens* nicht mehr malen konnte, weil ihm die Gicht die Finger lähmte, war er immerhin 60 und blickte auf ein großes Lebenswerk zurück. *Friedrich Smetana* ertaubte mit 50 Jahren, allabendlich von einem gräßlichen Pfeifton gequält, und seine Verzweiflung über dieses Schicksal trug zu dem Wahnsinn bei, in dem er endete. *Beethoven* traf der gleiche Schlag viel früher, doch in der totalen Taubheit schuf er die 9. Symphonie.

So lassen sich bei der Rolle, die das körperliche Leiden im Leben der Großen spielt, vier Funktionen unterscheiden. Die einen fällt die Krankheit zu früh und betrügt sie und uns um ihre vielleicht noch größeren Werke (mehr in Kap. 34). Die zweiten kämpfen sich zäh durch jegliche Qual wie Luther; oder wie *Rousseau,* der sein Leben lang aufs Widerlichste von seiner kranken Blase und mehr als dreißig Jahre lang von ständigem Ohrensausen gepeinigt wurde; wie *Sigmund Freud,* der auch nach 23 Operationen gegen den Gaumenkrebs nichts von seinem souveränen Blick und seinem nobel dahinströmenden Stil verlor; wie *Albrecht Dürer,* der, als die Malaria ihn der Auszehrung entgegentrieb, seine späten Werke mit „In doloribus pinxi" signierte – unter Schmerzen habe ich gemalt. *Verdi* komponierte den „Simone Boccanegra", während sein Magen „in Stücke riß".

Dabei sieht es nicht so aus, als sei die Krankheit als schierer Zufall gekommen, den der Große auf bewundernswerte Weise niederrang. Eher mag es die rücksichtslose Ausbeutung der Kräfte für das Werk gewesen sein, die den ausgelaugten Leib allen Leiden öffnete. Am wahrscheinlichsten aber setzt die außerordentliche Leistung „eine sehr zarte Organisation voraus" (wie Goethe Eckermann erklärte), damit solche Menschen „seltener Empfindungen fähig sein und die Stimme der Himmlischen vernehmen mögen. Nun ist eine solche Organisation, im Konflikt mit der Welt und den Elementen, leicht gestört und verletzt, und wer nicht, wie *Voltaire,* mit großer Sensibilität eine außerordentliche Zähheit verbindet, ist leicht einer fortgesetzten Kränklichkeit unterworfen." Den Psychiater Ernst Kretschmer erinnert das Genie „an die Empfindlichkeit und Anfälligkeit extrem gezüchteter Vollblutpferde".

Die dritten aber werden erst durch die Krankheit zur höchsten Leistung befähigt und angespornt: die Epileptiker, die Schwindsüchtigen, noch mehr die Zwerge, die Krüppel, die Stotterer – ein Zusammenhang, der in Kap. 29 untersucht wird unter dem Aspekt: Was muß zusammenkommen, damit ein Talent die Qual der außerordentlichen Leistung auf sich nimmt?

Die vierten schließlich machen sich selber krank. Das konnte in der seltenen Form geschehen, die der englische Dichter *Algernon Charles Swinburne* zwischen seinen epileptischen Anfällen und alkoholischen Exzessen wählte: Von Prostituierten ließ er sich krankenhausreif peitschen; häufig dagegen durch die Hingabe an Rauschgift oder Alkohol: Alexander der Große und Peter der Große, De Quincey und Poe, Baudelaire und Verlaine, E. T. A. Hoffmann und Gottfried Keller, Faulkner und Hemingway, Joseph Roth und Hans Fallada – oft in dem verzweifelten, manchmal in dem erfolgreichen Bemühen, ihre Phantasie zu beflügeln (Kap. 30). Schließlich gehen die körperlichen Leiden häufig mit seelischen einher, die nun ganz eindeutig zur Genialität gehören; die beiden nächsten Kapitel werden davon handeln.

Und gesunde Genies sollte es gar nicht gegeben haben? Doch. Rembrandt, Bach, Tolstoi waren immerhin körperlich normal, und zu Tizian, Rubens, Verdi ist überdies den Psychiatern wenig eingefallen.

Doch so offensichtlich sind unter den Großen die Kranken in der Überzahl, daß nur völkische Verblendung den Zusammenhang bestreiten kann. Ihr Vater ist kurioserweise der Zionist Simon Südfeld, der sich als Schriftsteller *Max Nordau* nannte und 1892 die modernen Künstler in Frankreich und Deutschland als „entartet" einstufte (womit er den Begriff prägte, dessen sich später die Nazis gern bedienten).

Die Entarteten seien nicht immer Verbrecher und Wahnsinnige, schrieb Nordau; oft seien sie Schriftsteller wie Zola mit seiner „Kot-Dichtung" und Nietzsche mit seiner „fabelhaften Dummheit". Aber geistig, meist auch leiblich besäßen sie dieselben Züge wie die, „die ihre ungesunden Triebe mit dem Messer des Meuchelmörders statt mit der Feder oder dem Pinsel befriedigen". Vereinigt fänden sich „alle leiblichen und geistigen Brandmarken der Entartung" im Gesicht *Verlaines.*

Bis heute sind solche Stimmen nicht verhallt. Auch vom „gesunden Geist im gesunden Körper" wird immer noch geschwärmt, einem Ideal auf dem Niveau der Freikörperkultur. Der römische Satiriker Juvenal, von dem diese Formel stammt, wollte damit keineswegs das Genie beschreiben, sondern ein Beispiel nennen, wofür ein tugendhafter Römer beten sollte. Für den war das ein guter Rat. Auch wäre, nach Brecht, „der größte Teil der kulturellen Produktionen der letzten Jahrzehnte durch einfaches Turnen und zweckmäßige Bewegung im Freien mit großer Leichtigkeit zu verhindern gewesen". Gute Verdauung und ungestörter Schlaf bieten eine schöne Chance, von Einfällen verschont zu bleiben, die Epoche machen.

„Genie ist eine in der Krankheit tief erfahrene, aus ihr schöpfende und durch sie schöpferische Form der Lebenskraft", schrieb Thomas Mann; es sei ein Faktum, „daß höchste Vitalität die Züge bleicher Bresthaftigkeit tragen kann". Und zu Paulus sprach der Herr: „Laß dir an meiner Gnade genügen; denn meine Kraft ist in den Schwachen mächtig."

14.

Das Panthéon – ein Irrenhaus?

> Wie der schönste Menschenkörper in seinem Innern Kot und mephitischen Dunst verschließt, so hat der edelste Charakter einzelne böse Züge und das größte Genie Spuren von Beschränktheit und Wahnsinn.
>
> *Schopenhauer (Nachlaß, 1816)*

Selbst der alte Haudegen *Gebhard Leberecht von Blücher* hatte ein seelisches Problem – der populäre Feldmarschall, den die Russen „Marschall Vorwärts" nannten und der Napoleon überwand bei Leipzig und bei Waterloo; ein saugrober, ungebildeter Greis, der Hunderttausende mit seinem fröhlichen Ungestüm zum Kampf begeisterte.

Aber bei Laon war es Blüchers Problem, das Geschichte machte. Dort trug am 9. März 1814 Napoleon noch einmal einen Angriff vor, und obwohl er den Verbündeten unter Blücher an Zahl weit unterlegen war, rechnete er sich eine Siegeschance aus, weil ihm zu Ohren gekommen war, daß der 71jährige Feldmarschall einen seiner depressiven Schübe hatte. Zwar siegten die Verbündeten doch (Blücher kommandierte von einem Wagen aus), aber eine Woche lang verharrten sie danach in ihren Stellungen, obwohl eine beherzte Verfolgung des geschlagenen Napoleon die Chance geboten hätte, den Krieg auf der Stelle zu beenden. Alles starrte auf den „Marschall Vorwärts", der auf einem Feldbett lag, jede Nahrung verweigerte, von Halluzinationen gepeinigt wurde und lallend behauptete, mit einem Elefanten schwanger zu sein.

Blücher war kein Sonderfall. *Peter der Große* lag oft mit schweren Depressionen wochenlang im Bett; *Bismarck* unternahm mit 16 einen Selbstmordversuch, und als Europas mächtigster Mann blieb er von labilem, überempfindlichem Wesen, nervös, launisch, hypochondrisch, in raschem Wechsel brutal und sentimental, oft von Schlaflosigkeit, Migräne und Gesichtsneuralgien heimgesucht, manchmal von Weinkrämpfen geschüttelt – und dabei ein Fresser, der seine Gäste entsetzte, Konfekt und Kaviar durcheinander, mit Champagner, Rotwein, Portwein oder Cognac runtergespült.

Doch zwischen den Anfällen, da tut kaum einer es den Depressiven gleich, ob sie Dante oder Leopardi heißen, Dickens, Joseph Conrad oder Tolstoi, Goethe, Kleist oder Mörike, Dürer, Newton oder Richard Wagner. Zwischendurch, schreibt Schopenhauer, zeige „das meistens melancholische Genie die nur ihm mögliche (...) eigentümliche Heiterkeit, die wie ein Lichtglanz auf seiner hohen Stirne schwebt". Manchmal scheint der jähe Wechsel der Gemütsverfassung sich *im Werk* zu spiegeln: wie bei Beethoven Zartheit und Aggressivität aufeinanderprallen, oder Tragödie und Komödie in Shakespeares Narrenszenen, oder das Seelendrama und die Groteske in den späten Romanen Dostojewskis.

Melancholiker, Hypochonder, Sonderlinge: Das sind die Großen häufiger als irgend etwas sonst gewesen. „Meine Freude ist die Melancholie", heißt es in einem der letzten Gedichte Michelangelos. *Flaubert* schrieb an seinen Freund Turgenjew: „Ich wälze mich in einer grenzenlosen Melancholie" und „Ich bin zum Krepieren traurig"; seine Erholung war die Völlerei, bei der er den Kragen öffnete, die Manschetten ablegte und die Schuhe auszog, um sich durch nichts behindert zu fühlen. *Carl Friedrich Gauß* schrieb anfangs der Dreißig: „Der Tod ist mir lieber als ein solches Leben." *Grillparzers* Lieblingswörter in seiner „Selbstbiographie" sind *verbittert* und *widerlich:* Widerlich fand er nicht nur Friedrich den Großen, sondern zum Beispiel auch seine eigenen Akten, seine Reisen, die Gotik, anderer Leute Wohnungen, die Kritiker und die Premiere seines ersten Theaterstücks. In sein Tagebuch schrieb er, er werde „von quälenden Gedanken wie von Hunden angefallen"; sein Leben sei „die Krankheitsgeschichte eines Wahnsinnigen".

Picasso erwachte in den letzten zwanzig Jahren seines Lebens allmorgendlich mit einem Ausruf wie „Niemand könnte unglücklicher sein!", zählte seine tatsächlichen oder eingebildeten Krankheiten auf und schimpfte auf die Ärzte, die sich für seine Bilder interessierten statt für seinen Körper, der vermutlich längst von Krebs zerfressen sei. *Thomas Mann* registrierte 1938 in seinem Tagebuch „Ratlosigkeit, Muskelzittern, fast Schüttelfrost" und „Durchdrungenheit von der Sinn- und Zwecklosigkeit des Ganzen". Als ein Freund den Dramatiker *Samuel Beckett* an einem sonnigen Tag im Park mit heiterer Miene antraf und ihm zurief, dies sei so recht eine Stunde, in der man froh sei zu leben, erwiderte Beckett: „So weit würde ich nicht gehen."

Auch fröhliche Werke müssen natürlich keineswegs aus fröhlichem Herzen kommen, einem uralten Irrtum entgegen. *Jean Antoine Watteau,* der Meister des Rokoko, war sein Leben lang ein trübsinniger Menschenfeind, noch bevor die Schwindsucht, an der er mit 36 Jahren starb, ihn in die finster-fiebrige Hast seiner letzten graziösen Bilder trieb. Und *Johann Strauß,* der König des Walzers, zu Lebzeiten mit Ruhm überhäuft wie kaum je ein anderer Mensch? Ein Griesgram, der niemals einen Walzer getanzt hat; er fürchtete sich vor dem Alleinsein, und in der Eisenbahn warf er sich zu Boden, wenn der Zug einen Tunnel oder eine Brücke passierte. Sein Haus verließ er selten, zur Arbeit wurde er oft von seiner Frau gezwungen, ihrem Begräbnis blieb er fern (wie auch Goethe dies getan hatte). Zur Sprache hatte er ein so gespanntes Verhältnis, daß die Texte seiner Operetten in die fertige Melodie hineingedichtet werden mußten. Verse merkte er sich, wenn überhaupt, wie ein Kind, das ohne Rücksicht auf den Sinn Wörter erfindet oder vertauscht, wenn nur der Klang stimmt. 1872 nach New York und Boston eingeladen, schrieb er entgeistert zurück: „Und wann mi Ihnere Indianer massakern?"

So groß aber, wie es den Anschein hat, sei der Widerspruch zu seinen Walzern nicht, schreibt der Wiener Schriftsteller Hans Weigel: Denn Johann Strauß dirigierte sie langsam und meinte sie wehmütig.

Auch die großen Clowns, Humoristen, Satiriker und Komödiendichter sind ja meist von Schwermut gezeichnet: Karl Valentin war ein Paranoiker, Wilhelm Busch ein grüblerischer, querköpfiger Einsiedler mit depressiven Phasen, Swift ein Menschenhasser ohnegleichen, *Molière* ein melancholischer Hypochonder, und wie der Angsttraum eines solchen war sein Tod: Er starb an einem Blutsturz auf der Bühne, während das Publikum sich über ihn kranklachte. Daß hier kein Gegensatz, sondern umgekehrt eine Wechselwirkung vorliegt, hat der Wiener Komiker und Stückeschreiber *Ferdinand Raimund* mit altbairischen Konjunktiven so ausgedrückt: „Es könnt' schon sein, daß sie mich herstellerten von meiner Hypochondrie; aber vielleicht putzeten sie mir auch alles mit heraus, wovon ich meine Komödien schreib'."

Wir müssen zur Kenntnis nehmen: Die meisten Großen hatten ein traurigeres Leben als unsereiner, und gelacht haben viele von ihnen selten oder nie. Von Religionsstiftern und Heiligen läßt sich ohnehin keine Fröhlichkeit erwarten, auch nicht von Fanatikern, Utopisten, Diktatoren, es sei denn in der Schadenfreude oder im Triumph. Die großen Entdecker und Erfinder verfolgten ihre Ziele zumeist in finsterer Entschlossenheit wie Wölfe die erhoffte Beute; und die meisten großen Künstler waren Melancholiker wie Flaubert oder Besessene wie Dostojewski oder ständig verwundete Seelen wie Hölderlin; und wenn all dies nicht, dann zumindest auf gravitätische Posen bedacht wie Goethe in der zweiten Lebenshälfte, wie Gabriele D'Annunzio oder Stefan George.

Ja, der *junge* Goethe war einmal ein stadtbekannter Possen- und Zotenreißer gewesen, *Mozart* blieb sein Leben lang ein Clown und Fratzenschneider, frivol, zungenfertig, unberechenbar; kaum hatte er in einem literarischen Zirkel Bewunderung erregt mit seinen Improvisationen am Klavier, als er aufsprang, miaute und Purzelbäume schlug (Caroline Pichler war dabei). Schubert war in jeder Kneipe ein schmunzelnder Kumpan und Luther für sein dröhnendes Gelächter gefürchtet und geliebt. *Richard Wagner* verstand es, sich von Arbeitswut und Pathos durch vorsätzliche Albernheit zu erholen; komischer wirkte er allerdings auf manche Zeitgenossen dann, wenn er es nicht wollte: sobald er am Klavier in krächzendem Sächsisch unterm Samtbarett die Rolle Wotans oder Siegfrieds übernahm.

Dabei war Richard Wagner ein schwerer Melancholiker, sein Leben lang geplagt von nervösen Unterleibsbeschwerden und hartnäckig wiederkehrenden Hautausschlägen. Schon in seinen Dreißigern glaubte er an seinen baldigen Tod, und oft setzte er sich hin, „um zu weinen". Mit 39 schrieb er an seine Schwester: „Ich bin sehr nervenkrank und habe (...) auch keine Hoffnung mehr auf Genesung", und an Franz Liszt: „Mit mir geht es von Tag zu Tag einem tieferen Verfalle zu: Ich lebe ein unbeschreiblich nichtswürdiges Leben." Doch zugleich wußte er, was er daran hatte: „Wenn ich den leidenvollen Zustand, in dem ich jetzt normal bin, empfinde, kann ich nicht anders, als meine Nerven für ruiniert halten", schrieb er mit 40 an seinen Freund August Rökkel. „Wunderbarerweise tun mir aber diese Nerven – wenn es gilt und mir schöne entsprechende Anregungen kommen – die wundervollsten Dienste ..."

Auch bei *Goethe* wechselte fieberhafte Produktion mit langen Zeiten des Mißmuts, der Verzagtheit und der Dürre. Als Dreißigjähriger schrieb er von dem „Zirkel, der sich in mir dreht von guten und bösen Tagen". Eckermann berichtete 1823, die Wochen vor Weihnachten pflege Goethe „in deprimierter Stimmung zu verbringen und zu verseufzen". Er selbst sprach zu Eckermann, seinen „Werther" habe er in den fünfzig Jahren seit dem Erscheinen nur einmal wiedergelesen und sich gehütet, das Buch abermals zur Hand zu nehmen: „Es wird mir unheimlich dabei, und ich fürchte, den pathologischen Zustand wieder durchzuempfinden, aus dem es hervorging."

In die Depressionen *Schopenhauers* mischte sich die Angst, er könnte vergiftet oder er könnte lebendig begraben werden; die Pistole neben seinem Bett war eine für beide Fälle ungeeignete Waffe. *Herman Melville* zog sich, je älter er wurde, desto häufiger in finsteres

Schweigen zurück, hörte auf, sich zu waschen, und schlug seine Frau. *August Strindberg* wurde von krankhafter Eifersucht bis zum Verfolgungswahn getrieben; mit 38 Jahren glaubte er, seine Frau wolle ihn ins Irrenhaus stecken – aber mit 30 hatte er aus Angst, geisteskrank zu werden oder Selbstmord zu begehen, seinerseits um die Aufnahme in eine Anstalt gebeten. Verfolgungswahn: An dem litt ohne Zweifel *Newton,* „das mißtrauischste Wesen, das mir je begegnet ist", wie sein Nachfolger auf dem Lehrstuhl in Cambridge schrieb; aus Angst vor Kritik und zumal vor geistigem Diebstahl geizte er mit Veröffentlichungen, und über Leibniz, den er des Plagiats bezichtigte (Kap. 7), fiel er wie ein Besessener her. Schieren Verfolgungswahn vermuten manche Biographen auch hinter *Stalins* mörderischen „Säuberungen": die Zwangsvorstellung, daß Millionen Genossen nichts Dringenderes zu tun hätten, als ihm nach dem Leben zu trachten.

Ein erschütterndes Beispiel für ein von Angst und Wahn heimgesuchtes Leben, hart am Rand des Irrsinns, bietet *Jean-Jacques Rousseau:* ein Hypochonder von krankhafter Reizbarkeit, schon mit 33 Jahren von nervösen Zusammenbrüchen aufs Bett geworfen, mit 35 an Selbstmord denkend, mit 39 überzeugt, er habe nur noch ein halbes Jahr zu leben, mit 45 vom Verfolgungswahn eingeholt, unter Tränen bei Tage und lauten Selbstgesprächen bei Nacht; mit 54 für die letzten zwölf Jahre seines elenden Lebens vollends von diesem Wahn gezeichnet.

Feinde, das ist wahr, hatte er sich genug gemacht. Sein leidenschaftliches Nein! von 1750 auf die Frage der Akademie von Dijon, „ob der Fortschritt der Wissenschaften und Künste zur Läuterung der Sitten beigetragen hat", erregte nur Befremden, aber schon sein „Brief über die französische Musik" (1753) wurde von vielen Künstlern als beleidigend empfunden, und als er 1762 kurz nacheinander den „Gesellschaftsvertrag" und „Emile oder über die Erziehung" veröffentlichte, mußte er aus Frankreich fliehen: Denn das erste Buch war ein Generalangriff auf die Monarchie, und das zweite wurde von der katholischen Kirche als „gotteslästerlich" verdammt. Da auch seine Heimatstadt Genf ihm die Aufnahme verweigerte und ebenso der Kanton Bern, suchte er Zuflucht im Fürstentum Neuchâtel, das durch Erbschaft an Preußen gefallen war, und Friedrich der Große, noch im Siebenjährigen Krieg begriffen, beeilte sich, ihm Asyl zu gewähren und ihm ein Geldgeschenk zu machen.

Doch Verfolgung macht noch keinen Verfolgungswahn. Der brach durch, als Rousseau 1766 bei dem englischen Philosophen David

Hume in Derbyshire ein herzlich willkommener Gast war. Er hielt sich für das Opfer einer Verschwörung, deren Haupt sein Gastgeber sei, sah Spione in allen Dienstboten und Droschkenkutschern, glaubte alle Türschlösser präpariert und gewann die Überzeugung, man habe ihn nach England verschleppt, um ihn zu verderben: „Alle Schrecken des Todes sind nichts gegen die, von denen ich umgeben bin."

Nach Frankreich zurückgekehrt, fühlte Rousseau sich von Voltaire verfolgt, der ihn in der Tat öffentlich verspottete: Beim Lesen seiner Bücher bekomme man „ordentlich Lust, wieder auf allen vieren zu gehen", und ihr Autor sei „ein Ungeheuer an Eitelkeit und Widersprüchen, an Überheblichkeit und Niedrigkeit" (was man alles unterschreiben kann). In seinen „Bekenntnissen", die er von 1765 bis 1770 schrieb, leitete Rousseau den letzten Abschnitt mit den Worten ein: „Hier nun beginnt das Werk der Finsternis, die mich seit acht Jahren umhüllt, ohne daß ich das schreckliche Dunkel durchdringen könnte. In dem Abgrund von Elend, in dem ich stecke, spüre ich die Schläge, die mich treffen, kann aber die Hand nicht erkennen, die sie führt."

Im Februar 1776, zweieinhalb Jahre vor seinem Tod, schrieb er den Dialog „Rousseau urteilt über Jean-Jacques" – einen Versuch, sich gegen das weltumspannende Komplott zu wehren, als dessen Opfer er sich fühlte: „Rousseau" besucht „Jean-Jacques" und findet einen völlig unschuldigen, unendlich sanftmütigen, absolut genialen Menschen vor! Das Manuskript wollte Rousseau auf dem Altar der „Nôtre Dame" niederlegen, damit seine Feinde es nicht entstellen oder unterschlagen könnten; da aber der Altar vergittert war, fand er, „daß selbst der Himmel an dem Werk der menschlichen Bosheit teilnimmt", und betrat die Kathedrale nie wieder.

Sein letztes Werk, die „Träumereien eines einsamen Spaziergängers", eröffnete Rousseau mit dem Klageruf: „So bin ich denn allein auf Erden, habe keinen Bruder mehr, keinen, der mir nahesteht, keine Gesellschaft außer mir selbst. Der umgänglichste und liebevollste aller Menschen ist geächtet. Speien nicht die Vorübergehenden vor mir aus, statt mich zu grüßen? Belustigt sich nicht eine ganze Generation damit, mich lebendig zu begraben?" Wozu man sich vergegenwärtigen muß, daß Rousseau längst ein weltberühmter Mann war, daß seine langjährige Haushälterin Thérèse, die er 1768 geheiratet hatte, weiter durchaus liebevoll für ihn sorgte und daß er fünf Kinder hätte haben können, hätte er sie nicht allesamt nach der Geburt ins Findelhaus getragen.

Nur daß die Verschlimmerung des Verfolgungswahns Hand in

Hand mit der Entstehung jener Bücher ging, mit denen er Geschichte machte: 1757 Ausbruch der Krankheit; 1758 Arbeit an der „Neuen Heloise“ beendet, die drei Jahre später veröffentlicht und der erfolgreichste Roman des 18. Jahrhunderts wurde; 1761 in rasender Produktivität „Emile“ und den „Gesellschaftsvertrag“ geschrieben; 1765 mit den „Bekenntnissen“ begonnen; 1766 Endstadium des Wahns erreicht.

Zwischen Wahn und Wahnsinn läuft eben keine klare Grenze. Sie braucht uns auch nicht zu interessieren, denn bei vielen Genies ist klar, daß sie in nacktem Irrsinn endeten. Diese Verwandtschaft schändet sie nicht, und ihre Kenntnis ist uralt.

Platon schrieb im „Phaidros“: Die Kunst der Besonnenen, die da meinten, sie könnten ohne den *Wahnsinn der Musen* gute Dichter sein – sie werde „von der Dichtung der Wahnsinnigen verdunkelt“. Aristoteles sagte: „Kein großer Geist ohne eine Beimischung von Wahnsinn“; Horaz lobte den „liebenswürdigen Wahnsinn der Dichter“; Shakespeare läßt im „Sommernachtstraum“ des Dichters Aug' „in schönem Wahnsinn rollen“; der Königsberger Philosoph Johann Georg Hamann sprach von „Grenzstreitigkeiten des Genies mit der Tollheit“. Sie werden anschaulich in der Autobiographie des italienischen Dramatikers *Vittorio Alfieri:* „Ich grübelte in mich hinein und weinte manchmal, zerknirscht und erschüttert, ohne zu wissen worüber, und ebenso lachte ich.“ Das könne für reine Tollheit gelten und sei es auch; wenn aber daraus etwas Geschriebenes entstehe, so nenne man es ein Gedicht.

1836 führte der französische Arzt Jacques-Joseph Moreau auch noch den medizinischen Nachweis für den häufigen Zusammenhang zwischen Genialität und Nervenkrankheit. Populär wurde diese antike Einsicht jedoch erst 1864 mit dem Buch „Genie und Irrsinn“ aus der Feder des italienischen Gerichtsmediziners Cesare Lombroso; in Deutschland noch einmal 1927 durch das Buch „Genie, Irrsinn und Ruhm“ von Wilhelm Lange-Eichbaum. Es enthielt einen weiterführenden Gedanken, der hier schon mehrfach angeklungen ist und uns in Teil D ausführlich beschäftigen wird: „Irrsinn macht eher berühmt als Gesundheit“ – er liefert denen, die bewundern wollen, die pittoresken Gründe.

1929 erschien das Standardwerk „Geniale Menschen“ von dem deutschen Psychiater Ernst Kretschmer, mit der These: Erst die Psychopathie könne das bloße Talent ins Genie verwandeln. Wo die kranke Seele die Alleinherrschaft angetreten habe, da finde Selbstzerstörung statt wie bei Grabbe und Johann Jakob Lenz. Dagegen hätten schwere Psychopathen wie Michelangelo und Byron den Weg zum großen Werk gerade noch gefunden. Die Höchstleistung aber entstehe dort, wo die seelische Abnormität in eine gesunde Gesamtpersönlichkeit eingebettet sei, ein „breites Stück Normalbürger", wie bei Goethe und Bismarck – eine Kombination von „Verrücktheit und Besonnenheit", die Thomas Mann 1939 auch bei Hitler verwirklicht sah.

Bei *Alexander dem Großen* gewann, nach Jacob Burckhardt, ein Dreivierteljahr vor seinem Tod der Irrsinn die Oberhand: Als der Reiterführer Hephaistion, sein Schwager und engster Freund, gestorben war, saß Alexander drei Tage neben dem Leichnam ohne Speise und Trank, und in Babylon ließ er ihn verbrennen auf einem sechzig Meter hochgetürmten Scheiterhaufen, der mit Gold und Purpur, Gemälden und Statuen verziert war; dazu wurden alle Pferde des Heeres geschoren, zehntausend Stiere geschlachtet und die Zinnen von Babylon demoliert.

Der österreichisch-amerikanische Psychoanalytiker K. R. Eissler zog 1963 in seiner Studie über die Brüche und Neurosen in Goethes Leben das Resümee seiner Schule: Genialität ist Wahnsinn mit einem Rest Realitätsbezug; Vorbedingung für große Kunst sei „eine starke Tendenz zur Psychose, die gemeistert oder abgelenkt wird durch Gegenmechanismen, welche diese Tendenz in die Gestaltung eines Kunstwerks umwandeln". Der Dichter, der sein Ziel durch Kunst ohne Wahnsinn zu erreichen trachte, müsse scheitern.

Im manifesten Wahnsinn endeten die Dichter Tasso, Hölderlin, Lenz, Lenau, Gogol, Gérard de Nerval, Maupassant, Baudelaire und Robert Walser, die Komponisten Donizetti, Robert Schumann, Smetana und Hugo Wolf; auch Nietzsche und van Gogh, der englische Maler, Schriftsteller und Sozialreformer John Ruskin, der deutsche Physiker Robert Mayer, der österreichische Arzt Ignaz Semmelweis, der die Mütter vom Kindbettfieber befreite.

Den einen war der Wahnsinn in die Wiege gelegt, wie *Hölderlin.* Niemand kannte ihn anders als schwermütig, angstvoll, überempfindlich. Er war noch nicht dreißig, als er, nach den Gedichten jener Periode zu urteilen, die Kälte und Fremdheit der Welt herankriechen spürte, Vorboten der offenen Schizophrenie. Mit 32 bis 35 Jahren lebte er, verwahrlost und ausgemergelt, in einem Zwischenreich aus langsamer Erstarrung, Tobsuchtsanfällen und dem letzten Aufbäumen einer dichterischen Kraft, mit der er das nahende Grauen beschwor: „Weh mir! Es waren schöne Tage. Aber traurige Dämmerung folgte nachher." Oder: „Wenig lebt ich, doch atmet kalt mein Abend schon." Und, mit einem der kühnsten Bilder deutscher Sprache: „Die Mauern stehen sprachlos und kalt, im Winde klirren die Fahnen."

Dann, 1806, mit 36 Jahren, wurde Hölderlin tobsüchtig in die Klinik eingeliefert, und von 1807 an verbrachte er die letzten 36 Jahre seines Lebens bei dem literarisch gebildeten Tischlermeister Zimmer in einer vergitterten Turmstube über dem Neckar – allmählich friedlich werdend, beschäftigt mit Aus-dem-Fenster-Starren, Selbstgesprächen und dem Greifen schlichter Akkorde auf dem Klavier. „Denket, Ihr Lieben, meiner so viel, als Ihr dadurch im Eurigen nicht gestört seid", hatte er 1802 an seine Mutter geschrieben, ein gescheuchter Fremdling auf Erden; und in seinem letzten Brief, vermutlich von 1808, schrieb der, den viele für den größten Lyriker deutscher Sprache halten: „Mich auszudrücken ist mir so wenig gegönnt gewesen im Leben."

Da kann es offenbleiben, ob den Anstoß zum Ausbruch der Schizophrenie der Hochverratsprozeß gegen seine politischen Freunde gab, die mit ihm eine süddeutsche Republik hätten gründen wollen – dies die These, die 1968 der französische Germanist Pierre Bertaux aufstellte, mit mächtigem Widerhall in der deutschen Linken: Hölderlin sei ein „deutscher Jakobiner" gewesen, ein politischer Dichter, der seine Botschaft als Mythologie verschlüsselt habe. Mag sein; es bleibt: Er war ein großer Dichter, und er war verrückt.

Andere haben den Wahnsinn erworben, wie *Maupassant.* Bei ihm ist nicht strittig, daß er an progressiver Paralyse zugrunde ging, dem Spätstadium der Syphilis – zunächst von ihr in einen Schaffensrausch getrieben, dabei immer mehr von Kopf- und Augenschmerzen gequält, die er wiederum durch Aufputschmittel, Alkohol und Rauschgift niederzuringen versuchte; dann durch das Stadium des Größenwahns hindurch – die französische Mittelmeerflotte habe aus allen Rohren für ihn Salut geschossen, erzählte er seinen Freunden – ins Irrenhaus, nachdem er sich die Kehle aufgeschnitten hatte.

Vincent van Gogh aber: Litt er an einer angeborenen Form der Epilepsie, die, anders als bei Paulus oder Dostojewski, mit Ausbrüchen von Gewalttätigkeit und geistiger Verwirrung einherging? Oder war er das Opfer des nie verwundenen Schocks, daß seine Eltern ihn als Elfjährigen in ein Internat abgeschoben hatten? Oder hat er sich fahrlässig vergiftet durch maßlosen Konsum von Absinth, dem grünen Likör, der damals in Frankreich in Mode war und heute in den meisten zivilisierten Staaten wegen seines Giftgehalts verboten ist? Biographen und Mediziner streiten sich darüber um so heftiger, seit van Goghs Bilder auf Auktionen Preise erzielen wie ein kleinerer Ozeandampfer: 1987 in London 22,5 Millionen Pfund für die „Sonnenblumen", 1990 in New York 82 Millionen Dollar für das Bildnis des Dr. Gachet.

So oder so: Für die fruchtbare Verwandschaft zwischen Genie und Wahnsinn gibt es kein schlagenderes Beispiel. „Je kränker und brüchiger ich werde, um so mehr werde ich Künstler, Schöpfer", schrieb er, und er hatte recht. „Hingerissen, hingerissen" von dem, was er sehe, müsse er „schaffen bis zur seelischen Vernichtung". Mehr als die Hälfte seiner gesamten Produktion und seine berühmtesten Gemälde entstanden zwischen 1888 und 1890 in den letzten zweieinhalb Jahren seines Lebens zwischen Zusammenbrüchen und Zerstörungsdrang.

Als sein Malerfreund Paul Gauguin ihn in Arles besuchte, malten sie tagsüber, besoffen sich abends an Absinth und gingen ins Bordell; in einer dieser Nächte schleuderte van Gogh sein Glas auf Gauguin und stürzte unter Zuckungen bewußtlos vom Stuhl. Als Gauguin abreisen wollte, rannte van Gogh mit geöffnetem Rasiermesser hinter ihm her, verschonte ihn jedoch, lief nach Hause und schnitt sich ein Stück von der Ohrmuschel ab. Mit der Diagnose „Akutes Irresein mit Tobsucht" wurde er ins Krankenhaus eingeliefert. Nach zwei Wochen entlassen, malte er mit vermehrter Wut, vom Morgengrauen an, abends mit entzündeten Augen, schrieb seinem Bruder nicht weniger als 46mal von körperlichen Leiden und seelischer Not – auch von Stunden, „da der Schleier der Zeit und des Unabänderlichen sich für einen Augenblick zu lüften schien", und von „Augenblicken, wo die Begeisterung bis zum Wahnsinn gestiegen ist". Zwischendurch erwog er, in die Fremdenlegion einzutreten.

Als van Gogh im Februar 1889 in der Kneipe krakeelt und Geschirr zerschlagen hatte, unterschrieben achtzig Bürger von Arles eine Petition, daß er als gemeingefährlich hinter Schloß und Riegel zu setzen sei. Wenig später folgte er dem Rat seines Arztes, sich in die Nervenheilanstalt Saint-Rémy zu begeben. Dort schuftete er sogleich „in stummer Arbeitswut", wie er seinem Bruder schrieb; dann lag er drei Wochen mit Krämpfen und Depressionen darnieder, erholte sich, malte, wurde gewalttätig gegen die Wärter, malte, aß von seinen Farben, malte und trank Terpentin.

Dennoch wurde van Gogh nach gut einem Jahr aus der Anstalt entlassen, fühlte sich gesund und zog nach Auvers bei Paris in die Obhut eines befreundeten Arztes, des Dr. Gachet. Dort lebte er noch 69 Tage. Um fünf Uhr stand er auf und malte. Seiner Mutter schrieb er: „Die Pinselstriche gehen wie mit der Maschine", und seinem Bruder:

„Ich fühle mich am Ende, so steht meine Rechnung." In den 69 Tagen schleuderte er 82 Gemälde auf die Leinwand: Stilleben und kreisende Sterne, Porträts und flammende Zypressen, windschiefe Häuser und Krähen, die wie Todesboten übers Kornfeld huschen. Zum Trocknen stellte er sie in einen Ziegenstall, gestapelt wurden sie in Rumpelkammern. „Ich habe immer schreckliche Gewissensbisse", schrieb er seinem Bruder, „wenn ich bedenke, wie weit meine Arbeit hinter dem zurückbleibt, was ich machen möchte."

Am 27. Juli 1890 lief van Gogh in greller Hitze aufs Feld hinaus, zog den Revolver, den er sich geliehen hatte, „um die Krähen abzuwehren", und schoß sich in die Brust. Er konnte sich noch in seine Mansarde schleppen, warf sich aufs Bett, steckte sich eine Pfeife an und versicherte dem Dorfpolizisten, daß es sich um einen klaren Fall von Selbstmord handle. Er starb zwei Tage später, 37 Jahre alt, im selben Lebensjahr wie Raffael, kaum älter als Caravaggio und Watteau. „Bei Gott, ich habe ein Recht zu malen!" hatte er zwei Jahre zuvor an seinen Bruder geschrieben. „Es hat mich weiter nichts gekostet als einen ruinierten Kadaver."

„Es ist statistisch klar", sagt Gottfried Benn, „der größte Teil der Kunst des vergangenen Halbjahrtausends ist Steigerungskunst von Psychopathen, von Alkoholikern, Abnormen, Vagabunden, Armenhäuslern, Neurotikern, Degenerierten, Henkelohren, Hustern – das war ihr Leben; und in der Westminsterabtei und im Panthéon stehen ihre Büsten, und über beidem stehen ihre Werke: makellos, ewig, Blüte und Schimmer der Welt."

FRANZISKA UND FRIEDRICH NIETZSCHE
Die Mutter holte ihn heim. Als der frühpensionierte Professor mit 45 Jahren in den Wahnsinn gefallen war, nahm sie ihn in ihre Obhut und pflegte ihn sieben Jahre lang, bis zu ihrem Tod. Er nannte sie „meine liebe, liebe Mutter" und warf ihr Kußhändchen zu, sie ihn „mein Herzensfritz" und fütterte ihn mit Honigscheiben. Es gebe Mütter, schreibt Thomas Mann, die solch tragische Heimkehr des Heldensohnes „nicht ohne Genugtuung" erführen.

DER VERRÜCKTE
Stumm, feindselig und verblödet lebte Nietzsche noch elf Jahre lang (hier in der Gartenlaube des Elternhauses zu Naumburg in Thüringen). Manchmal las er bellend ein paar Zeilen aus einem Buch, anfänglich improvisierte er noch auf dem Klavier und stimmte unverständliche Triumphgesänge an. In den drei letzten Jahren, als endlich sein Ruhm aufgestiegen war, kaufte seine Schwester ein Haus in Weimar und stellte den Wahnsinnigen darin aus.

15.

Das Wrack, das einmal Nietzsche hieß

> Ich wünsche niemandem das Los, an welches ich anfange mich zu gewöhnen, weil ich anfange zu begreifen, daß ich ihm gewachsen bin.
>
> *Nietzsche an Erwin Rohde, 24.3.1881*

Ob er ein Pferd umarmt hat, ist umstritten; nicht bezweifeln läßt sich, daß er Klavier mit dem Ellenbogen spielte und nackt vor seinem Freunde tanzte am 8. Januar 1889, bevor er in die Irrenanstalt kam.

Da gab es alsbald Theologen, die frohlockten, daß der Autor des „Antichrist" so offensichtlich einem Gottesgericht zum Opfer gefallen sei; Psychologen, die geltend machten, die maßlose Kühnheit seiner Schriften habe ihn offenbar seelisch überfordert und zermalmt; Philosophen, die sich herzlich freuten, daß man sich mit dem brillanten Außenseiter und Störenfried nicht mehr zu befassen brauche, denn nun sei ja seine ganze Philosophie als Ausdruck heraufziehenden Wahnsinns entlarvt. Und noch heute hört man die Frage, ob sich die Beschäftigung mit Nietzsche lohne, da doch Mussolini ihn gelesen und bewundert und Hitler ihn nicht gelesen, aber ebenfalls bewundert hat.

Ja, in seinen Schriften finden sich Elemente wie *Herrenmoral, Übermensch* und *blonde Bestie,* die faschistische Ideologen jubeln ließen und sie zum Mißbrauch einluden. In dem Feuerwerk des Denkens, das er auf mehr als 8000 Seiten der Nachwelt hinterlassen hat, spielen sie eine zwar geringe, aber provokante Rolle. Doch daneben welch überwältigende Fülle an Perspektiven, welch atemraubende Vorstöße in unentdeckte Länder! Thomas Mann sprach 1929 von Nietzsches „beherrschendem Genius", dem die Gegenwart „mit all ihrem Denken, Wollen, Meinen und Streiten buchstäblich zu Füßen liegt". Für Stefan Zweig war Nietzsche „der klarste, wissendste Geist", der je unter uns gewaltet habe, für den marxistischen Philosophen Max Horkheimer „möglicherweise ein größerer Denker als Marx". Von der französischen Linken wird er seit den achtziger Jahren als eine Stimme der Befreiung und des Protests gewürdigt. Auch sein italienischer Kritiker Anacleto Verrechia räumt ein, manche seiner Werke seien „ein großartiges Reinigungsbad für den Geist", und Nietzsches besorgter väterlicher Freund Jacob Burckhardt hat den großen Satz geschrieben, Nietzsche habe „die Freiheit in der Welt vermehrt".

Völlig unangefochten gilt er dabei als „ein Virtuose ohnegleichen"

(Walter Jens), „seit Luther das größte deutsche Sprachgenie" (Gottfried Benn), und Thomas Mann schrieb: „Goethe und Nietzsche führten die deutsche Sprache zur Vollendung."

Auf dieser Basis kehren wir zurück zur Eingangsfrage: Hat er nun auf den Straßen von Turin ein Pferd umarmt? Und wenn – warum könnte er es getan haben, und warum soll uns das interessieren? Die Anekdote, erstmals elf Jahre später in einer Turiner Zeitung festgehalten, besagt, am 3. oder 4. Januar 1889 sei der Professor Nietzsche aus Basel auf ein Pferd zugelaufen, das vom Kutscher gepeitscht wurde, sei ihm um den Hals gefallen und habe es mit „Bruder" angesprochen, bevor er zusammenbrach. Für diese rührende Geschichte bieten sich drei Deutungen an.

1. Nietzsche *hat* das Pferd umarmt – sei es in schierer geistiger Verwirrung, sei es in einem Schub von Mitleid für die geschundene Kreatur, wozu ihm möglicherweise eine dramatische Szene des von ihm bewunderten Dostojewski durch den Sinn schoß: Raskolnikow träumt, eine alte Mähre sei von ihrem Eigentümer und zwei Bauernburschen mit Peitschen und Eisenstangen zu Tode gefoltert worden, und er, als Kind, habe die Augen des blutigen Kadavers geküßt.

2. Manche *wünschten*, Nietzsche habe das Pferd umarmt: Der Volksmund liebt ja das Histörchen, um so mehr, wenn Tiere im Spiel sind wie die Gänse vom Capitol oder die Elefanten Hannibals oder Rosinante, der Hengst des Don Quijote. Fromme Christenmenschen aber könnten in der Pferdeszene eine Art Ersatz für die Bekehrung auf dem Totenbett erkennen, wie sie anderen großen Atheisten gern nachgesagt wird, zum Beispiel Voltaire und Heine: Wäre es nicht tröstlich und wundersam, wenn der Verächter des Mitleids und Zertrümmerer der christlichen Moral sich in der letzten lichten Minute seines Lebens in eine Art Franz von Assisi verwandelt hätte?

3. Manche wiederum wünschten, Nietzsche habe das Pferd *nicht* umarmt, und könnten sich folglich bemüht haben, eine wahre Geschichte zu unterdrücken. Seine Schwester, die selbsternannte Verwalterin seines beginnenden Weltruhms, mag den Pferdehals als Hindernis auf dem Weg zum Übermenschen betrachtet haben, zu dem sie ihren Bruder zu stilisieren suchte.

Bewiesen also ist nichts; aber auch die erwiesene Umarmung eines Pferdes wäre „an sich kein Beweis für Wahnsinn", wie Anacleto Verrecchia in seiner Studie „Zarathustras Ende" lakonisch resümiert. So können wir die Anekdote auf sich beruhen lassen und uns der Frage zuwenden, wie und inwieweit der heraufziehende Wahnsinn beteiligt war an dem verwegenen Hochseilakt des Menschengeistes, der auf den Namen „Nietzsche“ hört.

Beweise für den nahenden Zusammenbruch hat Nietzsche reichlich geliefert: in seinem letzten Werk, dem „Ecce Homo“, und in seinen vielen Briefen mindestens seit Oktober 1888. Doch gleichzeitig geschah in jenem Herbst etwas, das Stefan Zweig als „einzig in den Annalen schöpferischer Produktivität“ bezeichnete: „Vielleicht ist nie in einem so engen Zeitraum von einem einzigen Genius so viel, so intensiv, so ununterbrochen, so hyperbolisch und radikal gedacht worden.“

Am 24. August 1888, viereinhalb Monate vor dem Irrenhaus – Nietzsche wohnt in seiner kargen Bauernstube im Oberengadin und klagt über „diesen entsetzlichen Sommer“ ebenso wie über seine Schlaflosigkeit („Seit 2 Uhr nachgedacht“) – an diesem 24. August also beginnt er mit der Niederschrift der „Götzen-Dämmerung“: einer Darstellung seiner Philosophie in der Nußschale, wie er selber schreibt, dem „sorgfältigsten Manuskript“, das er je verfaßt habe.

„Über das Leben haben zu allen Zeiten die Weisesten gleich geurteilt: Es taugt nichts ... Immer und überall hat man aus ihrem Munde denselben Klang gehört – einen Klang voll Zweifel, voll Schwermut, voll Müdigkeit am Leben ...“ Einst habe man dazu gesagt: Wenn die Weisen sich einig sind, muß es dann nicht wahr sein? Doch die treffende Antwort laute: Hier muß etwas krank sein! „Diese Weisesten aller Zeiten – waren sie vielleicht allesamt auf den Beinen nicht mehr fest? Spät? Wackelig? Décadents? Erschiene die Weisheit vielleicht auf Erden als Rabe, den ein kleiner Geruch von Aas begeistert?“ So führt Nietzsche ein in „das Problem des Sokrates“.

Am 2. September, nach zehn Tagen, sind die 95 Buchseiten der „Götzen-Dämmerung“ beendet. Tags darauf beginnt Nietzsche mit dem ersten Buch seiner geplanten *Umwertung aller Werte:* „Der Antichrist“. „Und siehe da! Der schönste Tag, den ich im Engadin gesehen habe – eine Leuchtkraft aller Farben, ein Blau auf See und Himmel, eine Klarheit der Luft, vollkommen unerhört ...“ Im Vorwort steht: „Dies Buch gehört den wenigsten (...) Erst das Übermorgen gehört mir.“

Vom 5. bis 12. September gießt es pausenlos, mit Schnee vermischt, die Engadiner Seen treten über die Ufer – der Furor des Schaffens leidet nicht. Am 9. September hat Nietzsche die letzten Korrekturen an der „Götzen-Dämmerung“ beendet und schickt das Manuskript an die Druckerei. „So schreibt heute kein Mensch in Deutschland“, notiert er ein paar Tage später, und das Kuriose ist: Im beginnenden Größenwahn bringt er ein Urteil zu Papier, das wir heute teilen. Seit acht Tagen ißt er kaum, auch „der Kopf taugt nichts".

Am 20. September, durch die Überschwemmung verzögert, kann Nietzsche das Engadin verlassen und siedelt über nach Turin. Am 30. September, nach 27 Tagen, Umzug inklusive, sind die 75 Buchseiten des Antichrist vollendet, am 4. Oktober nennt er die Schrift „das größte philosophische Ereignis aller Zeiten".

Am 15. Oktober, seinem 44. Geburtstag, beginnt Nietzsche mit seinem letzten Werk: „Ecce Homo – Wie man wird, was man ist." „An diesem vollkommenen Tage", setzt die Ouvertüre ein, „wo alles reift und nicht nur die Traube braun wird, fiel mir eben ein Sonnenblick auf mein Leben..." Die Kapitelüberschriften lassen gleichwohl Schlimmes fürchten: „Warum ich so klug bin", „Warum ich so weise bin", „Warum ich so gute Bücher schreibe", „Warum ich ein Schicksal bin".

Doch der Ton der Schrift ist, Nietzsche sagt es und hat recht, „heiter und verhängnisvoll, wie alles, was ich schreibe". Elegante Bosheiten sind darin („Das deutsche Klima allein ist ausreichend, um starke und selbst heroisch angelegte Eingeweide zu entmutigen") und donnernde Propheten-Posen: „Es wird Kriege geben, wie es noch keine auf Erden gegeben hat. Erst von mir an gibt es auf Erden große Politik." Und dazwischen immer wieder „diamantene Klarheit", mit Stefan Zweig zu reden: Das sei ja das Wunder von Nietzsches letzten Werken, „daß ein höchster Grad der Klarheit den höchsten Grad des Rausches traumwandlerisch mitbegleitet (...) Vielleicht hat sich noch nie ein lebendiger Mensch so weit und so wach, so vollkommen schwindelfrei und klar über den Rand des Irrsinns hinabgebeugt."

In den drei Wochen der Niederschrift dieser letzten hundert Seiten hallen Nietzsches Briefe wider von „Dankbarkeit" und „Erntezeit": „Alles wird mir leicht. Alles gerät mir..." Er sei „exemplarisch gut gelaunt, wohlgenährt und zehn Jahre jünger, als es erlaubt wäre". Nie habe er einen solchen Herbst erlebt, „jeder Tag von gleicher unbändiger Vollkommenheit".

Am 4. November, zwei Monate vor dem endgültigen Zusammenbruch, ist der „Ecce Homo" fertig – in seinen Worten das letzte der drei „Ungeheuer von Büchern" seit dem 24. August; und wenn Nietzsches Überschwang nun noch immer wächst, so deshalb, weil ihm auch im Alltag der Realitätsbezug verlorengeht. „Es gibt eine Art, mir die Türe aufzumachen, die ich noch nirgendwo erlebt habe", schreibt er am 13. November; vier Tage später: In seiner Trattoria bekomme er „entschieden die besten Bissen".

Gleichzeitig übersteigert sich die Wahnvorstellung von der eigenen Größe zu Superlativen wie dem, daß er „der erste Mensch aller Jahrtausende“ sei, „daß wir in zwei Jahren die ganze Erde in Konvulsionen haben werden“ – woraus man freilich auch den Verzweiflungsschrei eines Menschen hören kann, der der Welt Ungeheures sagen will, aber den Druck seiner Bücher selbst bezahlen und dabei mit dem Verkauf von ein paar hundert Exemplaren zufrieden sein muß.

Am 5. Dezember schickt Nietzsche die Korrekturen des „Ecce Homo“ an seinen Verleger ab. Drei Tage später schreibt er über den „Antichrist“: „Das Buch schlägt das Christentum tot und außerdem auch noch Bismarck.“ August Strindberg, einem seiner wenigen Bewunderer, schreibt er am selben Tag: „Ich bin stark genug dazu, die Geschichte der Menschheit in zwei Stücke zu zerbrechen.“ In einem nicht abgeschickten Briefentwurf gleichen Datums steht zu lesen: „Der alte Gott ist abgeschafft, und ich selber werde alsbald die Welt regieren.“ Seine gutmütigen Wirtsleute irritiert der Untermieter damit, daß seine Improvisationen auf dem Klavier immer häufiger in einen Tastendonner übergehen bei Tag und bei Nacht.

11. Dezember: „Ich werde behandelt wie ein Prinz – ich bin es vielleicht auch.“ 16. Dezember: „Die Hökerin sucht mir die herrlichsten Trauben aus...“ Tags darauf plötzlich ein Satz, wie er sinngemäß heute oft über Nietzsche zu lesen ist: „Ich habe vielleicht schlimmere und fragwürdigere Welten des Gedankens kennengelernt als irgend jemand, aber nur weil es in meiner Natur liegt, das Abenteuer zu lieben“ – eine Variante auf den Kriegsruf in der „Fröhlichen Wissenschaft“: „Nein! Das Leben hat mich nicht enttäuscht! Von Jahr zu Jahr finde ich es vielmehr wahrer, begehrenswerter und geheimnisvoller – von jenem Tage an, wo der große Befreier über mich kam, jener Gedanke, daß das Leben *ein Experiment des Erkennenden* sein dürfe – und nicht eine Pflicht, nicht ein Verhängnis, nicht eine Betrügerei!“

Am 22. Dezember wird der Weltruhm nicht mehr für die nahe Zukunft prophezeit, sondern als vorhanden hingestellt: „Es gibt heute keinen Namen, der mit soviel Auszeichnung und Ehrfurcht behandelt wird als der meine.“ 26. Dezember: „Ich habe nicht eher die Hände frei, bevor ich nicht den jungen Kaiser samt Zubehör in den Händen habe.“ (Wilhelm II. hatte am 15. Juni den Thron bestiegen, 29 Jahre alt.) Und dazu die Anmerkung: „Zehn Stunden ununterbrochen geschlafen.“ Das spricht für ein Schlafmittel, das der Psychiater verordnet haben könnte, den die Wirtsleute irgendwann in Nietzsches letzten Tagen zu Rate ziehen.

Am 27. Dezember plötzlich ein völlig klarer Brief mit dem schönen Satz: „Wir müssen die Deutschen durch esprit rasend machen..." Und zwei Tage später: „Es fehlt mir nicht an Bosheit und Übermut, um gelegentlich mich über mich lustig zu machen." Am selben 29. Dezember begeht Nietzsche seine letzten rationalen Handlungen: Mit völliger Präzision nimmt er die Schlußkorrektur am „Ecce Homo" vor und schickt sie in die Druckerei, zusammen mit dem in diesen Tagen entstandenen Gedicht „Ruhm und Ewigkeit". Darin heißt es: „Diese Münze, mit der alle Welt bezahlt, Ruhm – mit Handschuhen fasse ich diese Münze an, mit Ekel trete ich sie unter mich." Am selben Tag noch bittet er seine Wirtsleute, alle Bilder von den Wänden seines Zimmers zu nehmen, damit es „wie ein Tempel" aussehe: Denn das italienische Königspaar werde ihn besuchen.

31. Dezember: „Meine Adresse weiß ich nicht mehr; nehmen wir an, daß sie zunächst der Palazzo del Quirinale sein dürfte." Und an Strindberg: „Ich habe einen Fürstentag nach Rom zusammenbefohlen, ich will den jungen Kaiser füsilieren lassen." Unterschrift: *Nietzsche Caesar.* So endet das Jahr 1888.

1. Januar 1889: Nietzsche spricht Fremde auf der Straße an und sagt: „Ich bin Gott" oder „Ich bin der Tyrann von Turin". 3. Januar: „Ich habe eben Besitz ergriffen von meinem Reich, werfe den Papst ins Gefängnis und lasse Wilhelm, Bismarck und Stöcker erschießen" (einen ultrakonservativen und antisemitischen christlichen Politiker in Berlin). Möglicherweise ist der 3. Januar auch der Tag, an dem Nietzsche das Pferd umarmt; von diesem Zeitpunkt an dürften die Wirtsleute ihn in seinem Zimmer festgehalten haben.

Doch am 4. Januar sind es nicht weniger als dreizehn Briefe, die aus diesem Zimmer an seine Freunde gehen, einer auch an König Umberto I. von Italien. Sieben dieser Briefe sind unterzeichnet mit „Dionysos", sechs mit „der Gekreuzigte". Aus einem lodert der hymnische Satz empor: „Die Welt ist verklärt, und alle Himmel freuen sich." Die meisten stürzen ab in Niederungen wie: „Nachdem sich unwiderruflich herausgestellt hat, daß ich eigentlich die Welt geschaffen habe..."

Da fühlt man sich an das „Tagebuch eines Wahnsinnigen" erinnert, 1835 geschrieben von *Nikolai Gogol,* der sich später in religiösem Wahn zu Tode hungerte: Die Ichgestalt stellt sich ihren Wärtern als König Ferdinand von Spanien vor, wird geprügelt und mit kaltem Wasser übergossen – und will zur Mutter fliehen: „Ach, liebe Mutter, rette deinen armen Sohn! Laß deine Tränen auf sein krankes Köpfchen fallen! Schau, wie sie ihn quälen! Drück dein armes Kind an die

Brust! Es hat keinen Platz auf dieser Welt.“ Nietzsche ist diese Heimkehr vergönnt – aber gräßlich sind die Umstände, unter denen sie geschieht.

Der letzte Brief stammt vom 5. Januar 1889 und ist gerichtet an seinen alten Freund und Gönner *Jacob Burckhardt* in Basel. „Lieber Herr Professor“, schreibt er, „zuletzt wäre ich sehr viel lieber Basler Professor als Gott; aber ich habe es nicht gewagt, meinen Privat-Egoismus so weit zu treiben.“ Ein letzter Schabernack: „Da ich verurteilt bin, die nächste Ewigkeit durch schlechte Witze zu unterhalten ...“ Und ein P.S.: „Ich habe Kaiphas in Ketten legen lassen; auch bin ich voriges Jahr von den deutschen Ärzten auf eine sehr langwierige Weise gekreuzigt worden. Wilhelm, Bismarck und alle Antisemiten abgeschafft. Sie können von diesem Brief jeden Gebrauch machen, der mich in der Achtung der Basler nicht heruntersetzt.“ Dem gilt seine letzte Sorge auf Erden.

6. Januar: Mit dem Brief in der Hand begibt sich der siebzigjährige Jacob Burckhardt bestürzt zu Nietzsches langjährigem Freund *Franz Overbeck,* evangelischem Professor für Neues Testament in Basel, und will ihn für eine sofortige Reise nach Turin gewinnen. Overbeck zögert, läßt sich dann aber von einem befreundeten Psychiater umstimmen, der aus dem Brief eine klare Diagnose stellt. Am Abend des 7. Januar reist er ab, am Mittag des 8. trifft er bei Nietzsche ein.

Brieflich berichtet Overbeck von dem „fürchterlichen Moment, wo ich Nietzsche wiedersah“: In einer Sofaecke kauernd, schrecklich verfallen, stürzt er auf den Besucher zu, bricht in Tränen aus und sinkt in Zuckungen aufs Sofa zurück. Die Wirtsleute flößen ihm von dem Bromwasser ein, das immer auf dem Tisch steht; er beruhigt sich, lacht und erzählt von dem großen Empfang, der für den Abend vorbereitet sei.

Dann geschieht es, „daß er in lauten Gesängen und Rasereien am Klavier, sich maßlos steigernd, Fetzen aus der Gedankenwelt, in der er zuletzt gelebt hat, hervorstieß und dabei auch in kurzen, mit einem unbeschreiblich gedämpften Tone vorgebrachten Sätzen sublime, wunderbar hellsichtige und unsäglich schauerliche Dinge über sich als den Nachfolger des toten Gottes vernehmen ließ, das Ganze auf dem Klavier gleichsam interpunktierend“ oder mit dem Ellbogen über die Tasten tobend; „und er, der unvergleichliche Meister des Ausdrucks, war außerstande, selbst die Entzückungen seiner Fröhlichkeit anders als in den trivialsten Ausdrücken oder durch skurriles Tanzen und Springen wiederzugeben“; wobei er, wie Overbeck gegenüber Freunden hinzufügte, „die orgiastische Vorstellung der heiligen Raserei, wie sie der antiken Tragödie zugrunde lag, auf grauenhafte Weise verkörperte". Mit anderen Worten: Nietzsche hat nackt getanzt vor Overbeck.

Wie sollte man diesen Irren nach Basel schaffen? Noch dazu war der Theologe ein schüchterner, für jede Panik aufgeschlossener Mensch. Zum Glück vermittelte ihm das deutsche Konsulat in Turin einen *Leopold Bettmann,* der Zahntechniker war, als Zahnarzt praktizierte, sich als Psychiater ausgab und in der Tat ein erstaunliches Geschick bewies. Als Nietzsche sich weigerte, sein Bett und sein Zimmer zu verlassen, sprach Bettmann von den Festlichkeiten, die für ihn vorbereitet seien; da zog er sich an. Bevor die drei das Haus verließen, bettelte Nietzsche seinem Hauswirt Davide Fino noch dessen Nachtmütze ab, zur Erinnerung oder als Unterpfand der Wiederkehr, und trug sie hartnäckig bis Basel.

Auf dem Bahnhof erregte er entsprechendes Aufsehen, wollte alle Menschen umarmen und ließ erst davon ab, als Bettmann ihm zuraunte, das schicke sich nicht für einen so großen Herrn. Im Abteil schob Bettmann sich eine abstoßende Zahnattrappe in den Mund, um andere Reisende abzuschrecken, und das gelang ihm in der Tat während der gesamten siebzehnstündigen Fahrt. Nietzsche wurde mit einem starken Schlafmittel ruhiggestellt; am Gotthard erwachte er und sang unter der Nachtmütze „mit eigentümlicher Melodie", wie Overbeck berichtet, sein „Gondellied":

An der Brücke stand
Jüngst ich in brauner Nacht.
Fernher kam Gesang:
Goldener Tropfen quoll's
Über die zitternde Fläche weg.
Gondeln, Lichter, Musik –
Trunken schwamm's in die Dämmerung hinaus ...

Meine Seele, ein Saitenspiel
Sang sich, unsichtbar berührt,
Heimlich ein Gondellied dazu,
Zitternd vor bunter Seligkeit.
– Hörte Jemand ihr zu? ...

Vor der Ankunft in Basel erklärte Bettmann dem stumpfsinnig Dasitzenden: „Sie sind ein Fürst. Am Bahnhof erwartet Sie eine festliche Menge. Gehen Sie grußlos an ihr vorüber zu dem bereitstehenden Wagen." So geschah's. Willig ließ Nietzsche sich in die Klinik führen, versprach dem Personal „Ich will euch, ihr guten Leute, morgen das herrlichste Wetter machen" und versicherte dem Psychiater, er fühle sich „ungemein wohl", habe allerdings seit acht Tagen Kopfschmerzen und hätte zwischendurch „am liebsten alle Leute auf der Straße umarmt und geküßt". Die Woche in der Klinik verbrachte er teils in Hochstimmung, teils johlend, schreiend und gestikulierend; mehrfach warf er seine Jacke zu Boden und legte sich dazu. Nur sein Heißhunger blieb konstant.

Am 14. Januar traf seine Mutter in Basel ein. Er umarmte sie herzlich und rief: „Ach, meine liebe, gute Mama!" Nach kurzer vernünftiger Unterhaltung herrschte er sie an: „Sieh in mir den Tyrannen von Turin!" und begann verworren zu reden.

Drei Tage später fuhr Nietzsche mit seiner Mutter und zwei Begleitern weiter nach Jena. Overbeck berichtet, den Weg zum Bahnhof habe er „eiligen, aber doch schlotternden Ganges" zurückgelegt, stumm, mit maskenhaftem Gesicht. „Ein weit echterer Freundschaftsdienst, als den Armen dem Irrenhause zuzuführen, wäre gewesen, ihm das Leben zu nehmen; wie ich denn jetzt keinen anderen Wunsch habe, als daß es ihm bald genommen werde ... Mit Nietzsche ist es aus!"

Kurz vor Frankfurt bekam der Kranke zum erstenmal einen Tobsuchtsanfall. Die entsetzte Mutter kraulte ihm das Kinn und fütterte ihn mit Schinkenbrötchen. Die Klinik in Jena betrat Nietzsche mit vielen Verbeugungen und bedankte sich für den großartigen Empfang. Der Krankenbericht registrierte Sprechzwang und Ideenflucht, Nietzsche sprach vorzugsweise in gutem Französisch oder schlechtem Italienisch und sang zwischendurch Melodien aus seinen Kompositionen.

Vom Februar bis September 1889 machte er dann alle Qualen und Peinlichkeiten des Wahnsinns durch: Er schlug Fenster ein, trat Mitpatienten, machte Bocksprünge, schlief meist neben seinem Bett, aß Kot und trank Urin. Alle Ärzte kannte er beim Namen, sich selbst nannte er „Herzog von Cumberland".

Über einen Besuch, den sie in einer stilleren Phase machen durfte, berichtet seine Mutter: „Das gute Kind stürmte auf mich zu und begrüßte mich auf das Herzlichste mit den Worten 'Meine liebe, liebe Mutter!', aß dann mit Vergnügen von den von mir mitgebrachten Honigscheiben, sprach dazwischen aber von Bismarck ..." In ein Notizheft, das ihr übergeben wurde, hatte Nietzsche neben Unleserlichem die Sätze geschrieben: „Du liefst zu rasch. Jetzt erst, wo du müde bist, holt dein Glück dich ein." Sie sagte dazu: „Ja, er ist zu rasch gelaufen in seinem ganzen Leben, das liebe, liebe Kind."

Im Herbst 1890 trat eine Beruhigung in Nietzsches Befinden ein; ja noch einmal, für ein paar Minuten, blitzte das Sprachgenie aus der Nacht seines Geistes auf: Prof. Otto Binswanger führte seinen Studenten den Kranken vor und lud ihn ein, aus seinem Leben zu plaudern, und das Auditorium war verdutzt und erschüttert über die Schönheit seiner Stimme, den Charme seines Vortrags, die kühnen Wortkombinationen und kunstvollen Antithesen – „so habe ich noch nie einen Menschen sprechen hören", berichtet ein Dr. Sinchowitz, der dabei war. „Mitten im Satz riß ihm der Gedankenfaden, und er sank in Schweigen."

Am 24. März 1890 wurde Nietzsche auf ihr Drängen hin der Obhut seiner Mutter übergeben, die ihn sieben Jahre lang, bis zu ihrem Tode, pflegte – und ihm das Glück gewährte, auf das der Wahnsinnige bei Gogol vergebens warten muß. Eisern zweimal täglich, bei jedem Wetter, ging sie mit ihm spazieren. „Mein Herzensfritz" sagte sie zu ihm; wenn sie ihm vorlas, warf er ihr Kußhändchen zu. Manchmal las er selber, laut, die Seitenzahlen und ein paar abgehackte Zeilen, bis er bellte und einen roten Kopf bekam. Wenn sie ihn auszankte (scherzhaft natürlich), sagte er erschrocken: „Wie dachtest du's, Muttchen?" Nur auf dem Klavier zeigte er noch gelegentlich die alte Meisterschaft: oft stundenlang improvisierend, zuweilen mit Triumphgesängen.

„Er ist nach wie vor ein sehr lieber Patient, den man immer liebkosen möchte, was auch reichlich geschieht und was ihm wohlzutun scheint", schrieb die Mutter. „Immer ist aber meine Seele voll von innigem, innigem Danke gegen den lieben guten Gott, daß ich dieses Herzenskind nur *pflegen* kann." Bei der Schilderung des letzten Weihnachtsfestes, nach fast sieben solchen Jahren, empfand Franziska Nietzsche, wie ihr Neffe schrieb, „sieghafte Freude, ihre Kinder, die eigenwilligen Einzelgänger, an diesem Abend in ihre kleine Welt voll warmen Behagens gelockt zu haben".

Sieghafte Freude und inniger Dank: Das kann einen nachdenklich stimmen. Thomas Mann hat im „Dr. Faustus" die Heimkehr des (Nietzsche nachempfundenen) umnachteten Sohnes zu einem wahren Triumph der Mutter stilisiert: „Schauerlich Rührenderes und Kläglicheres ist nicht zu erdenken, als wenn ein von seinen Ursprüngen kühn und trotzig emanzipierter Geist, nachdem er einen schwindelnden Bogen über die Welt hin beschrieben, gebrochen ins Mütterliche zurückkehrt. Meine Überzeugung aber (...) ist, daß dieses, das Mütterliche, solch tragische Heimkehr bei allem Jammer nicht ohne Genugtuung erfährt. Einer Mutter ist der Ikarusflug des Helden-Sohnes, das steile

Mannesabenteuer des ihrer Hut Entwachsenen, im Grunde eine so sündliche wie unverständliche Verirrung (...), und den Gestürzten, Vernichteten, das 'arme, liebe Kind', nimmt sie, alles verzeihend, in ihren Schoß zurück, nicht anders meinend, als daß er besser getan hätte, sich nie daraus zu lösen."

Ostern 1897 starb die Mutter, und das Wrack, das einmal Friedrich Nietzsche hieß, wurde für die letzten drei Jahre nach Weimar transportiert, wo seine Schwester – „die Ziege", nach Arnold Zweig – mit Hilfe der wachsenden Einnahmen aus seinen Büchern eine Villa erworben hatte. Sie gründete ein Nietzsche-Archiv und veranstaltete musikalische Abende, bei denen ein Blick auf den Wahnsinnigen gestattet war, der nur noch stumm, feindselig und verblödet im Rollstuhl hockte, von seiner Schwester in weiße Gewänder gehüllt. Sie fälschte Briefe, um ihre Rolle im Leben des Bruders zu vergrößern, vernichtete Briefe, die sein Andenken hätten schmälern können, und versuchte der Welt über seine Krankheit eine Version aufzutischen, die ihn vom Verdacht der Syphilis ebenso reinigen sollte wie von dem Makel, der Sohn eines Geisteskranken zu sein.

Die Symptome des Leidens, das 35 Jahre währte, waren kraß genug: Mit 21 Jahren klagte Nietzsche plötzlich über heftiges Stechen im Kopf, mit 30 begannen die chronischen Schmerzen: Magenkrämpfe, Erbrechen, Schwindelanfälle, Migräne und „die Quälerei in und über beiden Augen". 1879, mit 35 Jahren, schrieb er: „Ich bin demnächst entweder blind oder tot" und gab seine Professur in Basel auf. 1881 brachte den Tiefpunkt und die Wende: Sprechstörungen kamen hinzu, drei Tage und drei Nächte hintereinander erbrach er sich; doch am 24. März 1881 schrieb er: „Schon jetzt gibt es Augenblicke, wo ich auf den Höhen über Genua mit Blicken und Empfindungen herumwandele, wie sie von eben hier aus vielleicht einmal der selige Kolumbus auf das Meer und auf alle Zukunft hinaus gesandt hat."

Damit begann der Schaffensrausch, der bis November 1888 anhielt – geregelt durch große Spaziergänge, eine selbsterfundene Diät und einen zwanghaften Ritus des Ortswechsels, unterbrochen von neuen Anfällen, erkauft mit wachsender Einsamkeit. Auf seinen Freund Erwin Rohde wirkte Nietzsche schon 1886 so fremd, „als käme er aus einem Lande, wo sonst niemand wohnt".

Was dann 1889 durchbrach, war, nach dem Urteil fast aller zeitgenössischen und heutigen Psychiater, die klassische Paralyse, das letzte Stadium der damals unheilbaren Syphilis, die Nietzsche sich 1865 oder 1866 als Student in Köln oder Leipzig geholt haben könnte: neben den körperlichen Symptomen vor allem Größenwahn, Ideenflucht und Selbstentwürdigung. „Kein Schizophrener lebt in so vielen Welten zur selben Zeit", schrieb 1964 der deutsch-amerikanische Psychiater Clemens Benda über Nietzsche, „keine andere Krankheit hat ein solches schauerliches Spektrum der Zerstörung."

Medizinisch ist dagegen eingewendet worden, die Syphilis sei weder lückenlos bewiesen noch zur Erklärung nötig, denn Nietzsche könnte ebenso an einer Erbkrankheit gelitten haben: Sein Vater starb mit 35 an „Gehirnerweichung" (eine etwas diffuse Diagnose), sein jüngerer Bruder an einem Gehirnschlag im Alter von zwei Jahren.

Die Schwester – begierig, aus Nietzsche einen Heiligen zu machen – verbreitete mit Nachdruck die private Deutung, ihr Bruder habe eine Gehirnlähmung erlitten als Folge von Überarbeitung und Schlafmittel-Mißbrauch. Daneben hält sich bis heute die These, der Sturz in den Wahnsinn sei eine innere Notwendigkeit gewesen; so bei Walter Nigg: „Man kann solche Dinge nicht sagen, wie er es getan hat, und dabei ein ruhiges Alter in aller Gottseligkeit erreichen." Thomas Bernhard verweist auf jene Genies, deren Geistesvermögen sich ständig vermehre, während sie es ununterbrochen zum Fenster hinauswürfen. Irgendwann halte der Kopf das nicht mehr aus und explodiere; „so ist auch Nietzsches Kopf explodiert".

Ob mit Hilfe der Spirochäte *Treponema pallidum* oder eines anderen Mittels, irrsinnig zu werden: Nie hat jemand „mit einem gleich tiefen Verdachte in die Welt gesehen", nie war die deutsche Sprache derart „vehement, aufregend, biegsam und farbenreich" – so schrieb Nietzsche selbst; doch auch in der Klarsicht, mit der er sich analysierte und seinen Weltruhm vorwegnahm, ließ er sich von keinem übertreffen. Jacob Burckhardt bekundete ihm sein immer neues Staunen „über die freie Fülle Ihres Geistes", und Giorgio Colli, der italienische Germanist, der die erste kritische Gesamtausgabe seiner Werke betreute, zog 1974 das Resümee: „Seine Stimme übertönt jede andere Stimme der Gegenwart; die Klarheit seines Denkens läßt jedes andere Denken unscharf erscheinen. Für den, der (...) in der Arena der Erkenntnis und des Lebens Tyrannen nicht anerkennt, zählt einzig er."

Da kann man nur erschrecken bei dem Gedanken, daß der Wahnsinn ihm vorenthalten worden wäre. Da nähert man sich dem Verständnis für die Ungeheuerlichkeit, die Thomas Mann ersonnen hat: daß sein „Dr. Faustus" ins Bordell geht, um ein Genie zu werden.

16.

Hochmut ist dem Werk bekömmlich

> Ich las im Bett mein Werk „Ulrich und Brigitte“ und bin im tiefsten aufgewühlt über meine große Kunst. Bei Gott, das ist ein Werk, das die Jahrhunderte überdauert. Wer sich dem Geiste, der dieses schuf, widersetzt, der hat das Urteil über sich gesprochen.
>
> *Carl Sternheim (deutscher Dramatiker, 1878 – 1942) in einem Brief von 1904*

„Mit dem Pudel gescherzt“; „In der Kaschmirweste gefrühstückt“, zum Beispiel „zwei Eier ohne das Weiße des einen“: Zu Tausenden finden sich solche Eintragungen in den Tagebüchern *Thomas Manns,* von ihm ausdrücklich zur Veröffentlichung zwanzig Jahre nach seinem Tode freigegeben – ein Monument der totalen Selbstbespiegelung auf 7000 handgeschriebenen Seiten. Was fand er am 7. August 1945 erwähnenswert? „In Westwood zum Einkauf von weißen Schuhen und farbigen Hemden. Erster Angriff auf Japan mit Bomben, in denen die Kräfte des gesprengten Atoms wirksam.“

Und dann die unzähligen Notizen über Angstzustände, flatternde Nerven und Schlaflosigkeit, über zu trockene Zehennägel, „leichte Mandelschmerzen links“ und die chronische Plage der Verstopfung! Ein Mensch, der seinen vielen Leiden die eingebildeten und die Angst vor künftigen hypochondrisch hinzufügte und es für wichtig hielt, die Nachwelt über alle drei zu informieren. Das war jene vollkommen rücksichtslose „Leidenschaft für sein Ich“, die Thomas Mann seinerseits *Schiller* nachsagt, und in dem großen inneren Monolog, den er in „Lotte in Weimar“ *Goethe* sprechen läßt, heißt es: „Egozentrisch! Es soll wohl einer nicht egozentrisch sein, der sich Naturziel, Resümee, Vollendung, Apotheose weiß, ein Hoch- und Letztergebnis, das herbeizuführen Natur sich das Umständlichste hat kosten lassen!“

Und in der Tat berichteten viele Besucher des alten Geheimrats von Goethe verstört von eisigem Hochmut und unerträglicher Selbstgefälligkeit (das Thema von Kap. 41). Über die Bewunderung, die *Victor Hugo* für sich hegte, spottete Jean Cocteau: „Victor Hugo war größenwahnsinnig – er bildete sich ein, er sei Victor Hugo!“ *Michelangelo* verband seine grimmige Besessenheit mit höhnischer Arroganz, schlimmem Geiz und unmenschlichen Forderungen an seine Diener. *Voltaire* konnte es nicht lassen, seiner Umwelt immer wieder seine intellektuelle Überlegenheit zu demonstrieren, zumal dem kläglichen Rousseau; der seinerseits kämpfte gegen den Plan seiner Heimatstadt Genf, ein Theater zu bauen – weil Voltaire dort hätte Triumphe feiern können. *Balzac* schrieb über seinen Roman „Die Chouans": „Das ist entschieden eine großartige Dichtung (...) Der ganze Cooper und der ganze Walter Scott sind darin, dazu eine Leidenschaft und ein Geist, der beiden abgeht." *Tolstoi* besang seinen Roman „Krieg und Frieden" mit den Worten: „Ohne falsche Bescheidenheit – es ist etwas wie die Ilias." Sein Schriftstellerkollege Turgenjew nannte ihn „ein höchst sittliches und zugleich unsympathisches Wesen".

Vom Auftreten *Shakespeares* wissen wir wenig; doch dem unbekannten Freund und Gönner, an den die Mehrzahl seiner Sonette gerichtet ist, versicherte er, seine Feder habe die Kraft, des Freundes Namen unsterblich zu machen („such virtue hath my pen"), und so dutzendfach: Der Freund werde leben, wenn kein Mensch mehr atme, länger als Marmor und Gold; denn seine, Shakespeares, Verse trotzten dem Sensenhieb der Zeit – Varianten auf den stolzen Satz des Horaz: „Ein Denkmal habe ich mir errichtet, dauerhafter als Erz."

Thomas Mann ging so weit, die Bewunderung *einzuklagen:* 1934 notierte er an Bord des Dampfers „Volendam": „Ich kann mich gewisser Empfindungen der Beschämung angesichts der herrschenden völligen Unbekanntschaft mit meiner Existenz nicht entschlagen. Es fehlt an jeder orientierten Aufmerksamkeit auch von Seiten des Kapitäns." Schämen sollten sich offenbar die anderen. Sein Sohn Klaus schrieb ins Tagebuch, es sei schmerzlich zu sehen, wie sein Vater immer mehr auf Komplimente angewiesen sei; um ihn herum entstehe allmählich „jene Serenissimus-Ödheit, die er im Fall Goethes erkennt und melancholisch verspottet".

Schamlos, wie man weiß, ist die Selbstherrlichkeit vieler Dirigenten; tritt ausnahmsweise einer bescheiden auf, so fragen sich die Musiker, ob er überhaupt dirigieren kann. *Igor Strawinsky,* obwohl primär Komponist, zögerte nicht, auf die Frage nach dem besten Dirigenten der Welt zu antworten: „Ich selbst." *Otto Klemperer,* wegen seiner Imperatoren-Pose „Klempereur" genannt, formulierte zu Silvester 1954 den großen Satz: „Wilhelm Furtwängler gestorben, Clemens Krauss gestorben – es war ein gutes Jahr."

Beethoven entsprach bis zur Lächerlichkeit den über ihn umlaufenden Anekdoten vom wütenden Titanen: Er prügelte seine Bediensteten, warf einem Kellner das Essen ins Gesicht, zerteilte beim Spaziergang in Teplitz mit grimmiger Miene den Hofstaat der Kaiserin (während Goethe mit artigem Diener zur Seite trat) und herrschte einen Musiker, der sich über die Partitur beschwerte, an: „Glaubt er, daß ich an seine elende Geige denke, wenn der Geist über mich kommt?" In einem seiner Konversationshefte notierte er: „Unser Zeitalter bedarf kräftiger Geister, die diese kleinsüchtigen, heimtückischen, elenden Schufte von Menschenseelen geißeln." Über die Pose, mit der Beethoven 1810 vor dem Orchester stand, schrieb Bettina Brentano an Goethe: „Kein Kaiser und kein König hat so das Bewußtsein seiner Macht und daß alle Kraft von ihm ausgehe (...) Man möchte weissagen, daß ein solcher Geist in späterer Vollendung als Weltherrscher wieder auftreten werde."

Der „Cäsarenwahn", die Berufskrankheit der Staatsmänner und Feldherren, ist, wie man sieht, nicht auf sie beschränkt. An mancher öffentlichen Selbstüberhöhung mag freilich ein Quantum Selbstironie beteiligt sein; vielleicht auch das Kalkül, daß eine exzentrische Selbstdarstellung geeignet sein könnte, den eigenen Ruhm zu mehren. Dieser Verdacht, der uns in Kap. 39 noch beschäftigen wird, liegt besonders nahe bei schillernden Figuren wie Oscar Wilde oder Salvador Dalí. Schlitzohrig fragte der Berliner Essayist Ludwig Marcuse: Wieso „stinkt" Eigenlob? „Wenn es nun aber richtig ist? Und sogar wahr – wie Nietzsches Loblied auf Nietzsche im 'Ecce homo'?" Niemand solle ihm nachsagen, er selbst sei zu feige, sich zu loben, schreibt Marcuse weiter: „Ich beweise meinen Mut und besinge meine Produkte."

Um so schlimmer, wenn große Männer sich nicht zu schade waren, ganz unironisch jeden anzugreifen, der nicht ihrer Meinung war. Galilei schmähte Kepler, Newton verfolgte Leibniz mit unsäglicher Arroganz. *Johann Gottlieb Fichte,* der einst vielbewunderte Philosoph, schleuderte den Kritikern seiner „Wissenschaftslehre" entgegen, sie sollten sie endlich lesen, und zwar so lange, bis sie sie verstanden hätten, oder sie widerlegen, wenn sie könnten – „oder wenn man dieses alles nicht will, schweige man von nun an über alles, was die Philosophie betrifft, stille". Der junge *Brecht* provozierte seine Umwelt mit kalkulierter Lümmelhaftigkeit. Niemals äußerte er sich lobend über irgendeinen Dichter der Weltliteratur, oft dagegen höhnisch über seine schriftstellernden Zeitgenossen; den Kritiker Alfred Kerr nannte er „eine der größten Säue der Epoche". Wenn Brecht als 19jähriger schrieb: „Es ist so still im Lande. Ich höre nur meine eigene Stimme" – so gewiß nicht deshalb, weil es still gewesen wäre, sondern weil er außerstande war, sich für andere Stimmen zu interessieren.

Wie selbstverständlich gehörte zu solcher Selbsteinschätzung die Forderung an die Mitmenschen, die Produktionsbedingungen des Genies zu respektieren oder herzustellen. Wenn *Kant* arbeitete, mußte im Hause Grabesstille herrschen. Kritik duldete er nicht; sie zu üben, war sein Beruf auf Erden. Wenn *Thomas Mann* schrieb, ging seine Familie auf Zehenspitzen. (Wie große Männer es mit Ehe und Familie hielten, wird Kap. 31 beschreiben.) Auch robuste Künstler wie Bach und Brahms verteidigten ihre Werkstatt und ihr Werk mit äußerster Reizbarkeit. Peter Handke sagte 1990: „Für die Monate, in denen ich schreibe, bin ich wirklich asozial."

Andere fühlten sich berechtigt, ihren Mitmenschen das Geld aus der Tasche zu ziehen: Karl Marx, auf den gleich noch die Sprache kommt; *Heine,* der seinem Onkel Salomon in einem Bettelbrief drohte: „Was mich noch aufrecht erhält, ist der Stolz der geistigen Obermacht, die mir angeboren ist, und das Bewußtsein, daß kein Mensch in der Welt mit weniger Federstrichen sich gewaltiger rächen könnte als ich." Als der Onkel gestorben war, fühlte Heine sich im Testament benachteiligt und kündigte „Kotwürfe" auf die Miterben in der Presse an; die würden wirken, denn: „Die Leute sind an Dreck nicht gewöhnt, während ich ganze Mistkarren vertragen kann, ja diese, wie auf Blumenbeeten, nur mein Gedeihen zeitigen."

Und dann der tückischste Schnorrer der Kulturgeschichte, *Richard Wagner,* der in seinem 19jährigen Bewunderer König Ludwig II. von Bayern die Goldader entdeckte! „Die Skrupellosigkeit ist nicht zu überbieten, mit der Wagner den armen jungen Menschen ausgenutzt hat", schrieb Alfred Einstein. Der König habe Wagners Musik genossen wie ein Morphinist das Gift, und Wagner habe den Geisteskranken bedenkenlos in die Rollen seiner Helden hineingesteigert, um ihn desto gründlicher auszuplündern. Wozu Wagner sagte: Die Schöpfung einer Welt aus dem Nichts könne nun einmal nicht in einer ungeheizten Dachkammer stattfinden. Ja, so war es, und dem Werk bekam es gut.

Gab es aber nicht auch große Männer, die bescheiden waren? Es gab sie. Schüchterne, überängstliche Grübler wie Kopernikus und Darwin, den weltfremden Dorfschullehrer Anton Bruckner – und ausnahmsweise sogar einen ganz normalen Menschen: *Franz Schubert,* der, ungewöhnlicherweise, offenbar nicht von der Ahnung oder Hoffnung durchdrungen war, ein Genie zu sein – ein Riese, der keine Idee von seiner Kraft besaß, wie Nietzsche schreibt, sondern „im Grase liegt, mit Kindern spielt und sich selbst für ein Kind hält".

Wer um den Erfolg noch ringen mußte, für den war ein bescheidenes Wesen nicht nur ungewöhnlich wie bei den schon zu Lebzeiten Berühmten – sondern ein kaum erträglicher Nachteil. Schopenhauer hat das anschaulich gemacht: „Bescheidenheit in einem großen Geiste würde den Leuten wohl gefallen", schreibt er. Allein sie sei ein Widerspruch in sich. Noch mehr: Sie würde verhindern, daß das Werk entstehe. Müsse nicht der Poet „lange an seinem eigenen Beifall zehren, ehe der der Welt nachkommt"? Müsse nicht jeder, der das Außerordentliche hervorbringen wolle, die Ansichten seiner Zeitgenossen für nichts achten, eben das schaffen, was sie tadeln, das verachten, was sie loben? „Ohne diese Arroganz wird kein großer Mann."

Schiller schrieb, während der „Wallenstein" entstand: „Ohne einen gewissen kühnen Glauben an mich selbst würde ich schwerlich fortfahren können." Friedrich Schlegel wollte mit 26 „eine neue Bibel" schreiben; der amerikanische Lyriker Ezra Pound teilte, 22jährig, seinen Eltern mit: „Bevor ich sterbe, werde ich das größte Gedicht schreiben, das je geschrieben worden ist." Der 19jährige *James Joyce,* Student an der jesuitischen Universität von Dublin, gratulierte dem bewunderten Henrik Ibsen brieflich zum 73. Geburtstag mit dem Hinweis, daß Ibsen um einen würdigen Nachfolger nicht zu bangen brauche, und verschaffte sich ohne einen Penny Eintritt ins Theater, indem er herrisch erklärte: „Ich bin Joyce!" Bei der Arbeit am „Ulysses" verglich er sich mit Dante und Shakespeare – mit Homer sowieso durch den Titel des Romans, der ja, auf Dublin konzentriert, nicht dringend so hätte heißen müssen.

Wer seinem Ruhm jahrzehntelang nachlaufen mußte wie *Schopenhauer,* der war in extremem Maß auf den unbedingten Glauben an die eigene Größe angewiesen: Anders hätte er weder als unbekannter 31jähriger Privatdozent die Kühnheit aufgebracht, seinen Mitmenschen die Welt als „Wille und Vorstellung" zu erklären, noch später die Zähigkeit, jahrzehntelang weiterzuschreiben, während die Schulphilosophie ihn ignorierte, der gehaßte Hegel bewundert wurde und der alte Goethe ihn herablassend belehrte; woraufhin der Einzelgänger dem Dichterfürsten vieldeutig schrieb: „Seit ich Ihnen meine Schrift schickte, habe ich in der Menschenverachtung neue und so starke Progresse gemacht, daß ich bereit bin (...), die Meinung des ganzen Menschenhaufens nötigenfalls für nichts zu achten."

Fortschritte in der Verachtung: Das klingt nach einer Selbsterziehung oder Selbstüberredung; und in der Tat läßt sich nicht ausschließen, daß die Zeugnisse des Hochmuts bei vielen noch Verkannten in

Wahrheit Signale eines quälenden Zweifels waren, der sich überkompensieren wollte. Dafür spricht auch die Empfindlichkeit, mit der mancher längst Berühmte auf jegliche Kritik reagierte, zum Beispiel Heine und Thomas Mann. *Grillparzer* hat in seiner ebenso klarsichtigen wie verbitterten „Selbstbiographie" den Zwiespalt angeleuchtet: „Mißtrauen in mich selbst, wenn ich bedachte, was sein sollte, und damit abwechselnder Hochmut, wenn man mich herabsetzen oder vergleichen wollte"; „hochmütige Schadenfreude", als er anfangs angegriffen und später ignoriert wurde; und Klage darüber, daß Goethe ihm nicht gerecht geworden sei – „insofern ich mich nämlich denn doch, trotz allem Abstande, für den Besten halte, der nach ihm und Schiller gekommen ist".

Ob aber die Arroganz natürlich gewachsen, angestrengt herbeigeredet oder mit sich selbst im Zwiespalt ist – sie muß sein, wenn gegen den Widerstand oder die Gleichgültigkeit der Welt ein Werk zustande kommen soll. Keiner demonstriert das drastischer als *Marx*. Sein Leben lang hatte er nie mehr als ein paar Dutzend Bewunderer, nie stand er an der Spitze einer Bewegung; in der langen Kette der französischen, englischen und deutschen Sozialisten und Utopisten war er nur ein Glied und noch 1883 bei seinem Tod bei weitem nicht das bekannteste. Ebenso breit wie er standen im Großen Meyer von 1890 der englische Sozialreformer Robert Owen, der französische Sozialist Louis Blanc und der russische Anarchist Michael Bakunin; erheblich breiter aber Charles Fourier, der Graf von Saint-Simon, der den Sozialismus begründet hatte, und vor allem Ferdinand Lassalle, der Gründer der deutschen Sozialdemokratie.

Unter solchen Umständen unbeirrt an einem Riesenwerk zu sitzen, welches mit Engels' Hilfe die Nachwelt schließlich überzeugte, daß der Marxschen Variante auf die Lehre Saint-Simons der Preis gebühre – wie hätte einer das durchhalten sollen ohne den Dünkel dessen, der sich allein im Besitz der Wahrheit wähnt? Die anderen Sozialisten hätten nur spekulative Pläne ausgeheckt, schrieb Marx mit 27 Jahren in der „Deutschen Ideologie"; der richtige, nämlich marxisch definierte Kommunismus aber sei „ein Ideal, wonach die Wirklichkeit sich zu richten haben wird".

Die Mittel, mit denen er diesen maßlosen Anspruch durchzusetzen versuchte, bekamen alle schmerzlich zu spüren: seine zahlreichen sozialistischen Vorläufer, die er entweder beschimpfte oder totschwieg, nachdem er sie ausgebeutet hatte; seine Konkurrenten sowieso; und natürlich die Objekte seiner Geistestyrannei, die Proletarier. Nicht, daß er je in eine Fabrik gegangen wäre, nicht, daß er jemals einen Arbeiterführer in seiner Wohnung empfangen hätte! Es gehe gar nicht darum, schrieb er in der „Heiligen Familie“, was das Proletariat sich vorstelle, sondern: „Es handelt sich darum, was es ist und was es diesem Sein gemäß geschichtlich zu tun gezwungen sein wird.“

Daß in der Korrespondenz zwischen Marx und Engels die Arbeiter meist „Ochsen“, „Knoten“ oder „komplette Esel“ heißen, ist noch das wenigste. Geht Marx ausnahmsweise in eine Arbeiterversammlung, so redet er die armen Teufel an die Wand mit demagogischer Rhetorik und Bildungsprotzerei. In einem Brief an Engels brüstet er sich, auf die Frage, was ihm und Engels eigentlich Autorität verleihe, habe er geantwortet: „Unsere Bestellung als Vertreter der proletarischen Partei hätten wir von niemand als uns selbst“, beglaubigt durch den *Haß* aller Fraktionen; und er fährt fort: „Du kannst dir denken, wie verblüfft die Ochsen waren.“ Der spätere amerikanische Innenminister Carl Schurz, der Marx als Student in Bonn erlebte, schrieb darüber: „Niemals habe ich einen Menschen gesehen von so verletzender, unerträglicher Arroganz.“

Herrschsucht, Streitlust und Menschenverachtung wandte Marx auch gegen die wenigen, die ihn bewunderten – so gegen Wilhelm Liebknecht, der als sozialdemokratischer Abgeordneter im deutschen Reichstag Spießruten lief: Marx gängelte und rügte ihn aus London, während er ihn gegenüber Engels ein „Rindvieh“ nannte und eine „Vogelscheuche“, die leider noch nicht entbehrlich sei.

Den furchtbarsten Haß richtete er gegen *Ferdinand Lassalle,* der um Marxens Freundschaft buhlte, jedoch, anders als Marx, die Massen beeindruckte und unverzeihlicherweise so viel berühmter war. Lassalles Schriften enthielten für Marx entweder „Sextanerweisheiten“ oder Diebesgut aus Marxschen Werken; vor Engels rühmte er sich, er habe bei seinem Besuch in Berlin dem Pathos Lassalles so viel Ironie entgegengestellt, daß der Gastgeber vor seiner Geliebten, der Gräfin Hatzfeldt, blamiert gewesen sei; und der mit sechs Jahren getaufte Jude Marx sprach von Lassalle als einem „kraushaarigen Niggerjuden“ von „niggerhafter“ Zudringlichkeit.

So feuerte Marx sein Leben lang aus allen Rohren, „toll vor Hochmut und Galle“, wie sein Jugendfreund, der Philosoph Arnold Ruge, schrieb, und dabei überzeugt, daß alle Welt ihm Geld schulde, natürlich ohne jeden Anspruch auf Rückzahlung. Als der Dichter Ferdinand Freiligrath ihm einmal nichts borgen wollte, wurde er für Marx sogleich ein „Scheißkerl“ und „fetter Reimeschmied“. Den italienischen Freiheitshelden Garibaldi nannte Marx einen „Esel" und die Osteuropäer „slawisches Lumpengesindel" (wozu Engels anmerkte, „nur durch den entschiedensten Terrorismus" gegen die slawischen Völker könne die Revolution gesichert werden). Auch sehnte Marx einen Weltkrieg herbei, damit das Zarenreich unterginge, und 1870 frohlockte er über den Ausbruch des Deutsch-Französischen Krieges, „denn die Franzosen brauchen Prügel"; außerdem werde ein preußischer Sieg dazu beitragen, das Übergewicht der Marx-Engels-Theorie über die der französischen Sozialisten zu sichern. Und dabei hat Karl Kautsky als Herausgeber die schlimmsten Stellen des Briefwechsels getilgt.

Der Mensch Marx war kaum erträglich, seine Lehre ist von der Geschichte vollständig überrollt, nachdem sie zuvor von Lenin in eine Quelle unsäglichen Leides verwandelt worden war – doch gleichzeitig bleibt festzuhalten: Seine Absicht, welthistorische Wirkung zu erzielen, hat Marx erreicht, und mit geringerer Arroganz hätte er sie vermutlich nicht erreichen können. Hochmut ist dem Werk bekömmlich. Wie schrieb Mozart, als sein „Titus" ausgepfiffen worden war? „Nun, gefällt's denen nicht, so gefällt's mir doch." Was sagte Franz Schubert zu seinen Freunden, nachdem er ihnen den Liederzyklus „Die Winterreise" vorgesungen hatte? „Mir gefallen diese Lieder mehr als alle anderen, und euch werden sie auch noch gefallen." Wie schrieb Ernst Bloch vorsorglich in jungen Jahren? „Wer mich ablehnt, der ist von der Geschichte gerichtet." So, genau so behält man die Kraft, gegen eine gleichgültige oder mißgünstige Umwelt anzuarbeiten.

Ist die Selbsterhöhung demnach ein legitimes Werkzeug der Selbstverwirklichung, so hat der Hochmut dort jeden Anspruch auf Nachsicht verwirkt, wo ein Großer auf den Tod eines Konkurrenten oder Feindes mit nackter Schadenfreude reagiert, wie Otto Klemperer. Als Leibniz gestorben war, soll *Newton* ausgerufen haben: Daß er Leibniz „das Herz gebrochen" habe, sei ihm eine Genugtuung. (Da war Leibniz 70 Jahre, Newton 73 Jahre und ihr „Prioritätsstreit" siebzehn Jahre alt.) Dem Geheimrat *Goethe* war der Völkerkundler und brillante Reiseschriftsteller Georg Forster als Parteigänger der Französischen Revolution ein solches Ärgernis, daß er 1794 aus Forsters Tod eine Art verdienten Gottesurteils machte: „So hat der arme Forster denn doch auch seine Irrtümer mit dem Leben büßen müssen" (an Samuel Thomas v. Soemmerring). *Richard Wagner* erreichte die Nachricht vom Tod Giacomo Meyerbeers, seines einst bewunderten Vorbilds und später mit antisemitischem Schmutz beworfenen Konkurrenten, am selben Tag, an dem der Sekretär des Königs von Bayern ihm ausgerichtet hatte, der junge Monarch werde ihn für immer „jeder Unbill des Schicksals entziehen". Daß dies ein doppelter Triumph für ihn war, ließ Wagner in seinen Memoiren einen befreundeten Kapellmeister sagen: „Weißheimer fuhr mit bäurischem Lachen auf über diesen wunderbaren Zufall, daß der mir so schädlich gewordene Opernmeister gerade diesen Tag nicht mehr hatte erleben sollen."

Als Ferdinand Lassalle 1864 im Duell gefallen war, schrieb *Marx* an Engels: „Schwer zu glauben, daß ein so geräuschvoller Mensch nun mausetot ist und altogether den Mund halten muß." Als die Nazis 1933 den jüdischen Kulturphilosophen Theodor Lessing ermordet hatten, schrieb *Thomas Mann,* der sich dreiundzwanzig Jahre zuvor über ihn geärgert hatte, an seinen Sohn Klaus: „Mein alter Freund Lessing ist ja ermordet worden. War schon immer ein falscher Märtyrer." Als sein abtrünniger Jünger Alfred Adler in Schottland gestorben war, schrieb *Sigmund Freud* an Arnold Zweig: „Ihr Mitleid mit Adler begreife ich nicht. Für einen Judenbuben aus einem Wiener Vorort ist ein Tod in Aberdeen eine unerhörte Karriere."

Ja, sie sind widerlich. Das war, so scheint es, einer der Preise, den sie für ihr Werk zu zahlen hatten, und wir zahlen ihn mit ihnen. „Die Verehrung verträgt nicht die Nähe", schreibt Schopenhauer, „weil sie bei persönlicher Gegenwart des Verehrten wie Butter in der Sonne schmilzt."

17.

Frondienst für das Eine

> Sie glauben oft, um ein schöner Geist zu sein, müsse man etwas liederlich leben und gleichsam das Genie mit verdorbenen Sitten fett machen.
> *Georg Christoph Lichtenberg*

Noch mehr als der Hochmut, sich als Mittelpunkt der Welt zu fühlen, gehört zum großen Werk die Entschlossenheit, auf dieser Welt nichts als eines zu wollen. Cäsar wollte die Welt beherrschen, Kolumbus nach Indien segeln, Schubert komponieren, Heinrich Schliemann Troja finden, Graf Zeppelin Zeppeline bauen – und sonst nichts. Sie alle besaßen „die große und gewaltsame Konzentration", die nach Schopenhauer zu den Privilegien des Genies gehört: Konzentration, Ökonomie, Disziplin und Fleiß.

Konzentration: Das ist die Fähigkeit, „die gesamte seelische Energie in einem einzigen Brennpunkt zu sammeln" (Ernst Kretschmer). Der Psychoanalytiker K. R. Eissler unterscheidet die landläufige Konzentration, die in der Kraft bestehe, alles abzuwehren, was den Weg zum Ziel verlängern könnte, von der, die typisch sei für den schöpferischen Akt: Bei ihr bedarf es der Abwehr nicht, sie *kann* von keinem Außenreiz gestört werden. So sagte Bertrand Russell über den Philosophen *Ludwig Wittgenstein,* der sein Hauptwerk als Soldat im Ersten Weltkrieg schrieb, er sei ein Mann gewesen, „der etwas so Belangloses wie explodierende Granaten nie bemerkt haben würde, wenn er über Logik nachdachte". Unaufhörlich an das Eine denken, das hatte *Newton* als sein Erfolgsrezept bezeichnet, und alle Menschen in *Einsteins* Nähe waren überzeugt: Er dachte immer.

Für den Dichter existiert alles auf Erden nur, um in ein Buch einzugehen, sagt *Stéphane Mallarmé* („Tout au monde existe pour aboutir à un livre"). *Rousseau,* der in späteren Jahren beim Schreiben rings um sich Spiegel aufzustellen liebte, schrieb in seinen „Bekenntnissen": „Außer dem einen Gegenstand, der mich gerade beschäftigt, gilt die ganze übrige Welt mir nichts." *Stendhal* war „immer drauf und dran, mit einem Passanten zusammenzustoßen, hinzufallen oder überfahren zu werden, wenn mir die Gedanken auf der Straße kommen". *Thomas Mann* hielt sich schon als 22jähriger kaufmännischer Lehrling und Redakteur beim satirischen „Simplizissimus" von allen Umtrieben des Münchner Künstlervölkchens fern, ein frühberufener Hagestolz, der mit den „Buddenbrooks" schwanger ging. *Brecht* meinte lakonisch: „Den Schriftsteller interessiert vor allem das Schriftstellern. Auch gegen den Weltuntergang hätte er nichts einzuwenden, wenn er nur sicher wäre, daß sein Buch darüber noch herauskommen kann."

Nicht anders in den anderen Künsten. *Auguste Renoir* saß mit seiner Staffelei zwischen den Fronten des mörderischen Bürgerkriegs von 1871 in Paris, wurde als Spion verhaftet, von einem Freund gerettet, mit einem Passierschein versehen, besorgte sich auch den der anderen Partei – und malte. In *Mozart* weckte der Anblick eines Messers unweigerlich die Angst, er könnte sich einen seiner kostbaren Finger verletzen; so vermied er es, sich das Fleisch selber zu schneiden. Über *Johann Strauß (Vater)* schrieb der Große Brockhaus von 1847, er besitze „jene wunderliche Eigentümlichkeit, die dazugehört, um sich einem solchen Berufe ganz hinzugeben; er lebt und webt nur in seinen Walzern" – und dies nicht etwa heiter, sondern besessen und gejagt bis an den Rand der Selbstzerstörung.

Da fehlte es an der *Ökonomie,* die vielen Großen den Weg zum Werk erleichtert hat. *Einstein* forderte und besaß den Instinkt dafür, „was unter Aufbietung der äußersten Anstrengungen gerade noch erreichbar ist". Zeit und Mühe, sagte er, sollte der Forscher weder auf das zu leicht Erreichbare noch auf das Unerreichbare richten. *Sigmund Freud* wich der Lektüre Nietzsches aus, gerade weil dessen Einsichten „sich oft in der erstaunlichsten Weise mit den mühseligen Ergebnissen der Psychoanalyse decken (...) An der Priorität lag mir ja weniger als an der Erhaltung meiner Unbefangenheit."

Eine Art Ökonomie hielt *Kafka* über Wasser; 1912 schrieb er in sein Tagebuch: „Als es in meinem Organismus klargeworden war, daß das Schreiben die ergiebigste Richtung meines Wesens sei, drängte sich alles hin und ließ alle Fähigkeiten leerstehen, die sich auf die Freuden des Geschlechtes, des Essens, des Trinkens (...) richteten. Ich magerte nach allen diesen Richtungen ab. Das war notwendig, weil meine Kräfte in ihrer Gesamtheit so gering waren, daß sie nur gesammelt dem Zweck des Schreibens halbwegs dienen konnten."

Bei Schriftstellern ist die verbreitetste und produktivste Form der Arbeitsökonomie *das Horten* der Einfälle, Formulierungen und Lesefrüchte. *Tschechow* berichtet: „Ich schreibe ununterbrochen, am laufenden Band, ich kann nicht anders (...) Ich sehe diese Wolke dort, die aussieht wie ein Konzertflügel. Ich denke: Irgendwo in einer Erzählung muß ich erwähnen, daß eine Wolke dahinschwamm, die aussah wie ein Konzertflügel." In seinen Notiz- und Tagebüchern hielt Tschechow in den letzten vierzehn Jahren seines Lebens Eindrücke und Einfälle auf insgesamt 8000 Seiten fest. Brauchbares aus ungeordneten Heften übertrug er Wort für Wort in saubere Hefte; wo Bleistiftnotizen sich verwischten, zog er sie mit Tinte nach; was er in einem Werk verwendet hatte, strich er durch. Da finden sich böse Aphorismen („Eine untreue Ehefrau ist ein großes kaltes Kotelett, das man ungern anfaßt, weil es schon ein anderer in der Hand gehabt hat") und Geschichten in Kurzform: Der Schriftsteller G. hält sich für berühmt; er begegnet einem Offizier, der ihm verzückt die Hand schüttelt und dann fragt: „Und was macht Ihr Orchester?"

Wer nicht an den Genieblitz glaubt, der tut ja gut daran, nichts von seinen Ideen verlorengehen zu lassen. Es ist etwas an dem Satz, mit dem der Sozialwissenschaftler Joseph Schumpeter seine brillante Untersuchung über „Kapitalismus, Sozialismus und Demokratie" eröffnet: „Die meisten Schöpfungen des Verstandes oder der Phantasie entschwinden *für ewig* nach einer Frist, die zwischen einer Stunde nach dem Essen und einer Generation variieren kann." Schon nach dem Essen: Das läßt sich mit Papier und Bleistift verhindern. Wer hätte nicht ein paar gute Gedanken im Laufe seines Lebens! Aber die meisten Menschen halten sie nicht fest und würden mithin vermutlich einer Rechnung von folgender Art erliegen: Angenommen, einer hatte tausend verwertbare Ideen, die er allesamt nicht registriert – so wird er am Abend seines Lebens meinen, etwa hundert gehabt zu haben, von denen er aber leider nur noch fünf aus dem Gedächtnis kramen kann. Welche Vergeudung! Und welcher Nachteil gegenüber einem anderen, der vielleicht nur auf hundert Ideen kam, aber sie bei Bedarf alle mobilisiert.

Von *Leonardos* Merkbüchern sind 6000 Blätter erhalten, dicht beschrieben in Spiegelschrift von rechts nach links. *Georg Christoph Lichtenberg* hielt seine philosophischen und psychologischen Einfälle 35 Jahre lang in „Sudelbüchern" fest; „keine Wendung, keinen Ausdruck" wollte er ungeschrieben lassen, denn: „Reichtum erwirbt man sich durch Ersparung von Pfennigswahrheiten." Aus den Sudelbüchern haben die Verleger verschiedene Auswahlen von „Aphorismen" herausgeklaubt, und die wiederum sind nach Nietzsche eines der wenigen deutschen Bücher, die es verdienten, „wieder und wieder gelesen zu werden". Gewiß, man wird noch nicht dadurch zum originellen Denker und Großmeister der kleinen Form wie Lichtenberg, daß man aufschreibt, was einem einfällt; nur hätte umgekehrt diese königliche Versammlung von Witz und Hintersinn – nach Elias Canetti „das reichste Buch der Weltliteratur" – nicht zustande kommen können, wenn derselbe geniale Kauz es nur an einem hätte fehlen lassen: der Arbeitsökonomie.

Solcher Vorratswirtschaft mit den eigenen Möglichkeiten ist die *Arbeitsdisziplin* verwandt – das Lebenselixier der meisten Denker, Forscher und Erfinder sowie vieler Schriftsteller und solcher, die Erfolg im öffentlichen Leben haben. Disziplin ist nicht dasselbe wie Fleiß, auch wenn sie oft Hand in Hand gehen. *Kant* stand um fünf Uhr auf, speiste um 12.15 Uhr zu Mittag und trat dann seinen Spaziergang an, nach dem manche Königsberger die Uhr stellten. *Stendhal* war ein eher fauler Mensch, aber er handelte nach seinem eigenen Rat: „Schreiben Sie jeden Tag zwei Stunden lang, Genie hin oder her." *Richard Wagner,* aus Leidenschaft zum Fleiß gedrängt, mußte sich dennoch über lange Perioden mit zwei Stunden täglicher Arbeit zufriedengeben, mehr machten seine ständig überreizten Nerven nicht mit. *Darwin* arbeitete immerhin vier Stunden täglich, und dies im ewig gleichen Rhythmus, vierzig Jahre lang. Seinen Erfolg als Wissenschaftler führte er zurück auf Liebe zur Sache, gesunden Menschenverstand, Erfindungsgabe und „die uneingeschränkte Geduld, lange Zeit über einen Gegenstand nachzudenken, Fleiß beim Beobachten und Sammeln von Tatsachen" (so am Schluß seiner Autobiographie). *Paul Valéry* füllte im letzten halben Jahrhundert seines Lebens 261 Notizhefte („Cahiers") durch tägliche Arbeit im Morgengrauen – 28 000 Seiten, in 32 Bänden publiziert.

Am anschaulichsten wird die Arbeitsdisziplin in der Unerbittlichkeit, mit der *Thomas Mann* sein Leben organisierte. An seinem jeweiligen Roman schrieb er von 9 bis 12 und brachte dabei, wenn es gut ging, eine Seite, höchstens anderthalb zu Papier; dies aber auch auf Reisen, so in Schweden am 3. September 1939, als England und Frankreich Hitler den Krieg erklärten („Ich schrieb meine Seite wie gewohnt") oder 1941 im Schlafzimmer seines Hauses in Princeton, während die Möbelpacker die übrige Wohnung schon ausräumten für den Umzug nach Kalifornien. So kamen in einem Jahr etwa 400 Seiten zustande und in drei Jahren ein dickleibiger Roman.

Und die Ökonomie dazu! Die Idee zum „Dr. Faustus" hatte Thomas Mann 1901; 1943 griff er sie auf. Den „Felix Krull" begann er 1910, unterbrach ihn 1911, veröffentlichte den ersten Teil 1922, den zweiten 1937 und vollendete das Buch von 1951 bis 1954. An der Joseph-Tetralogie arbeitete er sechzehn Jahre lang, von 1926 bis 1942, in Deutschland, der Schweiz und Amerika, unterbrach die Arbeit 1939 für den Goethe-Roman „Lotte in Weimar“ und nannte sein umfänglichstes Werk am Tag seiner Fertigstellung „ein Monument der Beharrlichkeit“. Keine Idee ging verloren, kein Tag blieb ungenutzt. Am Nachmittag und Abend dann Essays, Briefe, Vorworte, Vorträge, Tagebuch-Eintragungen in überwältigender Fülle. Geselligkeit bis in die Nacht hinein hieß „eine überschuldende Auspulverung, die sich am folgenden Tage straft“.

Im „Tod in Venedig“ schrieb Thomas Mann über die Hauptgestalt, den Dichter Gustav Aschenbach, er habe sein Werk „in kleinen Tagewerken aus aberhundert Einzelinspirationen zur Größe emporgeschichtet“, einer jener *Moralisten der Leistung,* die „durch Willensverzückung und kluge Verwaltung sich wenigstens eine Zeitlang die Wirkungen der Größe abgewinnen“. Kluge Verwaltung, Lohn der Beharrlichkeit, lange Geduld.

Wenn sich solche Disziplin nicht auf drei oder vier Stunden Arbeit täglich beschränkt, sondern mit der Kraft und der Bereitschaft einhergeht, acht, zwölf oder vierzehn Stunden zu arbeiten, also mit *Fleiß:* Dann ist die Wahrscheinlichkeit hoch, daß Bedeutendes entsteht.

Luther schrieb 1520/21 seine drei reformatorischen Hauptschriften und schaffte die komplette Übersetzung des Neuen Testaments. Sieben Jahre lang arbeitete *Michelangelo* am Jüngsten Gericht, dem 19 Meter hohen Fresko an der Altarwand der Sixtinischen Kapelle, allein, nur mit einem Gehilfen, der ihm die Farben rieb. „Ich bin kein Maler“, hatte er in Briefen und Gedichten oft geschrieben. Als er die 391 Figuren auf 200 Quadratmetern Wand vollendet hatte, war er 66 Jahre alt. Sein Leben lang aß er wenig, Blasensteine quälten ihn. „Als er älter wurde, pflegte er monatelang Stiefel aus Hundefell an den bloßen Füßen zu tragen“, schrieb Vasari, „so daß die Haut mit herunterging, wenn er sie endlich einmal auszog.“ Mit 88, bis wenige Tage vor seinem Tod, nach 74 Jahren der Bildhauerei, meißelte er an der Pietà Rondanini, unzufrieden, auch nachts, mit einem Talglicht auf dem Hut; ein Torso ist die Pietà geblieben, merkwürdig kraftlos und eben dadurch erschütternd.

Friedrich der Große war in den 23 Jahren zwischen dem Siebenjährigen Krieg und seinem Tod der eifrigste, wenn auch der tyrannischste Diener, den ein Staat je gehabt hat: An allem interessiert und keinem trauend, organisierte und überwachte er den Wiederaufbau Preußens, die Disziplinierung und Modernisierung der ausgebluteten Armee, den Bau von Festungen, Kanälen und Manufakturen, die Gewerbeansiedlung und die Konstruktion der ersten deutschen Dampfmaschine; er kümmerte sich um die Justiz, die Landgewinnung, die Zuteilung von Saatgut und Ackerpferden an die Bauern und darum, daß sie genügend Kartoffeln anpflanzten – kurz, es war, wie Egon Friedell schreibt, für die Zeitgenossen ein lehrreiches und beängstigendes Schauspiel, „das ganze Staatswesen von diesem tausendäugigen Intendanten bis in seine letzten Fäden geleitet zu sehen". Frondienst an Preußen – und am eigenen Ruhm.

Als *Thomas Alva Edison* mit 84 Jahren starb, hatte er siebzig Jahre lang geschafft. Zusätzlich hatte er ein Team von Ingenieuren und Wissenschaftlern auf das planmäßige Experimentieren und Durchprobieren angesetzt, mit dem Auftrag, „alle zehn Tage eine kleine Sache, alle sechs Monate ein großes Ding zu erfinden"; 6000 Versuche stellten sie an, bis sie den richtigen Glühfaden für die Glühbirne gefunden hatten; 1033 Erfindungen bekam Edison patentiert. „Genie ist 99 Prozent Transpiration und 1 Prozent Inspiration", dieser Satz wird ihm zugeschrieben. (Wobei er mit einem Prozent mehr an Inspiration vielleicht den Irrtum vermieden hätte, noch fünf Jahre nach den ersten Rundfunksendungen das Radio für eine Erfindung ohne Zukunft zu halten.)

Eines der erstaunlichsten Beispiele niemals versiegenden Fleißes bietet *Franz Schubert,* über achtzehn Jahre hin, bis er mit 31 starb: 23 Klaviersonaten, 19 Ouvertüren, 18 Streichquartette, 15 Opern und Singspiele (zu denen er eine unglückliche Liebe hatte), 9 Symphonien, 7 Messen und mehr als 600 Lieder, 250 von ihnen in zwei Jahren, dazu Chorwerke, Menuette, Ländler, Rondos, Impromptus – Noten in 41 Bänden, niedergeschrieben sechs bis sieben Stunden täglich mit glühendem Kopf, niemals zwischendurch unproduktiv wie Mozart oder Verdi, niemals durch Depressionen gelähmt wie Richard Wagner oder Johann Strauß, kaum jemals um die Form ringend wie Beethoven oder Chopin, alles sogleich fertig und perfekt.

Die zwanzig Lieder der „Schönen Müllerin" komponierte Schubert in einem Schlafsaal des Wiener Allgemeinen Krankenhauses, mit geschorenem Kopf wegen syphilitischer Geschwüre, die mit Quecksilbersalbe behandelt wurden: einem Mittel von mäßiger Heilkraft und schlimmen Nebenwirkungen wie Durchfall, Erbrechen und übelriechenden Entzündungen der Mundschleimhaut. Da war Schubert 26. Ein Jahr später hinderten ihn Schmerzen im linken Arm, Klavier zu spielen. Das letzte Jahr seines Lebens verbrachte er in seiner feuchten Kammer mit chronischen Kopfschmerzen und Schwindelanfällen, „für jede Gesellschaft untauglich", meist ungewaschen, und komponierte, oft im Bett, darunter seine 9. Symphonie. Dabei wahrte er ein

Tempo, das professionellen Notenkopisten Mühe machte – denn: „Ich bin für nichts als das Komponieren auf die Welt gekommen."

Als *Paul Klee* 1936 sein Todesurteil vernommen hatte – Sklerodermie, Hautverhärtung, die über die Verhärtung der Lunge und des Herzens zu einem langen Sterben führt: Da folgte auf den Schock ein dreijähriger Schaffensrausch, mit 1254 Zeichnungen und Gemälden allein im Jahre 1939; und als Klee in fortschreitender Erstarrung nur im Bett zeichnen konnte, steigerte sich noch seine schöpferische Ungeduld: „Blatt für Blatt fällt zu Boden", schrieb seine Frau, „diese Kinder" nennt er die Blätter.

Auf keinem Feld aber wurde härtere Fron geleistet als auf dem des Schreibens. Durch Verzweiflung, Nervenkrisen und Zusammenbrüche hindurch schleppten sich viele Schriftsteller ihrem Ziel entgegen, schonungslos gegen sich und andere. Thomas Mann gehörte mit seinem straff organisierten, maßvoll dosierten Arbeitsaufwand zu einer Minderheit; die 1300 Seiten der „Brüder Karamasow", die 1600 Seiten von „Krieg und Frieden" sind in eisenharter Konzentration auf ein fast unmenschliches Pensum entstanden. *Lope de Vega* schrieb in fünfzehn Jahren 1500 Theaterstücke, 100 davon angeblich binnen 24 Stunden. 520 sind erhalten: durchaus keine Dutzendware, sondern jeweils ein orginelles Handlungsgerüst mit lebendigen Menschen in flexibler Sprache – Produkt einer unendlichen Phantasie im Korsett eines unerbittlichen Gestaltungswillens.

Balzac verkündete mit 31 Jahren, er wolle eine „Menschliche Komödie" in 137 Bänden schreiben, ein Panorama seines Jahrhunderts; auf mehr als 80 Bände mit 91 Romanen und Novellen hat er es gebracht in den zwanzig Jahren, die ihm blieben. Sie enthalten 2472 benannte und 566 namenlose handelnde Personen, die er allesamt im Kopfe hatte und großenteils in anderen Romanen wiederkehren ließ – Adlige und Kleinbürger, Dandys und Bohemiens, Mütter und Geliebte, Abenteurer, Bauern, Notare, Hochstapler, Wucherer, Verschwender.

Balzac arbeitete nur nachts: Gegen 8 Uhr abends ging er ins Bett, um Mitternacht ließ er sich wecken – und schrieb zehn, zwölf auch sechzehn Stunden lang, alle drei Stunden durch eine Kaffeepause unterbrochen, die meiste Zeit wie im Rausch. Das Manuskript wurde ihm oft von einem Laufburschen aus der Hand gerissen, weil er es seinem Verleger schon verpfändet hatte; so ging eine Rohfassung in Satz, an der er alle Verfeinerungen erst auf den Druckfahnen vornahm, zum Schrecken der Setzer und unter den Protesten des Verlegers, worauf er wiederum mit Wutgebrüll reagierte. „Manchmal habe ich das Gefühl, daß mein Hirn zu brennen anfängt", sagte er. Das fünfmalige, ja zehnmalige Umarbeiten des ursprünglichen Textes diente Balzac nicht zur Feinarbeit am Stil, sondern zur Verfeinerung der Handlung. Seinen Stil hat noch niemand gerühmt. Seine Biographin Françoise d'Eaubonne spricht von einem freiwilligen Verzicht auf die Pflege der sprachlichen Form: „Seine Prosa leidet unter Schwülstigkeit wie sein Körper unter Dickleibigkeit." Swinburne sagte Balzac nach, er habe versäumt, seine Romane in den Ecken zu reinigen; sie röchen nach schlechtem Fett.

Es war Balzacs Riesenwerk, dem *Emile Zola* nacheiferte mit seiner „Natur- und Sozialgeschichte" einer Familie im Frankreich Napoleons III., „Les Rougon-Macquart", erschienen von 1871 bis 1893 in zwanzig Bänden. Vor jedem stellte er gründliche Recherchen an und hielt seine Beobachtungen, Befragungen, Einfälle und Lesefrüchte auf Hunderten von Seiten fest, in Worten, Skizzen und Grundrissen. Er sprach mit Fischhändlern, Ladenschwengeln, Börsenmaklern und Lokomotivführern, er notierte Farben und Gerüche, er studierte Lebensgewohnheiten und Arbeitsabläufe und streifte durch die Dachkammern, in denen die ledigen Verkäuferinnen eines großen Pariser Warenhauses schliefen – dies als Vorstudie zum elften der Romane, „Das Paradies der Damen". Vorher hatte Zola Waren und Preise, Beleuchtung und Belüftung, die Kantine und den Umgang mit den Ladendieben recherchiert, die Ställe für die 150 Pferde besichtigt, die 380 Laufburschen beobachtet und sich mit Verkäuferinnen, Kassierern, Buchhaltern und Abteilungsleitern unterhalten. Seine Aufzeichnung über die Taschentücher im Warenhaus las sich so: „Taschentücher. Leinen für Damen, für Herren, irische Taschentücher, Taschentücher aus Cambrai-Batist. Linon (heller Batist). Mit verschiedenen Zierkanten, Hohlsäumen, Initialen, mit Federstickerei, eingewebten Zierkanten, Valenciennes-Batist, aufgedruckte Zierleisten, Taschentücher aus China-Seide; cremefarben, geblümt, karierter Streifen, weiße Leinwand aus Courtrai, schottischer Batist." Auch registrierte Zola, daß eine Verkäuferin auf der Stelle entlassen wurde, weil eine Kundin behauptete, sie habe Knoblauchwurst gegessen – und das stimmte nicht einmal, wie er ermittelte.

Kurz: Zola war ein Fanatiker des korrekten Details, mit unendlicher Mühe zusammengetragen. Entrüstet konnte er den Vorwurf zurückweisen, bei „Nana", dem neunten der zwanzig Romane, müsse er sich auf seine Phantasie gestützt haben, denn der Roman spielt im Dirnen-

Milieu. Natürlich hatte er mit Zuhältern gesprochen und von den Freiern den Eindruck festgehalten: „eine Meute hinter einer Hündin, die nicht läufig ist". Ein Witzblatt spottete: „Gestern ließ Mr. Zola sich überfahren, um die Gefühle beim Überfahrenwerden lebensecht beschreiben zu können." Und die zwanzig Romane machen nur ein Drittel des bis heute veröffentlichten Werkes aus.

Dann gab es die, die in harter Arbeit *wenig* produzierten: *Flaubert* schrieb in dreißig Jahren sechs Romane, pro Jahr ein Zwanzigstel des Volumens von Balzac. Er rang um den Stil, rang manchmal einen ganzen Tag lang um das treffende Wort („le mot juste"), präparierte sich mit erschöpfender Gründlichkeit, korrigierte sich, verwarf und feilte Jahr um Jahr. Dabei sprach er selbst von den „grauenvollen Anstrengungen des Stils", er schufte wie „sechsunddreißig Millionen Neger". So lebte er mehr als drei Jahrzehnte in mönchischer Einsamkeit, in „abtötender Verneinung" des Lebens zugunsten des Werkes, wie Georg Lukacs sagt; gegenüber seiner Familie mit der Entschuldigung, eine Art Schlaganfall, den er als 22jähriger erlitt, zwinge ihn zu einem ereignislosen Leben. Der Anfall ist als Epilepsie gedeutet worden, Sartre sprach von einer „gewollten Neurose".

Mit großer Mühe wenig schaffen: Das galt auch für Whitman, Joyce und Musil. *Walt Whitman* wandte 36 Jahre Arbeit an die neun Ausgaben seiner Gedichtsammlung „Grashalme", die er den Jahresringen eines Baumes oder dem Wachsen eines gotischen Doms verglich; erst immer mehr Gedichte, dann auch wieder weniger in immer neuen Gruppierungen und Verfeinerungen. *James Joyce* schrieb sieben Jahre am „Ulysses" und fünfzehn Jahre lang an „Finnegans Wake". *Robert Musil* arbeitete mehr als zwanzig Jahre, unter Einschluß der frühen Entwürfe aber vierzig Jahre lang an seinem Roman „Der Mann ohne Eigenschaften", der mit seinen 1600 Seiten dennoch ein Torso geblieben ist. Das Kapitel „Atemzüge eines Sommertags", das 178. von 251, schrieb Musil zwanzigmal um. Sein literarischer Nachlaß, von 1985 bis 1990 auf Disketten erfaßt, besteht aus 25 000 Druckseiten. Elias Canetti sagte 1981, als er den Nobelpreis bekam, von Musil habe er gelernt, „daß man ein Werk auf Jahrzehnte hin unternehmen kann, ohne zu wissen, ob es sich vollenden läßt, eine Waghalsigkeit, die hauptsächlich aus Geduld besteht, die eine beinahe unmenschliche Hartnäckigkeit voraussetzt".

Ohne den schöpferischen Einfall kommt nichts zustande – ebenso wenig aber ohne die Mühsal, aus ihm das Werk zu formen. Baudelaire nannte die Inspiration die Schwester der täglichen Arbeit, der französische Physiker Henri Poincaré sprach von der Abfolge: lange Arbeit – plötzliche Erleuchtung – lange Arbeit. Goethe nannte die Inspiration göttlich-dämonisch, irdisch aber „alles zur *Ausführung* eines Plans gehörige, alle Mittelglieder einer Gedankenkette“. Für Shakespeare sei der Hamlet zunächst „ein reines Geschenk von oben“ gewesen, dann aber habe er an Szenen und Dialogen wochenlang gearbeitet. *Rilke* bezeichnete die Kunst als Ergebnis von „Arbeitenkönnen und Arbeitenmüssen“. Wer dem ausweicht, dem ergeht es wie dem vergammelten Genie Ulrich Brendel in Ibsens Drama „Rosmersholm“: „Meine wirklich bedeutenden Werke kennt niemand außer mir“, sagt er. „Wenn mein Hirn schwindelerregende, weltumspannende Gedanken gebar, dann formte ich sie zu Gedichten – verstehst du, so in groben Umrissen.“

Beethovens Skizzenbücher demonstrieren auf mehr als 5000 Seiten, mit welcher Intensität er um die Ausführung und Ausfeilung seiner Einfälle rang; für eine Arie aus dem „Fidelio“ sind dreizehn Versionen überliefert. Die Phantasie des Künstlers produziere fortwährend Gutes, Mittelmäßiges und Schlechtes, sagt Nietzsche, aber seine Urteilskraft „verwirft, wählt aus, knüpft zusammen“ – nach dem Satz von Brahms: „Es ist nicht schwer, zu komponieren, aber es ist fabelhaft schwer, die überflüssigen Noten unter den Tisch fallen zu lassen.“ *Richard Wagner* klagte über die „leidenschaftliche, ja peinliche Ausdauer“, mit der, nach der schnellen Konzeption eines großen Plans, seine Verwirklichung betrieben werden müsse. *Marcel Proust* schreibt, einen Roman müsse man „unter unaufhörlicher Umgruppierung der Kräfte wie eine Offensive vorbereiten, ihn ertragen wie die Qual der Ermüdung, ihn auf sich nehmen wie eine Ordensregel, ihn erbauen wie eine Kirche, ihm folgen wie einer ärztlichen Weisung, ihn überwinden wie ein Hindernis, erobern wie eine Freundschaft, hegen und pflegen wie ein Kind, erschaffen wie eine Welt“.

Arbeit und Beharrlichkeit, immer wieder. „Nur mein Fleiß unterscheidet mich“, sagte Carl Friedrich Gauß. „Genie ist Fleiß“ heißt es in dem Gedicht Theodor Fontanes auf den unermüdlich schaffenden Adolph von Menzel, der für sein grandioses „Eisenwalzwerk“ wochenlang von früh bis spät zwischen glühenden Blöcken und sausenden Schwungrädern seine Skizzen machte:

> Gaben, wer hätte sie nicht?
> Talente – Spielzeug für Kinder.
> Erst der Ernst macht den Mann,
> Erst der Fleiß das Genie.

Ja, Faule gab es auch. Etliche faule Staatsmänner, wie Hitler oder Ronald Reagan; Saisonarbeiter wie Mozart, dessen Kopf überdies nur Fertiges und Vollendetes zu entspringen schien; und *Sokrates* hat nie eine Zeile geschrieben. Warum nicht? „Aus Faulheit", sagt der spanische Schriftsteller Miguel de Unamuno. „Lebte er heute, so säße er im Kreise anderer Faulpelze in einem Boulevard-Café. Wie viele Sokratesse sterben, ohne daß wir je teilhaben konnten an ihrem gewaltigen Geistesgut: Sie fanden eben keinen Platon, der ihre Gedanken niederschrieb." *La paresse,* die Faulheit, Trägheit, Arbeitsscheu – nach La Rochefoucauld ist sie die uns selbst am wenigsten bekannte unter allen Leidenschaften; eine Flaute, die dem Seemann gefährlicher sei als Klippen und Unwetter – und dabei „eine Art Glückseligkeit der Seele". Glück macht eben nicht produktiv.

Der Alltag der meisten, die Großes vollbrachten, ist die Fron. „Wie ich mich plagte, wie ich schrieb!" notierte Edgar Allan Poe. „Mein Gott, habe ich denn nicht immer geschrieben? Ich kenne nicht das Wörtchen 'leicht'! Den ganzen Tag saß ich an meinem Schreibtisch, und nachts brannte meine Lampe noch nach Mitternacht." Und Schiller schrieb an Goethe: „Wüßten es nur die allzeit fertigen Urteiler und die leicht fertigen Dilettanten, was es kostet, ein ordentliches Werk zu erzeugen."

18.

Der Denker: einer, der sich wundern kann

> Die Nomaden schaffen nichts, und die Seßhaften sind allzu weise. Ein großes Werk erfordert einen Abenteurer, der zu Hause bleibt.
>
> *Georges Roditi*

Bisher war von typischen Merkmalen *aller* großen Menschen die Rede, von ihrer Gleichgültigkeit gegenüber der herkömmlichen Moral, von ihrem innigen Verhältnis zu Hochmut, Krankheit und Wahnsinn, von ihrer Konzentration auf das Eine. Dieses Kapitel handelt von jenen zusätzlichen Eigenschaften, die geeignet sind, Forscher, Denker, Philosophen hervorzubringen. (Auf die Künstler geht der nächste Abschnitt, auf die Eigenschaften der Staatsmänner und Feldherren gehen die Kap. 22 bis 26 ein.)

Drei Fähigkeiten vor allem haben die meisten großen Denker bewiesen: das Talent, sich zu wundern, wo andere nichts zu staunen fanden; das Vermögen, aus ihren Einsichten ein Denkgebäude zu errichten; und die Kraft, dieses Gebäude beharrlich gegen eine oft mißgünstige Umwelt zu verteidigen.

Am Anfang war das Staunen. „Der normale Erwachsene denkt nicht über die Raum-Zeit-Probleme nach", schrieb *Albert Einstein.* „Alles, was darüber nachzudenken ist, hat er nach seiner Meinung bereits in der frühen Kindheit getan. Ich dagegen habe mich derart langsam entwickelt, daß ich erst anfing, mich über Raum und Zeit zu wundern, als ich bereits erwachsen war." Mit 16 stellte sich der Mittelschüler die nicht gerade alltägliche Frage: „Was würde geschehen, wenn ich hinter einem Lichtstrahl hereilen und ihn schließlich einholen würde?" Mit 26 publizierte Einstein seine spezielle Relativitätstheorie, mit der er unsere Vorstellungen von Raum und Zeit zertrümmerte. „Wer nicht mehr staunen kann, ist sozusagen tot", schrieb er 1931.

Nichts für selbstverständlich halten! Keine „Denknotwendigkeiten" anerkennen! Den Lehrsätzen der Wissenschaft gründlich mißtrauen! So hießen Einsteins Forderungen. Das staunende Auge, der unerschrockene Sinn, die geistige Beweglichkeit – das macht die großen Neuerer unter den Denkern aus. Große Geister sind Skeptiker, Überzeugungen sind Gefängnisse, sagt Nietzsche. „Einer, der überall staunt, wie die Leute so blind sein können, ist ein Genie" (Robert Musil). „Jeder Schöpfungsakt setzt einen Rückfall auf ein primitiveres Niveau voraus, eine neue Unschuld der Wahrnehmung, befreit vom Grauen Star der überlieferten Meinungen" (Arthur Koestler).

Da wunderte sich also der französische Chemiker *Louis Pasteur* über die Lehrmeinung, die Mikroben (Bakterien und Pilze – die Viren waren noch nicht entdeckt) seien ein Nebenprodukt chemischer Prozesse, Leben könne demnach durch „Urzeugung" aus unbelebter Materie entstehen. Pasteur fand heraus: Es sind umgekehrt die Mikroben, die die Gärung, die Fäulnis, die Eiterung bewirken – eine kopernikanische Wende, die den Weg zur antiseptischen Wundbehandlung und zum erfolgreichen Kampf gegen die Infektionskrankheiten öffnete. Ein Außenseiter, ein Chemiker hatte die Medizin revolutioniert.

Auch *Kopernikus* war ein Außenseiter, ein Arzt, Amateur-Astronom und Doktor des Kirchenrechts, Domherr von Frauenburg im späteren Ostpreußen. Er stellte eine andere herrschende Lehre auf den Kopf: Um 1512 schickte er an ein paar gelehrte Freunde eine handschriftliche „Skizze", deren Inhalt Immanuel Kant so beschrieben hat: „Kopernikus, nachdem es mit der Erklärung der Himmelsbewegungen nicht gut fortwollte, wenn er annahm, das ganze Sternenheer drehe sich um den Zuschauer, versuchte, ob es nicht besser gelingen könnte, wenn er den Zuschauer sich drehen und dagegen die Sterne in Ruhe ließe." Mit anderen Worten: Der Domherr von Frauenburg hatte die Erde aus dem Mittelpunkt der Welt vertrieben.

Einerseits war dies *keine* große Tat. Mit astronomischen Geräten, die keineswegs zu den besten seiner Zeit gehörten (obwohl er sie sich als Domherr hätte leisten können – doch er war geizig), machte Kopernikus eine eher dürftige Anzahl von Beobachtungen – 27 in zweiunddreißig Jahren – und sah durch sie eine antike Theorie bestätigt: *Herakleides,* ein Schüler Platons, hatte im 4. Jahrhundert v. Chr. gelehrt, daß die Erde sich um sich selber dreht, ein „Sonnenaufgang" also nur scheinbar stattfindet; ob er auch schon die Kreisbewegung der Erde um die Sonne kannte, ist umstritten. Kopernikus wußte von Herakleides, vielleicht aber nicht von *Aristarch,* von dem wiederum wir wissen, daß er das sogenannte kopernikanische Weltbild schon im 3. Jahrhundert v. Chr. entworfen hat.

Keine große Tat brauchte Kopernikus auch insofern zu vollbringen, als er seine Arbeit allein als Beitrag zur überfälligen Reform des Julianischen Kalenders verstand, der der Sonne inzwischen um zehn Tage davongelaufen war, und eben der Heilige Stuhl trieb diese Reform voran. Überdies hatte ein Kardinal, Nikolaus von Kues, schon ein halbes Jahrhundert zuvor die Erde als Stern unter Sternen beschrieben.

Die Kirche stellte sich also anfänglich keineswegs gegen das neue Weltbild; erst 1614 kam die Lehre des Kopernikus auf den Index der verbotenen Bücher, für mehr als zweihundert Jahre, und erst 1633 mußte Galilei sie widerrufen.

Und doch gab es für den Domherrn gute Gründe, mit seiner These von 1512 dreißig Jahre lang nicht an die Öffentlichkeit zu treten, obwohl er achtzehn Jahre nach der „Skizze" ein druckreifes Buchmanuskript mit allen Berechnungen vollendet hatte: Er fürchtete, wie er selber schrieb, „die Verachtung wegen der Neuheit und scheinbaren Widersinnigkeit meiner Meinung" – und wohl auch jenes Verdikt aus Rom, das dann 71 Jahre nach seinem Tod erging; schließlich widersprach seine Lehre der Bibel: Und Gott machte ein großes Licht, das den Tag regiere, und setzte es an die Feste des Himmels (1. Mose 1, 16f). Erst als Kopernikus 67 war, ein müder und einsamer Greis, gab er, bedrängt von dem jungen Astronomen Georg Joachim Rhetikus, sein Werk zur Veröffentlichung frei, und das erste gedruckte Exemplar bekam er als Siebzigjähriger auf dem Sterbelager überreicht.

Da ist nun alles versammelt, was die *historische* Größe problematisch macht: Eintausendachthundert Jahre nach einem oder zwei alten Griechen hat auch ein Ostpreuße eine Idee; er wäre unbekannt geblieben, hätte nicht ein Bewunderer ihn in die Öffentlichkeit gedrängt; und noch dazu waren seine Berechnungen in allen Einzelheiten falsch: Er hatte den Planeten Kreisbahnen zugeschrieben, während Johannes Kepler 1619 nachwies, daß es sich um Ellipsen handelt.

Dabei bleibt seine Größe durchaus *historisch,* denn es war Kopernikus und weder Aristarch noch Kepler, der die Aufregung unter den Menschen stiftete. Und auch subjektive Größe kann ihm zugesprochen werden: Denn dieser farblose, griesgrämige Kirchenmann faßte den für seine Zeit ungeheuerlichen Gedanken und hielt ihn aus, daß die riesige Erde, bedeckt von unendlichen Wüsten und Ozeanen, gerade erst ausgemessen durch die erste Umseglung von 1519 bis 1522, drei Jahre lang – daß diese Erde nicht der Fels ist, auf den die Welt sich gründet, sondern ein Ball, der durch die Leere saust: eine aberwitzige Vorstellung entgegen allem Augenschein und für die Menschheit der Verzicht auf das Vorrecht, den Mittelpunkt der Welt zu bilden. Vielleicht sei nie eine größere Forderung an sie gerichtet worden, schrieb Goethe in der „Farbenlehre" – „denn was ging nicht alles durch diese Anerkennung in Dunst und Rauch auf: ein zweites Paradies, eine Welt der Unschuld, Dichtkunst und Frömmigkeit, das Zeugnis der Sinne, die Überzeugung eines poetisch-religiösen Glaubens;

kein Wunder, daß man dies alles nicht wollte fahrenlassen". Noch der berühmte Astronom Tycho Brahe, drei Jahre nach dem Tod des Kopernikus geboren, schob die Erde in den Mittelpunkt zurück; sie sei ja „viel zu träge, dick und ungeschickt", um die Bewegungen auszuführen, die Kopernikus ihr zumute.

Ist es Zufall, daß der andere der beiden großen Umstürzer unseres Weltbildes, *Charles Darwin,* ebenfalls ein Einsiedler und Eigenbrötler war, der ebenfalls ein ereignisarmes, ja nach unseren Maßstäben trostloses Leben führte im jahrzehntelangen asketischen Dienst an seiner Sache? Wie Kopernikus die Erde aus dem Zentrum des Weltalls verstieß, so Darwin den Menschen aus dem Mittelpunkt der Schöpfung: Nicht Gott hat ihn zum Herrn über die Tiere gemacht, sondern das brutale Prinzip des Überlebenskampfs und der Anpassung um jeden Preis.

Dies war, anders als bei Kopernikus, wirklich eine neuartige Idee. Doch zwei Männer hatten ihr den Weg bereitet: 1794 warf Erasmus Darwin, ein Großvater von Charles, die Vorstellung über Bord, alle heute lebenden Arten von Pflanzen und Tieren seien so von Gott geschaffen worden – ein Schlag gegen die Bibel und auch gegen die zeitgenössische Biologie, die im Bann des schwedischen Naturforschers Carl von Linné stand; der hatte 1766 alle ihm bekannten Arten katalogisiert und als unveränderlich hingestellt. 1809 schob der französische Naturforscher Jean Lamarck eine Erklärung nach, wodurch eigentlich die von Erasmus Darwin behauptete *Entwicklung der Arten* vorangetrieben worden sei: zunächst durch die Anpassung der Organe an die Erfordernisse ihres Lebensraums – dergestalt, daß eine Giraffe durch das Bedürfnis, die Blätter hoher Bäume zu erreichen, einen längeren Hals bekommen habe; dann durch die Vererbung der so erworbenen Eigenschaft.

Was Charles Darwin nun zu tun blieb, war, sich von Lamarck wieder freizumachen: Entwicklung ja – aber die Giraffe hat ihren Hals gerade nicht erworben, weil die Blätter so hoch hingen, sondern ein Tier mit langem Hals, durch Zufall oder als Mißgeburt zur Welt gekommen, fand in einem Land mit hochhängenden Blättern eine Überlebenschance, während unzählige andere Mißgeburten untergingen. Die Natur plant nicht, sie erzeugt Unsinn in Mengen, für Bedürfnisse ist sie völlig blind; sie pickt nur aus tausend rein zufällig entstandenen Formen die heraus, die in die Umwelt passen.

Für fromme Christen war das eine schamlose These; bis 1987, als der Oberste Gerichtshof der USA dies ausdrücklich verbot, wurde in vielen amerikanischen Schulen statt Darwins Evolutionstheorie noch immer die wörtlich verstandene Schöpfungsgeschichte gelehrt; und bis heute spüren viele, auch gebildete Zeitgenossen einen inneren Widerstand dagegen, daß wir von Affen abstammen und alle Höherentwicklung das Ergebnis nackten Zufalls ist, gesteuert dadurch, daß die Natur die Mißratenen ausmerzt. Dies war „die zweite Kränkung des menschlichen Narzißmus", schrieb Freud, nach der durch Kopernikus: Der Mensch hatte einst das Band der Gemeinschaft mit der Tierwelt zerrissen und sich eine unsterbliche Seele zugelegt, und Darwin habe „dieser Überhebung des Menschen ein Ende bereitet".

Einen so kühnen Gedanken zu fassen und ihn dann durchzuhalten gegen Verunglimpfung, Gespött und Wutgeschrei: Dazu bedurfte es der Durchdrungenheit vom Wert der eigenen Theorie und guter Nerven. Eigentlich. Beides aber besaß Darwin nicht. Und es ist bemerkenswert, wie er sich die Umstände schaffte, die ihn und seine These trotzdem überleben ließen: Er grübelte und zweifelte jahrzehntelang, und in seinem Landsitz Down in der Grafschaft Kent kapselte er sich die letzten vierzig Jahre seines Lebens ab von jeder Gesellschaft und allen irdischen Umtrieben.

1836 war Darwin, 27 Jahre alt, von seiner fünfjährigen Weltumseglung zurückgekehrt. 1838 überfiel ihn, wie er sagte, blitzartig die Idee von der Zuchtwahl durch die Natur. 1842 zog er nach Down für den Rest seines Lebens und schrieb eine 35seitige Ideenskizze nieder. 1844 stellte er eine Fassung von 230 Seiten her. Doch seine Zweifel blieben, zwölf Jahre lang. Die meisten Philosophen, schrieb Bertrand Russell, „sind ja schüchtern von Konstitution und mögen das Unerwartete nicht. Die wenigsten von ihnen würden als Piraten oder Einbrecher wirklich glücklich sein."

Darwin litt unter chronischer Müdigkeit, arbeitete nur vier Stunden am Tag (und dies in drei abgezirkelten Etappen) und machte seine zwei Spaziergänge täglich immer auf denselben, eigens für ihn angelegten Wegen. Jede Unregelmäßigkeit in seinem Tageslauf bezahlte er mit Kopfschmerzen, Schwächeanfällen und Erbrechen. Schwere Bücher konnte er nicht halten; so zerriß er sie in leichte Teile. Verließ er ausnahmsweise Down, um an einer wissenschaftlichen Tagung teilzunehmen, so kehrte er als halbes Wrack zurück und blieb tagelang im Bett – eine hypchondrische, verschrobene Existenz, ein Leben auf kleinster Flamme, vierzig Jahre lang.

Darwin könnte an der Chagas-Krankheit gelitten haben, einer tropischen Infektion mit jahrzehntelangen Nachwirkungen auf Herz und

Darm – oder, wie der amerikanische Anthropologe Richard Leakey andeutet, an einem „psychoneurotischen Syndrom, das ihm erlaubte, jeden gesellschaftlichen Kontakt zu vermeiden und sich auf sein Werk zu konzentrieren". Darwin selbst schreibt in seiner Autobiographie, seine Krankheit habe ihn „vor den Zerstreuungen der Geselligkeit und der Vergnügungen bewahrt".

Erst 1856 nahm er die Arbeit an seinem Hauptwerk wieder auf, und auch dies nur auf Drängen seiner Freunde. Durfte er es denn wagen, die zeitgenössische Wissenschaft derart zu brüskieren – und dazu den common sense und die Kirche und seine fromme Frau? Und wie, wenn er sich doch blamierte? Fehlte es nicht schmerzlich an Fossilien, mit denen sich die Höherentwicklung der Arten hätte dokumentieren lassen – zumal, ausgerechnet, zwischen Affe und Mensch? Er nannte diese Zwischenstufe „missing link", das fehlende Glied in der Kette; aber damit setzte er ja an die Stelle eines Beweises ein Postulat, ein bloßes Namensschild. (Erst 1924 wurde das missing link gefunden, der Wissenschaft heute unter dem Namen *Australopithecus* geläufig.)

So hätte es noch viele Jahre weitergehen können. Doch 1858, zwanzig Jahre nach der Idee und sechzehn Jahre nach ihrer ersten Niederschrift, brachte die Post den Artikel von A. R. Wallace mit seiner, Darwins, These, wie in Kap. 7 beschrieben. Nun erst ging Darwin an die Öffentlichkeit, und 1859 erschien das Buch, das die Welt bewegte: „Von der Entstehung der Arten".

Der Einsiedler von Down entsprach total der Beschreibung des Forscher-Genies durch den Psychiater Ernst Kretschmer: „Fleiß unter der Herrschaft einer überwertigen Idee". Darwin besaß auch die Tugenden des Philosophen, wie sie Nietzsche forderte: Zweifeln – verneinen – analysieren – abwarten. Beide, Darwin und Kopernikus, warteten jahrzehntelang, zur Abrundung ihres Systems und in der begründeten Sorge, die Umwelt werde ihnen Ärger machen; Kopernikus starb, bevor der Sturm losbrach; Darwin lebte mit ihm noch 23 Jahre, freilich auch mit wachsendem Ruhm.

Einstein, obwohl nicht minder revolutionär, brauchte sich nicht gegen Unverstand und Mißgunst zur Wehr zu setzen: Während Kopernikus den Augenschein gegen sich hatte und Darwin die christliche Lehre und den sogenannten gesunden Menschenverstand, bewegt sich die Relativitätstheorie in einem Reich jenseits aller Anschaulichkeit und rief unter Laien höchstens ein Kopfschütteln hervor.

Stehvermögen dagegen, wie Darwin und mehr als er, weil er kein zurückgezogenes Leben führte, brauchte *Sigmund Freud* – jahrzehntelang begleitet von Hohngelächter und Empörung. Er fügte ja, in seinen eigenen Worten, der Menschheit nach der kosmologischen Kränkung durch Kopernikus und der biologischen durch Darwin die dritte und empfindlichste Kränkung zu, die psychologische: die Einsicht, daß der Mensch nicht Herr in seinem Hause ist, von unbewußten Antrieben gesteuert; daß die Sexualität schon kurz nach der Geburt einsetze, jeder Sohn die Mutter begehre und Kultur nur durch Unterdrückung der Sexualität zustande komme – welche Ungeheuerlichkeiten für die prüde Welt zu Anfang unseres Jahrhunderts!

Wie erträgt einer solchen Widerstand? Freud hatte keine Angst, sich lächerlich zu machen – die oberste Tugend des Schriftstellers, sagt Ludwig Marcuse: „Hätte Freud sich gefürchtet, so hätte er noch einmal mitgeteilt, daß die Kinder Engel sind." Freud selbst äußerte die Vermutung, es sei vielleicht „kein bloßer Zufall, daß der erste Vertreter der Psychoanalyse ein Jude war. Um sich zu ihr zu bekennen, brauchte es ein ziemliches Maß von Bereitwilligkeit, das Schicksal der Vereinsamung in der Opposition auf sich zu nehmen, ein Schicksal, das dem Juden vertrauter ist als einem anderen."

Spinoza wurde wegen „schrecklicher Irrlehren" aus der jüdischen Gemeinde von Amsterdam ausgestoßen und mit dem Bannfluch belegt; in Diskussionen mit Studenten hatte er geltend gemacht, Moses habe nicht mehr Autorität als jeder von ihnen – seine erste Demonstration der Gedankenfreiheit, für deren Ausbreitung er kämpfte. Die meisten Neuerer wurden als Störenfriede betrachtet oder als Ketzer verfolgt. Sokrates mußte wegen „Gottlosigkeit" den Schierlingsbecher trinken, gegen Luther wurde die Reichsacht verhängt. Den englischen Franziskanermönch *Roger Bacon* (1220 – 1292) bestrafte der Papst mit Lehrverbot und Kerkerhaft, denn er predigte den Vorrang der Erfahrung vor der Autorität, der Naturwissenschaft vor der Scholastik und brachte dem geschlossenen Weltbild des Mittelalters tiefe Risse bei. Auch erfand er das Vergrößerungsglas und entdeckte die Irrtümer des Julianischen Kalenders – ein hochmütiger Universalgelehrter.

Stehvermögen, Luthers „Hier stehe ich, ich kann nicht anders": Das haben die meisten Denker benötigt, ob sie Unruhestifter waren wie Bacon, Darwin, Freud oder ob sie einsam anschrieben gegen den Fluch der Nichtbeachtung wie Schopenhauer, Nietzsche, Marx. „Wie oft hat mein Herz gezappelt!" schrieb *Luther.* Wie oft habe es ihm das einzige starke Argument seiner Gegner vorgeworfen: „Du bist allein klug? Sollten die anderen alle irren? Wie, wenn du irrst und so viele Leute in Irrtum verführst, welche alle ewig verdammt würden?"

Doch solche Beharrlichkeit und dazu die Unschuld der Wahrnehmung, die bei allen bisher Erwähnten am Anfang stand – sie müssen, wenn einer sich den Namen „Naturforscher" oder „Philosoph" verdienen will, mit einem ganz anderen Talent zusammentreffen: einem intuitiven Sinn für Zusammenhänge, der Fähigkeit, aus den verstreuten Beobachtungen und Einsichten ein Denkgebäude zu errichten. Nach Arthur Koestler läßt die Geschichte der Wissenschaft sich darstellen als eine Vielzahl von Ehen zwischen Ideen, die zuvor als wesensfremd oder unvereinbar galten.

Daß *Darwin* 1835 die unterschiedliche Größe der Schnäbel der dreizehn Arten von Finken auf den Galápagos-Inseln registrierte, war noch nicht ungewöhnlich; ungewöhnlich war, daß er darüber zu grübeln begann und daß aus seinen halben Einsichten 1838 bei der Lektüre von Malthus' Buch über das Bevölkerungsgesetz die Evolutionstheorie hervorschoß. Gewiß hat so manchem durchaus scharfsichtigen Betrachter des Weltlaufs dieses Talent zur Zusammenschau gefehlt, und darum wissen wir nichts von ihm – nach dem schönen Satz von Lichtenberg: „Es hätte etwas aus seinen Ideen gemacht werden können, wenn sie ihm ein Engel zusammengesucht hätte."

Newton machte Geschichte mit der Fähigkeit, den Fall eines Apfels und die Bahnen der Gestirne unter einen gemeinsamen Oberbegriff zu zwingen; eine ebenso gewaltsame wie fruchtbare Abstraktion, eine jener „oversimplifications", die der österreichisch-kanadische Biologe Ludwig von Bertalanffy als „die wirksamsten, ja die einzigen Mittel" bezeichnet, die Natur begrifflich zu meistern.

Eben dies, die Bewältigung durch den Begriff, das Zuspitzen der neuen Einsichten auf sprachliche oder mathematische Formeln – es muß das Denkgebäude krönen, wenn einer seinen Namen der Nachwelt überliefern will. Bei *Kopernikus* geschah dies sowohl in Formeln wie in anschaulichen Sätzen: „Der Mittelpunkt der Erde ist nicht der Mittelpunkt der Welt", schrieb er und „So lenkt in der Tat die Sonne, auf königlichem Throne sitzend, die sie umkreisende Familie der Gestirne." *Darwins* Wirkung ging von zwei Schlagworten aus: daß die Natur nur die am besten Angepaßten überleben läßt („survival of the fittest") und daß der Mensch seinen Aufstieg dem Kampf ums Dasein verdankt („struggle for life"). Darwin hatte naiv geschaut, bohrend gedacht und das Ergebnis durch Formeln handhabbar gemacht (wobei freilich die populärste Formulierung nicht die seine ist: „Der Mensch stammt vom Affen ab").

Der dritte der drei großen „Kränker", *Freud,* war sogar ein Schriftsteller von hohen Graden, 1930 mit dem Goethepreis der Stadt Frankfurt ausgezeichnet, als der noch etwas galt. Freilich war es für Freud auch ungleich wichtiger, über seine Lehre klug zu *schreiben:* Während die These des Kopernikus bewiesen ist und die Grundideen Darwins als bewiesen gelten können, entziehen sich etliche Kernstücke der Psychoanalyse der Beweisbarkeit – sie sind geistreiche Spekulation, Philosophie; ein Gebäude aus Worten also, das zumeist nicht auf dem soliden Grund der Naturwissenschaften ruht.

Was macht den Philosophen aus? Das Talent zur und die Lust an der Errichtung eines Denkgebäudes, beides in außerordentlichem Maß; ein extremes Abstraktionsvermögen, ja die Wollust in der Schaffung regierender Begriffe: kategorischer Imperativ und „Ding an sich", das Seiende, das Umgreifende, das Numinose, das negativ Absolute und die Wesenheit, Platons „Idee" und Demokrits „Atom", bei Leibniz die „Monade", bei Nietzsche der „Wille zur Macht". Charles Darwins Fähigkeit, aus Finkenschnäbeln das Weltprinzip des „survival of the fittest" abzuleiten, wird von den Philosophen insofern übertroffen, als sie zumeist gänzlich ohne Finkenschnäbel auskommen und folglich auch durch keine Naturbeobachtung widerlegt werden können.

Da lassen sich imposante Systeme zusammenbasteln aus allen zeitgenössischen Kenntnissen, Denksitten und Vorurteilen wie das des *Aristoteles,* das anderthalb Jahrtausende lang das Abendland beherrschte. Da lassen sich Gedankenspiele machen wie bei *Descartes,* der das Wesen des Menschen ganz aus dem Denken beschreiben wollte (da ich ja von meiner Persönlichkeit alles wegdenken kann, nur das Denken selbst nicht, mit dem ich es wegdenke). Da lassen sich alle Hoffnungen auf Erkenntnis zertrümmern und alle Gottesbeweise widerlegen, wie *Kant* es unternahm: „Er hat den Himmel gestürmt", sagt Heine, „er hat die ganze Besatzung über die Klinge springen lassen, der Oberherr der Welt schwimmt unbewiesen in seinem Blute ..."

Nur auf *einem* Feld der Philosophie läßt sich ihr Verhältnis zur Realität kontrollieren: bei den Staats- und Gesellschaftslehren; freilich mit einem schwer meßbaren Einschuß von politischer Zu- oder Abneigung. So rügte Ernst Bloch an Platons „Staat", daß er „statt des Goldenen Zeitalters das der schwarzen Suppe" setze, und Karl Popper an Platon und Marx „die giftgeschwängerte Geisteskrankheit der orakelnden Philosophie". Über Marx sollte man, nach dem Zusammenbruch aller marxistischen Systeme in Osteuropa im Jahre 1989, sagen dürfen, daß seine Ideen an ihrer politischen Umsetzung objektiv gescheitert sind. Der Sieger heißt *John Locke.*

Wie das? 1689 veröffentlichte Locke in London seinen „Brief über Toleranz“ und seine zwei Abhandlungen über die Regierung. Wenn der Mensch schlecht sei, argumentierte Locke (und er sei schlecht), dann können die Könige davon nicht ausgenommen sein. „Fürsten sind anderen Menschen von Geburt zwar an Macht überlegen, aber in ihrer Natur gleich“, schrieb er. „Weder das Recht noch die Kunst des Regierens zieht notwendig die sichere Kenntnis anderer Dinge nach sich, am wenigsten die der wahren Religion.“ Umgekehrt: ein absoluter Herrscher neige zu Unterdrückung und Gewalttätigkeit (veröffentlicht 1689!). Deshalb dürfe der *Vollstrecker* der Gesetze nicht zugleich die Macht haben, die Gesetze zu *erlassen.* Diese Macht müsse bei einer anderen Institution liegen, dem vom Volk gewählten Parlament. Nur dann sei gewährleistet, daß kein Mensch „dem unbeständigen, ungewissen, unbekannten, eigenmächtigen Willen eines anderen Menschen unterworfen“ sei.

Das war die Theorie der *Gewaltenteilung* (lange vor Montesquieu, der sie um die Justiz als dritte Säule des Staates erweiterte), und es war der theoretische Unterbau der amerikanischen Verfassung von 1788: Da der Mensch schlecht ist, sind auch die Regierenden schlecht – also müssen sie kontrolliert werden. Aus dieser realistischen Einschätzung folgte das größte Quantum Freiheit, das auf Erden bisher erreicht worden ist, und ein ebensolches Quantum Wohlstand in ihrem Gefolge.

Nun kann es an sich nicht die Aufgabe dieses Buches sein, über die Qualität staatstheoretischer Lehren zu entscheiden, und wo doch, so allenfalls im Abschnitt über den Erfolg. Hier sprechen wir ja von den Eigenschaften, die den Denker machen. Nur hat es eben gerade unter den Berühmten Dogmatiker von erschreckender Verbohrtheit gegeben, und der Autor bittet um Nachsicht, wenn er zögert, eine scheuklappenbewehrte Besessenheit den typischen Eigenschaften *großer* Denker zuzurechnen. *Plänemachen* ist nach Kant „eine üppige, prahlerische Geistesbeschäftigung, dadurch man sich ein Ansehen von schöpferischem Genie gibt, indem man fordert, was man selbst nicht leisten, tadelt, was man selbst nicht besser machen kann, und vorschlägt, wovon man selbst nicht weiß, wo es zu finden ist“.

DOSTOJEWSKI
„Ein Vertrauter der Hölle", nach Thomas Mann – einer der Leidenden und Besessenen wie die meisten ganz Großen.

EDGAR ALLAN POE
Mit 40 Jahren zerfressen von Alkohol und Opium. Poe erfand die Detektivgeschichte und die Science-fiction.

JAMES JOYCE
Er verließ Irland mit 22 Jahren und verbrachte sein gesamtes restliches Leben im Exil, um unabhängig zu sein.

THOMAS MANN
Ein Automat der selbstauferlegten Pflicht sein Leben lang: schreiben, schreiben – und sie um Gottes willen nicht ausleben, die homosexuelle Neigung, zu der er sich im Tagebuch bekannte, sondern sie in Literatur verwandeln. Mit 22 begann Thomas Mann mit der Arbeit an den „Buddenbrooks", ein Hypochonder und Hagestolz; drei Jahre später hatte er den Jahrhundertroman vollendet und war über Nacht berühmt. Er zeugte sechs Kinder.

19.

Der Künstler und sein mysteriöser Gott

> Zu seinen Sachen kam er wie die Weiber zu schönen Kindern: Sie denken nicht daran und wissen nicht wie.
>
> *Goethe über Byron (1825)*

Als der greise *Joseph Haydn* in der Aula der Wiener Universität zum erstenmal mit vollen Orchester seine „Schöpfung" hörte, da rief er unter Tränen mit emporgestreckten Armen: „Nicht von mir, von dort kommt alles!" Und von Rührung überwältigt brach er zusammen. Über einen Besuch bei *Franz Schubert* berichtete die Schriftstellerin Caroline Pichler, ein Lied, vor ein paar Wochen selbst komponiert, habe er nicht wiedererkannt und es gelobt „wie etwas aus einer fremden Seele Entsprungenes". Haben Haydn und Schubert mit einer anderen, einer größeren Kraft als ihrer eigenen geschaffen?

Diese Frage stellt sich auch deshalb, weil beide, nach ihren außermusikalischen Lebensäußerungen zu urteilen, eher schlichte Gemüter gewesen sind. Auch bei *Mozart* läßt sich die musikalisch-psychologische Vollendung seiner großen Opern nur schwer aus der eher dürftigen Biographie eines reisenden Compositeurs, Klaviervirtuosen und Weiberhelden erklären und schon gar nicht aus dem Hanswurst, als der er meist in Erscheinung trat.

Ist also der Künstler das Sprachrohr einer göttlichen Eingebung, wie Platon meinte? *Inspiration,* von der so viele schöpferische Menschen sprechen, heißt ja „Einhauchung", ursprünglich durch den Atem Gottes. „Des Gottes voll" war Ibykos in Schillers Ballade auf den griechischen Lyriker. Albrecht Dürer schrieb, ihm seien „öbere Eingießungen" zuteil geworden; *Goethe* bezeichnete den Schaffenden als „Werkzeug einer höheren Weltregierung", „als ein würdig befundenes Gefäß zur Aufnahme eines göttlichen Einflusses". Viele seiner Gedichte, schrieb er in „Dichtung und Wahrheit", seien „unwillkürlich, ja wider Willen" aus ihm hervorgetreten. Oft sei er nachts erwacht, ans Pult gerannt und habe ein Gedicht heruntergeschrieben, ohne auch nur das Papier geradezurücken, mit Bleistift, damit nicht „das Schnarren und Spritzen der Feder mich aus meinem nachtwandlerischen Dichten aufweckte". *Keats* schrieb die achtzig Verse seiner „Ode an eine Nachtigall" in drei Stunden nieder. (An solchen Berichten könnte allerdings der Wunsch des Inspirierten beteiligt gewesen sein, die Verbindung zum Göttlichen noch etwas enger darzustellen, als sie war; so wurde der englische Kritiker und Dichter *Samuel Taylor Coleridge* überführt, seine Ballade „Kubla Khan" höchst sorgfältig überarbeitet zu haben, nachdem sie ihm, wie er behauptete, im Opiumrausch zugeflogen war.)

Inspiration nahm selbst *Nietzsche*, der kämpferische Atheist, für sich in Anspruch: Seinen „Zarathustra" habe er im Spazierengehen mit „absoluter Gewißheit" konzipiert, „als ob jeder Satz einem zugerufen wäre", unter Tränen des Jauchzens natürlich. Im „Ecce Homo" schrieb er dazu, mit dem geringsten Rest von Aberglauben würde man kaum die Vorstellung abweisen können, „bloß Inkarnation, bloß Mundstück, bloß Medium übermächtiger Gewalten zu sein".

Was da aus einer rätselhaften Sphäre zu den Großen spricht, ist oft, ohne Zuhilfenahme eines Gottes, erklärt worden als *die Stimme des Unbewußten.* „Ich glaube, daß alles, was das Genie als Genie tut, unbewußt geschehe", schrieb Goethe 1801 an Schiller, und drei Jahre später sagte Jean Paul: „Das Mächtigste im Dichter, welches seinen Werken die gute und die böse Seele einbläst, ist gerade das Unbewußte. Daher wird ein Großer, wie Shakespeare, Schätze öffnen und geben, welche er so wenig wie sein Körperherz selber sehen konnte." Voltaire sagte über Corneille, er habe geschrieben „wie ein Vogel sein Nest baut". Carl Gustav Carus, der philosophierende Leibarzt des Königs von Sachsen, fand 1846 dafür die Formel: „Auf merkwürdige Weise zeichnet sich ein höher begabter Geist dadurch aus, daß er von dem Unbewußten, dem mysteriösen Gott in ihm, überall gedrängt und bestimmt wird; daß Anschauungen sich ihm ergeben – er weiß nicht woher; daß zum Wirken und Schaffen es ihn drängt – er weiß nicht wohin; und daß ein Drang des Werdens und Entwickelns ihn beherrscht – er weiß noch nicht wozu."

Was aber können wir vom Unbewußten wissen, da es doch zu seinem Wesen gehört, daß es uns nicht ins Bewußtsein dringen kann? Sigmund Freud sah in ihm den Ort, an dem sich alles tummelt, was wir *verdrängt* haben: unsere verbotenen Wünsche und unterdrückten Triebe. Sie gängeln uns, ohne daß wir ahnen wie; sie sprechen zu uns nur, wenn wir träumen – oder aus dem Mund der Dichter.

Der Schweizer Psychiater Carl Gustav Jung, erst Schüler und dann Gegner Freuds, ging einen entscheidenden Schritt weiter. „Es ist nicht zu leugnen, daß des Dichters persönliche Psychologie sich gegebenenfalls bis in die Wurzeln und bis in die äußersten Zweige seines Werkes hinaus verfolgen läßt", schrieb er. Doch das Kunstwerk lasse sich nicht aus den persönlichen Besonderheiten erklären, sondern daraus, „daß es sich weit über das Persönliche erhebt und aus dem Geist und dem Herzen und für den Geist und das Herz der Menschheit spricht“.

Wie kann es das? Dadurch, sagt Jung, daß es aus dem *kollektiven Unbewußten* schöpft, der Schicht unter dem persönlichen Unbewußten, dem Ort, an dem die Urvorstellungen und Urerfahrungen der Menschheit gespeichert sind. Wir kennen sie aus den Mythen und Märchen, deren Motive jeder von uns in sich trägt. Wäre es nicht ein grober Mißgriff, die Manieren eines Kardinals und eines englischen Gentleman aus seiner privaten Lebensgeschichte zu erklären? fragt Jung. Lords und Kardinäle sind in ein Kollektiv hineingewachsen und verhalten sich entsprechend – insofern dem Künstler ähnlich: „Er ist Kollektivmensch, ein Träger und Gestalter der unbewußt tätigen Seele der Menschheit.“ Sein Bewußtsein werde von der Gewalt eines unterirdischen Stromes mitgerissen. „Nicht Goethe macht den 'Faust', sondern die seelische Komponente 'Faust' macht Goethe.“ Der Dichter habe jene heilsame und erlösende seelische Tiefe berührt, „wo noch kein einzelner zur Einsamkeit des Bewußtseins sich abgesondert hat“.

Leider klingt das ähnlich dunkel wie die Sprüche, mit denen manche großen Geister das Problem einzukreisen suchten. Ralph Waldo Emerson sagte: „Es ist, als hätte ein einzelner Mensch alle Bücher geschrieben, die es auf Erden gibt.“ Paul Valéry forderte, Literaturgeschichte sollte nicht die Zufallsgeschichte der Autoren sein, sondern die Geschichte des Geistes, der alle Literatur hervorbringe; sie könnte ohne die Erwähnung eines einzigen Autors auskommen. Auch Marcel Proust erklärte das Leben des Dichters für völlig belanglos – ein Buch sei das Produkt eines anderen Ichs („le produit d'un autre moi“).

Da bietet sich das Gedankenspiel an, „an einen metaphysischen Eigenwillen des Werkes zu glauben, das nach Verwirklichung strebt und dem das Leben seines Erzeugers nur Werkzeug und freiwillig-unfreiwilliges Opfer ist“ – Thomas Mann hat das über Richard Wagner geschrieben; ähnlich hat sich Coleridge über Shakespeare geäußert. Nietzsche nannte den Künstler „den Boden, unter Umständen den Dünger und Mist“, aus dem das Werk wächst, der französische Schriftsteller Maurice Tourneur die Philosophen „nur die Exkremente, welche die Philosophien bei ihrer Entstehung fallen lassen“.

Daß ein Mensch in der Tat dem Weltgeist oder der Menschheit als eine Art bloßes Mundstück dienen, daß eine fremde Macht dem Künstler Feder, Pinsel oder Meißel führen könnte: Dieser Deutung bieten sich vor allem die Explosionen des Schöpferischen an. *Goya* brauchte für manche seiner Porträts nur einen halben Tag. Mit Schwämmen und Lappen trug er die Farben auf, oft ließ er sie klatschen wie ein Maurer den Mörtel, mit dem Daumen modellierte er sie. *Van Gogh* schleuderte in den letzten 69 Tagen seines Lebens 82 Gemälde in die Welt. *Lope de Vega* schrieb binnen 24 Stunden oft ein ganzes Theaterstück. In zwei Tagen und einer Nacht warf *William Beckford* seinen grandiosen Schauerroman „Vathek" aufs Papier. In drei Tagen schrieb *Goethe* das Schauspiel „Die Geschwister", in acht Tagen das Trauerspiel „Clavigo"; in zehn Tagen *Nietzsche* die „Götzen-Dämmerung". *Rilke* vollendete im Februar 1922 binnen weniger Tage sechs seiner zehn „Duineser Elegien", wobei er von einem „Orkan im Geist" und „Signalen aus dem Weltraum" sprach. Da mag die Formel C. G. Jungs zutreffen: „Seine Feder schreibt Dinge, deren sein Geist mit Erstaunen gewahr wird."

Schöpferischer Rausch erst recht bei den Komponisten: In weniger als drei Wochen komponierte *Rossini* den „Barbier von Sevilla", in achtzehn Tagen *Mozart* „La Clemenza di Tito", in vierundzwanzig Tagen *Händel* den Messias (wobei er nur das Nötigste aß, kaum schlief und keinmal sein Haus verließ). Als Freunde den 18jährigen *Franz Schubert* besuchten, fanden sie ihn „ganz glühend, den ‚Erlkönig' aus einem Buche laut lesend. Er ging mehrmals mit dem Buche auf und ab, plötzlich setzte er sich, und in kürzester Zeit, so schnell, wie man nur schreiben kann, stand die herrliche Ballade auf dem Papier. Wir liefen damit, da Schubert kein Klavier besaß, in das Konvikt ..." Bis zu zehn Lieder komponierte er in 24 Stunden: „Wie's in mir ist, so geb ich's heraus, und damit Punktum."

Was braucht ein Komponist neben einem aufs höchste verfeinerten Gehör, um solches zu leisten? Zunächst einen „dämonischen *Fleiß*", wie der Musikhistoriker Alfred Einstein schreibt, den rücksichtslosen Frondienst für das Eine. Sodann ein oft unterschätztes Element des musikalischen Genies: ein für unsereinen unvorstellbares *Gedächtnis.* Etliche Komponisten haben ja überliefert, wie sie eine ganze Partitur nur niederzuschreiben brauchten, nachdem sie ihnen bei einem Spaziergang eingefallen war. „Komponiert ist schon alles, aber geschrieben noch nicht", schrieb *Mozart* 1780 an seinen Vater, als die Oper „Idomeneo" entstand; ja es kam vor, daß er sich unterhielt, während er die Noten zu Papier brachte – als schriebe er sie nur ab. Die gesamte Ouvertüre zum „Don Giovanni" warf er in der Nacht vor der Premiere aufs Papier.

Eine Art Weltrekord an Gedächtnisleistung und Feinheit des Gehörs hatte schon der 14jährige Mozart aufgestellt. Das Miserere von Gregorio Allegri, eine Vertonung des 57. Psalms für zwei Chöre mit neun Stimmen, schrieb er nach zweimaligem Hören Note für Note nieder, womit er das Geheimhaltungsgebot durchkreuzte, das der Papst unter Androhung der Exkommunikation erlassen hatte, um das Chorwerk zur Aufführung nur in der Sixtinischen Kapelle und dort nur in der Karwoche zu reservieren.

Und dann das Zuströmen der Einfälle, das Aufleuchten der Bilder, die kühne Verknüpfung der Ideen – die *Phantasie!* Wie sie die Melodie gebiert: Wir wissen es nicht. Eher vorstellbar ist sie beim bildenden Künstler: bei *Leonardo,* der in seinem „Traktat über die Malerei" von den Felsen und den Bäumen, von den Gestalten und Gebärden spricht, die er in den Flecken einer alten Mauer finde; bei *Michelangelo,* wenn er im Stein die Gestalt erkannte, die er aus ihm meißeln wollte – wie den David in einem Marmorblock, den zwei glücklose Vorgänger krummgehauen hatten, so daß ihm vom Scheitel bis zur Sohle nicht ein Zentimeter Spielraum blieb. „Michelangelo behauptet, bei seinem Nahen habe der Marmor gezittert", schrieb Flaubert. „Sicher ist, daß er selbst zitterte, wenn er sich dem Marmor näherte."

In der Tat: Die Phantasie allein ist nichts. Schöpferisch wird nur derjenige Künstler, der die Kraft und den Willen hat, sie einem Ordnungsprinzip zu unterwerfen, das aus dem rohen Marmor über die Idee die fertige Gestalt, aus dem Brausen der Töne die Sonate wirklich formt und aus der Fülle der Gesichte das Gedicht. Das halb Geträumte, halb Geahnte, das aus den Tiefen des Unbewußten Emporgeschleuderte muß der Künstler anleuchten, fassen, gliedern, kneten, bis es sich zur Fixierung in Stein oder auf Papier und Leinwand eignet.

Manche, wie Mozart und Schubert, meisterten diesen Balance-Akt zwischen Chaos und Ordnungswillen mühelos. Andere Komponisten zerbrachen fast daran. „Ich kann gar nicht komponieren", sagte *Richard Wagner* zu Cosima. „Beim Phantasieren habe ich alles, endlos; nun heißt es fixieren, da kommen einem die physischen Griffe schon in den Weg. Wie war es denn, heißt es dann (...) und nun suchen,bis man es wiederfindet." In einem Brief an Franz Liszt klagte Wagner über „das blutig schwere Werk der Bildung einer unvorhandenen Welt" und, wieder im Gespräch mit seiner Frau, über die Kraft, die es ihn koste, „wenn man immer einen Weltuntergang in jeder Note geben soll".

Am ehesten läßt sich die Geburt des Kunstwerks aus Phantasie plus Ordnungswillen an den Künstlern des Wortes studieren. *Marcel Proust,* entzückt über die Spiegelung eines Ziegeldachs in einem

Teich, worin er „ein schwaches Lächeln dem Lächeln des Himmels Antwort geben sah“, schwang seinen Regenschirm und jauchzte. Das wäre auch anderen sensiblen Menschen gegeben gewesen. Proust aber empfand es als seine *Pflicht,* „nicht bei solch unklaren Lauten stehenzubleiben, sondern zu versuchen, meinem Entzücken klaren Ausdruck zu geben“.

Am Anfang also steht der *Wille,* das Empfundene in das Geformte zu verwandeln. Die Fähigkeit dazu ist bis zu einem gewissen Grade erlernbar; viele Große haben sie mühsam eingeübt. Den Mozarts und Rimbauds, die schon als Kinder das Perfekte produzierten, stehen andere gegenüber, die das Gestalten unter Schmerzen lernten – nicht gerechnet die Heerschar derer, die wir nicht kennen, weil sie nicht einsahen, daß sie hätten üben müssen.

Rembrandt und van Gogh gingen so weit zu behaupten, daß Malen durch ständige Übung erlernbar sei. *Rousseau* erzählt, seine stürmischen Leidenschaften seien auf die „unglaublichen Schwierigkeiten“ geprallt, mit der sich die Gedanken in seinem Kopfe ordneten. Aber wie bei einer Opernaufführung in Italien aus dem Chaos, das beim Szenenwechsel auf der Bühne herrsche, zur allgemeinen Überraschung ein entzückendes Schauspiel folge, so erhielten auch die Gedanken in seinem Kopf allmählich ihre Ordnung, wiewohl „nach einem langen und wirren Streben“. Seine hingesudelten und durchgestrichenen Manuskripte müsse er jeweils vier- oder fünfmal abschreiben. Auch übersetzte Rousseau ein Buch aus den Annalen des Tacitus zu dem ausdrücklichen Zweck, einen männlichen, strengen, anklägerischen Stil zu erlernen.

Nietzsche hatte noch als Fünfzehnjähriger Probleme mit der Orthographie (er schrieb Gedraite, wenn er „Getreide“ meinte), noch als Achtzehnjähriger mit der Grammatik (dem und den verwechselnd), und mit 22 schrieb er einem Freund: „Was mir die meiste Mühe und Sorge macht: mein deutscher Stil. Mir fallen die Schuppen von den Augen; ich lebte allzu lange in einer stilistischen Unschuld. Der kategorische Imperativ ‚Du sollst und mußt schreiben‘ hat mich aufgeweckt (...) Es wäre sehr unglücklich, nicht besser schreiben zu können und es doch warm zu wünschen. Vor allem müssen wieder einige muntere Geister in meinem Stil entfesselt werden, ich muß darauf wie auf einer Klaviatur spielen lernen, aber nicht nur eingelernte Stücke, sondern freie Phantasien.“ Das war vier Jahre, bevor „Die Geburt der Tragödie aus dem Geist der Musik“ erschien, Nietzsches Erstling, der erste Schritt auf dem Weg zum größten Virtuosen der deutschen Prosa.

Selbst auf dem Boden einer geringen oder auf Teilgebiete eingeschränkten Phantasie kann ein großer Schriftsteller wachsen, wenn er ein ausreichendes Formtalent mit Fleiß verbindet. *Lessing* klagte: „Ich fühle die lebendige Quelle nicht in mir, die durch eigene Kraft sich emporarbeitet (...) Ich muß alles durch Druckwerk und Röhren aus mir heraufpressen." *Jean Paul,* zu seiner Zeit berühmter als Goethe und laut Stefan George „die größte dichterische Kraft der Deutschen", war überaus schwach im Ersinnen einer Handlung. *James Joyce* sprach selbst davon, daß er wenig Phantasie im Erfinden besitze; so warf er sich auf die äußerste Intensität und Variation im Detail: im „Ulysses" tausend Seiten lang die Handlungen und Empfindungen von nur zwei Haupt- und zwölf Nebenpersonen rund um den Anzeigenvertreter Leopold Bloom an einem einzigen Tag – Gegenpol zu den Dichtern mit der Fülle der Ideen, wie Lope de Vega, Balzac, Maupassant.

Was bei dieser dürftigen Handlung überbordet, ist freilich die Phantasie im Kleinen: die unüberschaubare Fülle der Sprachspiele, Anspielungen und Assoziationen, das Durchkonjugieren der entlegensten Einfälle und Möglichkeiten, der Überfluß an bizarren Ideen – wie der von der Filzlaus, die an Bloom die Frage richtet: „Was tatest du in dem Viehstall hinter Kilbarrack?" Dazu eine ungewöhnliche Stärke der Sinneseindrücke, von der Lautmalerei des Furzens und des Fässerrollens bis zum Rascheln des Kleides einer Frau, „in dessen weiten Falten der Löwenduft aller männlichen Tiere hängt, die sie besessen haben". Joyce war, nach dem Wort der amerikanischen Schriftstellerin Djuna Barnes, ein Mann, „der schmerzhafter als irgendein anderer an das Kreuz seiner Wahrnehmungen genagelt worden ist".

Schärfe der Sinne, Verliebtheit in die Sinne, leidenschaftliches Bemühen, Sinneswahrnehmungen in Worte zu fassen – das zeichnet viele Dichter aus: das gierige Auge von Balzac und Dickens, die Lust an Gerüchen und Geräuschen bei Joyce und Proust. *Thomas Wolfe* schwelgt zwei Seiten lang in einem Kompendium der Düfte, die seinen Helden Eugen Gant an seine Kindheit erinnern: von brennendem Laub im Oktober, von Magnolien im Vollmond, von Nägeln in einer Eisenhandlung, von einer schwitzenden Negerköchin, von eingekampferten Teppichen in einer Bodenkammer aus Tannenholz.

Dabei wird oft das Überspringen von einem Sinn in einen anderen kultiviert, die Synästhesie. Poe war zumute, „als könnte ich die Dunkelheit deutlich hören, wenn sie heimlich über den Horizont heraufkam". Bei Rimbaud haben Vokale Farben: „A schwarz, E weiß, I rot", und das O ist wie ein Horn von fremdem Klang und blau wie das Auge des Geliebten. Auch Alfred de Musset rühmte sich der „audition colorée“, des Farbenhörens. Der französische Schriftsteller J. K. Huysmans baut der Hauptgestalt seines einst berühmten Romans „A Rebours“ (1884) eine „Mundorgel“, auf welcher Cognac, Schnäpse und Liköre ihm Duette und Trauermärsche spielen.

Da hat die Phantasie den Verstand weit hinter sich gelassen. Gut so, sagt Schiller: Der Verstand dürfe der Imagination keinen Zwang auferlegen, schrieb er seinem Freund und Gönner Christian Gottfried Körner. „Es scheint nicht gut und dem Schöpfungswerk der Seele nachteilig zu sein, wenn der Verstand die zuströmenden Ideen, gleichsam an den Toren schon, zu scharf mustert.“ Grillparzer sah es genau so, nur scheiterte er daran: Die schonungslose Selbstkritik, die er früher nach Vollendung eines Dramas geübt habe, schrieb er, habe sich später schon während der Arbeit eingestellt.

Keiner balancierte auf höherem Seil zwischen eisiger Logik und dem Höllenfeuer seiner Phantasie als *Edgar Allan Poe.* Daß ihm dies gelang, machte ihn zum Großmeister der Kurzgeschichte; zum Weltmeister einer Gattung, die wir heute Psycho-Thriller nennen, mit tiefem Einfluß auf viele Schriftsteller, darunter Dostojewski und Oscar Wilde; zum Erfinder der Detektivgeschichte, dem Vorbild von Arthur Conan Doyle, Agatha Christie, Georges Simenon, ja zum Begründer der wissenschaftlichen Kriminalistik; zum Erfinder der Science-fiction und bewunderten Vorbild von Jules Verne; zum größten Dichter Amerikas und einem der „Kirchenväter der modernen Literatur“, wie Arno Schmidt ihn nannte.

Die ungewöhnliche Schärfe seines Verstandes artistisch einzusetzen und hochmütig der Welt zu demonstrieren war Poes höchste Lust. „Mehr als alles andere entzückten mich die Werke der deutschen Philosophen“, heißt es am Anfang seiner Erzählung „Das Manuskript in der Flasche“ – „nicht, weil ich so schlecht beraten gewesen wäre, ihre beredte Verrücktheit zu bewundern, sondern weil es mir mit meiner Gewohnheit strikten Denkens so leicht fiel, ihre Widersprüche aufzudecken.“ In seiner Erzählung „Der Goldkäfer“ führte Poe vor, wie man eine Geheimschrift entziffert, und gegenüber den Lesern seiner Zeitschrift „Graham's Magazine“ erbot er sich, jede Geheimschrift zu knacken, die man ihm zusenden würde; 99mal gelang es ihm, einmal nicht. „Ratiocination“ hieß das Talent, dessen er sich rühmte: ein seltenes lateinisch-englisches Wort für die äußerste Schärfe im logischen Schließen, wie sein Detektiv Auguste Dupin sie anwendet, um einen Orang-Utan des Doppelmords in der Rue Morgue zu überführen.

Die Form der Kurzgeschichte wählte Poe, weil man sie in einem Zug lesen und folglich von ihr überwältigt werden kann, während der Roman sich durch die notwendige Unterbrechung der Lektüre um die schönsten Effekte betrüge. Effekt! Das war sein Zauberwort; den Effekt, auf den alles hinsteuerte, legte er sich vor allem Schreiben zurecht, und Wort für Wort führte er die Handlung dem Schlußeffekt entgegen.

Seine Methode veranschaulichte Poe in einem Vortrag in Boston anhand der Ballade „Der Rabe", einem der bekanntesten Gedichte englischer Sprache. Die letzten elf Strophen enden hartnäckig mit dem Wort „nevermore", nimmermehr. Warum? Weil es eines der klangvollsten und eindringlichsten Wörter des Englischen ist, sagte Poe. Wie ließ sich diese Verelffachung erreichen? Indem man eine Handlung ersann, die das Wort rechtfertigte. Also mußte es eine tragische Handlung sein – zum Beispiel die Geschichte eines Mannes, der soeben seine Geliebte verloren hat. Wie nur konnte die Geliebte heißen? „Lenore", des Reimes wegen. Wer sollte das Wort „nevermore" so unerbittlich sprechen? Kein vernunftbegabtes Wesen, sondern zum Beispiel ein Papagei – oder besser ein Rabe, weil er schwarz ist und ein Unglücksbote. Nun mußte der Dichter sich nur noch die Fragen ausdenken, die die Antwort „nevermore" aus dem Schnabel des Raben plausibel machen: Wie heißt du? Kannst du Lenore nicht vergessen? Kann nichts mich jemals trösten? Wann fliegst du wieder weg? Die Antwort immer: „Nevermore." Nichts von schönem Wahnsinn und Geheimnis! fügte Poe hinzu. Schritt um Schritt sei das Gedicht seiner Vollendung entgegengegangen mit der Folgerichtigkeit einer Rechenaufgabe.

War es so? Sollte die Ballade, aus Alptraum und Sprachartistik gemischt, ganz ohne den Andrang dunkler Ängste entstanden sein? Wollte Poe seine Kollegen, die sich so gern auf mystische Erleuchtungen beriefen, ärgern durch den Hinweis auf eine kühle Leistung seines überlegenen Verstandes? Oder wollte er wiederum nur einen neuartigen Effekt erzielen? Von jedem etwas, wahrscheinlich, und dies in jener Mischung, in der er Meister war: bei klarstem Verstand mit hochmütiger Brillanz am Rand eines Abgrunds aus Chaos und Entsetzen zu balancieren – den drohenden Wahnsinn in Kunst zu verwandeln. Kein anderer Dichter hat eine solche Galerie von Gejagten und Gefolterten, von hysterischen Mördern und Leichenschändern, von lebendig Eingemauerten und Begrabenen errichtet. Der Ich-Erzähler in „Berenice" entschließt sich „in einer unseligen Stunde", seine schöne, aber ungeliebte Kusine zu heiraten, erschrickt vor „dem weißen Gespenst ihrer Zähne“, das ihn bis in seine Träume verfolgt, und findet auch keine Ruhe, als sie plötzlich gestorben ist – im Grab bricht er ihr alle Zähne aus. Aber sie lebt noch, und ihre Schreie gellen durch die Nacht.

Wem anders wäre je dergleichen eingefallen als diesem arroganten, bitterarmen, von Angst gejagten, von Depressionen geschüttelten und schließlich von Alkohol und Opium in den Tod getriebenen Edgar Allan Poe? E. T. A. Hoffmann, den schon Poes Zeitgenossen gelegentlich als sein Vorbild bezeichneten, hatte das Grauen so weit nicht getrieben, auch es nie mit der Logik vermählt; Poe schrieb darüber: „Wenn in vielen meiner Werke die Angst das Hauptthema ist, so behaupte ich, daß sie nicht aus Deutschland kommt, sondern aus der Seele.“

„Man hat mich verrückt genannt“, beginnt seine Erzählung „Eleonora“. „Aber noch ist die Frage nicht geklärt, ob Wahnsinn nicht die erhabenste Form der Klugheit ist – ob vieles, was großartig, und alles, was tief ist, nicht aus krankem Denken kommt (...) Bleiben wir also dabei, daß ich wahnsinnig bin. Mindestens muß ich zugeben, daß es zwei verschiedene Zustände meines Geistes gibt: den Zustand des klaren Verstandes, den niemand mir abstreitet, (...) und einen Zustand der Schatten und der Zweifel.“

Vielleicht ist dies der Urgrund, dem die Dichter ihre wundersame Fähigkeit entnehmen, die Alpträume, Sehnsüchte und Spottgeburten des Unbewußten in die abstrakte, zerbrechliche, tröstliche Form der Wörter zu gießen. Sie lauschen verschollenen Klängen nach und finden Worte für die Rufe, die wir aus Träumen hören. Wie anders ließe sich erklären, warum scheinbar so schlichte Zeilen uns das Gemüt bewegen wie „Über allen Gipfeln ist Ruh“ oder „Der Wald steht schwarz und schweiget“ oder „Im Winde klirren die Fahnen“? Nur aus Träumen kann ein Echo hallen auf Brentanos Ruf:

Mond! Mond!
Wie die Wellen kühlen,
Wie die Winde wühlen
In den dunklen Mähnen der Nacht!

Oder auf Swinburnes Klage:

Dead dreams of days forsaken,
Blind buds that snows have shaken,
Wild leaves that winds have taken,
Red strays of ruined springs.

Oder auf die Frage von Büchners „Lenz“: „Hören Sie denn nicht die entsetzliche Stimme, die um den ganzen Horizont schreit und die man gewöhnlich die Stille heißt?“ Oder auf den eisigen Satz am Schluß von Jean Pauls Roman „Flegeljahre“: „Die Ewigkeit ist vorbei. Der Sturm kommt.“

Vielleicht hält sich ja, sagt Lichtenberg, ein höheres Geschlecht von Geistern unsere Dichter, wie wir uns die Nachtigallen und Kanarienvögel halten; „ihr Gesang gefällt ihnen eben deswegen, weil sie keinen Verstand darin finden“. Falls aber wir selbst es sind, die sich die Dichter halten, so mag das Bild zutreffen, das Vladimir Nabokow entworfen hat: Auf ihrer allerhöchsten Ebene wirkt die Dichtung „auf jene verborgene Tiefenschicht der Seele, wo Schatten aus anderen Welten vorüberziehen wie die Schatten namenloser Schiffe“.

20.

Multi-Talente: Reiz und Risiko

A Hero is a Hero at all points; in the soul and thought of him first of all.

Thomas Carlyle

Eine herausragende Begabung ist selten genug. Wie erst machen uns jene Großen staunen, die zwar den Frondienst leisteten, aber für mehrerlei und trotzdem mit Erfolg! *Rabindranath Tagore,* der 1913 den Nobelpreis für Literatur erhielt, trat auch als Komponist, Maler und Tänzer in Erscheinung und kämpfte als Politiker gegen die Witwenverbrennung und das Kastenwesen. Der Dramatiker und Lyriker *Federico Garcia Lorca,* 1936 erschossen von der spanischen Falange, war überdies Regisseur, Theaterleiter, Zeichner, Pianist und Komponist, sammelte Volkslieder und bearbeitete sie. *Jean Cocteau* brillierte als Dramatiker, Schauspieler, Regisseur, Choreograph, Bühnenbildner, Maler, Designer und Komponist. *E. T. A. Hoffmann* trat, noch preußischer Regierungsrat in Warschau, schon als Schriftsteller, Maler, Karikaturist, Dirigent und Komponist hervor. In Bamberg und Dresden war er Kapellmeister, Regisseur und Bühnenbildner. Als Kammergerichtsrat in Berlin komponierte er 1816 seine bekannteste Oper „Undine" und warf sich schließlich ganz auf die phantastischen Erzählungen, die ihm den Namen „Gespenster-Hoffmann" eintrugen und den Weltruhm dazu.

Auch zwischen Kunst und Wissenschaft, Kunst und Politik haben Grenzüberschreitungen stattgefunden: Der Schriftsteller Benjamin Disraeli war 1868 und von 1874 bis 1880 einer der großen Premierminister des britischen Weltreichs; der Pianist und Komponist Jan Paderewski wurde 1919 polnischer Ministerpräsident, der Dichter Léopold Senghor 1960 Präsident des Senegal, der Schriftsteller Vaclav Havel 1990 Präsident der Tschechoslowakei. Bertrand Russell, Mathematiker und Philosoph, bekam 1950 den Nobelpreis für Literatur, Albert Schweitzer, dreifacher Doktor der Philosophie, der Theologie und der Medizin, Bach-Forscher, Organist, Schriftsteller und Urwaldarzt, erhielt 1952 den Friedensnobelpreis. Und noch erstaunlichere Fälle: ein Musiker zum Beispiel, der die Milchstraße erforschte, oder ein Kaiser, der die italienische Lyrik begründete und zugleich die moderne Naturwissenschaft.

Da schiffte sich also 1765 ein 19jähriger Militärmusiker und Organist aus Hannover nach England ein, schlug sich durch als Orgelspieler, Musiklehrer und Konzertveranstalter, studierte in seiner Freizeit die Mathematik, um den inneren Aufbau der Musik zu verstehen, gelangte von ihr zur Optik und zur Astronomie, baute sich das bis dahin größte Spiegelteleskop der Welt und entdeckte 1781 den Planeten Uranus. Er hieß *Friedrich Wilhelm Herschel* und wurde der berühmteste Astronom seines Jahrhunderts. Den gesamten Himmel wollte er erkunden, nicht mehr und nicht weniger. Und immerhin beschrieb er 122 Doppelsterne, veröffentlichte einen „Katalog von tausend neuen Nebeln und Sternhaufen" und entdeckte die Bewegung des Sonnensystems in der Milchstraße.

Und da krönte sich *Friedrich II.*, König von Sizilien und Kaiser des Heiligen Römischen Reiches, 1229 beim Fünften Kreuzzug zum König von Jerusalem. Nach Italien heimgekehrt, zeigte er einer teils bewundernden, teils erschrockenen Umwelt, wozu ein einzelner Kopf imstande sein kann. Er schuf eine perfekte Staatsverwaltung, die über Jahrhunderte als Vorbild galt. Er entwarf mit eigener Hand an die zweihundert Kastelle, Lustschlösser und Jagdhäuser auf Sizilien, in Kalabrien, im Elsaß und den Triumphbogen von Capua, wählte die Baumeister aus und überwachte die Ausführung; das achttürmige Castel del Monte in Apulien, vom Felsendom in Jerusalem inspiriert und nach Ansicht mancher Forscher mit geheimen Anspielungen auf die Cheops-Pyramide, kündet noch heute überwältigend von Friedrichs universaler Bildung und seinem Willen zur Vollkommenheit. Er sammelte antike Statuen und wurde ein Wegbereiter der Gotik.

Seinen Hof machte der Kaiser zum Treffpunkt arabischer und jüdischer Gelehrter, mit denen er in ihren Muttersprachen plauderte; geistreich in der Konversation, gewalttätig im Jähzorn, ein sarkastischer Intellektueller von unermüdlichem Wissensdrang. Er korrespondierte mit Sultanen, Emiren, Philosophen und Wissenschaftlern der gesamten arabischen Welt; in Pisa ließ er sich von einem berühmten Mathematiker eine Woche lang unterweisen. Er gründete eine Dichterschule, schrieb Gedichte, von denen vier erhalten sind, und war laut Dante der Vater der italienischen Poesie.

Einen Taucher ließ der Kaiser für sich arbeiten, der ihm Tiere, Pflanzen und Steine vom Meeresgrund heraufbrachte. Einen Zoo legte er an, um das Verhalten exotischer Tiere zu studieren, darunter einer Giraffe und eines Elefanten. Er züchtete Falken, richtete sie zur Jagd ab und schrieb das Buch „Über die Kunst, mit Vögeln zu jagen", das er eigenhändig illustrierte. Es beginnt mit einem Satz, der noch heute Kraft hat, im 13. Jahrhundert aber eine Sensation und eine Ketzerei ohnegleichen war: „Es ist die Absicht dieses Buches, die Dinge, die sind, so darzustellen, wie sie sind." Eine Generation vor dem englischen Franziskanermönch Roger Bacon stieß er damit das Tor zur Moderne auf.

Hatte nicht der Kirchenvater Augustinus geschrieben: „Die Autorität der Kirche ist stärker als die Kraft des menschlichen Geistes"? Hatte nicht 1163 das Konzil von Tours allen Geistlichen „das Studium der Physik und der Weltgesetze" bei Strafe der Exkommunikation verboten? Waren nicht alle philosophischen Probleme durch Aristoteles ein für allemal gelöst? Warum sollte man nach „Naturgesetzen" fahnden, wenn doch Gott die Macht besaß, sie beliebig zu verändern? Und nun wollte der Kaiser die Dinge darstellen, „wie sie sind"! Ja seine Beobachtungen versuchte er durch Experimente abzusichern, und das galt der Kirche als schiere Zauberei. Papst Gregor IX. nannte Friedrich II. den „König der Pestilenz", der den Menschen weismachen wolle, sie sollten nichts glauben, was nicht durch Natur und Vernunft bewiesen werden kann.

Die Experimente tragen freilich auch für uns noch unheimliche Züge. Einem Falken nähte der Kaiser die Augen zu, um zu beweisen, daß Falken ihre Beute nur sehen und nicht wittern können. Auch vor Menschenversuchen schreckte Friedrich nicht zurück: Der Mönch Salimbene von Parma berichtete in seiner „Chronik", der Kaiser habe etliche Neugeborene ihren Müttern wegnehmen lassen und sie Ammen übergeben, die niemals mit ihnen sprechen durften. In welcher Sprache würden diese Kinder zu reden beginnen? wollte Friedrich erfahren. Hebräisch, das bis ins 18. Jahrhundert als die „Ursprache" galt – oder Griechisch oder Arabisch oder in der Sprache ihrer Eltern? Wir wissen heute, daß es eine Ursprache nicht gibt und daß isoliert aufwachsende Menschen nur sehr primitive Anfänge einer Wortsprache entwickeln können; der Kaiser erfuhr es nicht, denn die Kinder starben, bevor sie sprachen.

Auch soll Friedrich angeordnet haben, einen Mann lebend in ein Faß einzuschließen, um zu prüfen, ob seine Seele dem Faß entweichen würde, als er starb; und zwei Männern den Bauch aufzuschneiden, um herauszufinden, welcher von beiden ein gemeinsames Mahl besser verdaut haben würde: der, der danach hatte ruhen, oder der, der hatte rennen müssen. Die Grausamkeit war mittelalterlich; doch indem er der Erfahrung zum Sieg über den Glauben verhalf, wurde Friedrich II. laut Jacob Burckhardt „der erste moderne Mensch auf dem Throne";

für den englischen Benediktinermönch Matthäus, seinen Zeitgenossen, war er „stupor mundi", das Staunen der Welt.

Als Staatsmann und Feldherr überragte Friedrich sein Jahrhundert nicht. Worin hat er das Größte geleistet? Als Bahnbrecher der Naturwissenschaften oder eben in der Vielfalt seiner Interessen und Talente? Jedenfalls auf etlichen Gebieten mehr als da, wo man bei einem Monarchen die Leistung zuerst erwartete.

Viele haben Größeres vollbracht als das, wozu sie sich zunächst berufen fühlten. Das war der Fall des Friedrich Wilhelm Herschel; es war der Fall Goethes, Gottfried Kellers und Théophile Gautiers, die sich zunächst für Maler hielten. Gerhart Hauptmann ließ sich zum Bildhauer ausbilden, Günter Grass zum Bildhauer und Grafiker; berühmt geworden ist damit keiner. Sie zeigen indessen die häufige Durchdringung der beiden Künste auf: Goya war zugleich ein Wortkünstler, wie seine plakativen Titel demonstrieren; van Goghs Briefe an seinen Bruder werden immer häufiger als große Literatur betrachtet; Strindbergs Gemälde sind heute gefragt; Max Ernst schrieb Gedichte; Paul Klee erwies sich schon durch die Bildunterschrift „Zwei Männer, einander in höherer Stellung vermutend, begegnen sich" als Satiriker von Rang.

Michelangelo hat mit seinen Sonetten sogar Ruhm geerntet, der englische Maler Gabriel Charles Rossetti auch mit seinen Gedichten und Erzählungen Erfolg gehabt, Ernst Barlach auch mit seinen Dramen; wie umgekehrt Victor Hugo auch für seine Zeichnungen und Aquarelle, Adalbert Stifter für seine Gemälde Beifall fand. Einzelne dieser Doppelbegabungen haben sich vor der Nachwelt sogar als gleichrangig in beiden Künsten durchgesetzt: in Deutschland *Wilhelm Busch,* in England der Maler, Zeichner und Reiseschriftsteller *Edward Lear,* der die Nonsense-Dichtung begründete und den Limerick zur Höhe führte, sowie *William Blake,* Dichter, Mystiker, Maler, Zeichner und Kupferstecher, der zu Lebzeiten (1757 bis 1827) unbekannt blieb und heute als Meister auf beiden Feldern gilt.

Wie ist es möglich, daß etwas so Seltenes wie eine geniale Begabung sich in einem Individuum gleich mehrfach findet? Sind es Anlagen, die sich wechselseitig fördern – oder Facetten derselben Fähigkeit – oder feindliche Brüder, die einander im Wege stehen? Kennen wir Multitalente, denen das Höchste versagt geblieben ist, weil sie sich verzettelt haben? (Goethe hat das über sich selber angedeutet.) Oder sollte es, wie Carlyle behauptet (im Motto dieses Kapitels), eine Generalbegabung geben, aus der je nach Laune und Bedarf ein großer Forscher oder ein großer Feldherr abgerufen werden kann?

Daß der Maler sich mit dem Dichter mindestens verträgt, ist an Beispielen anschaulich geworden; warum die Durchdringung von Wort- und *Tonkunst* naheliegend und fruchtbar sei, haben mehrere doppelt Begabte ausgesprochen. Wir kennen die Musiker, die zugleich Meister des geschriebenen Wortes waren, wie Mozart, Beethoven, Schubert, Mendelssohn-Bartholdy; die Schriftsteller, die ihre tiefe Verbundenheit mit der Musik notwendig für alles Schreiben nannten, wie Stendhal, Kleist, Nietzsche, Thomas Mann. *Rousseau* heimste mit seinem Singspiel „Der Dorfwahrsager" mehr Geld und Beifall ein als je sonst in seinem tristen Leben; „Hofkomponist" hätte er wahrscheinlich werden können, wäre er nicht mutwillig der Audienz ferngeblieben, zu der der König ihn geladen hatte. Die Libretti *Richard Wagners* sprechen, für sich gelesen, zwar nicht unbedingt für eine Doppelbegabung; doch haben sie ihre Eignung als Teil des angestrebten „Gesamtkunstwerks" bewiesen, und überdies zeigte sich Wagner als glänzender Schriftsteller in manchen seiner Briefe und Essays. Der österreichisch-amerikanische Komponist *Ernst Krenek* komponierte und schrieb bis ins hohe Alter und fand Beifall auf beiden Gebieten.

Über die Wechselwirkung zwischen diesen Künsten schrieb Robert Schumann, von Jean Paul habe er „mehr Kontrapunkt gelernt" als von seinem Musiklehrer, und umgekehrt meint *Kleist,* „daß im Generalbaß die wichtigsten Aufschlüsse über die Dichtkunst enthalten sind". Gern würde er sich ein Jahr oder länger „mit nichts als der Musik beschäftigen", schrieb er im Sommer vor seinem Tod. „Denn ich betrachte diese Kunst als die Wurzel (...) aller übrigen." In seiner Novelle „Der Findling" bläst der Priester dem zum Tod Verurteilten die Schrecknisse der Hölle „mit der Lunge der letzten Posaune" in die Ohren. In der Legende „Die Heilige Cäcilie oder die Gewalt der Musik" ist es „das ganze Schrecken der Tonkunst", das die Missetäter in den Wahnsinn treibt. *Nietzsche* beeindruckte seine Freunde mit seinen rauschenden, selbstvergessenen Improvisationen am Klavier und hat sogar komponiert: 63 Klavierstücke, Lieder und Tänze, zum Teil „verführerisch ansprechende Stücke", wie es in einer Musikkritik der „Frankfurter Allgemeinen" von 1980 hieß. „Im Verhältnis zur Musik ist alle Mitteilung durch Worte von schamloser Art", schrieb Nietzsche, und „Ohne Musik wäre das Leben ein Irrtum."

So liegt es nahe, die Meisterschaft in der Handhabung der Sprache den musikalischen Talenten zuzuzählen; es wäre also nicht so sehr von einer Doppelbegabung zu sprechen als vielmehr von einer notwendigen Verschränkung der Talente bei denen, die Rhythmen bändigen und mit Klangfarben malen. Thomas Mann behauptet, der Gedanke sei ihm beim Schreiben oft „das bloße Produkt eines rhythmischen Bedürfnisses" gewesen. Erst recht bietet sich diese Deutung bei der *Lyrik* an (der klassischen, die mit strengem Versmaß operiert). Einst waren Gedicht und Gesang ja nicht getrennt; die griechischen Epen haben wir uns vermutlich als eine Art Sprechgesang vorzustellen; Schuberts Lieder haben die Einheit wieder hergestellt. Darüber hinaus läßt sich wohl sagen: Es ist ein musikalisches Gehör, das Rilke befähigte zu schreiben:

> Nur manchmal küßt wie fernes, feines
> Erinnern dich der Duft des Weines

Oder Schiller:

> Da treibt ihn die Angst
> Da faßt er sich Mut
> Und wirft sich hinein in die brausende Flut
> Und teilt mit gewaltigen Armen
> Den Strom, und ein Gott hat Erbarmen.

Oder Poe:

> Deep into that darkness peering.
> Long I stood there wondering, fearing,
> Doubting, dreaming dreams no mortal
> Ever dared to dream before;
> But the silence was unbroken
> And the stillness gave no token
> And the only word there spoken
> Was the whispered word „Lenore!"

Bild und Wort einträchtig beisammen, Musik und Wort in lebhaftem Austausch: Da bleibt noch die häufige Verschränkung von *Worten und Taten* anzuleuchten – wieder mit der Frage, ob dabei überhaupt von einer Doppelbegabung gesprochen werden sollte. Viele große Tatmenschen haben ihre Taten mit Worten vorbereitet, begleitet, überhöht und nachvollzogen, ihre Kraft mit gleicher Intensität im gleichen Stil in Taten und Worte umgesetzt, die kühle Präzision ihres Denkens und Wollens in beiden gleichermaßen kundgetan. Es war keine Spielerei, daß Jean Paul über *Luthers* Prosa sagte, wenige Taten glichen seinen Worten, sie sei „eine halbe Schlacht". Großen Stil in der Sprache *und* in der Politik bewies der englische Lordkanzler *Francis Bacon,* Baron Verulam: ein arroganter und korrupter Politiker von kaltem Ehrgeiz und überragendem Verstand; dazu ein brillanter

Essayist, ein unerschrockener Kämpfer gegen Illusionen und Idole und der Urheber eines Spruchs, der die Kirche entsetzte: „Wissen ist Macht" – noch das Motto der Arbeiterbildungsvereine des 19. Jahrhunderts und Geist von jenem Geiste, der 1964 in der Bundesrepublik das Schlagwort vom „Bildungsnotstand" prägte. Chamfort, der französische Moralist, sagte über Francis Bacon, er habe seinen Nachfolgern das Land zugewiesen, das sie urbar machen sollten, „er ist Cäsar nach dem Sieg von Pharsalus: Herr der Welt, seinen Anhängern und Günstlingen Königreiche und Provinzen spendend".

An *Thomas Jefferson,* dem späteren Gouverneur von Virginia, Gesandten in Frankreich und dritten Präsidenten der Vereinigten Staaten, wird die kraftvolle und melodiöse Sprache gerühmt, die er der amerikanischen Unabhängigkeitserklärung von 1776 gegeben hat; noch dazu bildete sich Jefferson privat zum Architekten aus und wurde der Bauherr des Kapitols in Washington und der Universität von Virginia. *Lincoln* schrieb seine vielzitierten Reden selbst, anders als Washington und Kennedy, und den Bürgerkrieg „gewann er mit Metaphern", hieß es 1991 in der Zeitschrift „Life": Er verstand sich auf die Kunst, auch dem kleinen Mann klarzumachen, warum in diesem Krieg gestorben werden müsse. „Gott muß die kleinen Leute lieben", sagte er, „denn er hat so viele von ihnen gemacht." *Theodore Roosevelt,* Präsident von 1901 bis 1909, glänzte als Redner und Schriftsteller, war als Amateur-Historiker geachtet und hinterließ 150 000 Briefe (zehn pro Tag ein Leben lang), von denen die an seine Kinder ein Volksbuch geworden sind. Bismarck meisterte das gesprochene und geschriebene Wort nicht anders als die Politik, Churchill erhielt den Nobelpreis für Literatur.

Staatsmann und Feldherr zugleich, in beiden von welthistorischem Erfolg (anders als Kaiser Friedrich II.) und dazu noch Schriftsteller von Rang – auch dies hat es gegeben, mindestens zweimal. *Cäsar* hat zwei klassische Geschichtswerke hinterlassen, schrieb Gedichte und eine lateinische Grammatik, muß ein Redner von überwältigender Wirkung gewesen sein und war überdies als Jurist, Mathematiker und Architekt aktiv. *Friedrich der Große* bezeichnete sich als Philosophen, spielte Flöte, komponierte, schrieb historische Werke, Essays, Gedichte und sogar Libretti und wurde von seinen Zeitgenossen „ein Genie der Universalität" genannt.

Wo ist die Grenze, an der die Genialität von der Universalität gefährdet oder gar verdorben wird? *Benjamin Franklin* hat sie wohl noch nicht überschritten: Seinen Weltruhm erlangte er gerade mit der unglaublichen Fülle seiner Interessen und Talente, doch vielleicht würde man zögern, ihn als Genie einzustufen. Der gelernte Buchdrukker wurde Zeitungsverleger, Schriftsteller und ein populärer Moralist; Gesandter der gerade ausgerufenen Vereinigten Staaten in Paris und Schmied ihres Bündnisses mit Frankreich gegen England sowie einer der Väter der amerikanischen Verfassung; Mitglied der Académie Française und Ehrendoktor der Universität Oxford. Das wäre ein auskömmliches Lebenswerk gewesen. Doch Franklin erfand auch die Zwei-Stärken-Brille, die Glasharmonika (für die Mozart und Beethoven Stücke schrieben) und war einer der Erfinder des Blitzableiters. Als 80jähriger aus Frankreich heimgekehrt, schrieb er ein Buch über „Die Ursachen qualmender Kamine und ihre Beseitigung", zeichnete die erste Karte des Golfstroms und regte an, seine Strömung für die Schiffahrt zu nutzen. Bei Franklin möchte man in der Tat vermuten: Hätte das Schicksal ihm die Rolle eines Feldmarschalls angeboten oder abverlangt – auch sie würde er gemeistert haben.

Goethe bewunderte Franklin, ja er sah in ihm sein Ideal rastloser Tätigkeit verkörpert. Aber Goethe ist zugleich der eine weltberühmte Fall einer Vielseitigkeit, die von der Verzettelung nur schwer zu unterscheiden war; der andere ist Leonardo da Vinci.

Ein bis dahin stürmischer junger Dichter läßt sich zum herzoglichweimarischen Geheimen Rat, Kriegs-, Finanz- und Straßenbaukommisar und Bergwerksdirektor machen. Er leitet das Hoftheater, ist ein engagierter Kunst- und Gesteinssammler, entdeckt den von der Wissenschaft vergessenen Zwischenkieferknochen wieder, hat einen unendlichen Drang, sich in Briefen, Rezensionen, Aphorismen, Gesprächen und Gelegenheitsgedichten mitzuteilen und legt 1810 ein zweibändiges Werk von fast 1400 Seiten „Zur Farbenlehre" vor. Es enthält einen gerühmten historischen Teil sowie wertvolle Beiträge zur Physiologie der Farbenblindheit und zur psychologischen Wirkung der Farben; in der Hauptsache jedoch, der Polemik gegen Newtons Farbentheorie, hat Goethe sich nach dem übereinstimmenden Urteil der Experten aufs peinlichste verrannt, und dies mit einer dem Geheimrat sonst fremden Heftigkeit: Newton ein „Gespenst", seine Lehre „ekelhaft". Und über eben diese Farbenlehre sagt er achtzehn Jahre nach ihrem Erscheinen zu Eckermann: „Über alles, was ich als Poet geleistet habe, bilde ich mir gar nichts ein (...) Daß ich aber in meinem Jahrhundert in der schwierigen Wissenschaft der Farbenlehre der einzige bin, der das Rechte weiß, darauf tue ich mir etwas zugute, und ich habe daher ein Bewußtsein der Superiorität über viele."

Nur daß er zu vielerlei öffentliche Ämter bekleidet habe, warf sich Goethe vor: „Der Ansprüche an meine Tätigkeit, sowohl von außen als innen, waren zu viele“, sprach er zu Eckermann (1824). „Hätte ich mich mehr vom öffentlichen und geschäftlichen Wirken und Treiben zurückgehalten und mehr in der Einsamkeit leben können, ich wäre glücklicher gewesen und würde als Dichter weit mehr gemacht haben.“ Sein Freund Schiller sah das grundsätzlicher: „Es ist zu beklagen“, schrieb er 1803 an Wilhelm von Humboldt, „daß Goethe sein Hinschlendern so überhand nehmen läßt und, weil er abwechselnd *alles* treibt, sich auf *nichts* energisch konzentriert.“ Und Grillparzer sagte über die Jahre von 1805 bis 1825: Indem Goethe „seine Wärme in zu viele Richtungen verteilte, wurde sie schwächer in jeder; seine neuesten poetischen Hervorbringungen waren lau oder kühl“.

Diese Aufsplitterung nun traf nicht einen Eisenbart des Fleißes wie Franklin oder Balzac, sondern einen Saison-Arbeiter. Die Wochen vor Weihnachten pflegte Goethe ja laut Eckermann „in deprimierter Stimmung zu verseufzen“ (Kap. 14); schon als 37jähriger beklagte er seine zunehmende „Unart, vieles anzufangen und bei vermindertem Interesse liegenzulassen“; und als Greis gab er dem Künstler den Rat, „nichts zu forcieren und alle unproduktiven Tage und Stunden lieber zu vertändeln und zu verschlafen“.

Wie es Goethe trotzdem gelang, die Spitze des Weltruhms zu erklimmen, das ist die Frage, die Kap. 41 beanworten wird. Hier bleibt nur, zu grübeln, zu welchen Höhen Goethe wohl hätte aufsteigen können, hätte er sich aufgerafft, „alles der Ausführung einer Idee zu opfern“ – wie er das Napoleon zum Vorwurf machte; wie er es aber selbst einst erträumt haben mag, als er dichtete „Ein Fürst kommt“ und „Ich wandle göttergleich“; bevor er sich also entschloß, die Laufbahn des Ministers und Hobbyphysikers einzuschlagen.

Anders als Goethe verharrte *Leonardo da Vinci* im Umkreis von nur einer Kunst – wenn man sie beschreibt als das, was zwei Augen, Wißbegier und Phantasie im Extremfall leisten können. Er beobachtete und untersuchte mehr als jeder andere Mensch, jedoch auch mehr, als er selbst zu verarbeiten vermochte, obwohl er stets nur wenige Stunden schlief. Er war Anatom, Ingenieur, Kartograph, Festungsbaumeister und Ornithologe, er entwarf Kriegsmaschinen, Schnellfeuergeschütze, Bohrmaschinen, Flugmaschinen, Kanäle, Fluß-Umleitungen, eine Kuppel für den Mailänder Dom und eine Überbauung ganz Mailands mit einer Fußgängeretage; er sezierte dreißig Leichen; er entwarf ein Reiterstandbild von Francesco Sforza und ließ in der Zeichnung das Pferd sich so ungebärdig bäumen, daß die Umsetzung in Stein oder Bronze an der Statik hätte scheitern müssen – kurz: Er wollte alles, studierte alles, begann alles und vollendete fast nichts. „Ach", klagte Papst Leo X., „dieser Mann wird nie etwas schaffen, denn er denkt über das Ende nach, bevor das Werk begonnen ist."

Selbst die Gemälde zu Ende zu führen, auf denen sein Ruhm vor allem ruht, war ihm eine Last: Zeichnungen, Detailstudien, Entwürfe sonder Zahl – die Ausführung überließ er großenteils seinen Schülern, und mit zunehmendem Alter zog er sich immer weiter von der Kunst zurück. Jacob Burckhardt nannte es bedauernswert, daß Leonardo sich mehr und mehr auf Wissenschaft und Technik geworfen habe: Denn seine Entdeckungen und Erfindungen würden auch andere gemacht haben, „während es für die Kunst nur einen Leonardo gab".

Einerseits war kein anderer Mensch je so scharfsichtig, so erfindungsreich, seiner Zeit um so viele Jahrhunderte voraus. Der russische Kulturhistoriker Dmitri Mereschkowski hat es am treffendsten gesagt: „Leonardo glich einem Menschen, der in der Finsternis zu früh erwacht war, während die anderen noch alle schliefen." Andererseits war Leonardo nahe daran, ein Unbekannter zu bleiben. Hätte er nämlich nur noch etwas weniger Zielstrebigkeit und Willen zum Werk investiert: So gäbe es auch die Mona Lisa nicht und nicht das „Letzte Abendmahl", und ohne dieses Schlepptau wäre sein ganzer Reichtum an Beobachtungen und Ideen vermutlich nie ans Licht des Ruhms gekommen.

Dieses Gedankenspiel ist insofern interessant, als es uns auf die unzähligen Halbgenies verweist, von denen wir nichts wissen, weil die andere Hälfte ihnen fehlte, nämlich die Arbeitsdisziplin, der Wille zur Leistung, die Kraft zur Vollendung, die Konzentration auf das Eine. Leonardo war nahe daran, ihr Schicksal zu erleiden. Wie schade, daß er so wenig gemalt, Goethe zu wenig gedichtet, E. T. A. Hoffmann seine Talente in so viele Richtungen geschleudert hat! Ihre Persönlichkeit mag uns desto mehr faszinieren; um ihre möglichen größten Werke haben sie sich und uns vielleicht betrogen.

21.

Zwischenbilanz

> Nichts von Ruhe! Ich weiß von keiner andern als dem Schlaf.
>
> *Beethoven (an F. G. Wegeler, 1801)*

Nach 20 Kapiteln mit einer Fülle oft heikler, oft einander berührender oder durchkreuzender Aspekte mag es an der Zeit sein, zurück und in die Runde zu blicken.

1. Ruhm ist das Produkt von Begabung, Zufall und Willkür. Wo hohes Talent, zumeist verbunden mit unangenehmen Charaktereigenschaften, zufällig mit der Gunst von Zeit und Ort zusammentrifft, da kann die Willkür derer ansetzen, die die Chancen zuteilen und die Würdigungen schreiben. So entsteht viel verdienter Ruhm, noch mehr unverdienter Ruhm und schrecklich viel unverdientes Vergessen (Kap. 1). „Es gibt noch zwanzig chinesische Napoleons – die kennen wir nicht", schreibt Tucholsky. „Noch acht Edisons – sie besaßen keinen Patentmusterschutz. Walther von der Vogelweide hatte neben allem andern: Glück. In dem großen Papierkorb der Vergangenheit kam er obenauf zu liegen, und da liegt er nun – bis auf weiteres."

2. Eines der schlagendsten Beispiele für die Eingangsthese ist *Kolumbus,* der sogenannte Entdecker Amerikas. Seine größte Begabung war die Besessenheit von einer fixen Idee, die er, hochstaplerisch und rücksichtslos, in der richtigen Weltsekunde der Willkür der richtigen Majestäten zu Füßen zu legen verstand (Kap. 2 und 3).

3. Wir haben das Bedürfnis, große Taten großen Männern zuzurechnen. Ihre Büsten bekränzen wir auch dann, wenn wir wenig über sie wissen (wie über Shakespeare) oder fast nichts (wie über Homer); wenn sie vielleicht nur die Visitenkarten für eine Massenleistung gewesen sind oder die Bauchrednerpuppe einer Grauen Eminenz. Die Schlacht von Tannenberg im August 1914 gewannen Hindenburg, Ludendorff, Hoffmann, Gneisenau, Moltke, 153 000 deutsche Soldaten und Zehntausende von deutschen Lehrern, Telefonisten und Eisenbahnern; für all diese „Hindenburg" zu sagen war populärer, bequemer und erleichterte die Geschichtsschreibung; außerdem verhalf es Hindenburg ins Amt des Reichspräsidenten und damit Hitler zur Macht (Kap. 4).

4. Bei Menschen von *Größe* zu sprechen (wenn wir nicht die Körperlänge meinen), ist mythischen Ursprungs. Mythische Helden wie

Wilhelm Tell galten noch bis vor kurzem als historische Figuren. Als Maßstab für Größe empfehlen Schopenhauer und Jacob Burckhardt die Unersetzlichkeit; mit dem Nachteil, daß man allen Entdeckern und Erfindern und den meisten Staatsmännern dann die Größe absprechen müßte, weil ihre Taten ähnlich oder später von anderen vollbracht worden wären. Was wir wirklich meinen, wenn wir von „Größe" sprechen, drückt am ehesten Sebastian Haffner aus: das, was Menschen äußerstenfalls leisten können, „wenn man sie wie Athleten betrachtet, die zum Weltrekordsprung ansetzen" (Kap. 5).

5. Ob im Lexikon oder bei den Nobelpreisen: *Die Frauen* sind weit unterrepräsentiert. Das ist kein Wunder: Denn „Leistung" und „Ruhm" sind männliche Wertbegriffe, die die Frau biologisch in Nachteil setzen; das meiste, was Frauen leisten, drückt sich nicht in Rekorden aus und hat es daher schwer, ins Lexikon zu kommen. Wo aber Frauen eine Leistung im männlichen Wortsinn erbracht haben, erzielen sie damit in einer von Männern bestimmten Welt geringeren Erfolg; und wo sie auch diesen erringen, verweigern Historiker und Redakteure ihnen oft den angemessenen Widerhall, das heißt den Ruhm (Kap. 6).

6. Alle wesentlichen *Erfindungen* sind von vielen Menschen gemacht worden, die entweder aufeinander aufbauten oder nahezu gleichzeitig zu denselben Resultaten kamen. Jede Aussage von der Art „Die Erfindung X wurde von Y gemacht" ist wahrscheinlich falsch. Das Auto zum Beispiel haben in seinen verschiedenen Stufen mindestens acht Tüftler 131 Jahre lang erfunden. Bei den Entdeckern ist die Lage keineswegs übersichtlicher: Welcher Europäer als erster Amerika betreten und welcher Mensch als erster den Nordpol erreicht hat, ist bis heute ungeklärt (Kap. 7).

7. Hegel bezeichnet die historischen Individuen als bloße *Geschäftsführer des Weltgeistes,* ohne die Chance, von dem Weg abzuweichen, den die Geschichte ihnen vorschreibe. Der Marxismus hat diese These begeistert übernommen. Aber damit werden zwei Faktoren dramatisch unterschätzt: die Rolle des blinden Zufalls sowie die Kraft starker Individuen, dem Weltgeist – gesetzt, es gäbe ihn – die Geschäfte zu verderben (Kap. 8).

8. Wie verhält sich *Größe zu Moral?* Einerseits scheint der Fall klar: Massenmördern wie Stalin, Hitler oder Mao sollte das Prädikat „Größe" vorenthalten werden. Andererseits wurde Mao bei seinem Begräbnis als „Leuchtturm des Weltgeistes" tituliert, Hitler 1974 im amerikanischen Nachrichtenmagazin „Time" den „größten Führergestalten der Geschichte" zugerechnet, und eine klare Grenze zwischen Moral und Unmoral ist in der Politik fast nie zu ziehen (Kap. 9). Roosevelt spielte beim japanischen Angriff auf Pearl Harbor eine zwielichtige Rolle, Churchill hat die militärisch sinnlose Zerstörung Dresdens auf dem Gewissen. Auch viele Künstler waren menschlich und moralisch schwer erträglich. Aber am Ende *mögen* wir die Bösen. Gestalten wie Franz von Assisi oder Mutter Teresa haben es schwer, die oberen Sprossen der Ruhmesleiter zu erklimmen (Kap. 10).

9. *Judas Ischarioth* bringt die Maßstäbe vollends durcheinander. Wie kann einer verhaßt und verworfen sein, der eben das tat, was für das Heilsgeschehen nötig war – nämlich dafür zu sorgen, daß Jesus ans Kreuz geschlagen wurde? Seit Klopstock und Lessing wird die Tat des Judas (gesetzt, sie hätte stattgefunden) auch kühner interpretiert: Judas als Verbündeter Jesu, der die schwerere Rolle auf sich nimmt – vor der Nachwelt als Satan dazustehen; oder Judas als Antreiber, der einen zaudernden Jesus drängt, sich endlich als Messias zu offenbaren. In einem solchen Meer der Widersprüche bleibt für dieses Buch nur eines: Moralische Wertungen finden nicht mehr statt. Im übrigen trägt das Ermordetwerden offensichtlich zur Berühmtheit bei: von Cäsar über Rosa Luxemburg bis John F. Kennedy (Kap. 11).

10. Nachdem in den ersten elf Kapiteln versucht worden ist, die Grundbegriffe zu klären, beschäftigt sich das Buch nun mit den *Genies* (Teil B). Wie „Größe" ist der Begriff „Genie" mythischer Herkunft; im 18. Jahrhundert wurde er zum Kultgegenstand. „Das Wort Genie ward eine allgemeine Losung", schrieb Goethe über den Geist von 1775, der bis heute nachzittert, „und weil man es so oft aussprechen hörte, so dachte man auch, das, was es bedeuten sollte, sei gewöhnlich vorhanden." Als Kennzeichen des Genies galt vor allem „Originalität". Doch die ist relativ. „Genie" erweist sich als ein pompöses Wort von unscharfer Bedeutung. Aber vielleicht läßt sich definieren: Die Genies sind die Hochseilartisten des Menschengeschlechts (Kap. 12).

11. Auffallend viele Genies waren mißwüchsig oder häßlich, die meisten körperlich krank. Zu ihren häufigsten Leiden gehörten Epilepsie und Tuberkulose. Rücksichtslose Ausbeutung aller Kräfte für das Werk könnte der Grund für den Zusammenhang zwischen Genie und Krankheit sein, oder eine Anfälligkeit, wie sie auch für extrem gezüchtete Vollblutpferde typisch ist, oder der Ansporn, den das Leiden bietet. „Gesunder Geist in gesundem Körper" – das ist jedenfalls kein Leitsatz für Genies, sondern für Anhänger der Fitness-Bewegung (Kap. 13). „Wenn es wirklich der Geist ist, der sich den Körper baut", schreibt Wolfgang Hildesheimer in seiner Mozart-Biographie, „so ist es wohl kein Zufall, daß der große Geist es fast niemals für zweckmäßig erachtet hat, sich den großen Körper zu bauen." Und Herman Melville sagt: „All mortal greatness is but disease."

12. Fast alle Genies waren Hypochonder oder Melancholiker oder wunde Seelen, oder von Verfolgungswahn gejagt wie Rousseau, oder in nacktem Wahnsinn endend wie van Gogh. Der Zusammenhang zwischen genialer Leistung und Depressionen, Psychosen, Wahnvorstellungen ist seit Platon bekannt. Genialität ist Wahnsinn mit einem Rest Realitätsbezug, sagt der Psychoanalytiker K. R. Eissler. „Genie ist eine bestimmte Form reiner Entartung unter Auslösung von Produktivität", sagt Gottfried Benn. Über die Erfinder schreibt der Psychiater Ernst Kretschmer: Es gebe erfolgreiche und erfolglose, „die erfolglosen nennt man Paranoiker" (Kap. 14). Der bestdokumentierte und erschütterndste Wahnsinnsfall ist der von Friedrich Nietzsche (Kap. 15). Wahnsinn hilft doppelt: Bei glücklicher Konstellation ruft er die Höchstleistung hervor, und außerdem liefert er denen, die bewundern wollen, die pittoresken Elemente.

13. Die meisten Großen waren egozentrisch, von maßloser Arroganz und gegen Kritik mimosenhaft empfindlich. Allen, die spät oder ihr Leben lang nie zu Ruhm gelangten, blieb ja nichts, als von ihrem eigenen Beifall zu zehren; Philosophen oder Wissenschaftler, die eine neue Lehre durchsetzen wollten, brauchten den Hochmut dessen, der sich allein im Besitz der Wahrheit glaubt. Manche Großen plünderten dabei mit bestem Gewissen ihre Mitmenschen aus – so Heine, Richard Wagner, Karl Marx (Kap. 16). Ein schönes Beispiel für die totale Ichbezogenzeit des Künstlers lieferte der polnische Romancier *Wladyslaw Reymont:* Als er 1924 den Nobelpreis bekommen hatte, führte der polnische Botschafter in Paris ihn durch die Nationalbibliothek; Reymont sprach nur einen Satz: „All diese Bücher sofort verbrennen, Platz machen für meine Bücher."

14. Jeder, der etwas Großes leisten will, braucht eine *gewaltsame Konzentration* auf sein Werk. Das Leben der meisten ist gekennzeichnet durch Fleiß und eiserne Arbeitsdisziplin. Etlichen war dabei eine hochentwickelte Arbeitsökonomie behiflich, zum Beispiel das Sammeln und Auswerten vieler tausend Seiten von Notizen (Kap. 17). „Einer, der von der Poesie lebt, hat das Gleichgewicht verloren, und eine übergroße Gänseleber, sie mag noch so gut schmecken, setzt doch immer eine kranke Gans voraus" – der Dichter sagt es in Brentanos Novelle vom braven Kasperl und dem schönen Annerl.

15. *Forscher, Denker, Philosophen* zeichnen sich vor allem durch drei Fähigkeiten aus: Sie wundern sich, wo andere nichts zu staunen finden; sie haben die Kraft, aus ihren Einsichten ein Denkgebäude zu errichten; und sie sind zäh in der Verteidigung dieses Gebäudes gegen eine oft feindselige Umwelt. Klassische Beispiele dafür: Kopernikus, Darwin, Einstein, Freud (Kap. 18).

16. Unter den *schöpferischen Künstlern* haben die meisten selber nicht gewußt, aus welcher Quelle ihre Einfälle sprudelten. Viele glaubten an göttliche Eingebung. Einigkeit herrscht darüber, daß der Künstler aus dem Unbewußten schöpft: nach Sigmund Freud aus seinem eigenen, nach C. G. Jung aus einer noch tiefer liegenden Schicht, dem kollektiven Unbewußten, dem Ort, an dem die Urvorstellungen und Urerfahrungen der Menschheit gespeichert sind. Phantasie, gespeist aus dem Unbewußten, muß sich mit einem Ordnungsprinzip verbünden, damit das Kunstwerk entstehen kann. Die Ordnung ist bis zu einem gewissen Grade erlernbar und kann durch Übung gesteigert werden. Eine fruchtbare Ehe zwischen hemmungsloser Phantasie und eiskalter Logik führte E. A. Poe (Kap. 19).

17. Vor ein Rätsel stellen uns die Menschen, die auf mehreren Gebieten Geniales geleistet haben – wie Friedrich II. von Hohenstaufen, wie E. T. A. Hoffmann und Goethe. Der aber klagte darüber, daß er sich verzettelt habe, und eine Interessen-Vielfalt hart am Rande des Nichts-mehr-zu-Ende-Führens war das Problem Leonardo da Vincis (Kap. 20).

Dies der bisherige Stand. Nun folgt Teil C: *Leistung und Erfolg.* Natürlich, die Leistung war aus der bisherigen Beschreibung nicht herauszuhalten, weil aus Begabungen, die sich nicht durch Leistung verwirklichen, kein Werk und keine Tat entsteht; und auch der Erfolg hat uns begleitet, weil wir von den Großen keine Kenntnis hätten, wäre ihre Leistung nicht irgendwann von Erfolg gekrönt worden, und sei es lange nach ihrem Tod.

Doch berichtete Teil B über die Eigenschaften, die die Großen *mitbringen.* Leistung bedarf aber oft der Anstöße durch die Außenwelt, und der Erfolg ist *immer* an die Umstände von Zeit und Ort gebunden, in die die großen Individuen hineingeboren werden. Der folgende Teil C handelt also von den Einflüssen und Konstellationen, *die die Leistung begünstigen und den Erfolg ermöglichen* – oder eben beides nicht: Dem Talent, Amerika zu entdecken, öffnet sich heute keine Chance mehr, und so würde nicht nur der Erfolg ausbleiben müssen, sondern auch der Anstoß zur Leistung fehlen.

Die nächsten Kapitel (22 bis 26) stellen die großen Politiker und Soldaten vor – Menschen also, die sich in totaler Abhängigkeit von Zeit und Ort befinden und sich, anders als Denker und schaffende Künstler, im Fall des Mißerfolgs nicht mit der Hoffnung auf Nachruhm trösten können: Mit ihrer Leistung haben sie entweder auf der Höhe ihrer Kraft Erfolg oder aber nie. Schon deshalb bedürfen sie anderer Eigenschaften.

Danach geht es wieder um *alle* Großen: Was sie zur Leistung treibt, welche Motive, welche Zwänge, welche Art von Schicksal oder Elternhaus; und welche Umstände den Erfolg begünstigen.

Teil D nimmt dann den *Ruhm* ins Visier; beginnend mit der schmerzlichen Einsicht, daß Leistung und Erfolg keineswegs zur Berühmtheit führen müssen, während umgekehrt Passivität und Mißerfolg dem Ruhm durchaus nicht immer im Wege stehen. Wer entscheidet über die Berühmtheit, wie und warum? Was haben die Ruhmgierigen sich alles einfallen lassen, um auf diese Entscheidung Einfluß zu nehmen? Macht es Spaß, berühmt zu sein? (Gewiß mehr, als ein Genie zu sein; denn das ist fürchterlich.)

Mit Cäsar fangen wir an – einem der unheimlichsten Begabungsbündel, das es je gegeben hat, einem Menschen, der mit der Menschheit nach seiner Laune zu spielen verstand wie keiner vor ihm und keiner danach.

C

LEISTUNG UND ERFOLG

22.

Cäsar – „vielleicht der größte Sterbliche“

> Wer Papst werden will, darf an nichts anderes denken.
>
> *Spanisches Sprichwort*

Der französische Essayist Emile Chartier, der sich Alain nannte, hat 1924 eine „Rede an die Ehrgeizigen“ gehalten, in der eine ebenso einfache wie wenig beachtete Wahrheit steht. „Noch alle Ehrgeizigen habe ich auch ans Ziel kommen sehen“, schreibt Alain. „Natürlich haben sie etwas dafür getan. Sie haben nie einen Schritt unterlassen, der ihren Plänen förderlich war; sie haben regelmäßig die besucht, die ihnen behilflich sein konnten; wo es nötig war, haben sie auch geschmeichelt. Also behaupte bitte niemand, er wolle vorankommen, wenn er demjenigen Grobheiten sagt, der ihm die Wege dazu bahnen kann (...) Der verabschiedete Oberst, der jetzt Kohl pflanzt, wäre angeblich gern General geworden; aber wenn ich sein Leben durchginge, würde ich darin etwas finden, das er dazu hätte tun müssen und das er nicht getan hat, weil er es nicht tun wollte. Ich werde ihm also beweisen, daß er keineswegs General hat werden wollen.“

Sein ganzes Leben einem Ziel unterordnen – kleine Lösung: Man heißt zum Beispiel *Harold Macmillan,* möchte nicht mehr werden als ein leidlich anerkannter britischer Premierminister (er war's von 1957 bis 1963) und tut folglich beizeiten die richtigen Schritte. Kaum Adjutant des Generalgouverneurs von Kanada geworden, des Herzogs von Devonshire, heiratet man dessen Tochter und findet so, fünf Jahre später ins Parlament eingezogen, dort nicht weniger als sechzehn angeheiratete Verwandte vor.

Große Lösung: Man betreibt die Unterordnung unter das Eine mit äußerster Rücksichtslosigkeit gegen sich und vor allem gegen andere; wird man dabei von Talenten begünstigt wie Cäsar, dann erreicht man sein Ziel: der Herr von Rom zu werden und damit der Herr der Erde. Zwar hat Cäsar nie gesagt, daß dies sein Ziel gewesen sei; andererseits hat er nie auch nur behauptet, einer Sache, einem Ideal, seinem Volk oder der Zukunft zu dienen. In Cäsar verdichtete und personifizierte sich, was Herder über das Imperium Romanum sagte: „Nie hat es einen kälteren Stolz und zuletzt eine schamlosere Kühnheit des befehlenden Aufdringens gegeben, als diese Römer bewiesen haben; sie glaubten, die Welt sei die ihre, und darum ward sie's.“

Gaius Julius Cäsar war der Sproß einer der ältesten römischen Adelsfamilien, die mütterlicherseits von den Königen, väterlicherseits aber von den Göttern abstammte, wie er selbst mehrfach öffentlich verkündete. Schon als Jüngling machte er auf sich aufmerksam: groß, sehr schlank, mit zarter, heller Haut, aufwendig bis stutzerhaft gekleidet, dabei ein durchtrainierter Fechter, Reiter und Schwimmer, beredt, höflich und von großem Charme. Mit 18 Jahren beging er die erste seiner zahllosen Bestechungen: um vor dem Diktator Sulla, einem Feind seiner Familie, aus Rom nach Kleinasien fliehen zu können, wo er sich als Offizier militärisch auszeichnete wie auch als geschickter Diplomat gegenüber dem König von Bithynien.

Als 22jähriger nach Sullas Tod wieder in Rom, begann er bei reichen Verwandten, die auf ihn setzten, jene Millionen an Schulden zu machen, die ihm durch Verschwendung, Geschenke und Bestechung die Karriere ebnen sollten – wie dies damals üblich war. Mit 25, noch ohne öffentliches Amt, fiel er auf einer Reise nach Rhodos in die Hände von Seeräubern, worüber Plutarch und Sueton die berühmte Geschichte erzählen: Die Piraten verlangten ein Lösegeld in Millionenhöhe, das für einen römischen Bürger nach römischem Recht von der nächstgelegenen Küstenstadt aufzubringen war. Cäsar lachte die Seeräuber aus und drängte sie, mehr als das Doppelte zu fordern, denn so viel sei er schließlich wert. Dann trug er ihnen eigene Gedichte vor, verlangte ihren Beifall dazu und versprach ihnen, sie alle aufzuhängen. Als das Lösegeld aufgebracht und er freigelassen worden war, charterte er Schiffe und Soldaten, überwältigte die Piraten und ließ sie kreuzigen – jedoch vorher erwürgen, um ihnen die Qual des Kreuzestodes zu ersparen; mit jener clementia (Sanftmut, Nachsicht), die kein Geringerer als Cäsar immer wieder an Cäsar zu rühmen wußte.

Das klingt nach anekdotischer Ausschmückung und enthält doch ein starkes Element der Glaubhaftigkeit: Denn man kann nicht ausschließen, daß Cäsar das Lösegeld deshalb in die Höhe trieb, weil er schon wußte, daß er es erbeuten würde, und dies war schließlich die erste größere Einnahme seines Lebens. Sie trug dazu bei, daß er mit 26 Jahren Pontifex werden konnte, eines der fünfzehn Mitglieder des höchsten römischen Priesterkollegiums. Mit 27 war er Militärtribun, mit 32 endlich kam er an die Quelle: Er wurde Quästor in Spanien, der Leiter der Finanzverwaltung. Mit sich zufrieden war er nicht: In Cádiz seufzte er (Sueton zufolge) vor einer Statue Alexanders des Großen, der mit 32 gestorben war, wie wenig er, Cäsar, in eben diesem Alter geleistet habe.

Mit 35 wurde er in Rom Ädil, eine Art Polizeipräsident, mit der Zuständigkeit für die Zirkusspiele – und mit immer neuen Schulden richtete er die verschwenderischsten Wagenrennen und Gladiatorenkämpfe aus, die Rom bis dahin gesehen hatte. Das verhalf ihm zu einer Popularität, die ihm, zusammen mit neuerlichen Schmiergeldern, mit 37 die Wahl zum Pontifex maximus eintrug, dem Obersten Priester Roms. Mit 38 war er Prätor, einer der acht obersten Richter – in ständigem Aufstieg also, aber mit dessen Tempo nach wie vor unzufrieden, noch weit entfernt von der Spitze und himmelweit vom Ruhm.

Mit 39 Statthalter der römischen Provinz Südspanien geworden, konnte er einen Teil seines Schuldenbergs abtragen; die Herren Roms sahen es ja als ihr natürliches Recht an, die eroberten Provinzen zu ihren Gunsten auszuplündern. Mit 40 endlich hatte er das höchste Staatsamt erreicht: Konsul von Rom. Doch Konsuln gab es immer zwei, und sie blieben es nur ein Jahr. Das war ihm viel zuwenig.

Im Jahr danach zum Prokonsul bestimmt für „Gallien diesseits der Alpen", das heißt das nordwestliche Italien, und „Gallien jenseits der Alpen", das heißt die Provence, winkte ihm endlich die Chance, auf die er so lange gewartet hatte: Reichtum und militärischer Ruhm. Der gallische Stamm der Helvetier, von nachdrängenden Germanen in die Enge getrieben, tat ihm den Gefallen, Druck auf die römische Grenze auszuüben, so daß er mit Waffengewalt gegen ihn vorgehen konnte; daraus machte er einen achtjährigen Eroberungskrieg, in dem er 64 gallische und germanische Stämme nacheinander besiegte und die heutigen Länder Frankreich und Belgien bis an den Rhein unterwarf. Am Ende war von den waffenfähigen Galliern ein Drittel tot, ein Drittel in der Sklaverei und Cäsar der reichste Mann der Welt, gerüstet für den Endkampf um die Macht in Rom.

Kaum zu übertreffen waren dabei seine Grausamkeit und durch nichts zu erschüttern das gute Gewissen, mit dem er sie verübte. Jeder Stamm, der im Kampf um seine Freiheit einen Teilsieg über eine römische Legion errungen hatte, galt ihm als „Verräter" und wurde dezimiert. Im ersten Kriegsjahr, 58 v. Chr., ließ Cäsar die meisten Tiguriner „niedermachen", weil sie Rom eine Schmach zugefügt und „den Großvater meines Schwiegervaters getötet hatten". 56 v. Chr. heißt es über die Veneter: „Ich ließ den ganzen Senat hinrichten und die übrigen als Sklaven verkaufen." 53 v. Chr. gelang es den Eburonen, einem Stamm der Belger, eine römische Legion in einen Hinterhalt zu lokken; Cäsar „rottete die ruchlose Bande aus mit Stumpf und Stiel". Bei der Einnahme von Avaricum (52 v. Chr.) brachten die Römer an die

40 000 Menschen um: „Voller Wut über das Blutbad in Cenabum und die Strapazen bei den Schanzarbeiten verschonten sie weder Frauen noch Greise noch Kinder“, schreibt Cäsar.

Seinen Legionären und sich selbst forderte er das Äußerste ab. Vor einem Angriff auf die Helvetier ließ Cäsar alle Pferde außer Sichtweite führen, sein eigenes eingeschlossen, um den Soldaten die Hoffnung auf Flucht zu rauben. Im siebenten Kriegsjahr überschritten seine Legionen die Cevennen in „haushohem Schnee“ und fielen dem überraschten Feind in den Rücken. Die schon halbverlorene Schlacht an der Sambre (57 v. Chr.) rettete Cäsar – nach seiner Darstellung – dadurch, daß er einem Mann der Nachhut den Schild entriß, in die erste Reihe stürmte, die Hauptleute bei ihren Namen rief und allen zuschrie, „vor den Augen des Feldherrn selbst in der größten Gefahr sich als tapfer zu erweisen“.

Seine Soldaten liebten ihn. Er teilte mit ihnen die meisten Strapazen, er garantierte für den Sieg. Fehlte es ihnen an Mut, so verstand er sie bei der Mannesehre zu packen oder mit der Aussicht auf reiche Beute aufzuheitern; bei einer Gehorsamsverweigerung ließ er zwölf Rädelsführer hinrichten. Als er im Jahre 47 v. Chr. bei der Landung in Afrika stolperte und stürzte, erkannte er blitzartig die Gefahr, daß die Truppe darin ein böses Omen sehen würde; da krallte er sich in die Erde und rief: „Ich halte dich fest, Afrika!“

Das war im dritten Jahr des viereinhalbjährigen Krieges, den Cäsar schließlich gegen das eigene Imperium führte, weil der römische Senat sich seinem Verlangen nach der totalen alleinigen Macht entgegenstellte. Am 11. Januar des Jahres 49 v. Chr. überschritt er das Flüßchen Rubikon bei Ravenna, die Grenze zum römischen Kernland, das heißt: Er beging einen Frevel, er setzte die Spielregeln eigenmächtig außer Kraft. Waren beim Gallischen Krieg die Interessen Cäsars noch zugleich die Interessen Roms gewesen, so machte er nun kein Hehl daraus, daß ihn, „egozentrisch über alle Beschreibung“ (Golo Mann), nichts trieb als die Gier nach Macht.

Zuerst eroberte er Italien, dann mußte er seine Gegner in Spanien schlagen, von dort eilte er nach Griechenland, dann nach Ägypten, dann nach Italien zurück, dann nach Tunesien, dann wieder nach Spanien – in Eilmärschen, zu Fuß und zu Pferde, in Kutschen und Sänften, auf Schnellseglern, sogar schwimmend vor Alexandria, um sich, auf der Insel Pharos abgeschnitten, auf sein Schiff zu retten.

Bei diesem Pensum kam ihm zugute, daß er wenig Schlaf brauchte und in jede Tagesstunde mehr Arbeit zu drängen vermochte als irgendeiner sonst. Um Zeit zu sparen, reiste er am liebsten nachts. Er fand Gelegenheit, nach dem gesamten Gallischen Krieg auch noch die ersten zwei Jahre des Bürgerkriegs für die Nachwelt festzuhalten, in seinen Worten zu seinem Ruhm. Briefe diktierte er oft mehrere zugleich, auch im Reiten, die Schreiber in offenen Sänften unter ihm. Vielfältig war ja die Korrespondenz, die er unterhielt, mit seinen Agenten in Rom und seinen Vertrauensleuten im gesamten Imperium: Nichts sollte ihm verborgen bleiben, auf alles versuchte er Einfluß zu gewinnen. Auch wies er die Agenten an, ihn immer wieder als einen Menschen der Milde und der Großmut hinzustellen – die er sogar gewährte, sooft er sich einen Vorteil davon versprach.

Vom September des Jahres 45 v. Chr. bis zum 15. März 44 konnte Cäsar sich sonnen in dem Triumph, den 12 Jahre Krieg und weitere 24 Jahre der kaltberechneten Karriereplanung ihm eingetragen hatten. Zu dem erstaunlichen Bündel von Talenten, die er ohne Rückstand und Reibung in ihren Dienst gestellt hatte, gehörten zwei, die offensichtlich besonders selten sind.

Zum einen: die Selbstverständlichkeit, mit der er es verstand, eine militärische Niederlage ohne eine einzige Minute der Lähmung oder auch nur des Zauderns nachträglich in einen Sieg zu verwandeln. Bei der Verfolgung der Seeräuber hatte er das bewiesen; er demonstrierte es im siebenten Jahr des Gallischen Kriegs, nachdem er die Schlacht bei Gergovia verloren hatte: Unverzüglich trieb er seine Legionen in einem Gewaltmarsch in 28 Stunden fünfundsiebzig Kilometer tiefer ins Feindesland hinein; ähnlich im zweiten Jahr des Bürgerkriegs nach der Niederlage von Dyrrhachium an der Adria, aus der er den entscheidenden Sieg über Pompeius bei Pharsalus entwickelte. Immer behielt er die Initiative, immer war er einfallsreicher, sah er klarer, handelte er schneller als seine Gegner. Auch seine letzte Schlacht, bei Munda in Spanien gegen die Söhne des Pompeius, hatte er fast verloren, da rief er seinen entmutigten Soldaten zu „Sie fliehen!“, als der Feind nur eine taktische Bewegung ausführte, und die letzten beschämte er mit dem Zuruf: „Merkt euch den Ort, wo ihr euern Imperator im Stich gelassen habt!“

Zum andern: Cäsar verstand aufzuhören. Zweimal während des Gallischen Kriegs überschritt er den Rhein, und zweimal zog er sich wieder zurück. Beim erstenmal, 55 v. Chr., „glaubte ich nach einem achtzehntägigen Aufenthalt genug zum Ruhm und Nutzen getan zu haben“; beim zweitenmal, 53 v. Chr., „beschloß ich aus Furcht vor Getreidemangel nicht weiter vorzurücken“. Das klingt nur vernünftig.

Doch wie oft mußten allzu erfolgreiche Feldherren von einsichtigen Staatsmännern gezügelt werden, zum Beispiel General MacArthur von Präsident Truman im Korea-Krieg; und wie oft konnte der Staatsmann, wenn er zugleich der Feldherr war, sich nicht bezähmen, so daß er seinen Untergang selbst einleitete wie Napoleon und Hitler mit ihren Rußland-Feldzügen.

Cäsar war eben von „genialer Nüchternheit", wie Theodor Mommsen sagt, er besaß einen untrüglichen Instinkt für das Mögliche. Niemals unterlief ihm ein Fehler aus Wut oder einer anderen Leidenschaft. Blitzschnell im Durchschauen von Zusammenhängen und von Schwächen seiner Gegner, aufs straffste selbst organisiert, niemals ermüdet und gar entmutigt, rücksichtslos im Handeln, pausenlos zur Überrumpelung bereit – so rückte er in jeder Stunde seines Lebens seinem einzigen Ziel um so viel näher, wie diese Stunde es zuließ bei Ausreizung aller Möglichkeiten, die Verletzung der Spielregeln und jede Brutalität eingeschlossen.

Rastlos fügte er Stein auf Stein, schließt Mommsen sein großes Cäsar-Porträt, „mit immer gleicher Geschmeidigkeit und immer gleicher Spannkraft tätig an seinem Werk, ohne je zu überstürzen oder zu verschieben, eben als gebe es für ihn nur ein Heute und kein Morgen. So wirkte und schaffte er wie nie ein Sterblicher vor und nach ihm." Für Jacob Burkhardt war Cäsar „in betreff der Begabung vielleicht der größte Sterbliche".

Träfen diese Superlative zu, so müßten die Eigenschaften aller erfolgreichen Staatsmännner und Feldherren immer nur einen Ausschnitt aus den Talenten darstellen, die Cäsar besaß. Also sind die Superlative wohl übertrieben. Den Feldherrn Cäsar hat noch niemand über Alexander den Großen gestellt; der Politiker Cäsar aber wäre ohne seine beiden vom Zaun gebrochenen Kriege nur irgendein römischer Konsul gewesen, der sich noch dazu den Weg in dieses Amt mit so ungewöhnlich massiven Bestechungen bahnen mußte, daß man umgekehrt an seiner Fähigkeit zweifeln könnte, sich mit *politischen* Mitteln durchzusetzen.

Es bleibt, daß Cäsar lückenlos und in Vollendung jene Eigenschaften besaß, die alle oder die meisten benötigen, die sich an die Spitze setzen wollen.

ABRAHAM LINCOLN
16. Präsident der Vereinigten Staaten. Er wird als Retter der Nation gefeiert, weil er 1861 die abtrünnigen Südstaaten mit Krieg überzog. Andere verfluchen ihn als einen, der mit 620 000 gefallenen Soldaten einen Staat zusammenhielt, der durchaus hätte auseinanderfallen dürfen. Daß er ermordet wurde, war ein doppelter Beitrag zu seinem Ruhm: Er war zum Märtyrer verklärt, und er konnte keine Fehler mehr machen.

KONRAD ADENAUER
Mit 73 Jahren wurde er zum erstenmal zum Bundeskanzler gewählt und blieb es vierzehn Jahre lang: ein rücksichtsloser Kämpfer, ein egozentrischer Machtmensch, begabt mit Realitätssinn und dem Instinkt für die richtige historische Stunde – kurz: ein klassischer Politiker, Deutschlands erfolgreichster in diesem Jahrhundert. Zu Adenauers Arsenal gehörten auch Verleumdung, Intrige und Menschenverachtung.

23.

Wie Politiker nach oben kommen

> Das große Individuum weiß den Moment des Eingreifens zum voraus, während wir die Sachen erst hernach aus den Zeitungen lernen.
>
> *Jacob Burckhardt*

Ja, wir finden auch Menschen an der Spitze, die wenig konnten und wenig wollten; beim Roulette des Ruhms hatten sie zufällig immer dort gesetzt, wohin die Kugel rollte. Wenn unter tausend Menschen, die über drei Minenfelder auf ein Amt zurennen, auf jedem Feld 90 Prozent auf eine Mine treten, so bleibt schließlich *einer* übrig, und keineswegs muß es der Tüchtigste sein. Auch in der Politik gibt es Lottokönige, Nutznießer des totalen Zufalls – und viele tausend Nieten. Jacob Burckhardt beklagt, „wie viele Höchstausgestattete untergingen, bis einer sich von Stadium zu Stadium durchschlug".

Zuweilen drückt überdies ein politisches Patt einen Mann nach oben, der darauf wenig erpicht und dafür wenig geeignet schien – einen Kompromißkandidaten, auf den das Wahlgremium sich gern dann einigt, wenn zwei starke Bewerber oder zwei Machtblöcke einander blockieren. *Konstantin Tschernenko* war ein solcher, der traurige Greis, den das Politbüro an die Spitze schob, bevor es sich aufraffen konnte, Gorbatschow zu wählen. Doch für die Mehrheit aller Staatsmänner, von der Antike bis heute, in Demokratien wie in Diktaturen, gilt, daß ihr Erfolg um so wahrscheinlicher ist, je ausgeprägter sie die folgenden cäsarischen Eigenschaften besitzen:

1. Sie müssen *egozentrische Machtmenschen* sein, besessen von ihrem Ziel, mit gutem Gewissen bei jedem Verstoß gegen die Gesetze (manchmal), die Moral (meistens) und den Anstand (immer). Niemanden sollte es irritieren, daß ihre öffentlichen Reden allein von ihren hehren Zielen handeln; der Widerspruch erklärt sich zumeist auf eine von drei Arten: Der Egozentriker, der vom Gemeinwohl salbadert, verbreitet entweder klare Lügen; oder er unterläßt es, sich selbst nach seinen Motiven zu fragen, was ihm das Lügen erspart, ja ihn gelegentlich verführen mag, seinen eigenen Worten zu glauben; oder sein Machtstreben deckt sich zufällig so weitgehend mit den Interessen der von ihm Regierten, daß es unvernünftig wäre, die Andersartigkeit seiner Motive anzuleuchten – wie etwa bei dem Bündnis, das Churchill und England 1940 eingingen. Das selbstverständliche Selbstbewußtsein dieser Machtmenschen überwältigt Freund und Feind, ob sie militant auftreten wie Napoleon oder zivil wie De Gaulle.

Die meisten *Könige* kamen ohne diesen Machtinstinkt aus, hätten es allerdings vermutlich nie geschafft, durch Leistung König zu werden; auch von Friedrich dem Großen wüßten wir vermutlich nichts, hätte seine Wiege nicht im Schloß gestanden. Umgekehrt: Es ist unstreitig eine Leistung, Bundeskanzler zu werden; sie steht, wie wir alle wissen, in keinem notwendigen Zusammenhang mit dem Talent, Bundeskanzler zu sein.

2. Der Machtmensch, der sein Ziel erreichen will, schreckt vor keiner *Niedertracht* zurück. Papst *Julius II.,* der große Förderer von Raffael und Michelangelo, konnte als Mäzen nur deshalb über die Gelder des Vatikans verfügen, weil er zuvor genügend Geld investiert hatte, um so viele Kardinäle zu bestechen, daß sie ihn zum Papst wählten. „Ich verschleiere, ich weiche aus, ich besänftige, so gut ich kann", hieß der Wahlspruch des Kardinals *Mazarin,* der als Nachfolger Richelieus die Geschicke Frankreichs lenkte; „aber wenn es nötig ist, zeige ich, wozu ich fähig bin." *Friedrich der Große,* der als Kronprinz noch gegen Machiavelli polemisiert hatte, vertrat in seinem Politischen Testament von 1768 den Machiavellismus pur: „Das beste Mittel, den eigenen Ehrgeiz zu verbergen, ist, daß man friedliche Gesinnung demonstriert, bis die Gelegenheit kommt, da man seine Karten aufdecken kann. So haben alle großen Staatsmänner gehandelt."

Bismarck zerbrach alle Gegner, alle Konkurrenten und alle, die er dafür hielt. Die Zustimmung des bayerischen Königs Ludwig II. zur deutschen Einigung von 1871 errang er durch kräftige Bestechungsgelder aus seinem Geheimfonds; das Attentat, das ein Psychopath im Juni 1878 auf Wilhelm I. verübte, war ihm nichts als ein willkommener Vorwand, im Reichstag das Gesetz „gegen die gemeingefährlichen Bestrebungen der Sozialdemokratie" durchzupeitschen. *Adenauer* tat das ihm Mögliche, um seinen Nachfolger Ludwig Erhard politisch und menschlich kaputtzumachen; Rachsucht, Heimtücke, Zynismus gehörten zu seinem Repertoire. Nach Golo Mann war er ein „Menschenverachter, der Mitarbeiter verbrauchte, schnöde beiseite schob, ein lauernder, dreister Unterhändler"; allerdings: „In der parlamentarischen Demokratie regiert man nicht aus bloßer Unschuld und Güte vierzehn Jahre lang wie ein König der alten Zeit, reich und milde."

Natürlich kann man die Hemmungslosigkeit im Kampf um die Macht übersteigern und daran scheitern wie Richard Nixon, amerikanischer Präsident von 1969 bis 1974, an der Watergate-Affäre; aber man kann sie auch zum Äußersten treiben und dennoch ungeschoren sein Ziel erreichen wie *Lyndon Johnson,* Präsident von 1963 bis 1968, der Großmeister aller taktischen Finessen und Roßtäuschertricks.

Da hatte ein häßlich aussehender, häßlich sprechender Mittelschullehrer aus Texas den brennenden Wunsch, in den feinsten Klub der Erde aufzusteigen, den Senat in Washington. Als Johnson mit seinem ersten Anlauf, 1941, knapp gescheitert war, sagte er (der auf vier Bände angelegten Biographie Robert Caros zufolge) über seinen siegreichen Gegner „Er hat mehr Stimmen gestohlen als ich, das ist alles" und schwor, daß man ihn nie wieder übertölpeln sollte. Als Amerika in den Krieg eintrat, trug Johnson schwer daran, daß er seinen Wählern versprochen hatte, sich freiwillig an die Front zu melden; er brachte es auf einige Minuten Feindberührung und kehrte umgehend mit einer Tapferkeitsmedaille heim. Bei den Senatswahlen von 1948 siegte er mit einem Vorsprung von 87 Stimmen (unter 988 000 Wählern); und keiner, der ihn kannte, glaubte je, daß es bei der Auszählung mit rechten Dingen zugegangen sei.

1953 zum Fraktionsführer der Demokraten aufgestiegen, wurde Johnson 1961 Kennedys Vizepräsident. Die tödlichen Schüsse von Dallas müssen diesem Mann als Aufruf zu ungeheuren Taten in den Ohren geklungen haben: Seine Majestät der Zufall hatte ihm die Chance seines Lebens in die Hand gespielt. Und er nutzte sie. In den fünf Jahren seiner Präsidentschaft betrieb er nicht nur seine verhängnisvolle Vietnam-Politik (die ihm in den Augen der Nachwelt vor allem anhaftet), sondern er listete, trotzte und zwackte einem widerspenstigen Kongreß eine fortschrittliche Sozialgesetzgebung ab, mit der er das Werk der Präsidenten Roosevelt und Kennedy erst zur vollen Höhe führte: endlich eine staatliche Krankenversicherung, endlich die vollständige Gleichberechtigung der Schwarzen und endlich die Überwindung des germanischen Rassenwahns, der bis dahin in den amerikanischen Einwanderungsgesetzen geherrscht hatte – erst durch Johnson bekamen Griechen und Japaner die gleichen Chancen, Bürger der USA zu werden, wie Engländer und Deutsche. Machtgier und Bestechung förderten also letztlich einen guten Zweck; ein weiteres schönes Beispiel dafür, wie sehr das politische Gestrüpp sich gegen moralische Maßstäbe sperrt.

Zu den cäsarischen Eigenschaften der Machtgier und der Bereitschaft, die Grenzen von Recht und Moral zu verletzen, treten als weitere Talente, die den Erfolg begünstigen:

3. ein Gespür für die Stärken und Schwächen von Mitarbeitern, Konkurrenten und Feinden – *Menschenkenntnis* also und der Wille, von ihr einen kühl kalkulierten Gebrauch zu machen. Einerseits heißt dies: überlegene Intelligenz akzeptieren und sie für sich arbeiten lassen; nach dem Satz, den der amerikanische Stahlindustrielle Andrew Carnegie sich auf seinen Grabstein meißeln ließ: „Hier liegt ein Mann, der es verstanden hat, bessere Leute in seinen Dienst zu nehmen, als er selbst es war." *Franklin Roosevelt* wird nachgesagt, er habe sich diejenige Intelligenz, die die seine überschritt, von der Columbia-Universität kommen lassen; fest steht, daß er seine Mitarbeiter souverän suchte, beförderte, gegeneinander ausspielte und fallenließ, wie es gerade seinen Interessen entsprach. Eisenhower verstand es, John Foster Dulles für sich arbeiten zu lassen, und Nixon Henry Kissinger. Andrerseits heißt Menschenkenntnis: ein Frühwarnsystem gegen Männer entwickeln, die einem gefährlich werden könnten. Hitler und Tito wird dieses Gespür für die Gefahr von morgen nachgesagt, und vermutlich brauchen ihn die meisten Diktatoren auf ihrem Weg zur Macht wie auch, um sie zu behaupten.

4. Politiker müssen *gute Nerven* haben, unerschüttert durch Peinlichkeiten, Rückschläge und Niederlagen. Als der 32jährige Rittergutsbesitzer, Leutnant der Reserve und gescheiterte Gerichtsreferendar *Otto von Bismarck* 1847 im preußischen Landtag seine Jungfernrede hielt, rief er mit seinem provokanten Vortrag erzkonservativer Thesen einen Tumult hervor – und wie ertrug er den? „Ich blieb auf der Tribüne, blätterte in einer dort liegenden Zeitung und brachte, nachdem der Lärm sich ausgetobt hatte, meine Rede zu Ende."

Zur Nervenstärke des Augenblicks muß das hinzukommen, was Jacob Burckhardt die *Seelenstärke* nennt, die notwendige Ergänzung aller anderen Fähigkeiten, „welche es allein vermag und daher auch allein liebt, im Sturme zu fahren (...) Schicksale von Völkern und Staaten (...) können daran hangen, daß ein außerordentlicher Mensch gewisse Seelenspannungen (...) in gewissen Zeiten aushalten könne", wie von 1759 bis 1763 Friedrich der Große. Oder, wäre hinzuzufügen, wie *Churchill,* der von Mai 1940 bis zu Hitlers Angriff auf die Sowjetunion im Juni 1941 der deutschen Kriegsmaschine und dem in England verbreiteten Defätismus nichts entgegenzusetzen hatte als sein bärenhaftes Stehvermögen und den Schwung seiner Rede, den er mit perfektem Theaterinstinkt einzusetzen wußte. Er, wenn irgendeiner, besaß das, was Max Weber vom Politiker fordert: „die geschulte Rücksichtslosigkeit des Blickes in die Realitäten des Lebens und die

Fähigkeit, sie zu ertragen und ihnen innerlich gewachsen zu sein".

5. Politiker müssen eine bestimmte Form der *Intelligenz* besitzen: eine scharfe, schnelle und analytische, verbunden mit dem Talent zur Vereinfachung und der Fähigkeit, sich nach Belieben auf das zu konzentrieren, was gerade wichtig ist. Milovan Djilas hebt das als besondere Fähigkeit *Titos* hervor, des Bauernsohns und Schlossergesellen, der es, gänzlich ungebildet und allem Grübeln abhold, vom Feldwebel der österreichisch-ungarischen Armee 1943 zum selbsternanten Marschall brachte, 1948 zum Sieger über Stalin, 1953 zum Präsidenten Jugoslawiens und schließlich zum Sprecher und Messias der blockfreien Nationen. „Ein großer Mensch ist, wer weit, schnell und richtig sieht", sagt Montesquieu. Praktische Intelligenz ist gefragt, nicht tiefsinnige. „Die zu große Entwicklung der Intelligenz steht der Festigkeit des Charakters und Entschlossenheit des Willens geradezu im Wege", sagt Schopenhauer. In seinem Essay über Wilhelm Tell schreibt Robert Walser, „reflektierende, gebildete Menschen" fänden es oft zu schrecklich, das wirklich zu tun, wovon sie einsähen, daß es getan werden müsse. Von Adenauer ist bekannt, daß er das Talent besaß, sich jeden Überschuß des Denkens über das Handeln zu ersparen.

6. Staatsmänner brauchen einen wachen *Instinkt für den günstigen Augenblick,* die richtige Stunde – und dazu die Fähigkeit, sie in kühnem Zugriff und mit Improvisationstalent zu nutzen. Im fernen Ägypten hatte der General *Bonaparte* im Herbst 1799 die Witterung, daß inmitten der Anarchie von Paris seine Stunde schlagen könne; er ließ seine Truppen im Stich, durchbrach an Bord einer Fregatte die britische Blockade, landete am 8. Oktober in Fréjus und überrumpelte am 9. November (nach dem Revolutionskalender dem 18. Brumaire) mit 8000 Soldaten den Rat der Fünfhundert; wobei ihm allerdings die guten Nerven fehlten: Von den Abgeordneten körperlich bedrängt, kam er einer Ohnmacht nahe und wurde von seinem Bruder Lucien herausgepaukt – noch ein Glied in der Kette der Zufälle, die ihm beim Weg ins Lexikon unverdient zu Hilfe kamen. *Bismarck* hat das ihm zugeschriebene Wort, Politik sei „die Kunst des Möglichen", zwar so nicht gesprochen, die Kunst jedoch beherrscht. Theodor Fontane würdigte 1893 treffend „das Riesengroße", das Bismarck genialisch zusammengemogelt habe.

Früher als andere erkennen, was machbar ist und wo die Chancen liegen – das gehörte zu den Gaben, die *Adenauer* zum erfolgreichsten deutschen Staatsmann des Jahrhunderts machten. Als die Westalliierten 1948 erwogen, aus ihren drei Besatzungszonen einen Staat zu bilden, war Adenauer der erste, der dies bejahte und die zunächst weithin ungeliebte Republik als Chance seines Lebens nahm. Als der Parlamentarische Rat über die Hauptstadt abstimmte, verstand er es, eine Mehrheit von einer Stimme für Bonn zu sammeln, ein verschlafenes Städtchen, das noch wenige Wochen zuvor als absurder Außenseiter gegolten hatte. Als die Fraktion der CDU/CSU zur ersten Sitzung zusammentraf, teilte er ihr unaufgefordert mit, er habe sich geprüft und sei zu dem Ergebnis gekommen, daß er, „wenn auch nicht irgendwie frohen Herzens" (log er), wenn die Fraktion ihn zum Bundeskanzler wählen sollte, „diesem Ruf Folge leisten müßte. Ich darf noch hinzufügen, daß sowohl die Freien Demokraten wie auch die Deutsche Partei mit meiner Wahl zum Bundeskanzler durchaus einverstanden wären." Längst hatte er also die Koalition geschmiedet, die ihn zwei Wochen später mit einer Stimme Mehrheit wählte.

7. Staatsmänner brauchen *Augenmaß, Realitätssinn,* die instinktsichere Einschätzung, wo die Grenze des gerade noch Möglichen verläuft. Augenmaß und leidenschaftliche Hingabe an die Sache sind nach Max Weber die Voraussetzungen für das „starke, langsame Bohren von harten Brettern", das die Politik ausmache, und zugleich zwei der drei Qualitäten, die einer haben müsse, „um seine Hand in die Speichen des Rades der Geschichte legen zu dürfen" – zu dürfen, das klingt weniger nach einer Beschreibung des Istzustands als nach einem Postulat, und in der Tat nennt Weber als dritte Eigenschaft etwas de facto ziemlich Seltenes: Verantwortungsgefühl.

Die Grenzen des Möglichen haben die erfolgreichen Politiker auf mindestens dreierlei verschiedene Weise zu erreichen versucht. Die einen sind die Hasardeure, die alles auf eine Karte setzen. Verlieren sie gleich beim ersten Einsatz, so stoßen sie zum Heer der Namenlosen. Hangeln sie sich von Gewinn zu Gewinn, so spricht man von ihnen. Fällt bei ihnen das Lottoglück mit formidablen Talenten zusammen, so heißen sie Napoleon oder Hitler – und verlieren schließlich doch. Die zweite Gruppe der Erfolgreichen spielt ebenfalls mit hohen Einsätzen, doch sie gewinnt bis zum Ende – gewiß vom Zufall begünstigt, aber zugleich mit dem sechsten Sinn für das Risiko begabt: Alexander der Große, Cäsar, Cromwell, Friedrich der Große, Bismarck. Die dritten spielen nicht, und wenn die Umstände ihnen einen riskanten Einsatz abverlangen, dann berechnen sie ihn scharf.

Keiner hat das mit kühlerem Verstand getan als der Kardinal *Richelieu,* der von 1624 bis zu seinem Tod im Jahre 1642 der Erste Minister im Staatsrat Ludwigs XIII. war und Frankreich die Vormachtstellung in Europa verschaffte. Der Père Joseph, seine Graue Eminenz, war sein Vollzugsorgan; „das treffende Gefühl für das Ausführbare" besaß, nach Ranke, Richelieu selbst. Seine Gutachten an den König „zeugen von einem Scharfblick, der die zu erwartenden Folgen bis in die weiteste Ferne wahrnimmt, der unter dem Möglichen das Ausführbare, unter mancherlei Gutem das Beste zu unterscheiden weiß". Sein Biograph Carl J. Burckhardt fügte hinzu, nie habe sich Richelieu zur Passivität, zum Schwelgen in seinen Erfolgen verleiten lassen, „sondern bis zuletzt und in allen Lagen diente er seiner eigenen Berufung mit den angespannten Mitteln des menschlichen Verstandes".

Nicht zu spielen, nur zu berechnen und dabei die Nase im Wind zu haben: Wahrscheinlich ist das auch das Talent jener bemerkenswerten Spezies von Politikern gewesen, die sich unter jäh wechselnden Machthabern oder Machtkonstellationen immer an der Spitze zu halten verstanden. Tito war ein solcher, *Franco* nicht minder: Von Hitler und Mussolini in den Sattel gehoben, verweigerte er ihnen im Zweiten Weltkrieg die eingeforderte Unterstützung – und überlebte beide um mehr als dreißig Jahre, Staatschef bis zu seinem Tod.

Das Sowjetsystem hat drei solcher Überlebenskünstler hervorgebracht: Molotow, Mikojan, Gromyko. *Wjatscheslaw Molotow* blieb drei Jahre lang Außenminister unter Chruschtschow, obwohl er der engste Vertraute Stalins und zehn Jahre lang dessen Außenminister gewesen war; dieses Beharrungsvermögen verschaffte ihm, zusammen mit seinem unerschütterlichen Sitzfleisch bei internationalen Konferenzen, den Spottnamen „der Eiserne Hintern der Weltrevolution". Allerdings endete Molotow in Ungnade. Anders *Anastas Mikojan:* Einunddreißig Jahre lang hielt er sich im Politbüro, unter Stalin, Malenkow, Stalins Feind Chruschtschow und Chruschtschows Feind Breschnjew, und das, obwohl er einer der engsten Berater Chruschtschows gewesen war.

Andrej Gromyko, schon der Botschafter Stalins in Washington und später beim Weltsicherheitsrat, war unter fünf Parteichefs Außenminister, von 1957 bis 1985; dann schob Gorbatschow ihn in das bloß repräsentative Amt des Staatsoberhaupts ab. Wie kommt es, daß ein kleiner Dorfjunge, der Sohn eines armen Bauern und Holzfällers, es so weit bringen konnte? fragte Gromyko selber in seinen Memoiren, die 1988 erschienen, ein Jahr vor seinem Tod. Seine Antwort lautete: Schon früh habe er sich angewöhnt, „sich jeden Schritt gut zu überlegen".

Das kann man ihm glauben, doch war da noch mehr: eine pausenlos zur Schau getragene kommunistische Gesinnung von Jugend an und die Bereitschaft, überall für sie zu werben und auch für sie zu leiden – nach dem Wort, das Chruschtschow gesprochen haben soll: Auf Befehl würde Gromyko monatelang auf einem Eisblock sitzenbleiben, und das mit herabgelassenen Hosen. Und da war der ungeschminkte Opportunismus: Als Gromyko seine Memoiren schrieb, durfte er noch Stalin loben; als sie erschienen, hatte er Gorbatschow zuliebe mit drei Sternchen an das Lob den Nachtrag angehängt, freilich könne Stalin die Massenausrottung von Kommunisten nie verziehen werden.

Wie auf Gromyko gemünzt klingt der Satz, den die Altkommunistin Ruth Werner im November 1989, einen Tag nach dem Fall der Mauer, auf einer SED-Kundgebung sprach: „Wenn du in den Parteiapparat gehst, kriegst du entweder Magengeschwüre, oder du brichst dir den Hals, oder du verfällst dem Gift der Macht." Dem Gift war Gromyko verfallen, und nach Magengeschwüren sah er trotzdem aus.

Doch auch mit ungetrübtem Genuß läßt das Gift der Macht sich schlürfen. Das bewies zum Beispiel *Charles Maurice de Talleyrand-Périgord,* hinkender Frauenheld, Weltmeister des Opportunismus und „Scheiße im Seidenstrumpf" (nach einem Wort, das Napoleon zugeschrieben wird). Als junger Bischof stimmte Talleyrand 1789 sogleich für die Einziehung der Kirchengüter. 1797 wurde er Außenminister des Direktoriums, 1799 unterstützte er Napoleons Putsch; der Kaiser erhob ihn 1806 zum Fürsten und entließ ihn 1807, weil er gegen seine Eroberungspolitik opponierte. 1814, als Napoleon nach Elba verbannt war, holte König Ludwig XVIII. Talleyrand ins Außenministerium zurück; auf dem Wiener Kongreß verstand er es, das geschlagene Frankreich als Großmacht im Gespräch zu halten – mit überlegenem Geist, brillanter Rhetorik und souveränem Intrigenspiel.

Napoleon, nach Paris zurückgekehrt, bot Talleyrand an, Außenminister zu bleiben; er lehnte ab, wurde in der zweiten Amtszeit Ludwigs XVIII. für ein paar Monate Regierungschef, beteiligte sich am Sturz von Ludwigs Nachfolger Karl X. durch den „Bürgerkönig" Louis Philippe und wurde dessen Botschafter in London. Unstreitig besaß Talleyrand eine feinere Nase für den Kurswechsel von übermorgen und eine bessere Menschenkenntnis als jeder seiner Zeitgenossen, mehr Geduld im Abwarten seiner Chance, mehr Verstand als unter Politikern üblich und dazu die perfekte Gewissenlosigkeit.

Ähnlich erfolgreich, doch ohne Talleyrands Eleganz, spielte auf dem Klavier des Opportunismus *Joseph Fouché* – Mönch und Advokat, führend beteiligt an der Schreckensherrschaft der Französischen Revolution, in die Geschichte zuerst eingegangen als „Schlächter von Lyon", weil er als Prokonsul dort mehr als 1600 Todesurteile vollstrecken ließ; beteiligt am Sturz Robespierres, dann am Staatsstreich Napoleons, dann neun Jahre lang dessen Polizeiminister. Als der Kaiser auf Elba festsaß, unterstützte Fouché Ludwig XVIII., nicht ohne gleichzeitig für die Rückkehr Napoleons nach Paris zu intrigieren; der machte ihn erneut zum Polizeiminister, was Fouché nicht hinderte, mit Ludwig XVIII. zu konspirieren. So wurde er nach Waterloo Chef der provisorischen Regierung und unter Ludwig XVIII. Polizeiminister, zum viertenmal, wobei er sich durch die scharfe Verfolgung jener einstigen Mitverschwörer auszeichnete, die gleich ihm die Rückkehr Napoleons von Elba betrieben hatten.

All diese Qualitäten und noch eine mehr bewies *Deng Xiaoping*, das Stehaufmännchen der chinesischen Revolution. Seit 32 Jahren Maos Mitstreiter, seit elf Jahren Mitglied des Politbüros, wurde er bei der „Kulturrevolution" von den Roten Garden aus dem Haus gezerrt, beschimpft („Siedet den Hundekopf in heißem Öl!") und in ein sogenanntes Umerziehungslager verschleppt; sein Sohn sprang aus dem Fenster, um zu fliehen, und ist seitdem querschnittsgelähmt. Sechs Jahre später war Deng dann plötzlich wieder stellvertretender Ministerpräsident, acht Jahre später Maos Stellvertreter und Generalstabschef. Nach Maos Tod wurde er von dessen Witwe zum zweitenmal aller Ämter enthoben und 1977, nach Liquidierung der „Viererbande", zum zweitenmal in alle Ämter eingesetzt. Gleich zwei solche Wechselbäder durchzustehen erforderte die bekannte brisante Mischung aus Machtgier, Gemeinheit, guten Nerven, praktischer Intelligenz und dem Spürsinn für die richtige Stunde; bei Deng aber noch eine Eigenschaft: die Bereitwilligkeit, die Kröte zu schlucken, daß er wieder in die Dienste dessen trat, der ihn gedemütigt, verbannt und betrogen hatte.

Ein verwirrendes Zickzack bestimmte auch Dengs Politik: 1979 führte er in China marktwirtschaftliche Elemente ein – 1986 schaffte er sie wieder ab. 1978 erreichte er die Anerkennung Chinas durch die USA („Time" machte ihn zum „Mann des Jahres") – 1979 betrieb er den militärischen Überfall auf Vietnam, den ersten Zusammenprall zweier kommunistischer Staaten, den es doch nach der reinen Lehre gar nicht geben konnte. Für 1985 kürte „Time" ihn zum zweitenmal zum „Mann des Jahres" – und 1989 war es Deng, 84 Jahre alt und immer noch Vorsitzender der Militärkommission, der den Panzern befahl, die Studenten niederzuwalzen auf dem Platz des Himmlischen

Friedens. Im Volk verhaßt und in der Partei bald ohne Ämter, gelang es dem Greis 1992 zum zweitenmal, in China die Parole durchzusetzen: „Wir wollen vom Kapitalismus das lernen, was für uns nützlich ist."

Machtbesessen, widerlich und dabei gar nicht dumm: So einer kommt nach oben, und ein bißchen Deng dürfen wir in jedem vermuten, der es zum Minister brachte.

Wie wünscht sich Amerika den Mann im Weißen Haus?

Hedley Donovan, langjähriger Chefredakteur des amerikanischen Nachrichtenmagazins „Time“ und ein Jahr lang Berater von Präsident Carter, hat in der Time-Ausgabe vom 13.12.1982 einunddreißig „Anforderungen an den idealen Präsidenten“ aufgezählt, darunter die folgenden:

1. Er soll aussehen wie ein Präsident, würdig auftreten und großmütig sein.

2. Er soll körperlich belastbar sein.

3. Er soll eine überlegene Intelligenz besitzen, muß aber nicht brillant sein. Als die intelligentesten Präsidenten des 20. Jahrhunderts bezeichnet Donovan Johnson, Nixon und Carter – aber gerade ihnen habe es gefehlt an Augenmaß („judgment and proportion“).

4. Er soll Optimismus und Humor besitzen.

5. „He must be a communicator“: Er soll sich der Öffentlichkeit mit Hilfe der Medien verständlich machen können – wie die Großmeister auf diesem Feld, Roosevelt und Reagan.

6. „He must offer the country vision“: Er muß seinem Land zukunftsträchtige Ideen anbieten, wie Johnson und Reagan. (Kennedy wird daneben als reiner Ehrgeizling eingestuft, ebenso wie Nixon.)

7. Er soll einerseits integer, andererseits hart und sogar rücksichtslos sein, aber an der Skrupellosigkeit kein krankhaftes Vergnügen finden. Roosevelt habe oft auf dieser Grenze balanciert, Johnson sie mehrfach überschritten.

8. Er muß Stehvermögen, tiefes Selbstvertrauen und einen gesunden Ehrgeiz haben – wobei jedoch Donovan an den zynischen Spruch erinnert: Jeder, der so ehrgeizig ist, das auf sich zu nehmen, was er braucht, um Präsidentschaftskandidat zu werden, ist für das Präsidentenamt moralisch disqualifiziert.

DER DIKTATOR
Man nehme die Visagen der drei schlimmsten Massenmörder des 20. Jahrhunderts: Stalin, Hitler, Mao; dazu Mussolini und den Ayatollah Chomeini. Dann kopiere man die Gesichter übereinander, wie die amerikanische Fotografin Nancy Burson es 1983 tat – und man hat das Durchschnittsgesicht des Tyrannen: jenes Menschen, der sich den Kindertraum erfüllt, mit der Erde Fußball zu spielen. Vielleicht hätte an die Stelle Mussolinis lieber Lenin treten sollen.

LENIN
Auf dem Roten Platz hielt er zum ersten Jahrestag der Machtübernahme eine seiner wenigen öffentlichen Reden – „immerzu wütend", wie Vaclav Havel sagt. Lieber sprach Lenin vor den Kadern seiner Partei: Da schlug seine elektrisierende Willenskraft stärker durch, sein Sprachfehler richtete weniger Schaden an. Kein anderer Mensch hat sich je so brutal gegen so viele Widerstände durchgesetzt: gegen Marx, gegen die Bolschewiki, gegen die Sowjets, gegen die Arbeiterklasse und gegen das russische Volk.

24.

Lenin an die Macht!

> Humor ist eine herrliche, gesunde Eigenschaft. Ich verstehe Humor sehr gut, aber ich besitze keinen.
>
> *Lenin zu Maxim Gorki*

Wie muß einer beschaffen sein, der Diktator werden will? Nicht der von einem anderen Diktator oder einem König Ernannte wie Bismarck oder Gromyko; nicht der vom Volk mit der Macht Betraute wie die Präsidenten der USA; nicht der in die Macht Hineingeborene wie die Repräsentanten der erblichen Monarchie – sondern der Mensch, der die Macht an sich reißt wie Sulla, Cromwell oder Mussolini?

Einerseits begünstigen ihn dieselben sieben Eigenschaften wie jeden anderen Politiker auch; vielleicht mit noch mehr Nachdruck auf der Machtgier und auf der Brutalität – bis hin zum „moralischen und intellektuellen Kretinismus", wie der Hitler-Biograph Alan Bullock ihn seinem Gegenstand nachsagt, den er gleichwohl als „politisches Genie" einstuft. Vielen Usurpatoren der Macht kam ihr *Sendungsbewußtsein* zugute: die vermutlich ehrliche Überzeugung, ein Auserwählter Gottes zu sein wie Cromwell und drei Jahrhunderte später der Ayatollah Chomeini; zumindest ein Instrument der „Vorsehung" wie Hitler oder ein Bundesgenosse des Hegelschen „Weltgeistes" wie viele marxistische Tyrannen.

Dann gab es die, die sich mit dem Volk verbündeten und von ihm emporgetragen wurden, meist weil sie es verstanden, sich als Befreier von gemeinsam erlittener Schmach darzustellen und ihr Selbstgefühl auf das Volk zu übertragen: Napoleon III., Hitler, Tito, Nasser. Doch es gab auch die kalten Techniker der Macht, die nichts gleichgültiger ließ als Volkes Stimme und die Mehrheit, und *Lenin* war der größte unter ihnen. Wie er ein Volk von damals 140 Millionen seinem Willen unterwarf: Das ist eines der instruktivsten Kapitel der Weltgeschichte und eines der fürchterlichsten obendrein.

Da wurden, jeweils am 22. April, in Simbirsk an der Wolga zwei spätere Rechtsanwälte geboren: der eine, *Alexander Kerenski,* 1881 als Sohn des Direktors jener Schule, die der andere besuchte – *Wladimir Uljanow,* der sich später Lenin nannte, geboren 1870 als Sohn des Schulaufsehers, eines adligen Wirklichen Staatsrats und Großgrundbesitzers.

Der Sohn des Direktors, Rechtsanwalt Kerenski, war ein Sozialist, der das Elend der Massen mit gesetzlichen Reformen beseitigen wollte; er kam an die Macht über die Arbeiter- und Soldatenräte, die Sowjets, die der Sowjetunion noch bis 1991 ihren Namen gaben. Was blieb dem anderen, Rechtsanwalt Uljanow, dem Sohn des Schulaufsehers, noch zu tun? Alles – da er Revolutionär von Beruf war und an stählernem Willen zur Macht nie von einem Menschen übertroffen worden ist. Also mußte er Kerenski verjagen und die Sowjets beiseite fegen. Beides schaffte er. Der Name „Sowjetunion" war immer ein Betrug.

Jenen Karl Marx, unter dessen Fahne er agitierte, hatte Lenin gleich dreifach auf den Kopf gestellt: weil dies nämlich nötig war, wenn man die deutsche Utopie in eine russische Realität verwandeln und eine laut Marx gesetzmäßige Entwicklung durch einen Gewaltakt ersetzen wollte. So schuf Lenin, dem russischen Philosophen Nikolai Berdjajew zufolge, „die Synthese zwischen Karl Marx und Iwan dem Schrecklichen".

Einerseits scheint Lenin in der Tat geglaubt zu haben, daß er der Vollstrecker der Marxschen Lehre sei. Mit 17 begann er Marx begeistert zu lesen, sein Leben lang berief er sich auf ihn; und wenn er auch eindeutig *nicht die Absichten* von Marx verwirklichte, schreibt der polnische Philosoph Leszek Kolakowski, so habe Lenin *doch die innere Logik* der Lehre umgesetzt: nämlich die praktische Anwendung einer Idee betrieben, die Marx nur philosophisch ausdrückte, ohne zu sagen, wie sie verwirklicht werden sollte. Es ließe sich hinzufügen: Behaupten konnte sich der Marxismus immer nur dort, wo eine Instanz da war, die ihn für bewiesen erklärte und die Zweifler bestrafte.

Jedenfalls hatte die Berufung auf Marx bedeutende Vorteile. Zum einen verhalf sie Lenin möglicherweise zu der Gewißheit, eine historische Mission zu erfüllen. „Die Lehre von Marx ist allmächtig, weil sie richtig ist", schrieb er. „Sie ist die rechtmäßige Erbin des Besten, was die Menschheit im 19. Jahrhundert geschaffen hat in Gestalt der deutschen Philosophie, der englischen Sozialökonomie und des französischen Sozialismus." Wer sich nun seinerseits zum Erben von Karl Marx erklärte, der hatte die Chance, sich als eine Art Endzweck des Abendlands anzusehen, der behielt das gute Gewissen bei der brutalen Tat. „So will es die Geschichte", sprach Lenin zu Maxim Gorki, und: „Was wir wollen, kann niemand vollbringen außer uns." Vielleicht hat er's geglaubt.

Zum andern aber war die Berufung auf Marx geeignet, in Rußland die Anhänger zu motivieren und im Westen Sympathisanten zu gewinnen – Menschen, die auf die humanitären Elemente des Marxismus setzten, sich in ihn als eine Art Ersatzreligion verliebten oder an der Marxschen Dialektik ihren Scharfsinn wetzten. So war Lenin gut beraten, daß er bis in die Monate des Tumults hinein das Äußerste tat, um die cäsarische Willkür seiner Handlungen hinter marxistischer oder pseudomarxistischer Gehirnakrobatik zu verstecken.

Von Marx übernahm Lenin die Heiligsprechung der Arbeiterklasse. Die Verwandtschaft mit Marx ging darin so weit, daß beide nie eine Stunde Lohnarbeit geleistet hatten, die Arbeitswelt nicht kannten, nur selten mit Arbeitern umgingen und das Proletariat mehr liebten als den einzelnen Proletarier; nicht sehr liebten wiederum in Lenins Fall, denn es war sein welthistorischer Entschluß und sein **erster Salto** über Marx hinweg, daß er das Proletariat entmündigte. Das geschah 1902 mit seiner denkwürdigen Schrift „Was tun?", und das Proletariat ließ es sich gefallen.

Marx hatte 1864 in die Statuten der „Ersten Internationale" hineingeschrieben, „daß die Emanzipation der Arbeiterklasse durch die Arbeiterklasse selbst erobert werden muß". Lenin dagegen knüpfte an die Lehre und Praxis des französischen Revoluzzers *Louis Blanqui* an, daß eine soziale Revolution am besten durch die Verschwörung einer kleinen Elite vollzogen werden könne; in den Aufstand der Pariser Kommune von 1871 hatte Blanqui mit einer Geheimarmee von 4000 Mann eingegriffen. So schrieb Lenin 1902, der Sozialismus sei ja nicht von Arbeitern, sondern von der bürgerlichen Intelligenz erfunden und alsdann dem Proletariat nur „mitgeteilt" worden. Folglich sei es auch die Intelligenz, die der Arbeiterklasse zum Sieg verhelfen müsse. Die Geschichte zeige, daß die Arbeiter, sich selbst überlassen, es nur zu gewerkschaftlichem Bewußtsein brächten, das heißt vor allem zum Kampf um höhere Löhne. Zu einem wirklichen Klassenkampf könne der spontane Kampf des Proletariats nicht werden, solange er nicht von einer starken Organisation der Revolutionäre geleitet werde. Militärisch diszipliniert und von der Partei bezahlt, könnten diese Berufsrevolutionäre und nur sie die Diktatur des Proletariats erzwingen und überdies „ganz Rußland aus den Angeln heben".

Aus den Angeln heben! Das war es, was diesen Menschen begeisterte, der mehr als zu allem anderen zur Revolution begabt und auf sie begierig war. Als Volksverführer wie später Hitler hatte Lenin keine Chance. Nie versuchte er auch nur, Wählermassen hinter sich zu bringen: Die Mehrheit interessierte ihn nicht, und Großkundgebungen waren nicht seine Stärke – die Stimme grell, die Zunge schwer und des R nicht mächtig, die Rede ohne Glanz, die Worte „immerzu wütend", wie Vaclav Havel sagt. Über einen Auftritt Lenins vor Parteigenossen im Oktober 1918 berichtete der amerikanische Reporter John Reed: „Eine untersetzte Gestalt mit großem, auf stämmigem Hals sitzendem Kopf, ziemlich kahl, mit kleinen beweglichen Augen und kräftigem Kinn, in armseligen Kleidern mit viel zu langen Hosen. Ein Führer nur dank der Überlegenheit seines Intellekts, farblos, humorlos, unnachgiebig. Als Redner nüchtern, aber mit der Fähigkeit, tiefe Gedanken in einfachste Worte zu kleiden (...) In seiner Art zu sprechen lag etwas Ruhiges und Machtvolles, das die Seelen der Menschen aufwühlte."

Funktionäre überzeugen, durch seinen Fanatismus elektrisieren, sie einschüchtern und gängeln durch Drohung und ätzenden Spott – darauf verstand er sich. Also brauchte er die Kaderpartei gleich doppelt: als den Apparat, den er am leichtesten beherrschen und mit dem er die Diktatur *des Proletariats* durch eine Diktatur *über das Proletariat* ersetzen konnte.

Trotzki und Rosa Luxemburg erkannten das schon 1904; sie schrieb: „Tatsächlich liefert nichts eine noch junge Arbeiterbewegung den Herrschaftsgelüsten der Akademiker so leicht und so sicher aus wie die Einzwängung der Bewegung in den Panzer eines bürokratischen Zentralismus." Die ungarischen Marxisten György Konrad und Ivan Szelenyi meinten 1978: „Der Bolschewismus bot der Intelligenz ein Programm, um nach Erringung der Staatsmacht von der Verpflichtung *entbunden* zu sein, die besonderen Interessen der arbeitenden Massen zu vertreten."

Die Elite, die im Namen des entmündigten Proletariats zur Macht gelangen will – wie schafft sie das? Nur mit Gewalt. Dies war Lenins **zweiter Salto** über Marx hinweg. Zwar hatte es 1848 am Schluß des „Kommunistischen Manifests" geheißen, die Zwecke der Kommunisten könnten nur erreicht werden „durch den gewaltsamen Umsturz aller bisherigen Gesellschaftsordnung". Doch in allen späteren Schriften verkündeten Marx und Engels: Revolutionärer Wille sei verfehlt; die Kommunisten hätten zu *warten,* bis die Arbeiterklasse bei freien Wahlen durch ihr natürliches Übergewicht zur Macht gelange. 1874 warnte Engels ausdrücklich vor dem Handstreich einer revolutionären Minderheit, denn aus ihr folge „von selbst die Notwendigkeit der *Diktatur* nach dem Gelingen: der Diktatur, wohlverstanden, nicht der ganzen revolutionären Klasse, des Proletariats, sondern der kleinen Zahl derer, die den Handstreich gemacht haben".

Eben dies war die Diktatur, die Lenin wollte, und nichts Schlimmeres als das Warten kann man von einem geborenen Revolutionär verlangen. So verkündete er in seiner Schrift „Staat und Revolution", geschrieben im finnischen Exil kurz vor der Machtergreifung, seinen bewaffneten Kategorischen Imperativ: Die Kaderpartei hat die sozialistische Revolution gewaltsam herbeizuführen. Aber wann? Da stand wiederum der alte Marx im Wege. Wer mit ihm an eine *zwangsläufige* Wendung zum Besseren glaubte, mußte ja nicht tätig werden; höchstens, daß er den „spontanen ökonomischen Kampf der Arbeiterklasse" unterstützte – und nur dies zu tun war in der Tat eine verbreitete Neigung der Marxisten zu Beginn des 20. Jahrhunderts. Da sie sogar im hochindustrialisierten Mittel- und Westeuropa *warteten,* dort also, wo sich nach Marx der Umsturz ereignen mußte – welche Gelegenheit zur Tat sollte sich einem russischen Marxisten bieten, bei Rußlands Jahrhundertrückstand in der Industrialisierung?

Also machte Lenin seinen **dritten Salto** über Marx hinweg, und dies in drei Anläufen. 1905 proklamierte er: In Rußland müsse eine bürgerlich-demokratische Revolution gegen den absolutistischen Staat stattfinden, damit *der Kapitalismus* sich entfalten könne. Was wie Irrsinn klingt, war marxistische Denkdisziplin: Erst wenn das Feudalsystem durch den Kapitalismus verdrängt worden ist, kann dieser sein von Marx bombastisch gerühmtes Talent zur Schaffung von Reichtümern entwickeln – und seine eigenen Totengräber zeugen: das Proletariat. Dem schlug Lenin die *Bauern* zu, die Marx als hoffnungslose Kleinbürger abgestempelt hatte: Da sie in Rußland mehr als achtzig Prozent der Erwerbstätigen ausmachten, mußten sie auf die Seite der Revolution gezogen werden, indem man ihnen versprach, das Land unter ihnen aufzuteilen.

Den zweiten Anlauf zur Rechtfertigung seiner Ungeduld unternahm Lenin 1915: Marxens These, das Proletariat werde seine Diktatur *gleichzeitig* in allen hochindustrialisierten Ländern errichten, setzte er entgegen, der Sieg des Sozialismus sei auch in einem einzelnen Lande möglich. In welchem, stellte er (dritter Anlauf) 1917 klar, gerade noch rechtzeitig vor der Übernahme der Macht: in Rußland! Da nämlich der Kapitalismus schneller verfaule, als Marx habe voraussehen können (und als Lenin selbst 1905 vorausgesehen hatte), gelte es, ihn an seiner schwächsten Stelle anzugreifen, und die könnte durchaus in einem Agrarstaat „am Rande des kapitalistischen Weltsystems" liegen.

So hatte Lenin den ideologischen Purzelbaum geschafft, den Marxismus mit Marxschen Denkansätzen ins Gegenteil zu wenden, damit alle einsehen konnten, worauf es ankam: in einem Agrarland zu erzwingen, was nach Marx in allen Industrieländern reifen sollte. Aus Marxschen Versatzstücken hatte er sich die Philosophie zusammengeklaubt, die unerbittlich auf den Punkt zulief, daß einer handeln müsse, und zwar er, und zwar hier, und zwar jetzt.

Handeln wollte er im April 1917 *mit* den Sowjets, im Juli *gegen* die Sowjets und im September wieder *mit* den Sowjets, den Arbeiter- und Soldatenräten; und kaum an der Macht, legte er sie lahm für immer. Sowjets, das sollte heißen: direkte Demokratie, mit Repräsentanten, die von unten nach oben gewählt werden, jederzeit von unten abberufen werden können und die einzige Staatsmacht darstellen. Sowjets bildeten sich bei der russischen Revolution von 1905 und dann wieder beim Umsturz vom März 1917.

Lenin befand sich im Schweizer Exil, als der Zar verjagt wurde, und war aufs äußerste überrascht: War dies nicht ein Aufstand des Proletariats, ganz gegen seine Lehre von der Kaderpartei und dazu noch ganz ohne ihn? Hungernde Arbeiter in Petrograd hatten sich mit den Soldaten verbündet, die sie niederschießen sollten, und die Macht übernahm ein Sowjet aus Streikführern und sozialistischen Abgeordneten. Er wählte ein Komitee, dessen stellvertretender Vorsitzender der 35jährige Rechtsanwalt *Kerenski* wurde, ein Anhänger der Sozialrevolutionären Partei, die den Großgrundbesitz durch eine gesetzliche Landreform unter den Bauern verteilen wollte.

Die Petrograder Bolschewiki fanden das in Ordnung: Dies war endlich die bourgeoise Revolution gegen den absolutistischen Staat, die der proletarischen Revolution vorausgehen mußte – so hatte es Marx gelehrt und Lenin selber 1905 bestätigt. Folglich waren sie entsetzt, als Lenin am 16. April 1917 bei der Ankunft in Petrograd noch auf dem Bahnhof rief: „Alle Macht den Sowjets! Stürzt mit ihnen die Regierung!" Hieß das nicht: die bourgeoise Revolution einfach überspringen?

Lenin rief eben immer das, was den Umsturz näher brachte, in eisiger Zielstrebigkeit, eine hechelnde Hyäne der Macht. Im Juli rief er: „Keine Macht den Sowjets!" Denn ein von ihnen inspirierter Aufstand der Matrosen gegen die Regierung war gescheitert, und in allen Sowjets hatten sich die gemäßigten Sozialisten gegen die Bolschewiki durchgesetzt. Im Sepember 1917 noch eine Pirouette: Alle Macht den Sowjets, mit ihnen zur Revolution, sie sind die staatliche Form der Diktatur des Proletariats! Denn in den Sowjets von Petrograd und Moskau hatten die Bolschewiki die Mehrheit erobert.

Am 8. November 1917 organisierte Trotzki den Sturm auf den Winterpalast, den Sitz der Regierung, deren Ministerpräsident seit August Kerenski war. Zwei Wochen später übergab die Versammlung der Sowjets die Macht einem „Rat der Volkskommissare". Er bestand überwiegend aus Mitgliedern des Zentralkomitees der Bolschewistischen Partei, darunter Stalin, und Lenin war sein Vorsitzender. Sofort verhängte er die Pressezensur (nachdem er selber unter Kerenski mit der „Prawda" die erstaunlichste Freiheit genossen hatte) und fauchte jene Volkskommissare an, die ohne sein Zutun die Todesstrafe abgeschafft hatten: „Wie kann man Revolutionen ohne Hinrichtungen machen?" (Stalin brachte zehn der fünfzehn Mitglieder des Rats von 1917 um.)

Nur zwei Wochen nach dem Putsch hatte *Maxim Gorki,* bis dahin Lenins Freund, schon so viel Terror gesehen, daß er in der Zeitung „Neues Leben" schrieb, Lenin fehle es gänzlich an „moralischem Bewußtsein"; er sei ein kaltblütiger Gaukler, infiziert „vom faulen Gift der Macht"; er habe die Revolution entehrt und die Arbeiter zu Massakern an unschuldigen Menschen getrieben. Das russische Volk werde in einem Meer von Blut dafür zahlen müssen.

Nach Lenins Tod schrieb Gorki: „Wahrscheinlich wurden zu Lenins Zeit mehr Menschen getötet als unter Thomas Münzer" (dem Wiedertäufer und Bauernführer). „Oft ergab es sich, daß ich mit Lenin über die Grausamkeit der revolutionären Taktik sprach. ‚Was wollen Sie denn?' fragte er erstaunt und zornig. ‚Wo ist hier Platz für Weichherzigkeit und Großmut? Mit welchem Maß messen Sie bei einer Schlägerei die Menge der notwendigen und der überflüssigen Hiebe?'" Beethovens „Appassionata" reiße ihn so hin, daß er sie *nicht zu oft* hören dürfe, plauderte Lenin weiter: „Man möchte liebevolle Dummheiten sagen und jenen Menschen die Köpfe streicheln, die in der Hölle leben und so etwas Schönes schaffen können. Aber heuzutage darf man niemandem den Kopf streicheln, die Hand wird einem abgebissen. Man muß auf die Köpfe einschlagen, mitleidslos einschlagen – obwohl wir unserem Ideal nach dagegen sind, Gewalt gegen Menschen anzuwenden."

Unserem Ideal nach! Bertrand Russell „gefror das Blut in den Adern", als Lenin ihm 1920 „mit schallendem Gelächter" erzählte, wie er die armen Bauern gegen die reichen aufgehetzt habe, „und bald hängten sie sie am nächsten Baum auf, hahaha!" Im Dezember 1917 gründete Lenin die *Tscheka,* die „Außerordentliche Kommission zum Kampf gegen Konterrevolution und Sabotage". In den ersten anderthalb Jahren ihrer Tätigkeit meldete sie stolz 8389 Erschießungen ohne Gerichtsurteil; die Folterungen meldete sie nicht.

Im Februar 1918 ließ Lenin von bewaffneten Matrosen die zwei Monate zuvor gewählte *Verfassunggebende Versammlung* auseinanderjagen: Denn aus freien Wahlen, den ersten und bis 1991 einzigen der russischen Geschichte, war die Gruppierung, für die Kerenski stand, als klarer Sieger hervorgegangen – 62 Prozent für die Sozialrevolutionäre und andere gemäßigte Sozialisten, die Sozialreform und Landreform in geordneten Bahnen versprachen. Das war es, was das Volk wollte. 13 Prozent der Stimmen hatten die Bürgerlichen, 24 Prozent die Bolschewiki bekommen. „Nur Schufte und Idioten können sich einbilden", sprach Lenin, „daß das Proletariat erst bei Wahlen die Mehrheit haben muß."

Im Sommer 1918 forderte Lenin die Bolschewiki auf, „die russische Erde von allem Ungeziefer zu säubern", und Ungeziefer, das waren laut Solschenizyn Hausbesitzer, Lehrer, Eisenbahner, Telegrafisten, Priester, Mönche, Nonnen und Mitglieder von Kirchenchören – mehr als hunderttausend Gefolterte und Ermordete bis 1922. Im August 1918 telegrafierte Lenin, als im Gouvernement Pensa die Bauern aufstanden: „Massenterror anwenden. Verdächtige Personen einsperren in *konzentrazionnyje lageri* außerhalb der Stadt."

Im März 1921 erhoben sich in Kronstadt, dem Kriegshafen von Petrograd, 15 000 Matrosen – Matrosen, die bis dahin die zuverlässigsten Helfer der Kaderpartei gewesen waren. Rede-, Presse- und Versammlungsfreiheit forderten sie und, noch schlimmer, Sowjets ohne Bolschewiken! *Trotzki* befahl, sie zusammenzuschießen „wie Enten auf dem Teich". Fast alle kamen um. „Der Aufstand der Kronstädter Matrosen war der Versuch eines Sowjets, wieder demokratisch zu werden", schrieb Jean Paul Sartre 1974. „Die Matrosen sagten: „Keine Partei darf den Sowjet beherrschen. Sie wurden besiegt (...) Das war die Diktatur über das Proletariat."

„Diktatur ist ein hartes, schweres und sogar blutiges Wort", stellte Lenin 1919 fest; es bedeute „unbegrenzte Macht, durch kein Gesetz und keine Regel eingeschränkt". Wie herrlich für den, der die Macht hat! Marx durch den Fleischwolf gedreht und weiter als Zeugen angerufen; die Kampfgenossen bedrängt, verleumdet und alle paar Monate in die Wechselbäder einer völlig neuen Theorie gestoßen; die Räte gelobt und verdammt und gelobt und abgeschafft; mit den Matrosen geschossen und auf die Matrosen geschossen; die Bauern aufeinandergehetzt und den frei bekundeten Willen des russischen Volkes auf Bajonette gespießt – und dies alles mit dem besten Gewissen und in steinerner Konsequenz auf das einzige Ziel gerichtet: Lenin an die Macht!

Das ist schon richtig: daß Lenin ohne *Trotzki* nichts geworden wäre, den Feuerkopf und genialischen Organisator, der den Putsch inszenierte, die Kronstädter Matrosen vernichtete und den scheinbar hoffnungslosen Bürgerkrieg gewann. Man muß hinzufügen: daß Lenin auch ohne *Kerenski* nichts geworden wäre und ohne *Ludendorff*. Es war ja die kaiserliche Oberste Heeresleitung, die Lenin im plombierten Zug aus der Schweiz durch Deutschland nach Finnland schleuste, gleichsam als „die politische Atombombe des Ersten Weltkriegs", wie Sebastian Haffner schreibt: weil Lenin die sofortige Beendigung des Krieges gegen Deutschland versprach, während die von den Sowjets geduldete Provisorische Regierung nach dem Sturz des Zaren weiterkämpfte. Ludendorff stößt Lenin das Tor auf! Ein klassisches Beispiel für die Unfähigkeit des Menschen, mehr als allenfalls die allernächsten Folgen seiner Handlungen zu übersehen.

Kerenski machte Lenin drei Geschenke: Er wirkte mit an jener Revolution, die den Zaren verscheucht und zu Lenins Verblüffung die Möglichkeit eines Umsturzes in Rußland bewiesen hatte; er verschaffte den Bolschewiki die Freiheit der Betätigung und damit den Spielraum für den Putsch gegen ihn; und offensichtlich war Kerenski *nicht* jener große Mann, nach dem die Stunde rief, sondern nur ein redlicher und durchaus energischer Mensch, der, wie sich bei den Wahlen vom Dezember 1917 erwies, die politischen Wünsche der großen Mehrheit aller Russen repräsentierte; auch ein Redner, der das Volk begeistern konnte. Als er 1953 in München in lang hinrollendem Französisch mit Donner und Tränen in der Stimme noch einmal gegen die Kreuzigung der Freiheit durch Lenin zu Felde zog, hatte er etwas von einem alttestamentarischen Propheten, freilich einem rückwärtsgewandten. Auch daß er 1917 das Äußerste tat, um die müden oder meuternden russischen Soldaten zum Weiterkämpfen zu bewegen, kann man einem Russen nicht zum Vorwurf machen, wenn er die Deutschen auf Petrograd marschieren sieht. Es war Lenin, der frohlockend zusah, wie die Deutschen sein Rußland immer tiefer in die Niederlage stießen – da dies dazu beitrug, ihm die Macht, die Allmacht zu verschaffen.

Auch ein geschickterer Taktiker mit besseren Nerven und einer klareren Zielvorstellung als Kerenski wäre vermutlich zerrieben worden zwischen dem militärischen Desaster, der Hungerkatastrophe und Lenins ehernem Willen, diesen Staat so radikal zu ruinieren, bis alle Macht in seinen Händen war. Wer hätte schon ankommen sollen gegen die Sprengkraft von Lenins Parolen: „Land", „Brot", „Frieden" – das hieß doch: Alle Soldaten nachhause, und zwar sofort! Und: Alles Land gehört den Bauern, die es sich nehmen, und zwar sofort! So schrieb es Lenin im April 1917 in der „Prawda": Jeder darf, jeder soll alles an sich reißen, was er greifen kann – zynisch in die Sprache des Staatsrechts übersetzt, Chaos als Verfassungsgebot: „Ursprung der Macht ist nicht das vom Parlament beschlossene Gesetz, sondern die direkte, von unten kommende Initiative der Volksmassen im Lande, die direkte ‚Usurpation'." Und so brannten die Bauern zusammen mit den Herrensitzen auch die Scheunen nieder, verscheuchten das Vieh, sägten die Obstbäume ab und zerschlugen die Maschinen.

Wenn also Lenin Kerenski brauchte und Trotzki und Ludendorff und den militärischen Zusammenbruch des Zarenreichs, um Macht und Ruhm zu gewinnen: so sagt das nur, daß ein welthistorischer Triumph niemals ohne Vorläufer, Zuarbeiter und günstige Umstände zustande kommen kann. Das Besondere an Lenin ist, mit welchem Erfolg er sich *gegen* so viele Vorläufer, Zeitgenossen und Umstände durchsetzte, die jeden anderen überwältigt hätten: gegen Marx, gegen die Bolschewiki, gegen die Sowjets, gegen die Arbeiterschaft und gegen das russische Volk.

So wurde er der Schutzpatron eines Weltreichs, die Geißel von Millionen und die Hoffnung Unzähliger, die ihn mißverstanden. Seine Bücher wurden in mehr Sprachen übersetzt als die Bibel, und erst im Schlepptau *seines* Ruhms wurde einer der vielen Sozialutopisten des 19. Jahrhunderts zur welthistorischen Figur: Karl Marx – weil der Diktator eines Riesenreichs sich auf ihn berief, nachdem er aus seinen humanitären Visionen den Terror gefiltert hatte.

1988 begann auch die offizielle Sowjetunion dies einzusehen. Immer mehr Lenin-Denkmäler wurden von den Sockeln gestoßen. 1989 schrieb die populäre Zeitschrift „Rodina", Lenin habe das grausamste Besatzungsregime errichtet, das die Geschichte kenne, und über Radio Moskau konnte man 1990 hören, durch das kommunistische Experiment seien „im Lauf von siebzig Jahren mehr Menschen vernichtet worden als je zuvor oder danach in der Weltgeschichte".

Wie die Wirksamkeit des Karate-Kämpfers nicht nur in seiner Technik liegt, sondern auch und vor allem in seiner mörderischen Bereitschaft, in den Augen des Feindes das lohnende Ziel für seine Finger zu sehen, die er in Dolche verwandelt – so entstand Lenins furchtbare

Gewalt aus dem vergleichbaren Willen, jeden Rest von Anstand, jede natürliche Tötungshemmung zu zerstören im Dienst seiner Gier nach der Macht. „Der Kern der russischen Revolution ist die Verneinung der Ehre", sagt der Revoluzzer Karmasinow in dem Roman „Die Dämonen". Dostojewski schrieb das Buch 1871, zwei Jahre nachdem der Anarchist und Gewalt-Apostel Sergej Netschajew einen Fememord verübt hatte, der in den „Dämonen" nachvollzogen wird. „Übrigbleiben werden nur wir, die wir uns dazu bestimmt haben, die Macht in unsere Hände zu nehmen", sagt der Mörder. „Die Klugen ziehen wir zu uns herüber, und auf den Dummen reiten wir."

ALEXANDER DER GROSSE

NELSON

CÄSAR

NAPOLEON

Drei der erfolgreichsten Eroberer der Geschichte – und einer, der zum Untergang des Eroberers Napoleon beitrug: Horatio Nelson, ein schmächtiges Kerlchen, den längsten Teil seines Lebens ein wandelndes Wrack. Welche Eigenschaften braucht einer, der ein Weltreich zusammenrauben will? Neben vielen großen Gaben vor allem zwei: Stumpfheit gegen das Leiden anderer – und die Durchdrungenheit davon, daß er sich nur hole, was ihm gehöre.

25.

Nelson und Napoleon

> So standen die Römerfeldherren in der Schlacht, kalt und doch begeistert, und blickten über das Würgen und den Tod von Zehntausenden ruhig hin.
>
> *Ernst Moritz Arndt, „Über Bonaparte" (1807)*

Auch den Admiral *Horatio Nelson* begeisterte die Schlacht. Aber was für ein liebenswürdiger, schüchterner Mensch er war, fast um den Verstand gebracht durch die billigen Schmeicheleien der Frau, die er hündisch liebte! Schmächtig, 1.64 groß, als 22jähriger nach dem Urteil des englischen Kronprinzen „ein Bübchen von Kapitän, wie ich es noch nie gesehen hatte", von Depressionen heimgesucht und seekrank sein Leben lang – das wäre kurios genug gewesen für einen Seehelden, der die Engländer so berauscht hat wie nie ein anderer ein anderes Volk.

Doch dazu trug er mehr Krankheiten und Verstümmelungen spazieren, als man meint, daß ein Mensch ertragen könnte. Als 16jähriger Seekadett wäre er an der Malaria fast gestorben, und bis zu seinem Tod verfolgte sie ihn mit Anfällen von Fieber und Schüttelfrost. Als 21jährigen fiel ihn das Gelbfieber an, mit Lähmungen in den Gliedmaßen. Als er 30 war, setzte eine krankhafte Wucherung der Bindehaut ein, die die Sehkraft beider Augen zunehmend beeinträchtigte. Mit 36, bei der Erstürmung von Calvi auf Korsika, verletzte ein Splitter sein rechtes Auge so, daß er mit ihm für den Rest seines Lebens nur noch hell und dunkel unterscheiden konnte.

Mit 38, beim Sturm auf Teneriffa, zerschmetterte eine Musketenkugel ihm den rechten Ellenbogen, der Arm wurde amputiert, ein halbes Jahr lang eiterte der Stumpf. Mit 39, während er vor Abukir die Flotte Bonapartes vernichtete, prallte ihm eine Kartätschenkugel auf die Stirn, riß ihm einen Hautlappen ab, der über das noch leidlich gesunde Auge fiel, so daß er blind war und zu sterben glaubte, und rief eine Gehirnerschütterung mit monatelanger Übelkeit hervor. Mit 40 hatte Nelson weiße Haare. In den letzten fünf Jahren, bevor er als 47jähriger bei Trafalgar fiel, litt er an Herzanfällen, Magenkrämpfen, chronischen Zahnschmerzen und Husten mit blutigem Auswurf; ein Männchen, das lange vor seinem Tod zu einem Wrack geworden war.

Ob eben diese doppelte Schwäche ihn zu seinen ungeheuren Taten trieb – das ist die Frage, die Kap. 29 stellt. Hier interessiert das Problem: Womit hat dieser Nelson seine Siege errungen? Vor allem mit dreierlei: mit dem typischen Feldherren-Talent des kühnen Zugriffs aus luzidem, hurtigem Verstand; mit dem oft gerühmten Charme, mit dem er erst seine Vorgesetzten, dann seine Untergebenen faszinierte; und mit einem rasenden Vernichtungswillen, den er zur See so einführte wie vor ihm Friedrich der Große zu Lande.

Wie Nelson für seine Matrosen sorgte, was alles er tat, um sie bei Gesundheit und bei Laune zu halten: Das war ein Novum in jener Zeit, ja von vielen Kapitänskollegen wurde es als exzentrisch verlacht. Nie war er unfreundlich, niemals ungerecht. Er kümmerte sich um gute Verpflegung und die an Bord mögliche Hygiene; als junger Kapitän nahm er mühselige Landgänge auf sich, um den ausstehenden Sold für seine Matrosen einzutreiben. Zu einem Seekadetten, der Angst hatte, zum erstenmal in den Mastkorb zu klettern, sagte er: „Ich steige jetzt selbst hinauf und bitte Sie, sich dort ebenfalls einzufinden." Oben erklärte er dem Knaben, er sehe selbst, wie töricht es gewesen sei, davor Angst gehabt zu haben; er möge sich jetzt den nächsten Kadetten greifen, diesem vorausklettern und ihm oben erklären, nun sehe er selbst ...

Von 1801 bis 1803, zwei Jahre lang, verließ Nelson keinmal sein Schiff, immer auf der Lauer vor Napoleons Flotte oder auf der Jagd nach ihr; und alle Schiffe waren in perfektem Zustand, alle Matrosen gesund und kampfbereit. Dies stützt die Theorie, daß sein Flaggensignal vor der Schlacht von Trafalgar lautete: „*Nelson vertraut* darauf, daß jeder seine Pflicht tut" (Nelson confides that every man will do his duty) – und nicht, wie es in den meisten Geschichtswerken steht: „*England erwartet,* daß ..." Denn was war schon England für diese Mannschaft aus Engländern, Skandinaviern, Holländern, Deutschen, Portugiesen, verglichen mit ihm, dem Viscount Horatio Nelson, dem einäugigen, einarmigen Sieger von Abukir, dem Vater der Matrosen, dem populärsten Mann in England und vielleicht auf Erden?

Wer ein Herz für seine Männer hat und ihnen dazu das Gefühl vermittelt, daß er ein Sieger sei: Der hat so viel Macht über sie, daß die Frage offenbleiben kann, inwieweit hier noch eine natürliche Autorität hinzukommen muß und ob sie ohne Siege je entstehen könnte. Ein Sieger, der in selbstverständlicher Herrscherpose aufzutreten weiß: Der kann selbst einsam eine Schlacht gewinnen. Keiner der vielen österreichischen Offiziere, die im Schloß Lissa einquartiert waren, erschoß *Friedrich den Großen* oder nahm ihn gefangen, als er am Abend nach seinem Sieg von Leuthen (1757) nur mit seinen Adjutanten in den

Schloßhof ritt. Ein dänisches Kriegsschiff mit 74 Kanonen kapitulierte 1801, als *Nelson* im Ruderboot längsseits ging, seinen schmutzigen Bootsmantel zurückschlug und sich schweigend identifizierte durch seinen leeren rechten Ärmel und seine ordenübersäte Brust.

Napoleon landet, von Elba kommend, am 1. März 1814 mit seiner 400köpfigen Garde an der französischen Küste, „streift am Ufer entlang, pflückt Veilchen, biwakiert in einem Olivenhain; die Leute, die ihn ein paar Monate zuvor hatten erwürgen wollen, sind vor Staunen sprachlos und ziehen sich zurück", schreibt Chateaubriand. „Seine Feinde suchen ihn nicht und sehen ihn nicht; er verbirgt sich in seinem Ruhm wie der Löwe der Sahara in den Strahlen der Sonne." Ein Bataillon, ihm am fünften Tag nach der Landung entgegengeschickt, um ihn gefangenzunehmen, senkt die Waffen, nachdem Napoleon ihm entgegengegangen war und gerufen hatte: „Soldaten, ich bin euer Kaiser – erkennt ihr mich? Wenn unter euch einer ist, der seinen Kaiser töten will: Me voilà! Hier bin ich!" Nach einer Woche marschieren 8000 Soldaten mit ihm, nach drei Wochen schläft er in Paris im Schloß der Könige.

Sieger-Typen begeistern Soldaten, und ohne begeisterte Soldaten wiederum ist schwer siegen; um so schwerer, je mehr man dem Gegner an Zahl oder Rüstung unterlegen ist. Nelson hatte ja weder bessere noch schnellere Schiffe zur Verfügung als Frankreich und Spanien, im Gegenteil – er hatte nur sich selbst und seine aufs höchste gedrillten, aufs äußerste motivierten Männer.

Vor der Schlacht mußten sie Wasser auf die Segel gießen und nassen Sand auf dem Deck verteilen, denn an die dreißig Tonnen Schießpulver lagerten in jedem der hölzernen Schiffe. Netze mußten sie zwischen die Masten spannen, um die Matrosen aufzufangen, die vielleicht aus der Takelage fielen, und um die Männer an Deck vor herabstürzenden Rahen zu schützen. Schießpulver mußten sie aus dem Bauch des Schiffs heraufholen ins Bereitschaftsmagazin und dort in Leinensäckchen packen. Die Kanonen, die Lunten, die Zündhölzer mußten sie prüfen. Die erste Treibladung und die erste eiserne Kugel, 32 Pfund schwer, mußten sie in den Vorderlader schieben, mit hölzernen Hebeln das Geschützrohr richten, Seidentücher über die Ohren ziehen gegen den infernalischen Lärm.

All dies konnte schneller oder langsamer, gründlicher oder laxer geschehen, und nirgends wurde es so perfekt abgespult wie auf Nelsons Schiffen. Die Schlacht selbst entschied sich großenteils durch die Geschwindigkeit, mit der, an jeder der fünfzig Kanonen auf der Feindseite, fünfzehn Mann luden, feuerten, dann die zwei Tonnen Eisen mit Flaschenzügen so weit ins Schiffsinnere zerrten, daß das Rohr mit Wasser gekühlt und durch die Mündung gereinigt, gewischt und neu geladen werden konnte; das Tempo, mit dem sie dann das Rohr wieder durch die Bordwand schoben, es justierten und die Lunte zündeten – das Ganze möglichst in weniger als einer Minute, doppelt oder dreimal so schnell wie die Franzosen, und zwar stundenlang, schweißüberströmt, in Getöse und Pulverqualm, mit zerschundenen und verbrannten Händen, und weiter ohne Halt, wenn einer oder der andere blutend zusammenbrach.

Das konnten Nelsons Matrosen, das liebten sie. Damit waren sie das Werkzeug, nach dem sein Vernichtungswille rief. Die feindliche Flotte hätte man ja verjagen, verfolgen, beschädigen können oder ein paar ihrer Schiffe erbeuten, wie dies vor Nelson üblich war. Er aber versuchte, sie aus der Welt zu schaffen. Vor Abukir bei Alexandria stellte er am 1. August 1798 die dreizehn Kriegsschiffe, die den Transport der Soldaten Bonapartes nach Ägypten hatten schützen sollen; sie lagen in seichtem Küstengewässer vor Anker. Der französische Admiral glaubte nicht mehr an einen Angriff, denn bald würde die Sonne untergehen, und die Engländer näherten sich mit nur elf Schiffen den Untiefen, die sie nicht kannten. Doch Nelson befahl fünf seiner Schiffe in den engen Kanal zwischen der Küste und der französischen Linie und nahm die Franzosen zwischen zwei Feuer. Den mörderischen Stil, in dem das geschah, hatte die Welt noch nicht gesehen, und wir haben es schwer, uns eine Vorstellung von seiner barbarischen Gewalt zu machen.

Auch die englischen Schiffe warfen Anker, als sie ihr Ziel gefunden hatten: Seite an Seite mit dem Feind – „auf Pistolenschußweite“, und darunter hat man sich höchstens dreißig Meter vorzustellen. Man legte sich vor Anker zu dem ausdrücklichen Zweck, einander in Ruhe zu vernichten. Und nun, in der sinkenden Nacht, donnerten fast tausend Kanonen aufeinander ein, ein Dutzend in jeder Sekunde, stundenlang, im Schein kreischender Laternen, in der Absicht, mit den Eisenkugeln Löcher in die Wand der feindlichen Schiffe zu bohren, ihre Masten umzureißen, ihre Besatzungen kampfunfähig zu machen – um sie schließlich auf Grund zu setzen, zu entern oder zur Kapitulation zu zwingen.

Bald brach ein Brand auf dem Flaggschiff der Franzosen aus, auf ihn konzentrierten sich die englischen Kanonen, und nach drei Stunden flog es in die Luft – mit der tausendköpfigen Besatzung, den Goldbarren für das Expeditionskorps Bonapartes und den Kunstschätzen, die er auf Malta zusammengeraubt hatte. Auf die englischen Schiffe regneten Trümmer und Fetzen, die Schlacht ging weiter. Im Morgengrauen die Bilanz: ein französisches Schiff explodiert, eins von den eigenen Offizieren in Brand gesetzt, drei auf Grund gelaufen, sechs geentert, zwei entkommen; vereitelt die Pläne Bonapartes, durch die Eroberung Ägyptens England von Indien abzuschneiden, und Nelson, wieder einmal verwundet, der Herr des Mittelmeers.

„Nelson hauchte dieser Flotte seine Leidenschaft und seinen Ehrgeiz ein“, schreibt Joseph Conrad, „und revolutionierte in wenigen Jahren nicht etwa die Taktik der Seekriegsführung, sondern die Grundidee des Sieges.“ Doch sieben Jahr später, bei Trafalgar, war es durchaus eine taktische Kühnheit, die ihm siegen half: entgegen aller Schulweisheit im rechten Winkel in die feindliche Flotte hineinzusegeln und sie dadurch zu zerschneiden. Seine Kapitäne traf dieser Plan „wie ein elektrischer Schlag“, schrieb Nelson wenige Stunden vor seinem Tod an Lady Hamilton. „Einige vergossen Tränen, alle waren einverstanden. Es ist neu, es ist einzigartig, es ist einfach. Es muß gelingen.“

Der Admiral war euphorisch wie stets vor und in der Schlacht. Auf dem Deck seines Flaggschiffs traf ihn die tödliche Kugel eines französischen Scharfschützen, der ihn an seinen vier großen Ritterordenssternen erkannte hatte. Von den 33 Schiffen der Franzosen und der Spanier (sieben mehr, als Nelson ins Treffen führte) entkamen nur 13 – und dies, anders als vor Abukir, in einer Schlacht auf offenem Meer, die normalerweise dem Unterlegenen die Chance zur rettenden Flucht eröffnet hätte. Die Engländer verloren kein Schiff, Napoleons Traum von der Invasion war ausgeträumt – zerstört von „einem Genie, wenn es darum ging, Tod zu säen“, wie Nelsons englischer Biograph Ernle Bradford ihn beschreibt.

Siegen um jeden Preis, den Gegner vernichten, der Toten nicht achten – das hat zu allen Zeiten die erfolgreichen Feldherren gekennzeichnet (und nur vom Erfolg ist hier die Rede, nicht von Moral). Hätten die Amerikaner in Vietnam den Willen gehabt, um jeden Preis zu siegen: Sie hätten Atombomben auf Nordvietnam geworfen – und gesiegt. Unsere Genugtuung und Erleichterung, daß dies nicht geschah, ist nur die eine Seite der Medaille; auf der anderen steht: Wer nicht ernstlich siegen will, braucht sich nicht zu wundern, wenn er von dem geschlagen wird, der auf Sieg mit allen Mitteln setzt. Frankreich 1940 war ein anderes Lehrbeispiel dafür.

Für den Sieg jeden Preis zu zahlen – dazu waren sie bereit: Alexander der Große und Cäsar, Attila und Tschingis Khan; der türkische Sultan Mohammed II. (oft „der Große" oder „der Eroberer" genannt), der 1453 als 21jähriger mit einer gewaltigen Kraftanstrengung das seit fast tausend Jahren vergeblich bestürmte Konstantinopel eroberte; *Friedrich der Große,* der seinen Gegnern vor allem durch seinen rabiaten Angriffsgeist überlegen war, gegen allen Geschmack der Zeit und ans Barbarische grenzend, wie Thomas Mann schreibt: „Die Schlacht um jeden Preis! Angriff, Angriff! (...) Nicht überflüssig schießen, vor allem nicht zu früh! Auf zwanzig, auf zehn Schritt vom Feinde ihm ‚eine starke Salve in die Nase geben und darauf sofort demselben mit den Bajonetts in die Rippen sitzen'. Die Kavallerie: ‚Alsdann sollen sie, gut geschlossen, die Pferde aus vollem Halse hereinjagen und so einhauen' (...) Das alles hat etwas Wildes, Radikales, Bösartiges, Unbedingtes, Gefährliches."

Auf Friedrich berief sich, ihn übertraf noch Napoleon. *Simon de Bolivar,* der Befreier des nördlichen Südamerikas von der spanischen Herrschaft, verstand es zwölf Jahre lang, eine Kette von Niederlagen immer wieder in Siege zu verwandeln. „Was werden Sie nun tun, General?" fragte ihn ein Adjutant, als wieder einmal eine Schlacht verloren war. „Ich werde triumphieren!" antwortete Bolivar. Auf den Trümmern seiner Hauptstadt Caracas, die 1812 von einem Erdbeben verwüstet wurde, soll er verkündet haben: „Wenn die Natur sich gegen uns stellt, so werden wir sie zwingen, uns zu gehorchen." Im Amerikanischen Bürgerkrieg zog General Sherman 1864 durch die Südstaaten, brannte ihre Städte und ihre Baumwollvorräte nieder, zerstörte ihre Brücken, ließ ihre Felder zertrampeln, ihr Vieh abschlachten und jede Eisenbahnschiene einzeln verbiegen. Im Burenkrieg trieb der englische Oberbefehlshaber Herbert Kitchener 200 000 Männer, Frauen und Kinder in *concentration camps;* mehr als 20 000 von ihnen starben an Hunger und Krankheiten.

Mitleid kannten die Feldherren nicht – mit ihren Soldaten nicht und zweimal nicht mit dem Feind. Clausewitz, in seinem klassischen Werk „Vom Kriege", *forderte* vom Heerführer geradezu, daß er „den herzzerreißenden Anblick der blutigen Opfer in sich selbst zu bekämpfen hat". Nietzsche überspitzte diesen Gedanken zu einem Aphorismus, der auf zynische Weise eine traurige Wahrheit resümiert: „Wer wird etwas Großes erreichen, wenn er nicht die Kraft und den Willen in sich fühlt, große Schmerzen *zuzufügen?* Das Leidenkönnen ist das wenigste: Darin bringen es schwache Frauen und selbst Sklaven oft zur Meisterschaft. Aber nicht an innerer Not und Unsicherheit zugrunde gehen, wenn man großes Leid zufügt und den Schrei dieses Leides hört – das ist groß, das gehört zur Größe."

Nun könnte es ja nur ein kleiner Schritt sein vom Ertragen des Leides bis zum Genuß an ihm. Blühte Nelson nicht auf, während um ihn das große Sterben wütete? *Litt* etwa Cromwell, als er sich 1649 gegenüber der irischen Stadt Drogheda „zu einem Terrorakt entschloß, der für seine Bewunderer im 19. Jahrhundert höchst peinlich werden sollte", wie Churchill schreibt? „Das Blutbad war so grauenhaft, daß es sogar die Gemüter der damaligen rauhen Zeit erschütterte. Alles wurde niedergemacht, alle Priester und Mönche wurden abgeschlachtet (...) Drei Tage lang dauerte die Jagd auf alle, die sich versteckt hielten."

Die Grenze zwischen militärischer Konsequenz und solchem Blutrausch ist nicht leicht zu ziehen. Nach seinem Sieg bei Austerlitz befahl *Napoleon* der Artillerie, auf das Eis des Sees zu schießen, über den Russen und Österreicher flohen – damit sie ertrinken sollten (wie es geschah). Und warum zeigte Napoleon sich „sehr heiter", nachdem 1812 in Rußland 400 000 seiner Soldaten gefallen, erschlagen, verhungert und erfroren waren? Der französische Gesandte in Warschau berichtete dies, nachdem sich der Kaiser, seiner geschlagenen Armee vorausfliehend, inkognito bei ihm eingeschlichen hatte; und das Bulletin vom 3. Dezember 1812, mit dem Napoleon der Welt in verklausulierter Form die Katastrophe eingestand, schließt mit dem schamlosen Satz: „Das Befinden seiner Majestät ist nie ein besseres gewesen." Nie besser als auf 400 000 Leichen!

Elias Canetti, Nobelpreisträger 1981, sieht darin ein Beispiel für seine schlimme Vermutung, daß im Menschen eine *Lust zu überleben* stecke, deren krasseste Spielart die Lust zu töten sei. Das Schlachtfeld biete die höchste Form dieses Genusses, wobei die Leichen der Freunde dem Überlebenden kaum weniger willkommen seien als die der Feinde. „Hilflos liegen die Toten, unter ihnen steht aufgerichtet er, und es ist, als wäre die Schlacht geschlagen worden, damit er überlebt (...) Sie sind gefallen. Er steht und prahlt. Dieses Gefühl der Erhabenheit über die Toten kennt jeder, der in Kriegen war."

Man muß so weit nicht gehen wie Canetti, man braucht nicht die Meinung von Ernst Moritz Arndt zu teilen, daß die römischen Feldherren inmitten des Mordens „kalt und doch begeistert" waren – eines läßt sich nicht leugnen: Stumpfheit gegen den Anblick des Leidens ist das mindeste, was einer braucht, der ein Heer oder eine Flotte zum

Siege führen will. All seine anderen Talente sind denen des erfolgreichen Politikers verwandt, bei stärkerem Nachdruck auf der Planung davor und dem Tempo dabei.

Den Anfang jedes militärischen Erfolgs bildete zumeist die Entschlossenheit, alles zu organisieren, was sich irgend vorhersehen ließ. Das tat, entgegen dem populären Bild vom bloßen sieghaften Draufgänger, auch *Alexander der Große:* Mit geradezu pedantischer Umsicht bereitete er seine Feldzüge und Überfälle vor – die Waffen, die Verpflegung, die rückwärtigen Verbindungen, die Aufmarschbasis, den optimalen Zeitpunkt für den großen Schlag. *Cäsar* profitierte von der eisernen römischen Tradition, daß nach Marsch und Sieg, wie groß die Strapaze auch gewesen sein mochte, unverzüglich mit dem Bau eines befestigten Lagers begonnen wurde, so daß die Soldaten Spaten, Beile und Sägen mitschleppen mußten; in seiner „Geschichte der Kriegskunst" schreibt Hans Delbrück: „Die mühselige, ruhmlose Schanzarbeit hat keinen geringeren Teil an der römischen Weltbesiegung als die Tapferkeit und die Waffen."

„*Napoleon* gewann seine Schlachten im Kopf, bevor er sie auf dem Feld gewann", schreibt Ralph Waldo Emerson; „nie stolperte er in einen Sieg." Kein Zauberer – ein Arbeiter sei er gewesen; in jedem Augenblick, in jeder Notlage habe er den nächsten Schritt im voraus gewußt. Als Erster Konsul (1800) sprach Bonaparte: „Es ist mir noch nie etwas begegnet, was ich nicht vorausgesehen hätte, und ich bin der einzige, der von dem, was ich vollbracht habe, nicht überrascht ist." *Nelsons* Siege stellten sich fast lückenlos nach Plan ein: die Schiffe immer intakt, die Matrosen immer auf Trab, die Strategie klar in allen Zügen, die Initiative pausenlos bei ihm. Preußens Großer Generalstab läßt sich als das Instrument beschreiben, mit dem die Planung bis an die äußerste Grenze des Möglichen getrieben werden sollte.

Winston Churchill allerdings übertrumpfte ihn in der strategischen Voraussicht: Als britischer Munitionsminister forcierte er und nur er 1917 die Produktion der neuen Panzerkampfwagen, der „Tanks", womit er den Sieg von 1918 herbeiführen half. Am Anfang von Hitlers „Blitzkriegen" stand eine andere strategische Generalidee: die Panzer in Keilen auf den Gegner anzusetzen, so seine Front zu durchbrechen und ihn einzukesseln – ersonnen von dem englischen Militärschriftsteller Liddell Hart und dem französischen Generalstabsmajor Charles De Gaulle, verwirklicht von dem deutschen Panzergeneral Heinz Guderian. Umgekehrt war es dilettantische Planung, was zu den Niederlagen Hitlers beitrug: Nach dem Sieg über Frankreich im Sommer

1940 begann er Schiffe für eine Landung in England zu sammeln (womit der Preußische Generalstab ungefähr 1936 begonnen haben würde), und im November 1941 fiel ihm ein, daß russische Winter kalt sind: Das deutsche Volk wurde zum Spenden von Pelzen und warmen Wollsachen für die Soldaten aufgerufen.

Durch unterlassene Planung kann man sich Niederlagen einhandeln; Planung allein verbürgt den Sieg nicht. Sie bedarf der Ergänzung durch die Fähigkeit zur Improvisation, ja durch die Bereitschaft, alle Pläne umzustoßen, durch die Kunst, binnen Minuten Entscheidungen zu treffen, zu denen der Politiker sich im allgemeinen Tage oder Wochen nehmen kann. Kriegerische Operationen seien nun einmal verwickelte Pläne, zu deren Verwirklichung eine unendlich große Zahl einzelner Willensakte und Zufälle notwendig sei, schrieb Friedrich der Große. Moltke, der Sieger von Königgrätz und Sedan, sagte, es gebe keinen Feldzugsplan, „der die erste Feindberührung überlebt". Clausewitz spricht von dem „Nebel einer mehr oder weniger großen Ungewißheit", mit dem der Feldherr sich herumschlagen müsse. Um diesen beständigen Streit mit dem Unerwarteten glücklich zu bestehen, brauche er „einen Verstand, der auch in dieser gesteigerten Dunkelheit nicht ohne einige Spuren des inneren Lichtes ist, die ihn zur Wahrheit führen", und dann die Entschlossenheit, diesem schwachen Licht zu folgen. Dazu bedürfe es eher eines kräftigen als eines glänzenden Verstandes, „einer gesteigerten Besiegung des Unerwarteten" durch Geistesgegenwart.

Die oberste taktische Regel lautete, darin waren sich alle Feldherren einig: die eigenen Kräfte mit überlegener Schnelligkeit dort konzentrieren, wo sie stärker als der Gegner sind. Doch wenn nun der Feind meine Absicht durchschaut – und noch schneller ist? Auf welchem Flügel wird er den Angriff erwarten? Greife ich also auf dem anderen an – oder ist es eben dies, was der Feind erwartet, weil er meine Mutmaßungen über seine Erwartungen errät? Wird er die Brücke noch sprengen können? Was bedeutet sein freiwilliger Rückzug auf dem linken Flügel? Wo wird er die Kavallerie einsetzen? Wie hohe Verluste wird uns der Sturm auf diesen Hügel kosten, und ist das der Hügel wert? Wann, wo setze ich die Reserve ein? Muß ich Truppen aus der Schlacht ziehen, weil der Feind meinen Troß bedroht – oder ist es eben dies, wozu der Feind mich verleiten will? Warum schweigt plötzlich meine Artillerie? Wie stoppe ich ein fliehendes Regiment, wie kann ich es zu neuem Angriff motivieren?

Eine schier unglaubliche Mischung aus Klarsicht, Witterung, Geistesgegenwart und Unerschrockenheit wird da verlangt, ein Entscheidungsspiel, ein Blitzschach auf Leben und Tod. Gewiß gilt für viele Schlachtensiege erst recht, was Fontane über Bismarcks politische Erfolge sagte: Sie wurden „genialisch zusammengemogelt". Napoleon war, nach Goethe, „immer erleuchtet, immer klar und entschieden und zu jeder Stunde mit der hinreichenden Energie begabt, um das, was er als vorteilhaft und notwendig erkannt hatte, sogleich ins Werk zu setzen". Sein Auge, sagte Heine, „sah rasch auf einmal alle Dinge dieser Welt, während wir anderen sie nur nacheinander und nur ihre gefärbten Schatten sehen".

In der Schlacht von Arcole bei Verona, die drei Tage lang tobte, führte der 27jährige General Bonaparte den Sieg schließlich dadurch herbei, daß er 25 Kavalleristen mit 25 Trompeten in den Rücken des Feindes manövrierte; sie bliesen zur Attacke, als hätten sie ein Armeekorps hinter sich, und schlugen so die Österreicher in die Flucht. Das Beispiel zeigt zweierlei: die Rolle der List im Kriege – und, in Napoleons eigenen Worten, wie der Sieg daran hängen kann, daß der Feldherr einen *Scheingrund* findet (prétence), um den schwindenden Mut seiner Soldaten wieder herzustellen; in jeder Schlacht gebe es Minuten, in denen auch die Tapfersten der Versuchung zur Flucht zu erliegen drohten.

Cäsar siegte ja in seiner letzten Schlacht allein deshalb, weil er seinen entmutigten Soldaten zurief „Sie fliehen!", als der Feind nur eine taktische Bewegung ausführte; und die schon halb verlorene Schlacht von Manassas, die erste des Amerikanischen Bürgerkriegs, gewannen die Südstaaten, weil General Bee inmitten seiner fliehenden Soldaten den General Jackson steinern auf seinem stehenden Pferde sitzen sah; sofort stellte Bee den „Scheingrund" her und schrie: „There stands Jackson like a stonewall!" Das brachte die Wende – und Jackson ein Reiterdenkmal ein (Ruhm als stummes Ziel eines geflügelten Wortes).

Nerven braucht der Feldherr; Jackson hatte sie, und Bee hatte sie erst recht. „Gute Nerven" waren auch die Forderung Ludendorffs an den militärischen Führer; die Schlacht sei schließlich kein Rechenexempel, sondern „ein gegenseitiges Abringen gewaltiger unbekannter physischer und seelischer Kräfte". Dabei waren gerade die Nerven Ludendorffs schwache Stelle, Hindenburgs Beitrag zum Sieg von Tannenberg aber die eiserne Ruhe inmitten der Schlacht, mit ungestörtem Schlaf. Den Mut, den Napoleon für sich in Anspruch nahm, beschrieb er als den „um 2 Uhr morgens": Kaltblütigkeit und klares Urteil sofort, nachdem er aus dem Tiefschlaf gerissen worden war.

Den anderen Mut, den im landläufigen Sinn, besaß keiner mehr als *Alexander der Große*. Er war nicht nur der Motor seiner Armee, der Stratege und der Generalquartiermeister, sondern auch der Haudegen, der seiner Kavallerie beim Angriff voranritt, oft genug als erster die Sturmleiter erkletterte und mit dem Schwert hauend und stechend Tod verbreitete – noch dazu heftiger bedrängt als jeder seiner Soldaten, denn seine glänzende Rüstung und sein weißer Helmbusch machten ihn zum weithin sichtbaren Ziel. Am Granikos zerbrach ihm die Lanze, er kämpfte mit dem Stumpf weiter, wurde von einem Wurfspieß verwundet, tötete den persischen Fürsten Mithridates und entging nur knapp dem Tode, als ihm ein Säbelhieb den Helm zerschmetterte. Bei Issos stürzte sich Alexander als erster zu Pferde in den Fluß, um die Perser zu attackieren, drang auf den Streitwagen des Perserkönigs ein und wurde am Bein verwundet. Beim Rückzug aus Indien erkletterte er die Zitadelle einer belagerten Stadt, fand sich allein auf den Zinnen, weil hinter ihm die Sturmleitern brachen, tötete mehrere Inder mit dem Schwert und wurde von einem Pfeil in die Lunge getroffen.

Noch in der Fülle der Macht den Nahkampf suchend, Schlachtenlenker und Schlächter zugleich, eine Mischung aus Ludendorff und Winkelried: Das war bei Germanen, Galliern, Reiternomaden das Ideal; im Abendland wurde es immer mehr zur Ausnahme. Der römische Kaiser Julian (in christlicher Parteilichkeit „der Abtrünnige" genannt), der im Jahre 363 im Kampf gegen die Perser fiel, war eine solche; Richard Löwenherz; Gustav Adolf und Karl XII. von Schweden. Ihre Soldaten liebten sie dafür – was ihre Chance zu weiteren Siegen erhöhte.

Geliebt wurden auch die, die mit ihren Männern wenigstens die Strapazen teilten und sich gelegentlich Pfeile oder Kugeln um die Ohren sausen ließen: Cäsar, Prinz Eugen, Friedrich der Große, Napoleon, Nelson. Im 19. Jahrundert starb dieser Typus des Feldherren aus; vor allem, weil Telegraf und Telefon seine Anwesenheit in der vordersten Linie überflüssig machten. Den komplizierten Aufmarsch der preußischen Armee in Böhmen (1866) dirigierte Moltke durch Telegramme aus Berlin; die Invasion in Frankreich (1944) leitete *Eisenhower* fast ein Vierteljahr lang von England aus. Er repräsentierte einen neuen Typus: den Kriegs-Manager, „den Geschäftsführer eines riesigen Gemischtwarenkonzerns, der mit Krieg handelte" (sein Biograph Piers Brendon); dazu den Diplomaten, dem es gelang, in der internationalen Invasions-Armee die Reibungen zu minimieren –

nicht zuletzt seines berühmten Lächelns wegen, das „zwanzig Divisionen wert“ war, wie es in seiner Umgebung hieß, und ihm in aller Welt den Ruf eintrug, ein sonniger und charmanter Mensch zu sein (obwohl er in Wahrheit sauertöpfisch und unverträglich war, schrieb Harry S. Truman, sein Vorgänger als Präsident der USA).

Der große Feldherr, der Lenker der Schlacht inmitten seiner Soldaten, gehört in die Vergangenheit. Heute sitzt der Kriegsherr in seinem Bunker, um von dort aus über den Einsatz weit schrecklicherer Waffen zu entscheiden, und sein etwaiger Charme wirkt nicht mehr so sehr auf seine Soldaten, sondern vielmehr auf die Fernsehzuschauer im Heimatland. Im Golfkrieg von 1991 hat der amerikanische General Norman Schwarzkopf beides exerziert. Es ist nicht erkennbar, daß dadurch der Krieg weniger grausam oder der Feldherr beeindruckender geworden wäre.

Nur so viel wissen wir: Ohne seinen Krieg hätten wir von Schwarzkopf so wenig gehört wie von Eisenhower. Die Feldherren noch mehr als die Politiker, diese wiederum mehr als die Künstler, alle zusammen aber, die Leistung zeigen und in Erfolg verwandeln wollen – sie müssen zur rechten Zeit am rechten Ort geboren sein, sonst nützen die Talente nichts; ob der Weltgeist sie nun aus Scheibelsgrub in Marsch setzt oder direkt aus Hegels Hirn. Kein Nelson, hätte das Schicksal ihm nicht seinen Napoleon gegönnt; kein Erster Konsul Bonaparte ohne das Chaos, das die Revolution ihm hinterlassen hatte; kein Präsident Franklin Roosevelt ohne die Weltwirtschaftskrise und die Unfähigkeit seines Vorgängers Herbert Hoover, sie zu meistern.

TITO
Von seinen weißen Anzügen und selbstentworfenen Marschallsuniformen trug er drei oder vier verschiedene pro Tag – der einstige kroatische Schlossergeselle Josip Broz, im Ersten Weltkrieg Feldwebel der österreichisch-ungarischen Armee. Im Zweiten Weltkrieg nannte er sich Tito und rief sich zum Marschall aus. Sein Kampfgefährte Milovan Djilas fragte sich: Was wäre aus Tito in friedlichen Zeiten geworden? „Ein Gewerkschaftsfunktionär."

CHURCHILL
In drei Kolonialkriegen hatte er schon mitgekämpft, als er mit 25 Jahren ins Unterhaus einzog. 1911 wurde Churchill Erster Lord der Admiralität, 1917 Munitionsminister; als erster erkannte er die Macht der neuen „Tanks". 1939 wurde er sogleich wieder Oberbefehlshaber der Flotte, 1940, am Tag von Hitlers Invasion in Holland, Belgien und Frankreich, Premierminister. Weder Churchill noch seine Biographen haben je bestritten, daß er Kriege liebte.

26.

Churchill und andere Kriegsgewinnler

> Alexanders Genie war ein Funke, der in ein Pulvermagazin fiel, das aufflog und Asien beben machte. Unser Funke fiel neben vorbei ins Feuchte. Ich sage nur: Was hätte das für eine Erschütterung geben können, wenn er auf das Pulver gefallen wäre!
>
> *Georg Christoph Lichtenberg*

Kriegsgewinnler nennen wir für gewöhnlich einen, der sich am Krieg bereichert. Dabei nur an Geld zu denken greift indessen ziemlich kurz. „Kriegsgewinn" im vollen Sinn des Wortes entsteht nicht nur durch den Verdienst, den der Krieg begünstigt, zum Beispiel bei einem Rüstungsfabrikanten, sondern auch durch das Verdienst, das ohne ihn nicht zustande kommen könnte: durch die Chance, Kräfte zu entfalten, die im Frieden nicht abgerufen werden, durch Sieg oder heroischen Untergang, durch die Gelegenheit, auf den Trümmern des Krieges Neues zu errichten – jedenfalls durch Taten, die die Gemüter in Wallung bringen und nach Chronisten rufen, die ihrerseits Ruhm durch Krieg gewinnen können.

Die einen brachen ihre Kriege selbst vom Zaun: Alexander, Cäsar, Friedrich der Große, Hitler (der sah den Frieden als „Niedertracht des Schicksals" an). Die zweiten fanden ihre Kriege vor, trieben sie aber zu Exzessen, die sie hätten vermeiden können: Karl XII., Napoleon. Die dritten führten ihre Kriege in etwas allzu freudiger Erfüllung dessen, was sie als ihre Pflicht bezeichneten: Prinz Eugen, Nelson oder Moltke, der Sieger über Dänemark, Österreich und Frankreich; als 70jähriger klagte er seinem Bruder, daß er vierzig Jahre lang auf einen Krieg habe warten müssen, bis er als 63jähriger, kurz vor der eigentlich fälligen Pensionierung, endlich losschlagen durfte.

Eine überaus freudige Erfüllung der Pflicht, ja ein herzliches Verhältnis zum Krieg als solchem haben viele Zeitgenossen *Winston Churchill* nachgesagt: Von Kriegslust und Kriegsgewinn war sein ganzer Lebensweg begleitet. 1897 kämpfte er in Indien, 1898 nahm er als Leutnant mit eingelegter Lanze an der Attacke von Omdurman teil, 1899 half er im Burenkrieg einen englischen Panzerzug flottmachen und leitete das Feuer der englischen Soldaten – als Zeitungskorrespondent, womit er nach dem Kriegsrecht seinen Kopf verwirkte. Dann geriet er in burische Gefangenschaft, brach aus, wurde dadurch berühmt und errang 1900 einen Sitz im Unterhaus. Den Kriegsdienst nannte er „die glitzernde Straße zum Ruhm", den Krieg „ein Spiel, das man lächelnd spielen muß".

1911, mit 36 Jahren, wurde Churchill Erster Lord der Admiralität, das heißt Herr über die größte Kriegsflotte der Erde. Der Ausbruch des Ersten Weltkriegs erfüllte ihn mit kaum verhohlener Begeisterung (in seiner Chronik „Weltkrisis" nachzulesen). 1917 wurde er jener Munitionsminister, der als erster die Bedeutung der „Tanks" erkannte und damit die deutsche Niederlage herbeiführen half. 1939 aber war er nichts als ein Unterhausabgeordneter von geringem Einfluß und grimmigem Wesen, ohne Amt, als 64jähriger darauf eingestellt, im Ruhestand langsam vergessen zu werden; mit seiner gefürchteten Rhetorik erreichte er nichts anderes, als seine Unterhauskollegen durch seine ewigen Warnungen vor Hitler zu langweilen.

Doch sogleich am Tag der englischen Kriegserklärung ernannte ihn Chamberlain wiederum zum Ersten Lord der Admiralität – „Winnie is back!" schrien die Matrosen. Und am Tag der deutschen Invasion in Holland wählte das Unterhaus ihn zum Premierminister. „Ich darf dem Leser nicht verheimlichen", schrieb er über diesen 10. Mai 1940, „daß ich, als ich gegen drei Uhr früh zu Bett ging, eine tiefe Erleichterung verspürte. Endlich verfügte ich über die Macht über das Ganze und konnte befehlen (...) Mir war zumute, als wäre mein ganzes bisheriges Leben nur eine Vorbereitung auf diese Stunde und diese Prüfung gewesen." Im Juli 1940 äußerte er die Absicht, Deutschland durch Bomben „total zu verwüsten", und da war auf England noch keine deutsche Bombe gefallen. Jeder Krieg schien nach Churchill zu rufen, in jedem Krieg erblühte er zu seiner vollen Kraft – „ein Krieger von Geblüt und Instinkt, der letzte verspätete Kriegsheld der europäischen Geschichte" (Sebastian Haffner); und kaum war der Zweite Weltkrieg vorüber, da jagten die britischen Wähler ihn aus dem Amt.

Ein mißlicher Gedanke läßt sich da nicht unterdrücken: Wenn ein Unhold die Welt mit Krieg überzieht, so wird erstens er berühmt und zweitens sein Überwinder; noch nicht gerechnet die vielen Helden dieses Krieges und zu schweigen von den Historikern und den Romanciers, die mit ihren Büchern über den Unhold, über seinen Überwinder und über den Titanenkampf ins Lexikon einziehen – wobei Churchill den Vogel abschoß, indem er für seine eigene Chronik seines Sieges über den Unhold den Nobelpreis bekam. Kann einer, den die Welt bewundert, weil er den Drachen tötete, eigentlich böse darüber sein, daß es den Drachen gab? „Muß, zynisch gefragt, Winston Churchill nicht Hitler sogar ein bißchen dankbar sein?“ fragte die „Süddeutsche Zeitung“ 1986.

Stalin habe seinen Ruhm allein Hitler zu verdanken, sagt der russische Schriftsteller Lew Kopelew. *Lenin* war einer jener Staatsmänner, die indirekt von Kriegen profitierten – indem er jene Verwüstung vorfand, die ihn befähigte, die Macht an sich zu reißen und dabei vielen als Heilsbringer zu erscheinen. *Konrad Adenauer* und *Ludwig Erhard* mußte das Schicksal ein Trümmerfeld hinterlassen, damit sie zur Entfaltung ihrer Talente gelangen konnten und zu ihrer zehn Jahre währenden schier unglaublichen Popularität.

Zu den Kriegsgewinnlern in diesem weitesten Sinn des Wortes zählen viele Schriftsteller: Ihr berühmtestes Buch schrieben Erich Maria Remarque und T. E. Lawrence über den Ersten Weltkrieg, Norman Mailer über den Zweiten, Hemingway über den Spanischen Bürgerkrieg. Sie müssen nicht einmal dabei gewesen sein: Tolstoi hat den Untergang der Großen Armee nicht erlebt und Margaret Mitchell nicht den Amerikanischen Bürgerkrieg. Vom Trojanischen Krieg handelt das größte Epos der Weltliteratur; daß er möglicherweise nicht stattgefunden hat, paßt zu dem Umstand, daß sein Autor vermutlich nicht Homer geheißen hat (Seite 32); seinem Ruhm abträglich war beides nicht.

Da gibt es noch merkwürdigere Zusammenhänge. Als *Oswald Spengler* 1912 für seine Geschichtsphilosophie den Titel „Der Untergang des Abendlandes“ konzipierte, hatte der wenig Aussicht auf Widerhall – in einer Zeit, in der ein ungebrochener Fortschritts-Optimismus herrschte. Doch als das Werk erschien, war gerade der Erste Weltkrieg zu Ende und warf dem Autor den Weltruhm in den Schoß. Als *Jean-Paul Sartre* 1943 in seinem Buch „Das Sein und das Nichts“ den „Existenzialismus“ ausbreitete, berief er sich auf Hegel, Jaspers und Heidegger und variierte eine Philosophie, über die das meiste schon hundert Jahre zuvor bei Sören Kierkegaard nachzulesen gewesen war; der nihilistische Grundton und das Lob des Absurden paßten jedoch ungleich besser ins Jahr 1945 und machten den Existenzialismus in der Ausprägung Sartres zu einer Weltmode. Der ostdeutsche Schriftsteller Heiner Müller schrieb 1992 in seiner Autobiographie: „Ohne Hitler wäre aus *Brecht* nicht Brecht geworden, sondern ein Erfolgsautor (...). Aber gottseidank kam Hitler, dann hatte er Zeit für sich.“

Es hilft nichts: Ohne Krieg, Not und Unterdrückung wären unsere Ruhmeshallen zur Hälfte leer, aller Helden beraubt, dazu der Verfasser der Heldensagen und der Philosophen des Unglücks. „Not und

Held hängen zusammen wie Krankheit und Fieber", sagt Robert Musil. Nicht daß es um die Helden schade wäre; man sollte sich nur klarmachen, daß mit den Napoleons und Hitlers zusammen auch die Churchills und Adenauers aus den Lexika verschwänden und die Chronisten ihrer Leistungen.

Wenn man die Taten der Eroberer und Staatengründer prüfe, schreibt Machiavelli, so sehe man, „daß sie dem Glück nur die Gelegenheit verdanken (occasione), die ihnen gleichsam den Stoff gab, den sie in die Form prägten, die ihnen gut schien. Ohne diese Gelegenheit wäre ihre Tüchtigkeit zwecklos geblieben, und ohne ihre Tüchtigkeit wäre die Gelegenheit vergeblich gekommen"; wir wüßten nichts von Moses, hätte das Volk Israel nicht in Knechtschaft gelebt. Milovan Djilas fragt: Was wäre aus *Tito* geworden, wären die Zeiten friedlich und weniger von Ideologie geprägt gewesen? „Ein Gewerkschaftsfunktionär oder ein Unternehmer oder ein autoritärer Vater oder ein schwieriger Ehemann."

Mehr als bei anderen hängt der Erfolg an der occasione bei den Geistern, die die Menscheit bewegen. Da schrieb also der 32jährige *Dr. Martin Luther,* Professor der Bibelwissenschaft in Wittenberg, 95 lateinisch abgefaßte Thesen nieder und soll sie (was nicht erwiesen ist) an die Schloßkirche geschlagen haben, in der Absicht, damit eine akademische Disputation über den dubiosen Ablaßhandel zu eröffnen. Zu seiner höchsten Überraschung sah er sich über Nacht in einen Strudel von Begeisterung und Entgeisterung hineingerissen und von den verschiedensten Interessen vereinnahmt; binnen Wochen jagten seine Thesen durch Europa, er wurde zu Deutschlands populärstem Mann, Bischöfe zitterten vor ihm, und dem Papst wie dem Kaiser gelang es nicht, ihn in die Knie zu zwingen.

Was brachte Luther ein in das Geschäft? Nüchtern gesprochen: seinen thüringischen Dickkopf und sein Sprachtalent. Anspruchsvoller ausgedrückt: eine unbezwingbare Durchdrungenheit davon, im Recht zu sein, ein eisenhartes Stehvermögen, und dazu die Gabe, sich mit saftiger Wortgewalt den Gelehrten wie den Bauern einzuprägen. „Er sagt Dinge, die im Grunde jeder sagen könnte", schreibt Egon Friedell, „aber er sagt sie so kurz und gut, so tief und empfunden, wie sie niemand sagen könnte (...) Er war die Zunge seines Jahrhunderts, er hat das schöpferische Wort gesprochen, das immer den Anfang macht."

Was alles mußte auf diesen sprachmächtigen Dickschädel warten, damit er zu einer Zentralfigur der abendländischen Geschichte werden konnte? „Um Epoche in der Welt zu machen", sprach Goethe zu

Eckermann, „dazu gehören bekanntlich zwei Dinge: erstens, daß man ein guter Kopf sei, zweitens, daß man eine große Erbschaft tue". Luthers Erbschaft sei „die Finsternis der Pfaffen" gewesen. Im Volk ein längst verbreiteter Haß auf den Ablaßhandel, bei den Frommen ein Unbehagen an der Korruption der Kirche, bei den weltlichen Fürsten an ihrer Macht, bei den Bauern gärende Unzufriedenheit mit ihrer Lage, bei vielen Priestern mit dem Zölibat; bei den Gebildeten eine Aufbruchstimmung, seit die Renaissance von Italien Besitz ergriffen hatte und Portugiesen wie Spanier dabei waren, sich den Erdball untertan zu machen. Und der Buchdruck! Auf dem Reichstag zu Worms, dreieinhalb Jahre nach der Veröffentlichung der Thesen, waren Luthers Schriften bereits in 300 000 Exemplaren verbreitet, das heißt vermutlich unter allen Deutschen, die überhaupt lesen konnten – wo der Schreibfleiß der Mönche früher vielleicht 300 Abschriften hätte herstellen können.

Und was alles mußten seine Gegner unterlassen, damit Luther nicht entmachtet, geknechtet oder als Ketzer verbrannt wurde wie 1415 Jan Hus und 1498 Savonarola! Anfänglich vom Papst unterschätzt, dann lasch verfolgt, durch den Machtkampf zwischen Kaiser und Papst beschirmt, vor dem Bannfluch des Papstes vom Kurfürsten von Sachsen auf die Wartburg gerettet und schließlich zu mächtig geworden, als daß er noch hätte niedergeworfen werden können – welche unwiederholbare Kombination von Fehlern seiner Feinde und Wünschen unverlangter Freunde! Nach aller Wahrscheinlichkeit mußte die Menschheit hundert Luthers hervorbringen, damit einer auf solche Umstände traf; ja kaum läßt sich der Spekulation ausweichen, daß ein Dutzend Genies mit einem Bündel von Begabungen, die für diese Umstände in noch höherem Grade geeignet gewesen wären, in Ermangelung solcher Umstände auf dem Müll der Geschichte gelandet ist.

Als eine vielfältig verkrachte Existenz namens *Jean-Jacques Rousseau* der französischen Gesellschaft 1750 ihre Anklagen entgegenzuschleudern begann – gegen König, Adel und Eigentum, gegen Kunst, Vernunft und Wissenschaft, für hehre Gefühle und die Rückkehr zu einem idyllischen Naturzustand, den es nie gegeben hatte: Da fand *er* die Zeit, die reif für ihn war. Schäferspiele im Park (was die Reichen für eine Rückkehr zur Natur hielten) waren längst im Schwange, ein schlechtes Gewissen gegen den eigenen Luxus verbreitet, die Vernunft zu furchterregenden philosophischen Gebäuden aufgetürmt und dieser glänzend schreibende Radikalinski jedenfalls ein amüsanter Vogel; wer ahnte schon, daß er einer Revolution den Boden bereiten würde?

Rousseau hatte, wie Luther, der Forderung genügt, die Ernst Bloch an den Utopisten richtet: nicht zu weit vorauszuträumen, sondern nur *der vorausgeschickte Quartiermacher* einer Zeittendenz zu sein; er hatte, nach Madame de Staël, „nichts entdeckt, aber alles in Flammen gesetzt".

„Der Zufall begünstigt nur den vorbereiteten Geist", sagte Louis Pasteur 1854 bei seiner Antrittsrede als Dekan in Lille, und die Aussage trifft in beiden Hälften zu: Der Zufall ist nichts ohne die Vorbereitung und die Vorbereitung nichts ohne den Zufall. Es war schon in Kap. 7 die Rede davon, wie sehr gerade Forscher und Entdecker auf die Gunst der Umstände angewiesen sind: Newton räumte ein, sein Werk habe nur gelingen können, weil er auf den Schultern von Riesen gestanden habe (womit er vor allem Kepler und Galilei meinte). Kein Mensch mit den Gaben des Kolumbus, Amundsen oder Sven Hedin kann heute noch eine geographische Entdeckung machen, und ans Erfinden nicht einmal denken durfte ein Handwerksmeister, wenn er im 16. Jahrhundert lebte und der damals verbreiteten Zunftordnung unterworfen war: „Niemand soll etwas Neues erdenken oder erfinden", damit kein Meister sich über den anderen erhöbe.

Auch das Genie ist auf Nachfrage angewiesen, schrieb Adam Smith. Das englische Tuchgewerbe rief nach einer Spinnmaschine, denn zehn Spinnräder mußten schnurren, um einen Handwebstuhl mit Garn zu versorgen, und so war das Spinnen Zwangsarbeit in Zucht- und Waisenhäusern. Da erfand der Perückenmacher *Richard Arkwright* 1769 die wassergetriebene Flügelspinnmaschine – und drehte das Verhältnis um: Nun konnten die Handwebstühle nicht mehr so viel Garn verarbeiten, wie die Spinnmühlen erzeugten. Folglich gelang es dem Landpfarrer *Edmund Cartwright* 1785, auch den Webvorgang zu mechanisieren und als Kraftquelle nicht mehr die Füße des Webers zu benutzen, sondern eine der neuen Dampfmaschinen des *James Watt* – die Watt nicht ohne seine zahlreichen Vorläufer hätte konstruieren können; wie auch Adam Smith, der fünf Jahre nach Erfindung des Dampfwebstuhls starb, hundert Jahre früher sein Thema nicht gefunden haben würde.

Vielen, die ein Werk in die Welt schicken, schreibt Schopenhauer, sei nachher zumute „wie einem Feuerwerker, der sein lange und mühsam vorbereitetes Erzeugnis endlich mit Enthusiasmus abgebrannt hat und dann erfährt, daß er damit an den unrechten Ort gekommen und sämtliche Zuschauer die Zöglinge der Blindenanstalt gewesen seien".

27.

Mit dem Geist der Zeit und gegen ihn

Es liegt, heißt es, an den Orten:
In Sizilien wäre Hitler Bandit geworden,
Kolumbus in der Schweiz ein Alpinist
Und Oistrach in Jericho Posaunist.
Otto Heinrich Kühner

In der Steinzeit hätte *Michelangelo* keinen Meißel zur Verfügung gehabt; heute fände er keinen Papst, der ihm den Weiterbau der Peterskirche übertrüge oder ihn aufforderte, 225 Quadratmeter Wand mit dem Jüngsten Gericht zu bemalen. Der deutsche Kunsthistoriker Wilhelm Pinder hat das Gedankenspiel angestellt, daß Michelangelo, hätte er um 1800 in Wien gelebt, Komponist geworden wäre; der Psychologe Willy Helpach meinte dazu einschränkend, um 1500 habe das Volk auf Bauten und Bilder angesprochen, um 1800 vor allem auf Geigen und Stimmen; „ein Beethoven wäre vielleicht 1500 ein kleiner Organist geblieben".

Aber Wien! 1772 – da war Mozart siebzehn, Beethoven zwei und Schubert noch nicht geboren – schrieb der englische Musikhistoriker Charles Burney, die Stadt sei so reich an Komponisten und Musikern höchsten Ranges, daß sie „the imperial seat of music" zu heißen verdiene; in den Gasthöfen unterhielten sich die einfachen Leute mit zwei- und dreistimmigem Gesang und in den Werkstätten die Arbeiter. 1781 ließ Mozart sich in Wien nieder, den „für mein Metier besten Ort von der Welt". 1828, in Schuberts Todesjahr, schrieb der böhmische Schriftsteller Karl Anton Postl, der sich in Amerika Charles Sealsfield nannte: In jeder Wohnung des Wiener Mittelstands stehe ein Klavier, jedem Besucher spiele die Tochter des Hauses sogleich etwas vor, Musik sei der wichtigste Teil der Erziehung und eine neue Rossini-Oper im Kärntnertor-Theater „mindestens eine solche Sensation wie in London eine Parlamentseröffnung".

Das war der Ort, an dem Beethoven „Mozarts Geist aus Haydns Händen" entgegennehmen konnte, an dem *Schubert* das Erbe von Haydn, Mozart, Beethoven mit dem von Rossini und der Volksmusik von Oberösterreich verschmolz – „der Glücksfall der Musikgeschichte", wie Alfred Einstein schreibt: „Glück in der Größe ist nicht möglich ohne eine große Erbschaft, die zur rechten Zeit kommt, das heißt weder zu früh noch zu spät." Auch improvisierte Schubert im

Dreivierteltakt und half so, aus dem groben alten Dreher oder Ländler, wie Goethe ihn um 1770 in Straßburg kennengelernt hatte, den schwingenden Wiener Walzer zu formen. Der vier Jahre jüngere Josef Lanner begann mit ihm die Ballsäle zu erobern, und so sehr lag der Walzer bald in der Wiener Luft, daß Lanner, als er für den Abend einen neuen angekündigt, aber ihn wegen Unwohlseins noch nicht komponiert hatte, zu *Johann Strauß,* seinem Ersten Geiger, nur zu sagen brauchte: „Strauß, schauens', daß Ihnen was einfallt" – und die Uraufführung fand statt.

Das war Johann Strauß Vater. Dem Walzer gab er (laut Großem Brockhaus von 1847) eine so „wollüstig schwebende und wiegende Macht, daß er die Füße fast zwang, ihrem Zauberreize zu folgen". Wie heftig und wie nachhaltig Wien von Musik durchdrungen war und nach immer neuen Walzern rief, zeigt sich in der bekannten Tatsache, daß Johann Strauß Sohn den Weltruhm des Vaters noch übertraf, und in dem seltener gewürdigten Umstand, wie sein zwei Jahre jüngerer Bruder *Joseph Strauß* zum Komponieren kam.

Als Johann sich schon mit 27 Jahren überanstrengt zur Kur begeben mußte, entschied die verwitwete Mutter, Joseph müsse die Kapelle übernehmen (obwohl von Beruf Ingenieur und Erfinder einer Straßenkehrmaschine) – und Joseph erlernte das Geigenspiel und veröffentlichte in den folgenden siebzehn Jahren 283 Kompositionen, darunter die „Dorfschwalben aus Österreich"; ein Produkt aus mutmaßlicher Erbmasse, zufälligem Anstoß und dem überwältigenden Umwelteinfluß Wiens. Überdies hinterließ Joseph Strauß viele unveröffentlichte und halbfertige Kompositionen, doch sein Nachlaß war plötzlich verschwunden und ist bis heute nicht wieder aufgetaucht. Daß Joseph 29 Jahre vor seinem berühmten Bruder starb und erst ein Jahr nach seinem Tod dessen erste Operette erschien, hat unterdessen viele Spekulationen genährt.

Johann Vater, Johann Sohn und Joseph Strauß fast austauschbar, Musiker im Strom der Zeit: Sind alle Künstler mit der Zeit geschwommen – gab es nicht auch solche, die umgekehrt dem Zeitgeist den Weg gewiesen haben? Der französische Geschichtsphilosoph Hippolyte Taine schrieb 1865 in seiner „Philosophie der Kunst", jedes Kunstwerk sei entstanden aus der „moralischen Temperatur" der Epoche und der Gesellschaft heraus, in der der Künstler lebte. Das Milieu erzeuge zwar nicht das geniale Werk, doch es schaffe die Bedingungen, unter denen der Künstler sich entweder entfalten könne oder nicht.

Von diesen Bedingungen völlig abhängig sind bis heute Architekten und Dirigenten und waren die meiste Zeit auch alle anderen Künstler – es mochte sich um die direkte und peinliche Abhängigkeit eines Hofdichters von seinem zu verherrlichenden Kaiser handeln oder um die zumeist unbewußte von den Sitten und Maßstäben der Epoche. Als im 12. und 13. Jahrhundert die Gotik wie ein Sturmwind durch Frankreich, Deutschland, England und die Niederlande fuhr, konnte kein Baumeister sich dem entgegenstemmen. *Raffael* war der typische und vollendete Ausdruck seiner Ära; „wir sehen hier das schönste Talent zu ebenso glücklicher Stunde entwickelt“, schrieb Goethe. Wäre es nicht *Rubens* gewesen, der den Zyklus aus dem Leben der Maria von Medici auf die einundzwanzig kolossalen Leinwände donnerte, die heute im Louvre abgeschritten sein wollen – es hätte ein anderer sehr ähnlich getan, da die Hoch-Zeit eitler Königshöfe, die Geniezeit der Porträtmalerei und der Stil der Üppigkeit nicht zufällig zusammenfielen.

Vielleicht lassen sich die Künstler nach ihrem Verhältnis zur Zeit in drei Gruppen teilen. Die einen werden ganz von ihr getragen und geben ihr den typischen Ausdruck, sie bieten ihr das, worauf sie gewartet hat: Raffael und Rubens, der junge Mozart und der frühe *Verdi.* In seinem „Nabucco“ (1842) traf er ins Herz seiner Landsleute, vor allem mit dem Chor der Juden im babylonischen Exil: „Va pensiero, sull'ali dorate ...“ („In Gedanken auf goldenen Flügeln ...“). Der verband ein gewaltiges, zum Mitsingen provozierendes Unisono mit einem Text, der wie für den Freiheitskampf Savoyens gegen Österreich geschrieben schien. *Daniel Defoe* verwandelte den Bericht eines Kapitäns über den schottischen Matrosen Alexander Selkirk, der vier Jahre allein auf einer Insel überlebt hatte, 1719 in ein Erbauungsbuch, das seinen begeisterten Zeitgenossen zeigte, wie der einzelne auch das größte Unglück mit Umsicht, Fleiß und Gottvertrauen meistern kann. *Charles Dickens* stellte, laut Stefan Zweig, seinen Landsleuten die „Kaminkunst“ zur Verfügung, nach der sie verlangten, „eine Kunst, die das Herz wärmt wie Tee“.

Die zweiten stellen sich scheinbar gegen die herrschende Mode, doch liegen ihre Neuerungen innerhalb dessen, was die Zeitgenossen begreifen können und bewundern wollen; nach Stendhals Satz: „Der Geist muß fünf oder sechs Grad über den Ideen des Publikums stehen. Steht er acht Grad über ihnen, dann bereitet er dem Publikum Kopfschmerzen.“ Das taten sie zunächst: Beethoven, Richard Wagner, Picasso, Sigmund Freud. Aber sie lebten lange genug, um vom Zeitgeist eingeholt zu werden; von ihm geprägt waren sie ohnehin auch in ihrem

Widerspruch zu ihm. Wagner bot dem Bürger eine Kunst, die ihn „aufregt und berauscht“, schreibt Alfred Einstein – und eben daran habe Bedarf bestanden in einem bürgerlichen Zeitalter, während inmitten der Seuchen und Massenmorde des 16. Jahrhunderts der gewünschte *Gegenausdruck des Zeitgefühls* eine erhebende und beruhigende Musik gewesen sei.

Mit der Zeit gehen, ihr den willkommenen Kontrast anbieten oder ihr mäßig vorauseilen, so, daß man mit ihr noch Hochzeit feiern kann – von diesen zwei Bewegungen läßt sich die dritte abgrenzen: seiner Ära so weit voraus sein, die moralische Temperatur der Epoche so überhitzt haben, daß man erfolglos bleibt bis in den Tod, wie Kleist, Büchner, Poe, van Gogh; alle vier freilich so früh aus der Welt geschieden, daß sie dem nacheilenden Zeitgeist weniger Chancen gaben als Wagner, der mit 69, oder Picasso, der mit 91 Jahren starb. Sie waren das, was Jean Paul als „ein antizipiertes Jahrhundert, eine künftige Majorität“ beschreibt.

Schließlich ist der Zuspätgekommenen zu gedenken: *Pascal* erfand als Zwölfjähriger die euklidische Geometrie, nur leider zweitausend Jahre nach Euklid, *Robert Scott* erreichte 1912 den Südpol, nur leider fünf Wochen nach Amundsen. Während diese beiden trotzdem Ruhm geerntet haben – Pascal mit anderen mathematischen Leistungen und als Philosoph, Scott wegen seines dramatischen Endes –, ist es das typische Schicksal der Spätgeborenen, entweder sich ihrer Lebenschance beraubt zu sehen oder ihre Meisterstücke als zweite Sieger ruhmlos abzuliefern.

Zu den merkwürdigsten Zeitumständen, die das Entstehen großer Werke begünstigen oder behindern können, zählen jene Großen, die andere Große fördern oder lähmen. Florenz um 1500, Wien um 1800 stellten für jedes einschlägige Talent einen Ansporn dar, auch Moskau für das Ballett oder Odessa für das Geigenspiel; ähnlich die Maler- und Literatenzirkel im Paris des 19. Jahrhunderts, der großen Versuchsküche der abendländischen Kultur.

Sogar die planmäßige, hartnäckige Förderung des Unbekannten durch den Erfolgreichen gab es mitunter: *Franz Liszt* setzte sich als Dirigent und Kritiker vehement für die frühen Opern *Richard Wagners* ein; *Flaubert* ging noch weiter, indem er nicht, wie Liszt, das ohne ihn Entstandene durchsetzte, sondern den angehenden Schriftsteller seiner strengen Schule unterwarf: den 29 Jahre jüngeren *Maupassant.* Dessen Mutter, eine Jugendfreundin, hatte ihn darum gebeten. Sieben Jahre lang drillte er ihn, ging jedes Wort, jeden Satz mit ihm durch und verbot ihm, irgendeine Arbeit zu veröffentlichen, bis sein Stil durchgeformt und seine Persönlichkeit gereift sei. Obendrein müsse er Gedichte schreiben, das mache den Stil geschmeidig – und Flaubert sorgte dafür, daß ein Gedichtband von Maupassant erschien, und als eines der Gedichte ihm die Anklage der Obszönität eintrug, paukte Flaubert ihn heraus. Auch brachte er ihn mit anderen großen Schriftstellern zusammen wie Zola und Turgenjew und verschaffte ihm eine bessere Stellung im Erziehungsministerium. 1880 schließlich, Maupassant war 30 Jahre alt, erschien seine Novelle „Fettklößchen". Flaubert erklärte sie für meisterlich und seine Arbeit für beendet, und wenige Wochen später war er tot.

Doch ebenso häufig haben die Großen den Nachgeborenen eine schlimme Erbschaft hinterlassen: Sie haben sie entmutigt – entweder ohne ihr Zutun durch künstlerische Übermacht oder gar vorsätzlich, wie es Hölderlin und Kleist durch Goethe widerfuhr.

Beethovens „riesiger Schatten" (Alfred Einstein) verdüsterte das Schaffen von Robert Schumann und Johannes Brahms. *Richard Wagner* „ruinierte die Nachfolger durch den herausfahrenden Vorgriff auf Mittel, die für ein halbes Jahrhundert und mehr gereicht hätten" (sein Biograph Martin Gregor-Dellin); „Generationen hatten keine Chance, sich aus dem Schatten des ‚Tristan' zu befreien oder das Werk gar zu überholen." *Wilhelm Busch* schrieb, nachdem er in Antwerpen die Meisterwerke von Rubens und Frans Hals bewundert hatte: „Gern verzeih ich's ihnen, daß sie mich zu sehr geduckt haben, als daß ich's je recht gewagt hätte, mein Brot mit Malen zu verdienen."

Goethe hat auf diesem Feld mehr Einsichten verbreitet, mehr Vorteile eingeheimst und mehr Unheil angerichtet als jeder andere, von dem wir wissen. Einsichten wie diese: *Shakespeare* habe gegenüber dem Spanier Calderón den Vorteil gehabt, „daß er als Protestant geboren und erzogen worden (...) Wahn und Aberglaube sieht er unter sich und spielt nur damit, außerirdische Wesen nötigt er, seinem Unternehmen zu dienen (...), ohne daß der Dichter jemals die Verlegenheit fühlte, das Absurde vergöttern zu müssen." Zu Eckermann sprach Goethe, nach den Quellen eines berühmten Mannes zu suchen, sei lächerlich: „Man könnte ebenso gut einen wohlgenährten Mann nach den Ochsen, Schafen und Schweinen fragen, die er gegessen und die ihm Kräfte gegeben (...) Unsere Entwicklung verdanken wir tausend Einwirkungen einer großen Welt, aus der wir uns aneignen, was wir können und was uns gemäß ist."

Mit den „Leiden des jungen Werthers" hatte Goethe seinerseits den

Nerv der Zeit getroffen, er schreibt es in „Dichtung und Wahrheit“; nach Thomas Mann war es so, als hätte das Publikum aller Länder, ohne es zu wissen, genau auf dieses Werk gewartet. Wolfgang Menzel, ein zeitgenössischer Biograph, schrieb 1824, Goethe habe seine Zeit gerade so gefunden, „wie sie ihn und er sie brauchte“; starke Gegner habe er nicht gehabt, und seinem Wesen habe es entsprochen, „daß er immer nur die herrschende Partei ergriff“.

Ein Glücksfall für beide war Goethes Freundschaft mit *Schiller:* Goethe beriet ihn bei der Vollendung des „Wallenstein“ und legte ihm die Sage von Wilhelm Tell ans Herz; etliche Balladen des einen entsprangen der Anregung des anderen; Schiller wiederum drängte Goethe, von der Naturbetrachtung zur Dichtung zurückzukehren, den „Wilhelm Meister“ zu vollenden und die Arbeit am „Faust“ wieder aufzunehmen.

Goethe, der von den Zeitumständen so reich Beschenkte, war zugleich das Unglück etlicher Zeitgenossen: der Unbekannten, von denen wir vermuten können, daß seine „europäische Zelebrität“ sie erdrückte, und jedenfalls ein Beitrag zum Unglück von Schubert, Lenz, Hölderlin und Kleist. 1816 schickte Schuberts Freund Joseph von Spaun 24 Schubert-Lieder auf Goethe-Gedichte nach Weimar, darunter den „Erlkönig“; dort wurden sie entweder nicht zur Kenntnis genommen oder von Goethes Hauskomponisten Zelter abgefangen. 1825 schickte Felix Mendelssohn-Bartholdy Goethe drei Schubert-Vertonungen zu, darunter „An Mignon“; diesmal bedankte sich Goethe, bei Mendelssohn.

Jakob Lenz, anderthalb Jahre jünger als Goethe und in Straßburg mit ihm befreundet, wurde um 1775 als „der andere deutsche Shakespeare“ (neben Goethe) gefeiert; sein Drama „Der Hofmeister“ und sein Gedicht „Die Liebe auf dem Lande“ wurden jahrelang Goethe zugeschrieben; und die Liebe – das war Goethes Freundin Friederike Brion, der Lenz den Hof machte, nachdem Goethe abgereist war. Lenz folgte ihm später nach Weimar, wurde zunächst von Goethe protegiert, aber mußte wegen seiner „Affenstreiche“ das Herzogtum bald verlassen. Er starb in Elend und Wahnsinn. Natürlich war dies nicht Goethes Schuld, und inwieweit er schuldlos die Ursache für den jähen Niedergang seines Freundes wurde, wird sich nie klären lassen. Doch zum Verzweifeln könnte es schon gewesen sein, als hochbegabter und vielgepriesener junger Dichter diesen Goethe erst neben sich und dann himmelweit über sich zu sehen. „Alle großen Begabungen“, sagte Nietzsche, „haben das Verhängnisvolle an sich, viele schwächere

Kräfte und Keime zu erdrücken und um sich herum gleichsam die Natur zu veröden."

In zwei zuverlässig dokumentierten Fällen aber nahm Goethe sehenden Auges eine Hinrichtung vor. *Hölderlin* durfte ihn besuchen, weil Schiller ihn als „poetisches Genie" empfohlen hatte; Goethe schrieb darüber seinem Freund, Hölderlin habe etwas gedrückt ausgesehen, „aber er ist wirklich liebenswürdig und mit Bescheidenheit, ja mit Ängstlichkeit offen (...) Ich habe ihm besonders geraten, kleine Gedichte zu machen und sich zu jedem einen menschlich interessanten Gegenstand zu wählen." Bettina Brentano sagte dazu, Goethe habe „einen ihm superioren poetischen Geist" nicht ertragen können.

Wie war das mit *Kleist?* Der übersandte dem „hochzuverehrenden Herrn Geheimrat" einen Teil seiner Tragödie „Penthesilea", mit der Bitte, sie zur Aufführung im Hoftheater anzunehmen – auf den Knien seines Herzens erscheine er damit, schrieb Kleist, das Gebet des Königs Manasse in der babylonischen Gefangenschaft zitierend. Goethe schrieb zurück: „Erlauben Sie mir zu sagen, daß es mich immer betrübt und bekümmert, wenn ich junge Männer von Geist und Talent sehe, die auf ein Theater warten, welches da kommen soll"; das mache ihm Mißbehagen wie ein Jude, der auf den Messias warte. Den „Zerbrochenen Krug" führte Goethe zwar fünf Wochen später auf, doch lieblos und mit Mißerfolg. Dem Schriftsteller Johannes Falk sagte Goethe 1809: „Ich habe ein Recht, Kleist zu tadeln, weil ich ihn geliebt und gehoben habe; aber (...) er hält nicht, was er zugesagt. Sein Hypochonder ist zu arg; er richtet ihn als Menschen und Dichter zugrunde." In einer Rezension schrieb Goethe: „Mir erregte dieser Dichter, bei dem reinsten Vorsatz einer aufrichtigen Teilnahme, immer Schauder und Abscheu, wie ein von der Natur schön intentionierter Körper, der von unheilbarer Krankheit ergriffen wäre."

Thomas Mann sagt dazu, Goethes Kälte gegen die Erscheinung Kleists sei ihm „immer unbegreiflich und tadelnswert" erschienen. Nicht von den hochgesitteten Dramen Goethes und Schillers, von denen Kleists gehe „die dramatische Ur-Erschütterung" aus. Der Schweizer Schriftsteller Hermann Burger erinnerte 1987 an Kleists Vorhaben, nach der dilettantischen Aufführung des „Zerbrochenen Krugs" Goethe zum Duell zu fordern, und fügte hinzu, er bewundere den Vorsatz, „gegen die Ignoranz eines Genies mit der Handfeuerwaffe vorzugehen. Und ich sage Ihnen, ich würde gern auf den 'Faust II' verzichten, wenn dadurch die ungeheuerlich anmaßenden Worte Goethes über Kleist aus der Welt geschafft werden könnten."

Wo die Genies sich drängen, kann es passieren, daß sie einander nicht bloß befruchten, sondern mißverstehen, hassen oder die Luft zum Atmen neiden. Die einen wachsen daran, die anderen zerbrechen. So ist es ja mit allen Widerständen, auf die die potentiellen Großen stoßen – mit den schlimmen Vätern und den schrecklichen Müttern, auf die noch die Sprache kommt; auch mit Armut, Schulden, Kerker und Exil.

Armut und Exil

> Es gibt auf der Welt nur zwei Arten von Menschen: die, die haben, und die, die gewinnen. Die ersten strecken sich, die anderen rühren sich. Hätte man Cromwell einen Bauernhof gegeben und Rousseau 1200 Francs und eine Magd, so hätten sie weder gepredigt noch kommandiert noch geschrieben.
>
> *Alfred de Vigny (1835)*

Wie kommt es, daß viele der größten Werke des Menschengeistes im oder nach überstandenem Exil entstanden sind? Wobei wir nichts von denen wissen, die unter solcher Last zerbrachen. *Platon* zog sich auf Sizilien den Unwillen Dionys' I. von Syrakus zu; der übergab ihn als Gefangenen den Spartanern, die boten ihn auf dem Sklavenmarkt der Insel Ägina zum Verkauf an; umstritten ist nur, ob der Gönner, der ihn freikaufte, dies sogleich tat oder erst nach einem Sklavenleben. *Boethius,* als Chef der Reichsverwaltung des Ostgotenkönigs Theoderich im Jahre 523 in Ungnade gefallen, fand im Kerker das Motiv und die Muße, seinen „Trost der Philosophie" zu schreiben, eine stoische Betrachtung über die wahre Glückseligkeit. Danach wurde er gefoltert und mit Keulen erschlagen – und sein Buch, mit klassicher Eleganz geschrieben, eines der meistgelesenen des Mittelalters.

Dante sah sich 1302 für die letzten neunzehn Jahre seines Lebens aus seiner Heimatstadt Florenz verbannt, von ihr zweimal zum Tode verurteilt und 1315 für vogelfrei erklärt; seine Güter wurden eingezogen, sein Haus zur Plünderung freigegeben. Er erfuhr, „wie versalzen fremdes Brot schmeckt und wie hart es ist, fremde Treppen zu steigen"; seine Frau und seine beiden jüngsten Söhne starben an der Pest; und er schrieb die Göttliche Komödie. *Luther,* in Reichsacht, fand Zuflucht auf der Wartburg und übersetzte dort das Neue Testament. *Cervantes* hatte, bevor er mit dem „Don Quijote" begann, fünf Jahre in der Gefangenschaft algerischer Piraten zugebracht und fünf Jahre in einem spanischen Gefängnis. Auf zwölf Jahre Gefängnis brachte es der englische Prediger *John Bunyan,* und in der Haft entstand der erste, von der Kritik als der bessere eingestufte Teil seines Erbauungsbuchs „The Pilgrim's Progress", oft als das nächst der Bibel meistgelesene Buch überhaupt bezeichnet.

Kleist schrieb die Tragödie „Penthesilea" in französischer Gefangenschaft. *Richard Wagner* floh nach seiner aktiven Teilnahme an der Revolution von 1848 in die Schweiz; erst nach dreizehn Jahren wurde er amnestiert; in Zürich, Luzern, Venedig und Paris entstanden „Das Rheingold", „Die Walküre" und „Tristan und Isolde". *Dostojewski* verbrachte wegen angeblicher Verschwörung gegen den Zaren vier Jahre im Zuchthaus, fünf Jahre als einfacher Soldat in Sibirien, insgesamt zehn Jahre zwischen der Verhaftung und der Erlaubnis, nach Petersburg zurückzukehren – und danach wurde einer, der vorher irgendein erfolgreicher Schriftsteller gewesen war, zu einem der Großen der Weltliteratur. Noch einmal ging er für mehr als vier Jahre ins Exil auf der Flucht vor seinen Gläubigern; in Deutschland entstand „Der Spieler" und in Florenz „Der Idiot".

„Hat schon jemand den Hymnus des Exils gedichtet, dieser schicksalsschöpferischen Macht, die im Sturz den Menschen erhöht?" fragt Stefan Zweig. „Der schöpferische Genius braucht diese zeitweilig erzwungene Einsamkeit, um von der Tiefe der Verzweiflung (...) die Höhe seiner wahren Aufgabe zu ermessen." Zweig schrieb das 1929, neun Jahre bevor er aus Österreich nach England floh; aus Verzweiflung über das Schicksal Europas setzte er 1942 in Brasilien seinem Leben ein Ende.

Im selben Jahr begann *Thomas Mann* nach neunjähriger Unterbrechung wieder Tagebuch zu führen – „unter dem Schock des Exils", wie er schrieb. Anders als die Mehrzahl derer, die vor Hitler flohen, lebten Thomas Mann und Stefan Zweig als Exilanten mit ihrem Weltruhm verhältnismäßig komfortabel. Auch das gab es ja: Der evangelische Prediger und Pädagoge *Jan Amos Comenius* wurde zwar im Dreißigjährigen Krieg aus seiner tschechischen Heimat vertrieben, aber in den letzten 36 Jahren seines Lebens ehrenvoll aufgenommen in Polen, England, Schweden, Ungarn, Holland; im Exil entstanden seine meisten Schriften, darunter die bald weltberühmte Fibel „Orbis pictus". *Victor Hugo* mußte vor Napoleon III. fliehen und schwelgte siebzehn Jahre in einem hübschen Haus auf der Kanalinsel Guernsey in seinem Martyrium. Der große Theaterkritiker *Alfred Kerr* emigrierte 1933 nach London und schrieb dort übermütig: „Wem Mob will rechte Gunst erweisen, den schickt er in die weite Welt." Mehr Druck und weniger Freiheit aber, als wenn sie ihren Wohnsitz hätten wählen können, blieb auch diesen Glückskindern der Verbannung.

Den prägenden Wirkungen von Ausstoßung und Gefangenschaft wird man die Schrecken des Internats zurechnen müssen, wie Balzac, Bismarck, van Gogh sie erlebt und geschildert haben (Kap. 32), oder

der Kadettenanstalt, in die der elfjährige Rilke gepreßt wurde („eine Fibel des Entsetzens"), die Robert Musil als „Arschloch des Teufels" bezeichnete. Es sei von großem Nutzen, wenn die Not uns in Zustände stoße, die wir aus Trägheit oder Angst freiwillig nie gesucht haben würden, schrieb Henri de Montherlant 1935 in sein Tagebuch: „Ja, ich liebe, was mir zustößt."

Einige, die offenbar die Chancen des Exils erkannten, überwanden Trägheit und Angst und suchten es freiwillig auf. *Buddha* kehrte, 29 Jahre alt, seinem Leben in Luxus den Rücken und zog sieben Jahre lang als wandernder Asket durch die Fremde. *Descartes* siedelte sich für zwanzig Jahre in Holland an, auf der Suche nach Muße und Verborgenheit. *James Joyce* verließ Irland mit 22 Jahren, besuchte es nur noch einmal und in den letzten 29 Jahren seines Lebens keinmal mehr. Unabhängig wollte er sein von Heimat, Religion und Familie, von literarischen Zirkeln hielt er sich fern, Armut nahm er in Kauf.

Andere lebten inmitten ihrer Heimat wie Ausgestoßene: *Kleist,* weil er ein von sich selbst Gejagter war; *Beethoven,* weil die totale Taubheit seiner letzten elf Lebensjahre ihn untauglich machte zum Umgang mit Menschen; stundenlang streifte er durch die Felder auch bei Regen und Schnee und komponierte im Kopf. (Von der selbstgewählten Abgeschiedenheit des Kopernikus und Darwins war in Kap. 18 die Rede.) *Rilke* verbrachte die letzten fünf Jahre seines Lebens in der Burgruine Muzot im Wallis. Der amerikanische Schriftsteller *Nathaniel Hawthorne* vergrub sich nach Abschluß des Studiums vierzehn Jahre lang im Haus seiner verwitweten Mutter: Er verordnete sich ein unerhörtes Schreib- und Lesepensum, ging nur in der Abenddämmerung spazieren, sprach mit niemandem und holte sich das Essen von dem Tablett, das das Dienstmädchen vor sein Zimmer stellte. Sein Landsmann *Henry David Thoreau* lebte zwei Jahre lang in einer selbstgezimmerten Hütte am Waldensee in Massachusetts von selbstgebackenem Brot und notfalls von gebratenen Ratten.

Thoreau nahm dabei, anders als Hawthorne, eine Art freiwilliger Armut auf sich. Sein berühmtester Vorläufer hieß *Diogenes,* der sich in einer übermannshohen Amphore häuslich einrichtete (weil ihm, wie Ludwig Marcuse meint, vor all den Komplikationen graute, die mit den Wonnen eines Palastes verbunden sind). Sein Essen erbettelte sich der Philosoph, und zwar mit Nachdruck – Schandmaul, das er war: „Mann, ich bettle fürs Essen, nicht fürs Begräbnis!" herrschte er einen Spender an, der ihm die Münzen zu langsam aus den Kleidern nestelte. *Spinoza* war seine Unabhängigkeit so viel wert, daß er das Angebot ablehnte, Professor der Philosophie in Heidelberg zu werden, sogar eine Erbschaft schlug er aus; der reiche holländische Bewunderer, der ihn zum Alleinerben hatte einsetzen wollen, vermachte ihm statt dessen eine Jahresrente von 500 Florin, von denen Spinoza nur 300 annahm. Er war einer, der „täglich ein bescheidenes dunkles Werk verrichtet, um die stille Sicherheit für sein freies Denken zu gewinnen", heißt es bei Gottfried Keller.

Rousseau verschmähte die Rolle eines hochbesoldeten Hofkomponisten Ludwigs XV. und war zu stolz, die Pension anzunehmen, die der englische König Georg III. ihm anbot; auch im Weltruhm lebte er überwiegend vom Notenkopieren, nicht gerechnet, daß er gelegentlich von reichen Damen milde Gaben akzeptierte wie das Gartenhaus in Montmorency von der Marquise d'Epinay. *Wittgenstein* haßte den ererbten Reichtum, verschenkte ihn und arbeitete als Gärtnergehilfe und Dorfschullehrer, bevor er eine Professur in Cambridge annahm. *George Orwell* verließ als 23jähriger den Polizeidienst und lebte fünf Jahre lang mutwillig als Armer unter den Armen: unter Bettlern und Stadtstreichern in den Slums von London und Paris. Die letzten zwei Jahre vor dem Sterbelager verbrachte er auf der Insel Jura vor der Westküste Schottlands, ohne Strom und fließendes Wasser, „1984" schreibend.

Ererbter Reichtum wie der von *Byron* mußte nicht den Leistungswillen schmälern, auch nicht der Wohlstand, zu dem Leonardo oder Goethe es durch Erfolg plus Geschäftssinn brachten und in unserem Jahrhundert Puccini oder Thomas Mann. Doch so viele Große haben in materieller Not gelebt, daß zwei Zusammenhänge deutlich scheinen: Erstens, aufs Geldverdienen verstehen sich die meisten schöpferischen Menschen nicht; zweitens, die Armut hat sie nicht an der Produktion gehindert, ja oft sie erst hineingepeitscht.

Schubert fand offenbar nichts dabei, arm zu sein. Mit Hilfe kleiner Spenden seiner Freunde hielt er sich frei von Hunger und Schulden, brachte es aber, über die Schlafstelle bei einem Freund hinaus, nur manchmal zu einem möblierten Zimmer; oft hatte er kein Geld für Notenpapier, so daß er die Linien selber zog; er gab keinen Musikunterricht, trat nicht als Virtuose auf und klagte nie. Sein Nachlaß bestand aus Socken, Unterwäsche, vier Hemden, einer Matratze, einer Decke, unzähligen Noten und einem Klavier.

So lebte eben ein freier Musiker, der nur für sich selber oder für einen imaginären Auftraggeber komponierte. *Beethoven* hatte das auch schon überwiegend getan, als erster in der Musikgeschichte, aber er hatte noch Fürsten, Grafen und einen Erzherzog gefunden, die ihm eine Leibrente aussetzten. *Händel* war Hofkapellmeister in Hannover und Hofkomponist in London, und wenn er mehr Geld brauchte, komponierte er Opern am Fließband. *Haydn* stand 48 Jahre lang im Sold der Familie Esterházy, erst als Kapellmeister, dann als Pensionär. *Mozart* wurde mit 23 Konzertmeister und Hoforganist des Fürstbischofs von Salzburg, suchte acht Jahre lang eine bessere Stellung und fand sie schließlich für die letzten vier Jahre seines Lebens als „Kammer-Kompositeur" Kaiser Josephs II. Arm war er nie, entgegen der Legende – nur ein Leichtfuß und Lebemann, der zur Faulheit neigte und sein Geld nicht zusammenhielt. Der „Don Giovanni" entstand, weil der Direktor der Prager Oper Mozart nach dem Erfolg des „Figaro" für eine neue Oper hundert Dukaten bot; auf Bestellung, unter Druck und für Geld komponierte er Serenaden und Symphonien, Menuette und Tänze oder änderte auch Opern-Arien, wenn die Sänger es verlangten. Ins vielbeschriene „Armengrab" kam er nur, weil außer Adligen und Großbürgern alle darin endeten.

Die Dichter waren in geringerem Grade von Zuwendungen abhängig und in höherem Maße durch Armut motiviert. Viele schrieben sich mühsam eine schlichte Existenz zusammen: *Schiller* mit seinen historischen Schriften; *Joseph Conrad,* der sich beklagte: „Ich arbeite Tag um Tag und will den ganzen Tag, jede Minute des Tages, eine armselige Geschichte hervorbringen (...) Und wenn die beendet ist, muß ich weitermachen und wieder 20 000 Wörter aus mir herausholen, wenn der Junge seine Milch haben soll." *William Faulkner* seufzte über die „Sklavenarbeit", Drehbücher für Hollywood zu schreiben. Andere arbeiteten Jahr um Jahr hoffnungslos gegen ihre Schulden an: *Balzac,* weil er einen Luxus liebte, den er sich nicht leisten konnte; *Dostojewski,* weil er die Vorschüsse seiner Verleger beim Roulette verspielte, so daß er sich in Bettelbriefen demütigte, um nicht zu verhungern. *Robert Walser* trieb das Betteln bis zu der Bitte an eine Gönnerin: „Wenn Sie mal ein hübsches Wurstrestchen haben, so lassen Sie's mir zukommen."

Karl Marx bettelte nicht, er pumpte, forderte und drohte. Seine Mutter versuchte er zu erpressen, sogar seinen Erzrivalen Lassalle ging er um Geld an, und über einen greisen Erbonkel schrieb er 1852: „Stirbt der Hund jetzt, so bin ich aus der Patsche heraus." Oft konnte er die Miete nur bezahlen, indem er Silberbesteck, ja Jacken und Servietten versetzte. Und inmitten dieser Malaise schrieb er 1862 an Engels: „Im übrigen arbeite ich jetzt stark drauflos, und sonderbarerweise ist mein Hirnkasten unter der misère ringsum besser im Gang als seit Jahren." Woraus sein Biograph Richard Friedenthal folgert: Hätte Marx die erhoffte Erbschaft gemacht oder eine Professur bekommen – er hätte nichts mehr geschrieben. Für die Grundbedürfnisse war durch Engels ja gesorgt: Er subventionierte seinen Freund mit insgesamt 4800 englischen Pfund, wie das Marx-Engels-Institut in Moskau errechnet hat; das waren 96 000 Goldmark oder mehr als eine Million Mark in heutiger Währung.

Insoweit spielte Engels den *Mäzen* – wenn wir das Wort auch überwiegend auf Gönner anwenden, die mit Geld die Künste fördern. *Gaius Maecenas,* auf den der Gattungsname zurückgeht, hatte seinen immensen Reichtum teils ererbt, teils als Vertrauter des späteren Kaisers Augustus zusammengerafft. Dem *Vergil* schenkte er ein Landgut und dem *Horaz* einen üppigen Landsitz – damit sie ganz der Dichtung leben könnten, wie er verkündete, und um sie, wie er nicht verkündete, für die Verherrlichung des Augustus zu gewinnen. Und so wußte Horaz, was er seinem Gönner schuldete: „Du mein Schutz und mein Hort, Maecenas" schrieb er in die Zueignung seiner „Oden", und ins vierte Buch: „Augustus Cäsar, größter der Herrscher Du, soweit die Sonne segnend ihre Strahlen wirft ..."

Von Anfang an stellte das Geld Abhängigkeit her – das, was Spinoza und Rousseau mit klarem Blick verweigerten. Nur führte an solcher Verstrickung kaum ein Weg vorbei: Allein durch Aufträge oder Spenden von öffentlichen Institutionen oder wohlhabenden Leuten konnten bis ins 18. Jahrhundert die Dichter leben, bis ins 19. Jahrhundert die Maler, Bildhauer und Komponisten – und bis heute die Architekten und alle Opernhäuser der Welt. Und wer hätte aus dem Gärtnerssohn *Carl Friedrich Gauß* den großen Mathematiker machen können, hätte nicht Herzog Karl Wilhelm Ferdinand von Braunschweig ihn studieren lassen, nachdem der 7jährige seinen Rechenlehrer verblüfft hatte, der ihn an einen Professor empfahl, der ihn als 14jährigen dem Herzog vorführte?

Walther von der Vogelweide stand sein Leben lang im Sold der Fürsten, wofür er sie in herrlichen Versen zu feiern, ihre Gegner aber zu schmähen hatte. Von Kaiser Otto IV. erhielt er trotz vielbewunderter Huldigungssprüche nicht die Heimstatt, um die er barmte, sondern erst von dessen Nachfolger Friedrich II. ein Lehen und möglicherweise einen Ehrensold. *Pietro Aretino,* Zeitgenosse Michelangelos, lebte in Saus und Braus mit Hilfe von Bettelbriefen, hochbezahlten Schmähschriften und ebensolchen Huldigungen; Papst Julius III. belohnte ihn mit tausend Goldkronen für ein Sonett zu seiner Inthronisation. *Dante* aß im Exil das Brot von Fürsten, Grafen und Äbten – und dies in der Tat, ohne ihnen nach dem Munde zu reden. *Shakespeare* war sogar finanziell unabhängig, jedoch nicht so sehr seiner Dramen wegen als vielmehr dank seiner Einkünfte als Schauspieler, Regisseur und späterer Mitbesitzer des Globe-Theaters. *Klopstock* erhielt, nachdem der erste Band seines „Messias" erschienen war, ein Jahresgehalt des dänischen Königs.

In der Goethezeit konnte ein erfolgreicher Schriftsteller schon von seinen Einnahmen existieren; *Goethe* aber wollte mehr und zog es vor, im Herzogtum Sachsen-Weimar ein Ministergehalt zu beziehen; zunächst mit harter Arbeit verdient, nach der Rückkehr aus Italien aber ein bloßer Ehrensold: Auf eigenen Wunsch wurde Goethe, 38 Jahre alt, von allem „Mechanischen" der Regierungsgeschäfte entbunden und führte auf Kosten des Herzogs Karl August ein großes Haus, vierundvierzig Jahre lang. *Victor Hugo* bezog bereits mit 20 Jahren eine Staatspension.

Dichten, immerhin, war auch ohne Auftrag möglich – Bauen ist es bis heute nicht. Näher bei den Architekten als bei den Dichtern blieben in der längsten Zeit der Kunstgeschichte die Bildhauer und die Maler angesiedelt; viele von ihnen haben ihr Leben lang niemals aus eigener Initiative oder gar auf eigene Rechnung ein Kunstwerk produziert.

Phidias war der Bauleiter und Chefbildhauer der Akropolis, aus Staatsmitteln im Auftrag des Perikles. *Michelangelo* wurde 1535 der oberste Architekt, Bildhauer und Maler des Vatikans; insgesamt 73 Jahre lang baute, meißelte, pinselte, dekorierte er fast durchweg für die Sippe der Medici und für die Päpste, von denen sechs seine Auftraggeber waren. Mit *Julius II.* rang er acht Jahre lang um dessen Grabmal und eine Bronzestatue – denselben Papst, der den Grundstein zur Peterskirche gelegt und Bramante wie Raffael mit seinen Aufträgen zum Blühen gebracht hatte. „Die Nachwelt hat die größten Meisterstücke der Malerei dem wilden und kühnen Papst Julius II. zu verdanken", schrieb Wilhelm Heinse 1787. Ein erstaunlicher Satz: Mit schöner Selbstverständlichkeit wird der Dank nicht dem Künstler, sondern seinem Auftraggeber ausgesprochen, so als ob es Künstler genug gäbe, nur Mäzene zu wenig.

„Hofmaler" sein: Das hieß gut leben und dafür geschmeichelte Porträts des jeweiligen Kaisers, Königs oder Herzogs und seiner Familie produzieren. Velázquez wurde Hofmaler mit 24 Jahren, Hofmaler waren Lucas Cranach d.Ä., Hans Holbein d.J., Tizian, Rubens, Goya. Dürer bezog einen Jahressold des deutschen Kaisers, Raffael und Leonardo malten für die Päpste. Wenn einer versuchte, als Künstler-Unternehmer von wechselnden bürgerlichen Auftraggebern zu leben wie *Rembrandt,* so mußte er zunächst größere Formate wählen, schneller malen, Unverkäufliches marktgängig übermalen, um sich ein Haus zu leisten, und dann doch die Zwangsversteigerung dieses Hauses hinnehmen und malen für Kost und Logis; nominell als Angestellter einer Kunsthandlung, die sein Sohn und seine Geliebte gegründet hatten, um ihn vor den Gläubigern zu schützen.

Wer keine Aufträge hatte, sondern so malte, wie Schubert komponierte, einfach weil es ihn drängte: Der brauchte, wenn er davon leben wollte, einen engagierten und raffinierten Kunsthändler als Agenten, wie *Picasso* ihn in Daniel Henry Kahnweiler fand, oder doch wieder einen Mäzen wie die exzentrische Kunstsammlerin Peggy Guggenheim, oder er mußte sich von seinem Bruder durchfüttern lassen wie *van Gogh,* der ja zu Lebzeiten nur ein einziges Bild verkaufen konnte.

Von reichen Gönnern unterhalten ließen sich Richard Wagner (üppig), James Joyce, Robert Musil (schäbig). Ohne das Geld anderer Leute, dargereicht als Geschenk, Subvention, Ehrensold oder fürstlich honorierter Auftrag, sähe es schlecht aus mit den bildenden Künsten und nicht immer gut mit der Musik. Nur für Bücherschreiber, für Dichter also und für Philosophen, scheint zu gelten, daß Armut, Not, Verbannung sie ungeschoren gelassen oder gar gefördert haben.

„Warum sind die beschränktesten Menschen die zufriedensten und lächeln die Simpel immer?" schrieb *Ludwig Uhland* an seinen Dichterfreund Justinus Kerner, und der berichtete später: „Als Uhland einmal auf einem Turme, auf dem eine schön Aussicht ist, in meinem Garten stand, sagte er: ‚Hätte ich einen solchen Turm, würde ich auch noch dichten?' ‚Nein', sagte ich, ‚du würdest da nicht dichten; dichten würdest du aber, wärest du im Turm unten eingesperrt.'"

29.

Kompensation und Rache

> Wer keine bitteren Erfahrungen und kein Leid kennt, der hat keine Malice, und wer keine Malice hat, bekommt nicht den Teufel in den Leib, und wer diesen nicht hat, der kann nichts Kernhaftes erarbeiten.
>
> *Gottfried Keller (an Wilhelm Baumgartner, 1851)*

Nicht jeder Zwerg wird ein Feldherr und nicht jeder Stotterer ein Großmeister der Sprache. Aber Stotterer und Zwerge sind stärker als Schöne und Gesunde motiviert, eine geniale Begabung in die geniale Leistung umzusetzen – und mit ihnen Kranke und Krüppel, Erniedrigte und Beleidigte. Ja es fragt sich: Ist vielleicht eine solche Benachteiligung zwingend, damit ein Hochbegabter die Kraft mobilisiert und die Plage trägt, das Werk zu schaffen, die Tat zu vollbringen?

Wir wissen ja von Genies, denen es ihr halbes Leben lang an solchem Antrieb mangelte, wie Rossini, Grillparzer, Rimbaud (Kap. 35 stellt sie vor); die, denen er immer fehlte, kennen wir nicht. Vielleicht sind Tausende unter uns, die wir bewundern würden, hätte das Schicksal sie nur mit einem Buckel, einem Wasserkopf, einer furchtbaren Demütigung geschlagen – oder wenigstens mit einer Schuppenflechte wie den amerikanischen Schriftsteller *John Updike:* „Ohne die wäre ich eine langweilige Person geblieben", sagte er 1989. Er empfand sich als „räudig", fühlte sich ausgeschlossen vom Schwimmen und Flirten und wollte Schriftsteller werden, „weil der mit Tinte arbeitet und sich verstecken kann". Auch litt er abwechselnd an Asthma und an Sprachhemmungen.

Entstellung, Krankheit, Kränkung, Schwäche, Mißerfolg: Das zeugt den Wunsch nach *Kompensation,* volkstümlich also den Ehrgeiz, im Extremfall den Rachedurst. Ihre Taten und ihre Werke sind die Mittel, das Unrecht gutzumachen, als das die Erniedrigten und die Behinderten ihr Schicksal empfinden. Macht und Ruhm scheint vielen erstrebenswert; doch keiner vermag die Macht so zu genießen wie der, der sie aus der Ohnmacht gewonnen hat, keiner den Ruhm so wie einer, der einst ausgelacht und angespien wurde.

Oft waren es ja die Kleinen und Schwachen, die sich zu Herren über Leben und Tod aufschwangen: Lenin und Stalin klein und stämmig; Napoleon klein und dicklich; klein und schwächlich Nelson, Friedrich der Große und *Prinz Eugen von Savoyen.* Der hatte obendrein eine lange Nase in einem mageren Gesicht, und Erniedrigung kam bei ihm hinzu: Ludwig XIV., der einst Eugens Mutter geliebt und sie dann verstoßen hatte, verweigerte dem Sohn sowohl die Abtei, auf die er als junger Geistlicher Anspruch zu haben glaubte, als auch die Reiterkompanie, die er gern befehligt hätte, weil er ungern Priester war; und so trat der 19jährige Prinz in österreichische Dienste, erhielt mit 20 ein Dragonerregiment, wurde mit 24 Feldmarschalleutnant und schlug vierunddreißig Jahre lang immer wieder Türken und Franzosen, dreizehnmal verwundet, der größte Schlachtenlenker seiner Zeit.

Wer befehligte das byzantinische Heer, das im Jahre 553 bei Neapel die Goten vernichtete? *Narses,* ein gichtgeplager Zwerg und ein Eunuch dazu. Männer herumzukommandieren und Männer sterben zu sehen — das muß ihn an- und umgetrieben haben. Und wer wollte die Großmannssucht Kaiser *Wilhelms II.* trennen von der Tatsache, daß ihm bei der Steißgeburt die Nerven des linken Arms aus dem Halsmark gerissen wurden, so daß der Arm sein Leben lang verkürzt, schwarz und nutzlos an ihm baumelte — trotz aller Streckmaschinen und Elektroschocks, mit denen seine ehrgeizige Mutter ihn malträtiert hatte? (Woran man sieht, daß es nicht nur Talent ohne Anstoß, sondern auch Anstöße ohne Begabung gibt.)

Alfred Adler, der 1907 den Begriff „Minderwertigkeitskomplex" prägte, erklärte jede geniale Leistung als *Überkompensation* organischer Minderwertigkeit. Eine differenziertere Analyse nimmt der deutsch-amerikanische Psychiater *William Niederland* vor. Begann die Kunst nicht mit den kranken Männern, die für die Jagd nicht taugten und in den Höhlen malten? fragt Niederland. War nicht im griechischen Mythos Hephaistos der hinkende Gott, der den Schild des Achilles schmiedete, verziert mit tanzenden Jungfrauen, stürmenden Heeren, reißenden Löwen — mit jener übermütigen Bewegung also, die ihrem Schöpfer versagt blieb? Kann es Zufall sein, daß die Idealgestalten des David und des Moses dem Meißel des *Michelangelo* entsprangen, der ein kleiner Mensch mit verbeulter Nase war, „einsam wie ein Henker" für Raffael und „der häßlichste Künstler weit und breit" für seine Zeitgenossen? Solche Defekte, schreibt Niederland, „lenken in begabten Individuen das beschädigte Ich zu einer kompensatorischen Form von Selbstheilung durch schöpferische Tätigkeit". Stärker als seelische Konflikte wirke dabei eine angeborene oder früh erworbene Mißbildung; sie kränke den kindlichen Narzißmus schlimmer, weil sie unabänderlich und nicht zu verbergen sei.

Es litten die Zwerge: Narses, die Dichter Alexander Pope und Gottfried Keller, der Rokoko-Baumeister François de Cuvilliés, die Maler Adolph von Menzel und Toulouse-Lautrec, der von sich sagte, er wäre kein Maler geworden, wenn er nicht verkrüppelte Beine gehabt hätte. Es litten die Schwächlinge, die Impotenten, die Hinkenden, die im Gesicht Entstellten (mehr Beispiele enthielt Kap. 13). Der klumpfüßige *Byron* versuchte die Kompensation gleich auf drei Wegen: Er bildete sich erstens zum glänzenden Reiter, Fechter und Schwimmer aus, ersann zum zweiten die leichtfüßigen Titelhelden Manfred, der die „Jungfrau" besteigt, und Ritter Harold, den es „schneller als eine Schwalbe" über Länder und Ozeane treibt, und entwickelte zum dritten erst dann seinen rasenden Ehrgeiz, es Dante, Shakespeare, Goethe gleichzutun, als sein erster Gedichtband von der Kritik verrissen worden war.

Die Versuche, Schwäche in Stärke zu verwandeln, haben Kunstwerke, Philosophien, Entdeckungen, Erfindungen und Siege hervorgebracht. Die rauschhafte „Ode an die Freude" komponierte einer, der absolut keinen Ton mehr hören konnte. *Edison* wurde mit 7 Jahren schwerhörig, erfand mit 30 den Phonographen, war mit 58 so gut wie taub und mühte sich um die immer weitere Verbesserung seiner Sprechmaschine – damit auch er noch Stimmen vernehmen konnte, wie er selber sagte. *Cervantes* wurde 1571 in der Schlacht von Lepanto dreifach verwundet und behielt eine verkrüppelte linke Hand – „ad majorem gloriam dextrae" (zum höheren Ruhm der rechten), wie er schrieb. *Goya* wandte sich seinen düster-großartigen Sujets erst zu, als er taub geworden war mit 46 Jahren; mit 82 notierte er, nun könne er weder hören noch sehen, nichts als der Wille bleibe ihm – „und den habe ich im Überfluß".

Gerade ihre Hinfälligkeit war es, die drei amerikanische Präsidenten zu Präsidenten gemacht hat. *Theodore Roosevelt,* Präsident von 1901 bis 1909, war ein kurzsichtiger Asthmatiker, der von einem Hauslehrer unterrichtet wurde, weil er als zu schwach für die Schule galt; mit rücksichtsloser Selbstdisziplin trainierte er dagegen an, übte sich im Reiten und Jagen und posierte vor dem Fotografen als Jäger der Prärie in maßgeschneidertem Leder-Dress mit einem Dolch von Tiffany. Als 1898 der Krieg um Cuba ausbrach, ließ er sich von seinem Amt als Staatssekretär für die Marine beurlauben und zog mit einer selbstorganisierten Kavallerie ins Gefecht, den Rough Riders.

Franklin Roosevelt, Präsident von 1933 bis 1945, trat als schlaksiger junger Herr aus reichem Haus ins Leben, 1,88 groß, zum Schlafwandeln neigend, vom Football-Team seiner Universität zurückgewiesen, von den Studentinnen als Federgewicht verspottet, als dilettierender Politiker von seiner Mutter ausgehalten. Mit 39 traf ihn die Kinderlähmung, und alle Biographen sind sich einig, daß sich in der Eisernen Lunge die Verwandlung vollzog. Im Rollstuhl kandidierte Roosevelt 1928 für das Amt des Gouverneurs von New York, womit er die Weichen für die spätere Präsidentschaft stellte; gehen konnte er nur mit Krücken, freihändig stehen nur mit Metallschienen an den Beinen – ein „Rollstuhl-Cäsar", schrieb Thomas Mann 1941 nach einem Besuch im Weißen Haus. (Das verblüffendste Beispiel einer Überkompensation von Kinderlähmung lieferte die farbige Amerikanerin *Wilma Rudolph,* siebzehntes von neunzehn Kindern eines Hafenarbeiters: mit 4 Jahren erkrankt, erst mit 8 wieder gehfähig, mit 21 Jahren Weltrekordlerin im 100-Meter-Lauf und 1960 dreifache Olympiasiegerin.)

John F. Kennedy, amerikanischer Präsident von 1961 bis 1963, war einer der leidendsten Menschen, die je in eine Kamera gelächelt haben. Aus einer angeborenen Deformation des Rückgrats wurde ein schwerer Wirbelsäulen-Schaden, als ein japanischer Zerstörer 1943 Kennedys Torpedoboot rammte und versenkte; sein Leben lang trug Kennedy ein Korsett, brauchte Spezialbetten und drei heiße Bäder täglich und überlebte 1954 nur knapp zwei komplizierte Operationen, sechs Monate ans Bett und weitere Monate an den Rollstuhl gefesselt. Seit 1947 litt er zusätzlich an der Addisonschen Krankheit, einer Störung der Nebennieren, die damals noch nicht heilbar war, sondern nur durch tägliche Gaben von Cortison und Hormonen gelindert werden konnte; sie führte zu Abmagerung, Muskelschwäche, leichter Ermüdbarkeit und vorzeitigem Altern. Als Kennedy ermordet wurde, war er 46 Jahre alt; 45 Jahre hatte er sich nach der Diagnose „Addison" gegeben. Die USA hatte er in Vietnam verstrickt, die mißglückte Invasion in der Schweinebucht auf Cuba inszeniert und Chruschtschow in einem Spiel auf Tod und Leben gezwungen, die sowjetischen Raketen von Cuba abzuziehen; man darf spekulieren, inwieweit eben seine Schwäche diese drei Demonstrationen der Stärke provozierte, von denen er die beiden ersten besser unterlassen hätte.

Weniger offensichtlich, als wenn Kranke und Kümmerlinge sich zu Staatsmännern und Feldherren aufschwingen, ist die Überkompensation, wenn sie mit den Mitteln des Geistes vollzogen wird; aber belegbar ist sie auch. Nehmen wir *Immanuel Kant:* 1,57 groß, eingefallene Brust mit Atemnot und Herzbeklemmungen; Alpträume und Allergien plagten ihn; zuweilen fiel er ohne erkennbaren Anlaß um. Er lebte in Grabesstille, ein Automat der Pflicht, ein schrulliger Eremit, der nie aus Ostpreußen herausgekommen ist.

So also hat man sich einen „Alleszermalmer" vorzustellen, wie die Zeitgenossen ihn in ehrfürchtigem Schauder nannten. In seinem Wasserkopf reifte der größte Umsturz in der Geschichte der Philosophie. Mit der reinen Vernunft widerlegte Kant alle Gottesbeweise, erklärte sich jedoch für zuständig, Gott als Postulat der praktischen Vernunft wieder auf den Thron zu setzen. Den Menschen schrieb er vor, wie sie sich zu verhalten hätten (der kategorische Imperativ), und der Natur teilte er mit, es sei der menschliche Verstand, der ihr die Gesetze vorschreibe, nicht umgekehrt. Dabei besetzte er die Begriffe nach seiner Art und erklärte sie den Leuten so, „daß sie unrecht behalten müssen, sie mögen sich anstellen, wie sie wollen", schrieb Johann Gottlieb Fichte; Ortega y Gasset sprach von Kants „Wikinger-Philosophie".

Natürlich, die Basis seines Gedankengebäudes bestand aus Unerschrockenheit, Grübelzwang und immenser Intelligenz. Doch den Ehrgeiz, dieses Gebäude aufzutürmen, hätte Kant wahrscheinlich nicht besessen, wenn er ein kraftvoller Mann und Liebling der Frauen gewesen wäre. Nicht selten sind es die Wikinger mit der Hühnerbrust, denen wir die großen Werke verdanken: Meinen Körper könnt ihr umblasen, aber mein Geist hat Macht über euch und erklärt euch die Welt. *Nietzsche* verkündete den „Willen zur Macht" als Weltprinzip, und daß dieser chronisch leidende, halbblinde, vorzeitig pensionierte Professor sich den „Übermenschen" ausdachte, wird man auf die Liste der klassischen Überkompensationen setzen dürfen. Ivanhoe, der sieghafte Ritter, entsprang der Feder des hinkenden *Walter Scott.* Allmachtsträume, am Schreibtisch ausgesponnen: der James Bond des *Ian Fleming,* der Old Shatterhand des kleinen, mehrfach vorbestraften Volksschullehrers *Karl May.*

Macht! „Der Genuß aller Genüsse", wie Milovan Djilas in seinem Buch über Tito sagt – und auch bei physisch Wohlgeratenen noch immer ein Triumph über die Ohnmacht, die jeder mal erlitten hat, mindestens als Kind. Nach Jacob Burckhardt ist es „der *Machtsinn,* der als unwiderstehlicher Drang das große Individuum an den Tag treibt". Nicht so sehr auf den Ruhm komme es dem Machtgierigen an, nicht also auf die Meinung der Menschen über ihn, „sondern auf ihre Unterordnung und Brauchbarkeit". Die physische Gewalt, die totale Verfügbarkeit der Menschen hat Feldherren und Diktatoren Entzücken bereitet. *Tschingis Khan* wird die Äußerung zugeschrieben, das Schönste auf Erden sei „die Feinde auf den Knien vor sich sehen, ihnen ihre Pferde nehmen und ihre Frauen jammern hören". *Richelieu,* im Alter gelähmt an allen Gliedern, nicht einmal mehr fähig, eine Unterschrift zu leisten, in einer Sänfte reisend, die ein Bett enthielt: So sah er seine Feinde „mit Vergnügen in die ihnen gelegten Netze geraten", schreibt Ranke, „nicht anders als ein Jäger, der sein Wild verfolgt", und er stürzte sie, verbannte sie oder ließ sie hängen.

Die Mächtigen, sagt Jacob Burckhardt, lieben mehr als den Ruhm die *Schmeichelei:* Denn sie konstatiere ihre Macht, während der Ruhm „nur ihrem Genius huldigt, wovon sie ja ohnehin überzeugt sind". Die meisten berühmten Dichter waren auf Lob erpicht und gegen Kritik empfindlich, Thomas Mann sah sie als persönliche Beleidigung an. Die meisten Potentaten haben sich Schmeichler gehalten, die Hofpoeten zum Beispiel, auf die in Kap. 44 noch die Sprache kommt, viele sich Denkmäler zu Lebzeiten gesetzt, Hitler sich „größter Feldherr aller Zeiten" titulieren lassen.

Nelson, zunächst zur Kompensation seiner Mickrigkeit getrieben, schöpfte zusätzliche Kraft aus den Lobhudeleien, mit denen einerseits der König und die Admiralität, andererseits seine Geliebte ihn überhäufte, Lady Emma Hamilton, Gattin des 35 Jahre älteren britischen Gesandten in Neapel: Ihre Wohnung verwandelte sie in ein Museum zu seinem Ruhm, in Gesellschaft trug sie Lieder zu seinem Lobpreis vor, „sie bläst ihm den Weihrauch voll ins Gesicht", notierte eine Dame der Gesellschaft, „und er schnuppert ihn freudig ein". Wie recht hatte Lichtenberg: „Die Könige glauben oft, das, was ihre Generale und Admirale tun, sei Patriotismus und Eifer für ihre eigene Ehre. Öfters ist die ganze Triebfeder großer Taten ein Mädchen, welches die Zeitung liest."

Gier nach Ruhm war immer dabei, wenn einer auszog, um wirkliche oder selbstgeschaffene Feinde aufs Haupt zu schlagen. *Friedrich der Große* sagte als junger König zu den Offizieren der Berliner Garde: „Brechen Sie auf zum Rendezvous des Ruhmes, wohin ich Ihnen unverzüglich folgen werde." Clausewitz bezeichnete den „Seelendurst nach Ruhm und Ehre" als den Lebenshauch des Krieges. Heine notierte 1828 bei einer Besichtigung des Schlachtfelds von Marengo: „Hier tat der General *Buonoparte* einen so starken Zug aus dem Kelch des Ruhmes, daß er im Rausche Konsul, Kaiser, Welteroberer wurde und sich erst zu St. Helena ernüchtern konnte." Dort sagte Napoleon seinerseits: „Mein Name wird so lange leben wie der Name Gottes." *Balzac* übertraf ihn noch, indem er unter ein Bild Napoleons schrieb:

„Was er mit dem Schwert nicht erreicht hat, werde ich mit der Feder vollenden."

Die Künstler haben es meist schwerer, ihrem Ehrgeiz ein Ziel zu setzen, weil deutliche Wegmarken und mögliche Siege ihnen fehlen; doch es mangelt ihnen an Ehrgeiz so wenig wie an Bekundungen darüber. *Goethe* beschrieb als 31jähriger seine „Begierde, die Pyramide meines Daseins (...) so hoch als möglich in die Luft zu spitzen". *Schiller* schrieb mit 23 Jahren: „In meinen Adern siedet etwas – ich möchte gern in dieser holperichten Welt einige Sprünge machen, von denen man erzählen soll." *Baudelaire* hielt im Jahr vor seinem Tod den Ausruf fest: „Jeden Tag der größte Mensch sein wollen!" *Richard Wagners* Triebkraft war ein „dämonischer Machtwille", schreibt Alfred Einstein; die Musik habe er bewußt erlernt, sagt Thomas Mann, „weil er sie als Eroberer brauchte". Wagner selbst schrieb über seine Musik, daß sie „alles hinwegschwemmt, was zum Wahn der Persönlichkeit gehört, und nur den wunderbar erhabenen Seufzer des Ohnmachtsbekenntnisses übrigläßt" (an Mathilde Wesendonck).

Manche Künstler fanden auch ein konkretes Ziel: den zu übertrumpfen, den sie als ihren Rivalen ansahen oder sich auserkoren hatten. *Leonardo* haßte Michelangelo, *Rousseau* haßte Voltaire, *Heine* zog mit Gift und Galle über Platen her. *Schiller* fühlte sich von Goethes Ruhm bedrängt, seine ersten Balladen dichtete er zu dem ausdrücklichen Zweck, mit Goethe zu wetteifern, er spürte „den Stachel des unvermeidlichen Gedankens (...) an den dort, in Weimar (...) War er denn größer? Worin? Warum?"

Es ist *Thomas Mann,* der Schiller so denken läßt. Rivalität war ihm vertraut: die mit seinem vier Jahre älteren, herrschsüchtigen Bruder *Heinrich Mann.* 1889 konnte Heinrich, 18 Jahre alt, seine erste Erzählung veröffentlichen; Thomas war Schülerzeitungsredakteur und unterzeichnete, 14jährig, einen Brief mit „lyrisch-dramatischer Dichter". 1894 legte Heinrich seinen ersten Roman, Thomas immerhin schon seine erste Erzählung vor. 1898 schob sich Thomas mit seinem erfolgreichen Novellenband „Der kleine Herr Friedemann" zum erstenmal an die Spitze; 1900 überholte ihn Heinrich mit seinem zweiten Roman, „Im Schlaraffenland". Doch 1901 erschienen die „Buddenbrooks" und entschieden den Wettlauf ein für allemal; Heinrich war tief gedemütigt; Thomas schrieb 1921 von dem „Gift, das sein Dichtertum zu zersetzen drohte" – Gift für den Unterlegenen, für beide ein Ansporn zum lebenslangen Siegenwollen.

Kleist meinte Goethe, als er verkündete, er wolle „jemandem" *den*

Kranz von der Stirn reißen. Seiner Schwester Ulrike schrieb er 1803: „Der Himmel versagt mir den Ruhm, das größte der Güter der Erde; ich werfe ihm, wie ein eigensinniges Kind, alle übrigen hin." Seiner Verlobten schrieb er aus der Schweiz: „Ihr Weiber versteht in der Regel ein Wort in der deutschen Sprache nicht, es heißt Ehrgeiz." Gespeist wurde er bei Kleist nicht zuletzt aus einem klassischen Drang nach Überkompensation: Dieser gewaltigste Bildhauer der deutschen Prosa war ein störrischer, einsilbiger Sonderling, offenbar mit einem Sprachfehler behaftet, jedenfalls von einer „gewissen Unbestimmtheit der Rede, die sich dem Stammeln nähert". Dies schrieb sein Freund Achim von Arnim, und in seinem Meisterstück „Über die allmähliche Verfertigung der Gedanken beim Reden" hat Kleist sich vermutlich selbst geschildert: „Man sieht oft in einer Gesellschaft (...) Leute, die sich, weil sie sich der Sprache nicht mächtig fühlen, sonst in der Regel zurückgezogen halten, plötzlich mit einer zuckenden Bewegung aufflammen, die Sprache an sich reißen und etwas Unverständliches zur Welt bringen. Ja sie scheinen, wenn sie nun die Aufmerksamkeit aller auf sich gezogen haben, durch ein verlegenes Gebärdenspiel anzudeuten, daß sie selbst nicht mehr recht wissen, was sie haben sagen wollen." So sprach er – und wie schrieb er! In stoßenden, überhasteten, ausufernden Sätzen von wilder Gewaltsamkeit und überwältigender Kraft, Sätzen, wie ersonnen zu dem ausdrücklichen Zweck, ihre Bewältigung durch einen Stotterer ganz und gar unmöglich zu machen.

Rousseau, der sich zu einem großen Stilisten schulte, gibt von seiner mündlichen Rede eine ähnliche Beschreibung: „Wenn es zu handeln gilt, weiß ich nicht, was tun, und wenn ich sprechen soll, nicht, was sagen, und wenn man mich gar ansieht, verliere ich alle Fassung. Bin ich leidenschaftlich erregt, so finde ich bisweilen Worte für das, was ich sagen will; aber im gewöhnlichen Gespräch finde ich keine, wirklich gar keine." Gestottert haben auch der schwedische Mystiker Emanuel Swedenborg und zwei Erfolgsschriftsteller des 20. Jahrhunderts, Somerset Maugham und Johannes Mario Simmel.

Die Rivalität zwischen Forschern ist seit Jahrhunderten ein Motor der Wissenschaft: Wettlauf zwischen den Entdeckern des Nord- und des Südpols, Mißgunst von Newton gegen Leibniz, von Robert Koch gegen Louis Pasteur. Ist einer dem Rivalen an Bekanntheit so unterlegen wie der Privatgelehrte *Schopenhauer* dem Philosophen Hegel, so kann der Neid ihn zur Höchstleistung treiben. Schopenhauer stellte seinen Erzfeind als „Philosophaster" hin, als einen „ganz erbärmlichen

Scharlatan"; die öffentlichen Bibliotheken forderte er auf, die Dokumente von Hegels Ruhm „zur Belehrung, Warnung und Belustigung der Nachwelt" zu mumifizieren. „Man gesteht dem Haß zu, daß er das Genie suppliere" (ergänze), schreibt Goethe, „und man kann es von allen Leidenschaften sagen, die uns zur Tätigkeit auffordern."

Dante fand für den Haß auf seine Feinde ein originelles Ventil: Er benutzte die von ihm erschaffene Hölle, sie in derselben schmoren zu lassen. Dieses Schicksal traf nicht nur Räuber, Mörder, Ketzer, Huren, Heuchler und Betrüger, sondern auch Bürger von Florenz, die er nicht leiden konnte, einige ihm verhaßte Kaiser und Päpste und eine recht willkürliche Auswahl an anderen historischen Figuren: Judas und Mohammed, Brutus und Cassius (Cäsars Mörder), Kleopatra, Attila und den gutmütigen Philosophen Epikur. Welches Machtgefühl sich darin äußert, zeigt sich in der Ausmalung der Höllenqualen – mit einer Detailfreude, für die das Wort „sadistisch" schwer abzuweisen ist. Dantes Hölle ist ein Abgrund von Feuer, siedendem Wasser und Gestank, wo die Sünder durch Kot gejagt, in Baumstämme eingezwängt, von Steinen zermalmt, in Schlamm begraben werden, zerstochen von Ungeziefer, mit Würmern in den blutenden Wunden: „So gingen wir am roten Sud von hinnen, aus dem die Rotte der Gesottenen schrie."

Edgar Allan Poe nannte seine Feinde nicht mit Namen, doch wie zwei seiner Hauptgestalten sich für Demütigungen rächen, ist ohne Beispiel in der Literaturgeschichte: In „Das Faß Amontillado" mauert der Ich-Erzähler den, der ihn gekränkt hat, ein bei lebendigem Leibe, und in „Der Froschhüpfer" zwängt der Hofnarr den König und sein Kabinett in Affenkostüme, an die er die Fackel hält. Welche Rache, die er in der Wirklichkeit nicht nehmen konnte, hat Poe hier kompensiert?

Welcher Rachedurst *Lenin* trieb, ist klar: Als er 17 war, wurde sein älterer Bruder hingerichtet, weil er sich an der Vorbereitung eines Attentats auf den Zaren beteiligt hatte. *Karl Marx* nahm, mehreren seiner Biographen zufolge, mit seiner Utopie Rache an einer Gesellschaftsordnung, in der er nichts geworden war; von seinem Haß auf alle Konkurrenten und Vorläufer berichtete Kap. 16. *Hitler,* der Postkartenmaler aus dem Männerheim, habe sich auf die Politik geworfen, weil jede andere Fähigkeit ihm abgehe, schrieb Thomas Mann 1939 – getrieben von der „schwärenden Rachsucht des Untauglichen, des zehnfach Gescheiterten", der davon träume, „eine in Angst, Liebe, Bewunderung, Scham vergehende Welt zu den Füßen des einst Verschmähten zu sehen".

Ist einer nun aber gänzlich frei von Rachedurst und von dem Drang,

Mißbildung oder Mißgeschick zu kompensieren – so braucht er wenigstens den Mißerfolg, um produktiv zu werden. K. R. Eissler sagt in seinem Goethe-Wälzer, nicht die erfüllte Liebe, die unerfüllte sei erforderlich, damit große Liebeslyrik entstehen kann; die angeborene Begabung in Werke umzusetzen, gelinge dem Genie nur, wenn es das „Maximum an Frustration" erreiche.

Wie recht Eissler haben könnte, machte der 74jährige *Goethe* im September 1823 augenfällig: In Marienbad verliebte er sich in die 19jährige Ulrike von Levetzow, ließ sich von einem Arzt auf Ehetauglichkeit untersuchen und gewann seinen Herzog dafür, bei der Mutter Ulrikes um ihre Hand anzuhalten, wobei er ein großes Haus und eine schöne Pension in Aussicht stellte. Die Levetzows flohen von Marienbad nach Karlsbad, Goethe ihnen nach, eine Kette „schauerlich-komischer, hochblamabler Situationen", mit Thomas Mann zu reden; schließlich, nach einem Abschiedskuß, die Trennung für immer. Und noch in der Kutsche begann Goethe mit der Niederschrift der „Marienbader Elegie", bei der Ankunft in Weimar waren die 23 sechszeiligen Strophen vollendet.

> So klar beweglich bleibt das Bild der Lieben
> Mit Flammenschrift ins treue Herz geschrieben

heißt es da, und am Schluß:

> Mir ist das All, ich bin mir selbst verloren,
> Der ich noch erst den Göttern Liebling war (. . .)
> Sie drängten mich zu gabesel'gem Munde,
> Sie trennten mich und richten mich zugrunde.

Ein Jahr später fand Heine Goethes Gesicht „gelb und mumienhaft, der zahnlose Mund in ängstlicher Bewegung". War dies der Verfall nach der Blamage – oder sollte schon der greise Werber so ausgesehen haben? Der eine wird geliebt; der andere leidet und gestaltet sein Leid zur Elegie. Ohne Leiden und Leidenschaft ist wenig Großes auf der Welt entstanden. Selbst wer unter Druck zerbricht, wer von Dämonen gejagt oder von Alkohol zerfressen wird, hat vorher oft das große Werk geschaffen – und der fröhliche Gesunde schafft es so gut wie nie.

30.

Die innere Qual

Ich begreife gar nicht, wie ein wahrhaft glücklicher Mensch auf den Gedanken kommen soll, Kunst zu machen.

Richard Wagner (1853)

Und dann sind da die Zerrissenen, die in Zwietracht mit sich selber Lebenden, die von Dämonen Besessenen, wie Beethoven es nach Ansicht Goethes war: Sie brauchen nicht die Not, den Mißerfolg, die Armut, die Verbannung; nicht das Leiden, das durch den Vergleich mit anderen entsteht – den anderen, die schöner, stärker, gesünder, erfolgreicher sind; sie brauchen nicht Neid, nicht die Gier nach Macht über andere; den Leidensdruck, der sie fruchtbar macht, produzieren sie allein.

Wir sehen es an Rousseau und Schopenhauer, an Kleist, Poe, Thomas Mann, und zugleich ist es die vorherrschende Einsicht amerikanischer Betriebspsychologen, daß die außerordentliche Leistung fast durchweg mit unbewältigten seelischen Konflikten einhergeht. „Neurotiker verdienen mehr", heißt die Faustregel. Der Geschäftsgeist gerät da in überraschende Nähe zu dem Rat, den Lou Andreas-Salomé ihrem körperlich und seelisch leidenden Freund *Rilke* gab: sich von ihrem Freund Sigmund Freud *nicht* behandeln zu lassen, sondern die Qual zu tragen um des Dichtens willen. *Alfred Kubin,* der große Zeichner, sah das Problem in aller Schärfe: „Mit meiner Kunst halte ich mir die Angst vom Leibe – die Verarmungsangst, die Krankheitsangst, die Altersangst. Da kommen die Psychoanalytiker und wollen mir meine Angst nehmen. Aber die Angst ist ja mein Kapital!" Angst vor dem Verrinnen der Zeit, eine Art Aufruhr gegen den drohenden Tod – das war es, was *Picasso* in seinen letzten Jahren trieb, mit grobem Strich Bild um Bild zu produzieren. Wie heißt es in Michelangelos Sonett?

Was brennt und sengt nur kann mir Nahrung geben,
Was andere tötet, stärkt mir Leib und Haupt.

Unsere klassischen Dichter pflegten den schönen Schein der inneren Harmonie; spätestens seit Schopenhauer ist es damit vorbei. Für ihn gehörte es zum Wesen des Genies, daß seine „innere Qual der

Mutterschoß unsterblicher Werke ist". Nietzsche meinte, ein Mensch von Schopenhauers Begabung „und innerer discordia" (Zwietracht) hätte *besser* philosophieren müssen. „Gegensätze sich paarend wie Mann und Weib zur Zeugung von etwas Drittem – Genesis der Werke des Genies!" Den großen Dichtern sagt Nietzsche Seelen nach, „an denen gewöhnlich irgendein Bruch verhehlt werden soll"; oft nähmen sie mit ihren Werken „Rache für eine innere Besudelung".

Besudelt fühlte sich *Rousseau:* Vor seinen hohen moralischen Ansprüchen fiel keiner so eklatant durch wie er selber, er, der nach seiner eigenen Darstellung in den ersten drei Fünfteln seines Lebens ein raté, ein Gammler und Versager, war, zeitweilig ein Landstreicher, ein Lakai, ein Hochstapler und ein Gigolo – nicht gerechnet, daß er seine fünf Kinder im Findelhaus ablieferte. Wer der Menschheit vor diesem Hintergrund in der Pose des Reformers und Erziehers entgegentritt, der hat jene Spannung auszuhalten, die in Leistung münden kann.

Besudelt fühlte sich *Thomas Mann* durch seine homosexuelle Neigung: Ihr zum Trotz heiratete er und zeugte sechs Kinder, und seine Angst davor, die Neigung auszuleben, die lebenslange Unterdrückung seines Triebes war die Triebkraft für sein Werk – darin sind sich die Biographen einig, seine Tagebücher haben es bestätigt. Der Anblick seines nackten Sohnes Klaus erfüllte ihn mit „Entzücken" und „Erschütterung". In Venedig hatte er den schönen polnischen Knaben, der in der Novelle „Der Tod in ..." dem Dichter Gustav Aschenbach den Kopf verdreht, wirklich getroffen – und seinen Aschenbach läßt Thomas Mann daran zugrundegehen, daß er dem Trieb erliegt. Seine asketische Arbeitsmoral habe er sich verordnet, um „die Hunde im Souterrain" an die Kette zu legen, schrieb Thomas Mann an einen Jugendfreund; vielleicht darf man auch die ironische Kühle seiner Romane und die gestelzte Würde seines Auftretens als Versuche ansehen, den Trieb im Zaum zu halten.

Rousseau hatte strafbare Handlungen begangen, Thomas Mann Handlungen unterdrückt, die zu seiner Zeit strafbar gewesen wären. Die häufigere Art, mit Verbrechen umzugehen, war, sie nicht in der realen Welt zu vollziehen, sondern sie zu schildern – oft mit einer Intensität, die die Frage nahelegt, ob es sich um eine Art Ersatzbefriedigung handelte. Am Morden zumal haben viele große Dichter ein auffallendes Interesse gezeigt. Hebbel sagte über *Shakespeare:* Daß er Mörder schuf, „war seine Rettung, damit er nicht selbst Mörder zu werden brauchte". Vielleicht ist das zu kraß gesehen. Doch zu fragen bleibt: Hat die Ausmalung blutiger Taten Dichtern Lust bereitet, vielleicht mehr, als sie sich einzugestehen wagten, und am Ende mehr als einem wirklichen Mörder? In Hebbels Tragödien steht das Blut ziemlich hoch, Kleist und Poe sind wahre literarische Lustmörder, und Dostojewski verdanken wir die ausführlichsten und atemraubendsten Morde der Weltliteratur.

Flaubert läßt seine Madame Bovary, die Arsen genommen hat, mit einer Gründlichkeit sterben, die den Autor dazu brachte, „den Arsengeruch auf der Zunge zu spüren" und sich zweimal zu erbrechen: „Die Zunge trat ganz aus dem Mund, die Augen rollten in den Höhlen und erbleichten wie zwei Kugellampen beim Erlöschen; man hätte glauben können, sie sei schon tot, hätten nicht ihre Lungen so erschreckend heftig gearbeitet, in wilden, jagenden Stößen, als spränge die Seele gegen die Rippen, um sich zu befreien", und so seitenlang. Mit dem Arsengeschmack brach die Realität in die Phantasiewelt ein. Auch *Dikkens* verwischte die Grenzen: Seine Millionengemeinde kannte ihn als warmherzig und humorvoll – bis er im „Oliver Twist" die Nancy mit grausigen Details erwürgen ließ. Noch mehr schockierte es seine Anhänger, daß er gerade diese Szene für seine letzte Lesetournee wählte und dabei Mörder und Opfer mit erschreckender Echtheit lebendig werden ließ. Ja noch weiter trieb er die Vermischung der Sphären: Sein Sohn hörte aus dem Garten Todesschreie und fand den Vater, wie er mit den Händen einen imaginären Hals zudrückte.

Lassen wir uns also nicht täuschen vom Habitus des Hagestolzes wie Thomas Mann oder des augenzwinkernden viktorianischen Familienvaters wie Dickens; vielleicht sind da nur die Bestien gebändigt, die im Unbewußten heulen. *Schiller* schrieb über einen Zeitgenossen: „Er wird sich nie zu kühnen Tugenden oder Verbrechen, weder im Ideal noch in der Wirklichkeit, erheben, und das ist schlimm. Ich kann keines Mannes Freund sein, der nicht die Fähigkeit zu einem dieser beiden oder zu beiden hat." Und *Goethe* ließ sich immerhin zu der Feststellung hinreißen: „In jedem Künstler liegt ein Keim von Verwegenheit, ohne die kein Talent denkbar ist" – ein Eingeständnis, das Thomas Mann zu den Goethe in den Mund gelegten Worten steigerte: „Ich habe nie von einem Verbrechen gehört, das ich nicht hätte begehen können." Bei *Edgar Degas* ist zu lesen: „Ein Bild muß mit demselben Gefühl gemalt werden, mit dem ein Verbrecher seine Tat begeht." *Julien Green* schrieb in sein Tagebuch: „Ich überliste das Gewaltsame, das meinem Wesen zugrunde liegt, indem ich meine Bücher schreibe (...) Ich bin die Frau, die den Revolver des Mörders an ihrer Schläfe blinken sieht, und ich bin der Mörder."

Graham Greene inszenierte jahrzehntelang eine Art Selbstmord, der ihm nie gelingen wollte: Mit 13 aß er Tollkirschen, mit 19 spielte er mit dem Revolver seines Bruders mehrere Male Russisches Roulette; ein ähnliches Spiel, schreibt er in seinen Memoiren, habe er mit seinen verrückten Reisen in die schlimmsten Krisengebiete der Dritten Welt betrieben – stets „aus Angst vor der Langeweile", in der Hoffnung auf Adrenalinstöße und starke Empfindungen. Das Schreiben sei dann eine Art Therapie gewesen; manchmal frage er sich, „wie all jene, die nicht schreiben, komponieren oder malen, es fertigbringen, dem Wahnwitz, dem Trübsinn und der panischen Angst zu entfliehen, die dem Dasein innewohnen".

Flucht vor dem Dasein: Sie ist der Antrieb für viele große Werke. Der schöpferische Mensch, zumeist ein Kranker oder Zurückgesetzter, der darum an der Welt mehr leidet als andere – er entdeckt in sich die Kraft, ihr eine selbstgemachte Wirklichkeit entgegenzustellen. „Der Künstler ist ursprünglich ein Mensch, welcher sich von der Realität abwendet", sagt Sigmund Freud, „weil er sich mit dem von ihr zunächst geforderten Verzicht auf Triebbefriedigung nicht befreunden kann und seine erotischen und ehrgeizigen Wünsche im Phantasieleben gewähren läßt. Er findet aber den Rückweg aus dieser Phantasiewelt zur Realität, indem er dank besonderer Begabungen seine Phantasien zu einer neuen Art von Wirklichkeit gestaltet, die von den Menschen als wertvolle Abbilder der Realität zur Geltung zugelassen werden. Er wird so auf eine gewisse Weise wirklich der Held, König, Schöpfer, Liebling, der er werden wollte, ohne den gewaltigen Umweg über die wirkliche Veränderung der Außenwelt einzuschlagen."

Das ist freilich ein Balanceakt, der oft mißlingt. Bei dem Versuch, ihn entweder leichter zu meistern oder sich mit dem Scheitern leichter abzufinden, haben sich viele Große in den *Alkohol* oder schwerere Gifte geflüchtet. All den schmerzlichen Spannungen und inneren Tumulten bieten sich ja die Rauschmittel an – für die einen, um dem Zwiespalt ihrer Seele davonzulaufen, für die anderen, um diesem Zwiespalt im Rausch die Einheit des Werkes abzutrotzen. Meist läßt sich nicht entscheiden, was da die Absicht war und inwieweit sie in den Wirkungen erkennbar blieb, wo die Grenze zwischen Steigerung, Betäubung und Zerstörung verlief; fest steht nur: Der Drogenkonsum schöpferischer Menschen liegt um ein Vielfaches über dem, was zu ihrer Zeit in ihrem Lande üblich war.

Der Alkohol stärkt unsere Triebe in ihrem ewigen Kampf gegen die

Kontrolle durch die Großhirnrinde; er bremst diesen Bremser und drängt so den Einfluß von Erziehung, Sitte und Vernunft zurück. Das kann die Phantasie beflügeln und die Fruchtbarkeit fördern; es macht es dem Künstler leichter, Schillers bereits zitiertem Rat zu folgen, der Verstand solle die zuströmenden Ideen „nicht zu scharf und schon an den Toren mustern".

Lichtenberg begann mit dem Wein beim Frühstück und meinte: „Wenn man manchen großen Taten und Gedanken bis zu ihrer Quelle nachspüren könnte, so würde man finden, daß sie öfters gar nicht in die Welt gekommen sein würden, wenn die Bouteille verkorkt geblieben wäre." *Goethe* trank sein Leben lang zwei bis drei Flaschen Wein pro Tag, sagte im „West-östlichen Divan": „Wenn man getrunken hat, weiß man das Rechte" und sprach zu Eckermann: „Es liegen im Wein allerdings produktivmachende Kräfte bedeutender Art; aber es kommt dabei alles auf Zustände und Zeit und Stunde an, und was dem einen nützt, schadet dem andern." Von der Bereicherung durch den Alkohol schwärmten die schweren Trinker *E. T. A. Hoffmann* und *Alfred de Musset:* Der rühmte sich des „Farbenhörens", ähnlich wie Hoffmann im Delirium „Übereinkunft der Farben, Töne und Düfte" spürte; aber er schrie auch nächtens auf aus Angst vor Zwangsideen und Wahngestalten – noch immer mit der Chance, sein Werk mit solchen Halluzinationen anzureichern.

Schwere Trinker waren Alexander der Große; Gluck, Beethoven, in seinen letzten Jahren Schubert; Cézanne und van Gogh; Adalbert Stifter, Maxim Gorki, Oscar Wilde, Jack London, James Joyce, Henry Miller, Ernest Hemingway (zuletzt zwei bis drei Flaschen Schnaps pro Tag). Viele tranken eindeutig nur, um ihre Depressionen wegzuspülen; so der Gnom *Gottfried Keller,* der abends durch die Kneipen zog und betrunken nach großgewachsenen Männern Ausschau hielt, die er verprügeln konnte, stark an Armen und die Überraschung nutzend – muttergeschädigt wie so viele Große, in Kap. 32 mehr darüber. *William Faulkner,* ein Quartalssäufer, war betrunken, als ihn 1949 die Nachricht vom Nobelpreis erreichte. Er soff erstens aus Verzweiflung über die Lohnschreiberei, mit der er seinen Lebensunterhalt bestreiten mußte, zweitens aus Verzweiflung über seine Ehe und drittens, wann immer er einen Roman beendet hatte; er starb in der Trinkerheilanstalt.

Es tranken sich zu Tode: mit 51 Jahren Paul Verlaine, mit 46 E. T. A. Hoffmann, mit 44 Joseph Roth, der unter eine Porträtzeichnung geschrieben hatte: „Das bin ich wirklich, böse, besoffen, aber gescheit."

Mit 42 starb Modest Mussorgski an seinen Alkohol-Exzessen, mit 36 Toulouse-Lautrec, mit 35 Christian-Dietrich Grabbe, mit 34 Alfred Jarry, mit 33 *John Wilmot Earl of Rochester,* ein exzentrischer Dichter des 17. Jahrhunderts, der sich vor seinem Tode brüstete, fünf Jahre hintereinander im Zustand der Trunkenheit gelebt zu haben.

Und dann die Rauschgifte im engeren Sinn des Wortes: Haschisch und Kokain, Meskalin und LSD, neuerdings die zahllosen Aufputsch- und Beruhigungsmittel und früher vor allem das Opium, aus dem später das Morphium isoliert und das Heroin entwickelt wurde. Opium wirkt zunächst erregend, dann beruhigend, in jedem Fall schmerzstillend, in größerer Dosis führt es zum Schlaf mit Träumen und Halluzinationen. „Ich glaube, daß keiner, der einmal die göttliche Fülle des Opiums gekostet hat, danach zu den groben und vergänglichen Genüssen des Alkohols hinabsteigt", schrieb 1822 *Thomas De Quincey* in seinen „Bekenntnissen eines englischen Opium-Essers": Opium sei das einzige Universalmittel gegen den Schmerz, die stärkste Arznei „gegen den furchtbaren Fluch des taedium vitae", des Ekels am Leben, „das große Elixier der Auferstehung". Jedenfalls sei es den Menschen für höhere Zwecke gegeben als den der moralischen Denunzierung; man fühle „den göttlichen Teil seines Wesens emporsteigen".

Charles Baudelaire begab sich mit Opium und Haschisch in „künstliche Paradiese" und rühmte, wie sie Geist und Sinne in einen Ausnahmezustand versetzten, den Menschen über sich hinaushöben und seine Erlebnisfähigkeit steigerten bis ins Phantastische – und gleichzeitig verurteilte er diese Paradiese. „Die Orgie ist nicht mehr die Schwester der Inspiration", schrieb er. „Das einzige, was fruchtbaren Schriftstellern nottut, ist eine kräftige und regelmäßige Nahrung. Die Inspiration ist die Schwester der täglichen Arbeit." Doch seine Reisen ins künstliche Elysium setzte er fort, und zuweilen begleiteten ihn Balzac und Victor Hugo. Opium nahmen, das Opium priesen Samuel Taylor Coleridge, Heine, Alfred Kubin, Jean Cocteau.

Sollte die Menschheit das Leben ertragen können ohne „chemische Ferien"? fragte der englische Schriftsteller Aldous Huxley 1954. Unser Gehirn sei ein Filter, der aus der unendlichen Fülle der Erscheinungen nur diejenigen durchlasse, die uns das Überleben erleichtern; damit sich in uns auch die üppige Vielfalt des biologisch Unnützen ereignen könne, brauchten wir den Rausch. Meskalin helfe jedem, das zu sehen, was sonst nur der Künstler wahrnehme: tanzende, schwellende Farben, „einen langsamen Reigen goldener Lichter", „ein Fluten von Schönheit"; dies alles gleichgültig gegen Raum und Zeit, ohne Anstoß, etwas Bestimmtes zu tun, ein Teilhaben an der offenkundigen Herrlichkeit der Dinge. Aus der Nervenheilantalt schrieb *van Gogh* an seinen Bruder: „Um den hohen gelben Ton zu erreichen, den ich in diesem Sommer erreicht habe, hab' ich mich eben ziemlich aufpulvern müssen." Über *Picasso* äußert sein Biograph John Richardson die Vermutung, „die halluzinatorische Ekstase der ‚Demoiselles d'Avignon'" sei durch Haschisch, Äther, Opium oder ein anderes Rauschmittel begünstigt worden.

Ja, sagt *Gottfried Benn,* wir brauchen „provoziertes Leben": „Die Farben werden feiner, aus den Dingen blicken Wunder her, das Ich zerfällt (...) Potente Gehirne stärken sich nicht durch Milch, sondern durch Alkaloide." Ein so hochgezüchtetes Organ wie das Gehirn könne man nicht wie ein Vergißmeinnicht mit Grundwasser begießen. Nein, mit Äther, empfahl *Maupassant:* „fremdartige Berauschtheit, eine verschwenderische Schärfe des Denkvermögens (...) Mir war, als hätte ich vom Baum der Erkenntnis gegessen." Maupassant starb mehr an der Syphilis als an den immer größeren Mengen von Äther, Opium, Kokain und Alkohol, die er konsumierte; De Quincey, der Opium-Esser, wurde 74 Jahre alt, ebenso Jean-Paul Sartre, obwohl er sich jahrzehntelang vollgepumpt hatte mit Tabak, Alkohol und Aufputschdrogen. Ernst Jünger war, mitsamt seinen vielfältigen Rauschgift-Experimenten, bei Drucklegung dieses Buches 97. Doch mit der verhängnisvollen Mischung aus Rauschgift und Alkohol war Maupassant ohnehin auf dem Weg, sich zu ruinieren. An solchem doppelten Exzeß starben: mit 53 Jahren Hans Fallada; mit 47 Ingeborg Bachmann, die täglich bis zu hundert Tranquilizer schluckte; mit 46 Baudelaire; mit 44 Francis Scott Fitzgerald, der zwischen Schlaf- und Aufputschmitteln pro Tag bis zu dreißig Flaschen Bier in sich schüttete; mit 40 *Edgar Allan Poe.*

Bei Poe wird besonders deutlich, wie Befruchtung und Zerstörung durch die Gifte sich durchdrangen, wie er teils in der Hoffnung auf nie erlebte Aufschwünge und phantastische Gesichte nach ihnen griff, teils aus Verzweiflung über seine Lebensumstände, teils, weil er dem ständigen Zweikampf in seiner Brust zwischen dem Verstandesmenschen und dem Gespensterseher nicht gewachsen war; wie einerseits die labile, überreizte Künstlerseele den Versuchungen der Sucht erlag und andererseits noch aus dem Verfall die Visionen stiegen, die er gestaltete.

Opium begann Poe mit 22 zu nehmen, man bekam es damals als Schmerzmittel in jedem Drugstore. Mit einer Überdosis unternahm er einen Selbstmordversuch ein Jahr vor seinem Tod. Vor Alkohol ekelte ihm, und er vertrug ihn nicht, aber die Wirkung mochte er: Kaum hatte er ein Glas gekippt, geriet er in Erregung, warf alle Ängste ab und sprach ekstatisch. Im Gram über das langsame, qualvolle Sterben seiner Frau trank er mehr, seine drei letzten Jahre verbrachte er zwischen Depressionen und Delirien, doch er hörte nicht auf, seine Opiumträume und seinen Säuferwahn durch den Verstand zu bändigen und in Novellen zu verwandeln.

Mit 40 war Poe am Ende. Ein Freund griff ihn in einer Kneipe auf, ungewaschen, abgerissen, aufgedunsen und nur bei halbem Bewußtsein. Im Krankenhaus wurde er von Krämpfen geschüttelt „und wandte sich an phantastische eingebildete Wesen, die er an den Wänden sah", wie der Arzt berichtete. Als er am dritten Tag den Patienten in einem lichten Augenblick fragte, was er zu seinem Wohlbefinden beitragen könne, „schrie er auf und sagte heftig: Das Beste, was sein bester Freund für ihn tun könnte, wäre, ihm eine Kugel durch den Kopf zu jagen". Tags darauf ging Poes Kampf gegen sich und die Welt zu Ende.

Der österreichische Lyriker *Georg Trakl* gab früher auf. An Chloroform und Äther berauschte er sich schon als Schüler, später probierte er die meisten Gifte durch, vermischt mit ein bis zwei Litern Wein pro Tag. Seinem „armseligen, von Schwermut verpesteten Körper" wünschte er das Ende, schrieb er anderthalb Jahre bevor er, 27 Jahre alt, an einer Überdosis Kokain zugrunde ging. Selbstmord? Vielleicht mit bedingtem Vorsatz, ähnlich wie Grabbe, der „durch Selbsttrunk" starb, wie Heine sagte, und Gogol, der sich zu Tode hungerte, oder Rudolf Diesel, der bei der Überfahrt nach England im völlig ruhigen Meer ertrank.

Wie bei den Süchtigen, so fliegen auch bei den *Selbstmördern* die Großen dem Durchschnitt weit davon. Bringt sich einer mit 61 um wie Hemingway, so bleibt offen, ob er ausgebrannt und eines langen Lebens überdrüssig war oder ob die Spannung, die fruchtbar macht, ihn erst spät zermürbte (muttergeschädigt auch er). Macht aber einer mit 17 Schluß wie *Thomas Chatterton,* so bleibt nur die Deutung, daß er von seinem Mißverhältnis zur Außenwelt oder von seiner inneren Zwietracht überwältigt wurde. Knut Hamsun rühmte „die kleinen, unbekannten Genies, die Jünglinge, die in den Schuljahren sterben, weil ihre Seele sie zersprengt – feine, leuchtende Johanniskäfer, denen man begegnet sein muß, solange sie noch am Leben waren".

Mit 22 tötete sich der deutsche Lyriker Walter Calé, mit 23 Otto

Weininger, mit 27 Trakl, mit 30 die amerikanische Lyrikerin Sylvia Plath, mit 34 Kleist und Grabbe, mit 37 van Gogh, mit 40 Jack London, mit 41 Cesare Pavese, mit 46 Ferdinand Raimund, Gérard de Nerval und Hermann Burger; in ihren Fünfzigern Paul Celan und Virginia Woolf, die einfach in ein Flüßchen watete, die Manteltaschen mit Steinen gefüllt. Mit 60 starb Stefan Zweig von eigner Hand, als Siebziger Henri de Montherlant. Wenn der Selbstmord die letzte Konsequenz des Pessimismus ist, dann hat Paul Valéry sicher recht mit seiner These: „Optimisten schreiben schlecht."

Kein Selbstmord wurde ausführlicher begründet und theatralischer vollzogen als der des erfolglosen Dichters, gescheiterten Journalisten, entlassenen Leutnants und kleinwüchsigen Tölpels *Heinrich von Kleist.* Er krönte ein chaotisches Leben voll von „seltsamer Disharmonie" (wie Ludwig Tieck schrieb, der nach dem Tod sein Werk entdeckte), belastet von der „unseligen Gabe, alle Dissonanzen des irdischen Daseins tiefer und herber herauszufühlen" (Eichendorff), zerrissen zwischen höchstem Wollen, eigenem Ungenügen und fast totalem Mißerfolg. Die Tragödie „Penthesilea" habe er sich „von der Brust heruntergehustet" (so schrieb er an Wieland), und was Goethe und Schiller nie zustande brachten – Komödien, die schrieb er auch, humorbegabt wie Shakespeare und Dostojewski, die großen Tragödiendichter: „Der zerbrochene Krug", imitiert und plagiiert wie kein anderes Lustspiel, und „Amphitryon", nach Thomas Mann „das witziganmutvollste, das geistreichste, das tiefste und schönste Theaterspielwerk der Welt".

„Ach, es ist ekelhaft, zu leben", hatte Kleist fünf Jahre vor „Amphitryon" geschrieben. Die Briefe, mit denen er seinen Selbstmord ankündigte und zelebrierte, hallen wider von Entrüstung über das Leben und Entzücken über das Sterben. Zwei Tage vor dem Ende: „Ich sterbe, weil mir auf Erden nichts mehr zu lernen und zu erwerben übrigbleibt." Seiner Schwester schreibt er „am Morgen meines Todes": „Die Wahrheit ist, daß mir auf Erden nicht zu helfen war." Einen „Triumphgesang" stimmt er an, „ein Strudel von nie empfundener Seligkeit" hat ihn ergriffen; sein Leben, „das allerqualvollste, das je ein Mensch geführt hat", beendet er mit dem „herrlichsten und wollüstigsten aller Tode".

An seiner Ungeliebtheit ging Kleist zugrunde, schreibt Nietzsche, „und es ist das schreckliche Gegenmittel gegen ungewöhnliche Menschen, sie dergestalt tief in sich hineinzutreiben, daß ihr Wiederherauskommen jedesmal ein vulkanischer Ausbruch wird. Doch gibt es immer wieder einen Halbgott, der es erträgt, unter so schrecklichen Bedingungen zu leben, siegreich zu leben; und wenn ihr seine einsamen Gesänge hören wollt, so hört Beethovens Musik."

DIE TOLSTOIS
Sie haßten sich schon zwanzig Jahre lang, als um 1900 dieses Foto entstand: Sofia Andrejewna, Mutter von acht Kindern, Verwalterin des Gutshofs, Verhandlungspartnerin der Verleger und Abschreiberin der Riesenmanuskripte ihres Mannes – denn 1882 hatte sich Leo Tolstoi von seinen großen Romanen verabschiedet und sich zum Prediger urchristlicher Armut gewandelt. Mit 82 Jahren legte er sich in einen Bahnhofswartesaal zum Sterben.

DIE WAGNERS
Cosima Wagner, Tochter von Franz Liszt, geschiedene Frau des Dirigenten Hans von Bülow, konnte ihren Richard noch 23 Jahre lang anbeten, und in den 47 Jahren, um die sie ihn überlebte, trommelte und fälschte sie für seinen Ruhm. Ins Tagebuch hatte sie geschrieben: „Verstummen möchte ich, nichts wissen, nichts hören, außer ihm dienen, ihm!" Mehr noch als andere große Männer verstand es Richard Wagner, seine Mitmenschen in seinen Dienst zu nehmen.

DIE STRAUSSENS
Johann, der Sohn, war dreimal verheiratet: erst mit einer um sieben Jahre älteren Sängerin, die sieben uneheliche Kinder hatte und ihn 15 Jahre lang managte, den von Depressionen heimgesuchten Sonderling. Sieben Wochen nach ihrem Tod heiratete er seine Geliebte, die 25 Jahre jünger war als er; nach vier Jahren verließ sie ihn. Mit 61 heiratete Johann Strauß seine 32 Jahre jüngere Freundin Adele, die es ihm noch zwölf Jahre lang behaglich machte.

31.

Die Frauen: Musen, Mägde und Hyänen

Ein Genie muß man verpflegen, waschen, kleiden, seine Werke sind unzählige Male abzuschreiben, man muß es lieben, darf keinen Anlaß zur Eifersucht geben, damit es seine Ruhe hat, man muß die zahllosen Kinder, die das Genie in die Welt setzt, großfüttern und erziehen, denn das Genie hat ja keine Zeit, es muß mit Epiktet, Sokrates, Buddha und dergleichen Umgang pflegen und danach trachten, ihnen gleichzuwerden.

Sofia Andrejewna Tolstoi

Wie hielten sie es mit den Frauen, all die Verkrüppelten, Erniedrigten und Zerrissenen, die den Zwiespalt mit sich und der Welt in Schaffenskraft umzusetzen wußten? Wurden sie von Frauen beflügelt oder gehemmt, bemuttert oder gespiesackt ? Scheuten sie die allzu große Nähe eines anderen Menschen, die Rücksicht auf ihn?

Manche lebten gänzlich *asexuell:* so vermutlich Newton und Kant, Swift und Adolph von Menzel, Karl XII. und Friedrich der Große. Die *Homosexuellen* sind unter den großen Männern deutlich überrepräsentiert; es scheint, als bestehe ein innerer Zusammenhang zwischen einer solchen Veranlagung und künstlerischer Produktivität. Offensichtlich ist jedenfalls, daß sich so die Einsamkeit, auf die viele schöpferische Menschen angewiesen sind, leichter wahren ließ, und wahrscheinlich ist, daß der Verzicht auf Nachkommen das Leiden auf Erden vermindert hat. Homosexuell waren Leonardo und Michelangelo, Andy Warhol und Jackson Pollock; Händel, Tschaikowski und Leonard Bernstein; Baudelaire, Verlaine, Rimbaud, Proust, André Gide (mit hymnischen Bekenntnissen), Jean Cocteau, Jean Genet und Julien Green; Platon, Torquato Tasso, Garcia Lorca; die amerikanischen Dichter Walt Whitman und Henry James, die englischen Christopher Marlowe, Oscar Wilde, T. E. Lawrence, W. H. Auden, Angus Wilson; im deutschen Sprachraum Winckelmann, Platen, Wittgenstein, wahrscheinlich Kleist, mit selbstangelegten Fesseln Thomas Mann.

Nietzsche hatte offenbar fast kein Geschlechtsleben, ebenso *Kafka.* „Jedenfalls darf ich aber dem nicht nachweinen, daß ich keine Geliebte ertragen kann", schrieb Kafka 1912 ins Tagebuch, „daß ich von Liebe fast genau so viel wie von Musik verstehe und mit den oberflächlichsten angeflogenen Wirkungen mich begnügen muß"; und 1913 an Felice Bauer, die langjährige Braut: Man könne „nicht genug allein sein, wenn man schreibt, deshalb kann es nicht genug still um einen sein, wenn man schreibt, die Nacht ist noch zu wenig Nacht". 1915 notierte Kafka: „Ich lasse nichts nach von meiner Forderung nach einem phantastischen, nur für meine Arbeit berechneten Leben." Felice wolle „das Mittelmaß, die behagliche Wohnung, (...) Schlaf von elf Uhr abends an", ja, und seine Uhr, die er mutwillig um anderthalb Stunden vorgehen ließ, „stellt sie auf die wirkliche Minute ein". Das war zuviel, die Ehe kam nicht zustande. Daß Kafka in seinem letzten Lebensjahr doch noch mit einer Frau, Dora Diamant, zusammenzog, nannte er „eine Tollkühnheit, für welche man etwas Vergleichbares nur finden kann, wenn man in der Geschichte zurückblättert, etwa zu dem Zug Napoleons nach Rußland".

Verheiratete *Philosophen* gehörten ohnehin „in die Komödie", schrieb Nietzsche, und so blieben sie denn Junggesellen: Descartes, Locke, Spinoza, Pascal, Leibniz, Schopenhauer, Kierkegaard – nicht anders als Stendhal und Flaubert, Kopernikus, Raffael, van Gogh, auch Beethoven, Schubert, Brahms, Chopin und Liszt. *Franz Grillparzer* war 51 Jahre lang „verlobt" mit seiner Jugendfreundin Kathi Fröhlich; als er ihr nach 50 Jahren doch noch die Ehe antrug, war sie es, die sich verweigerte, mit den Worten: „Ich bin keine alte Hofratsköchin." In seinem Tagebuch beklagte er „die teuflische Lust, sie zu quälen und mich mit ihr", doch seine Göttin sei nun einmal die Kunst, und die erschwere die Verbindung zu irdischen Weibern; „immerwährende Störungen oder Eingriffe in mein Inneres dulde ich nicht". Für Kathi blieb nur, daß er sie „von allen Menschen am wenigsten haßt".

Wenn schon Ehe, dann besser keine Kinder: *Rembrandts* Schöpferkraft ließ jäh nach, als er nach dem Tod seiner Frau seinem Sohn Titus ein guter Vater zu sein versuchte. Die meisten großen Männer aber waren schlechte Väter. Nachkommen schaffen für das Genie Konflikte, schreibt K. R. Eissler in seiner Studie über Goethe: Der große Mann spüre, daß das leibliche Kind seinen Drang beeinträchtigen könnte, mit seinem Werk ein Kind zu erschaffen; auch werde er unvermeidlich das Werk mit dem lebenden Kind vergleichen – und leiden, egal, welches von beiden er weniger erhaben finde.

Es ist Goethe selbst, der Indizien für diese These liefert. „Ein Vater, der sechs Söhne hat, ist verloren", sagte er zu Ekkermann, „er mag sich stellen, wie er will." *August von Goethe,* sein einziges Kind, war ein intelligenter junger Mann, der ein normales und befriedigendes Leben hätte führen können, hätte der Vater ihn nicht zur „völligen Selbstaufgabe“ gezwungen, wie Eissler schreibt. Jeden Morgen hatte er, auch noch als Ehemann, beim Vater anzutreten und sich nach hochdero Befinden und Wünschen zu erkundigen; er hatte des Vaters Haushalt zu beaufsichtigen, seine Sammlungen zu ordnen und am Abend oft genug ein Festgedicht des Vaters vorzutragen, wenn er ihn bei einem Empfang vertrat. Er starb als Alkoholiker mit 40 Jahren.

„Große Männer sollten doch wohl keine Söhne haben“, das schrieb *Klaus Mann* in sein Tagebuch. Er beklagte die „Eiseskälte“ seines Vaters: „... niemals interessiert, niemals in etwas ernsterem Sinn mit mir beschäftigt ...“ Als Klaus mit 42 Jahren aus dem Leben schied, hielt Thomas Mann im Tagebuch fest, er habe Mitleid mit der Mutter und der Schwester, und der Selbstmord sei kränkend, unschön, grausam und rücksichtslos. Seinen jüngsten Sohn, Michael, stufte Thomas Mann als Unglücksfall ein und ließ es ihn spüren, wie Golo Mann erzählt: Als der Fünfjährige eine Krippenfigur zerbrach, sprach der Vater unterm Weihnachtsbaum: „Was hat der Junge hier überhaupt zu suchen?“

Aber hatte *Johann Sebastian Bach* nicht zwanzig Kinder, von denen neun ihn überlebten und vier ebenfalls als Komponisten Ruhm erwarben: Carl Philipp Emanuel, Friedemann, Johann Christian und Johann Christoph Friedrich Bach? Ja, Ausnahmen gibt es auch hier. Der Regel näher war *Picasso,* der gern die Geschichte von dem Keramiker erzählte, der seine Möbel verheizte, damit sein Brennofen nicht im kritischen Moment ausging; und Picasso fügte hinzu: „Ich hätte sogar Frau und Kinder dazugeworfen, wenn es nötig gewesen wäre.“ Er lachte dabei – doch welcher nicht von seiner Kunst Besessene macht solche Witze?

In den Ehen der Großen war die Frau Dienerin oder Pflegerin, Mäzenin oder Managerin, oft ein Klotz am Bein, noch häufiger ein Opfer und manchmal eine Megäre, die die eigene Wohnung in eine Art Exil verwandelte. Frau Haydn und Frau Balzac verstanden es, ihre Männer bis aufs Blut zu reizen, Heine duckte sich unter seinem „Hausvesuv“; Robert Schumann, Gauguin, Strindberg, Joyce, Bert Brecht quälten ihre Frauen. Wenn aber die Ehen friedlich waren, dann zumeist in der Form, daß die Großen die perfekten Dienerinnen ihres Werkes heirateten wie Richard Wagner, Thomas Mann, Salvador Dalí – oder ihre Mägde wie Rousseau und Goethe.

Der Typus der Dienerin an Mann und Werk war dabei der häufigste. Die Dienerin konnte zugleich eine ebenbürtige Partnerin sein wie *Mileva Einstein,* von der in Kap. 6 die Rede war; wie *Susanna Ibsen,* die

Henrik an den Schreibtisch zwang, „er das Genie, sie der Charakter", wie ihr Sohn schrieb, und nach Ibsens eigenen Worten: „Du warst mein Adler, der mir den Weg zu den Gipfeln wies." *Katja Mann* sei die Anregung zum „Zauberberg" zu danken nebst einem Teil des Stoffes: Sein Vater sei ja nur einige Wochen in Davos gewesen, berichtet Golo Mann; sie aber habe ihm in ihren Briefen von dort unzählige höchst lebendige Typenbeschreibungen geliefert. Und noch viel mehr habe sie getan: ihrem Mann in Notzeiten besseres Essen zugeschoben als den sechs Kindern – die ergebene Dienerin, die das Genie gegen alle irdischen Widrigkeiten abgeschirmt und ihm einen Frieden gesichert habe, ohne den sein Werk nicht entstanden wäre. Das war ihre eine Funktion im Leben Thomas Manns; die andere: ihn vor seiner Homosexualität zu schützen (Kap. 30). Auch Sokrates, Byron, Robert Schumann, Paul Verlaine, Oscar Wilde, Salvador Dalí waren verheiratet und homosexuell zugleich.

Manche der dienenden Frauen managten ihre Männer wie *Henriette Strauß* Johann, den Sohn: Sieben Jahre älter war sie, sieben uneheliche Kinder hatte sie, sie verwöhnte ihn und trieb ihn an, und hilflos blieb er zurück, als sie nach fünfzehn Jahren starb. *Elena Diaranow,* die Muse vieler Surrealisten, wandte sich 1929 dem elf Jahre jüngeren Salvador Dalí zu, der sie „Gala" nannte, heiratete ihn 1935 und betreute ihn mehr als ein halbes Jahrhundert lang, mit dem besonderen Talent, seine exzentrische Selbstdarstellung zum Gegenstand einer Marktstrategie zu machen, ihn gelegentlich darin auch noch zu übertrumpfen – so, als sie zu einem Ball, den sie in New York arrangierte, auf dem Kopf eine Babypuppe trug, die von Ameisen zerfressen war und von den phosphoreszierenden Scheren eines Hummers gehalten wurde.

Die Dienerin konnte ihrem Mann im Beruf eine Stütze und Hilfe sein wie *Anna Grigorjewna Dostojewski,* seine junge zweite Frau, der er seine Romane ins Stenogramm diktierte und die ihm zugleich sein Leben in ewigen Schulden erträglich machte; wie *Cosima Wagner,* die zum Eckermann ihres Richard wurde, ihm dienend, ihm! Und bis zu dem Grad sich mit ihm identifizierend, daß sie 1870 die deutschen Siege über Frankreich lobte, weil jetzt die Franzosen die gehörigen Schläge bekämen für jeden Akt des „Tannhäuser", den sie ausgezischt hatten 1861 in Paris. Manche Ehefrau beschränkte sich darauf, ihren Mann vor allem Ungemach zu bewahren, wie *Martha Freud* und die fromme *Emma Darwin;* diese bei gleichzeitig wachsendem Mißtrauen gegen seine Arbeit, weil sie spürte, daß er sich mit seiner Evolutionstheorie auf den Weg der Gotteslästerung begeben hatte. *Gottfried Benn* schrieb über Herta, seine zweite Frau: „Ein reizender Gebrauchsgegenstand. Ich bin nicht im geringsten verliebt, es ist reiner Ordnungssinn. Ich kann nicht abends noch Brot einkaufen und Seife und Wurst."

Zuweilen fügte sich die Frau ergeben in die Rolle jener Dienerin, die sich von dem großen Mann vollständig ausplündern ließ. *James Joyce* heiratete seine Lebensgefährtin *Nora Barnacle* erst nach 27jährigem Zusammenleben. Sie umsorgte ihn auch die restlichen zehn Jahre bis zu seinem Tod, milderte die Folgen der ewigen Armseligkeit, animierte ihn zur Arbeit, wenn er melancholisch war, und in dem Maße, wie er erblindete, übernahm sie das Korrigieren und las ihm ganze Abende lang aus Neuerscheinungen vor. Einst ein Zimmermädchen wie Madame Rousseau, hochintelligent, aber völlig ungebildet, lieferte sie Joyce mit ihren Briefen die Vorlage für den berühmten inneren Monolog der Molly Bloom am Schluß des „Ulysses": sexuelle Erinnerungen und Phantasien, saftvoll heruntergeschrieben ohne Punkt und Komma.

Auch ertrug Nora die leichten Perversionen ihres Lebensgefährten: Joyce gefiel sich als Voyeur, schrieb fremden Frauen obszöne Briefe und verlangte von Nora, sich mit anderen Männern einzulassen, damit er echte Eifersucht empfinde, um sie literarisch auszubeuten zugunsten von Leopold Bloom, im „Ulysses" dem betrogenen Ehemann. *Bert Brecht* benutzte seine Freundin *Margarete Steffin,* Kommunistin aus einer Arbeiterfamilie, als Lektorin für proletarisches Milieu und verständliche Sprache, kettete sie mit Drohungen an sich und ließ sie 1941 sterbend in Moskau zurück, als er nach Amerika emigrierte.

Tolstoi fand in seiner Frau die geduldige Sekretärin, die seine Riesenmanuskripte ins reine schrieb, oft mehrfach wegen der Unzahl seiner Korrekturen; sie verhandelte mit den Verlegern, betreute die Gäste, verwaltete das Gut und zog die acht Kinder groß. Die Entzweiung begann, als Tolstoi sich 1882 mit der Schrift „Meine Beichte" vom Schriftsteller zum Prediger der Armut und der Keuschheit wandelte, mit den Urchristen und den russischen Bauern als seinen Vorbildern – ein „intellektueller Selbstmord" nach Turgenjews Worten. Weiter im Luxus lebend, kleidete sich Tolstoi wie ein Bauer, wenn auch mit feinster Wolle, und roch im Salon bald nach Dung und bald nach Parfum. In der „Kreutzersonate" von 1891 ließ er seinen Helden Posdnyschew sagen, und seine Frau mußte es ins reine schreiben: „In mir kochte mitunter furchtbarer Haß gegen sie. Ich sah, wie sie den Tee einschenkte, wie sie ihn schlürfte – und ich haßte sie dafür, als ob sie das schwerste Verbrechen begangen hätte (...) Damals wußte ich nicht, daß 99 von 100 aller Eheleute in derselben Hölle leben wie wir."

Der Haß brach vollends durch, als Tolstoi im Jahre 1900 seine Memoiren zu schreiben begann, aber sie vor seiner Frau versteckte, woraufhin sie ihm mit Selbstmord drohte; und der Tiefpunkt ihrer Bespitzelungen und Nervenzusammenbrüche und seiner Weinkrämpfe war im 48. Ehejahr erreicht, kurz vor Tolstois Tod, als seine Frau den richtigen Verdacht hegte, es gebe ein Testament, worin er seine Bücher zum Nachdruck freigab, statt ihr die Rechte daran zu vermachen.

Hier waren es zwei, die einander die Hölle bereiteten. In der Ehe *Robert Schumanns* mit der Pianistin *Clara Wieck* scheint er der schlimmere Partner gewesen zu sein: Sie bekam acht Kinder, überwiegend offenbar von ihm, obwohl er homosexuelle Exkursionen unternahm, über die er Clara informierte. Jahrelang verbot er ihr das Musizieren; die Kompositionen ihres Mannes spielte sie im allgemeinen nicht, wenn aber, dann nach seiner Meinung falsch: „So spielt man keinen Schumann!" herrschte er sie einmal an und schlug ihr den Klavierdeckel auf die Finger. Um sie eifersüchtig zu machen, lobte er jede junge Pianistin außer ihr. 1854 sprang er in den Rhein und verbrachte die letzten zwei Jahre seines Lebens in der Irrenanstalt. Als er nach zweiwöchiger Zwangsernährung starb, speiste sie gerade mit Johannes Brahms, der möglicherweise der Vater ihres achten Kindes war. *Paul Gauguin* gab, ohne seine Frau zu fragen, seine Arbeit als Börsenmakler auf, um ganz dem Malen zu leben, unbekümmert darum, daß er die Familie mit den fünf Kindern nicht davon ernähren konnte; sie zogen erst von Paris aufs Land, dann zu seinen Schwiegereltern nach Kopenhagen und überhäuften einander mit Vorwürfen – bis er schließlich die ganze Familie sitzenließ und nach Martinique, später nach Tahiti übersiedelte.

Daß Xantippe, der sprichwörtliche Inbegriff einer zänkischen Ehefrau, wirklich so böse war, dafür existieren keine historischen Belege; allemal wird auch Sokrates kein einfacher Ehemann gewesen sein. Doch Frauen, die den Großen das Leben vergällten, gab es genug. *Milton* war in den beiden ersten seiner drei Ehen so unglücklich, daß er die für das 17. Jahrhundert unerhörte Forderung erhob, eine Ehe müsse geschieden werden können. *Haydn* wurde als bettelarmer 17jähriger Tanzbodengeiger von einem barmherzigen Friseur aufgenommen, „doch entsprang aus dieser Bekanntschaft für Haydn ein Quell vieler Leiden, indem er dessen Tochter heiratete, die seine schönsten Tage ihm verbitterte", wie es im Brockhaus von 1844 heißt. Sie wird als ungebildet, streitsüchtig und krankhaft eifersüchtig beschrieben; die Ehe blieb kinderlos und dauerte 41 Jahre. Die letzten 21 davon liebte Haydn eine Sängerin. Er schrieb ihr von seinem „Teufelsweib" und seinem Wunsch, sie möge endlich sterben. Meist sei sie kränklich und stets übler Laune, „aber ich nehme schon gar keine Notiz mehr davon, schließlich wird auch diese Plage einmal ein Ende nehmen".

Balzac warb achtzehn Jahre lang um seine polnische Verehrerin *Eveline Hanska,* neun Jahre davon nach dem Tod ihres Mannes: Reich genug wollte er werden, um sie heiraten zu können. Er versuchte sich mit einer Ananasplantage in Frankreich, einer Silbermine auf Sardinien, kaufte sich in eine Zeitung ein, verpulverte seine Vorschüsse und umgab sich mit unbezahltem Luxus, den er alsbald ins Leihhaus trug, soweit er ihm nicht vorher von den Gläubigern entrissen worden war. Das Zögern der Hanska trug zur Erschöpfung seiner Kräfte bei – doch eben dies, schreibt seine Biographin Françoise d'Eaubonne, habe die Polin bewogen, ihm nun das Ja-Wort zu geben: Er werde ja bald sterben und sie die Erbin seines Ruhmes sein. Als erstes kaufte sie sich ein Perlenkollier. Balzac lebte noch fünf Monate, unfähig zu schreiben, zu lesen oder die Ehe zu vollziehen. Er starb in den Armen seiner Mutter – nachdem er, wie die Anekdote will, verzweifelt nach dem Doktor Bianchon gerufen hatte, dem großen Arzt aus seiner „Menschlichen Komödie".

Es war die verläßliche Fürsorge, die *Rousseau* und *Goethe* an ihren gänzlich ungebildeten Frauen schätzten. *Thérèse Levasseur,* Hausmädchen in einem Gasthof, als Rousseau sie kennenlernte, galt den Zeitgenossen als dumm, geschwätzig, zänkisch und verlogen, ihm aber als sanft, gefühlvoll, aufrichtig und treu. Auch schluchzte sie jedesmal, wenn Rousseau eines ihrer fünf Kinder im Findelhaus ablieferte. „Anfangs versuchte ich ihren Geist zu bilden, aber das war verlorene Mühe", berichtet er in seinen „Bekenntnissen". „Ihr Geist war und blieb unberührte Natur" (eine interessante Erweiterung des Naturbegriffs). Sie konnte kaum lesen, schreiben und rechnen, „ganggácke" schrieb sie, wenn sie Jean-Jacques meinte, die Monatsnamen lernte sie nie, und der Uhr anzusehen, wie spät es war, blieb ihr unmöglich. Nach 23 Jahren wurde sie Madame Rousseau, und insgesamt 33 Jahre lang bemutterte sie den gepeinigten Sonderling, der der Nachwelt versicherte, daß er niemals auch nur einen Funken Liebe für sie empfunden habe.

Christiane von Goethe geb. Vulpius war für ihre Schwiegermutter der „Bettschatz" ihres Sohnes, für Christoph Martin Wieland seine „Magd", für Schiller „die ziemlich berüchtigte Mademoiselle Vulpius, die ein Kind von ihm hat", für Schillers Frau „Goethes dicke Hälfte", für Frau von Stein eine „Hure" und für Bettina Brentano „eine wahnsinnige Blutwurst". Sie arbeitete in einer Werkstatt für Seidenblumen, als sie dem 37jährigen Geheimrat Goethe im Park eine Bittschrift zugunsten ihrer notleidenden Familie überreichte; er nahm das dralle Mädchen in sein Gartenhaus, freute sich an ihren Locken, ihrer Fröhlichkeit und ihrem Mutterwitz, ertrug es, daß sie „Grüdick" schrieb, wenn sie Kritik meinte, und versteckte sie vor seinen Gästen. Sie sagte Sie und „Geheimrat" zu ihm, vermutlich auch im Schlafzimmer. Sie bekam fünf Kinder, vier waren tot. Sie trank, tanzte mit den Dorfburschen und wurde fett. Als 1806 plündernde Franzosen bei Goethe eindrangen, hatte Christiane ihre Sternstunde: Sie stellte sich vor ihren Geheimrat und schimpfte die Soldaten in breitem Thüringisch aus dem Haus. Zum Lohn heiratete er sie. Als sie sich zehn Jahre später zum Sterben legte, an Urämie, legte sich Goethe in ein anderes Zimmer, mit einem Katarrh, und vermied es, sie lebendig oder tot noch einmal anzusehen. Zwei Tage lang wand sie sich einsam unter ihren Schmerzen, schrie und biß sich in einem Schüttelkrampf die Zunge durch. Goethe schrieb ins Tagebuch: „Letzter fürchterlicher Kampf ihrer Natur. Sie verschied gegen Mittag. Leere und Totenstille in und außer mir. Ankunft und festlicher Einzug der Prinzessin Ida (...) Meine Frau um 12 nachts ins Leichenhaus. Ich den ganzen Tag im Bett." Als sie zwei Tage später begraben wurde, war Goethe nicht dabei, aber wieder auf den Beinen.

Und die traurigste aller Ehen, die von *Poe*. Mit 27 Jahren heiratete er seine erst 13jährige Kusine, Virginia. Sie blieb eine Kindfrau bis zu ihrem Tod elf Jahre später, bleich mit schwarzen Haaren, scheu, schön, zärtlich und ohne jedes Verständnis für sein Werk. Sie umsorgten einander, er berührte sie nie, seine schreckliche Armut spürte er doppelt, ihretwegen. Er demütigte sich in Bettelbriefen an seinen reichen Pflegevater, mit dem er sich überworfen hatte, er schrieb Kurzgeschichten für den Gegenwert von einem Paar Schuhen. Ihre letzten fünf Jahre lag Virginia mit offener Tuberkulose in der Kammer, zugedeckt mit einem alten Armeemantel, gewärmt von ihrer Katze. Er sah sie sterben, wie er als Zweijähriger seine Mutter hatte sterben sehen, und von da an beschleunigte er sein Ende mit Alkohol und Opium.

DIE MUTTER
Albrecht Dürer hat sie porträtiert, als sie 63 war. Im Leben der meisten großen Männer hatte die Mutter eine Schlüsselrolle inne – ob sie sie liebten oder ob sie sie haßten (was überraschend häufig war).

DER SCHREI
Edvard Munch hat ihn gemalt; als Fünfjähriger sah er seine Mutter an Tuberkulose sterben. Ein solcher Kindheitsschock kann einen Menschen prägen. Poe blieb als Zweijähriger eine Nacht mit der Leiche seiner Mutter allein.

32.

Die schlimmen Mütter

Das wichtigste Kapital eines Schriftstellers ist eine unglückliche Kindheit.

Ernest Hemingway

Überraschend viele große Männer haben ihre Mutter gehaßt: Byron, weil sie hysterisch war und ihn für seinen Klumpfuß verspottete; Dikkens, weil sie ihn als Zwölfjährigen weiter in der Fabrik arbeiten lassen wollte, als der Vater ihn daraus befreite: „Ich habe es nie vergessen, ich werde es nie vergessen, ich kann es nicht vergessen." Bismarck schrieb über seine Mutter: „Als kleines Kind haßte ich sie, später hinterging ich sie mit Falschheit und Erfolg." *Schopenhauer* sprach zeitlebens schlecht über seine Mutter, warf ihr vor, den Vater in seinen Selbstmord getrieben zu haben, und zankte sich mit ihr, wessen Werke zuerst vergessen sein würden (Johanna Schopenhauer war Schriftstellerin und führte einen Salon, in dem auch Goethe verkehrte).

Der englische Schriftsteller *Stephen Spender* schrieb in seiner Autobiographie von 1951: „Wenn ich beim Tod meiner Mutter überhaupt etwas empfand, dann Befreiung von einer Last und kitzelnde Erregung." *Hemingway* haßte seine Mutter dafür, daß sie herrschsüchtig war, ihn jahrelang als Mädchen kleidete und frisierte und seinen Vater demütigte, bis auch er Selbstmord beging. Zu demonstrieren, daß er kein Schwächling sei wie dieser und kein Mädchen sowieso – das war für ihn ein Bewährungsdruck sein Leben lang. Und so läge es denn an einer närrischen Mutter, daß Hemingway jenes Macho-Ideal konstruierte und vorlebte, welches die Vorstellungswelt der Amerikaner beherrsche und die Leitfiguren der amerikanischen Werbung geprägt habe, wie Norman Mailer 1991 behauptete.

Manche waren kalt zu ihrer Mutter, wie *Goethe:* In Weimar wollte er sie nicht haben, in Frankfurt besuchte er sie in den letzten elf Jahren ihres Lebens keinmal mehr. Manche hatten ein zynisches Verhältnis zur Mutter wie *Marx;* als er die 73jährige besucht hatte, schrieb er: „Meine Mutter, bei der von barem Geld nicht die Rede ist, die aber rasch ihrer Auflösung entgegengeht..." Bei *Richard Wagner* kann man alles auf einmal lesen: in seiner Autobiographie, er könne sich nicht erinnern, je von seiner Mutter geliebkost worden zu sein; in einem Brief an seine Schwester, sie habe „Züge von wahrhafter Schmutzigkeit"; in einem Brief an sie: „Jetzt, da ich von Dir fort bin, überwältigen mich die Gefühle des Dankes für Deine herrliche Liebe zu Deinem Kinde (...) so sehr, daß ich Dir in dem zärtlichsten Tone eines Verliebten gegen seine Geliebte davon schreiben möchte."

Ob Madonna oder Hexe oder beides zugleich: Bei den meisten großen Männern haben Art und Intensität der Mutterbindung ihren Weg entscheidend bestimmt; und ob Liebe oder Haß: Der Mutter imponieren zu wollen ist ein männlicher Urtrieb. Es gab kalte Mütter wie die von Bismarck, Rimbaud, Robert Walser; es gab erdrückende Muttergestalten wie die von Hölderlin oder T. S. Eliot; schwärmerische Verehrung für die Mutter bei Chopin, Flaubert, Walt Whitman, Somerset Maugham, der als Greis vor sich hinmurmelte: „Ich werde ihren Tod nie überwinden", und das achtzig Jahre nachdem sie gestorben war. „Daß ich wiederkehren dürfte in meiner Mutter Leib!" Das ist von Schiller, Karl Moor ruft es in einer reuigen Minute am Donaustrand.

Baudelaire, von Opium und Syphilis zerfressen, die Haare grün gefärbt, schrieb in seinen letzten Jahren seiner Mutter bis zu viermal täglich, wünschte „ihr intimer und sozusagen einziger Freund" zu sein, betete für ihr langes Leben und schwor, ihr ein Viertel jenes Einkommens zu geben, das er nicht hatte (ein weiteres Viertel seinen Gläubigern). *Marcel Proust* lebte auch als Erwachsener mit seiner Mutter zusammen, genoß ihre Zärtlichkeit und ihre grenzenlose Nachsicht und unterließ bis zu ihrem Tod jegliche Anspielung auf seine Homosexualität, auch in seinen Büchern, um ihr keinen Kummer zu bereiten. Als sie starb, war er 34, und einem Freund schrieb er: „Von nun an hat mein Leben seinen einzigen Zweck, seine einzige Süße, seine einzige Liebe, seinen einzigen Trost verloren (...) Mich für die Ewigkeit zu verlassen, da sie mich so unfähig wußte, den Kampf mit dem Leben aufzunehmen, ist vielleicht auch für sie eine sehr große Qual gewesen (...) Wie die Schwester sagte, die sie pflegte: Für sie bin ich immer vier Jahre alt geblieben ..." Und nun schloß sich Proust in seine Klause ein und begann mit der „Suche nach der verlorenen Zeit".

Noch unheimlicher zeigt sich die Abhängigkeit bei *Gottfried Keller,* und dabei weniger harmonisch. Als er 5 war, starb sein Vater, ein Drechslermeister, die Mutter heiratete zwei Jahre später den Gesellen, und Kellers Kindheit stand unter dem dreifachen Schock, den Vater verloren, die Mutter an einen Fremden abgetreten zu haben und Zeuge der Zänkereien zwischen Mutter und Stiefvater zu sein. Als Keller mit 36 seiner Mutter das schmerzliche Ende einer Liebe beichtete, schrieb sie zurück: „Es ist uns unerklärlich, wie ein Frauenzimmer so viel über Dich vermag." Die erste Fassung seines Romans „Der grüne Heinrich" endete so: Der Ich-Erzähler hat seine Mutter auf fünf Jahre verlassen; als er reuig heimkehrt, ist sie aus Kummer gestorben, und: „Die Mütter der Erde durchschauen ihn." Da stirbt auch er: „Sein Leib und sein Leben brach." Und sein Autor krakeelte in den Kneipen.

Kaum je hat es ein devoteres Muttersöhnchen gegeben als *Franklin Roosevelt:* ein Einzelkind, von den Eltern verhätschelt, von der Mutter bis zum fünften Lebensjahr in Mädchenkleider gesteckt wie Hemingway, mit langen blonden Locken. Als Roosevelt seine Kusine Eleanor heiratete, kaufte seine Mutter ihnen nicht nur ein Haus, sie möblierte es auch. Als sie Witwe wurde, nahm er sie zu sich; oft trieb sie Eleanor zu Tränen. Als die Demokratische Partei ihn dafür gewinnen wollte, sich um einen Sitz im Staatsparlament von New York zu bewerben, sagte er: „Darüber möchte ich erst mit meiner Mutter sprechen." Nur einmal in seinem Leben sah man ihn weinen – und dies, als er nach dem Tod der Mutter entdeckte, was alles sie zur Erinnerung an ihn gesammelt hatte.

Ob solch schauerliche Hörigkeit oder zärtliche Liebe, ob Kälte oder Haß: Da alle diese Männer Bedeutendes geleistet haben, kann die Mutterbeziehung ihren Weg nicht wesentlich behindert – ja eigentlich muß sie ihn gefördert haben: Denn das große Werk ist stets ein Grenz- und Glücksfall, der nur zustande kommen kann, wenn ein Individuum seine sämtlichen Eindrücke und Erfahrungen für sich fruchtbar zu machen versteht.

Daß dies sogar *Johannes Kepler* gelang, dem Vater der modernen Astronomie, ist eine der wunderlichsten Verkettungen von Höchstleistung und unbeschreiblicher menschlicher Not. Ein Sieben-Monats-Kind, sein Leben lang kränkelnd und ein typisches Unfall-Opfer, bedeckt von Schorf und Furunkeln, mit 4 Jahren nahezu erblindet durch die Pocken und dann sehbehindert sein Leben lang, außerdem kurzsichtig, doppelsichtig und zu schwach zum Gänsehüten: Dieser Wurm hatte einen „händelsüchtigen" Vater, der bald verschollen war als Söldner in spanischen Diensten, und eine Mutter, so häßlich und so zänkisch, daß niemand sich wunderte, als sie der Hexerei beschuldigt wurde. Sechs Jahre lang schleppte sie sich durch die Anklage, mit Kerker und mit Flucht – bis ihr Sohn sie nach unendlichen Kosten und Mühen aus den Klauen der Folterknechte befreite. Und in dieser Zeit schrieb er sein Hauptwerk, „Die Harmonie der Welt", ein brillanter wissenschaftlicher Schriftsteller, an dem Goethe rühmte, daß er die ernstesten Gegenstände mit Heiterkeit behandle.

Den *Vater* zu verlieren, falls nur die Mutter ihnen treu blieb: Das warf die großen Söhne nicht aus der Bahn. George Washington und Stalin waren 11, als ihre Väter starben, Cäsar und Napoleon 15, und beide fühlten sich von einem Vormund frei – Cäsar ein dankbarer Sohn, den seine Mutter mit Umsicht und Liebe ins Lebens führte, Napoleon ein Sohn von bestimmender Zärtlichkeit. *Leonardo* wuchs ganz ohne Vater auf, und es ist nicht überliefert, daß er darunter gelitten hätte. Beim Tod ihres Vaters waren Hölderlin 2, Nietzsche 4 Jahre alt, Rimbaud 6, Zola 7, Herman Melville 12 – der Vater starb in einem Tobsuchtsanfall vor seinen Augen. *Jean Paul Sartre* rühmte den frühen Tod des Vaters geradezu (er war 2, seine Mutter 20, als der Vater starb): Das habe ihm den Ödipuskomplex und jeden Aggressionstrieb erspart, „meine Mutter gehörte mir, niemand machte mir diesen ruhigen Besitz streitig; ich kannte nicht Gewalt und Haß." Joseph Roth und Willy Brandt haben ihre Väter nie gesehen.

Die *Mutter* zu verlieren war das Entsetzliche. *Pascals* Mutter starb, als er 3 war; in sein Gefühl unendlicher Verlassenheit regierte der Präsident der Pariser Steuerkammer, sein Vater, mit einem pedantischen Erziehungsplan hinein, der die Mathematik ausschloß, weil sie eine „unkindliche Wissenschaft" sei; als 12jähriger entdeckte Pascal aus eigener Kraft die ersten 32 Theoreme des Euklid. *Michelangelo* verlor seine Mutter mit 6, *Stendhal,* als er 7 war, und noch als Erwachsener beklagte er die „Willkürhandlungen" des Vaters: „Sie haben meinen Charakter verbittert und mich zu dem gemacht, was ich bin" – also auch zum großen Romancier, anders kann man es nicht lesen. Unglück formt den Künstler, egal, wo es herkommt.

Edvard Munch mußte als 5jähriger miterleben, wie seine Mutter an Tuberkulose starb. „Die tote Mutter" hat er gemalt, „Die toten Liebenden" und den „Schrei", den furchtbarsten, der je von einer Leinwand gellte. *Edgar Allan Poe* war noch nicht 3, als seine Mutter im gemeinsamen Zimmer wochenlang Blut spuckte und sich zu Tode hustete, eine Nacht blieb er mit der Leiche allein; und sein Leben lang verfolgte ihn der Anblick ihrer Zähne, die sie in der Totenstarre bleckte. Sein Vater war ein Jahr zuvor verschollen.

Das Schicksal vieler Großer, ganz ohne Eltern aufzuwachsen, hat sie offensichtlich nicht in die Knie gezwungen, vielleicht sogar sie begünstigt. Mohammed wurde Vollwaise mit 6 Jahren. *Newtons* Vater starb zwei Monate vor seiner Geburt; als er 3 war, heiratete seine Mutter neu und lieferte ihn bei der Großmutter ab; er haßte sie dafür sein Leben lang. *Johann Sebastian Bach* verlor seine Mutter mit 9, seinen

Vater mit 10 und wuchs bei einem älteren Bruder auf. Die Mutter *Rousseaus* starb neun Tage nach seiner Geburt. Zunächst zog sein Vater ihn groß, ein Uhrmacher mit romantischen und kindischen Zügen, der ihm nächtelang Romane vorlas; als 10jähriger wurde er bei einem Onkel in Pflege gegeben. Tolstoi verlor seine Mutter, als er 3, seinen Vater, als er 9 war; Bertrand Russel wurde mit 3 Jahren Vollwaise.

Lebende Eltern können noch schlimmer sein. *E. T. A. Hoffmann* hatte, nach seiner eigenen Beschreibung, eine hysterische Mutter von zwanghafter Ordnungsliebe und einen tyrannischen Vater, der seiner Familie davonlief, als der Sohn 2 war; er kam bei einem pedantischen Justizrat in Pflege, seinem Onkel, ein „Eispanzer" war sein Haus. *Balzac* schrieb über seine Mutter: „Sie haßte mich schon vor meiner Geburt." Als 8jähriger wurde er für fünf Jahre in ein düsteres und prügelfreundliches Internat gesteckt, bekam niemals Besuch und durfte erst wieder nach Hause, als er einen Nervenzusammenbruch erlitten hatte; stotternd und verstört traf er bei seinen Eltern ein, wo alles so war wie vorher: Seine Mutter keifte, sein Vater interessierte sich für nichts.

Bismarck, der als 7jähriger für fünf Jahre ins Internat kam, schrieb darüber: „Meine Kindheit hat man mir in der Plamannschen Anstalt verdorben." *Van Gogh* verwand es nie, daß seine Eltern ihn als 11jährigen in ein Internat abgeschoben hatten. *Knut Hamsun* wurde als 9jähriger in die Obhut eines Onkels gegeben, der seinerseits so krank war, daß das Kind ihn füttern mußte – zur Vermeidung von Höllenstrafen, die der Onkel ihm ausmalte. *Rudyard Kipling* war als Kind fünf Jahre lang bei einem Kapitän in Pflege, der ihn prügelte, seelisch mißhandelte und der „gezielten Folter" unterwarf, wie Kipling schrieb; damals sei der Grundstein für seine literarische Tätigkeit gelegt worden. „Das Kind diktiert – der Erwachsene schreibt", sagt Julien Green. *Charlie Chaplin* wuchs im Waisenhaus auf, weil sein Vater ein Trinker war und seine Mutter geisteskrank.

Genug! Überreich sind die Belege für das Resümee des Psychiaters William Niederland, „wie häufig und bedeutsam verwirrende, ja oft tragische Kindheitserlebnisse bei kreativen Menschen anzutreffen sind". Berühmte Männer seien für gewöhnlich das Produkt einer unglücklichen Kindheit, schrieb auch Winston Churchill (in seiner Biographie des Herzogs von Marlborough). „Der starke Druck, den widrige Verhältnisse auf sie ausüben, der Ansporn, den sie durch Geringschätzung und Spott in früher Jugend erhalten – all das ist offenbar notwendig, um jene Unnachgiebigkeit des Willens und jene beharrliche Geschicklichkeit hervorzurufen, ohne die große Taten selten zustande kommen.“ Es ist eben meistens schrecklich, ein Genie zu sein.

Natürlich könnte man hinzufügen, daß die Väter vieler großer Männer Säufer waren; zum Beispiel die von Napoleon und Stalin, Beethoven, Dostojewski und Faulkner; am Suff starben der Vater des genialen Mathematikers Niels Henrik Abel und die Mutter des großen Fabulierers Hans Christian Andersen. Auch sei an die Selbstmorde der Väter von Schopenhauer und Hemingway erinnert; Selbstmord begingen ferner die Mutter und ein Bruder von Grillparzer, die Mütter von Conrad Ferdinand Meyer und Truman Capote, drei Brüder von Ludwig Wittgenstein und zwei Schwestern von Thomas Mann. Schwachsinnige Geschwister hatten die Großen ohnehin in Fülle; zu schweigen von der Unzahl der Säufer, Selbstmörder und Geisteskranken unter ihren Kindern.

Wenn ein Genie einen Alkoholiker zum Vater hat, sind drei Zusammenhänge möglich. Die erschreckende Erfahrung könnte einer jener Umwelteinflüsse sein, die von Churchill, Hemingway, Niederland und vielen anderen als Ansporn zur Leistung betrachtet werden. Oder im Suff des Vaters könnte sich jene Labilität der Erbmasse negativ äußern, deren positiver Ausdruck das Genie ist. Oder der Alkohol könnte die Gene des Vaters schon vor der Zeugung des Sohnes geschädigt – und dadurch jene spezifische Form der Entartung begünstigt haben, die wir Genie nennen; nach der verbreiteten Lehre, Genialität entstehe „im Erbgang besonders gern an dem Punkt, wo eine hochbegabte Familie zu entarten beginnt“ (Ernst Kretschmer).

Inwieweit überhaupt das Genie das Produkt seiner Erbmasse oder seiner Umwelt ist – darüber tobt ein heißer Streit seit zweieinhalb Jahrhunderten, und jede Partei führt viele Beispiele ins Feld.

Erbmasse ist alles! Das scheinen die Cranachs, die Holbeins, die Bachs, die Feuerbachs, die Straußens zu beweisen. Die Brüder Hans und Sigmund Holbein waren berühmte Maler ihrer Zeit; von Hans Holbeins Söhnen brachten es der Maler Ambrosius Holbein zu Ansehen und Hans Holbein der Jüngere zu Weltruhm. Aus der Familie *Bach* gingen zwischen 1590 und 1845 rund vierzig namhafte Musiker hervor, darunter Johann Sebastian in der fünften Generation. Von seinen zwanzig Kindern wurden vier wiederum als Komponisten berühmt; zwei von ihnen haben seine Kusine zur Mutter und zwei eine Sängerin. Anselm *Feuerbach,* Begründer der modernen Strafrechtstheorie, war der Vater von vier im Lexikon verzeichneten Söhnen: des berühmten Philosophen Ludwig Feuerbach, den Marx bewunderte, des Mathematikers Karl Wilhelm, des Rechtsgelehrten Eduard August und des Archäologen Anselm (II), dessen Sohn (Anselm III) ein angesehener Maler wurde. *Johann Strauß* Vater zeugte drei Komponisten: Johann, Joseph, Eduard. Für ein Familienerbe sprechen auch die acht berühmten Mathematiker der Basler Familie *Bernoulli,* die drei Brüder *Grimm* (Jacob, Wilhelm, Ludwig), die drei Brüder *Huxley* (Julian, Aldous, Andrew), die Brüder Edmond und Jules *Goncourt,* Henry und William *James,* Thomas und Heinrich *Mann,* John F. und Robert *Kennedy.*

Den Vorrang der Erbmasse scheinen überdies Väter zu belegen wie die von Mozart (Kapellmeister), Beethoven (Sänger, Großvater Kapellmeister), Raffael (Maler), Dürer (Goldschmied), Picasso (Genremaler und Lehrer an der Kunstschule). Doch schon hier stellt sich die Frage: Muß es denn der Einfluß der Erbmasse – kann es nicht vielmehr Vorbild und Anleitung sein, wenn ein Musiker einen Musiker hervorbringt?

Jawohl, *es ist nur die Umwelt!* sagen die Milieutheoretiker, auf Milieu und Erziehung gehen alle Unterschiede in der geistigen Entwicklung der Menschen zurück. So zuerst 1758 der französische Philosoph Claude Adrien Helvétius, so später der englische Sozialreformer Robert Owen und am krassesten der französische Kolonialwarenhändler Charles Fourier, der als Sozialutopist noch beim Tod von Marx berühmter war als dieser: Aus einer ausgeklügelten Gemeinschaftserziehung werde eines Tages eine Welt mit 37 Millionen Dichtern vom Rang Homers und 37 Millionen Wissenschaftlern vom Schlage Newtons hervorgehen.

Diese bombastische Eselei brachte die Milieutheorie so wenig in Bedrängnis, wie jeder Blick in ein Waisenhaus es hätte tun müssen: Das ist bekanntlich nicht imstande, hundert nach der Geburt abgelieferte Waisenkinder durch gründlichen Musikunterricht als hundert Mozarts zu entlassen. Den amerikanischen Psychologen John B. Watson, den Begründer des Behaviorismus, hinderte das nicht, noch in unserem Jahrhundert mit großem Erfolg zu behaupten: „Wenn ihr mir ein Dutzend gesunde Kinder gebt, werde ich aus ihnen machen, was ich will – Ärzte, Künstler, Wirtschaftsführer oder auch Bettler und Diebe." Die amerikanische Schule verband sich mit der marxistischen Behauptung, daß der Mensch total erziehbar sei, zu einem zähen Gespinst von Vorurteilen, gegen das die wissenschaftliche Vernunft bis in die achtziger Jahre hinein mühsam anzukämpfen hatte.

Selbstverständlich ist der Mensch das Produkt von Erbmasse *und* Umwelt, genauer: des Ererbten, des Erlernten und des Erlebten. Streiten kann man sich nur über die Relationen. Dabei hat sich, mit Hilfe der Erforschung eineiiger Zwillinge, die in verschiedener Umwelt aufgewachsen waren, die Meinung durchgesetzt: Zu etwa 75 bis 80 Prozent wird der Mensch von seiner Erbmasse dominiert. Das läßt, entgegen dem Anschein, einen ungeheuren Spielraum für Erziehung und Erfahrung – bedenkt man, daß Mensch und Schimpanse zu 98 Prozent dieselbe Erbsubstanz besitzen; was also 2 Prozent an Erbmasse bedeuten; daß demnach Genie und Nichtgenie sich in der Erbmasse nur um Bruchteile eines Prozents zu unterscheiden brauchen.

Kein erkennbares Künstlerblut in den Adern, aber aus der Umwelt ein starker Anstoß zur Bildhauerei: Das ist das Beispiel *Michelangelos.* Sein Vater war ein armer Landedelmann, seine Pflegemutter jedoch die Frau eines Steinmetzen, und Michelangelo sagte später: „Die Liebe zu Hammer und Meißel habe ich schon mit der Ammenmilch eingesogen." Sein Vater wollte einen Juristen aus ihm machen, prügelte ihn, weil er sich in den Ateliers von Malern und Bildhauern herumtrieb, beugte sich aber schließlich dem Starrsinn des 13jährigen und gab ihn bei einem Maler in die Lehre. Michelangelo war also zwei einander durchkreuzenden Umwelteinflüssen ausgesetzt, und was in ihm siegte, kann nur eine glückliche Kombination von Erbanlagen gewesen sein, die in seinen Vorfahren angelegt war, ohne je an die Oberfläche zu gelangen.

Dieser Fall ist ja nicht minder häufig als der der Holbeins, Bachs und Beethovens: Das Genie springt aus einer Familie hervor, in der nichts, absolut nichts darauf hindeutete. Rembrandts Vater war ein Müller, seine Mutter eine Bäckerstochter. Die Wiege der vier Brüder Dientzenhofer, die zu großen Barockbaumeistern wurden, stand in einem Bauernhaus bei Rosenheim. Händels Vater war Bader und Wundarzt, Haydns Vater Stellmacher, Schuberts Eltern ein Schulmeister und eine Köchin. Shakespeare hatte einen Handschuhmacher zum Vater, Montaigne einen Heringshändler, Cervantes einen reisenden Quacksalber, Kant einen Sattler, Gottfried Keller einen Drechslermeister. Aus der Ehe eines Gärtners mit einer Magd ging *Carl Friedrich Gauß* hervor, von dem die Encyclopaedia Britannica sagt: „Selten war der Geist einer beherrschenden historischen Gestalt so reich ausgestattet." Lincolns Eltern waren nahezu Analphabeten.

Der jedesmal neue Zufall bei der Kombination väterlicher und mütterlicher Gene, ohnehin für jede Überraschung gut, kann Genies aus dem scheinbaren Nichts erzeugen, aus zwei Hochbegabungen nämlich, die sich nicht offenbart hatten. So läßt das Entstehen von *Talenten* sich durch Gattenwahl erklären und beeinflussen: Wenn der Musiker die Musikerin heiratet, sind musikalische Kinder wahrscheinlich, wie bei den Bachs, doch durchaus nicht sicher, wie die sieben Kinder aus der Ehe von Robert Schumann mit der berühmten Pianistin Clara Wieck beweisen. Nicht planbar aber war, daß aus den vielen Bach-Talenten das eine *Genie* heraustrat. Wer Genies züchten wollte, sei es durch geplante Gattenwahl über Generationen hin, sei es gar durch Gen-Manipulation, hätte also schlechte Karten. Eine solche Kombination von Genen und Umwelteinflüssen hat immer etwas von einem Haupttreffer in der Lotterie: Ein Gramm zuviel, eine Chance zu wenig, ein Anstoß zu schwach, eine Hindernis zu hoch – und die geniale Leistung findet nicht statt. „Vielleicht ein Gran Hirn mehr oder weniger und wärst ein ganz ordinärer Mensch geworden", schrieb Goethes Mutter 1807 an ihren Sohn.

Lediglich zwei leichte Ungleichgewichte lassen sich in der Genie-Statistik erkennen: das evangelische Pfarrhaus und das, was Kretschmer „Keimfeindschaft" nennt, das heißt eine große Unähnlichkeit zwischen der väterlichen und der mütterlichen Erbmasse. Sie kann durch die Mischung von Völkern und Rassen entstehen: Puschkin war ein Urenkel des Mohren am Hof Peters des Großen, die Großmutter von Alexandre Dumas eine Indianerin von Haiti, die Mutter Gauguins eine Peruanerin mit Indianerblut, die Mutter Thomas Manns eine halbe Brasilianerin, der Biochemiker Peter Medawar (Nobelpreisträger 1960) Sohn eines Arabers und einer Engländerin. Sie kann auch zustande kommen, wenn ein tyrannischer Aristokrat eine fromme Magd heiratet, „Sklavenblut": So hat Strindberg, Kind aus dieser Ehe, es in seinem autobiographischen Roman „Der Sohn einer Magd" beschrieben. Bismarck liefert das Paradebeispiel für die These: Der Vater ein derber, ungebildeter, humorvoller Landjunker, die Mutter aus einer Gelehrtenfamilie, leidend, hypernervös, hypochondrisch und gemütskalt – da konnte jene brisante Mischung entstehen, die Geschichte machte: der nervöse Hüne. Auf die Zwietracht kommt eben alles an, gleichgültig, ob sie in der Erbmasse angelegt oder erst durch die Umwelt hervorgerufen ist.

Aus dem evangelischen Pfarrhaus sind drei Sterne erster Größe hervorgegangen: Lichtenberg, Nietzsche und van Gogh, aber viele zweiter Größe: so Friedrich Schelling, Matthias Claudius – und nicht weniger als 26 Prozent jener 765 Dichter von Luther bis 1900, die in die „Allgemeine deutsche Biographie" aufgenommen worden sind. Unter Nietzsches Vorfahren befanden sich gar zwölf Pastoren. Der Priester sei eine Art Vorbereitung für die Entstehung höherer Menschen, schrieb Nietzsche – „vorausgesetzt, daß er sich durch kräftige Weiber fortpflanzt". Über die Gründe lassen sich nur Vermutungen anstellen: Wahrscheinlich waren Pastoren überdurchschnittlich intelligent, wählten ihre Frauen mehr als andere Männer nach Geistes- und Charakterwerten aus, hatten mehr Kinder, betreuten sie liebevoller und impften ihnen Respekt vor der Sprache ein.

Denn wenn auch keine Erziehung imstande ist, ein Genie zu produzieren – es entdecken, fördern, beschützen, das kann sie schon und dabei die furchtbare Verschwendung der Natur korrigieren, die die Mozarts zu Tausenden verkommen läßt: Sie sterben an Hunger und Seuchen, sie verkümmern in Slums, sie vergeuden ihre Kraft auf indischen Reisfeldern, sie werden von groben Vätern gebrochen. Das war der Schmerz Antoine de Saint-Exupérys unter polnischen Arbeitern in der nächtlichen Eisenbahn: Nicht die Armut bedrückte ihn und nicht der Schmutz, sondern der Gedanke, „daß in jedem dieser Menschen etwas von einem ermordeten Mozart steckt".

Freilich, wie man ihn ins Leben ruft, das entzieht sich der elterlichen Planung. Denn wird das Kind nun das, wofür die Eltern kämpfen? (Wie bei Mozart, Paganini, Kennedy.) Oder wird es eben das, was der Vater verachtet und um jeden Preis verhindern will? (Wie bei Händel, Schubert, Kafka.) Da aber so viele Große ihren Weg gegen ihre Väter beschritten haben, also offenbar an diesem Widerstand gewachsen sind – hätte eine liebevolle Förderung vielleicht alles verdorben? Nichts ist berechenbar. Uns bleibt nur, hinterher zu staunen.

DER VATER
Der vierschrötige Hermann Kafka war ein Geschäftsinhaber, der es mit Fleiß und Rücksichtslosigkeit zu Wohlstand gebracht hatte. Seine Angestellten nannte er „Vieh, Hunde und bezahlte Feinde“. Als sein Sohn ihm seine Verlobung mitteilte, riet er ihm, lieber ins Bordell zu gehen.

DER SOHN
Nie hat ein Mensch empfindlichere Nerven gehabt, mißtrauischer in sich selbst hineingelauscht, sich heftiger zerquält als Franz Kafka, des Kaufmanns Sohn. Der Terror des Vaters verhinderte nicht, daß der Sohn ein Jahrhundertschriftsteller wurde. Trug er also am Ende eben dazu bei?

33.

Die schrecklichen Väter

> Als Sie ein kleiner Junge waren, hätte jemand wenigstens einmal „Pst!“ zu Ihnen sagen sollen.
> *Mrs. Patrick Campbell, die erste Eliza Doolittle, an G. B. Shaw*

Franz Anton *von Weber* war Kapellmeister des Fürstbischofs von Eutin in Holstein und ein Onkel von Mozarts Frau Constanze, geborene Weber. Der angeheiratete Neffe hatte gerade „Figaros Hochzeit“ komponiert, als Franz Anton seinen Sohn *Carl Maria* bekam. Der konnte kaum sprechen, da begann der Vater, ihn in Klavier und Gesang zu unterrichten; als er gehen lernte, erst mit vier Jahren, eines angeborenen Hüftleidens wegen, da war er schon ein kleiner Virtuose. Den Elfjährigen ließ der Vater in Salzburg von Michael Haydn weiterbilden, dem Bruder des großen Joseph. In jeder freien Minute mußte Carl Maria sich in der Komposition versuchen; mit 13 schrieb er die Oper „Das Waldmädchen“, der Vater führte sie in Freiburg auf.

So wurde Carl Maria von Weber „von einem hochstaplerischen Vater zum Wunderkind gepreßt“, wie Alfred Einstein schreibt, er wurde gedrillt, dressiert und verbogen. Das Resultat: eine der meistgespielten Opern, „Der Freischütz“; zwei große Opern, „Euryanthe“ und „Oberon“, dazu Wegbereitung für Chopin und Berlioz, für Liszt und Richard Wagner; in unserem Jahrhundert Bewunderung durch Strawinsky und Hindemith.

Sehr geschadet haben also kann seiner Lebensleistung die fürchterliche Erziehung nicht, und nur spekulieren läßt sich darüber, ob aus Carl Maria von Weber noch mehr – oder vielleicht überhaupt nichts geworden wäre, hätten ihn die Eltern nur sanft gefördert oder mit seinem Talent allein gelassen. *Hochbegabte* – Meistersportler, Mathematiker, Instrumentalsolisten – werden im allgemeinen begünstigt durch behutsame und zielstrebige Förderung; in der Kindheit des *Genies* aber hat alles stattgefunden: Hilfestellung, Gleichgültigkeit, Widerstand und Prügel, irgendwo zwischen den Extremen Mozart und Kafka.

Als *Leopold Mozart,* Vizekapellmeister und Hofkomponist beim Fürstbischof von Salzburg, seine achtjährige Tochter Nannerl am Klavier unterrichtete, griff auch der dreijährige Wolfgang Amadé in die Tasten, und mit diesem Tag begann die heftigste Vater-Sohn-Beziehung in der gesamten Geniegeschichte. Das Kind war begeisterungsfähig, erstaunlich konzentriert und mit einem so feinen Gehör geschlagen, daß es unter der notwendigen Unreinheit der Töne der damaligen Naturtrompeten physisch litt. „Er war voll Feuer", schrieb ein Freund der Familie, „seine Neigung hing jedem Gegenstand sehr leicht an; ich denke, daß er im Ermangelungsfalle einer so vorteilhaft guten Erziehung der ruchloseste Bösewicht hätte werden können, so empfänglich war er für jeden Reiz."

In einer Zeit, da man in bürgerlichen Kreisen die Erziehung der Kinder Hauslehrern oder Domestiken überließ, machte Leopold Mozart mehr und mehr seinen Hauptberuf daraus, seinen Sohn in der Musik, aber auch im Schulwissen zu unterrichten; er war ein gelehrter Mann mit einer Neigung zur Pedanterie, seine Methoden würden wir als hart bezeichnen; aber die Zeiten waren anders, nicht nur der Vater, auch der Sohn empfand den Umgang als normal. „Nach dem lieben Gott kömmt gleich der Papa", sprach das Kind, und Respekt hat der Sohn dem Vater bis zuletzt bezeigt.

Mit dem Sechsjährigen ging Leopold Mozart alsdann dreieinhalb Jahre lang auf Reisen, nach München und Wien, nach Paris und London, wobei der große Lehrer sich als gewiefter Impresario erwies. Er knüpfte die Kontakte zu den Fürstenhöfen und den Musikgesellschaften, stieg jeweils im Ersten Haus am Platze ab, damit die feinen Leute von der Ankunft gebührend Notiz nahmen, und führte seinen Sohn regelmäßig spazieren, der Gesundheit wegen wie auch, um zur richtigen Stunde an den richtigen Fenstern vorbeizukommen. Er sorgte dafür, daß die Reisekasse stimmte, was nicht leicht war bei so vielen Zöllen und Wechselkursen und bei der Neigung der Aristokratie zu einem lässigen Umgang mit Geld, und er genierte sich nicht, den Neunjährigen und seine Schwester in einem Londoner Wirtshaus vierhändig losklimpern zu lassen, sobald ein Gast das Eintrittsgeld entrichtet hatte.

Das läßt sich nun deuten als die rücksichtslose Ausbeutung eines Wunderkindes, oder als die notwendige straffe Führung eines chaotischen Jünglings durch einen pedantischen Vater – oder als die unvergleichliche Chance für das junge Genie, vom Tag seiner Entdeckung an gefördert und gefordert zu werden und sich von den Größten der europäischen Musik befruchten zu lassen (wie in London von Johann Christian Bach).

Picassos Vater, der Genremaler und Zeichenlehrer, sah seine Rolle ähnlich: Früh entdeckte er die außerordentliche Begabung seines Kindes, und daß er sie mit Umsicht und allen Mitteln förderte, wäre ebenso richtig wie die Behauptung, er habe seinen Sohn einem gnadenlosen Drill unterworfen, in der Sorge, der soziale Aufstieg, den Pablos Talent erhoffen ließ, könnte doch noch scheitern. Der Sohn äußerte sich dankbar über den Vater sein Leben lang; doch die Vermutung liegt nahe, der Aufruhr, den er in der Malerei veranstaltete, sei auch ein Aufbegehren gegen den Zwang gewesen, beim Vater das akademische Malen zu erlernen. Bei *Max Ernst,* dem Dadaisten und Surrealisten, gilt der Zusammenhang als sicher: Die Umstülpung aller Malsitten war eine Rache am Vater, einem strenggläubigen katholischen Zeichenlehrer für Behinderte, der für all das stand, was dem Sohn verhaßt war: Religion, Staat, Autorität – und dessen gleichsam erhoffte Reaktion auf Dada lautete: „Ich verfluche dich, denn du hast unseren Namen entehrt."

Immerhin, Maler wurden sie, wie die Väter. *V. S. Naipaul,* der große westindische Romancier und Essayist, erfuhr von seinem Vater im Alter von elf Jahren, daß er Schriftsteller werden solle – dem Vater, einem Journalisten, der als Schriftsteller gescheitert war und im Wahnsinn endete. *Winston Churchills* Karriere ist oft beschrieben worden als Rache dafür, daß er erleben mußte, wie sein Vater, Lord Randolph Churchill, als Schatzkanzler stürzte und mit 45 Jahren an syphilitischer Paralyse starb, nachdem seine letzte Rede im Unterhaus in einem kaum noch verständlichen Gestammel untergegangen war.

Die Eltern *Napoleons* bahnten ihm mit eindrucksvoller Zielstrebigkeit den Weg in eine französische Offizierslaufbahn, ohne die wir vermutlich nichts von ihm wüßten. Zwar hatte der Vater, der Rechtsanwalt Carlo Buonoparte, die korsischen Freiheitskämpfer gegen Frankreich unterstützt, aber nach ihrer Niederlage war er der erste, der den französischen Herren seine wiederum treuen Dienste anbot. Dem neuen Gouverneur, Graf Marbeuf, machte er sich nützlich, seine hübsche junge Frau empfing den Grafen gar zu einem tête-à-tête beim Tee. Da fehlte es dann nicht an Protektion: Der zehnjährige Napoleone, der zweite Sohn des rührigen Ehepaars, bekam die erstrebte königliche Freistelle an der Militärakademie von Brienne – nachdem er zuvor noch auf ein Internat geschickt worden war, um Französisch zu lernen (denn Italienisch war seine Muttersprache).

Das Höchste gleich für drei Söhne zu erreichen versuchte der millionenschwere Bankier und Spekulant *Joseph Kennedy,* der sein Vermögen seinen zwielichtigen Geschäften während der Prohibition verdankte. Sein ältester Sohn, *Joe,* sprach offen darüber, daß er Präsident der Vereinigten Staaten werden wolle, aber er fiel 1944 bei einem freiwilligen Sondereinsatz, den er leichtsinnig antrat, um ein Kriegsheld zu werden. Der zweite Sohn, *John*, erzählt, der Tod seines älteren Bruders sei für ihn „wie eine Einberufung" gewesen. „Mein Vater wollte, daß der älteste Sohn in die Politik ging. ‚Wollte' ist dabei nicht das richtige Wort – er verlangte es." John wurde Präsident und 1963 ermordet; der dritte Sohn, *Robert*, wurde Präsidentschaftskandidat und 1968 ermordet.

Joseph Kennedy, ein vitaler, jähzorniger Mensch, zog seine neun Kinder in einer Atmosphäre von Leistungsdruck und Siegeswillen auf, finanzierte die Wahlkampagnen seiner Söhne mit Millionen, suchte John durch Lob aufzubauen, half seine Seitensprünge vertuschen und nahm es sogar auf sich, sich ihm zuliebe aus seinem letzten und entscheidenden Wahlkampf herauszuhalten (eine längere Europareise trat er an, um sich von jeder Versuchung abzuschneiden). Ob John F. Kennedy ohne diesen Vater Präsident geworden wäre, bleibt Spekulation – wie auch die andere Frage: ob Robert, Organisator aller Wahlkämpfe und unter John Justizminister, nicht der eigentliche Könner und Drahtzieher war, John also eine Art Marionette an den Fäden von Vater und Bruder gewesen wäre.

In *Goethes* Kinderstube wollten nicht ehrgeizige Eltern einen Politiker oder Soldaten großziehen, hier geschah es nicht, daß ein künstlerisches Talent auf seinem eigenen Feld ein Genie zeugte und erzeugen half – Goethes Eltern wußten gar nicht, was sie hätten wollen sollen, aber sie taten das Richtige, und ihre ziemlich unglückliche Ehe war als Brutstätte ideal.

Goethes Großvater hatte als Damenschneider angefangen; dann machte er eine reiche Partie und mit einem Weinhandel ein Vermögen. Der Vater, Johann Caspar, lebte von diesem Erbe, verdiente nie im Leben einen Taler, bemühte sich vergeblich um eine Position in der Frankfurter Stadtverwaltung, kaufte sich den Titel „Kaiserlicher Rat" und heiratete mit 38 Jahren die 17jährige Elisabeth Textor – ein arbeitsloser alternder Griesgram ein sprühendes Mädchen von nie versagender Fröhlichkeit. Zu der Verschiedenartigkeit der Erbmassen (von der, wie im vorigen Kapitel ausgeführt, auch andere Große profitierten, zum Beispiel Bismarck) trat die Chance, daß die Ehegatten, da sie einander wenig zu sagen hatten, ihre ganze Liebe auf ihren Ältesten konzentrierten; der war auch viel aufgeweckter und charmanter als Cornelia, die nachgeborene Schwester, während die drei folgenden Kinder starben, eines geisteskrank. Für zwei grundverschiedene Menschen wurde der junge Goethe zum eigentlichen Lebensinhalt.

Der Kaiserliche Rat war zwar ein kalter, freudloser, pedantischer und gebieterischer Mensch – doch nicht nur dies: sondern auch vielseitig interessiert und gebildet, sprachenkundig, ein Sammler von Büchern, Bildern und Mineralien; überdies schienen „sein sonstiger Ernst und seine Trockenheit sich aufzulösen“, sobald er von Italien erzählte (wie es in „Dichtung und Wahrheit“ heißt). Dazu aber kamen zwei Eigenschaften, die gegen den Zeitgeist standen und bei dem sonstigen Charakterbild Johann Caspars überraschen: Er bleute seinem Sohn den Lehrstoff nicht nur ein, sondern förderte das selbständige Denken und Urteilen, und auf die Wünsche und Bedürfnisse des Sohnes antwortete er mit erstaunlicher Beweglichkeit. Der Grundstock des Wissens freilich war einzupauken (und zwar nach Krankheit das Doppelte während der Genesung): sehr gut Lateinisch und Italienisch, leidlich Französisch, ein bißchen Griechisch und Hebräisch; das Englische beherrschte der Vater nicht, stellte jedoch einen durchreisenden Engländer als Lehrer an. Daß Johann Wolfgang Reiten, Fechten, Tanzen lernte, verstand sich in seinen Kreisen ohnehin.

Dagegen die Mutter: warmherzig, heiter, naiv, eher ungebildet, mit hohem Sprach- und Erzähltalent. In drastischer Rede kommentierte sie den Lauf der Welt und war ein Faß voll Anekdoten und Geschichten. Eine ging so: Der Papst, an klösterliche Umgebung gewöhnt, wundert sich über eine Menschenmenge und fragt den Kardinal: „Wovon leben diese Leute alle?“ Der Kardinal erwidert: „Ihro Heiligkeit, sie bescheißen einander.“

In derselben Kinderstube wuchs Cornelia Goethe auf, kränkelnd an Leib und Seele, häßlich anzusehen, „ohne Glaube, Liebe und Hoffnung“, wie ihr Bruder schrieb; gestorben mit 27 Jahren. Ähnliche Erbmasse, fast identische Einflüsse, trauriger Niedergang. Liebevoll und doch ziemlich zufällig gestalteten Goethes Eltern ihm eine Umwelt, die für seine Entwicklung unübertrefflich war, für die seiner Schwester nicht. Da bleibt die Frage: Hätten wir von Goethe, Mozart, Picasso je gehört, wenn sie von ihren Vätern behindert worden wären? Und umgekehrt: Hätten wir den Namen *Kafka* je vernommen, wenn sein Vater sein Talent mit ähnlicher Urmacht gefördert hätte, wie er es zu zerbrechen versuchte?

Wir können uns nur an die Ergebnisse halten, und ihr Verhältnis zu den Ursachen ist immer wieder wundersam. Nehmen wir die Rolle der Prügel. Der vierjährige *Beethoven* saß keineswegs begeistert am Klavier wie Mozart im selben Alter; der Vater zwang ihn zum Üben und trieb ihn bis zu Tränen. Der Vater *Paganinis,* ein Geschäftsmann, der früh das Talent seines Sohnes erkannte, mit der Geige umzugehen, war mit seinem Eifer nicht zufrieden und trieb ihn zum Üben mit Schlägen und mit Essensentzug. *Luther* wurde, wie er selbst berichtete, für das geringste Vergehen von seinen Eltern blutiggeschlagen. Da ist kaum die Vermutung abweisbar, solche Mißhandlung habe seinen Trotz dermaßen provoziert und gestählt, daß er später die Kraft besaß, den größten Mächten auf Erden sein „Hier stehe ich, ich kann nicht anders" entgegenzustellen. Psychoanalytiker neigen obendrein dazu, Luthers Gottesbild aus der Gestalt des rächenden Vaters abzuleiten: den Gott, der nicht etwa gute Taten belohnt, sondern seine Gnade oder Ungnade nach unerforschlichem Ratschluß über die Menschen ausgießt, die sie gläubig hinzunehmen haben.

Ohne Prügel vielleicht kein Luther und kein Paganini? Nichts läßt sich beweisen – aber ebenso unsicher ist, ob das heute übliche Veto gegen die körperliche Züchtigung die Genie-Produktion erhöhen würde. Wenn Beethovens Vater dem Ideal der antiautoritären Erziehung gefolgt wäre, also kapituliert hätte vor dem weinenden Widerwillen des Kindes – wäre das nicht schade gewesen für die Menschheit, vielleicht sogar für Beethoven? Könnte es nicht sein, daß ein Donnerwort oder eine Ohrfeige zur rechten Zeit ein Hindernis auf dem Weg in die geniale Selbstverwirklichung beseitigen? Natürlich mit dem Risiko, daß sie eben diesen Weg verschütten; wir wissen eben nichts.

Viele Eltern hatten von den Talenten ihrer Kinder keine Ahnung und gerieten infolgedessen nicht in die Versuchung, sie zu fördern oder ihnen entgegenzuwirken. So der Gärtner und die Magd, die *Carl Friedrich Gauß* ins Leben riefen. So die reichen *Leopardis,* die nicht wußten, daß ihr kränkelnder Sohn *Giacomo* in der heimischen Bibliothek auf eigene Faust Latein, Griechisch und Französisch lernte. So der Marinezahlmeister, der *Charles Dickens* zeugte: Niemand in seiner Familie sei auf die Idee gekommen, schrieb der Schriftsteller, „daß eine Menge Unglück hätte vermieden werden können, wenn man mich in eine ganz gewöhnliche Schule gesteckt hätte". Aber gleichzeitig stellte Dickens fest, wie alle Benachteiligungen der Kindheit „zusammengewirkt haben, um aus mir das zu machen, was ich bin".

Richard Wagner (neuntes Kind eines Polizeibeamten, der starb, als Richard ein halbes Jahr alt war) bekam nie eine musikalische Grundausbildung, und seine wenigen Chancen, zu lernen, verspielte er durch Faulheit und Renitenz: ein paar Monate Klavierunterricht, ein paar Wochen Geigenunterricht („Er wollte nicht üben", sagte sein Lehrer, „er war mein schlechtester Schüler"), ein paar Monate Kompositionslehre – aber die Partituren von Beethovens Ouvertüren und Streichquartetten schrieb er eigenhändig ab. *Edison* ging nur drei Monate zur Schule und mußte mit 12 Jahren anfangen, Geld zu verdienen.

Und dann die, die sich unter unendlichen Mühen aus den Niederungen ihrer Herkunft befreiten: *Abraham Lincoln,* Sohn eines Farmers in Kentucky, besuchte die Schule in lockerer Folge, insgesamt etwa ein Jahr lang, ritt meilenweit, um sich ein Buch zu leihen, und verschaffte sich die Universitätsreife als Gelegenheitsarbeiter im Selbstunterricht. *Friedrich Hebbel,* Sohn eines Maurers im holsteinischen Dorf Wesselburen, fand wie Lincoln nur ein Buch im Hause vor, die Bibel; und unter schwersten Entbehrungen bahnte er sich den Weg zur Universität und zum Dichterruhm. *Knut Hamsun* wuchs als Sohn eines Bauern auf einer entlegenen Lofoten-Insel auf, wurde Schuhmacherlehrling, arbeitete in Amerika als Straßenbahnschaffner und Tagelöhner – und war 31, als ihm mit dem Roman „Hunger“ endlich der Durchbruch gelang.

Bei denen, die es geschafft haben, wissen wir, daß es sie geprägt, gestählt und gefördert hat, sich aus einem armseligen, gleichgültigen oder geniefeindlichen Elternhaus freiarbeiten zu müssen. Aber wie viele bei einem ähnlichen Versuch auf der Strecke geblieben sind, das wissen wir nicht. Noch größer wird das Rätsel bei jenen geplagten Kreaturen, die sich gegen die Mißgunst oder den Haß ihrer Väter emporarbeiten mußten.

Händels Vater, der Wundarzt und Barbier, verbot seinem Sohn das Musizieren. *Schuberts* Vater akzeptierte die Musik als Zerstreuung in den Mußestunden, aber verbot seinem Sohn das Komponieren: Beamter sollte er werden. *Johann Strauß Vater* wollte seine drei Söhne allesamt daran hindern, als Musiker aufzutreten. Der Vater *Paul Cézannes* war ein millionenschwerer Privatbankier, der den Sohn zum Jurastudium zwang und ihn nach Abbruch desselben auf Hungerration setzte; siebzehn Jahre lang versteckte der Sohn seine Geliebte vor dem Vater und heiratete sie erst nach dessen Tod. Der reiche Geschäftsmann Samuel Bernstein bekämpfte jahrelang erbittert die Karriere seines Sohnes und lieferte dazu die Erklärung nach: „Schließlich erwartet man nicht, daß das eigene Kind ein Moses oder ein *Leonard Bernstein* ist.“ Auch Söhne haßten: Das kurze Leben *Shelleys* war von glühendem Haß gegen den tyrannischen Vater durchtränkt; durch *Schillers* Werk zieht sich der Protest gegen den autoritären Vater, von den „Räubern“ über „Don Carlos“ bis zum Mord Wilhelm Tells am Landvogt Gessler. *Bert Brecht* sagte sich öffentlich von seinen Eltern los und dichtete die Ballade von Jakob Apfelböck, der seine Eltern erschlägt und sie im Schrank verfaulen läßt.

Der Haß zwischen Vätern und Söhnen hat Weltgeschichte gemacht: Brutal wollte Friedrich Wilhelm I. von Preußen den sanften Künstler *Friedrich,* der der Kronprinz war, zum Soldatentum erziehen, und kaum war der Tyrann gestorben, da brach der sanfte Künstler seine Eroberungskriege vom Zaun und erwarb den Beinamen *der Große.* Der Schuhmacher Dschugaschwili war ein Säufer; als seine Frau ihrem Sohn den Besuch einer Schule ermöglichte, holte ihn der Vater unter Prügeln wieder heraus und steckte ihn in eine Schuhfabrik; *Stalin* nannte der Sohn sich später – der Stählerne.

Keinem Vater aber wurde ein so abstoßendes Denkmal gesetzt wie dem Prager Galanteriewarenhändler *Hermann Kafka* von seinem Sohn *Franz.* Hermann, Kind eines Fleischers, war in größter Armut aufgewachsen, hatte sich als Vertreter durchgeschlagen und sich einen Laden gekauft mit Hilfe der Mitgift seiner Frau, einer Brauerstochter. Sie bekam sechs Kinder, von den drei Söhnen starben zwei. Die Mutter arbeitete mit im Geschäft und versuchte dort besänftigend zu wirken, da Hermann Kafka seine Angestellten als „Vieh, Hunde und bezahlte Feinde" beschimpfte und entsprechend behandelte. Franz und seinen drei Schwestern wollte er den sozialen Aufstieg ermöglichen: Er ließ sie von Kindermädchen und Gouvernante erziehen und schickte sie auf deutsche Schulen; Franz konnte Jura studieren und wurde Beamter in der Prager Arbeiter-Unfallversicherungsanstalt.

Das Zusammensein mit dem Vater beschränkte sich die Kindheit über meist auf kurze Befehle, die er beim Essen erteilte, und das Einfordern von Dankbarkeit und Bewunderung für seine Lebensleistung. „Du kannst ein Kind nur so behandeln, wie du eben selbst beschaffen bist, mit Kraft, Lärm und Jähzorn", schrieb Franz Kafka. „In deinem Lehnstuhl regiertest du die Welt. Deine Meinung war richtig, jede andere war verrückt (...) Es konnte auch vorkommen, daß du in einer Sache gar keine Meinung hattest und infolgedessen alle Meinungen, die hinsichtlich der Sache überhaupt möglich waren, ohne Ausnahme falsch sein mußten."

Das steht in dem sechzig Seiten langen „Brief an den Vater", den Kafka als 36jähriger schrieb und nie abschickte. Die Welt seiner Kindheit sei in drei Teile zerfallen, heißt es darin weiter: „in einen, wo ich, der Sklave, lebte, unter Gesetzen, die nur für mich erfunden waren und denen ich überdies niemals völlig entsprechen konnte; dann in eine zweite Welt, in der du lebtest, beschäftigt mit der Regierung, mit dem

Ausgeben der Befehle und mit dem Ärger wegen ihrer Nichtbefolgung; und schließlich in eine dritte Welt, wo die übrigen Leute glücklich und frei von Befehlen und Gehorchen lebten".

Darf man das wörtlich nehmen? An Milena schrieb Kafka, als er ihr den Brief zusandte: „Und verstehe beim Lesen alle advokatorischen Kniffe, es ist ein Advokatenbrief." Gewiß der Brief eines Leidenden, der sein Leiden liebte, eines Hypochonders, der jede Unzulänglichkeit in eine Qual und die Qual in die Hölle verwandelte. Ehe die Tuberkulose ausbrach, war Kafka ein zwar magerer, aber zäher Mensch von einiger Leistungsfähigkeit und Leistungsbereitschaft: Er liebte vielstündige Spaziergänge, spielte Tennis, schwamm, ruderte, rodelte und fuhr Ski. Doch in sein Tagebuch schrieb er 1911: „Mein Körper ist zu lang für seine Schwäche, er hat nicht das geringste Fett zur Erzeugung einer segensreichen Wärme (...) Wie soll das schwache Herz, das mich in der letzten Zeit öfters gestochen hat, das Blut über die ganze Länge dieser Beine hinstoßen können. Bis zum Knie wäre genug Arbeit; dann aber wird es nur noch mit Greisenkraft in die kalten Unterschenkel gespült. Nun ist es aber schon wieder oben nötig, man wartet darauf, während es sich unten verzettelt."

Hier lauscht einer mit einem aufs äußerste überfeinerten Mißtrauen in sich selbst hinein. Er mag seinen Körper nicht, er schreibt ja an Felice: „Denkst du noch an meine lange knochige Hand mit den Fingern eines Kindes und eines Affen? Und in die legst du nun deine." Im Brief an den Vater hat er die Einsicht selber: „Ich staunte alles, worüber ich noch verfügte, als Wunder an, etwa meine gute Verdauung; das genügte, um sie zu verlieren, und damit war der Weg zu aller Hypochondrie frei."

Daß Franz Kafka Vegetarier war, ärgerte nicht nur seinen Vater an der Familientafel; auch ihm diente es zur Selbstquälerei, wenn er den Versuchungen der Restaurants erlag: „Ich esse fast nur Fleisch, daß mir übel wird und ich früh nach schlechten Nächten mit offenem Mund den mißbrauchten und gestraften Körper wie eine fremde Schweinerei in meinem Bette fühle" (an Max Brod). „Traurig war ich, weil ich Sardellen gegessen hatte (...) Schon einige Tage war ich lüstern auf Fleisch gewesen, das war eine gute Lehre. Traurig wie eine Hyäne habe ich die Nacht verbracht. Ich stellte mir die Hyäne vor, wie sie eine von einer Karawane verlorene Sardinenbüchse findet, den kleinen Blechsarg aufstampft und die Leichen herausfrißt" (an Ottla).

Nie ist ein anderer Mensch so grausam zu sich selbst gewesen, und auch ein sensiblerer Vater als Hermann Kafka hätte wohl in Wut oder

Unverständnis kapitulieren müssen vor einem solchen Tumult der Seele. Vielleicht hätte er es dahin bringen können, den Sohn wie einen Patienten zu behandeln oder ihn mit seinen Schrullen allein zu lassen. Doch Hermann Kafka, das ist unbestritten, fühlte sich durch seinen Sohn provoziert – und zahlte es ihm heim. Als Franz, 36 Jahre alt, berichtete, er habe sich mit Julie Wohryzek verlobt, der Tochter eines Synagogendieners, antwortete der Vater, der den sozialen Abstieg fürchtete: „Sie hat wahrscheinlich irgendeine ausgesuchte Bluse angezogen, wie das die Prager Jüdinnen verstehen, und daraufhin hast du dich natürlich entschlossen, sie zu heiraten (...) Du bist doch ein erwachsener Mensch und weißt dir keinen anderen Rat als gleich eine Beliebige zu heiraten! Gibt es da keine anderen Möglichkeiten? Wenn du dich davor fürchtest, werde ich selbst mir dir hingehen." Der Sohn schrieb dazu: „Tiefer gedemütigt hast du mich mit Worten wohl kaum und deutlicher mir deine Verachtung nie gezeigt."

Noch bohrender und noch komplizierter als bei den anderen hassenden und prügelnden Vätern stellt sich hier die Frage: Inwieweit war dieser Vater nötig, damit jener Franz Kafka sich entfalten konnte, den wir bewundern? „So, wie ich bin, bin ich das Ergebnis deiner Erziehung und meiner Folgsamkeit", schrieb er. Und weiter, und auch das gehört zusammen: „Ich verlernte das Reden. Ich wäre ja wohl auch sonst kein großer Redner geworden, aber die gewöhnlich fließende menschliche Sprache hätte ich doch beherrscht. Du hast mir aber schon früh das Wort verboten, deine Drohung ‚Kein Wort der Widerrede!' und die dazu erhobene Hand begleitete mich schon seit jeher. Ich bekam vor dir eine stockende, stotternde Art des Sprechens..." Mit welchen Folgen! Der Zusammenhang ist nicht beweisbar, doch er drängt sich auf: Kafkas „Scheu vor großen, überfüllten Worten verdankt man es, daß es kein einziges ‚rhetorisches' Werk von ihm gibt", schreibt Elias Canetti, „seine Lesbarkeit wird sich aus diesem Grunde nie verringern". Kafka selbst verwies in einem Brief an Max Brod auf den Segen des angstvollen Zögerns: „Jedes Wort, ehe es sich von mir niederschreiben läßt, schaut sich zuerst nach allen Seiten um."

Was soll man nach alldem jenen Eltern raten, die sich in der Hoffnung wiegen, ein Genie in die Welt gesetzt zu haben? Erstens: Wahrscheinlich irrt ihr euch, nach dem alten Satz: „Manche Leute glauben, daß Genialität erblich sei; andere Leute wiederum haben keine Kinder." Nicht weniger irren sich die Kinder: Von 100 Halbwüchsigen, die sich in der Pose des Genies gefallen, sind 99 keines. Selbst überragende Leistungen wären ein schwaches Indiz: „So haben alle schlechten Maler, die ich kenne, mit acht oder zehn Jahren erstaunliche Dinge vollbracht, die das Genie ankündigten", schreibt Stendhal. „Ach, nichts kündigt das Genie an, höchstens Beharrlichkeit könnte ein Fingerzeig sein."

Zweitens aber, wenn ausnahmsweise die Hoffnung begründet sein sollte: Bekreuzigt euch. Das Kind wird unglücklich werden. Es wird unglücklich, wenn ihr seine Talente unterdrückt, und es wird unglücklich, wenn es sie entfalten kann: Denn Genies leiden mehr als andere Menschen. Wie ihr aber die Entfaltung begünstigt, das ist ein ungelöstes Rätsel. Ob ihr das Kind schikaniert oder ignoriert, liebevoll fördert oder in seine Berufung zu prügeln sucht – es wird eben deshalb ein Genie werden oder eben deshalb nicht. Und da ihr nichts wissen könnt, tut ihr besser daran, es nicht zu quälen.

„Verwandle mich doch zu einem Menschen, der des Selbstverständlichen fähig ist!" schrieb Kafka an Felice. Aber er löste das Verlöbnis, ehe die Gefahr bestand, daß er verwandelt wurde.

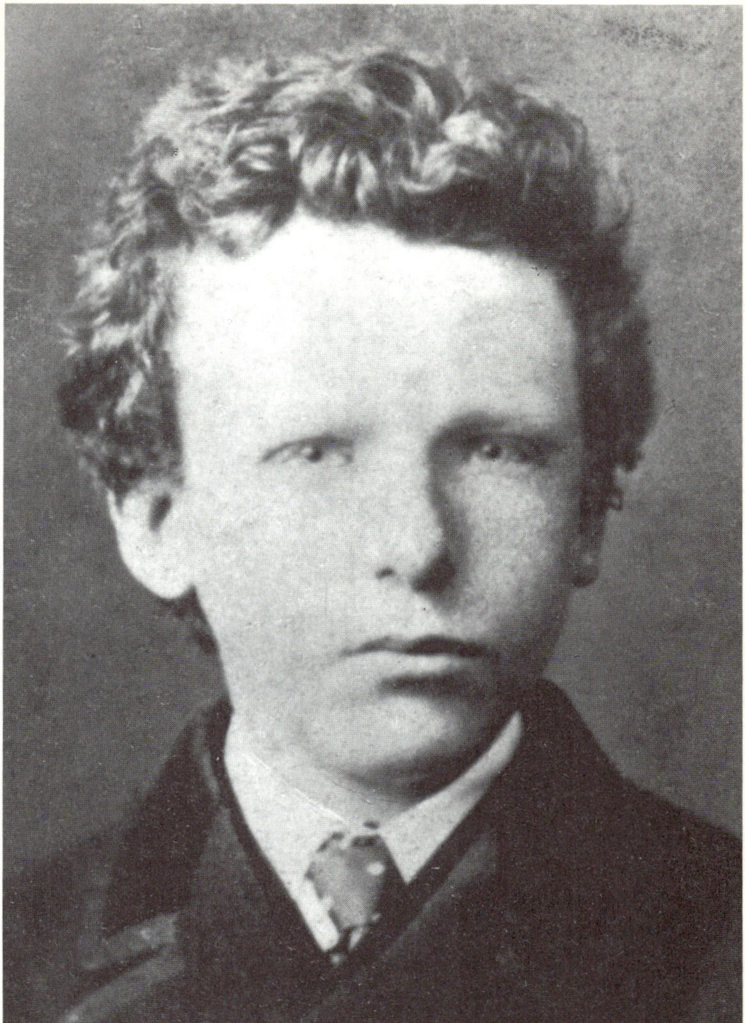

IRGENDEIN JUNGE
Er ist 13 Jahre alt und ein Eigenbrötler. Sieht man ihm an, daß er einmal in Wahnsinn und Selbstmord enden und später Weltruhm ernten wird? Nach der Schule schlägt er sich durch als Angestellter in Kunsthandlungen, Lehrer, Hilfsprediger und Theologiestudent – man sieht: Er weiß nicht, was er will, und hat keine Ahnung, was er kann. Mit 27 beginnt er zu zeichnen, mit 29 zu malen, mit 37 ist er tot. Vincent van Gogh.

LENIN
Alter: 17 Jahre.
Kleidung: die Uniform eines Studenten der Universität Kasan. Vater: Wirklicher Staatsrat. Bruder: Soeben hingerichtet, weil er geholfen hatte, ein Attentat auf den Zaren vorzubereiten. Pläne: Rache für den Bruder!

PICASSO
Alter: 15 Jahre.
Der Vater: ein Zeichenlehrer, der die Begabung seines Sohnes früh entdeckt und sie zur Entfaltung treibt, unerbittlich wie einst Leopold Mozart. Ergebnis: Der Sohn will anders malen als der Vater, um fast jeden Preis!

DE GAULLE
Musterschüler. Wer ihm seine künftige historische Größe hätte ansehen wollen, hätte zugleich Hitler voraussehen müssen – denn ohne diesen wäre Charles De Gaulle einer von Hunderten französischer Generale geblieben. Er nutzte seine Stunde.

THOMAS MANN
Vier Jahre alt, nicht besonders schlau dreinblickend – aber Thomas Manns Verehrer hatten es ja auch beim Erwachsenen schwer, seine Erscheinung mit seiner Meisterschaft zur Deckung zu bringen. Das Genie sieht eben meistens enttäuschend aus.

EIN KNABE
Er heißt Jean Paul Sartre und hat *nicht* darunter gelitten, daß seine Mutter ihn eine Zeitlang in Mädchenkleider steckte (wie es auch Frau Rilke und Frau Hemingway mit ihren Söhnen taten). Der Sohn war 2, als sein Vater starb, die Mutter 20, und Sartre rühmte später diese Konstellation: kein Ödipuskomplex, kein Aggressionstrieb, „meine Mutter gehörte mir".

EIN ASCHENPUTTEL
Es heißt Norma Jean Mortenson. Den Vater hat es nie gesehen, die Mutter endet in der Nervenheilanstalt, bei Pflegeeltern und im Waisenhaus wächst Norma auf. Mit 16 ein Selbstmordversuch, mit 36 ein gewaltsamer Tod. Dazwischen aber machen das Kino und die Kennedys sie weltberühmt: Marilyn Monroe. Mehr Fotos existieren von ihr als von jedem anderen Menschen.

KONRAD ADENAUER
Ein Kölner Knabe bei der Ersten Kommunion. „Frömmigkeit, Pflichtgefühl, Redlichkeit, Fleiß“, das waren die Grundsätze, die sein Vater ihm auf den Weg gegeben habe, erzählte Adenauer – „und jener sachliche Ehrgeiz, der bestrebt ist, jede Aufgabe unter Anspannung aller Kräfte zu lösen“. Redlichkeit? Adenauer war ein Großmeister jener politischen Mittel, die man ebenso als das äußerste Gegenteil von Redlichkeit einstufen könnte.

EUGEN BERTHOLD FRIEDRICH BRECHT
So war er getauft, so kam er mit 6 in die Schule. Da glaubt man vom großen Bert Brecht ähnlich viel zu erkennen wie auf dem Bild des 5jährigen Churchill: zumindest Selbstbewußsein und unbesiegbare Frechheit. Sie äußerte sich später in der Arroganz, mit der der junge Dramatiker die Berliner Theater behandelte, als gehörten sie ihm, oder in seiner Ballade von Jakob Apfelböck, der seine Eltern erschlägt und sie im Schrank verfaulen läßt.

FRANZ KAFKA
Elf Jahre ist er alt – noch fällt er keinem auf. Später beklagt er „die dumpfe, giftreiche, kinderauszehrende Luft des schön eingerichteten Familienzimmers“ und eine elterliche Tyrannei, „geeignet, das Kind in den Boden, aus dem es kam, zurückzustampfen“.

JOHN F. KENNEDY
Sieben Jahre alt, zweiter Sohn des Joseph Kennedy, der gerade dabei ist, mit Hilfe der Prohibition sein Vermögen zu machen, und nichts dringender wünscht, als daß sein ältester Sohn Präsident wird. Als der Erstgeborene 1944 fiel, war das für John „wie eine Einberufung".

34.

Die Wunderkinder

Im Alter von 11 Jahren begann ich Euklid zu lesen. Dies war eines der größten Ereignisse meines Lebens, atemberaubend wie die erste Liebe.
Bertrand Russell, Mein Leben

Christian Heinrich Heineken, geboren zu Lübeck im Jahre 1721, beeindruckte als Sprach- und Gedächtniskünstler den Rektor des Lübecker Gymnasiums, den Hamburger Musikdirektor Georg Philipp Telemann und den dänischen Hof. Als Dreijähriger sprach er fließend Lateinisch und Französisch, kannte achtzig Psalmen auswendig, konnte die Ahnentafeln sämtlicher Monarchien Europas in der richtigen Reihenfolge hersagen und entzückte in Kopenhagen König Friedrich IV., der ihn zwei Stunden lang examinierte; für die Antworten stärkte sich Heineken jeweils an der Brust seiner Amme – ein Wundersäugling von unerhörter Lernfähigkeit ohne Ansätze zu einem selbständigen Gedanken. Mit vier Jahren und vier Monaten war er tot.

Die wahren Wunder sind die *schöpferischen* Kinder. Die meisten und die auffallendsten finden sich unter Mathematikern und Musikern, ob sie Komponisten oder Virtuosen waren. Bei öffentlichen Auftritten als Wunderkind gefeiert wurden mit 6 Jahren Mozart und Artur Rubinstein, mit 7 Yehudi Menuhin, mit 8 Felix Mendelssohn-Bartholdy, mit 9 Chopin, mit 10 Johannes Brahms. Als Komponisten betätigten sich Mozart mit 5 Jahren, Händel mit 10, Mendelssohn mit 11, Rossini mit 12.

Pascal nahm als 11jähriger an einer Diskussion berühmter Mathematiker teil, entdeckte mit 12 die Euklidische Geometrie zum zweitenmal und legte mit 16 sein großes Werk über die Kegelschnitte vor. Von *Carl Friedrich Gauß* besagen zwei halbwegs glaubhafte Anekdoten, der Zweijährige habe mit aufgeregten Zeichen seinen Vater bei der halblaut gemurmelten Lohnabrechnung korrigiert, und der Siebenjährige habe die Aufgabe, die Zahlen von 1 bis 40 zu addieren, mit der der Lehrer seine Schüler eine Zeitlang ruhigstellen wollte, binnen einer Minute gelöst: indem er nicht etwa addierte, sondern erkannte, daß 1 + 40 ebenso 41 ist wie 2 + 39 und zwanzigmal so weiter, so daß man nur 20 mit 41 zu multiplizieren braucht.

Warum gibt es unter den Wunderkindern so sehr viel mehr Mathematiker und Musiker als unter Malern und Dichtern? Beide haben eine Spezialbegabung, die sich vielleicht als die des abstrakten Komponierens von Zahlen, Tönen und Zusammenhängen beschreiben läßt und die offenbar nicht der Reifung des Geistes oder der Ansammlung von Erfahrungen bedarf; ja sie kann mit einem sonst verkümmerten Geist einhergehen wie bei den „Kalender-Idioten“: jener gelegentlich auftauchenden und in der Fachliteratur oft beschriebenen Spezies von geistig Zurückgebliebenen, die blitzartig im Kopf errechnen können, auf welchen Wochentag ein tausend Jahre zurückliegendes Datum fiel.

Die Dichter und offensichtlich auch die bildenden Künstler scheinen auf einen weiteren Horizont angewiesen als Musiker und Mathematiker, auf die fruchtbare Bündelung verschiedenartiger Talente, auf starke Eindrücke, die nach Verarbeitung drängen. Beim notwendigen Warten auf das Erwachsenwerden verspielen dann viele von ihnen die Chance, die umgekehrt im Kindesalter liegt. „Mit 8 sind viele Menschen genial“, sagt Jean Cocteau; „das Kunststück ist, Genie zu *bleiben.*“ Das ist mehr als ein Bonmot. Goethe schrieb: „Wüchsen Kinder in der Art fort, wie sie sich andeuten, so hätten wir lauter Genies.“ Am anschaulichsten Stendhal, wie im vorigen Kapitel zitiert: „Ich glaube ganz und gar nicht, daß aus geistig regsamen Kindern später unbedingt bedeutende Männer werden müssen. So haben alle schlechten Maler, die ich kenne, mit 8 oder 10 Jahren erstaunliche Dinge vollbracht, ‚die das Genie ankündigten‘ ...“

Damit verkehrt sich die Perspektive: Während Musiker und Mathematiker die Chance haben, schon während ihrer kindlichen Genie-Phase produktiv zu sein, werden viel potentielle Maler und Dichter zerrieben zwischen der Notwendigkeit, zu reifen, und dem Risiko, mit der Reifung eben *jene gewisse Kindlichkeit* zu verlieren, die zum Charakter des Genies gehöre, schreibt Schopenhauer als einer von vielen. Der Künstler darf nicht völlig erwachsen werden, sagt K. R. Eissler. Genie ist die Kindheit, die sich nach Belieben wiederfinden läßt, sagt Baudelaire. Mozarts Schwester Nannerl schrieb über ihren Bruder: „Außer der Musik war und blieb er fast immer ein Kind.“ Kleist behielt bis zum Tod ein kindliches Gesicht. Stendhal sagte über sich: „Genau so, wie ich mit 10 Jahren war, bin ich noch mit 52.“ An Goethe tadelte Herder, er sei ewig ein großes Kind – wozu Schopenhauer meinte, Herder habe das mit Recht gesagt, „nur nicht mit Recht getadelt“. Das Genie habe so wenig wie das Kind „jene trockene Ernsthaftigkeit der Gewöhnlichen“. Manche retteten das Talent, in die Welt wie in etwas Fremdes hineinzuschauen, bis ins Jünglingsalter (Einstein sagte das von sich, Kap. 18); „allein die Natur kehrt in ihr Gleis zurück:

Sie verpuppen sich und erstehen im Mannesalter als eingefleischte Philister".

Die literarischen Wunderkinder sind nach alldem die erstaunlichsten. Da ist die traurige Ballade von *Thomas Chatterton,* der mit 14 bis 16 Jahren Gedichte schuf, von denen Byron, Shelley, Keats und andere tief beeindruckt waren – freilich auch von seinem tragisch-grotesken Lebensweg. Chatterton, geboren 1752, wuchs in Bristol ohne Vater auf, besuchte die Armenschule, war ein bücherverschlingender Sonderling und verfaßte als Zehnjähriger ein Gedicht, das die örtliche Zeitung druckte. Gern imitierte er die Inschriften alter Dokumente und fälschte schließlich aus altem Englisch und alter Schrift ein Pergament aus dem 15. Jahrhundert zusammen, das sein Lehrer als echten Fund bezeichnete. Das beflügelte seine Phantasie und seinen Übermut.

Als in Bristol eine neue Brücke eröffnet wurde, produzierte er ein Gedicht aus dem 15. Jahrhundert, in dem Mönche die Einweihung der alten Brücke beschreiben; die Lokalzeitung druckte es. Da dachte sich Thomas Chatterton, 14 Jahre alt, den dichtenden Mönch Thomas Rowley aus und „entdeckte" dessen hinterlassene Papiere in einer alten Kirche. Wortschatz, Grammatik, Orthographie und Schriftbild des 15. Jahrhunderts hatte er teils studiert, teils sorglos späteren Quellen entnommen, teils frei erfunden – von Floskeln wie „so haveth I" bis zu einem nie zuvor vernommenen Musikinstrument namens „strunge bataunt". Aber den Geist des 15. Jahrhunderts traf er meisterhaft, und seine Rowley Poems hatten rhythmischen Schwung, poetische Kraft und gedankliche Tiefe – von allem mehr als die Gedichte, die er gleichzeitig unter seinem eigenen Namen veröffentlichte. Historiker begannen sich für seine angeblichen Funde zu interessieren, ihn wiederum begann das 15. Jahrhundert zu langweilen, und er dichtete einen Mönch aus dem 11. Jahrhundert hinzu.

16 Jahre alt, befreite sich Chatterton aus seinem Dienstvertrag als Abschreiber bei einem Advokaten, indem er mit Selbstmord drohte. Mit wenig Geld und vagen Hoffnungen reiste er nach London, konnte dort ein paar Satiren und ein Libretto verkaufen, wurde nach und nach als Fälscher durchschaut, litt an Hunger und Scham, dichtete ein letztes Rowley Poem, „Die fürtreffliche balade von der parmhertzigkeyt", und vergiftete sich in seiner Dachkammer mit Arsen, siebzehn Jahre und neun Monate alt. Ein Drama über Thomas Chatterton schrieb Alfred de Vigny, eine Oper Leoncavallo, Romane Ernst Penzoldt 1928 und Peter Ackroyd 1988 – der zweite mit der Fabel: Chatterton hat

auch seinen Selbstmord fingiert, in Wahrheit lange gelebt und die Hälfte der englischen Literatur des 18. Jahrhunderts gefälscht, unter vielen berühmten Namen; eine hübsche Variante auf die Maskeraden, von denen Kap. 4 berichtete.

In St. Petersburg starb 1825 mit 17 Jahren die Deutschrussin *Elisabeth Kulmann.* Sie hinterließ eine Übersetzung von zwölf Oden des Anakreon ins Deutsche, Russische, Französische, Italienische, Spanische, Portugiesische, Englische und Neugriechische sowie zweitausend Gedichte in zehn Sprachen; Robert Schumann vertonte sieben davon (Opus 104), Goethe lobte sie, 1846 erschien in der Familienbibliothek der Deutschen Klassiker eine „Anthologie aus den Gedichten von Elisabeth Kulmann und Ludwig Uhland". (Daß sie vollständig in Vergessenheit geraten konnte, ist ein trauriges Beispiel für die Flatterhaftigkeit des Ruhmes, von der Kap. 36 berichten wird.)

Was waren neben Elisabeth Kulmann schon die anderen dichtenden Wunderkinder: Leopardi und Voltaire, Victor Hugo, der mit 15 einen Preis der Académie Française bekam; Hugo von Hofmannsthal, der als Fünfzehnjähriger dichtete:

> Die meisten Bücher sind doch wie die Weiber:
> In einem Zug genossen und dann fort.

Immerhin, mit 16 sah sich Hofmannsthal gedruckt, wie später Bert Brecht im selben Alter.

Nur einer läßt sich an genialer Frühreife mit Thomas Chatterton vergleichen, an aberwitziger Lebensführung und dichterischer Kraft war er ihm noch über: *Arthur Rimbaud,* eine Halbwaise aus dem Städtchen Charleville in den Ardennen. Als er 15 war, erschien sein erstes Gedicht. Mit 16 lief er seiner strengen Mutter davon, nach Paris; abgerissen, mit abgekauten Fingernägeln, schüchtern und arrogant zugleich, besuchte er den erfolgreichen Lyriker Paul Verlaine, der ihn dazu ermuntert hatte. Er brach Verlaine aus seiner bürgerlichen Ehe heraus und zog mit ihm durch die Gossen von Paris, Brüssel, London, Wien. Sie liebten sich, sie haßten sich, sie schrieben Gedichte, sie hungerten, sie besoffen sich und hatten Läuse. Als Rimbaud drohte, Verlaine zu verlassen, schoß dieser dreimal auf ihn, verletzte mit einem Schuß seine Hand und kam dafür zwei Jahre ins Gefängnis wegen Mordversuchs.

Und in diesen drei Jünglingsjahren schleuderte Rimbaud eine Lyrik in die Welt, die ihn berühmt machte, als er verschollen war. Mit 18, knapp ein Jahr bevor er verstummte, schrieb er, auf dem Bauernhof seiner Mutter von seiner Verwundung genesend, die 25 Seiten einer geistigen Autobiographie: „Une saison en enfer" nannte er sie, eine Zeit in der Hölle. Vom Dachboden herab, auf dem er sich eingeschlossen hatte, hörte seine Schwester ihn „schluchzen, seufzen, kichern, schreien". Er schrieb von den „Schmutzhöhlen", in denen er sich mit Verlaine betrunken hatte, seinem „Genossen aus der Hölle". Das Unsagbare habe er festgehalten, den Taumel ins Wort gebannt, die Stille und die Nacht *geschrieben.* Aber: „Ich kann nicht mehr sprechen" (Je ne sais plus parler). „Ich, der ich mich Magier oder Engel nannte, von jeder Moral dispensiert – ich bin der Erde zurückgegeben. Eine Pflicht muß ich mir suchen, die runzlige Wirklichkeit umschlingen! Bauer!"

Bauer wurde er nicht. Aber nachdem er noch letzte Hand an seine „Illuminations" gelegt hatte, vierzig Seiten flammender Gedichte in Prosa, fiel er, 19 Jahre alt, für die letzten siebzehn Jahre seines Lebens in Schweigen. Er begann in Stuttgart Deutsch zu lernen, wanderte nach Mailand, war kurz zu Hause, hinterließ eine Spur in Wien und wurde Soldat in der holländischen Kolonialarmee auf Java. Er desertierte, verbarg sich im Dschungel und fand heim nach Charleville. Dann reiste er über Skandinavien und Marseille nach Alexandria, Hamburg, Zypern und Aden am Roten Meer, als Tagelöhner, Sprachlehrer und Hilfsarbeiter im Wanderzirkus.

Nach siebenjähriger Weltenbummelei ließ sich Rimbaud für die letzten zehn Jahre in Harar in Abessinien nieder und eröffnete einen kleinen Handel mit Kaffee, Fellen und Elfenbein; gequält von Dürftigkeit, Einsamkeit und Langeweile. Im sechsten dieser zehn Jahre, 1886, stieg in Paris der Stern seines Ruhms auf, nachdem Verlaine eine Sammlung seiner Gedichte veröffentlicht hatte; Mallarmé nannte ihn den „Engel im Exil". In Paris hielten viele ihn für tot, andere schickten Einladungen und Huldigungen an die letzten bekannten Stationen seines Weges; ihn erreichte nur eine, er beantwortete sie nicht. In den verbleibenden drei seiner zehn abessinischen Jahre erwarb Rimbaud Wohlstand durch Handel mit Waffen, wahrscheinlich auch mit Sklaven. Dann bekam er einen Tumor im rechten Knie und reiste zur Behandlung nach Marseille; dort wurde ihm das Bein amputiert, und ein halbes Jahr später war er tot, 37 Jahre alt.

Unter Politikern und Soldaten kann es keine Wunderkinder geben, weil sie Macht über andere Menschen brauchen. Kündigt das Genie sich an? *Napoleon* schrieb als 20jähriger über seine Kindheit: „Ich war eigensinnig, nichts imponierte mir. Ich war zänkisch, rauflustig und fürchtete niemanden. Den einen schlug ich, den anderen kratzte ich, und alle hatten Angst vor mir.“ Mit 18 Jahren besiegte *Karl XII.* von Schweden Peter den Großen und August den Starken, mit 21 zog *Alexander* aus, das Reich der Perser zu erobern – beide indessen als Erben eines Thrones, von dem keiner weiß, ob sie ihn ohne Erbschaft je hätten besteigen können.

Das vielleicht erstaunlichste Talent, sich, kaum erwachsen geworden, ohne Erbe an die Spitze einer Nation zu setzen, bewies *William Pitt* der Jüngere. Als Kind so zart, daß er von einem Hauslehrer unterrichtet werden mußte, dazu so frühreif, daß er mit 13 eine Tragödie schrieb und mit 14 die Universität Cambridge bezog; von dort alsbald krank heimgekehrt, wurde ihm vom Hausarzt „Portwein in großen Mengen“ verschrieben – ein Rezept, das er in den restlichen 32 Jahren seines Lebens gern befolgte. Als Sohn eines Ministers trug er einen bekannten Namen, doch war sein Vater längst gestorben, als er 1781 mit 21 Jahren ein Unterhausmandat eroberte. Seine Jungfernrede nannte der Premierminister Lord North die beste, die er je gehört habe.

Den Kollegen erschien Pitt als kalt, distanziert und sarkastisch, bei den Wählern wurde er rasch populär durch einen Feldzug gegen Wahlbetrug, Korruption und Verschwendung; so wies er Lord North penibel nach, er habe 1300 Pfund für Büromaterial abgerechnet, das wären heute etwa eine Viertelmillion Mark. Mit 23 war Pitt Schatzkanzler, mit 24 wurde er vom König zum Premierminister ernannt, vier Monate später bei Neuwahlen mit erdrückender Mehrheit bestätigt; er blieb es siebzehn Jahre lang und starb mit 46.

Ist einer bald verbraucht und ausgelaugt, wenn sein Leben so früh einen so rabiaten Anlauf nahm? Gewiß hat es das gegeben, bei Pascal zum Beispiel oder bei dem Lyriker August Graf von Platen, die beide ihrer Umwelt als Greise erschienen, bevor sie beide mit 39 Jahren starben. Auch läßt sich die These wagen, die Selbstmörder, die Alkohol- und Rauschgiftsüchtigen hätten eine Lebensuhr, die ohnehin bald abgelaufen wäre, nur ein bißchen eher angehalten. Über *Lord Byron,* der sich mutwillig am Freiheitskrieg der Griechen gegen die Türken beteiligte und dort, 36jährig, an einem schlimmen Fieber starb, sagte Goethe zu Eckermann: „Byron konnte gewissermaßen nicht weitergehen. Er hatte den Gipfel seiner schöpferischen Kraft erreicht (...) Sein Gehen nach Griechenland war kein freiwilliger Entschluß, sein Mißverhältnis mit der Welt trieb ihn dazu.“

Vielleicht muß man sogar bei den im *Duell* Gefallenen einrechnen, daß an ihrer Bereitschaft, sich zu schießen, ein verhüllter Todeswunsch beteiligt gewesen sein könnte: bei den russischen Dichtern Puschkin und Lermontow, bei dem 20jährigen genialen Mathematiker Evariste Galois, bei Ferdinand Lassalle, der sich heillos in eine Liebesaffäre verstrickt hatte, 39 Jahre alt. Bei den Schwindsüchtigen wiederum (Kap. 13) mag das Heranschleichen des Todes alle Schöpferkraft in die verbleibenden Jahre gedrängt haben.

Doch nicht alle, die früh starben, können zur vollen Entfaltung ihrer Talente gekommen sein. Welche Lebenschance ließen die Tuberkeln einem, der ihnen schon mit 25 erlag wie Keats oder mit 28 wie Novalis? Soll man so weit gehen wie der Musikhistoriker Alfred Einstein, der Mozart, Schubert und Gustav Mahler ausdrücklich bescheinigt, sie seien zwar früh, aber zur rechten Zeit gestorben, nach Erfüllung ihres Auftrags auf Erden? Ja Einstein leitet aus diesen Beispielen die These ab, die Vollendung des Werkes stehe überhaupt „in einem geheimnisvollen Zusammenhang mit dem vorherbestimmten Alter des Schöpfers“. Für *Mozart* mag dies eine zutreffende Vermutung sein – in dem Sinn, wie Mörike in seiner Mozart-Novelle die Eugenie über ihn räsonieren läßt: „Es ward ihr so gewiß, so ganz gewiß, daß dieser Mann sich schnell und unaufhaltsam in seiner eigenen Glut verzehre, daß er nur eine flüchtige Erscheinung auf der Erde sein könne, weil sie den Überfluß, den er verströmen würde, in Wahrheit nicht ertrüge.“

In der Verallgemeinerung Alfred Einsteins aber drückt sich ein ungewöhnlich blindes Gottvertrauen aus. Gegen solchen Unfug sind sie in Schutz zu nehmen, die traurigen Opfer von Seuchen, Unfall und Verbrechen: Georg Büchner, der mit 23, Wilhelm Hauff, der mit 24 an Typhus starb; Marlowe und Winckelmann, die ermordet wurden, Isaak Babel und Ossip Mandelstam, die in Stalins GULAG umkamen. Shelley ertrank mit 29 Jahren im Mittelmeer, *Georg Heym* mit 24 beim Schlittschuhlaufen im Wannsee – „ein Schreckenstag der deutschen Literatur des 20. Jahrhunderts“, wie Martin Gregor-Dellin schreibt. Und welche Vollendung sollte das Werk gefunden haben, wenn sein Schöpfer mit 36 Jahren von einem umstürzenden Baum erschlagen wurde wie der österreichische Schriftsteller *Ödön von Horvath* 1938 in Paris? Schrecklich oft ist es der blinde Zufall, der mit dem Zeitpunkt des Todes die Chancen ebenso zuteilt und durchkreuzt wie mit dem Ort und der Ära der Geburt. Viele kamen um, noch ehe sie der Welt irgend etwas hätten hinterlassen können: Wer zählt die unbekannten Genies, die an der Somme begraben liegen oder an der Wolga?

Und dann *Anne Frank*, die mit 15 Jahren in Hitlers KZ eines erbärmlichen Todes starb. Zulässig ist die These, das Hinterhaus-Versteck in Amsterdam, in dem ihr Tagebuch entstand, sei für die Idee zu schreiben und für die Qualität des Geschriebenen ebenso konstituierend gewesen wie einst das Exil für Dante oder Dostojewski. Zynisch aber wäre die Behauptung, daß Anne Frank bei längerem Leben nichts Größeres mehr geschaffen haben würde. Denn von der Qual jener Jahre gezeichnet wäre ihr Leben ja geblieben, und über die Wahl ihres Stoffes und die Kraft ihrer Darstellung hinaus zeigte sie ein weiteres Merkmal der Schriftstellerin: Als die Exilregierung via BBC die Holländer aufrief, über die Greuel der Nazis Tagebuch zu führen (was sie längst tat), überarbeitete sie und verfeinerte sie ihr Manuskript. „Die Tatsache, daß sie es umschrieb", sagt der amerikanische Schriftsteller Philip Roth, „ist ein Zeichen dafür, daß sie eine bedeutende literarische Karriere gemacht hätte." Also ist sie nicht „zur rechten Zeit" gestorben, sondern entsetzlich früh, dem Zufall und dem Verbrechen unterworfen.

Unzulässig wäre nur der Umkehrschluß: daß *alle* so gemordeten jungen Genies bei längerem Leben noch Größeres geleistet hätten. Zu viele, die weiterlebten, produzierten dennoch nichts; jahrzehntelang oder für den ganzen Rest ihres Lebens begruben sie sich bei lebendigem Leibe. Von ihnen und von den Wundergreisen erzählt das nächste Kapitel.

Höchstleistungen in jungen Jahren

Mit 2 Jahren macht Carl Friedrich Gauß seinen Vater auf einen Fehler in der Lohnabrechnung aufmerksam (1779)

Mit 5 Jahren komponiert Mozart sein erstes Menuett (1761)

Mit 7 Jahren ruft Yehudi Menuhin mit Mendelssohns Violinkonzert eine Sensation hervor (1923)

Mit 9 komponiert Mozart seine drei ersten Symphonien (1765)

Mit 10 komponiert Händel seine ersten sechs Bläser-Trios (1695)
– publiziert Thomas Chatterton, das „Wunderkind von Bristol", sein erstes Gedicht (1763)

Mit 11 spielt Franz Liszt vor Beethoven (1822)
– spielt Jascha Heifetz Tschaikowskis Violinkonzert mit den Berliner Philharmonikern (1912)

Mit 12 entdeckt Pascal die ersten 32 Theoreme des Euklid, ohne je Mathematikunterricht erhalten zu haben (1636)

Mit 13 erlebt Carl Maria von Weber die Aufführung seiner ersten Oper (1800)
– verfaßt Nietzsche eine „Kleine Niederschrift über den Ursprung des Bösen" (1858)
– beginnt Anne Frank ihr Tagebuch zu führen (1942)

Mit 14 beginnt Thomas Chatterton mit der Niederschrift der „Rowley poems", der gefälschten Gedichte des fingierten Mönchs Thomas Rowley aus dem 15. Jahrhundert (1767)
– wird Mozart in Rom zum Ritter vom Goldenen Sporn geschlagen, als erster Musiker seit Orlando di Lasso (1770)
– erlebt Franz Liszt die Aufführung seiner ersten Oper (1825)

Mit 15 erhält Victor Hugo eine ehrende Anerkennung der Académie Française für ein Lehrgedicht über die Vorzüge des Fleißes (1817)
– beginnt Arthur Rimbaud seine vierjährige Kometenlaufbahn als Lyriker (1870)
– kommt Anne Frank im KZ Bergen-Belsen um * (1945)

Mit 16 erregt Pascal mit einem Werk über die Kegelschnitte Aufsehen in der mathematischen Welt (1640)
– schreibt Schubert seine 1. Symphonie (1813)
– schreibt Flaubert die „Memoiren eines Irren";
veröffentlicht zwanzig Jahre nach seinem Tod
– veröffentlicht Hugo v. Hofmannsthal seine ersten Gedichte (1890)
– veröffentlicht Bert Brecht seine ersten Gedichte

* Ein früher Tod ist keine Höchstleistung; er macht jedoch deutlich, in wie jungen Jahren die heute bewunderte Leistung vollbracht worden ist.

Mit 17 tritt Marco Polo seine Reise nach China an (1271)
- führt Jeanne d'Arc die französischen Truppen zum Sieg in Orléans (1429)
- verübt Thomas Chatterton Selbstmord (1770). Er hinterläßt 600 Seiten gedruckter Gedichte
- stirbt Elisabeth Kulmann (1825). Sie hinterläßt 2000 Gedichte in zehn Sprachen
- wird Boris Becker der jüngste Wimbledon-Sieger der Tennisgeschichte (1985)

Mit 18 erfindet Pascal die Addiermaschine (1642)
- besiegt König Karl XII. von Schweden August den Starken und Peter den Großen (1700)
- promoviert der spätere Dichter und Universalgelehrte Albrecht v. Haller aus Bern zum Doktor der Medizin (1727)
- wird Carl Maria v. Weber Theaterkapellmeister in Breslau (1804)
- veröffentlicht Lord Byron seinen ersten Gedichtband (1806)
- erlebt Rossini die Aufführung seiner ersten Oper (1810)
- erlebt Felix Mendelssohn-Bartholdy die Aufführung seiner ersten Oper (1827)
- wendet Wolfgang Pauli (Nobelpreis 1945) die Relativitätstheorie auf die Bewegung der Planeten an und findet die Zustimmung Einsteins (1918)
- vollendet Raymond Radiguet seinen Roman „Den Teufel im Leib" (1921)

Mit 19 erlebt Händel die Aufführung seiner ersten Oper (1705)
- veröffentlicht Alfred de Musset seine erste Gedichtsammlung („Contes d'Espagne et d'Italie", 1830)
- hört Rimbaud zu dichten auf (1874)

Mit 20 wird Horatio Nelson Kapitän (1779)
- erlebt Gaetano Donizetti die Aufführung seiner ersten Oper (1818)
- erhält Victor Hugo zum Lohn für seinen Dichterruhm eine Staatspension (1822)
- schreibt Evariste Galois die Theorie der algebraischen Gleichungen nieder, die ihm postumen Ruhm einträgt, und stirbt tags darauf im Duell (1832)
- stirbt Raymond Radiguet (1923)

Mit 21 zieht Alexander der Große aus, das Reich der Perser zu erobern (334 v. Chr.)
- erobert Sultan Mohammed II. Konstantinopel (1453)
- wird Philipp Melanchthon als Professor der griechischen Sprache an die Universität Wittenberg berufen (1518)
- berechnet und beobachtet der englische Astronom und Geistliche Jeremiah Horrocks einen Durchgang der Venus durch die Sonnenscheibe, den der große Kepler übersehen hatte (1639)
- schreibt Schiller „Die Räuber" (1780)
- schreibt Georg Büchner „Dantons Tod" (1835)
- läßt Alphonse Pénaud das Urmodell aller Flugzeuge fliegen (1871)
- schreibt Bert Brecht die Komödie „Spartakus". Unter dem Titel „Trommeln in der Nacht" wird sie 1922 aufgeführt und trägt Brecht den Kleist-Preis ein
- baut Steven Jobs (zusammen mit seinem 26jährigen Freund Steve Wozniak) den Personal Computer „Apple", der die Welt erobert (1976)

Mit 22 schreibt Goethe den „Götz von Berlichingen“ (1771)
– erhält Thomas Alva Edison das erste seiner 1033 Patente (1869)

Mit 23 stirbt Georg Büchner (1837)
– veröffentlicht Otto Weininger sein Buch „Geschlecht und Charakter“ und verübt Selbstmord (1903)

Mit 24 wird Velázquez Hofmaler in Madrid mit dem Monopol auf alle Porträts des spanischen Königs (1623)
– wird Prinz Eugen Feldmarschalleutnant (1687)
– wird William Pitt d.J. Premierminister (1783)
– wird Napoleon General (1794)
– legt Gauß sein berühmtestes Werk vor, die Untersuchungen über die Zahlentheorie (1801)
– veröffentlicht der norwegische Mathematiker Niels Henrik Abel sein Hauptwerk, die Theorie der Integrale algebraischer Funktionen (1826)
– stirbt der Dichter Wilhelm Hauff (1827)
– wird Nietzsche als außerordentlicher Professor der klassischen Philologie an die Universität Basel berufen (1869)
– veröffentlicht Stephen Crane seinen berühmten Antikriegsroman „The Red Badge of Courage“ (1895)
– ertrinkt der Lyriker Georg Heym im Wannsee bei Berlin (1912)

Mit 25 stirbt der englische Dichter John Keats (1821)
– beendet Thomas Mann die dreijährige Arbeit an seinem Jahrhundertroman „Buddenbrooks“ (1900), der ihm später den Nobelpreis einträgt (1929)
– dreht Orson Welles einen der berühmtesten Filme der Geschichte: „Citizen Kane“ (1940)

Mit 26 wird Cäsar Pontifex, d.h. Mitglied des obersten Priesterkollegiums (74 v.Chr.)
– stirbt der italienische Komponist Giovanni Battista Pergolesi (1736)
– stirbt der norwegische Mathematiker Niels Henrik Abel (1829)
– wird der russische Schriftsteller Michail Lermontow im Duell erschossen (1841)
– fällt der ungarische Dichter Sandor Petöfi im Unabhängigkeitskrieg (1849)
– publiziert Albert Einstein seine spezielle Relativitätstheorie (1905)

Mit 27 stirbt der österreichische Lyriker Georg Trakl an einer Überdosis Drogen (1914)
– dreht Sergej Eisenstein einen der berühmtesten Filme der Geschichte: „Panzerkreuzer Potemkin“ (1925)

Mit 28 stirbt Novalis (1801)

Mit 29 wird der englische Dramatiker Christopher Marlowe bei einem Wirtshausstreit erstochen (1593)
– ertrinkt der englische Dichter Percy Bysshe Shelley im Mittelmeer (1822)
– stirbt Stephen Crane (1900)

Mit 30 erhält Werner Heisenberg den Nobelpreis für Physik (1932)

Mit 31 fällt Kaiser Julian (genannt der „Abtrünnige“) im Kampf gegen die Perser (363 n. Chr.)
– stirbt Franz Schubert (1828)
– legt Schopenhauer sein Hauptwerk vor, „Die Welt als Wille und Vorstellung“

Mit 32 stirbt Alexander der Große (323 v.Chr.)

HÖLDERLIN
73 Jahre wurde er alt; die letzten 36 Jahre verbrachte er in einer vergitterten Turmstube – schizophren, aber friedlich.

HAMSUN
Für viele war er der größte Schriftsteller des Jahrhunderts. Dann pries er Hitler. Dafür stand er mit 88 Jahren vor Gericht.

SIGMUND FREUD
Als Jude und Erfinder der Psychoanalyse von den Nazis aus Wien verjagt, siedelte Freud, 82 Jahre alt, nach London über. Hier lebte er noch ein gutes Jahr lang, erlitt die letzten seiner 23 Operationen gegen den Gaumenkrebs und beendete die Arbeit an seiner Schrift „Der Mann Moses und die monotheistische Religion" – ein Menschenalter lang produktiv wie Voltaire, Goethe, Shaw oder Alexander von Humboldt.

GRILLPARZER
Nachdem sein Lustspiel „Weh dem, der lügt" durchgefallen war, vergrub sich der österreichische Dramatiker für die letzten 34 Jahre seines Lebens in selbstgewähltes Schweigen. 51 Jahre lang blieb er „verlobt" mit seiner Jugendfreundin, die er „von allen Menschen am wenigsten haßt". Sein Leben beschrieb er als „die Krankheitsgeschichte eines Wahnsinnigen". Gioacchino Rossini verstummte sogar für 38 Jahre.

SCHOPENHAUER
Eine Daguerrotypie von 1853. Da war der Philosoph 65 Jahre alt und begann nach 32 Jahren der Ignorierung durch die Fachwelt und die Öffentlichkeit endlich den Ruhm einzufahren, nach dem er gierte. Zu spät, versicherte er seinem Verehrer Friedrich Hebbel: Er komme sich wie ein Lampenputzer vor, der noch auf der Bühne agiere, während der Vorhang schon hochgehe, so daß er vor dem ironischen Beifall des Publikums in die Kulissen flüchte.

CHURCHILL
Ein Wunder an Vitalität: Innenminister, Munitionsminister, Schatzkanzler, zweimal Premierminister, zweimal Erster Lord der Admiralität, ein halbes Jahrhundert lang im Unterhaus; historischer Schriftsteller, Nobelpreisträger, Hobby-Maler; allem Sport abhold und dem Whisky ebenso zugetan wie den schweren Zigarren – so wurde er 90 Jahre alt. Mit 88 saß er noch einmal an der Côte d'Azur.

35.

Ausgebrannte – Spätberufene – Wundergreise

> Es kommt eine Zeit, da alle Aschenreste vermengt sein werden. Was macht es mir dann aus, ob Ihre drei Silben übrigbleiben oder meine.
>
> *Diderot an Voltaire*

Es ist so mühsam, Begabung in Leistung zu verwandeln! Warum sollte einer, der zur Minderheit derer gehört, die damit angefangen haben, nicht wenigstens irgendwann aufhören dürfen – heiter wie Rossini, griesgrämig wie so viele, auf der Flucht in exotische Berufe wie Rimbaud? „Selbstverwirklichung“, Schlagwort im letzten Drittel unseres Jahrhunderts, wird meist als Freiheit von Pflichten gegen andere verstanden, als eine bequeme Sache also – und dabei streift sie oft die Selbstquälerei; gerade dann, wenn ein Selbst die Verwirklichung lohnt.

Verdi schwieg sechzehn Jahre, zwischen „Aida“ und „Othello“. *Ludwig Uhland,* einst in Deutschland populärer als Goethe, produzierte dreizehn Jahre lang nichts, dann noch einmal vier Jahre lang und in den letzten 28 Jahren seines Lebens wieder nichts – „ein gutes, schüchternes Männchen“, schrieb Annette von Droste-Hülshoff über ihn. Als *Gogol* mit 32 den ersten Teil seines Romans „Die toten Seelen“ abgeschlossen hatte, verdämmerte er die letzten zehn Jahre in Melancholie und religiösem Wahn, predigte Zensur und Leibeigenschaft, verbrannte den zweiten Teil des Romans und hungerte sich zu Tode. *Alfred de Musset* verbrachte seine letzten zwölf Lebensjahre in Erschöpfung und Depression, *Eduard Mörike* seine letzten neunzehn, ein nur noch mit sich selbst beschäftiger Hypochonder. *Jean Sibelius* komponierte mit 58 seine siebente und letzte Symphonie, versprach einem berühmten Dirigenten eine achte, schrieb sie, verbrannte sie und blieb die letzten 30 Jahre seines Lebens stumm.

Franz Grillparzer schwieg gar seine letzten 34 Jahre lang. Nach dem Durchfall seines Lustspiels „Weh dem, der lügt“ vergrub er sich verbittert in selbstgewählter Einsamkeit und schrieb nur noch zwei Dramen für die Schublade. Da geschah dann genau das, was als Drohung von jeher über seinem Leben gehangen hatte: die Begabung nicht in Leistung umzusetzen. „In meinem Kopf sieht's aus wie in Ungarn“, schrieb er mit 21 in sein Tagebuch: „Roher Stoff im Überfluß, aber Fleiß und Industrie fehlen; das Material wird nicht verarbeitet.“ Der Wiener Schriftsteller Ferdinand Kürnberger rief ihm nach: „Ausgesandt als ein flammendes Gewitter, um die Luft Österreichs zu reinigen, zieht er über Österreich hin als ein naßgraues Wölkchen ...“

Selbst Hölderlins 37 stumme Jahre (Kap. 14) wurden noch übertroffen von *Rossini* – mit den 38 Jahren, in denen er gesellig lebte und fröhlich kochte, speiste und zechte, aber nur noch ein paar Stücklein schrieb und keine Oper mehr; er, der allein 1812 fünf Opern komponiert und neunzehn Jahre lang mit Opern Triumphe gefeiert hatte wie nie ein anderer Mensch. 1824 schrieb Stendhal über ihn: „Napoleon ist tot; aber schon hat ein neuer Eroberer sich der Welt gezeigt (...) Sein Ruhm kennt keine anderen Grenzen als die der zivilisierten Welt – und er ist noch nicht einmal 32!“ Noch 1833, vier Jahre nach der letzten Oper, war Rossini für den Brockhaus „der genialste jetzt lebende Tondichter der Welt“, berühmt vor allem für „den genialen Leichtsinn, der alle seine Schöpfungen gaukelnd durchzieht“.

Warum dieser Rückzug in die Stille? Da kam vielerlei zusammen. Es ist bekannt, daß ihn ein chronisches Blasenleiden quälte. Er selbst nannte, im Gespräch mit Richard Wagner, zwei Gründe: Nach vierzig Opern verspüre er das Bedürfnis nach Ruhe, und die italienischen Opernhäuser seien im Niedergang – wozu er das Aussterben der Kastraten zählte, der gewaltigen männlichen Soprane (ein Edikt Napoleons hatte das Kastrieren von Sängern unterbunden). Möglicherweise bewies Rossini überdies den richtigen Instinkt, daß seine Zeit vorüber war: Die neuen Sterne am Opernhimmel hießen Meyerbeer (seit 1824), Verdi (seit 1839), Wagner (seit 1842). Und traf vielleicht auf ihn schon in der Lebensmitte der Satz zu, den Lichtenberg auf Shakespeare gemünzt hat: „Was auf Rossinisch in der Welt zu tun war, hat Rossini größtenteils getan“? Sollte er erschöpft gewesen sein im doppelten Sinn des Wortes, ausgebrannt wie vielleicht auch Mozart oder Edgar Allan Poe mit ihrem frühen Verfall und Kleist oder Hemingway mit ihrem selbstgewählten Tod?

Den früh Erloschenen stehen die spät Entflammten gegenüber: stumpfe Kinder, unauffällige Jünglinge, Männer, die jahrzehntelang mit nichts auf ihre spätere Bedeutung hinwiesen. Robert Schumann, Verdi, Richard Wagner waren alles andere als Wunderkinder. *Vincent van Gogh,* ein eigenbrötlerischer Knabe, schlug sich elf Jahre lang als Angestellter in Kunsthandlungen, Lehrer, Hilfsprediger und Theologiestudent durch, schließlich als Missionar in einem belgischen Kohlenrevier, bis zur Erschöpfung predigend und alle Armut mit den Kumpeln teilend – bis er mit 27 zu zeichnen, mit 29 endlich zu malen begann, für die nur noch acht letzten Jahre seines Lebens.

Rousseau veröffentlichte mit 30 eine selbsterfundene Ziffernnotation für Musik, mit der er die herkömmlichen Noten ablösen wollte, komponierte mit 33 eine Oper – und war 38, als er den Preis der Akademie von Dijon für seine Antwort auf die Frage erhielt, ob der Fortschritt der Wissenschaften und Künste zur Läuterung der Sitten beigetragen haben; womit er endlich seinen Weg gefunden hatte. *Conrad Ferdinand Meyer* begann mit 39 Gedichte zu schreiben, im selben Alter, in dem sein Bartwuchs einsetzte. Bis dahin war er ein magersüchtiger, menschenscheuer Melancholiker, der seiner Mutter auf der Tasche lag und zweimal in die Irrenanstalt mußte. Nun erlebte er mit Urgewalt eine späte Pubertät:

Ich war von einem schweren Bann gebunden.
Ich lebte nicht. Ich lag im Traum erstarrt.
Von vielen tausend unverbrauchten Stunden
Schwillt ungestüm mir nun die Gegenwart.

Den wohlhabenden Kaufmann *Mohammed* überfielen die ersten Gesichte, als er 40 war. Von dem Schweinehirten, Landsknecht und Abenteurer *Francisco Pizarro* ist das Geburtsdatum nicht bekannt; als er Peru eroberte, muß er mindestens 54, vielleicht schon 61 Jahre alt gewesen sein. Mit 58 veröffentlichte der Apotheker und spätere Journalist *Theodor Fontane* seinen ersten Roman, mit 74 seinen bekanntesten („Effi Briest"). *Churchill* war 65, als 1940 seine große Stunde schlug; *Adenauer* begann seine vierzehnjährige Karriere als Bundeskanzler mit 73 Jahren. Freilich wäre Adenauer besser beraten gewesen, hätte er nicht, 85jährig, 1961 zum viertenmal als Bundeskanzler kandidiert, obwohl seine Kräfte und seine Popularität längst im Schwinden waren. Ähnlich *Churchill:* Als er mit 76 noch einmal Premierminister wurde, war er „physisch am Ende, verbraucht, verwittert, ein majestätisches Wrack" (Sebastian Haffner).

Ausgebrannte, zu früh Gestorbene, spät Berufene, zu lange Regierende – das gab es alles; aber auch jene Großen, die früh begannen und dennoch ein biblisches Alter erreichten, ja Greise mit sechzigjähriger, siebzigjähriger Produktivität. Sie finden sich in der Geniegeschichte sogar häufiger als die jugendlich Dahingerafften; deren Anteil überschätzen wir vermutlich, weil ihr jähes Erlöschen stärker das Gemüt bewegt. 82 Jahre alt wurden Goethe und Tolstoi, 83 Voltaire, das Wunderkind Victor Hugo, Alfred Tennyson und Gerhart Hauptmann; 84 Benjamin Franklin, der englische Philosoph Jeremy Bentham und Salvador Dalí; 85 Hermann Hesse; 86 Paul Claudel und

Jorge Luis Borges; 89 Alexander von Humboldt, der amerikanische Dichter Carl Sandburg und der englische Schriftsteller John Priestley; 90 Albert Schweitzer, 91 Somerset Maugham, 92 Knut Hamsun und Ernst Bloch; 94 Shaw; 97 Bertrand Russell; 99 der französische Schriftsteller Bernard de Fontenelle. Karl Popper war bei Drucklegung dieses Buches 90, Julien Green 92, Ernst Jünger 97 Jahre alt.

Wie erklärt sich solche Zählebigkeit? Da scheint es einen dreifachen Zusammenhang mit der Vitalität zu geben: Zum ersten wird die außerordentliche Leistung durch ein Übermaß an Lebenskraft begünstigt (wiewohl sie meist mit körperlichen oder seelischen Leiden einhergeht). Zum zweiten kennt der Schaffende die Zwangspensionierung nicht, die den meisten die Chance zum Weitermachen raubt und oft genug ihren Lebenswillen lähmt. Zum dritten könnte es sein, daß es das Leben verlängert, wenn einer seine Nöte und Konflikte in die Welt projizieren kann, indem er sie gestaltet und Werke oder Menschen nach seinem Bilde formt.

Von den *Dirigenten* wird ja oft gesagt, sie besäßen den idealen Seelenhaushalt, indem sie ihre künstlerische Entfaltung mit der Herrschaft über die dafür erforderlichen dienstbaren Geister kombinieren können. Bruno Walter wurde 85 Jahre alt, Otto Klemperer 88, Arturo Toscanini 89, Leopold Stokowski 95; wenige Monate vor seinem Tod hatte er mit seiner Schallplattenfirma einen neuen Fünfjahresvertrag abgeschlossen. Greise *Virtuosen:* die Wunderkinder Wladimir Horowitz, gestorben mit 86, oder Artur Rubinstein, gestorben mit 95 Jahren. Greise *Komponisten:* 85 wurde Richard Strauss, 91 Jean Sibelius; und Verdi, der mit 87 starb, hatte als 80jähriger die Oper „Fallstaff" komponiert, seine kühnste und gleichsam modernste, „die wunderbarste Summe eines Komponistenlebens, die die Musikgeschichte kennt", wie die Encyclopaedia Britannica schreibt.

Nichts zerreißt die populäre Verknüpfung von Genie und Jugendfrische gründlicher als eben dies: daß Greise nicht nur tätig bleiben, sondern viele die Höhe ihres Schöpfertums halten oder gar erst erreichen – wobei sie oft auch noch die beliebte Vorstellung von der Gelassenheit oder Abgeklärtheit des Alters zertrümmern. „Wenn der Stil der Todes sie anrührt, erinnern sie sich, wie sie in ihrer Jugend mit ihren Lehrern gebrochen haben, und brechen dann mit ihrem eigenen Werk", sagt André Malraux. „Die höchste Verkörperung eines Künstlers ist die Absage an seine Meister ebenso wie die Vernichtung alles dessen, was er selbst einst war." *Goya* malte die zweiundachtzig Blätter seiner „Desastres de la guerra" in seinen Sechzigern und erst mit 73 bis

77 Jahren die vierzehn finsteren Wandbilder in seinem Landhaus bei Madrid, darunter das grausame „Saturn verzehrt eines seiner Kinder" und die Verhöhnung der Frömmigkeit in der „Wallfahrt nach San Isidro". Er wurde 82. Der Maler *Edgar Degas* modellierte Statuetten, als er erblindet war, bis er 83jährig starb. *Max Liebermann* stellte sich, 84 Jahre alt, vor sein gerade vollendetes kühnes Porträt des Chirurgen Ferdinand Sauerbruch und fragte auf gut berlinisch: „Is det nu senil?"

Bis an die Schwelle des Todes malten oder meißelten Frans Hals (81 bis 86 Jahre alt geworden, je nach der Annahme über sein Geburtsdatum), Tizian (86 bis 99 Jahre alt), der als Siebziger seine Maltechnik revolutionierte; Claude Monet (86), Michelangelo und Emil Nolde (88), Adolph von Menzel (89), Joan Miró (90), Picasso (91), ein Faun bis zum Ende, mit panikartig gesteigerter Produktivität. Oskar Kokoschka wurde 93, Marc Chagall 97 Jahre alt.

Als *Leopold von Ranke* 79 war, hatte er sechsundvierzig Bände historischer Werke publiziert. Da begann er, halb erblindet, seine „Weltgeschichte" zu diktieren. Von Generation zu Generation würden die unsterblichen Werke des Genius und die Ereignisse und Gestalten der Vorzeit überliefert, heißt es am Schluß seines Vorworts; „immer von neuem mögen sie aufgefrischt und in das allgemeine Gedächtnis zurückgerufen werden, wie ich das zu unternehmen den Mut und das Vertrauen habe". Er schrieb an der „Weltgeschichte" noch elf Jahre lang, bis wenige Tage vor seinem Tod, der ihn mit 90 Jahren bei der Arbeit am achten Band ereilte. Das Hauptwerk des englischen Philosophen *Thomas Hobbes,* die Staatsphilosophie „Leviathan", erschien 1651, als der Autor 63 war. Dann verließ Hobbes sein Fach und schrieb eine Geschichte des englischen Bürgerkriegs. Mit 84 verfaßte er eine Autobiographie in lateinischen Versen, mit 87 übersetzte er die Odyssee, mit 88 die Ilias, und 91jährig, vier Monate vor seinem Tod, versprach er seinem Verleger „mal wieder etwas Englisches".

Und *Bertrand Russell* – der Mathematiker, Philosoph, streitbare Pazifist und Träger des Nobelpreises für Literatur! Mit 80 brachte er die dritte Scheidung hinter sich und ging die vierte Ehe ein, mit 86 wurde er Präsident der Kampagne für nukleare Abrüstung, mit 89 zog er dafür wegen zivilen Ungehorsams ins Gefängnis, mit 95 begann er mit der zweijährigen Arbeit an seiner dreibändigen Autobiographie, mit 96 stand er öffentlich auf gegen den Einmarsch der Warschauer-Pakt-Staaten in die Tschechoslowakei.

Hier Schaffenskraft noch im biblischen Alter, Ausbeutung aller Talente und Möglichkeiten bis an den Rand des Grabes; da frühe Leere;

dort Kinder, die aus den Tiefen angeborener Höchstbegabung schöpfen: Das sind die Grenzpfähle unserer Gattung.

Damit geht eine Übersicht zu Ende, an deren Anfang Cäsar stand – die Betrachtung der Anstöße und Motive, der Umstände und Zwänge, die die Leistung begünstigen und den Erfolg ermöglichen. So ist die Antwort auf die Kernfrage vorbereitet: Wen trifft der Ruhm? Wer schafft den Sprung ins Lexikon? Wer entscheidet über Berühmtheit, wie und warum?

Höchstleistungen von Greisen

Mit 72 Jahren wird *Michelangelo* Baumeister der Peterskirche (1547)
- unterwirft der Herzog von *Alba* Portugal (1580)
- schlägt *Blücher* Napoleon bei Waterloo (1815)
- geht Robert *Koch* noch einmal nach Afrika, diesmal, um die Schlafkrankheit zu erforschen (1906)
- läßt *Mao Tse-tung* sich als Schwimmer fotografieren und bricht die „Große Proletarische Kulturrevolution“ vom Zaun (1966)

Mit 73 Jahren schreibt *Kant* die „Metaphysik der Sitten“ (1797)
- wirbt *Goethe* um die 19jährige Ulrike von Levetzow (1823)
- nimmt Ferdinand de *Lesseps* den Auftrag an, den Panama-Kanal zu bauen (1879)
- wird Konrad *Adenauer* zum erstenmal Bundeskanzler (1949)
- kandidiert Ronald *Reagan* zum zweitenmal für das Präsidentenamt und erringt einen der größten Wahlsiege der amerikanischen Geschichte (1984)

Mit 74 schreibt Theodor *Fontane* seinen bekanntesten Roman: „Effi Briest“ (1894)

Mit 76 wird Winston *Churchill* noch einmal Premierminister (1951)
- übernimmt *Deng-Xiaoping* den Oberbefehl über die chinesische Armee (1981)

Mit 77 beginnt *Grandma Moses* ihre 24jährige Karriere als naive Malerin (1938)
- erregt Georgia *O'Keeffe* Aufsehen mit ihrem mehr als sieben Meter breiten Gemälde „Sky Above Clouds, IV“ (1965)
- wird Juan *Perón* nach achtzehnjährigem Exil noch einmal Präsident von Argentinien (1973)

Mit 79 beginnt Leopold von *Ranke* mit der Arbeit an seiner „Weltgeschichte“ (1875)
- beginnt der Schweizer Psychiater C.G. *Jung* mit der Veröffentlichung seines dreibändigen Werks „Mysterium coniunctionis“ (1954)

Mit 80 vollendet Thomas *Hobbes* seine Geschichte des englischen Bürgerkriegs, „Behemoth“ (1668)
- beginnt Alexander von *Humboldt* mit der Arbeit am 3. Band seines fünfbändigen „Kosmos – Entwurf einer physischen Weltbeschreibung“ (1850)
- vollendet *Verdi* seine Oper „Falstaff“ (1893)
- beginnt Sigmund *Freud* mit der Arbeit an seinem letzten Werk, „Der Mann Moses und die monotheistische Religion“ (1936)

Mit 81 wird Benjamin *Franklin* ein Wortführer in der Verfassunggebenden Versammlung der USA (1787)
- vollendet *Goethe* den „Faust“, II. Teil, und seine Autobiographie „Dichtung und Wahrheit“ (1831)
- beendet Victor *Hugo* die Arbeit an seiner fünfbändigen „Weltlegende“ (1883)
- erwirbt Thomas Alva *Edison* das letzte seiner 1033 Patente (1928)

- erringt Konrad *Adenauer* die einzige absolute Mehrheit der deutschen Parlamentsgeschichte (1957)

Mit 82 wird Enrico *Dandolo* für 13 Jahre zum Dogen von Venedig gewählt (1192). Nach anderen Angaben ist er bei Antritt seines Amtes schon 84 oder 85 Jahre alt.
- schlägt der österreichische Feldmarschall *Radetzky* die Italiener bei Novara (1849)
- wird William *Gladstone* zum drittenmal britischer Premierminister (1892)

Mit 83 beginnt *Tizian* mit der Arbeit an der „Pietà mit der heiligen Magdalena" (1573)
- schreibt *Voltaire* seine letzte Tragödie, „Irène" (1778)
- gibt *Lesseps* am Panama-Kanal auf (1888)

Mit 84 wird *Hindenburg* zum zweitenmal zum Reichspräsidenten gewählt (1932)

Mit 85 wird *Adenauer* zum viertenmal zum Bundeskanzler gewählt (1961)
- beginnt *Picassos* letzte Schaffensperiode (1966)

Mit 86 beendet der genuesische Kondottiere Andrea *Doria* seinen Feldzug gegen die Franzosen auf Korsika (1555)
- gründet Mary Baker *Eddy* den „Christian Science Monitor" (1908)

Mit 87 tritt *Moltke* als Chef des Großen Generalstabs zurück und übernimmt den Vorsitz der preußischen Landesverteidigungskommission (1888)
- leitet *Adenauer* seine letzte Kabinettssitzung (1963)
- setzt sich *Deng-Xiaoping*, obwohl aller Ämter ledig, noch einmal an die Spitze einer Reformbewegung zur Öffnung Chinas (1992)

Mit 88, bis sechs Tage vor seinem Tod, meißelt *Michelangelo* an der Pietà Rondanini (1564)
- übersetzt Thomas *Hobbes* die „Ilias" ins Englische (1676)
- erleidet Alexander von *Humboldt* einen Schlaganfall und beendet die Arbeit an seinem fünfbändigen „Kosmos" (1858)

Mit 89 geht Bertrand *Russell* wegen einer Sitzdemonstration gegen die Atomrüstung ins Gefängnis (1961)
- gibt Artur *Rubinstein* nach 83jähriger Karriere sein Abschiedskonzert (1976)

Mit 90 wird Feldmarschall *Radetzky* nach 72 Dienstjahren in den Ruhestand versetzt (1857)
- schreibt *Ranke* am 8. Band seiner „Weltgeschichte" und stirbt (1886)
- schreibt Knut *Hamsun* die Geschichte seiner letzten Jahre, „Auf überwachsenen Pfaden" (1949)
- stirbt Albert *Schweitzer*, bis zuletzt als Arzt in Lambarene tätig (1965)
- legt *Adenauer* den CDU-Vorsitz nieder (1966)
- veröffentlicht Ernst *Jünger* in seinem 60. Schriftstellerjahr seinen ersten Kriminalroman (1985)

Mit 92 schreibt George Bernard *Shaw* sein letztes Theaterstück, „Buoyant Billions" (1948)

Mit 93 erobert der Doge Enrico *Dandolo* Konstantinopel für Venedig (1203)
– stirbt Papst *Leo XIII.* (1903)

Mit 95 beginnt Bertrand *Russell* mit der zweijährigen Arbeit an seiner dreibändigen Autobiographie (1967)
– schließt der Dirigent Leopold *Stokowski* einen neuen Fünfjahresvertrag mit seiner Schallplattenfirma (und stirbt im selben Jahr, 1977).

Mit 96 erhebt Bertrand *Russell* öffentlichen Protest gegen den Einmarsch der Warschauer-Pakt-Staaten in die Tschechoslowakei (1968).

Mit 98 spielt der polnische Pianist Mieczyslaw *Horszowski* für die Schallplatte Bach, Schumann und Chopin (1990).

DER RUHM

36.

Blaubart, Rotbart: So wird Ruhm vergeben

> Man hat längst bemerkt: Je undeutlicher die Begriffe sind, die man von der Größe eines Mannes hat, desto mehr wirken sie auf das Blut und desto enthusiastischer wird die Bewunderung.
>
> *Georg Christoph Lichtenberg*

Wir wissen nicht, wer das Rad, wer die Uhr, wer den Kompaß erfunden hat; weltberühmt sind die Namen des Scharlatans *Cagliostro,* der vor 1789 als Goldmacher und Wunderheiler durch Europa reiste, oder des *Herostratos,* der 356 v. Chr. den Tempel der Artemis in seiner Heimatstadt Ephesos in Brand steckte – eben um „seinen Namen auf die Nachwelt zu bringen", wie er auf der Folter gestand. Wir wissen nicht, wer die Odyssee, wer das Nibelungenlied geschrieben hat; die Memoiren *Casanovas* demonstrieren in vielen Bänden, wie ein venezianischer Hochstapler und Weiberheld sein Leben der Nachwelt darzustellen wünschte.

In allen Lexika ist einer noch heute registriert, wenn er von 1828 bis 1833 als geistig beschränktes Findelkind durch Bayern geisterte, an einer Stichwunde starb, die von einem Mörder, aber auch von der eigenen Hand stammen konnte, und zum Gegenstand des Gerüchts geworden war, er sei ein Erbprinz des Großherzogtums Baden, beiseite geräumt, um einem anderen Sproß den Thron zu sichern: der Fall *Kaspar Hauser,* der zum Mittelpunkt einer „Mythenbildung für die halbe gebildete Welt" wurde, „ein Rätsel, das sich die Zeit selbst zur eigenen Kurzweil aufgegeben", wie es in einer Biographie von 1876 heißt. Der Große Meyer von 1890 resümierte: „Die auffällig lebhafte Teilnahme, die Hauser bei den Zeitgenossen fand, erklärt sich aus dem Mangel jedes anderen öffentlichen Interesses im damaligen Deutschland."

Berühmt kann man auch werden, weil man von Leonardo oder von van Gogh gemalt worden ist wie Lisa del Giocondo und Dr. Paul Gachet. Weltbekannt werden konnte der französische Hauptmann *Alfred Dreyfus,* weil Emile Zola sich 1898 in einem offenen Brief an den Präsidenten Frankreichs für ihn verwendete – unter der Überschrift „J'accuse", die wiederum nicht von Zola stammte, sondern von Georges Clemenceau, dem Verleger der Zeitung „L'Aurore", in der der Brief erschien; Zola hatte die Überschrift „Brief an M. Félix Faure,

Präsident der Republik" gewählt, womit der Ruhm Zolas ein wenig, der von Dreyfus drastisch vermindert worden und überdies ein berühmtes Schlagwort nicht entstanden wäre.

Ruhm durch die Leistung eines anderen – dieses Schicksal hat auf tragikomische Weise auch der österreichische Feldmarschall *Graf Joseph Radetzky von Radetz* erlitten, ein alter Haudegen, mehrfach verwundet, mit der Wiener Bürokratie überkreuz, von seinen Soldaten geliebt: Das hätte zum Nachruhm nicht gereicht. Da schlug er, 81jährig, die Italiener bei Custoza – schon besser; aber nun komponierte Johann Strauß Vater auf ihn den feurigsten und meistgespielten Militärmarsch der Musikgeschichte; nach diesem wiederum benannte Joseph Roth seinen bekanntesten Roman, worin er den Marsch als Leitmotiv verwendet; und so wird auch im 21. Jahrhundert Radetzky einer der wenigen Soldaten des 19. Jahrhunderts sein, dessen Name noch Gemeingut ist.

Der Ruhm! Wenn es doch so mit ihm stünde, daß er die geniale Leistung krönt (wobei wir schon in Kauf zu nehmen hätten, daß er unzählbare geniale *Begabungen* übergehen müßte, weil die Leistung von den Umständen verhindert wurde). Doch alle Größe von Tat und Werk schützt nicht davor, in die Vergessenheit zu sinken – während die Sonne des Ruhms aufgeht über Narren, Betrügern und Massenmördern, über den Favoriten der Historiker, Kritiker und anderer selbsternannter Ruhmzuteiler, über solchen, die sich ihren Ruhm erlisten, und vor allem über denen, die die Phantasie bewegen, warum auch immer – ärger noch: die die Phantasie unserer Ahnen beflügelt oder das Wohlgefallen längst gestorbener Kritiker gefunden *haben,* so daß wir die Berühmtheit nun vorfinden, ob wir selber sie verleihen würden oder nicht. Die Großen „existieren nur auf Kredit und durch beglaubigte Legenden", sagt Gregor-Dellin.

Allenfalls bei Zeitgenossen winkt uns ja die Chance, an der Entstehung von Ruhm mitzuwirken. Bei allen Toten bleiben wir darauf angewiesen, aus dem vorgefundenen Ruhm auf den Menschen zurückzuschließen, dem er anhaftet. Ob wir diesen Menschen aber erkennen können unter dem schillernden Gewand aus Legenden, Anekdoten, gefärbten Überlieferungen und lexikalischen Versteinerungen? Und wie selten haben wir auch nur die technische Möglichkeit, Ruhm aus besserer Einsicht nachträglich zuzuteilen, da doch Taten um so wahrscheinlicher vergessen werden und Werke um so wahrscheinlicher verschollen sind, je weniger Ruhm sie auf sich zogen.

Dabei hätten wir allen Grund, uns um Korrekturen zu bemühen.

Unverdrossen halten die englischsprachigen Völker die Erinnerung an den Danziger Physiker *Gabriel Daniel Fahrenheit* wach, weil der 1714 den nicht auffallend genialen Einfall hatte, das schon erfundene Quecksilberthermometer so zu eichen, daß der Gefrierpunkt bei 32 Grad, der Siedepunkt bei 212 Grad liegt; der Nullpunkt dagegen war für ihn die tiefste Temperatur, die er in seinen Danziger Wintern messen konnte – minus 18 Grad, in Celsius ausgedrückt, nach dem schwedischen Astronomen *Anders Celsius,* obwohl der kurioserweise empfohlen hatte, mit 0 Grad den Siedepunkt und mit 100 Grad den Gefrierpunkt zu benennen.

Das Röntgen, das Morsen, das Pasteurisieren, der Mäzen halten ihre Entdecker und Erfinder wenigstens zu Recht lebendig. Andere sind hinter dem Wort vergessen wie König Maussolos hinter dem Mausoleum, oder der englische Landvermesser Sir George Everest hinter dem höchsten Berg der Erde, oder der englische Hauptmann und Gutsverwalter Charles Boycott, der auch gar nicht der Erfinder des Boykotts, sondern das Opfer eines solchen war. Manche Werke sind berühmter als ihr Schöpfer: der Kölner Dom mehr als die Meister Gerhard und Johannes, das Brandenburger Tor mehr als Carl Gotthard Langhans, „Robinson" mehr als Daniel Defoe und der „Struwwelpeter" mehr als Heinrich Hoffmann. Umgekehrt kennen wir Dichter, die in aller Munde sind, obwohl die meisten Zeitgenossen wenig oder nichts von ihnen gelesen haben, wie Dante oder Goethe.

Wieviel Zufall und Mutwillen waltet allein in der simplen Frage der Überlieferung: Hunderttausende, vielleicht Millionen von Büchern, Schriftrollen, Manuskripten, Statuen, Gemälden sind verbrannt, verfallen, verschollen oder vorsätzlich vernichtet worden. Verschollen: Sämtliche Dialoge des *Aristoteles,* von den Zeitgenossen gerühmt für die Luzidität der Gedanken und die Eleganz der Sprache; erhalten sind nur seine philosophischen Vorlesungen. Verbrannt: Die meisten der 700 000 Buchrollen in der Bibliothek von Alexandria, die 47 v. Chr. in Flammen aufging in dem Krieg, den Cäsar mit Kleopatra gegen ihren Ehemann führte; seither sind mehr als neunzig Prozent aller Werke verloren, auf deren Existenz wir aus überlieferten Schriften schließen können – neunzig Prozent der gesamten griechischen Literatur und des Wissens der antiken Welt.

Verfallen, verschollen: alle Gemälde des *Apelles,* der der Antike als der größte Maler galt, er war ein Freund Alexanders des Großen. Verfallen: *Leonardos* „Letztes Abendmahl" in Mailand – schon im 17. Jahrhundert in Auflösung begriffen und seither mindestens ein halbes Dutzend mal restauriert. Welches Urteil über Leonardo könnten wir noch fällen, wenn es allen seinen Bildern so ergangen wäre? Wie lange überhaupt kann ein Gemälde leben?

Verbrannt im Dreißigjährigen Krieg: die meisten Bilder des *Matthias Grünewald,* den die Zeitgenossen teils „den deutschen Correggio" nannten, weil er ähnlich kühn mit Licht und Farbe spielte, teils mit Lucas Cranach dem Älteren verwechselten; er hieß übrigens Mathis Gothardt und wurde erst in einer Kunstgeschichte von 1675 fälschlich „Grünewald" getauft. Nur acht seiner Gemälde sind erhalten, dem Großen Brockhaus von 1844 war Gothardt/Grünewald unbekannt. Anders als Dürer oder Hans Holbein der Jüngere hatte er weder Holzschnitte noch Stiche hinterlassen, also keine Vorlagen für Vervielfältigungen geliefert; zu schweigen von einer Werkstatt zur Herstellung von Kupferstichen nach seinen Gemälden, wie Rubens sie unterhielt, um seinen Ruhm zu mehren. Heute gilt Grünewalds Isenheimer Altar als eine der größten Kunstschöpfungen des Abendlands. Verwechselt, verbrannt, vergessen, umgetauft – ein Purzelbaum im Irrgarten des Ruhmes.

Verschollen: eine nicht bekannte Zahl von *Schuberts* Kompositionen – denn sein Tempo im Komponieren war größer als seine Sorgfalt im Aufheben. Beinahe verschollen: seine beiden berühmtesten Symphonien. Die 9. fand Robert Schumann zehn Jahre nach Schuberts Tod, als er bei dessen Bruder Ferdinand vorsprach; die Partitur der 8., der Unvollendeten, ließ Schuberts Freund Anselm Hüttenbrenner in der Schublade gammeln, bis er sich – schlechten Gewissens, denn es war ja nur ein halbes Werk – 1860 aufraffte, sie dem Dirigenten Johann Herbeck zu übergeben, der sie 1865 aufführte, 37 Jahre nach Schuberts Tod.

Verschollen: *Kleists* zweibändige „Geschichte meiner Seele"; er erwähnte sie in seinen Briefen, und kaum eine Seele hätte eine faszinierendere Geschichte hergegeben. Sein Drama „Robert Guiscard" verbrannte Kleist mit eigener Hand – „zu schwer" sei der Stoff für ihn gewesen: „Ich trete vor einem zurück, der noch nicht da ist", schrieb er 1803, „und beuge mich, ein Jahrtausend im voraus, vor seinem Geist." Nun muß man einerseits respektieren, daß ein Künstler selbst entscheidet, was er der Überlieferung für wert befindet: *Brahms* vernichtete alle Kompositionen seiner Frühzeit, weil er urteilte, sie lägen unter seinem Niveau; *Kafka* vernichtete zusammen mit Dora Diamant, der Gefährtin seiner letzten Monate, die meisten seiner noch unveröffentlichten Erzählungen, und seinem Freund Max Brod trug er auf, nach seinem Tod den gesamten verbliebenen Nachlaß zu verbrennen – woran Brod sich nicht hielt; wie schon Kaiser Augustus die Verfügung des *Vergil* mißachtet hatte, seine „Aeneis" nie zu publizieren, da der letzte Schliff ihr fehle.

Die Vernichtung des „Robert Guiscard" durch Kleist bleibt indessen eine Tragödie – hatte doch der alte Wieland nach einer Leseprobe „die Geister des Äschylus, Sophokles und Shakespeare" darin vereinigt gesehen; Kleist sei dazu geboren, die Lücke in der deutschen Literatur zu schließen, die „selbst von Goethe und Schiller noch nicht ausgefüllt worden ist". Den Dichter mahnte er: „Sie müssen Ihren Guiscard vollenden, und wenn der ganze Kaukasus und Atlas auf Sie drückte." Kleist unternahm einen zweiten Anlauf, der Fragment geblieben ist. Und wie der Künstler ohne Zweifel das Recht hat, zu produzieren und zu vernichten, was ihm beliebt, so hat die Nachwelt das Recht, sich zu wünschen, es möchte ein Mittel gegeben haben, einen Besessenen wie Kleist an der Zerstörung zu hindern; ein Wunsch, wie er in Rußland umging, als die literarische Welt mit Entsetzen vernahm, daß *Gogol* kurz vor seinem Tod die Fortsetzung seines Romans „Die toten Seelen" in den Ofen geschoben hatte.

Das Schändlichste, was man einem Kunstwerk antun kann, ist die mutwillige Vernichtung durch die Überlebenden oder Nachgeborenen. Als *Isaak Babel* in Stalins GULAG starb, verschwanden auch seine unveröffentlichten Manuskripte. *Beethovens* Freund und Biograph Anton Schindler vernichtete zwei Drittel der Konversationshefte des tauben Komponisten. Selbst Brüder, Bräute und Gatten haben sich als Zerstörer einen Namen gemacht: 1907, acht Jahre nach dem Tod von *Johann Strauß,* ließ sein jüngster Bruder, der 72jährige Hofballmusikdirektor Eduard Strauß, alle gedruckten und ungedruckten Noten, Handschriften und Entwürfe des Familien-Orchesters verbrennen, drei Wagenladungen voll, in den mannshohen Brennkammern einer Ofen- und einer Porzellanfabrik – nach Ansicht mehrerer Biographen aus Rache dafür, daß er im Testament seines großens Bruders nicht bedacht worden war.

Der englische Lyriker Ted Hughes verbrannte das Tagebuch und ein Romanmanuskript seiner Frau, der amerikanischen Lyrikerin *Sylvia Plath,* die ihn verlassen und kurz darauf (1963) Selbstmord begangen hatte. Und dann Minna Jaegle, *Georg Büchners* puritanische, einfältige, schreckliche Braut: Sie verbrannte sein Tagebuch und viele seiner Briefe, und daß das einzige Exemplar seines Dramas „Pietro Aretino" verschwunden ist, geht möglicherweise ebenfalls auf ihr Konto, da ihm doch erotische Kühnheit nachgesagt wurde. Verschollen: das Manuskript des „Woyzeck“; alle heutigen Texte sind Versuche, die geretteten Skizzen und Entwürfe in Büchners Geist zu ordnen – oder ihnen gar jene Gewalt anzutun, ohne die es nicht abgeht, wenn man aus den Fetzen ein spielbares Stück komponieren will. Ein Wunder, daß wir einen noch als Genie erkennen, der von Braut und Nachwelt so behandelt wurde, nachdem er mit 23 Jahren durch Typhus umgekommen war. „Es ist ein schwerer Irrtum zu glauben, daß sich *das Wertvollste* erhält oder daß das Wertvolle nach Jahrhunderten zu neuem Leben und endgültiger Wirkung auftaucht“, sagt Tucholsky. „Erhalten bleibt alles durcheinander: ein Tagestrottel, ein Talent, vielleicht das Genie (...) Erhalten zu bleiben ist kein Zeichen von Wert.“

Was sich erhält, kann sogar etwas anderes sein als das, was sein Schöpfer geschaffen hat. Zwei der meistgelesenen Romane der Weltliteratur verdanken ihren Siegeszug dem Umstand, daß sie von unberufener Hand für die Jugend bearbeitet worden sind. *Gullivers Reisen* in der einfachen Form, daß die Herausgeber die Reise zu den Liliputaneren und die zu den Riesen als das komplette Buch ausgaben, die dritte und die vierte Reise aber einfach unterschlugen: die dritte, die zu den weltfremden Wissenschaftlern, weil sie nicht so saftvoll ist, die vierte, weil sie Swifts Menschenhaß zum Äußersten treibt: Sie führt Gulliver in das Land der edlen Pferde, die sich als Sklaven stinkende Menschen halten.

Noch ärger erging es *Robinson Crusoe:* Das Original von 1719, sogleich ein Liebling der englischen Mittelklasse, wurde von Rousseau in seinem Erziehungsroman „Emile“ von 1762 als Lehrbuch für die Jugend derart gepriesen, daß der deutsche Pädagoge Johann Heinrich Campe sich aufgerufen fühlte, Defoe umzuschreiben, in der „vertraulichen und rührenden Schreibart“, die der Brockhaus von 1843 an ihm zu rühmen wußte; „vorzüglich besaß er eine seltene Gabe, sich zu dem Fassungsvermögen der Jugend herabzulassen“. Und dieser Zwitter, genannt „Robinson der Jüngere“, erlebte 32 deutsche Auflagen in den ersten sechzig Jahren und wurde in alle Kultursprachen übersetzt – auch ins Englische zurück.

Mit der größten Selbstverständlichkeit wird Ruhm sogar für Eigenschaften und Taten zugeteilt, die der Berühmte nicht oder so nicht hatte und beging. Auf zwei Jahrtausende machten Kirchenväter und Moralapostel den griechischen Philosophen *Epikur* zum Schimpfnamen für ein hemmungsloses Genußstreben. Dabei fällt es schwer, sich ein vielfältiger gehemmtes Streben nach Lust als das Epikursche vorzustellen. Seine Lehre trage „harte Züge“, meinte schon Seneca, und Jacob Burckhardt schrieb, es sei zu fürchten, „daß sich wenige Menschen mit der echt verstandenen epikureischen Lust begnügen möchten“. Worin bestand denn das Glück, als dessen Prediger Epikur in Verruf geriet? In Gesundheit und Seelenruhe, der Freiheit von Schmerz und der Freiheit von Angst. Schwelgerei und Sinnenlust? Nein, sie könnten die Seelenruhe stören und Schmerz nach sich ziehen. Maßvoll und sittenstreng sei der Lebenswandel, eng verwachsen sind Freude und Tugend. Der Skandal bestand nur darin, daß der Epikuräer die Tugend nicht um der Tugend oder um Gottes Willen übte, sondern weil sie die höchste Chance biete, ihm selbst dauerhaftes Glück zu schaffen. Das genügte, um aus einem milden Philosophen einen Sittenstrolch und Watschenmann zu machen; bei Dante wird er in der Hölle gesotten.

Der französische Arzt *Joseph Ignace Guillotin* beantragte 1789 in der Konstituierenden Versammlung, für die Vollstreckung der Todesstrafe eine Köpfmaschine einzusetzen, wie man sie in England und Italien zur Hinrichtung von Adligen verwendete, während der gemeine Mann gehenkt, ersäuft, gerädert oder gevierteilt wurde. Guillotin fand Beifall für seinen Vorschlag, das Vorrecht dieser raschen, sicheren und schmerzarmen Hinrichtungsart auch den niederen Ständen zu gewähren. 1791 stellte Antoine Louis eine brauchbare Maschine her, *Louisette* wurde sie zunächst genannt, doch erinnerte man sich des Antragstellers, nannte sie bald *Guillotine* und behielt den Namen bei, als sie 1793 zum Instrument der Schreckensherrschaft wurde und an die 40 000 Menschen köpfte – was der brave Guillotin vier Jahre zuvor nicht hatte wissen können.

Charles Lindbergh flog 1927 als erster Mensch nonstop von New York nach Paris. In der populären Vorstellung wird dies gern mit der ersten Überquerung des Atlantiks auf dem Luftweg gleichgesetzt. Die aber war schon 1919 zweimal gelungen: einem englischen Luftschiff auf der Strecke England – New York und einem zweimotorigen Bombenflugzeug der Royal Air Force auf der kürzesten Route, die jahrzehntelang für die Luftfahrt die wichtigste blieb, von Neufundland nach Irland, mit den Piloten *John Alcock* und *Arthur Brown*. Ihr Flugzeug verlor unterwegs einen Auspuff, den Geschwindigkeitsmesser und die Heizung und geriet in einen Schneesturm, in dem es so viel Eis ansetzte, daß Brown fünfmal auf die Tragfläche kletterte, um es mit dem Messer abzuschaben. Brown und Alcock wurden von Churchill empfangen und vom König in den Adelsstand erhoben; ihre Pioniertat, eine der tollkühnsten der Luftfahrtgeschichte, ist vergessen, aller Ruhm auf Lindbergh gehäuft.

Wir geben uns eben wenig Mühe, zu einem fairen Urteil über historische Persönlichkeiten zu gelangen – nicht einmal dann, wenn die Fakten offenkundig sind. Zar *Iwan IV.* war ein rücksichtsloser, hart arbeitender Herrscher und ein gebildeter Mann; unter seinen Feinden veranstaltete er blutige Strafgerichte, im Jähzorn erschlug er seinen Sohn. Wir kennen ihn als „den Schrecklichen". Zar *Peter I.* war ein rücksichtsloser, visionärer Herrscher, der seine Feinde niedermetzelte und seinen Sohn foltern und hinrichten ließ; seinen Befehl, in den Sümpfen an der Newa-Mündung die neue Hauptstadt Petersburg zu errichten, zahlten an die hunderttausend Menschen mit dem Leben – ertrunken, erfroren, verhungert, an der Ruhr krepiert. Wir kennen diesen Peter als den „Großen". Nichts, wirklich nichts spräche dagegen, ihn Peter den Schrecklichen zu nennen; außer, daß auch Iwan nicht der Schreckliche heißt, denn das russische „Grosni" bedeutet der Drohende, der Strenge.

Richard III., englischer König von 1483 bis 1485, ist in Shakespeares Drama ein Monstrum von beispielloser Lasterhaftigkeit, entstellt von einem Buckel, für den er an der Welt Rache nehmen will. Daß Richard Gegner und Rivalen einkerkern und hinrichten ließ, ist unbestritten, doch entsprach das dem Stil der Zeit; im übrigen gilt er den heutigen Historikern überwiegend als ein fähiger Monarch, und einen Buckel hatte er nicht. Den erfand erst Thomas More, Lordkanzler Heinrichs VIII. aus dem Hause Tudor, das mit dem Sieg über Richard an die Macht gekommen war: Indem More dem Besiegten „jedes mögliche und einige unmögliche Verbrechen zuschrieb" (sagt Churchill), wollte er seinem König schmeicheln, vielleicht auch jene Unmoral geißeln, die auf seiner erfundenen Insel „Utopia" überwunden werden sollte. Und dann kam Shakespeare und machte Mores Zerrbild für bisher vier Jahrhunderte populär.

Wer schläft im Kyffhäuser (dem Bergrücken in Thüringen am Rand des Harzes), um eines Tages Deutschland zur Einheit und zum Sieg zu führen? Zweieinhalb Jahrhunderte lang galt Kaiser *Friedrich II.* als dorthin entrückt, „der erste moderne Mensch auf dem Thron" (vorgestellt in Kap. 20). In der Lutherzeit begann die Volkssage seinen Großvater im Kyffhäuser anzusiedeln, *Friedrich I.*, genannt *Barbarossa:* Der war so viel weniger intellektuell als der Enkel, hatte so viel länger regiert, galt als Verkörperung des Ritterideals, war als 65jähriger beim Dritten Kreuzzug ertrunken und fand mit seinem Spitznamen „Rotbart" so viel leichter den Weg aus den Ahnentafeln ins Gemüt! Da machte ihn denn Ludwig Uhland 1814 noch populärer mit seiner Ballade

> Als Kaiser Rotbart lobesam
> Zum Heilgen Land gezogen kam ...

Und Friedrich Rückert erhob Barbarossa 1817 zum Inbegriff der nationalen Hoffnungen:

> Er hat hinabgenommen
> Des Reiches Herrlichkeit
> Und wird einst wiederkommen
> Mit ihr, zu seiner Zeit.

Ob da der eine kommt oder der andere – dem Volk, das solche Sagen liebt, ist das egal. Damit einer Ruhm erwirbt, muß er nicht so sehr etwas Rühmenswertes geleistet haben als vielmehr die Phantasie bewegen, also möglichst ein Gegenstand von Anekdoten und Emotionen sein. Das Prädikat „Größe" wird nach Jacob Burckhardt ja „weit mehr nach einem dunklen Gefühle als nach eigentlichen Urteilen aus Akten erteilt oder versagt".

An die Gefühle appelliert, nach Thomas Mann, bei *Dostojewski* „die tiefe, bleiche, leidvoll-heilige Verbrechermiene", weil sie den Vorstellungen der Russen von der Erscheinung eines Genius entsprochen habe; bei *Schiller* „die kühne, sanfte, schwärmerische und ebenfalls kranke Physiognomie (...) mit offenem Hemdkragen und lose um den Hals geschlungenem Seidentuch" – gemäß dem Bild, das sich das deutsche Gemüt von seinen Helden mache. Von einem Virtuosen erwartete das Publikum, daß er als der Zauberer und Dämon in Erscheinung trat, für den man ihn halten wollte, jedenfalls wenn er *Paganini* hieß. Sein Gesicht war „leichenartig weiß", schrieb Heine, der ihn 1830 in Hamburg sah. „Ist das ein Lebender, der im Verscheiden begriffen ist und der das Publikum (...) mit seinen Zuckungen ergötzen soll? Oder ist es ein Toter, der aus dem Grabe gestiegen, ein Vampir mit der Violine, der uns, wo nicht das Blut aus dem Herzen, doch auf jeden Fall das Geld aus den Taschen saugt?"

Haben sie von Natur so ausgesehen, die Dostojewski, Schiller, Paganini? (Der letzte insoweit, als er von Zahnlücken und den schrecklichen Quecksilberkuren gegen die Syphilis gezeichnet war.) Oder hatten sie ihr Erscheinungsbild in dieser Richtung stilisiert, mit dem richtigen Instinkt für ihre Chancen? (Von solchen Selbstinszenierungen berichtet Kap. 39). Oder hatten die Verehrer ihren Lieblingen jenes Aussehen zugeschrieben, das sie sich wünschten, mindestens da, wo es noch keine Fotos gab? Wie einer wirklich aussah, ist für jene Ära kaum je deutlich zu ermitteln. Die dreißig Zeitgenossen, von denen Beschreibungen *Heines* überliefert sind, schildern ihn teils als schwarzhaarigen kleinen Juden „von fabelhafter Häßlichkeit", teils als blond mit blauen Augen und „ganz germanischem Kopf".

Auf die Gefühle wirkt *das Leiden* der Großen: Krankheit und Not, Selbstmord und Wahnsinn; die Nachwelt, „noch unsicher in ihrer Wertung, wird zum dankbaren Abnehmer aller Leidenszeichen", wie Hildesheimer über Mozart schreibt. „Die Kranken und Schwachen haben die Faszination für sich gehabt", sagt Nietzsche, „sie sind interessanter als die Gesunden. Der Narr und der Heilige – die zwei interessantesten Arten Mensch ..." Ernst Kretschmer spricht von „Verblüffungswirkung durch barocke psychopathische Seltsamkeit", Wilhelm Lange-Eichbaum sagt lakonisch: „Irrsinn fällt mehr auf."

Warum ist *Napoleon* der meistbeschriebene, meistberedete Mensch der Weltgeschichte? Die militärische Leistung allein hätte ihn nicht dazu gemacht, so ungeheuerlich sie war: in neun Jahren Europa unterworfen. Da kam noch dreierlei hinzu. Aus dem Nichts aufgestiegen, verkörperte Napoleon, laut Emerson, den erfüllten Traum aller kleinen Leute: Macht und Geld ohne Grenzen, Diener und Weiber sonder Zahl; nur Alexander und Cäsar kommen ihm gleich in der totalen Unterwerfung ihrer Umwelt unter ihre Wünsche. Dazu das faszinierende Charakterbild: häßlich, maßlos, explodierend, unberechenbar, brutal. Und schließlich die Verbannung nach St. Helena für fünfeinhalb erniedrigende Jahre. Die siegreichen Engländer hätten Napoleons Ruhm vernichten können, schreibt Chateaubriand – indem sie ihn zu ihren Festmählern eingeladen hätten. In ihrer Rachsucht aber „gaben sie ihm die Krone, die sie ihm geraubt zu haben glaubten, für den Nachruhm nur um so schimmernder zurück: Zum ungeheuren Schrecken der Großmächte nahm Napoleon in der Gefangenschaft noch an Bedeutung zu (...) Kein Mensch, der Weltgeltung besaß, hat jemals ein solches Ende genommen. Man gab ihm, dem Adler, einen Felsen, auf dessen Spitze er bis zu seinem Tod im Sonnenlicht verharrte und von wo ihn die ganze Erde sah."

Da war, mit Jacob Burckhardt, der Punkt erreicht, wo Größe möglich ist: wenn die Phantasie *vieler* sich mit *einem* beschäftigt. Die Formel macht deutlich, wie wenig der Ruhm den Leistungen des Berühmten, wie sehr er den Wünschen und Launen der Rühmenden entspringt und wonach sie lechzen: „Erschütternd, also ruhmerweiternd", sagt Julian Hirsch in seiner Genesis des Ruhms. Der Geschichtsphilosoph Theodor Lessing fügte hinzu, nur solche Gestalten kämen ins Pantheon, „die das freie Dichten der mythen- und legendenbildenden Massenphantasie zu erregen vermögen". Napoleon auf St. Helena, Mozart im Armengrab, Nietzsche im Wahnsinn – von solcher Art sind die Mythen, die den Ruhm bedeuten.

Warum erscheint *John F. Kennedy* so vielen Millionen noch immer als eine Lichtgestalt? Hat er nicht die Vietnam-Katastrophe eingefädelt und sich die Blamage von der Schweinebucht auf Cuba eingebrockt? Hat seine vielgerühmten Reden nicht Theodore Soerensen geschrieben? „Selbst solche Amerikaner, die die Grenzen von Kennedys tausend Tagen sehen und die Enthüllungen über seine Fehler und seine Torheiten kennen, finden in ihm ihre verlorenen Träume wieder", schrieb 1983 der amerikanische Journalist Tom Wicker. „Er ist das faszinierendste 'Was-hätte-werden-können!' der amerikanischen Geschichte; nicht, weil er so war, sondern weil wir eben dies aus ihm machten – nicht, weil wir so gewesen wären, sondern weil wir meinten, so zu sein, obwohl wir wissen, daß wir so nie sein werden." Und natürlich die Ermordung: Alle Hoffnungen ließ sie offen, kein weiteres Scheitern ließ sie zu. „Das irdisch Imponierende", schrieb Bismarck 1847 an seine Braut, „steht immer in Verwandtschaft mit dem gefallenen Engel, der schön ist ohne Frieden, groß in seinen Plänen und Anstrengungen, aber ohne Gelingen, stolz und traurig."

Es sind die Tragödien, die die Gemüter bewegen. Da möchte man dann im Grunde, daß *Mozart* ermordet worden sei (Kap. 11); da erwirbt selbst ein Mensch am Rand des Schwachsinns Ruhm wie *Ludwig II.*, der Bayernkönig: Von Bismarck und Richard Wagner übers Ohr gehauen, Staatsgelder verschleudernd für den Bau alptraumhafter Schlösser, vom Thron verjagt und im Starnberger See ertrunken im Zweikampf mit seinem Psychiater – so einer kann nicht untergehen.

Haben nicht die vierzig Elefanten, mit denen *Hannibal* törichterweise über die Alpen zog, seinen Ruhm lebendiger gehalten als alle seine Siege? Nicht daß er die Elefanten deshalb über die Gletscher getrieben hätte; eine so raffinierte Investition in den erhofften Nachruhm war eher die Ausnahme, bis die Massenmedien entsprechende Versuchungen und Chancen bereitstellten. Die Elefanten demonstrieren nur, wie leicht sich das Gedächtnis der Menschheit am kuriosen Detail befestigt und wie wenig daneben die großen Zusammenhänge zählen. Immerhin sind die Elefanten keine Zutat späterer Bewunderer

– anders als bei vielen, deren Ruhm vor allem an den Histörchen hängt.

Plutarch, der griechische Historiker, der mit seinen 44 „Parallelbiographien“ unser Bild von den großen Männern der Antike wesentlich gestaltet hat, bekannte sich ausdrücklich zur Anekdote: „Tüchtigkeit und Verworfenheit offenbaren sich nicht unbedingt in den spektakulären Taten, sondern oft wirft ein geringfügiger Vorgang, ein Wort oder ein Scherz ein bezeichnenderes Licht auf einen Charakter als eine Schlacht mit Tausenden von Toten.“ Problematisch daran ist zweierlei: Selbst das zutreffende Detail kann, arglos oder hinterhältig in die Betrachtung eingefügt, ein schiefes Bild ergeben; im Wesen der Anekdote aber, ursprünglich der mündlich überlieferten Zutat zu den offiziellen Schriften, liegt es, zur Erfindung einzuladen. Jacob Burckhardt spricht von der eigentümlichen Färbung, „welche die einmal für groß Erkannten erfahren: Mächtigen bietet man von selber Anleihen dar, und so bekommen die großen Männer von ihren Nationen und Bekennern sowohl gewisse Eigenschaften als auch Sagen und Anekdoten geliehen.“

Wie war das mit der Badewanne, in der *Archimedes* die Gesetze des Auftriebs entdeckt und dazu „Heureka!“ gerufen haben soll? Die Geschichte findet sich zweihundert Jahre später bei Vitruv, Kriegsbaumeister Cäsars. Nicht seriöser ist die Überlieferung, Archimedes sei 212 v. Chr. von einem römischen Soldaten deshalb erstochen worden, weil er gerade Figuren in den Sand zeichnete und den Römer anherrschte: „Störe meine Kreise nicht!“

Als vollends erfunden gelten kann die Anekdote, die den Namen *Newton* für die Jugend hergerichtet hat: Voltaire berichtet, Newtons Nichte habe ihm 1727 erzählt, ihr Onkel sei 1666 auf das Gravitationsgesetz gekommen, als er „Früchte von einem Baum fallen sah“. Das war nun auch schon 61 Jahre her. Doch 102 Jahre danach, 1768, machte der große Mathematiker Leonhard Euler aus den unidentifizierten Früchten jenen Apfel, der so berühmt geworden ist wie nur noch zwei andere falsche Äpfel: der, mit dem Eva den Sündenfall provozierte (denn es war eine „Baumfrucht“, nach 1. Mose 3,6) und der auf dem Kopf des Sohns von Wilhelm Tell (da es, Apfel hin oder her, jedenfalls keinen Tell gegeben hat). „Hätte sich Newton nicht in seinem Garten unter einem Apfelbaum niedergelegt“, schrieb Euler, „und wäre ihm nicht von ungefähr ein Apfel auf den Kopf gefallen – vielleicht befänden wir uns noch in Ansehung der Bewegung der Himmelskörper in der alten Unwissenheit“ (was natürlich, mit und ohne Apfel, ein ausgemachter Unsinn ist, siehe Kap. 7).

Kein Apfel, keine Wanne und kein gewaltsamer Tod erleichtern die Erinnerung an den, der laut Encyclopaedia Britannica der dritte dieser drei größten Mathematiker aller Zeiten war: *Carl Friedrich Gauß.* Er lebte unauffällig und hinterließ eine Reihe glasklarer Schriften, in denen kein Wort entbehrlich ist. So bleibt einer der brillantesten Köpfe, die die Menschheit hervorgebracht hat, ein Gegenstand der Bewunderung für Eingeweihte; sein Ruhm reicht nicht einmal an den von Sternen zweiter Größe wie Botticelli oder Brahms heran.

Denn Ruhm ist eben *nicht* das Ansehen, das einer „aufgrund herausragender Leistungen" erworben hat, wie etliche Wörterbücher leichtfertig definieren; Ruhm ist einfach verdiente oder unverdiente Geltung über den engeren Lebenskreis hinaus, in noch hörbarer Anlehnung an die Herkunft des Wortes, das, mit Rufen und Gerücht verwandt, zunächst „Geschrei" bedeutet – das Beifallsgeschrei der anderen ebenso wie die Prahlerei derer, die den Ruhm erwerben wollen.

Warum ist *Heinrich VIII.* in aller Welt bekannter als die sieben Heinriche, die ihm auf dem englischen Königsthron vorausgegangen waren? Weil er als Person bedeutender, in seiner geschichtlichen Wirkung wichtiger gewesen wäre? Vielleicht war er's – für den britischen Historiker James Froude der Begründer des englischen Nationalstaats, der „mit grausamster Notwendigkeit" gehandelt habe; für Dikkens „ein Blut- und Fettfleck in der Geschichte Englands". Sein Ruhm aber entsprang vor allem dem Umstand, daß er von seinen sechs Ehefrauen zwei hinrichtete und zwei verstieß, während die dritte eines natürlichen Todes starb und die sechste ihn überlebte. Das erinnert an den „Ritter Blaubart", der sechs Ehefrauen ermordete, ein altes französisches Märchen, von Ludwig Tieck nacherzählt und offensichtlich immer wieder gut für ein wohliges Gruseln.

Blaubart, Rotbart: So wird Ruhm vergeben. Und nur unter denen, die es geschafft haben, in den Klub der Berühmten aufgenommen zu werden, können wir die entdecken, die wir als Genies verehren wollen. Der Ruhm ist „die unnützeste, nichtigste und falscheste Münze, die unter uns in Umlauf ist", schreibt Montaigne. „Einige Leute sind berühmt, und andere verdienen, es zu sein", sagt Lessing. Puschkin nennt den Ruhm „einen grellen Flicken auf einem zerlumpten Kleid".

37.

Gefeiert – vergessen – degradiert

> Jener, der als erster auf die Ähnlichkeit des Ruhmes mit dem Schatten verfiel, sprach wahrer, als er wollte. Beides sind im höchsten Maße nichtige Dinge. Auch der Schatten fällt zuweilen vor seinem Körper her, und manchmal ist er ein großes Stück länger als dieser.
>
> *Montaigne, Über den Ruhm*

Nicht genug damit, daß die Zuteilung von Ruhm ein höchst irrationaler Vorgang ist – sie vollzieht sich überdies heute oft ganz anders als gestern, sie stößt Weltberühmte in die Vergessenheit und gräbt nach Jahrhunderten manches gestürzte Denkmal wieder aus; wobei es gesunde Korrekturen, aber auch neue Willkür gibt. Im November 1793 wurde die Leiche Jean Paul Marats, des „Blutsäufers" der Revolution, ins Panthéon überführt, die Ruhmeshalle der großen Franzosen; im November 1795 wurde der Leichnam wieder hinausgeworfen. Im April 1944 jubelten mehr als eine Million Pariser dem Marschall Pétain zu, im August ebenso viele dem General De Gaulle, der 1945 den Marschall zum Tode verurteilen ließ.

1689 erschien der Riesenroman „Die Asiatische Banise oder das blutige, doch mutige Pegu" von *Heinrich Anselm von Ziegler und Kliphausen* – ein schwülstiges Barockwerk, das auf den Geschmack von Generationen Einfluß nahm; noch Lessing lobte und noch Goethe zitierte es. Der preußische Rittmeister *Friedrich de La Motte Fouqué* errang 1811 einen Welterfolg mit seinem Märchen „Undine", aus dem E. T. A. Hoffmann und Albert Lortzing jeder eine Oper machten und noch 1939 Jean Giraudoux ein Schauspiel; ein paar Jahre lang stand Fouqué in solchem Ansehen, „daß ein großer Teil der Nation ihn dem Altmeister Goethe an die Seite setzte", schrieb Grillparzer; doch wenn man jetzt (1853) seinen Namen nenne, „so verziehen sich die Gesichter zu spöttischem Lächeln".

Einen Weltruhm so töricht, wie er erst mit dem Starrummel des 20. Jahrhunderts wieder entstand, zog der Zürcher Theologe *Johann Kaspar Lavater* auf sich. 1775 erschienen seine „Physiognomischen Fragmente zur Beförderung der Menschenkenntnis und Menschenliebe" in vier schweren Bänden, mit dem Versprechen, sie verhülfen dem Leser zu der „Fertigkeit, durch das Äußerliche eines Menschen sein Inneres zu erkennen". Diese Behauptung stützte sich auf die schlichte These: „Je moralisch besser, desto schöner – je moralisch schlimmer, desto häßlicher." Dem unstreitigen Vorhandensein des schönen Lasters setzte Lavater entgegen, daß er „eigentlich nur" von moralischer Schönheit rede – womit er seine Kernaussage einem Zirkelschluß geopfert hatte. Stiche und Scherenschnitte von der Hand berühmter Künster „empfahlen das Werk ebenso wie der Schwung des schwülstigen, in begeisterten Ausrufungen hinrollenden Stils" (Brockhaus 1844). Herder und der junge Goethe hatten daran mitgearbeitet, alle Prominenten wollten wissen, ob sie darin vorkämen, unter Europas gebildeten Ständen fand das Buch einen unglaublichen Widerhall. Katharina die Große korrespondierte mit Lavater, seinen Briefwechsel mit der Zarin veröffentlichte er in zwei Bänden, seine Reisen waren Triumphzüge.

Wer hat das sogenannte „kopernikanische Weltbild" entworfen? *Aristarch* im 3. Jahrhundert v. Chr. Aber damals interessierte sich niemand dafür; und der 1800jährige Rückfall in die Barbarei gab Kopernikus die Chance, trotz unsäglicher Verspätung der Berühmtere zu werden. Wer vollbrachte „die größte Tat seit Kolumbus", wie die Londoner „Times" 1858 schrieb? Der amerikanische Kaufmann *Cyrus W. Field,* weil er der Initiator und einer der Finanzierer des ersten Tiefseekabels war, das Amerika mit Europa verband – gewiß eine außerordentliche technische Leistung, die nur ein Besessener vollbringen konnte. New York feierte den „Vereiniger der beiden Welten" mit einem sechsstündigen Festzug und Fackeln, Böllern und Banketten.

Wer war „einer der berühmtesten Komponisten der neuesten Zeit"? In der Mitte des 19. Jahrhunderts der Berliner Jakob Liebmann Beer, der sich *Giacomo Meyerbeer* nannte. Goethe erwog, Meyerbeer für eine Vertonung des „Faust" zu gewinnen; und als 1836 die Oper „Die Hugenotten" in Paris uraufgeführt worden war, wurde Europa von einem „Meyerbeer-Rausch" erfaßt, der den alten Rossini beunruhigte, den jungen Verdi lange Zeit behinderte und Richard Wagner zu Ausbrüchen von Spott und Haß provozierte. Gelernt haben beide von Meyerbeer, und die von ihm veranstaltete Klang-Orgie der Großen Oper hat, nach einer unter Experten verbreiteten Deutung, noch die Monumentalfilme von Hollywood vorgeprägt.

„Die Hugenotten" werden weiterhin gespielt, zuweilen auch „Die Afrikanerin"; Meyerbeer ist also einer jener einst Gefeierten, deren Ruhm nicht ganz erloschen ist. Ähnlich *Niccolò Paganini,* „der erstaunungswürdigste Virtuos, der vielleicht jemals gelebt hat und leben wird". So steht es im Brockhaus von 1833, und sechs volle Seiten lang ist die Hymne, die das Lexikon auf ihn singt. Wien 1828: „Mit dem ersten Strich auf seiner Guarneri war sein Ruf in Deutschland entschieden. Sein Name flog wie der eines ruhmgekrönten Siegers durch alle Zeitungen (...) Er führt den Bogen mit einer unbegreiflichen Schnelligkeit, ja bisweilen in so kühnen Strichen, daß er die Luft wie mit einem Schwert zu teilen scheint – kurz, ein neues Feuer des Prometheus durchflammt ihn mit wunderbarer Kraft (...) Wenn man die Leistungen aller anderen Künstler als die Durchschnittshöhe des Gebirges betrachten kann, zu der sie sich über die Ebene der Gewöhnlichkeit erhoben haben, so ragt Paganini von diesem Gebirgskamm noch als eine einzelne wunderbare Kuppe bis in die Wolken empor, wo das Maß seiner Höhe dem irdischen Blick entschwindet." (Die häufige Zitierung alter Lexika hier und überhaupt in diesem Buch rechtfertigt sich dadurch, daß es für den Ruhm der Zeit keine typischere Quelle gibt.)

Die meisten Opern *Giacomo Puccinis* gehören weiter zum Repertoire; aber niemand würde auf die Idee verfallen, ihn als „den größten Europäer" einzustufen, wie die Leser der „New York Times" dies 1924 taten, kurz vor seinem Tod. Die historischen Romane *Walter Scotts* werden noch gelesen, aber als er 1832 starb, hatte er in einer Bewunderung und Zuneigung baden können wie kaum je ein anderer Schriftsteller. *Victor Hugo* steht in Frankreich noch in Ansehen, doch nur schwer begreift man die Raserei, die sein romantisch-historisches Versdrama „Hernani" 1830 in Paris hervorrief. „Der größte unter den lebendigen lyrischen Dichtern Deutschlands" war laut Brockhaus von 1847 *Ludwig Uhland* – und da lebte noch Heine. Uhlands Balladen und Romanzen im Volksliedton („Ich hatt' einen Kameraden", „Des Sängers Fluch") wurden in fünfzig Jahren sechzigmal aufgelegt, er war populärer als Goethe, ja eine Zeitlang als Schiller.

Was vielen Staatsmännern nach einem Umsturz widerfahren ist, suchte in unserem Jahrhundert einen Dichter heim: die planmäßige Aberkennung des Ruhms, den er zuvor genossen hatte – das Schicksal *Knut Hamsuns.* 1920 bekam er den Nobelpreis, jahrzehntelang galt er als der größte Schriftsteller des Jahrhunderts; Gorki, Gide und Hemingway bewunderten ihn, Tucholsky sprach vom „Wunder" der zeitgenössischen Literatur, Thomas Mann nannte ihn „den größten Lebenden" und rühmte eine Kunst, „die äußerste Verfeinerung mit urepischer Einfalt mischt", und die Rückkehr zum einfachen Leben predigte Hamsun auch noch, sechzig Jahre vor den Grünen („Segen der Erde", 1917).

Aber 1940 rief er die Norweger auf, in den Deutschen ihre Freunde zu sehen, und Hitler würdigte er in den Tagen zwischen dessen Selbstmord und dem Waffenstillstand als „reformatorische Gestalt von höchstem Rang". Dafür kam er vier Monate ins Irrenhaus und wurde, 88 Jahre alt, zu einer Geldstrafe verurteilt, die ihn ruinierte. Seine Werke werden zwar weiterhin gedruckt und auch gelegentlich gewürdigt, doch die Schmach hängt ihnen an, und der Weltruhm ist dahin. Das ist einerseits verständlich, vielleicht sogar gerecht – und zeigt doch andererseits den Kult des Genies von seiner ärgerlichen Kehrseite. An Hamsuns Romanen hat sich ja durch seinen Hitlerkult kein Wort geändert, das Kunstwerk erstrahlt in alter Qualität – so wie der „Mann mit dem Goldhelm", seit wir wissen, daß er nicht von Rembrandt ist. Wenn aber ein Unbekannter das Gemälde geschaffen und der Autor der Romane sich als politischer Narr erwiesen hat, so sehen wir unsere Vorstellung vom großen Mann beschädigt und dadurch das Werk entwertet. Würden wir unsere Genies *so wenig* feiern wie das Mittelalter seine Dombaumeister – der „Segen der Erde" wäre so unbefleckt wie die Kathedrale von Chartres.

Doch solche Distanzierung liegt uns nicht. Die politische Entrüstung ist an die Stelle der moralischen getreten, die ja früher oft dem Ruhm im Wege stand, zumal in den angelsächsischen Ländern, wie bei Edgar Allan Poe und Oscar Wilde; beim Nobelpreis für Literatur treiben beide bis heute ihr Unwesen, Kap. 45 wird es exemplifizieren.

Schoßkinder des Ruhms: Das sind solche, die schon zu ihren Lebzeiten in Ehren standen und noch Jahrhunderte danach in aller Munde sind; deren rühmliche Werke und Handlungen also offensichtlich nicht den Makel von Charakterfehlern oder Missetaten tragen, und wenn, dann so, daß die Scheußlichkeiten zum gewohnten und akzeptierten Bild gehören. Von solcher Gewohnheit profitiert gewiß die erste Garde der Staatsmänner und Feldherren. Unter den Schriftstellern sind solche vom Ruhm Verwöhnten seltener: *Goethe* und *Schiller, Voltaire* und *Balzac, Dostojewski* und *Tolstoi.* Auch sollte man *Jules Verne* erwähnen (gestorben 1905), der die Weltmode des phantastischen Romans begründete und bis heute vor immer neuen Verfilmungen nicht sicher ist; und dazu *Karl May* (gestorben 1912), den oder einen der meistgedruckten Erzähler deutscher Sprache, der laut Ernst Bloch auch „der beste" war, von Arno Schmidt als „letzter Großmystiker unserer Literatur" eingestuft und sogar von der Literaturkritik ernstgenommen als Vorläufer des Surrealismus. Carl Zuckmayer nannte seine Tochter mit Vornamen „Winnetou", mehr als eine Million Exemplare von Mays Romanen werden in Deutschland immer noch Jahr für Jahr verkauft, laut Encyclopaedia Britannica ist er „one of the world's all time fiction bestsellers".

Auch Musikern gelang es nur ausnahmsweise, den Weltruhm einzuheimsen und sich zugleich den Nachruhm zu sichern. *Verdi* erlebte seinen letzten „Durchfall" als 39jähriger mit seiner Oper „La Traviata"; von da an reihte sich Triumph an Triumph, von „Aida" bis „Othello" und „Falstaff", und im Alter war er eine Art Nationalheiliger. *Richard Wagner* mußte länger kämpfen, doch in den letzten fünfzehn Jahren seines Lebens fuhr er die Ernte ein: Uraufführung der „Meistersinger" mit dem Komponisten in der Königsloge, Bau des Festspielhauses in Bayreuth, Aufführung der Ring-Tetralogie in Anwesenheit des Kaisers, Faszination unter den Gebildeten in aller Welt.

Johann Strauß hieß der erste Musiker, der mit Tanzmusik auf Auslandsreisen ging, ja der erste überhaupt, dessen Melodien man auf allen fünf Kontinenten pfiff. Berlioz und Richard Wagner bewunderten ihn. Ein Zeitgenosse schrieb, in seinen Walzern und Galopps tanzten „die fünfmalhunderttausend Teufel des Champagners". Das galt dem Vater, dem mit dem Radetzky-Marsch. An seinem Nachruhm zehrte ein dreifaches Pech: ein Sohn, der noch berühmter wurde (was den Vater seelisch zugrunde richtete, Kap. 48 handelt davon); die Gleichheit des Vornamens mit diesem Sohn, die den weniger Berühmten vollends in den Schatten schob; und noch dazu der psychologische Nachteil des unterscheidenden Zusatzes „Vater", denn Tanzmusik erwartet man eher von den Söhnen. Der Sohn konnte für sein Gastspiel in Amerika 100 000 Dollar verlangen, nach heutigem Geld etwa fünf Millionen Mark. Bruckner stellte ihn über Brahms. Nach seinem Tod wurden seine Melodien bearbeitet, umgruppiert und ausgeschlachtet wie die keines anderen, in der Summe der letzten hundert Jahre war er der meistgespielte Komponist der Welt.

„Der größte Maler der neueren Malerei"? Diesen Titel verlieh der Große Meyer von 1890 an *Raffael,* in Übereinstimmung mit einer Zeitmode, die freilich schon im Abklingen war. Die Zeitgenossen hatten ihn den „Göttlichen" genannt. Auf dem Weg von seinem Haus zum Vatikan pflegten ihn „fünfzig vortreffliche Maler zu umringen, um ihn durch ihre Begleitung zu ehren", schrieb Vasari. Für Goethe war Raffael ein „Gesalbter Gottes"; kein neuerer Künstler habe „so rein und vollkommen gedacht als er und sich so klar ausgesprochen". Die Malschule der Nazarener (Anfang des 19. Jahrhunderts) verglich ihn mit Jesus.

Mit dem Anbruch des 20. Jahrhunderts aber, nach vierhundert Jahren an der Spitze, wurde aus der Bewunderung ziemlich rasch eine Pflichtübung; ja das allzu Glatte, um schlackenlose Harmonie Bemühte an Raffael versetzt viele Heutige in „peinliche Verlegenheit", wie es in Kindlers Enzyklopädie „Die Großen der Weltgeschichte" heißt. Weit über Raffael werden meist Leonardo und Michelangelo gestellt, oft auch Tizian, Velázquez, Rembrandt und Dürer. Wir mögen eben die Rätselhaften, die Saftvollen, die Erschreckenden mehr: *Leonardo,* den der englische Kunstschriftsteller Kenneth Clark den „Hamlet der Kunstgeschichte" nannte (für Goethe war er „ein Mustermensch"); *Michelangelo,* der noch bei Winckelmann „zu dem verderbten Geschmack in der Bildhauerei die Brücke gebaut hat", während wir die schaurig-schöne Wahrheit in Stendhals Verdikt empfinden: „Das einzige Gefühl, das die Gottheit den Sterblichen einflößen kann, ist der Schrecken; und Michelangelo scheint eigens geboren, um den Sterblichen diesen Schrecken durch Marmor und Farbe aufzuprägen." Beide, Michelangelo und Leonardo, sonnten sich im Ruhm von jungen Jahren an, einander hassend, Michelangelo überdies von Haß auf Raffael erfüllt, der alles Große ihm, Michelangelo, abgesehen habe.

Rembrandt hatte schon mit 21 Jahren zahlende Schüler, war mit 35 eine europäische Größe und wurde im Alter von italienischen Experten oft mit Raffael und Michelangelo verglichen. In den obersten Tempel des Geniekults drang er jedoch erst im 19. Jahrhundert vor. Albrecht Dürer starb als berühmter Mann, mit einem Ehrensold Kaiser Karls V. versehen, bewundert von Fürsten, Gelehrten und den Malern der Niederlande, die er 1520/21 im Triumph bereist hatte.

Als *Diego Velázquez* 1660 starb, geriet sein Name für anderthalb Jahrhunderte fast in Vergessenheit – aus dem banalen Grund, daß er als Hofmaler der spanischen Könige fast nur für deren Paläste produziert hatte und diese Schätze erst 1819 mit der Eröffnung des Prado zugänglich wurden. Seither gilt er in Spanien als „pintor de los pintores", der Maler aller Maler, so nannten ihn auch Edouard Manet und Salvador Dalí, und der Schweizer Kunsthistoriker Heinrich Wölfflin schrieb 1899: „Velázquez, vor hundert Jahren nur wenigen bekannt, ist heute für das Abendland der Maler schlechthin."

Hofmaler, Unbekannter, größter Maler – Berühmtheit, Vergessenheit und neue Bewunderung: Das ist die Achterbahn, die der Ruhm so oft befährt. *Herman Melville* wurde als junger Mann berühmt mit seinem Südsee-Abenteuerbuch „Typee", fand fünf Jahre später nur ein schwaches Echo auf „Moby Dick", starb vierzig Jahre später

(1891) als ein fast Vergessener und gilt seit etwa 1920 als einer der bedeutendsten Romanciers des 19. Jahrhunderts. *Antonio Vivaldi* war zu seinen Lebzeiten als Komponist und Virtuose eine europäische Berühmtheit und ein großer Anreger für andere Komponisten, vor allem für Johann Sebastian Bach, der sechzehn Violinkonzerte Vivaldis für Klavier und vier für Orgel bearbeitete. Die Lexika des 19. Jahrhunderts aber erwähnten Vivaldi nicht. 1926 wurden in Piemont die Handschriften zahlreicher unveröffentlichter Werke aufgefunden, 1930 tauchte er im Großen Meyer mit elf Zeilen auf, heute gilt er als einer der großen Komponisten des Barocks, wird häufiger gespielt als Händel und hat mit dem Zyklus „Die vier Jahreszeiten“ einen wahren Ohrwurm fürs Repertoire geliefert.

Noch nicht so gut ist es *Georg Philipp Telemann* ergangen, einem der fruchtbarsten und berühmtesten Komponisten seiner Zeit; Leipzig wollte ihn als Thomaskantor haben und war enttäuscht, daß es statt dessen mit Johann Sebastian Bach vorlieb nehmen mußte. 1890 hieß es über Telemann im Lexikon: „Von seinen fast unzählbaren Werken hat nicht ein einziges ihren Schöpfer zu überleben vermocht.“ 1929 ein Fortschritt: „Von seinen zahllosen Werken haben ihn nur wenige überlebt.“ Da war gerade eine zaghafte Wiedergeburt in Gang gekommen, gefördert durch das Bedürfnis nach gefälliger Hausmusik – die er *auch* komponiert hatte; neben 46 Messen und Passionen, rund 50 Opern und Oratorien und 1400 Kantaten, von denen die meisten bis heute nicht veröffentlicht worden sind, so daß ein Vergleich mit Bach nicht stattfinden kann; nicht gerechnet, daß mehrere Kompositionen Telemanns hundert Jahre lang für Werke Bachs gehalten wurden. Telemann habe als erster Deutscher „Leichtigkeit und Natur“ in seine Arien gebracht, schrieb ein Zeitgenosse; wozu die „Frankfurter Allgemeine“ 1981, anläßlich seines 300. Geburtstags, anmerkte, „bei der deutschen Neigung zu tragisch umwölkten Künstlerbiographien“ habe dies seinem Nachruhm einen tödlichen Stoß versetzt. „Wäre er doch besser bei Lebzeiten verkannt gewesen, ertaubt oder verhungert – wie stünde er da!“

In *Mozarts* Ruhm gab es nur ein Tal, und das mußte er anfänglich selbst durchschreiten, in den letzten fünf Jahren seines Lebens. Die Wiener hatten sich von ihm abgewandt, seine späten Opern waren keine Triumphe mehr, seine letzten Symphonien wirkten befremdlich auf die Zeitgenossen; sein Tod, immerhin, füllte den Stephansdom. Der Rest von Mozarts Ruhm wurde bald von *Beethoven* überstrahlt (1804: „Eroica“), der die Welt schon zu Lebzeiten beschäftigte wie kein anderer Musiker vor ihm. Zwar fand Carl Maria von Weber ihn nach seiner 7. Symphonie „nun ganz reif fürs Irrenhaus", doch an seinem Grab sagte Grillparzer, er weile im Tempel der Unsterblichkeit „bei den Großen aller Zeiten, unantastbar für immer". Liszt und Wagner trieben einen wahren Kult mit ihm, für Georges Bizet war er „ein Gott", in Japan wird er nahezu als solcher verehrt, und in vielen Schulen englischsprachiger Länder hat die Antwort auf die ebenso törichte wie beliebte Frage nach dem größten Komponisten aller Zeiten „Beethoven" zu lauten; laut Encyclopaedia Britannica war er „a universal genius widely regarded as the greatest composer who ever lived".

Doch Mozart holte auf. 1842 errichtete seine Geburtsstadt Salzburg ihm ein Denkmal, im Jahr darauf nannte Grillparzer ihn „den größten Künstler deutscher Nation", 1855 mehrte Mörike mit seiner Novelle „Mozart auf der Reise nach Prag" seinen Ruhm, und Brahms stellte ihn ausdrücklich über Beethoven. 1981 ging Mozart aus einer Umfrage des Österreichischen Rundfunks als „der bekannteste Österreicher" hervor, vor Johann Strauß (Sohn), dem damaligen Bundeskanzler Bruno Kreisky, der Kaiserin Maria Theresia – und Kurt Waldheim, der zu jener Zeit Generalsekretär der UNO war. Sein Biograph Wolfgang Hildesheimer nennt Mozart „ein unverdientes Geschenk an die Menschheit, in dem die Natur ein einmaliges, unwiederholbares – jedenfalls niemals wiederholtes – Kunstwerk hervorgebracht hat".

Zwischen all den quasi religiösen Formeln für Mozart und Beethoven, für Raffael und Velázquez fühlt man sich an die Einsicht von David Friedrich Strauß erinnert, der Kult des Genies sei die Antwort der Gebildeten auf den Zerfall der Religion (Kap. 12). Vergleichsweise leise und für ein Lexikon erstaunlich ist dagegen ein Superlativ der Encyclopaedia Britannica: „Es ist möglich, daß die Musik des Abendlands in Mozart einen Gipfel der Vollkommenheit erreicht hat, auf den künftige Generationen mit ähnlicher Wehmut zurückblicken werden wie Europa jahrhundertelang auf die größten Schöpfungen des antiken Griechenlands."

Es gibt ihn also durchaus, den Glücksfall, daß wir Grund haben, einen der Berühmtesten auch für einen der Größten zu halten – zwischen all den zu Unrecht Weltbekannten, den zu Recht oder zu Unrecht in Vergessenheit Geratenen, den zu Unrecht Übergangenen. Nun zu den verkannten Genies: jenen vielen, die erst kurz vor ihrem Tod gefeiert wurden, oder erst danach, oder nie.

38.

Die mehr oder weniger verkannten Genies

> Ich bin berühmt, aber es hat sich noch nicht herumgesprochen.
>
> *Karl Kraus*

Von den hundert Luthers, den hundert Mozarts, den hundert Napoleons, die unsere Gattung ins Leben schicken mußte, damit einer von ihnen die Umstände vorfand, die es ihm gestatteten, seine Gaben zu entfalten – von diesen hundert sind und bleiben 99 unbekannt für immer. Manche von den Zehntausenden, zu denen die jeweils 99 sich summieren, mögen nichts geahnt und folglich nicht gelitten haben; so wie Luther vermutlich nichts erduldet hätte, wenn auf seine Thesen jenes Echo ausgeblieben wäre, das ihn selber überrumpelte. Von vielen dieser durch die Verhältnisse Benachteiligten aber dürfen wir vermuten, daß sie anrannten gegen die Mauern des falschen Ortes und der falschen Zeit.

Noch tragischer ist das Schicksal jener, die ihre große Tat durchaus vollbringen konnten, denen aber die Mitwelt jede Anerkennung versagte (der Fall Gregor Mendel); oder die Nachwelt ebenfalls – obwohl ihr doch oft (und meist fälschlich) eine korrigierende Rolle zugesprochen wird: der Fall *Alan Turing.*

Wer hätte je von ihm gehört? Dabei hat Turing zum Überleben Englands und dem schließlichen Sieg der Alliierten im Zweiten Weltkrieg mehr beigetragen als die meisten Generale: Denn er war der Chefmathematiker jener Abteilung des britischen Geheimdienstes, der es gelang, die rasch wechselnden Codes der deutschen Chiffriermaschine „Enigma" zu knacken und so die Militärs, vom Hauptquartier der Royal Airforce über die Geleitzüge im Nordatlantik bis zu Montgomery in Nordafrika, von den deutschen Plänen unverzüglich in Kenntnis zu setzen. Eine Mischung aus brillanter Mathematik, praktischer Intelligenz und einer Witterung für das Wahrscheinliche war da vonnöten, und Turing besaß dies alles. Dabei half ihm sein theoretisches Modell für alle künftigen Computer, die *Turing-Maschine;* so heißt sie noch heute in den Lexika – nur das Stichwort „Turing, Alan" fehlt in den meisten.

Warum – wenn einer zu den Rettern Englands und zugleich zu den Erfindern des Computers zählt und wenn er noch dazu den *Turing-Test* ersonnen hat, den die Computer-Fachleute bis heute verwenden? Die Versuchsanordnung, von Turing schon 1950 vorgeschlagen, soll den Streit entscheiden, ob eine Maschine die Intelligenz eines Menschen erreicht, und zwar so: Wenn ein Experte am Computer einen Dialog mit einem anderen Computer führt, den er nicht sieht, und wenn er sich dann trotz aller Tricks und Tücken nicht im klaren ist, ob der andere Computer von einem Menschen bedient wird oder allein agiert: Dann kann die Maschine „denken".

Bei der Verweigerung des Ruhmes gingen bei Turing zwei Gründe eine ungewöhnliche Verschwörung ein. Zum ersten: Wer an so exponierter Stelle im Geheimdienst gearbeitet hat, ist gehalten, darüber zu schweigen bis ins Grab; auch öffentliche Ehrungen winken ihm nicht. Zum zweiten: Beim Geheimdienst wie bei seinen zivilen Fachkollegen hatte Turing allen Kredit verspielt, als er 1952 wegen Homosexualität zu einer Gefängnisstrafe mit Bewährung verurteilt wurde. Außerdem mußte er sich mit weiblichen Geschlechtshormonen behandeln lassen. Zwei Jahre später, 42 Jahre alt, starb er an Zyankali. Die Encyclopaedia Britannica, die Turing 1963 noch nicht verzeichnet hatte, schreibt in ihrer Ausgabe von 1983, die Behörden hätten zwar Selbstmord festgestellt, doch sei ein Unfall wahrscheinlicher. Dies behauptete sich um so leichter, als das Lexikon die Verurteilung Turings nicht erwähnt, so wenig wie seine Tätigkeit für den Geheimdienst.

Da hätten wir also einen ungewöhnlich klugen Kopf mit einer außerordentlichen historischen Rolle, der noch dazu dem Bedürfnis nach Tragödie und Anekdote Nahrung gibt; doch sein Ruhm ist Null – und das, obwohl Turing, wenn da irgendeine Instanz mit Vernunft und Augenmaß am Werke wäre, wenigstens ein bißchen berühmter sein müßte als Andy Warhol oder Peter Handke.

Nur ein kleiner Zirkel kennt den Wiener Komponisten *Alexander von Zemlinsky,* Lehrer Arnold Schönbergs, bewundert von Gustav Mahler, von den Nazis als Jude und Neutöner mit Aufführungsverbot belegt. Für Theodor Adorno war Zemlinsky ein Beispiel „für die schlechte Zufälligkeit und Ungerechtigkeit des Weltlaufs auch in der Kunst", für die „Frankfurter Allgemeine" 1974 das Opfer eines „Justizmords der Musikgeschichte".

Wer kennt *Djuna Barnes?* Sie nannte sich selbst „die berühmteste Unbekannte der Welt" und gilt vielen Kritikern als die größte amerikanische Schriftstellerin des 20. Jahrhunderts. Sie war befreundet mit James Joyce, wurde bewundert von T. S. Eliot und Ezra Pound und veröffentlichte mit 44 Jahren ihren großen Roman „Nightwood" (Nachtgewächs, 1936), laut Eliot ein Werk von stilistischer Brillanz

„und dem Geschmack von Grauen und Untergang". Ihre letzten Jahrzehnte verbrachte sie, grimmig und menschenscheu, in ihrer kleinen Wohnung in New York, finanziell unterstützt von Peggy Guggenheim, bis sie 1982 starb mit 90 Jahren. Die Encyclopaedia Britannica von 1983 registriert sie nicht.

Den mährischen Augustinermönch *Gregor Mendel* setzte die Nachwelt in seine Rechte ein; die Mitwelt ignorierte ihn total. Die meisten, die wir als „verkannt" einstufen wie Bach oder Kleist, hatten doch immerhin ein paar Erfolge: Sie sahen sich aufgeführt, gedruckt, beachtet. Gregor Mendel aber fand überhaupt kein Echo auf seine Schrift „Versuche über Pflanzen-Hybriden", die er 1865 in 120 Exemplaren an mögliche Interessenten verschickte; die Grundgesetze der Vererbung hatte er entdeckt und auf 47 Seiten exakt beschrieben, eine große Lücke in Darwins System hatte er geschlossen und der Gentechnik des 20. Jahrhunderts den Weg bereitet. Er lebte noch neunzehn Jahre, gab die wissenschaftliche Arbeit auf und wurde Abt. Als 1900, sechzehn Jahre nach Mendels Tod, drei europäische Botaniker unabhängig voneinander die Vererbungsgesetze zum zweiten, dritten und vierten Mal entdeckten, stießen sie in den Bibliotheken auf Mendels Schrift und zitierten sie. Zu seinem 100. Todestag wurde in der Walhalla bei Regensburg seine Büste aufgestellt.

Warum geschieht es so selten, daß ein späterer Welterfolg nicht einmal den winzigsten Vorboten schickt? Sollte es doch eine Art Gerechtigkeit in der Ruhm-Verleihung geben, ein Urteilsvermögen der Zeitgenossen, das dem Großen die gänzliche Erfolglosigkeit erspart? Oder müssen wir, umgekehrt, befürchten, daß Mendels Schicksal durchaus nicht selten ist, daß aber die meisten seiner Leidensgenossen unentdeckt bleiben für immer? Wie, wenn er nun nicht einmal das Geld für den Druck von 120 Exemplaren besessen hätte – oder wenn die Bibliothekare seinen Privatdruck nicht des Einordnens für wert befunden hätten – oder wenn seine Nach-Entdecker weniger redlich gewesen wären? Die Wahrscheinlichkeit ist hoch, daß Hunderte, Tausende von Mendels lebten und leben, die ihre große Tat vollbracht haben und trotzdem für alle Zeit vergessen sind.

Das bleibt zu bedenken, wenn wir den häufigeren Fall anleuchten, daß einer ein paar Achtungserfolge einheimste und einen kleinen Vorruhm kosten durfte, bevor nach seinem Tod der große Ruhm auf ihn niederging.

Manche brachten es nicht weiter, als ein einziges Mal gedruckt zu werden, und dies ohne Widerhall. *Hölderlin* fand 1797 einen Verleger für seinen Roman „Hyperion"; im selben Jahr durfte er Goethe besuchen, mit der Folge des bekannten fürchterlichen Fehlurteils (Kap. 27). Erst mit der Gesamtausgabe von 1913 bis 1923 stieß er zur Weltgeltung vor. Von *Georg Büchner* wurde „Dantons Tod" gedruckt, wenn auch vom Verlag entstellt aus Sorge vor der Zensur; trotzdem noch „ein blutiger Torso, in voller zynischer Nacktheit, aber zugleich mit erschütternder Wahrheit bloßgelegt" (Brockhaus 1843, sechs Jahre nach Büchners Tod). Die erste Aufführung eines Büchner-Stücks fand 1885 statt: „Leonce und Lena", 48 Jahre nachdem er an Typhus gestorben war. 1902 kam „Dantons Tod" auf die Bühne, 1913 die Woyzeck-Fragmente. Eine ähnliche Schmach erlitt *van Gogh:* Solange er lebte, konnte er genau ein Bild verkaufen für umgerechnet 400 Mark; und sein Pariser Farbenhändler stellte in den letzten drei Jahren seines Lebens regelmäßig ein paar van Goghs ins Schaufenster.

Spinoza fand sich immerhin zweimal gedruckt, unter seinem Namen mit einem Buch über Descartes und anonym mit seinem „Theologisch-politischen Traktat"; das Echo, auf das er zu Lebzeiten stieß, bestand jedoch überwiegend aus der Anfeindung durch die jüdische Gemeinde, weil er öffentlich für Gedankenfreiheit plädierte (Kap. 18). Erst kurz nach seinem Tod (1677) erschien die „Ethik", an der er fünfzehn Jahre lang gearbeitet hatte, ein klassisches Werk der abendländischen Philosophie – womit Spinoza zunächst wiederum Kritik, ja Haß auf seinen Namen häufte, denn seine Lehre, daß Gott und die Natur ein und dasselbe seien, wurde ihm als Atheismus ausgelegt. Noch 1710 tadelte ihn Leibniz, daß er, „soweit man ihn verstehen kann, die göttliche Güte bestreitet". Erst zu Ende des 18. Jahrhunderts setzte sein Nachruhm ein, den jungen Goethe beeindruckte er tief.

Nietzsche mußte schon von seinem Erstling, der „Geburt der Tragödie", registrieren, es werde ihm „doch schwer, sich zu verbreiten", aber er rechne „auf einen stillen, langsamen Gang – durch die Jahrhunderte". Seine späten Werke ließ er auf eigene Kosten drucken, und sein einziger Erfolg vor dem Ausbruch des Wahnsinns war, daß der dänische Literaturhistoriker Georg Brandes 1888 Vorlesungen über ihn hielt. Der Ruhm setzte erst mit dem Wahnsinn ein, mit der Art, wie seine Schwester den vermarktete, sowie mit der Emsigkeit, mit der sie 1895 begann, biographische Bücher über ihn zu schreiben und seine Gesammelten Werke herauszugeben, darunter 1901 den „Willen zur Macht", eine Kompilation von Fragmenten aus dem Nachlaß, die den Anschein einer systematischen Arbeit erwecken sollte und als Nietzsches „Hauptwerk" angepriesen wurde.

Franz Schubert hatte ein paar Erfolge in seinem kurzen Leben, aber keinen, der ihn auf das Urteil der Nachwelt hätte vorbereiten können. Drei Singspiele aufgeführt, wenn auch ohne Beifall, ein öffentliches Konzert selbst dirigiert, mit Applaus, und durch den „Erlkönig", den er 1815 als Achtzehnjähriger komponiert hatte, in seinen letzten Lebensjahren ein bißchen Popularität in Österreich und Deutschland – das war's. Nie vernahm er, was Beethoven auf dem Krankenbett bei Durchsicht einiger Lieder gesagt haben soll: „In dem lebt der göttliche Funke!" Sein Tod war keiner Zeitung eine Zeile wert, veröffentlicht war nur der zehnte Teil seiner Kompositionen. Der Nachruhm setzte erst 1865 ein, mit der Aufführung seiner „Unvollendeten" in Wien, und erst in den letzten Jahrzehnten wurde Schubert auf den Olymp der Musik gehoben, als „der hinreißendste aller Erfinder" (Alfred Einstein 1949), dicht unter den Dreien, die als die Größten gelten: neben Mozart und Beethoven *Johann Sebastian Bach.*

Dessen Weg dorthin war länger als der der beiden anderen. Als Thomaskantor zu Leipzig in den letzten 27 Jahren seines Lebens erfreute er sich zwar eines gediegenen Rufs, die Zeitgenossen rühmten ihn darüber hinaus als Orgelvirtuosen, Friedrich II. von Preußen (der später „der Große" hieß) ließ sich 1747 von ihm vorspielen. Als Komponisten aber kannte man ihn nicht. Doch lag es ihm fern, sich deshalb für verkannt zu halten: Er schrieb seine Kantaten und Passionen für die Thomaskirche, „dazu bestimmt, ein-, zwei- oder dreimal an einem bestimmten Sonntag zum Erklingen gebracht und dann ad acta gelegt zu werden", schreibt Alfred Einstein. „Sie wurden von der Gemeinde nicht gewürdigt oder genossen, sondern verbraucht." Auch Mozart, noch Verdi schrieben ja Opern, weil eine Bühne Bedarf angemeldet hatte, und der entstand, weil es gegen den Geist der Zeit gewesen wäre, sich ein historisches Repertoire zuzulegen oder gar sich um „Ausgrabungen" zu bemühen.

Für das erste halbe Jahrhundert nach seinem Tod sind keine Aufführungen von Bachschen Werken überliefert, ja als der eigentlich große Bach galt Carl Philipp Emanuel, der zweite seiner vier komponierenden Söhne. 1802 jedoch rühmte der Universitätsmusikdirektor von Göttingen, Johann Nikolaus Forkel, in seinem Buch „Über Johann Sebastian Bachs Leben, Kunst und Kunstwerke" seinen Helden als „den größten musikalischen Dichter und den größten musikalischen Deklamator, den es je gegeben hat und den es wahrscheinlich je geben wird"; das deutsche Vaterland habe Grund, stolz auf ihn zu sein. Das Jahr 1829 brachte den Durchbruch: Felix Mendelssohn-Bartholdy, 20 Jahre alt, führte mit der Berliner Singakademie die Matthäus-Passion auf, hundert Jahre nach ihrer Entstehung, gestützt auf den Reichtum und das Ansehen des Bankiers Abraham Mendelssohn, Felix' Vater. Für Richard Wagner war Bach „das wunderbarste Rätsel aller Zeiten", für den Großen Meyer von 1890 „einer der größten Meister aller Zeiten", für Claude Debussy „der Liebe Gott der Musik".

Dabei haben die Anbeter in Kauf zu nehmen, daß von vielen großen Werken die Handschriften nicht mehr existieren, so daß die mutmaßlichen Absichten Bachs aus bis zu zwanzig differierenden Drucken und Abschriften rekonstruiert werden müssen; in gewissem Sinne sei der jeweilige Herausgeber der Komponist, schreibt die Encyclopaedia Britannica. Mit *Haydn* steht es nicht anders: Er war so populär, daß Musiker und Musikverleger zahllose Abschriften und Raubdrucke in Umlauf brachten, in denen es von Irrtümern und Schönungen wimmelte, ja daß unbekannte Komponisten ihre Werke mit Haydns Namen schmückten. So sinkt die Zahl der ihm zugeschriebenen Kompositionen immer noch, ähnlich wie bei den Zeichnungen von Rembrandt und Michelangelo (Kap. 12). In den herkömmlichen Ausgaben der *Beethoven*-Symphonien will der Dirigent Igor Markevitch 1982 nicht weniger als 70 000 Fehler gefunden haben. Von *Shakespeare* existiert nicht eine Handschrift; in den Drucken seiner Dramen vermischen sich unentwirrbar eigene Überarbeitungen mit Anpassungen von unbekannter Hand an die Bedürfnisse der Schauspieltruppe, mit Schreib- und Druckfehlern sowie mit den Hörfehlern jener Schnellschreiber, die zum Zweck der Herstellung von Raubdrucken ins Theater geschickt wurden.

Unser Ruhmbedürfnis sieht darin keinen Makel. Selbst mutwillige Entstellungen schaden dem einmal für groß Erkannten nicht: *Franz Kafka* zum Beispiel wurde solchen Verfälschungen nach seinem Tode unterworfen, darüber in Kap. 40 mehr. Er veröffentlichte mehrere Bände mit Erzählungen, bekam 1915 den Fontane-Preis und wurde schon zu Lebzeiten bewundert von Tucholsky, Robert Musil, Walter Benjamin. Mehr als drei Viertel seiner Werke aber wurden aus dem Nachlaß herausgegeben, darunter die drei Romane („Der Prozeß", „Das Schloß", „Amerika"). Hermann Hesse nannte Kafka „den heimlichen König der deutschen Prosa", Thomas Mann zitierte Hesse 1930 mit dieser Äußerung und fügte hinzu, daß auch er Kafkas Werke „außerordentlich liebe" (was ihn wahrscheinlich eine gewisse Überwindung kostete).

Im Dritten Reich wurde Kafka den Deutschen „als dekadenter

Jude" vorenthalten – auch insofern „Seismograph einer ganzen Epoche", wie Hesse 1935 schrieb. Der DDR galt er als dekadenter Bourgeois. Seine Weltgeltung ging nach 1945 von den französischen Existentialisten aus; inzwischen ist er der meistinterpretierte Schriftsteller des Jahrhunderts, eine ganze „Kafka-Industrie" hat er ins Brot gesetzt, schrieb Marcel Reich-Ranicki 1983, und Peter Demetz 1988, „in der Aufmerksamkeit unseres brüchigen Zeitalters" habe er Dante und Goethe längst hinter sich gelassen. In der Tat: Das Wort *kafkaesk* steht im sechsbändigen Duden-Wörterbuch von 1977, das Wort *goethisch* nicht (nur der Rechtschreib-Duden hat es verzeichnet). „Nach Kafkas Art" oder „auf rätselhafte Weise unheimlich, bedrohlich" lautet die Definition – und mit dem Unheimlichen sind wir wieder bei einer konstanten Größe der Ruhmzuweisung. Ruhm sei ja, sagt Lange-Eichbaum, zum größten Teil „gesättigte Gier nach Grauen und Gruseln".

Dies kam nach seinem Selbstmord auch *Kleist* zugute, dem wir, nach Thomas Mann, „die dramatische Ur-Erschütterung" verdanken; wie Kafka hatte er am Ruhm nur genippt. Seine Erzählungen und drei seiner Dramen sah er gedruckt, zwei wurden sogar aufgeführt (er sah sie nicht): 1808 der „Zerbrochene Krug" durch Goethe in Weimar – mit lauten Unmutsäußerungen des Publikums, „das allen Krügen dieser Art zur Warnung ein auffallendes Exempel an demselben statuierte", schrieb die in Leipzig erscheinende „Zeitung für die elegante Welt"; 1810 das „Käthchen von Heilbronn" in Wien – „mit sehr geteiltem Beifall", wie der Rezensent vermerkte. Das bißchen literarische Anerkennung, das Kleist mit seinen Erzählungen gewonnen hatte, war damit fast verspielt. 1811 erschoß er sich. 1821 brachte Ludwig Tieck eine erste Ausgabe seiner Gesammelten Werke auf den Markt, und das Burgtheater führte den „Prinzen von Homburg" auf. 1825 schrieb Heine, er habe den „Michael Kohlhaas" gelesen, sei „voller Bewunderung für den Verfasser, kann nicht genug bedauern, daß er sich totgeschossen, kann aber sehr gut begreifen, warum er es getan". Kurz darauf ertappte Heine sich dabei, wie er in einem Brief die Kleistsche Wendung „dergestalt, daß" benutzte. 1876 fand die Uraufführung der „Penthesilea" statt und 1898 schließlich des „Amphitryon".

Mehr berüchtigt als berühmt war *Edgar Allan Poe,* solange er lebte und noch Jahrzehnte danach. An seinem Grab sagte der Baptistenprediger Rufus Wilmot Griswold: „Er ist vorgestern in Baltimore gestorben. Diese Nachricht wird viele erschrecken, aber nur wenige mit Kummer erfüllen." Derselbe Griswold gab von 1850 bis 1856 die Gesammelten Werke Poes in vier Bänden heraus, im dritten Band mit einem von ihm verfaßten biographischen Bericht, der den Dichter beschuldigte, er sei von Jugend an lasterhaft gewesen, habe sich durch seinen wüsten Lebenswandel die Liebe seines gütigen Pflegevaters ebenso verscherzt wie die Zuneigung aller seiner Freunde, habe seine arme Frau in den Tod getrieben und sei, von seinen Ausschweifungen ausgezehrt, schließlich in der Gosse geendet.

Das war eine Hinrichtung für ein halbes Jahrhundert. Wie kam dieser Griswold dazu? Poe selbst hatte ihn zum Verwalter seines literarischen Nachlasses bestimmt, nachdem Griswold als sein, Poes, Nachfolger Chefredakteur der literarischen Zeitschrift „Graham's Magazine" geworden war; hinter der Maske freundschaftlichen Umgangs muß dieser Griswold beschlossen haben, sich an dem zu rächen, den er um sein überlegenes Talent beneidete und für seinen Hochmut haßte. Denn Poe war zu Lebzeiten nicht ohne Erfolg: Seine Erzählungen wurden gedruckt und beachtet, „Das Manuskript in der Flasche" errang beim Erzählwettbewerb einer Zeitung in Baltimore den ersten Preis von 50 Dollar, als Kritiker hatte Poe geradezu einen Namen, auf Partys wurde er herumgereicht und erregte teils interessiertes Befremden, teils angstvolle Bewunderung für seine exotische Erscheinung, die Brillanz seiner Rede und die seelischen Abgründe, die man aus seinen Geschichten kannte.

Der Ruhm kam aus Frankreich. Baudelaire war schon 1847, als Poe noch lebte, auf seine Erzählung „Die schwarze Katze" gestoßen und übersetzte zwei Bände mit Erzählungen nach der Griswoldschen Ausgabe. Bald interessierten sich auch Mallarmé, Verlaine, Rimbaud für Poe, Jules Verne dankte ihm als seinem Vorbild, ebenso Arthur Conan Doyle, der seinen Sherlock Holmes erkennbar nach Auguste Dupin geformt hat, dem Detektiv in drei von Poes Geschichten, und Ambrose Bierce, der es zu Anfang des 20. Jahrhunderts als erster Amerikaner wagte, Poe „den größten Amerikaner" zu nennen.

Wieviel Ruhm *Shakespeare* genoß, ist aus den spärlichen Unterlagen schwer zu schließen – offenbar aber war der Erfolg, den er als Dramatiker, Schauspieler und Theaterleiter unstreitig hatte, nur ein schwacher Vorgeschmack auf den Weltruhm. Der setzte erst in der zweiten Hälfte des 18. Jahrhunderts ein, während Shakespeare in den anderthalb Jahrhunderten nach seinem Tode (1616) kaum noch gespielt worden war. Das stärkste Indiz dafür, daß er die Zeitgenossen nicht gerade überwältigt hatte, ist das Fehlen von zeitgenössischen Porträts: Zwei biedere Handwerker haben ihn erst nach seinem Tod abgebildet – ein Kupferstecher für die erste Folio-Ausgabe und der

Steinmetz, der seine Büste für die Pfarrkirche von Stratford meißelte.

Der *große* Shakespeare ist eine deutsche Entdeckung, wie der große Poe eine französische war. Lessing fällte in seinem 17. Literaturbrief (1759) das für seine Zeit erstaunliche Urteil, Shakespeare sei ein größerer tragischer Dichter als Corneille; seit dem „König Ödipus" des Sophokles habe kein Stück mehr Gewalt über unsere Leidenschaft als „Othello", „Hamlet" oder „König Lear". „Das Große, das Schreckliche, das Melancholische" wirke eben besser auf uns als das Artige, das Zärtliche, das Verliebte, wie es für die französischen Klassiker typisch sei – ein immer wieder angeleuchteter Grundpfeiler des Ruhms. Drei Jahre später (1762) begann Christoph Martin Wieland 22 Dramen Shakespeares in deutsche Prosa zu übertragen. 1797 eröffnete August Wilhelm Schlegel die klassische Übersetzung in Versen, die er zusammen mit Ludwig Tieck betreute – anerkanntermaßen eine der großartigsten und einflußreichsten Übersetzungsleistungen der Weltliteratur. 1806 lernte der englische Dichter und Literaturkritiker Samuel Taylor Coleridge Ludwig Tieck kennen; 1811 begann er eine Vorlesungsreihe, mit der These, Shakespeare sei kein Mensch, sondern eine literarische Variation des unendlichen Gottes.

Ähnlich sagte ja später *Marcel Proust,* ein Buch sei das Produkt eines anderen Ichs. Proust gehörte zu denen, die den Triumph noch miterlebten, wenn auch zermürbend spät. Den ersten Band seiner siebenbändigen „Suche nach der verlorenen Zeit" lehnte Frankreichs führender Verlag Gallimard ab auf Grund eines Gutachtens von André Gide; so ließ Proust ihn 1913 als Privatdruck erscheinen, mit geringem Echo. Doch der zweite Band wurde 1919 bei Gallimard verlegt und gewann sogleich den Prix Goncourt. Noch drei Jahre lang konnte Proust die Ernte einfahren; die drei letzten Bände wurden nach seinem Tod publiziert. In jenen zweiten Band, der ihm zum Durchbruch verhalf („Im Schatten junger Mädchenblüte") hatte Proust vorsorglich hineingeschrieben, warum ein geniales Werk bei seinem Erscheinen meist so wenig bewundert werde: „Weil der Autor ein außerordentlicher Mensch ist, dem wenige Leute ähneln. Das Werk befruchtet aber die seltenen Köpfe, die fähig sind, es zu verstehen, und mehrt ihre Zahl; es schafft sich sein Publikum. Das Werk schafft sich seine Nachwelt selbst."

Das klingt nach einer vorsorglichen Selbsttröstung und enthält wohl doch ein Quantum Wahrheit. *Paul Cézanne* wurde jahrzehntelang bei allen großen Pariser Ausstellungen zurückgewiesen, bis er 56 war; dann schloß die Nachwelt zu ihm auf. Für Picasso war Cézanne der

„Vater der Moderne“, für Franz Marc „eine Art lieber Gott der Malerei“ (wie Raffael für die Nazarener und wie die Götter der Musik: Bach für Debussy, Beethoven für Bizet).

Bei *Schopenhauer* verstrichen nach der Veröffentlichung seines Hauptwerks (1819) zweiunddreißig qualvoll lange Jahre, bis die Öffentlichkeit von ihm Kenntnis nahm; der größte Teil der ersten Auflage wurde eingestampft. Der Brockhaus von 1847 berichtet eine Dreiviertelseite lang über die Schriftstellerin Johanna Schopenhauer, seine Mutter, und der letzte Satz des Stichworts lautet: „Ihr Sohn *Arthur,* seit 1816 als philosophischer Schriftsteller tätig, hat, bei unleugbarem Scharfsinn, doch wenig Anerkennung gefunden.“ Nietzsche schrieb 1874 über diese Jahrzehnte: „Kein einziger bedeutsamer Anhänger zeigte sich. Es macht uns traurig, Schopenhauer auf der Jagd nach irgendwelchen Spuren seines Bekanntwerdens zu sehen; und sein endlicher überlauter Triumph darüber, daß er jetzt wirklich gelesen werde, hat etwas Schmerzlich-Ergreifendes.“

1851 veröffentlichte der unbeachtete Philosoph, 63 Jahre alt, eine Nachlese, die zwar den schwierigen Titel „Parerga und Paralipomena“ trug, aber so eingängige Stücke enthielt wie die „Aphorismen zur Lebensweisheit“ oder den Aufsatz „Über die Weiber“. Auch brachte sie Schopenhauers grimmig-brillanten Stil zur höchsten Blüte, bei planmäßigem Verzicht auf philosophische Fachausdrücke. Über die Wirksamkeit eines Schriftstellers heißt es darin, sie sei notgedrungen dadurch bedingt, „daß er den Ruf erlange, man müsse ihn lesen“. Diesen Ruf könnten hundert Unwürdige schnell erwerben, „weil das Pack stets in Menge vorhanden ist und eng zusammenhält“, während der Würdige nur Feinde habe, „weil geistige Überlegenheit das Verhaßteste auf der Welt ist, und nun gar bei den Stümpern im selben Fache, die selbst für etwas gelten möchten. Sollten die Philosophieprofessoren etwa meinen, daß hier auf sie und ihre mehr als dreißig Jahre lang eingehaltene Taktik gegen meine Werke angespielt werde: so haben sie es getroffen.“

Doch eben diese Sammlung erregte endlich das Aufsehen, auf das er ein halbes Leben lang gewartet hatte. Der Stil erinnerte an die großen französischen Moralisten, der Pessimismus paßte in die Zeit; in England, Frankreich und Italien begannen Artikel über Schopenhauer zu erscheinen. 1854 übersandte Richard Wagner dem Einsiedler „aus Verehrung und Dankbarkeit“ einen kostbaren Privatdruck der ersten Fassung des „Rings“. 1856 wurden an der Universität Leipzig Vorlesungen über Schopenhauer aufgenommen. Im Jahr darauf machte

Friedrich Hebbel dem 69jährigen seine Aufwartung und gratulierte ihm „zum späten, aber desto glanzvolleren Sonnenaufgang seines Ruhms". Schopenhauer erwiderte: „Auf der Bühne für tragische Possen, die man die Welt nennt, bin ich in zufälliger Verspätung noch anwesend, während die Komödie meines Ruhms aufgeführt wird" – wie der Lampenputzer, der vom Hochgehen des Vorhangs überrascht werde und unter dem Gelächter und Geklatsche des Publikums nichts wünsche, als schnell in den Kulissen zu verschwinden.

Hübsch gesagt und kaum zu glauben. Den gibt es nicht, den die Gunstbeweise des Ruhmes gleichgültig gelassen hätten. Ebenso hartnäckig wie Schopenhauer, nur viel wütender lief *Karl Marx* ihm nach. Wie er seinen späten und spärlichen Ruhm zelebrierte, wann, wie und warum daraus nach seinem Tod der Weltruhm wurde: Das ist ein Paradefall.

Das Kommunistische Manifest von 1848 war, zu Marx' bitterer Enttäuschung, ohne jeden Einfluß geblieben und rasch vergessen. Der erste Band des „Kapitals", veröffentlicht 1867, wurde von der Gelehrtenwelt mit Schweigen zugedeckt. International bekannt wurde Marx erst 1871, als 53jähriger, mit seiner Schrift „Der Bürgerkrieg in Frankreich" – dem unerschrockenen Versuch, dem Aufstand der Kommune im belagerten Paris (vor dem er gewarnt hatte!) nachträglich sein Programm als ihr eigenes Ziel zu unterschieben und sie als „ruhmvollen Vorboten einer neuen Gesellschaft" zu feiern. Da Marx im Generalrat der Internationalen Arbeiterassoziation der Sekretär für Deutschland und Holland war und die Schrift als „Adresse des Generalrats" an die Mitglieder in Europa und Amerika ging, erschien sie in großer Auflage, wurde rasch in mehrere Sprachen übersetzt und gestattete es Marx, sich mit mäßiger Übertreibung als „bestverleumdeten und meistbedrohten Mann von London" einzustufen – „das tut einem wahrhaft wohl nach der langweiligen zwanzigjährigen Sumpf-Idylle".

Langsam begann er nun als Patriarch der sozialistischen Bewegung zu gelten. 1881 erschien in einer englischen Zeitschrift sogar ein gößerer Artikel über ihn, den er seiner sterbenden Frau aufs Bett legte, fünfzehn Monate vor seinem Tod. Schon gab es junge russische Revolutionäre, die sich „Marxisten" nannten und ihn besuchten. Doch an seinem Sarg standen nur wenige Menschen, und Engels übertrieb gewaltig, als er in seiner Grabrede sagte, „der größte lebende Denker" habe aufgehört zu denken, „betrauert von Millionen".

Engels überlebte seinen Freund um zwölf Jahre, gab den zweiten und dritten Band des „Kapitals" heraus und trommelte unermüdlich für ihn, zumal vor der 1889 gegründeten Zweiten Internationale. Russischer Delegierter bei der Gründung war Georgi Plechanow, der Theoretiker der russischen Marxisten, der später Einfluß auf den jungen Lenin nahm. 1891 gab sich die deutsche Sozialdemokratie das Erfurter Programm, das den Sieg des Marxismus über die Lehren von Lassalle bedeutete; sein Verfasser war im wesentlichen Karl Kautsky, vormals Privatsekretär von Engels und ein Vierteljahrhundert lang der Hohepriester der marxistischen Ideologie. 1917 schließlich war Marx der Weltruhm sicher: Denn Lenin berief sich auf ihn bei der blutigsten und folgenschwersten Revolution der Weltgeschichte.

Dabei hatte schon 1896 die Gegenbewegung begonnen, die Marx und Lenin schließlich überwand. In jenem Jahr leitete *Eduard Bernstein*, ein Freund von Kautsky, vorher von Engels und bis dahin ein Jünger von Marx, den *Revisionismus* ein, die Todsünde gegen die heilige Lehre: Das Proletariat wird nicht verelenden und der Kapitalismus nicht zusammenbrechen, sagte Bernstein; die Geschichte nimmt keine vorgeschriebene Richtung, es gibt keinen idealen Endzustand der Gesellschaft, und „Sozialismus" ist nicht so sehr eine Wissenschaft als vielmehr ein moralischer Impuls, der nicht zur Revolution treibt, sondern zu einer Abfolge von Reformen, mit deren Hilfe das Leid auf Erden vermindert werden kann. Ein bis ins Letzte geplantes sozialistisches System dagegen würde eine Disziplin voraussetzen, wie sie in einer Armee oder im Gefängnis herrsche.

Da ging ein Aufheulen durch die Sozialdemokratie: „Aus dem stolzen, symmetrischen, wunderbaren Bau des Marxschen Systems" habe Bernstein einen Schutthaufen gemacht, schrieb Rosa Luxemburg 1899. August Bebel verdammte den Revisionismus auf den Parteitagen von 1901 und 1903, und in der DDR galt er bis zuletzt als „opportunistische Reaktion" kleinbürgerlicher Schichten mit dem Ziel, die wissenschaftliche Weltanschauung der Arbeiterklasse zu beseitigen.

Einerseits hat der Revisionismus inzwischen einen vollständigen Sieg errungen: 1918 in der Person des sozialdemokratischen Reichspräsidenten Friedrich Ebert, 1959 mit dem Godesberger Programm der SPD, 1989 mit dem Zusammenbruch der marxistischen Regime in Mittel- und Osteuropa. Andererseits: Wie steht es mit der Berühmtheit des Eduard Bernstein? Er war der mutige, scharfsichtige Denker, der aus dem Marxismus nicht, wie Lenin, die Gewalt, sondern die Humanität herausgefiltert und damit schließlich gewonnen hat. Wenn der Ruhm aus der historischen Bedeutung folgte, müßte Bernstein davon so viel geerntet haben wie Marx und Lenin – und dazu unendlich viel mehr Sympathie. Doch der Ruhm ist eine Hure; und so hat es Bernstein etwa auf die Berühmtheit von Kautsky oder Plechanow gebracht.

Vielleicht ist es allerdings gerade sein totaler Triumph, der ihn in Nachteil setzt. „Ob nicht der erfolgreiche Reformer rascher altmodisch, ja unbekannt wird als der erfolglose?“ fragt Günther Anders in seinen „Philosophischen Tagebüchern“. „Ob nicht jeder wahre Sieg ein Pyrrhus-Sieg ist, weil sich der Sieger durch ihn überflüssig macht? Sind nicht Sieger und Sieg rasch vergessen, weil Siege eben in den allgemeinen Weltzustand eingehen? Die aber etwas verlangen, was kaum erreichbar ist, die haben den Vorzug, 'unsterblich' zu bleiben.“

Marx also! Verfechter eines Ideals, „wonach die Wirklichkeit sich zu richten haben wird“. Einen erhabenen Plan hatte er ausgeheckt, wie diese liederliche Realität zu disziplinieren sei; den Anstrich der Wissenschaftlichkeit hatte er ihm gegeben und mit ihm eine Diesseitsreligion gestiftet: das Versprechen irdischen Heils für alle Erniedrigten und Beleidigten und die damals wirklich ausgebeuteten Arbeiter. Nach Wissenschaft mußte es aussehen: An die glaubte man ja noch bis zu den Weltkriegen, und mit der schwierigen Dialektik ließen sich Intellektuelle beschäftigen. In die Zange der Wissenschaft aber mußte man die Zukunft nehmen, das also, was keiner wissen kann: Das befriedigte „das psychologische Bedürfnis nach Gewißheit“ schreibt Leszek Kolakowski, und lehrte „blinde Zuversicht auf eine herrliche Welt allumfassender Befriedigung, die gleich hinter der Ecke auf die Menschheit wartet“. Oder mit Joseph Schumpeter: „Einfach das Ziel zu predigen wäre wirkungslos geblieben; eine Analyse des sozialen Prozesses hätte nur ein paar hundert Spezialisten interessiert. Aber im Kleid des Analytikers zu predigen und mit einem Blick auf die Bedürfnisse des Herzens zu analysieren, das schuf eine leidenschaftliche Anhängerschaft und gab dem Marxisten jenes größte Geschenk, das in der Überzeugung besteht, daß das, was man ist und wofür man einsteht, niemals unterliegen wird.“

So einer also wird von der Hure Ruhm verwöhnt: Besessen von einer fixen Idee, zerfressen von Hochmut und Haß, dennoch um Jünger nicht verlegen, wittert er seine historische Chance und schleudert eine phantastische Lehre in die Welt, aus der man eine Religion des tätigen Mitleids mit den Schwachen ebenso entwickeln kann wie den Terror der Starken und die Hölle auf Erden. Er und Lenin wurden weltberühmt damit.

Hat *die Nachwelt* ihm damit Gerechtigkeit widerfahren lassen? Die

Antwort auf diese Frage leidet unter einer doppelten Last: Was, zum ersten, hieße „Gerechtigkeit" gegenüber Marx? Wieso wäre es „ungerechter" gewesen, wenn er vergessen worden wäre? Und, zum zweiten: Wer ist „die" Nachwelt? Wieso gerade wir – 200 Jahre nach Mozart, 2 000 Jahre nach Cäsar? Wie wird denn Mozart 2 000 Jahre nach seinem Tod bewertet werden? Und falls er dann vergessen sein sollte: Wäre es nicht ebenfalls „die Nachwelt", die ihn vergäße? Wahrscheinlich halten wir das Urteil der Nachwelt lediglich deshalb für das gerechtere, weil wir uns als die Nachwelt fühlen und uns gern als die Schlaueren und Toleranteren betrachten, als eine Art Gnaden- oder Revisions-Instanz, die den Unfug der Vorfahren aus der Welt zu schaffen und das endgültig Richtige zu fixieren vermag.

Nein, sagt Lessing: Die Nachwelt habe das bessere Urteil, denn sie sondere „alles Zufällige von dem Ruhm ab". Nein, sagt auch Schopenhauer: Wie das Lob der Zeitgenossen eine Hure sei, so der Ruhm der Nachwelt „eine stolze, spröde Schöne", die sich nur dem Würdigen hingebe; spät, langsam und natürlich erst nach seinem Tode werde *jedem* Gerechtigkeit zuteil. (22 Jahre nach seinem Tod war Schopenhauer für Tolstoi einer der größten Weisen der Menschheit geworden, neben Buddha, Salomo und Sokrates.)

Für die jahrzehntelang Verkannten liegt in dieser Behauptung ein so schöner Trost, daß es verwunderlich wäre, wenn sie auch noch stimmte. Jeder, der in einsamem Wüten Seite um Seite füllt und vergeblich auf Anerkennung lauert, päppelt die Legende vom verkannten Genie. Mag sein, daß er ein Genie ist, das noch gewürdigt werden wird; mag sein, daß er ein Genie ist, das keiner je entdeckt – denn wo wäre der rationale Mechanismus, auf den wir uns da verlassen sollten? Mag sein, daß er kein Genie ist, nach welchem und wessen Maßstäben auch immer. Ob die Mitwelt oder die Nachwelt ihre Prädikate verleiht: Stets wird sie von Zufällen, Irrtümern und Emotionen gesteuert. Höchstens, daß die Nachwelt es leichter hat, die Reizbarkeit und Rechthaberei eines Psychopathen zum „Titanentrotz" zu stilisieren, schreibt Lange-Eichbaum – weil sie die Werke genießen kann, ohne noch unter der bizarren Egozentrik ihres Urhebers zu leiden.

PETER HANDKE
„Publikumsbeschimpfung“ hieß sein erstes Stück; doch schon vorher war der 23jährige als sein eigener Impresario aufgetreten: Bei der Tagung der „Gruppe 47“ in Princeton verspottete der Unbekannte die versammelten Schriftsteller, und mit einem blauen Mützchen sorgte er dafür, daß man ihn nirgends übersah. Früher und dreister als andere beschritt Handke den Weg, seinen Ruhm nicht etwa der Qualität seiner Werke zu überlassen, sondern ihn selbst zu organisieren.

HEMINGWAY
Der Inbegriff bärbeißiger Männlichkeit: Amateurboxer, Kriegsreporter, trinkfester Großwildjäger und Schöpfer von Heldengestalten, die sich aufs mannhafte Sterben verstehen; er selbst erschoß sich, stilsicher, mit einem Jagdgewehr. Viele Leitbilder der Werbung hat Hemingway damit ebenso geprägt wie einen Schwächling namens Norman Mailer: Der wollte genau so werden.

HEMINGWAY
Derselbe: 18 Monate alt und von seiner herrschsüchtigen Mutter als Mädchen zurechtgemacht wie noch jahrelang. Man muß nicht die Psychoanalyse bemühen, um auf einen möglichen Zusammenhang zu stoßen: „Für diese Maskerade räche ich mich mein Leben lang! Ein Mann will ich werden wie keiner sonst, der Macho des Jahrhunderts!“ Wäre er das auch ohne diese Mutter geworden?

SALVADOR DALÍ
Exzentrisch um jeden Preis: Das war Dalís Erfolgsrezept. Seine Schnurrbartspitzen bezeichnete er als „Antennen zum Empfang göttlicher Botschaften". Zu einer Party erschien er in einem Frack, der mit 88 Fläschchen Pfefferminzlikör behängt war, mit einer toten Fliege in jedem. Die Stillen und Bescheidenen werden ja gern übersehen, wenn das Karussell des Ruhms sich dreht.

BERT BRECHT
Mit Ledermütze und Zigarre trat er in seinen frühen Jahren regelmäßig auf – bis sich das Image verfestigt hatte, das er haben wollte: das des Proletariers. Dabei mußte seine Freundin Margarete Steffin, Kommunistin und Arbeiterkind, die Sprache seiner Stücke proletarisch polieren, denn Brecht stammte aus großbürgerlichem Hause: Sein Vater war Direktor einer Papierfabrik.

39.

Die Manager des eigenen Ruhms

> Wenn du einen Dollar investierst, gib einen zweiten aus, um es bekannt zu machen.
>
> *Henry Ford*

Ja, es kam vor, daß einer, der berühmt geworden ist, es nicht werden wollte. *Emily Dickinson,* ein Fräulein, dessen Beruf es war, die kranke Mutter zu pflegen, schrieb mehr als tausend Gedichte und dachte nie daran, sie zu veröffentlichen; bei ihrem Tod (1886) waren sieben ohne ihr Zutun gedruckt worden; seit einem halben Jahrhundert gilt sie als die größte Lyrikerin Amerikas.

Fast alle aber, die berühmt geworden sind, wollten es auch werden: Die meisten sprangen hinein in das Gewirr und Gewoge von Glück und Pech, von Mythenbildung, Verdammung und Verblendung und agierten selbst für ihren Ruhm. Traurig zu sagen: Die Mit- und Nachwelt hatte große Mühe, solchen Menschen zur Berühmtheit zu verhelfen, die keine Lust oder kein Talent besaßen, an der Entstehung ihres Ruhmes als ihre eigenen Impresarios mitzuwirken oder sich in seinem Dienst zu prostituieren.

Jeder, der eines Tages bewundert werden möchte, steht ja zu allererst vor der Frage: Wie falle ich auf? Wie kann ich es in der Milliardenschar der Menschen, die heute leben, und unter den Zehntausenden, die schon vor mir auf allen Feldern das Ungeheuerste geleistet haben, wenigstens dahin bringen, meinen Namen gedruckt zu sehen? Dadurch, daß ich ebenfalls Außerordentliches zustande bringe? Das würde nicht genügen. Es müßte entweder besser sein als alles, was je da war – wollte ich also beispielsweise Olympiasieger werden, so müßte ich heute erheblich schneller laufen als der Sieger vor zwanzig Jahren; oder es müßte anders sein als alles, was je da war – wie Picasso schlauerweise auf jeden Versuch verzichtete, Leonardo oder Velázquez zu übertreffen.

Nur daß einer, der wirklich besser oder anders wäre, beim Spiel um den Ruhm noch immer ziemlich schlechte Karten hätte. Sich ganz auf die Leistung zu verlassen und trotzdem rasch berühmt zu werden haben nur wenige geschafft: *Mozart* zum Beispiel. Er war unernst, frivol und „unfähig, sich mit der Aura großen Künstlertums zu umhüllen“, schreibt Wolfgang Hildesheimer, „was ihm wahrscheinlich genützt hätte“. Von denen, denen es am Vorsatz oder an der Geschicklichkeit mangelte, sich in Positur zu werfen, war das vorige Kapitel voll: Auf ihren Ruhm warteten sie Jahrzehnte oder bis ins Grab vergebens. *Robert Walser,* erfroren 1956 bei einem Spaziergang nach 28 Jahren in der Nervenheilanstalt, hatte sich sein Leben lang geduckt, und dem Ruhm krebste er entgegen vor und nach dem Tod. Halb vergessen ist *Wolfgang Koeppen,* der mit seinen Romanen in den fünfziger Jahren so viel Beachtung fand wie später Günther Grass und Heinrich Böll, es im Unterschied zu diesen aber unterließ, durch Kommentare zur Tagespolitik auf sich aufmerksam zu machen, ja jede öffentliche Äußerung ablehnte – mit der ebenso sympathischen wie ruhmzerstörenden Begründung, was er zu sagen habe, stehe in seinen Büchern.

Viele, die auffallen wollten, rührten mit eigener Hand die Werbetrommel. *Pietro Aretino,* italienischer Schriftsteller des 16. Jahrhunderts, veröffentlichte selber seinen Briefwechsel mit berühmten Zeitgenossen, wie im 18. Jahrhundert Johann Kaspar Lavater den seinen mit Katharina der Großen (Kap. 37). Der englische Dichter *Alexander Pope,* 1,38 Meter groß, von Jugend an verkrüppelt und von Eitelkeit zerfressen, manipulierte eine Korrespondenz mit großen Zeitgenossen und übergab sie 1735 dem Buchhändler Curll, jedoch unter falschem Namen und in der vorgeblichen Absicht, damit Pope zu schädigen; sodann gewann er, unter richtigem Namen, einen anderen Buchhändler dafür, seinen selbstverfaßten „Bericht über die Methode, mit der der Buchhändler Curll sich die Privatbriefe von Alexander Pope verschaffte" zu drucken; und hundert Jahre lang galten beide Werke als echt.

Der amerikanische Lyriker *Walt Whitman* fand noch zu Lebzeiten mehrere Biographen, die bereit waren, sein selbstgeprägtes Image vom ärmlichen dichtenden Messias zu verbreiten. Auch pries er unter verschiedenen Pseudonymen seine eigenen Werke an. Als der 25jährige *Karl Marx* die Chefredaktion der „Rheinischen Zeitung" abgab, lancierte er einen selbstgeschriebenen Artikel in die „Mannheimer Abendzeitung", in dem er „die zerstörungslustige Virtuosität und wahrhaft bewunderungswürdige Dialektik" rühmte, womit Karl Marx sich in die hohlen Äußerungen der Politiker gleichsam hineingefressen habe, um sie dann von innen zu vernichten.

Die meisten, die auffallen wollen, wählen das Mittel der Provokation. Sie kann durch das Werk geschehen: *Johannes Kepler* spricht in seinem „Selbstbildnis" vom „Haschen nach dem Ruhm durch verblüffende Pläne und ungewöhnliche Handlungen". Kleist und Dostojewski, Schopenhauer und Nietzsche wußten natürlich, daß ihre Bücher die Umwelt schockieren würden; nur wir wissen nicht, ob und inwieweit der Wunsch, eben dadurch berühmt zu werden, an der Wahl ihrer Stoffe und Thesen beteiligt gewesen sein könnte. Deutlicher ist die Absicht, sich durch extravagante Themen oder Techniken Geltung zu verschaffen, bei Picasso, bei Poe, beim Marquis de Sade, bei Thomas Bernhard, der sich „als Anti-Jedermann inszenierte" (Peter Demetz) – und allzu offenkundig bei jenen zeittypischen Bücherschreibern und Bühnendichtern, die nach einem noch immer nicht gebrochenen Tabu Ausschau halten, das sie vorzugsweise mit Hilfe von Genitalien oder Körperausscheidungen zum Einsturz bringen wollen (wie jener Empfänger des Klagenfurter Literaturpreises von 1991, der das Ficken von Babys als Marktlücke entdeckt hatte).

Viele Berühmte haben sich darauf verstanden, ihre *Person* ins Spiel zu bringen, dem Publikum also ein Gesamtkunstwerk aus einem bizarren Produkt und seinem exaltierten Urheber anzubieten. Wir dürfen grübeln, ob es sich dabei um eine Doppelstrategie handelte oder um zwei Aspekte desselben halben Wahnsinns, der einerseits produktiv macht und andererseits den Ruhmrednern Futter bietet. Wenn *Franz Liszt* „auf dem Pianoforte ein Gewitter spielte", schrieb Heine 1841 aus Paris, „sahen wir die Blitze über sein eigenes Gesicht dahinzucken, wie von Sturmwind schlotterten seine Glieder, und seine langen Haarzöpfe träuften gleichsam vom dargestellten Platzregen".

Wladimir Horowitz, oft als „der Virtuose des 20. Jahrhunderts" gefeiert, war eine Diva – launisch, eitel und exzentrisch, Sprüche ausstreuend wie „Man kann Beethoven und jedermann verbessern" oder „Wenn ich spiele, bin ich Engel und Teufel zugleich" oder „Es gibt nur jüdische, schwule und schlechte Pianisten", und schlecht war er wahrlich nicht. Mit all dem zeigte Horowitz sich möglicherweise ganz ungezwungen als er selber und befriedigte doch zugleich perfekt die Erwartungen, die das Publikum an den genialen Interpreten richtet. Auch sein zwölfjähriges Verstummen, von 1953 bis 1965, hatte diese Doppeleigenschaft: Die Diva bewahrte sich davor, vom Rummel um ihre Person verschlissen zu werden, und sie profitierte von dem Rummel, den wiederum ihr Verschwinden hervorrief.

Salvador Dalí wollte „mit sechs Jahren Koch werden, mit sieben Napoleon sein, und mein Ehrgeiz ist seither stetig gewachsen". So schrieb es der 38jährige in seine Autobiographie, einen Versuch, die Provokation durch seine Bilder und seine Clownerien auf 500 Seiten literarisch noch zu übertrumpfen. „Ich näßte das Bett, bis ich acht war, einfach weil es Spaß machte. Meine Eltern liebten mich abgöttisch." Hätten seine alptraumhaften Bilder ausgereicht, ihm so viel mehr Berühmtheit einzutragen als seinen Vorbildern Giorgio de Chirico und Max Ernst – diese Elefanten auf Spinnenbeinen, die brennenden Giraffen, gekochten Bohnen, die eine Leidensfratze tragen, Uhren, die wegtropfen wie überreifer Camembert?

Jedenfalls war Dalí entschlossen, sich nicht auf seine Schöpfungen zu verlassen. Er nannte sich „göttliches Schwein, erhabenes Rhinozeros", bezeichnete seine sorgfältig hochgezwirbelten Bartspitzen als „Antennen zum Empfang göttlicher Botschaften", fuhr mit einem Rolls-Royce voller Kohlköpfe durch Paris, sprang in New York, nach Herbeirufung der Pressefotografen, durch eine Schaufensterscheibe und behängte seinen Frack mit 88 Fläschchen Pfefferminzlikör, in deren jedem eine tote Fliege schwamm. Keine Albernheit, vor der er zurückgeschreckt wäre, wenn sie nur dem zentralen Zweck des Universums diente: Salvador Dalí berühmt zu machen.

Auch Literaten lieben grelle Posen und hemmungsloses Gaukelspiel. Der Dichter Gérard de Nerval führte in Paris einen Hummer an der Leine spazieren. Baudelaire färbte sich die Haare grün. *Alfred Jarry* provozierte 1896 mit seiner Farce „König Ubu", die heute als frühes Modell des absurden Theaters gilt, jenen Skandal, den er offensichtlich wollte; der Tumult brach schon nach dem ersten Wort los, *merdre* im Original, *Schreiße* in der deutschen Übersetzung (eine gelungene Mischung also aus Kot und seiner poetischen Verfremdung). Doch grotesk sollte alles an ihm sein, und so lief Jarry gipsweiß geschminkt herum, sprach, wie André Gide berichtet, in zerhackten Wörtern „ohne Empfindung, ohne Betonung, ohne Sinn" und benutzte einen Revolver als Fahrradklingel.

Oscar Wilde sagte von sich selber, sein Genie habe er in sein Leben gelegt, in seine Werke nur sein Talent; und für das Leben galt sein Spruch: „Nothing succeeds like excess", nichts hat so viel Erfolg wie der Exzeß. Wilde wollte nichts als „mit Krawatten und Metaphern Aufsehen erregen", schreibt Borges. Sein Schlafzimmer dekorierte er mit Pfauenfedern, auf allen Partys kursierten seine eleganten Paradoxe, von der Art: „Ich hasse Argumente. Sie sind immer vulgär und oft überzeugend" oder „Ich hätte lieber fünfzig unnatürliche Laster als eine unnatürliche Tugend". Wegen Homosexualität wurde Wilde zwei Jahre ins Zuchthaus gesteckt. Seinen Ruhm förderte das mehr als all seine Versuche, sich als zynischer Dandy im Gespräch zu halten: durch die Kraft der „Ballade", die er darüber schrieb, und durch den Eindruck, den die Tragödie machte, mit der sein Leben schloß.

Hat Wilde immerhin noch populäre Theaterstücke und den berühmten Roman „Das Bildnis des Dorian Gray" hinterlassen, so verstand es die Amerikanerin *Gertrude Stein,* trotz wenig gelesener Bücher eine berühmte Literatin zu werden. Mit Recht insofern, als sie in den zwanziger Jahren in ihrem Pariser Salon junge Schriftsteller wie Hemingway, Pound, Dos Passos beeindruckte, beeinflußte und mit interessanten Zeitgenossen zusammenbrachte wie Picasso, Matisse und André Gide; aufgefallen aber vor allem durch ihre Selbstdarstellung als „Mutter der Moderne" und als „Genie", so bedeutend wie Einstein, während sie den Vergleich mit Shakespeare „vorläufig" von sich wies. Der 24jährige *T. S. Eliot* ging 1922, als sein Epos „Das wüste Land" erschienen war, zu Abendgesellschaften mit grünlich gepudertem Gesicht – um „interessant wie eine Leiche" auszusehen, wie ein Augenzeuge berichtete.

Bert Brecht betrat als 24jähriger, frisch mit dem Kleist-Preis ausgezeichnet, die Bühne Berlins mit großsprecherischen Redensarten, stauchte berühmte Schauspieler zusammen, verwandte große Sorgfalt auf die berechnete proletarische Schlampigkeit seiner Kleidung (meist Sporthemd, Monteurjacke und Ledermütze, dazu Zigarre), zelebrierte das Aufsetzen und Abnehmen einer Drahtbrille, wie man in Berlin seit hundert Jahren keine mehr gesehen hatte, und behielt sich die Auswahl der Fotos vor, die er zur Veröffentlichung freigab; sein Leben war beherrscht „vom fürchterlichen Gebot der Vorzeigbarkeit", sagt Martin Walser. Seine Ledermütze sollte offensichtlich eine ähnliche Funktion erfüllen wie das Samtbarett bei Richard Wagner, der bestickte Fes bei Garibaldi und dem Wiener Maler Ernst Fuchs, der Filzhut bei Joseph Beuys: ein Markenzeichen, wie im Kino die Augenklappe des Piraten.

Jean Genet, ein Autoknacker und Ladendieb, der knapp vier Jahre im Gefängnis verbrachte, behauptete von sich, Gewaltverbrechen begangen, unter anderem einem Menschen die Augen ausgestochen zu haben – höchst nützlich für den Erfolg seiner Romane, die, unter den Jubelrufen von Sartre und Cocteau, die Liebe zu Kot und Kadavern verherrlichen. Die Tradition ist weiter lebendig: In den siebziger Jahren gelang es dem Schriftsteller *Herbert Achternbusch,* seine Mitwelt durch rüde Sprüche und groteskes Benehmen auf eine Weise zu ohrfeigen, die diese masochistisch erheiterte; sein Verlag feierte ihn als einen „der wenigen wirklich großen Unzeitgemäßen, der Schöpfer ihres provokanten eigenen Lebens, der wahren Poeten". *Rainald Goetz* beschimpfte 1983 beim Klagenfurter Literaturwettbewerb die Juroren als „Peinsäcke" und ritzte sich dazu mit einer Rasierklinge die Stirn blutig; 1991 wurde ihm der Heinrich-Böll-Preis verliehen.

„Nennen Sie mir einen einzigen großen Schriftsteller, der berühmt geworden wäre, ehe die Nachricht um die Welt ging, daß er im Duell getötet wurde, daß er verrückt geworden ist, daß man ihn in die Verbannung geschickt hat oder daß er beim Spielen mogelt." Bei Tschechow sagt das der „Passagier der Ersten Klasse"; und Peter Härtling, seit den sechziger Jahren selbst ein emsiges Mitglied des deutschen Literaturbetriebs, schrieb 1971: „Der literarische Autor wird dafür sorgen müssen, daß er im Gespräch bleibt. Also hat er jedes zweite Jahr ein neues Buch zu publizieren, muß er sich zu politischen, allgemein interessierenden Dingen öffentlich äußern, muß er Kontroversen stiften, muß er den Clown, den Weisen spielen, denn von den Stillen im Lande hält keiner mehr etwas."

Ein Clown und die Aura eines Weisen und dazu jedes Jahr ein Buch: Das schafft seit 1966 *Peter Handke;* ja er war „der erste Schriftsteller der Weltliteratur, dessen durch die Massenmedien verbreiteter literarischer Ruhm seinem literarischen Werk so schnell folgte, daß er vorher eintraf", schreibt der Medienforscher H. M. Kepplinger. Der 23jährige hatte noch nichts publiziert, als es ihm 1966 bei der Tagung der „Gruppe 47" in Princeton gelang, zur Zentralfigur zu werden: Er griff sich das Mikrofon und bezeichnete alles bei der Tagung Vorgelesene als „läppische Beschreibungsliteratur". Dazu trug er eine blaue Schirmmütze, damit man ihn wiederfinden konnte. „Seine Aufmachung ist Reklame", schrieb der „Spiegel" darüber. „In drei Tagen stiehlt er mit seinem blauen Mützchen allen die Schau." Von Teilnehmern darauf angesprochen, daß er sich wohl im „Spiegel" wiederfinden werde, antwortete Handke, dem „Spiegel" zufolge: „Das weiß ich und das will ich ja."

Drei Wochen später druckte der „Spiegel" Handkes Dankschreiben. „Schon von klein auf ist es mein Wunsch gewesen, in Ihrem Magazin zu erscheinen", hieß es darin. „Von diesem Wunsch getrieben, habe ich mich auch bei der Tagung der Gruppe 47 zu Wort gemeldet und konnte, noch während ich sprach, zu meiner Freude bemerken, daß Herr Erich Kuby, der Vertreter Ihres Magazins, von meinen Worten Notiz nahm. Jetzt war alles gewonnen. Ich machte noch einige starke Bemerkungen, um ganz sicherzugehen." Dem Bericht entnehme er, daß seine List gewirkt habe, und er hoffe, „daß sich bald wieder die Gelegenheit ergeben wird, über mich in Ihrem Organ zu berichten".

Die Clownerie war gelungen, die Selbstbespiegelung zum Äußersten getrieben – nun mußte Handke noch für die Aura des Weisen sorgen. Seine Bücher verloren rasch ihre anfängliche Kantigkeit, sie hießen nun „Geschichte des Bleistifts" oder „Phantasien der Wiederholung" oder „Der Chinese des Schmerzes"; der Autor verglich sich mit Goethe und Aischylos. Reinhard Baumgart schrieb 1983, Handke biete nicht Literatur an, sondern Weihrauch – in einer Sprache, die dauernd „zu Höhenflügen und Weltverwaltungsakten" ansetze, aber „schlurfend Unscheinbares benennt". Doch unverdrossen wird ein Handke nach dem andern publiziert, viele loben ihn noch immer, und auch diejenigen Kritiker, die ihn tadeln, gönnen ihm weiträumige Verrisse; wichtig zu sein, hat er seit dem Einfall mit dem blauen Mützchen nie wieder aufgehört.

Woran eigentlich orientieren sich die Kritiker – was legitimiert und was befähigt sie, uns zu sagen, daß dieser ein großer Dichter sei und jener nicht? In Kap. 42 wird das die zentrale Frage sein. Doch ein Kriterium hier vorweg, weil Goethe und James Joyce es in verblüffender Klarsicht vorausgesehen, ja weil sie bekundet haben, daß sie für ihren Nachruhm sorgen wollten, indem sie sich vorsorglich nach diesem Maßstab richteten: *Goethe* schrieb 1831 an seinen Freund Zelter, den „Faust II" habe er so angelegt, daß er „ein offenbares Rätsel bleibe, die Menschen fort und fort ergötze und ihnen zu schaffen mache". *Joyce* sagte über seinen „Ulysses", er habe so viele Rätsel hineingeschrieben, daß er die Professoren mit dem Streit um die Lösung für Jahrhunderte beschäftigen werde; nur so sei Unsterblichkeit verbürgt.

Nicht das Werk zu verrätseln wie Goethe und Joyce, sondern die Person – das ließen sich zwei so unterschiedliche Autoren wie Stefan George und *B. Traven* angelegen sein. Traven konnte sich, da sein Inkognito nie eindeutig gelüftet wurde, solange er lebte, zwar nicht der öffentlichen Bewunderung erfreuen, die er sonst mit dem „Totenschiff", dem „Schatz der Sierra Madre" oder der „Rebellion der Gehenkten" erworben hätte – aber der Auflage seiner Romane (mehr als 25 Millionen) war das Spekulieren über ihren Autor außerordentlich bekömmlich.

Stefan George verachtete die Presse wie jede Form der Öffentlichkeit und gestattete erst spät den freien Verkauf seiner Gedichtsammlungen; doch seinen Nachruhm verdankt er zum eher kleineren Teil seiner Sprachgewalt – zum größeren dem Umstand, daß er sich zu einem Seher stilisierte, der sich als Nachfolger Dantes, als Erzieher der Jugend und als Führer in eine Gesellschaft sah, die die Ideale des klassischen Griechenlands zu neuem Leben erwecken sollte. Jünger versammelte er um sich, die ihn „Meister" nannten, den George-Kreis. Humor und Ironie erlaubte er sich und den Seinen so wenig wie alles Spontane und Gewöhnliche – nur Zucht und Maß, das Heroische und das Hymnische ließ er gelten. Sollte George so weit gegangen sein, die naheliegende Folge zu mißbilligen: daß diese strikte Selbstinszenierung der Berühmtheit günstig war? (Und das war sie, selbst wenn wir sie albern finden.)

Noch heute wird die heroische Pose von den *Dirigenten* kultiviert und bei ihnen akzeptiert. Warum betreten sie den Saal als letzte, leicht verspätet und beifallumrauscht? Könnte man sich nicht ebensogut einen Orchesterleiter vorstellen, der als erster käme, um seine Musiker und das Publikum herzlich zu begrüßen? Doch die Beteiligten an diesem Spiel haben sich aufs Gegenteil geeinigt: Die Musikfreunde wollen ihren Götzen, und die Bernsteins und die Karajans sind nur allzu gern bereit, diese Rolle anzunehmen. Es sind ihre Porträts und nicht die des Komponisten, die die Kassetten schmücken; sie scheinen davon auszugehen, schreibt Anthony Burgess, „daß der Komponist sich selbst ohnehin nicht so recht begriffen habe, da er vor Prof. Freud gelebt hat". *Herbert von Karajan* hat neben sonstigen Ausschweifungen der Selbstdarstellung auch die betrieben, Hunderte von Kilometern Video-Bänder anzuhäufen, für den Fall, daß „die Menschen in dreihundert Jahren etwas über Karajan wissen wollen".

Erfolgreich wie die Selbststilisierung ins Heroisch-Hymnische war die Pose des Heroisch-Tragischen: der inszenierte Tod. Der griechische Philosoph *Empedokles* hat sich zwar vermutlich nicht in den Krater des Ätna gestürzt, doch die Legende, er habe es getan, hält sich durch die Jahrtausende, vermutlich, weil wir sie als attraktiv empfinden: Hölderlin hat sie in seinem Dramenfragment „Der Tod des Empedokles", Brecht in seiner ironischen Ballade „Der Schuh des Empedokles" beschworen.

Der theatralisch einstudierte Selbstmord *Kleists* (Kap. 30) – könnte er nicht mit der wilden Hoffnung einhergegangen sein, damit den Ruhm zu erzwingen, den das Leben ihm vorenthalten hatte? Man bedenke die Konsequenz der Inszenierung: die hymnischen Briefe per Boten nach Berlin abgeschickt, die Todesschüsse für die Zeit geplant, in der er unterwegs war („Wir liegen erschossen auf der Straße nach Potsdam"), im Gasthof die Zimmer für die Hinterbliebenen reserviert. Wochenlang sprachen Deutschlands Gebildete von nichts anderem; im Tod fand Kleist sogleich das Echo, auf das er im Leben vergeblich gelauscht hatte.

Über den Selbstmord des 23jährigen *Otto Weininger* sagte 1931 der Wiener Feuilletonist Anton Kuh: „Wenn Weininger sein Werk überlebt hätte, hätte sein Werk ihn nicht überlebt“ – läßt sich da ausschließen, daß auch Weininger dies ahnte und wollte? Der japanische Romancier *Yukio Mishima* wurde, obwohl schon mehrfach ins Deutsche übersetzt, mit nichts so berühmt wie mit seinem dramatischen Entschluß von 1970, Harakiri zu verüben – um, wie er schrieb, als Krieger und nicht als Künstler zu sterben und seinem erschlafften Vaterland ein heroisches Beispiel zu geben.

Und dann jene merkwürdige, gegen den Selbstmord schwer abzugrenzende Art zu sterben, wie sie uns von Tolstoi, Ambrose Bierce, Robert Scott überliefert ist. *Tolstoi:* Ahnte er seinen nahen Tod voraus, und darf man ihm unterstellen, er habe seinen Nachruhm im Auge gehabt, als er, 82jährig, seine Familie heimlich verließ und sich zehn Tage später zum Sterben legte in einem Bahnhofswartesaal? Einerseits war dies eine Flucht aus frischer Verzweiflung über die Hölle seiner Ehe. Andererseits müßte ihm, dem Prediger von Armut und Gewaltlosigkeit, die melodramatische Durchschlagskraft einer solchen Handlungsweise eigentlich bewußt gewesen sein. Schließlich hatte er seit zehn Jahren das Drama „Und das Licht leuchtet in der Finsternis“ in der Schublade liegen: Vier Akte lang ist der Held zu schwach, sich seiner verkommenen Familie durch die Flucht zu entziehen, wie er es möchte; den fünften Akt hat Tolstoi nicht geschrieben, aber gelebt.

71 Jahre alt und asthmakrank war der amerikanische Schriftsteller *Ambrose Bierce,* als er 1913 mit dem General Pancho Villa nach Mexiko zog, um Revolution zu machen; 1500 Dollar trug er bei sich (etwa 70 000 Mark nach heutigem Geld) – „eine Einladung an den Tod“, wie sein Biograph Richard O'Connor schreibt. Bierce ist verschollen, vermutlich 1914 gefallen oder an die Wand gestellt. Ein letzter Schabernack des alten Zynikers, dessen Geschichten zumeist von Tod und Horror handeln? Ein Versuch, interessant zu sterben um des Nachruhms willen?

Über *Robert Scott,* der 1912, fünf Wochen nach Amundsen, den Südpol erreichte, stellte der englische Journalist Roland Huntford 1979 die These auf, er habe die vielleicht mögliche Rettung für sich und seine beiden noch lebenden Gefährten hintertrieben, weil er den Tod im Eis, mit der Chance entsprechenden Nachruhms, der bitteren Heimkehr vorgezogen habe, bei der er sich für sein Scheitern und den Tod zweier Gefährten hätte verantworten müssen. Indem er sich im Zelt zum Sterben niederlegte, fand er Zeit, heroische Botschaften an die Nachwelt zu formulieren: daß er diesen Kampf um Englands Ruhm ohne Schuld verloren habe, und wie er und seine Männer zeigten, „daß Engländer noch immer kühnen Sinnes zu sterben verstehen". Indirekt stützt Stefan Zweig Huntfords Theorie: „Wundervoll sind diese Briefe", schreibt er in den „Sternstunden der Menschheit". „An eine Zeit sind sie geschrieben und sprechen doch für die Ewigkeit." Und sollte es kein angestrebter, sondern ein unausweichlicher Tod gewesen sein: Scott hätte ihn immer noch ruhmträchtig in Szene gesetzt.

Das gibt es ja, in allen Heldensagen und in allen wahren und erfundenen Geschichten über Kriegsheroen ist es der springende Punkt: so zu sterben, daß man auf Überlebende und Nachgeborene Eindruck machen kann. So ging Leonidas bei den Thermopylen in den Tod, und Joseph Goebbels sprach am 17. April 1945 im Reichspropagandaministerium: „Meine Herren, in hundert Jahren wird man über diese schrecklichen Tage einen schönen Farbfilm drehen. Wollen Sie keine Rolle darin spielen? Dann verhalten Sie sich so, daß das Publikum nicht pfeifen wird, wenn Sie auf der Leinwand erscheinen."

Neben der Pose des Heroisch-Tragischen wie hier und des Heroisch-Hymnischen wie bei Karajan und Stefan George finden wir die Pose des Heroisch-Männlichen – des Draufgängers, des mannhaft kämpfenden Helden. *Ernest Hemingway* rächte sich sein Leben lang an den Mädchenkleidern, in die seine Mutter ihn gesteckt hatte, er wurde zum Amateurboxer und Großwildjäger, schrieb sich Kriegstaten zu, die er nicht begangen hatte, und schuf in seinen Romanen eine Welt von kühlen Männern, die durchhalten, leiden und sterben, wie die Stunde es befiehlt. Er zeigte der Welt, was für ein Mann er war (sein Biograph Kenneth Lynn), er umgab sich „mit einer Schale aus Brutalität" (Gertrude Stein) – und er schien, wie James Joyce süffisant registrierte, „jederzeit bereit, eben das Leben zu leben, das er beschreibt".

So erfolgreich war dieser Versuch, seinen Bewunderern und vielleicht sich selber ein Urbild des Mannestums vorzugaukeln, daß der schüchterne, schmalbrüstige, eselsohrige *Norman Mailer,* als Schwächling und Jude gehänselt, mit 18 Jahren beschloß, es Hemingway, ausgerechnet Hemingway gleichzutun an schierer Männlichkeit. Den großen Roman über den Zweiten Weltkrieg wollte er schreiben, sieben Monate hatte der Krieg noch für ihn aufgehoben: auf den Philippinen zunächst im Büro als Schreiber und Luftbildauswerter. Überzeugt, daß dies für den Roman nicht reiche, meldete er sich an die Front, erlebte ein paar Gefechte mit – und hatte seinen Stoff. 1948 erschien der Roman „Die Nackten und die Toten", Mailer war 25 und über Nacht berühmt. Und immer verstand er sich im Geschäft zu halten: mit Büchern genau im Pulsschlag der Zeit, mit sechs Ehen und neun Kindern, öffentlichen Box-Auftritten und besoffenen Raufereien, denen einmal seine Frau und einmal ein mißliebiger Kritiker zum Opfer fiel; zweimal kandidierte er für das Amt des Bürgermeisters von New York (im Vertrauen auf eine Koalition von Intellektuellen, Prostituierten, Drogensüchtigen und Obdachlosen); nie dementierte er das Gerücht, er habe sich mehrfach für den Nobelpreis vorgeschlagen; und nie erfüllte er sein Versprechen, einen Roman zu schreiben, den Dostojewski, Marx, Proust und Hemingway „gern lesen würden".

Wer sich als Held zur Geltung bringen wollte, konnte noch mehr tun als ein Gefecht mitzumachen, seinen Fuß auf den Kopf eines Löwen zu stellen und sich in seinen Büchern heroisch zu maskieren: Er konnte in einen Krieg ziehen, der nicht auf ihn gewartet hatte, oder Bravourleistungen vollbringen, die niemand von ihm verlangte. *Lord Byron* hatte sein ganzes Leben als große Oper angelegt und ging schließlich nach Griechenland, um die Griechen in ihrem Freiheitskampf gegen die Türken zu unterstützen. Sollte er spekuliert haben auf einen großartigen Tod? (Er starb zehn Tage lang an einem schrecklichen Fieber.) Der italienische Lyriker *Gabriele D'Annunzio* unternahm im Ersten Weltkrieg als Flieger einen einsamen Angriff auf Wien, bei dem er ein Auge verlor, und eroberte 1919, 56 Jahre alt, an der Spitze einer Gruppe von Freischärlern die Hafenstadt Fiume, um deren Internationalisierung zu verhindern.

T. E. Lawrence, ein schmächtiger Archäologe und Mitarbeiter des britischen Geheimdienstes, inspirierte und organisierte 1916 den arabischen Kleinkrieg gegen die Türken. Nicht zufrieden mit dem Ruhm, den ihm dies eintrug, übertrieb er seine Rolle noch in dem literarisch großartigen Bericht „Die Sieben Säulen der Weisheit", laut Shaw „einem der wenigen großen Heldenbücher der Weltgeschichte", und lenkte darin Schlachten, an denen er nicht einmal teilgenommen hatte. Eine andere Form der Doppelstrategie also: Durch meine Taten mache ich mich zum Helden, aber durch mein Buch über meine Taten zum Supermann.

Cäsar, Friedrich der Große, Napoleon haben in größerem Stil ähnlich gehandelt: Sie brachen Kriege vom Zaun (bei Friedrich zu dem ausdrücklich eingestandenen Zweck, berühmt zu werden) und hinterließen der Nachwelt ihre eigene Buchversion darüber – im Unterschied zu solchen Männern, die ihren Ruhm allein durch geschickte

Selbstbeschreibung zu mehren suchten, ohne sich der Mühe von Handlungen zu unterziehen, die sie um der Beschreibbarkeit willen begingen; von denen handelt das folgende Kapitel.

Die meisten Monarchen und Diktatoren haben sich selbst gefeiert mit Denkmälern, Triumphzügen und Festauftritten. Extremfall *Hitler:* wenn er auf dem Zeppelinfeld in Nürnberg unter den Klängen des Badenweiler Marsches durch die zentrale Allee einer Landschaftsarchitektur aus Hunderttausenden von Uniformen schritt. Extremfall *Tito:* Von seinen weißen Anzügen und selbstentworfenen Marschallsuniformen trug er drei oder vier verschiedene am Tag, schneeweiße Zähne ließ er sich einsetzen, die Haare färben, das Gesicht durch Höhensonne bräunen, und statt eines Nachfolgers verordnete er der Partei und dem Staat eine kollektive Führung; nie wieder, schreibt Milovan Djilas, sollte ein Mensch in Jugoslawien so viel Macht besitzen, schon gar nicht die, seinen, Titos, Ruhm zu schmälern.

Keiner aber hat leidenschaftlicher und erfolgreicher selbst Hand an seinen Ruhm gelegt als *Richard Wagner.* Festspiele gibt es auch für Bach und Mozart in Ansbach und Salzburg; aber einzigartig in der Geschichte aller Künste ist, daß Wagner seinen Ruhmestempel selbst erdacht, selbst finanziert und selbst eingeweiht hat, daß in ihm niemals eine Oper aufgeführt wurde, die nicht von Wagner war, und daß dies ausdrücklich für alle Zeit so bleiben soll – nach den Statuten der Stiftung „Bayreuther Festspiele", die 1973, neunzig Jahre nach Wagners Tod, gegründet worden ist. Gewiß, das Werk muß halten, was der Tempel verspricht; doch zugleich stützt und mehrt die Wallfahrtsstätte den Ruhm des Werks und seines Schöpfers.

Der Narr, für den man ihn oft halte, sei Wagner nicht, schrieb Jacob Burckhardt 1872, dem Jahr, in dem Wagner den Grundstein zum Festspielhaus legte, „sondern ein rücksichtsloser und kühner Mensch, der den Augenblick meisterlich am Schopfe faßt. Die sind Narren, welche er mit Füßen getreten und damit" (damit!) „zur rückhaltlosen Huldigung bewogen hat." Ein sächselnder Gnom, ein Hexenmeister, der bei den Proben groteske Sprünge auf der Bühne machte, ein Hanswurst, der bei Porträtsitzungen zum Entsetzen seiner Cosima Grimassen schnitt, „eines der großartig-fragwürdigsten, vieldeutigsten und faszinierendsten Phänomene der schöpferischen Welt" (Thomas Mann) – und der geniale Stratege seines eigenen Ruhms. Besser hat nie ein Mensch begriffen, was man leisten und welche Schelle man sich umhängen muß, um aus kleinbürgerlichem Mief zu den Gipfeln irdischer Berühmtheit aufzusteigen: die halbe Kraft an sein Werk, die andere Hälfte an dessen Propagierung wenden – und mit der jeweils halben natürlich zehnmal soviel leisten wie Durchschnittsmenschen mit der ganzen.

40.

Mißdeute dich selbst!

> Ich schäme mich nicht, mir Gerechtigkeit widerfahren zu lassen.
>
> *Stendhal (in seinem autobiographischen Roman „Das Leben des Henry Brulard)"*

Wer für seinen Nachruhm nur einen bescheidenen Aufwand treiben und dennoch gute Chancen haben will, ihn zu mehren, der schreibt ein Buch über sich selber. Es ist ja anstrengend, sein ganzes Leben einem Stildiktat zu unterwerfen oder eines der anderen Rezepte der Selbstinszenierung zu befolgen, von denen im vorigen Kapitel die Rede war; dieses handelt von den Menschen, die einfach Bekenntnisse, Memoiren oder Tagebücher publizieren, in deren Licht die Nachwelt ihre Werke oder ihre wahren und erfundenen Taten betrachten soll. Mit Büchern kann man so vieles: den Nachgeborenen beweisen, daß man selber immer recht gehabt und stets das Beste gewollt habe, wie so viele Politiker und Soldaten; ihnen die Interpretation der eigenen Werke gleich mitliefern wie Goethe oder Thomas Mann; durch Selbstbefleckung Eindruck machen wie Augustinus, Rousseau oder Strindberg. Postume Rache an seinen Feinden kann man nehmen wie der *Herzog von Saint-Simon* (der Großvater jenes Grafen, der später den Sozialismus erfand), ein mißwüchsiger Höfling Ludwigs XIV., der den größten Teil seines Lebens darauf verwandte, in vierzig Bänden ein brillantes, drastisches und haßerfülltes Sittenbild des Hofes von Versailles zu malen; oder wie *Richard Wagner,* der Freund und Feind erschreckte, als sein vierbändiger Privatdruck „Mein Leben" 1911 an die Öffentlichkeit gelangte.

Schließlich kann man sich ein interessantes oder vorbildliches Leben zusammenlügen. Dies wird seit seinem Tod (1976) dem französischen Schriftsteller und Politiker *André Malraux* von mehreren Biographen nachgesagt: Entgegen seiner eigenen Darstellung sei er an der chinesischen Revolution von 1926 nicht beteiligt gewesen, habe im Spanischen Bürgerkrieg kein Flugzeuggeschwader kommandiert und in der Résistance keine irgendwie bemerkenswerte Rolle gespielt. *Maxim Gorki* war in der russischen Ausgabe des Großen Brockhaus von 1915 noch der Sohn des Geschäftsführers einer großen Reederei und einer reichen Kaufmannstochter, zog es in seinem Buch „Meine Kindheit" jedoch vor, als Kind eines ärmlichen Handwerkers zur Welt gekommen zu sein. *Heinrich Mann* verleugnete in seinen späten Selbstdarstellungen konsequent die ersten fünf Jahre seiner Schriftstellerei, vermutlich weil sie außer einem Roman und einem Novellenband die Tätigkeit des 24jährigen als Herausgeber der „Blätter für deutsche Art und Wohlfahrt" umfaßte, einer Zeitschrift, die monarchistisch, völkisch und antisemitisch war. Der italienische Dichter *Cesare Pavese,* Mitglied der Kommunistischen Partei, entfernte aus seinem Tagebuch alles Lob für Mussolini, bevor er 1950 Selbstmord beging; freilich vergaß er seine Notizbücher zu verbrennen, die 1990 veröffentlicht wurden und seine Parteifreunde entsetzten.

Glatte Fälschungen und grobe Unterschlagungen sind indessen eher die Ausnahme in der Memoirenliteratur. Der Hang zur Selbstmodellierung kommt im allgemeinen mit milderen Mitteln aus: Er läßt Fakten gelten und konzentriert sich darauf, diese im Sinne des Autors so zu gruppieren, zu akzentuieren und zu interpretieren, daß die gewünschte Legende entsteht. Niemanden wundert es, daß in *Cäsars* beiden Kriegsberichten seine Feinde noch bösartiger und seine Siege noch großartiger wurden; vermutlich primär deshalb, weil einer, der sich als Nabel der Welt betrachtet, spontan so denkt – zugleich jedoch mit der für Cäsar nützlichen Wirkung, ihm den Weg zur Macht zu pflastern.

Auch *Churchill* wollte noch einmal Premierminister werden, als er 1945 seine Version des Zweiten Weltkriegs niederzuschreiben begann, und es traf sich, daß er darin zum eigentlichen Heros dieses Weltenringens wurde und zu einem, der immer recht behalten hatte. Schon der 1930 gestorbene Arthur James Balfour, Konservativer und ehemaliger Premierminister, spottete über Churchills bis dahin erschienene fünf Bücher mit eigenen Kriegserlebnissen, er habe seine Autobiographie als Geschichte des Universums getarnt; und möglicherweise gilt auch für seine anderen Werke, was sein Sekretär Maurice Ashley über Churchills Biographie des Herzogs von Marlborough mitteilte: Er habe mit dem Diktat früher begonnen als mit den Nachforschungen über seinen Helden.

Wer die Macht unwiderruflich verloren hatte wie Napoleon oder Bismarck: Für den blieb als letzte und vielleicht wichtigste Aufgabe seines Lebens, den Historikern selbst die Deutungsmuster vorzugeben. *Napoleon* stilisierte sich in den „Memoiren von St. Helena", die er im Exil diktierte, wie in den Gesprächen mit seinen Getreuen, die diese nach seinem Tod veröffentlichten, zum Vollstrecker der Ideale der Französischen Revolution, zu einem Apostel der Humanität und des Selbstbestimmungsrechts der Völker, zu einem „gekrönten George Washington", der gegen seinen Willen in das Gewand des Feldherrn und Despoten habe schlüpfen müssen, um durch seine Kriege die Vereinigten Staaten von Europa zu schaffen. Und so maßlos diese Verzerrung war: Die meisten Franzosen begannen an sie zu glauben, ohne sie wäre der Leichnam vermutlich nicht nach Frankreich heimgeholt und 1840 mit allem Pomp im Invalidendom bestattet worden; Napoleons Selbstglorifizierung beeindruckte Stendhal und Victor Hugo, Heine, Grabbe und Nietzsche und irrlichtert bis heute durch die Biographien.

Als *Bismarck* am 18. März 1890 auf Drängen des jungen Kaisers sein Rücktrittsgesuch eingereicht hatte, verwandelte er sich unverzüglich in den Hohenpriester des Bismarck-Kults und weihte ihm die letzten acht Jahre seines Lebens. Befreundete Journalisten fütterte er mit Kommentaren zur Tagespolitik, eigenwilligen historischen Rückblikken und Anekdoten zum eigenen Ruhm; er ermutigte jede Hofberichterstattung ebenso wie den Strom der Besucher und zeigte sich diesen als der alte Recke und das wandelnde Vorbild jener Denkmäler, die alsbald im Dutzend aus der deutschen Erde schossen. Nicht alle Zeitgenossen beeindruckte er damit: Jacob Burckhardt schrieb schon ein halbes Jahr nach der Entlassung, Bismarck wüte gegen den eigenen Ruhm wie keiner vor ihm und beraube sich damit jedes Anrechts auf Pietät; Theodor Fontane schrieb 1893, Bismarcks Hang, die Menschen zu betrügen, sein „Schlaubergertum" seien ihm widerwärtig.

Doch die meisten Deutschen verehrten ihn nur um so mehr, und die ihn haßten, zitterten vor ihm, ja manche buhlten um seine Gunst: Denn noch 1890 hatte Bismarck wissen lassen, daß er dabei sei, seine Memoiren zu diktieren – und wer wollte schon zum Objekt der Rachsucht dieses Mannes werden, der so viel wußte, der alle Bewunderung ebenso auf seiner Seite hatte wie alle rhetorische Brillanz und der dazu, wie jeder ahnte, nichts anderes im Schilde führte, als zu beweisen, daß immer und in allem nur einer recht hatte – er? Das Deutsche Reich allein seine Schöpfung, der junge Kaiser ein Prahlhans, prachtliebend, selbstherrlich, für mystische Einflüsse empfänglich, bestrebt, durch Konzessionen an seine Feinde die Unterstützung seiner Freunde entbehrlich zu machen, und geneigt, sich seiner unstreitigen Beredsamkeit „öfter als geboten zu bedienen".

Welchen Genuß muß diese Hinrichtung dem Henker bereitet haben! Allerdings verfügte Bismarck, daß der dritte Teil seiner Autobiographie mit den zitierten Passagen erst nach dem Tod Wilhelms II.

erscheinen dürfe; er wurde dann doch schon 1921 publiziert, während die beiden ersten Bände der „Gedanken und Erinnerungen" vier Monate nach Bismarcks Tod auf den Markt kamen, 300 000 Exemplare waren in wenigen Wochen verkauft. Und wie sehr dieses Memoirenwerk auch als egozentrisch und schöngefärbt durchschaut sein mag: Den Weltruhm hat es noch gemehrt, und sich von Bismarcks Denkvorgaben ganz zu lösen, fällt noch heute den Biographen schwer.

Als eine andere Standardform der Selbstbeschreibung, neben der Selbstverherrlichung und der Rechthaberei, sticht die *Selbstbezichtigung* ins Auge. Quer durch die Kulturen macht sich ein auffälliger Beichtdrang breit: in Tagebüchern, in Autobiographien, in jenen Mischformen, die sich „autobiographische Romane" nennen (bei Strindberg, Stendhal, Alfred de Musset) – und offensichtlich in vielen Romanen, die vorgeben, von anderen Menschen als vom Autor zu handeln. Proust fällt in diese Kategorie; auch *Tolstoi,* der 1882 das Buch „Meine Beichte" veröffentlichte, 63 Jahre lang ein beichtfreudiges Tagebuch führte und, nach Dmitri Mereschkowski, fünfzig Jahre lang nichts anderes als ein endloses Tagebuch geschrieben hat. Wenn *Emile Zola* in der „Beichte des Claude" die Ichgestalt versprechen läßt, sie wolle „nackt und wahr bis zur Rohheit" sein, so ist der Autor schwer von seiner Figur zu trennen. Ähnlich *Dostojewski:* Beichtwütig sind seine drei Brüder Karamasow, „in düsterer Schwärmerei" gesteht Raskolnikow der Prostituierten seinen Mord, und Nikolai Stawrogin in den „Dämonen" läßt in 300 Exemplaren drucken, er habe eine Zwölfjährige verführt, die sich daraufhin erhängte, und seine Reaktion sei Verachtung, Ekel, Angst und Langeweile gewesen. Für welche Träume oder Taten wollte Dostojewski damit büßen, wen warum damit schockieren?

Indem der Beichtende seine Sünden bekennt, befreit er sich ja nicht nur von einem Überdruck, sondern er befriedigt zugleich eine eigentümliche Form der Eitelkeit: Seht nur her, ist es nicht ein aufregendes Ich, das ich da entkleide? Und solltet ihr nicht überdies den Mut bewundern, mit dem ich mich als mein schärfster Ankläger ins Rampenlicht begebe? Kurz: Wer sich nackt präsentiert, hat gute Chancen, seinem Ruhm zu dienen, und wahrscheinlich weiß er das auch.

Das Urbild aller öffentlichen Beichten hat um 400 n. Chr. der Kirchenvater *Augustinus* geliefert. In seinen „Bekenntnissen" beschreibt er nicht ohne Wollust, wie er ein Sklave derselben gewesen sei: „Gedenken will ich des Schmutzes vergangener Tage und des Verderbens, das mein Fleisch an meiner Seele angerichtet hat." (So könnte auch ein pornographischer Roman beginnen.) Satt zu werden am Gemeinen sei in seiner Jugend seine Begierde gewesen, in den Strudel der Laster habe er sich gestürzt, „ein Wirrwarr schändlicher Liebeshändel" habe ihn umlärmt, ja in einem Bund wollüstiger Liebe habe er gelebt – bis er der Sünde und dem Weibe entsagte mit 32 Jahren. Wie könnte ein Heiliger interessanter werden als durch eine solche Selbstenthüllung?

In der Neuzeit war *Rousseau* der Großmeister der Kunst, sich durch Erniedrigung ins Licht zu stellen. „Ein in seiner Aufrichtigkeit beispielloses Werk" versprach er seinen Lesern, „unwesentliche Ausschmückungen" räumte er ein, und dann kam die Litanei: gelogen, gestohlen, onaniert, Exhibitionismus getrieben in nächtlichen Alleen und eine ehrbare Köchin „mit höllischer Schamlosigkeit" in Schande gestoßen, indem er sie eines Diebstahls beschuldigte, den er selbst begangen hatte. Das ist Exhibitionismus rundum, nicht nur bei Nacht, und „die beste seiner Komödien", wie der elsässische Schriftsteller Ferdinand Lion meint.

Bei der Selbstentblößung gelte es gleich viel, „ob Vorzüge oder Laster entblößt werden", sagt *Thomas Mann*. „Man will gekannt und geliebt sein – geliebt, weil gekannt, oder geliebt, obwohl gekannt." Am Anfang jeder Autobiographie stehe die Liebe zu sich selbst. An der fehlte es ihm nicht. Eine Lebensbeschreibung hat Thomas Mann nicht hinterlassen; wohl aber gab er seine Tagebücher zur Veröffentlichung zwanzig Jahre nach seinem Tode (1955) frei – „es kenne mich die Welt, wenn alles tot ist". 1977 erschien der erste Band, und auf das „geliebt, obwohl gekannt" muß Thomas Mann dabei gesetzt haben.

Seine Bewunderer waren zunächst verwirrt, ja verstört über den gänzlichen Mangel an allem, was sie an ihm schätzten: virtuose Sprache, souveräne Ironie. Sie fanden in kargem Deutsch das Selbstporträt eines egozentrischen Hypochonders, der seine vielfältigen Leiden für den Fluchtpunkt des Universums hielt und noch die Frage, ob er den Spaziergang mit oder ohne Weste gemacht, den Lindenblütentee mit oder ohne eine Zitronenscheibe getrunken habe, in höherem Grade für des Registrierens würdig hielt als alles, was sonst auf der Welt geschah (Kap. 16 gab weitere Beispiele). Als er im Januar 1945 die Joseph-Tetralogoie beendet hatte, las er das Schlußkapitel bei Champagner der Familie vor und trug ein: „Tröstlicher Eindruck, große Rührung. Vordringen der Russen gegen die Krozni-Ölfelder."

Nur geschah dann etwas Seltsames; und es war für den Nachruhm Thomas Manns dermaßen günstig, daß in der Literaturkritik alsbald der Verdacht auftauchte, eben dies habe der stets raffinierte Verwalter seines eigenen Ruhms gewollt: Bei der „Entmonumentalisierung“ des Denkmals Thomas Mann, die ohnehin im Gange gewesen sei, habe er sich selbst an die Spitze gesetzt, schrieb Marcel Reich-Ranicki 1978. „Geschah nichts ohne Berechnung?“ fragte 1985 Martin Gregor-Dellin. „Dann tat er recht, die Demontage des Denkmals nicht zu fürchten! Denn sie hat ihm nicht geschadet, im Gegenteil. Erst jetzt wird die ganze Spannung erschütternd sichtbar, unter der das Werk herausgepreßt wurde.“ Es müsse wohl noch einmal gelesen werden – so sehr hätten die Tagebücher den Blick auf den Autor verändert.

Die Rechnung wäre also aufgegangen! Noch 1975 hatte eine Reihe namhafter Schriftsteller den 100. Geburtstag Thomas Manns zu der Beteuerung benutzt, daß er ihnen gleichgültig sei; der meistberedete deutsche Schriftsteller war Brecht. Als aber 1987 das Institut für Demoskopie in Allensbach nach dem bedeutendsten deutschsprachigen Autor des Jahrhunderts fragte, siegte Thomas Mann mit 28 Prozent vor Brecht mit 23 Prozent.

Auf einem Nebenschauplatz erwies Thomas Mann sich ebenfalls als Virtuose: 1949, zwei Jahre nach seinem „Dr. Faustus“, ließ er als eigenständiges Buch „Die Entstehung des Dr. Faustus“ erscheinen, den „Roman eines Romans“. Er lieferte also der Literaturkritik und der Nachwelt den Deutungsvorschlag für sein Werk gleich mit – in höchst lockerer Anlehnung an diejenige Wahrheit, die aus dem 33 Jahre später veröffentlichten Tagebuch hervorgeht. So hat er die Literatur über sich „auf eine listige Weise miterschaffen“ (Gregor-Dellin) und zugleich der Literaturwissenschaft einen ähnlich uferlosen Beschäftigungsstoff angeboten wie Goethe und James Joyce. *Henry James* gab seinen Gesammelten Werken achtzehn Vorworte bei, als „Handbuch und Vademecum für literarische Aspiranten“ vorgestellt, vor allem aber wohl auf die Kritiker gezielt, die James in gebieterischem Ton belehrte, wie sie seine Romane zu lesen hätten. Verwandte in der Selbstkommentierung: *Brecht* mit seinem „Arbeitsjournal“ und *Peter Weiss,* der zusammen mit dem dritten Band seiner „Ästhetik des Widerstands“ (1981) zwei Bände „Notizbücher“ mit Kommentaren zu den drei Bänden publizierte. Man schreibe sein Werk, kommentiere sein Werk und kommentiere das Leben des kommentierenden Schreibers – so hält man die Buchhändler bei Laune und die Zunft in Atem.

Welcher Grad von Aufrichtigkeit läßt sich allenfalls erwarten von solchen Selbstdeutungen in Form von Autobiographien und Journalen? Offensichtlich ein ziemlich hoher von den Tagebüchern Thomas Manns; andere Tagebuchschreiber haben auch ihre scheinbar privatesten Selbstzeugnisse kokett für die Nachwelt konzipiert, zum Beispiel vermutlich *André Gide* und leicht durchschaubar *Johann Kaspar Lavater,* indem er sein „Geheimes Tagebuch von einem Beobachter seiner selbst“ *veröffentlichte.* Memoiren wiederum mangele es immer an Bescheidenheit und Schamgefühl, sagt Thomas Mann; Goethe hat sich von vornherein zur „halb poetischen, halb historischen Behandlung“ des autobiographischen Stoffs bekannt.

Mindestens gerät der Autobiograph in die Versuchung, Peinlichkeiten und Demütigungen zu unterschlagen (was ja, denkt man an Rousseau, auch seine Vorzüge hat), und fast immer wird viel Licht in seinen Erinnerungen sein: „Ein Sonnenblick fiel mir eben auf mein Leben“, schrieb Nietzsche im Vorspruch zum „Ecce Homo“, und „Besonnte Vergangenheit“ nannte der Chirurg Carl Ludwig Schleich seinen Bestseller von 1920. Auch wird der Autobiograph versuchen, sein Leben mit Anekdoten zu würzen, wie er sie über andere Berühmte seines Fachs gelesen hat; denn da ist ja ein Muster des Bewundernswerten entstanden, das er vor der Nachwelt nicht verfehlen möchte, vielleicht nicht einmal vor sich selber.

Schließlich wird auch der Redlichste nur schwer darauf verzichten, die oft sinnlos herumhängenden Fäden seines Erdenwallens kunstreich zu verknüpfen oder eine schnarrende Abfolge von Dissonanzen und Nebengeräuschen so zu arrangieren, daß die Leser meinen sollen, eine Symphonie zu hören. *Richard Wagner* behauptete in „Mein Leben“, seinen „Parsifal“ habe er, vom Karfreitagsgedanken ausgehend, blitzartig am Karfreitag des Jahres 1857 konzipiert; seine Biographen aber rechnen ihm vor, daß die geschilderte Szene zwei Wochen nach dem Karfreitag stattgefunden haben muß.

Und doch: Es scheint verhältnismäßig ehrliche Memoiren zu geben. In einer Selbstbiographie zu lügen, sei schwerer als irgendwo sonst, schreibt Schopenhauer, denn die Lektüre finde unter Bedingungen statt, die der Autor nicht kontrollieren könne. Auch kennen wir Selbstdarstellungen, die eine Aura von Wahrheitsnähe haben: so die mehrfach zitierte von *Grillparzer* mit ihrem eisigen Ingrimm und *Stendhals* Fragment eines autobiographischen Romans, „Das Leben des Henry Brulard“. In der Sorge, „so meisterhaft zu lügen wie Rousseau“, schreibt da ein scharfer Beobachter mit selbstironischer Distanz sein Leben auf, Wahrhaftigkeit nur hinsichtlich seiner Gefühle beanspruchend, da er für Tatsachen von jeher ein schlechtes Gedächtnis gehabt habe. Stendhal schrieb das 1835, starb 1842, wandte sich an „Leser von 1880“ und fand sich 1890 damit zum erstenmal gedruckt.

August Strindberg hinterließ „Die Beichte eines Toren“, ferner eine dreibändige Bearbeitung seiner Tagebücher unter dem Titel „Inferno“ und den vierbändigen autobiographischen Roman „Der Sohn einer Magd“ (der er war) – nicht eine moralische Selbstanklage wie bei Augustinus und Rousseau, sondern eine Beschreibung der Hölle, in der er lebte, einem Inferno aus Angst, Depression, Verfolgungswahn, Hysterie und Eifersucht. „In dem leidenschaftlichen Verlangen, mir selbst ein Leid anzutun“, heißt es im Tagebuch, „begehe ich den Selbstmord, Weib und Kind von mir zu stoßen (...) Ich liebe sie, sie liebt mich, und wir hassen einander mit dem wilden Haß einer Liebe, die sich durch die Trennung steigert.“ Bei Strindberg hat die Selbstbeschreibung nicht, wie bei den meisten, den Zweck oder die Funktion, den Ruhm zu mehren, sondern eben ihre dramatische Intensität ist es, die seinen Nachruhm wachhält.

Womit sie einst berühmt werden würden, darüber haben sich viele Große einer irrigen Vorstellung hingegeben, einige hartnäckig auf das falsche Pferd gesetzt. Goethe nannte ja seine „Farbenlehre“ wichtiger als alle poetischen Werke (Kap. 20). Nietzsche wollte mehr als alles andere seinen „Zarathustra“ bewundert sehen, ein Buch, das viele seiner Verehrer eher peinlich berührt. *Schubert* schrieb fünfzehn Opern und Singspiele, nur drei davon wurden aufgeführt, und das mit so geringem Erfolg, daß der Komponist es vorzog, sich nicht auf der Bühne zu bedanken. *Johann Strauß* ruhte nicht, bis die Wiener Hofoper 1892 seinen „Ritter Pásmán“ brachte, den er in der Tat als Oper verstanden wissen wollte – „um zu beweisen, daß man mehr kann als Tanzmusik schreiben“, und bei seinen nächsten Operetten gewöhnte er sich nur mühsam an „die gemeine Dudelei“. *Wilhelm Furtwängler* sah sich vor allem als Komponist und fühlte sich verkannt von allen, die ihn bloß für einen großen Dirigenten hielten.

Theodor Fontane erwartete den Ruhm fälschlich gerade nicht von seinen Romanen, sondern von den eher holprigen Balladen. *Wilhelm Busch* war es „peinlich und ekelhaft“, daß nicht seine Gemälde ihn berühmt machten, sondern seine Bildergeschichten; mit ihnen wurde er der Vater des Comic Strip, in Deutschland so populär wie kaum ein anderer Künstler und mit „Max und Moritz“ weltberühmt. *Christian Morgenstern* träumte von einer Dramentrilogie, setzte auf seine Zyklen ernstgemeinter Gedichte wie „Wir fanden einen Pfad“ und wurde berühmt allein durch seine „Galgenlieder“ („Korff erfindet eine Mittagszeitung, welche, wenn man sie gelesen hat, ist man satt“).

Und dann ist da eine kleine Schar von Großen, die möglichst viel von ihrem Leben im Dunkeln lassen wollen. Ganz offensichtlich *Kleist,* der Sprunghafte und Gejagte, mit mehreren nicht dokumentierten Phasen in seinem chaotischen Lebenslauf. Den größten je bekannt gewordenen Aufwand zur Verwischung seiner Spuren aber hat *Sigmund Freud* getrieben. Als 28jähriger, 1885, kurz bevor er heiratete und sich als Neurologe niederließ, vernichtete er alles, was er in vierzehn Jahren an Manuskripten, Notizen, Tagebüchern, Briefen aufgehoben hatte. „Ich kann nicht reifen und nicht sterben ohne die Sorge, wer mir in die alten Papiere kommt", schrieb er seiner Braut. „Die Biographen sollen sich plagen, wir wollen's ihnen nicht zu leicht machen. Jeder soll mit seinen Ansichten über die ‚Entwicklung des Helden' recht behalten, ich freue mich schon, wie die sich irren werden." 1908, als Freud bereits in aller Munde war mit der „Traumdeutung", der „Psychopathologie des Alltagslebens" und den „Drei Abhandlungen zur Sexualtheorie", wiederholte er die Spurenbeseitigung. Warum? Der amerikanische Wissenschaftshistoriker Frank Sulloway bot 1979 die Deutung an: um sich mit einer Aura des Geheimnisses zu umgeben, die die Ehrfurcht seiner Anhänger wachhalten und zugleich jeden Gedanken daran tilgen sollte, daß Freud natürlich Vorläufer und Wegbereiter hatte.

Bis zur Brüskierung verehrender Freunde trieb er seinen Wunsch, allein über die Färbung und Dosierung zu entscheiden, in der er sein Leben der Nachwelt überliefern wollte. Als Arnold Zweig ihn 1936 fragte, ob er seine Biographie schreiben dürfe, sprach Freud von einer „Drohung" und fügte hinzu: „Nein, ich liebe Sie viel zu sehr, um solches zu gestatten. Wer Biograph wird, verpflichtet sich zur Lüge, zur Verheimlichung, Heuchelei, Schönfärberei und selbst zur Verhehlung seines Unverständnisses, denn die biographische Wahrheit ist nicht zu haben, und wenn man sie hätte, wäre sie nicht zu brauchen. Die Wahrheit ist nicht gangbar, die Menschen verdienen sie nicht. Und übrigens: Hat unser Prinz Hamlet nicht recht, wenn er fragt, ob jemand dem Auspeitschen entgehen könnte, wenn er nach Verdienst behandelt würde?" Zweig gab auf.

1937, zwei Jahre vor seinem Tod, erfuhr Freud mit Bestürzung, daß die Briefe aufgetaucht waren, die er von 1887 bis 1902 an seinen Arztfreund Wilhelm Fließ geschrieben hatte. „Ich möchte nichts davon zur Kenntnis der sogenannten Nachwelt kommen lassen", schrieb er der Bewunderin, die ihn davon unterrichtete. Zwar entschloß sich Freuds Tochter Anna 1950, die Briefe zu veröffentlichen – jedoch in einer Auswahl, die das Bild des Helden unbefleckt ließ: Ausgelassen war aller Klatsch, jede Erwähnung seiner Selbstversuche mit Kokain, jede Anspielung auf seine Hypochondrie und jedes zynische Urteil über seine Patienten – eine „Z'widerwurzen" die eine, ein „Goldfisch" die andere, „Geld ist Lachgas für mich". Erst 1986 kam eine vollständige Ausgabe zustande.

Das ist ja überhaupt häufig die zwielichtige Rolle der Hinterbliebenen oder der Nachlaßverwalter: Wenn sie schon nicht vernichten wie Büchners Braut, so manipulieren sie – so versuchen sie diejenige Stilisierung nachzuholen, die dem Verblichenen nach ihrem Urteil nicht hinlänglich gelungen war oder die er besser hätte wählen sollen. Nietzsches Schwester spielte eine dieser unrühmlichen Rollen; die Witwe Mozarts, die Schwester Rimbauds, die Schwägerin van Goghs, die Erben Bizets zensierten die hinterlassenen Briefe. *Karl Marx'* Hinterbliebene vernichteten den Briefwechsel mit seiner Frau und Teile der Korrespondenz mit Engels; bei der tiefen Menschen- und Arbeiter-Verachtung in den erhaltenen Stücken wagt man sich kaum auszumalen, was die beseitigten enthalten haben könnten.

Cosima Wagner benutzte die 47 Jahre, um die sie Richard überlebte, nicht nur, um die Bayreuther Festspiele durchzusetzen und auf andere legitime Weise seinen Ruhm zu pflegen; sie nahm auch eine Fälscherwerkstatt in Betrieb, die Wagners riesige Hinterlassenschaft an Briefen, Manuskripten, Dokumenten frisierte, verheimlichte oder vernichtete. Nichts sollte der „schlichten Wahrhaftigkeit" seiner Autobiographie widersprechen dürfen. Aus der wiederum waren in allen Ausgaben vor 1963 verfängliche Sätze getilgt wie „Unter Tränen und Schluchzen besiegelten wir das Bekenntnis, uns einzig gegenseitig anzugehören" – denn Richard hatte dies schon für 1863 festgehalten, als Cosima gerade die zweite Tochter aus ihrer Ehe mit Hans von Bülow geboren hatte, also sechs Jahre vor ihrer Scheidung. Cosimas Tochter Eva (aus der Ehe mit Richard) strich ihrerseits im Tagebuch ihrer Mutter herum.

Max Brod, *Kafkas* Freund und Testamentsvollstrecker, kommt das dreifache Verdienst zu, den Nachlaß entgegen der Anweisung des Verstorbenen nicht vernichtet, ihn über die Nazi-Wirren hinweg gerettet und unermüdlich für die Geltung Kafkas getrommelt zu haben. Doch als Herausgeber wandte er dubiose Methoden an. Von Kafkas Briefen an Milena Jesenska-Pollak, einem der faszinierendsten Charakterbilder der Weltliteratur, ließ Brod 10 weg, in den anderen strich er 62 Passagen. In den Tagebüchern tilgte er 83 Stellen, darunter die Notizen über Bordellbesuche und homosexuelle Neigungen, aber auch die Eintragung von 1922: „Die Angriffe, die Angst. Ratten, die an mir reißen und die ich durch meinen Blick vermehre." Dies alles natürlich in der besten Absicht: der Nachwelt das Bild einer reinen Seele zu hinterlassen, die in Frieden starb. (Auch mit 200 Jahren Abstand richten solche Absichten noch Unheil an: So wurden aus einer schmucken deutschen Rousseau-Ausgabe von 1960 viele „Details seines ausbrechenden Wahnsinns" getilgt, „um den ewigen Rousseau gleichsam vor sich selber zu retten".)

Nimmt man zusammen, was da von den Überlebenden und mehr noch von den Großen selber an Beschönigung, Verformung, Verrätselung, Verfälschung produziert worden ist, wie eine ganze Genie-Industrie darauf eingeschworen scheint, daß weder die Tatsachen regieren noch unbefangene Deutungen durch die Nachgeborenen möglich werden – man möchte verzweifeln an unserer Chance, die Großen so zu sehen, wie sie waren. Und das ist nicht alles. Wir sprachen ja noch nicht von den besoldeten Hofpoeten, von den fanatischen Jüngern, von jenen Cliquen, die sich wechselseitig die Literaturpreise zuschanzen, von den Interpreten, Kritikern, Historikern, die für jedermann entscheiden wollen, wer groß war und wer nicht. Was da alles zusammenwirken kann an Selbst- und Fremdstilisierung, einer Strategie der Ruhmpflege und unverlangter Lobhudelei, das wird im folgenden der Fall *Goethe* besonders deutlich machen.

Irreführung durch Pseudonyme

Das Pseudonym ist ein beliebtes Mittel, den Eindruck, den man auf Mit- und Nachwelt machen möchte, in einem wesentlichen Punkt zu beeinflussen. Viele Berühmte haben sich Pseudonyme zugelegt, mit denen sie nicht im Lexikon stehen (Charles Dickens nannte sich anfänglich „Boz“); solche sind hier nicht aufgeführt. Die nachstehende Liste umfaßt Pseudonyme, die sich in der Öffentlichkeit durchgesetzt haben, oft in der Form, daß die meisten nicht einmal ahnen, daß es sich um ein Pseudonym handelt.

Als häufigste Gründe für die Namensverkleidung lassen sich vermuten:

1. Der echte Name war zu schwierig auszusprechen, zumal wenn man im Ausland wirkte: Jozef Konrad Korzeniowski wurde zu Joseph Conrad, der Filmregisseur Sean Aloysius O'Fearna zu John Ford.

2. Der echte Name wurde als lächerlich empfunden. Für einen amerikanischen Folksänger ist es nicht günstig, Robert Zimmermann zu heißen, so nannte er sich Bob Dylan. Die italienischen Schriftsteller Suckert, Schmitz und Pincherle zogen es vor, sich in Malaparte, Svevo und Moravia umzutaufen, und Oskar Bschließmayer hieß als Schauspieler Oskar Werner. (Andere blieben bei der angeborenen Häßlichkeit wie der deutsche Dramatiker August von Kotzebue und der amerikanische Schriftsteller William Kotzwinkle.)

3. Der echte Name wurde als nicht pompös genug empfunden. So nannten sich die Herren Bitzius, Filipepi, Fliegel lieber Gotthelf, Botticelli, Stefan Heym und die Herren Stowasser, Dschugaschwili, Wiesengrund lieber Hundertwasser, Stalin und Adorno.

4. Frauen wollten einen Mann vortäuschen: Madame Dudevand machte sich zu George Sand, Ms. Evans zu George Eliot.

Er/sie nannte sich:	**hieß eigentlich**	**und war:**
Theodor Adorno	Theodor Wiesengrund	Philosoph
Alain	Emile Chartier	Schriftsteller
Scholem Aleichem	Scholem Rabinowitsch	Schriftsteller
Willibald Alexis	Wilhelm Häring	Schriftsteller
Jean Améry	Hanns Maier	Schriftsteller
Claude Anet	Jean Schopfer	Schriftsteller
Guillaume Apollinaire	Apollinaris de Kostrowitsky	Schriftsteller
Georg Baselitz	Hans Georg Kern	Maler
Sandro Botticelli	Allesandro Filipepi	Maler
Bramante	Donato d'Angelo	Baumeister
Willy Brandt	Herbert Frahm	Politiker
Harold Brodkey	Aaron Roy Weintraub	Schriftsteller
Anthony Burgess	John B. Wilson	Schriftsteller

Graf Allessandro von Cagliostro	Giuseppe Balsamo	Abenteurer
Canaletto (der Onkel)	Antonio Canal	Maler
Canaletto (der Neffe)	Bernardo Bellotto	Maler
Truman Capote	Truman Streckfus Persons	Schriftsteller
Caravaggio	Michelangelo Merisi	Maler
Blaise Cendrars	Frédéric Sauser	Schriftsteller
Charlie Chaplin	Charles Spencer	Schauspieler
Joseph Conrad	Jozef Konrad Korzeniowski	Schriftsteller
Antonio Correggio	Antonio Allegri	Maler
Marlene Dietrich	Maria Magdalena v. Losch	Schauspielerin
Kirk Douglas	Isidore Demskij	Schauspieler
George Eliot	Mary Anne Evans	Schriftstellerin
Paul Eluard	Eugène Grindel	Dichter
Hans Fallada	Rudolf Ditzen	Schriftsteller
Bob Dylan	Robert Zimmermann	Musiker
Kasimir Edschmid	Eduard Schmid	Schriftsteller
Gorch Fock	Johann Kienau	Schriftsteller
John Ford	Sean Aloysius O'Fearna	Regisseur
Greta Garbo	Greta Gustafsson	Schauspielerin
Romain Gary	Roman Kacew	Schriftsteller
Giorgione	Giorgio da Castelfranco	Maler
Maxim Gorki	Alexej Peschkow	Schriftsteller
Jeremias Gotthelf	Albert Bitzius	Schriftsteller
Cary Grant	Archibald Leach	Schauspieler
Anastasius Grün	Anton Alexander Graf v. Auersperg	Dichter
Friedrich Gundolf	Friedrich Gundelfinger	Schriftsteller
Albert Paris Gütersloh	Albert Conrad Kiehtreiber	Maler und Schriftsteller
Knut Hamsun	Knut Pedersen	Schriftsteller
Maximilian Harden	Felix Ernst Witkowski	Publizist
Stephan Hermlin	Rudolf Leder	Schriftsteller
Stefan Heym	Hellmuth Fliegel	Schriftsteller
Friedensreich Hundertwasser	Friedrich Stowasser	Maler
Jean Paul	Jean Paul Friedrich Richter	Schriftsteller
Robert Jungk	Robert Baum	Publizist
Alfred Kerr	Alfred Kempner	Kritiker
Klaus Kinski	Nikolaus Nakszynski	Schauspieler
Klabund	Alfred Henschke	Schriftsteller
Kuba	Kurt Bartel	Lyriker
Nikolaus Lenau	Nikolaus Niembsch Edler v. Strehlenau	Dichter

Lenin	Wladimir Iljitsch Uljanow	Politiker
Curzio Malaparte	Kurt Suckert	Schriftsteller
Mark Twain	Samuel Clemens	Schriftsteller
E. Marlitt	Eugenie John	Schriftstellerin
Giacomo Meyerbeer	Jakob Liebmann Beer	Komponist
Joaquin Miller	Cincinnatus Hiner	Dichter
Gabriela Mistral	Lucila Alcayaga	Dichterin
Molotow	Wjatscheslaw Skrjabin	Politiker
Molière	Baptiste Pocquelin	Dramatiker
Marilyn Monroe	Norma Jean Mortenson	Schauspielerin
Alberto Moravia	Alberto Pincherle	Schriftsteller
Pablo Neruda	Neftali Ricardo Reyes	Dichter
Gérard de Nerval	Gérard Labrunie	Dichter
Emil Nolde	Emil Hansen	Maler
Novalis	Friedrich v.Hardenberg	Dichter u. Philosoph
George Orwell	Eric Arthur Blair	Schriftsteller
Pablo Picasso	Pablo Ruiz	Maler
Joachim Ringelnatz	Hans Bötticher	Humorist
Françoise Sagan	Françoise Quoirez	Schriftstellerin
Saint-John Perse	Alexis Leger	Dichter
George Sand	Aurore Dudevand	Schriftstellerin
Charles Sealsfield	Karl Anton Postl	Schriftsteller
Anna Seghers	Netty Radvanyi	Schriftstellerin
Ignazio Silone	Secondino Tranquilli	Schriftsteller
Stalin	Jossif Dschugaschwili	Politiker
Stendhal	Henri Beyle	Schriftsteller
Max Stirner	Johann Kaspar Schmidt	Philosoph
Italo Svevo	Ettore Schmitz	Schriftsteller
Tintoretto	Iacopo Robusti	Maler
Tito	Josip Broz	Politiker
Friedrich Torberg	Friedrich Kantor-Berg	Schriftsteller
Trotzki	Lew Davidowitsch Bronstein	Politiker
Karl Valentin	Valentin Ludwig Fey	Komiker
Vercors	Jean Bruller	Schriftsteller
Paolo Veronese	Paolo Caliari	Maler
Voltaire	François-Marie Arouet	Philosoph
Bruno Walter	Bruno Schlesinger	Dirigent
Oskar Werner	Oskar Bschließmayer	Schauspieler

GOETHE
Minister, ordenübersäter Dichterfürst (hier 1822 auf dem Gemälde von Heinrich Kolbe). Alle jungen Talente machten ihm ihre Aufwartung – Heine und Grillparzer, Hölderlin und Kleist, und ihr Urteil lautete: Hochmut und Kälte waren um ihn.

KLEIST
Ein erfolgloser Dichter und verkrachter Journalist, ein kleinwüchsiger Tölpel mit einer Sprachhemmung am Rand des Stotterns – er wollte 1808 das Wohlwollen des großen Goethe gewinnen. Doch der empfand „Schauder und Abscheu“.

41.

Wer Goethe zum „Olympier" machte

Weimar war vielleicht das größte Mißverständnis in der deutschen Literaturgeschichte und, wer weiß, die Ursache dafür, daß die deutsche Literatur nicht die erste der Welt geworden ist.

José Ortega y Gasset, Um einen Goethe von innen bittend (1932)

Als der Herzog von Weimar 1785 anregte, den gestelzten Kanzleistil zu vereinfachen, sprach der Wirkliche Geheime Rat Goethe sich dagegen aus. 1799 wurde Johann Gottlieb Fichte, Professor der Philosophie in Jena, des Atheismus beschuldigt; als der Herzog ihm einen Verweis androhte, kündigte Fichte für diesen Fall die Niederlegung seines Amtes an. Da beschloß der weimarische Staatsrat unter Mitwirkung Goethes, das Entlassungsgesuch anzunehmen – Goethe habe also Fichte Berufsverbot erteilt, meint Martin Walser. Und dann war da der Fall jener jungen Kindsmörderin, die der Herzog begnadigen wollte. Seine Minister sprachen sich jedoch dafür aus, das Todesurteil zu vollstrecken; auch Goethe – „was in seiner Art ebenso erschütternd ist wie der ganze ‚Faust'", schreibt Thomas Mann.

Leicht hat Goethe es seinen Bewunderern nie gemacht. Daß der Autor des „Götz" und des „Werther" sich plötzlich als Geheimrat präsentierte, verstanden seine vielen Verehrer schwer genug; aber es kam hinzu, daß auch der Dichter sich dabei vollständig verwandelte, vom derben „Götz" zur erhabenen „Iphigenie". Wer weiß, ob Goethe heute in einer Reihe mit Dante und Shakespeare stünde, hätten sich nicht einzelne zeitgenössische Literaturpäpste aufgerufen gefühlt, eben den Autor der „Iphigenie" zum wahren, zum ganz großen Goethe zu stilisieren, und hätte nicht Goethe seinerseits mit Umsicht und großer Pose und einer eigenen Zeitschrift für seinen Ruhm geworben.

Der „Götz von Berlichingen" hatte den 24jährigen 1774 über Nacht populär gemacht, und als noch im selben Jahr „Die Leiden des jungen Werthers" erschienen, war am Himmel der deutschen Literatur ein Stern erster Größe aufgegangen. Zeitgenössische Kritiker sprachen von „Enthusiasmus bis zur Ausschweifung". Viele junge Leute kleideten sich wie Werther (blauer Frack und gelbe Weste), einige brachten sich sogar um wie er. Die Theologische Fakultät der Universität Leipzig verbot ihren Studenten die Lektüre. Die Drastik des „Götz" und die

Rührseligkeit des „Werther“ aus derselben Feder im selben Jahr: Ein junger Wilder hatte sich da an die Spitze geschrieben.

Zur gleichen Zeit arbeitete Goethe am „Urfaust“ (den er erst 1790 veröffentlichte, und zwar in überarbeiteter Form unter dem Titel „Faust, ein Fragment“). In keiner gedruckten Fassung verwendet, jedoch in sauberer Handschrift aufbewahrt hat Goethe einen Hexensabbat, von dem die Walpurgisnacht in Faust I nur ein blasser Aufguß ist. Satan spricht zu den Mädchen: „Seid reinlich bei Tage und säuisch bei Nacht, so habt ihr's auf Erden am weitsten gebracht.“ Zu den Weibern: „Für euch sind zwei Dinge von köstlichem Glanz, das leuchtende Gold und ein glänzender Schwanz.“ Zu den Vasallen, die ihm den Hintern küssen: „Wer des Teufels Arsch so gut wie du gelobt, dem soll es nie an Schmeichelphrasen fehlen.“

Und dieses wüste Genie also, ein Aufrührer wie Büchner oder Brecht, ein zynischer Schönling, ein selbstmordgefährdetes Lästermaul, erliegt mit 26 Jahren dem Werben des Herzogs Karl August, zieht in das Residenzstädtchen Weimar (6000 Einwohner, Schweine auf den Gassen) und wird Geheimer Legationsrat und Bergwerksdirektor. Mit 29 hat Goethe es zum Wirklichen Geheimen Rat gebracht, zuständig für die herzogliche Kriegskommission und den Wegebau. Als er 31 ist, fragt seine Mutter an, ob er nicht lieber nach Frankfurt heimkehren wolle – sie werde ihm „gute und ruhige Tage“ verschaffen für seine Kunst. Goethe erwidert, wegen kleiner Unbehaglichkeiten gleich das ganze Leben umzustellen, „will sich, dünkt mich, nicht wohl ziemen“; frühzeitig also hat er „die etwas amtliche Diktat-Prosa“ erreicht, die Thomas Mann an seinem Altersstil vermerkte.

Mit 32 Jahren wird Goethe zum Leiter der Finanzkommission ernannt und in den Adelsstand erhoben. O, er hat nicht aufgehört, dichterisch zu arbeiten: Er legt eine erste, die Prosa-Fassung der „Iphigenie“ und den Einakter „Die Geschwister“ vor, schreibt am „Wilhelm Meister“ und bringt einige seiner schönsten Gedichte zu Papier. Er selbst rühmt 1826 jene Jahre als „die Epoche, wo der Dichter, in die Welt, ins Geschäft eintretend, eine Zeitlang von aller Produktion abgehalten (...), im geselligen Umgang die düstere Rauheit seiner Jugend verliert und sich unbewußt zu einer zweiten Darstellungsweise vorbereitet“.

Die zweite Weise! Vom Sturm und Drang seiner Jugendjahre lenkte Goethe ein ins Edle und Gesittete, sagt Thomas Mann, und „die Kühle der deutschen Öffentlichkeit, erzeugt durch die klassizistische Wendung, die Goethes Kunstrichtung mit der ‚Iphigenie‘ und dem ‚Tasso‘

nahm, war vollkommen". In der Endfassung von 1786, zwölf Jahre nach dem „Werther", spricht Iphigenie:

> Laß deine Seele sich zum Frieden wenden,
> O König! Hindre nicht, daß sie die Weihe
> Des väterlichen Hauses nun vollbringe
> Mich der entsühnten Halle wiedergebe,
> Mir auf das Haupt die alte Krone drücke!

Dergleichen hatte man vom Autor des „Götz" nicht erwartet und nicht eigentlich gewollt. Die Enttäuschung klang noch 1833 in *Heine* nach, der, neben manchen Bosheiten über Goethe, eine Diagnose stellte, die viele Zeitgenossen teilten: Goethes Meisterwerke „zieren unser teures Vaterland, wie schöne Statuen einen Garten zieren, aber es sind Statuen (...) Die goetheschen schönen Worte sind kinderlos."

Den „Tasso" publiziert Goethe 1790. Zwei Jahre später nimmt er im Gefolge des Herzogs Karl August an der „Kampagne in Frankreich" teil („Einige Dörfer brannten zwar noch vor uns auf, allein der Rauch tut in einem Kriegsbilde auch nicht übel"), 1793 an der Belagerung von Mainz. Dort dichtet er ein heiteres Epos von zwölf Gesängen in griechischen Hexametern über Reineke Fuchs und seine Streiche, „in welchem der Dichter

> Fabel und Wahrheit gemischt, damit ihr das Böse vom Guten
> Sondern möget und schätzen die Weisheit, damit auch die Käufer
> Dieses Buchs vom Laufe der Welt sich täglich belehren."

Zwar hat der Lauf der Welt sich seit 1789 jäh geändert, doch Goethe besingt des Fuchses Streiche zu dem ausdrücklichen Zweck, sich „von der Betrachtung der Welthändel abzuziehen", wie er schreibt. Damit kann man den Titel „Zeitablehnungsgenie" gewinnen, den Heine ihm 1830 verleiht – oder den Applaus einer „neuen und schwärmenden Kirche" junger Literaten wie jener, der *Ludwig Tieck* 1794 in Berlin beitritt. 1796, kurz nachdem der Entwicklungsroman „Wilhelm Meisters Lehrjahre" erschienen ist, ernennt *Friedrich Schlegel* Goethes Poesie zur „Morgenröte echter Kunst und reiner Schönheit".

1797 das nächste Epos in Hexametern: „Hermann und Dorothea", eine Familie auf der Flucht vor den französischen Revolutionstruppen, immerhin, jedoch in ausdrücklicher Anlehnung an antike Muster, die neun Gesänge mit den Namen der griechischen Musen überschrieben, auf einer Seite die Adjektive *traulich, munter, fröhlich, löblich, sorglich* und *behende* versammelt. 1798 verkündet *Novalis,* daß Goethe „jetzt der wahre Statthalter des poetischen Geistes auf Erden ist“ – der beispiellose Vorgang einer Kanonisierung, nach den Worten Karl Robert Mandelkows in seiner Rezeptionsgeschichte. Friedrich Schlegel bezeichnet, ebenfalls 1798, die Französische Revolution, Fichtes „Wissenschaftslehre“ und den „Wilhelm Meister“ als „die drei bedeutendsten Tendenzen des Jahrhunderts“. 1803 schreibt August Wilhelm Schlegel, Goethe sei „der Wiederhersteller der Poesie in Deutschland“ und Madame de Staël im selben Jahr über ihren Besuch in Weimar: „Die Goethe-Bewunderer bilden eine Art Bruderschaft, deren Losungsworte die Adepten miteinander bekanntmachen.“

Junge Intellektuelle also hoben den neuen, den klassichen Goethe auf den Schild , am rührigsten die Brüder Schlegel. „Sie bauten ihm einen Altar und räucherten ihm und ließen das Volk vor ihm knien“, höhnte Heine 1833. „Sie hatten sich auch an Schiller gemacht; aber dieser war ein ehrlicher Mann und wollte nichts von ihnen wissen.“

Doch die Rückschläge blieben nicht aus. Als 1803 Goethe wirklich mit einem Trauerspiel aus der Französischen Revolution an die Öffentlichkeit trat, „Die natürliche Tochter“, schwiegen die Schlegels, und Johann Gottfried Herder, seit mehr als einem Vierteljahrhundert Goethes Weggefährte, verscherzte sich die Freundschaft durch das Bonmot: „Dein natürlicher Sohn ist mir lieber.“ Eine undramatische Handlung war mit Symbolen und Sentenzen überfrachtet – das Werk eines Privatmanns, „der sein Dasein ängstlich gegen die politischen Erschütterungen rings um sich abzudichten sucht“. Walter Benjamin schrieb das 1928, und manche Zeitgenossen scheinen es ähnlich empfunden zu haben.

Erst als 1805 *Schiller* gestorben und 1808 der erste Teil des „Faust“ erschienen war, konnte sich Goethe in der öffentlichen Meinung als Deutschlands größter lebender Dichter durchsetzen; *Ludwig Uhland* trat ja nicht vor 1815 auf den Plan. Unter den Literaten in ganz Europa galt er nun als überragende Erscheinung. Der Diplomat und Schriftsteller *Karl August Varnhagen von Ense* berichtete 1807 aus Berlin über „eine Art von Kultus“, der mit Goethe getrieben werde. Im selben Jahr nahm Varnhagen einen Briefwechsel mit *Rahel Levin* auf, die in Berlin einen literarischen Salon unterhielt (er heiratete sie 1814), und 1811 wurde daraus ein bemerkenswerter Akt wechselseitiger Liebedienerei: Varnhagen bat Goethe brieflich um die Erlaubnis, die Goethe betreffenden Passagen seiner Korrespondenz mit Rahel veröffentlichen zu dürfen (er hätte nicht fragen müssen); doch der Geheimrat antwortete huldvoll, was Varnhagen wiederum begeistert zitierte, zum Vorteil der Auflage des Huldigungsbuches, das 1812 erschien. 1822 lobte Goethe seinen rührigen Verehrer als „tiefsinnenden und -fühlenden Mann“, im folgenden Jahr gab Varnhagen das Buch „Goethe in den Zeugnissen der Mitlebenden“ heraus.

Doch so sehr sich nun auch die Bewunderung für Goethe ausgebreitet hatte – gelesen wurde er wenig und noch seltener geliebt. Weder der Roman „Die Wahlverwandtschaften“ (1809) noch „Wilhelm Meisters Wanderjahre“ (1821) waren Publikumserfolge, und auch viele Kritiker sprachen von einem marmorglatten, manierierten, geheimrätlich-würdevollen Stil. *Grillparzer* spottete, Goethe habe die „Wanderjahre“ zusammengestückelt, weil er „keines seiner geistigen Kinder unversorgt zurücklassen“ wollte. 1825, in seiner Rede auf den Tod von Jean Paul, mokierte sich *Ludwig Börne,* ohne Namen zu nennen, über „die hochgepriesenen poetischen Abgötter der Zeit“, die steif, leer und herzlos seien, „ausgedrückte Zitronen gegen unseren einzigen lebendigen Jean Paul!“ 1828 sang *Ludwig Tieck* wieder eine Goethe-Hymne: „Wenn wir dankbar sind, daß er unser ist und uns gebildet hat, wenn wir ihn ohne Heuchelei bewundern und immerdar von ihm lernen, so haben wir genug getan.“

Während die Werke also eine zwiespältige Aufnahme fanden, waren die Urteile der Zeitgenossen über die Person ganz überwiegend negativ. Zwar rechneten alle Literaten es sich zur Ehre an, den Dichterfürsten besuchen zu dürfen; doch was sie über ihre Eindrücke verbreiteten, war meist auf den Ton gestimmt: selbstgefällig, mit zunehmendem Alter steif und eisig. Schon über den 39jährigen Goethe schrieb *Schiller* nach der ersten Begegnung (und fünf Jahre bevor sie Freunde wurden) an Gottfried Körner: „Er ist ein Egoist in ungewöhnlichem Grade (...) Er macht seine Existenz wohltätig kund, aber nur wie ein Gott, ohne sich selbst zu geben“ – konsequent „auf den höchsten Genuß der Eigenliebe kalkuliert (...) Ich betrachte ihn wie eine stolze Prüde, der man ein Kind machen muß, um sie vor der Welt zu demütigen.“

Den 67jährigen Goethe besuchte 1816 *Charlotte Kestner,* geborene Buff, in die er 1772 verliebt gewesen war. Sie schrieb darüber ihrem Sohn: „Ich habe eine neue Bekanntschaft von einem alten Manne gemacht, welcher, wenn ich nicht wüßte, daß es Goethe wäre, und auch dennoch, keinen angenehmen Eindruck auf mich gemacht hat.“ Dabei habe er „nach seiner steifen Art alles Mögliche, um verbindlich gegen mich zu sein“, getan.

Der 26jährige *Heine* durfte 1824 bei dem 75jährigen Goethe vorsprechen, der ihm „recht viel Freundliches und Herablassendes" gesagt habe. „Um seinen Mund will man einen kalten Zug von Egoismus bemerkt haben", aber so sei das nun mal bei den Göttern – so daß er, Heine, versucht gewesen sei, Goethe griechisch anzureden. „Man sagt von dem sitzenden Jupiter des Phidias in Olympia, daß er das Dach des Tempels sprengen würde, wenn er aufstünde. Dies war ganz die Lage Goethes (...) Der deutsche Jupiter blieb ruhig sitzen und ließ sich ruhig anbeten und beräuchern." Heine räumte an anderer Stelle ein, daß der Neid ihm die Feder führe, doch manches an seinem Hohn durfte bei vielen Lebenden auf Verständnis rechnen. Den „klugen Kunstgreis" nannte er Goethe, und „widerwärtig" fand er seine Abneigung, sich dem Enthusiasmus hinzugeben: Goethe sei wie eine Flamme, „die nicht brennen will, aus Furcht, sich zu konsumieren".

Grillparzer wurde 1826 vorgelassen, zwei Jahre nach Heine. Er kam mit Vorbehalten, zum Beispiel dem, daß Goethes „Empfindungsmattigkeit" zum Verfall der deutschen Poesie beigetragen habe. Er verließ die Audienz „mit einer höchst unangenehmen Empfindung": das Ideal seiner Jugend als steifen Minister zu sehen, schwarz gekleidet, den Ordensstern auf der Brust. Bei einem zweiten Besuch fand Grillparzer den 77jährigen „heiter und gesprächig", aber er fügte hinzu: „Von den Tischereignissen ist mir noch als charakteristisch erinnerlich, daß ich im Eifer des Gesprächs nach löblicher Gewohnheit in dem neben mir liegenden Stücke Brot krümelte und dadurch unschöne Brosamen erzeugte. Da tippte denn Goethe mit dem Finger auf jedes einzelne und legte sie auf ein regelmäßiges Häufchen zusammen."

Im Auftreten unsympathisch, mit seinen Werken viel zitiert und wenig populär – da muß Goethe erkannt haben, daß es um seinen Nachruhm schlecht bestellt sein könnte, wenn er nicht zum klassischen Mittel der Ruhmwilligen gegriffen hätte: der Selbstanpreisung. In einem Brief von 1812 beklagte er die zögernde Aufnahme seiner Werke; Erfolg sei ihm durchaus nicht gleichgültig, sondern vielmehr der Leitstern seiner Arbeit. Und je älter er wurde, desto mehr investierte er in die Pflege seines Ruhms.

Über den Umstand, daß er 1808 in Erfurt einer jener Dichter war, mit denen *Napoleon* beim Frühstück zu plaudern liebte (sie mußten stehen), breitete Goethe einen Schleier von Tiefsinn und Geheimnis, mit Andeutungen über eine Sternstunde der Menschheit noch Jahrzehnte danach. Von Kritiken, die ihn lobten, begann er 1809 auf eigene Kosten Sonderdrucke anzufertigen und an einflußreiche Persönlichkeiten zu verschicken. Als eine Gruppe von Frankfurter Verehrern vorschlug, ihm zum 70. Geburtstag (1819) ein Denkmal zu weihen, steuerte er selbst ein Memorandum „über ein dem Dichter Goethe in seiner Vaterstadt zu errichtendes Denkmal“ bei. Und von 1816 bis 1827 gab er eine der merkwürdigsten Zeitschriften heraus, die je erschienen sind.

Sie nannte sich zunächst „Über Kunst und Altertum in den Rhein- und Maingegenden“ und begann in der Tat mit Berichten über Städte, Landschaften, Museen und Begegnungen in dieser Region. Von 1818 an aber hieß sie nur noch „Über Kunst und Altertum“ und war nicht nur „von Goethe“, wie es auf dem Deckblatt hieß – sie handelte auch allein von ihm. Sie versammelte Aphorismen, Impressionen, Gelegenheitsgedichte aus seiner Feder, Zitierungen und Deutungen eigener früherer Werke, vor allem aber breite Abdrucke wohlwollender Kommentare auf Goethe, mit wohlwollenden Kommentaren von Goethe zu denselben – wobei der Herausgeber bald als „ich“, bald als „der Dichter“, bald als „Goethe“, bald als „unser Goethe“ in Erscheinung trat. Man weiß nicht, worüber man mehr staunen soll: über die Unbefangenheit, mit der einer seine Zeitschrift „zum Ausstellungsraum seiner Weltwirkung“ machte (Mandelkow), über eine so gänzlich ungetarnte Strategie der Ruhm-Erweiterung also, oder über die Leiden einer Seele, die auf eine derart naive Form der Selbstbestätigung angewiesen schien.

Da dankt er gnädig einem jungen Freund, daß er Shakespeare ihm, Goethe, vorziehe, und einem Professor, der ihn mit Platon vergleicht. Unter der Überschrift „Über Goethes Harzreise im Winter“ lobt er die Deutung seines Gedichts von 1777 durch einen Dr. Kannegießer, dessen „kleine, gehaltreiche Arbeit“ durchaus Anerkennung verdiene; mit der Anmerkung: „Ganz allein, zu Pferde, im drohenden Schnee, unternahm der Dichter ein Abenteuer, das man bizarr nennen könnte.“ Da äußert er sich ergriffen, das Problem seines Lebens durch einen Prof. Kaysler „vor der Nation so klar und rein aufgelöst zu sehen“. Seine in Deutschland ausgesäten Freunde lädt er ein, sich ein von Zelter vertontes Goethe-Gedicht „recht innigst anzueignen und zu meinem Andenken von Zeit zu Zeit liebevoll zu wiederholen“.

1823 druckt Goethe einen enthusiastischen Brief des italienischen Dichters *Alessandro Manzoni* an ihn ab und erinnert daran, daß *Byron*, „der Dichter ohnegleichen“, ihm, Goethe, eines seiner vorzüglichsten Werke gewidmet habe. „Zutraulich“ empfiehlt er seinen Freunden die Zeitschrift, da er in ihr von seinen Beschäftigungen „aufrichtig frohe Rechenschaft zu geben hoffe“. Einen englischen Rezensenten belehrt er, er habe nicht erkannt, daß Goethe „in einer durch ihre hohe Simplizität uns bezaubernden Erzählung ...“ 1826 empfiehlt er allen, „denen es um ein gründliches Studium Goethes zu tun ist“, seine Rezensionen von 1772/73 für die „Frankfurter Gelehrten Anzeigen“ nachzulesen; sie hätten deshalb einen hohen Wert, weil „der Geist, der sich darüber ausgesprochen, uns auf jeder Seite mit unverwüstlicher Kraft und Frische entgegentritt“, um so mehr, als Goethe alle Gegenstände nur als Anlässe benutzt habe, „um sein volles Inneres daran auszulassen“. Achtzehn Seiten lang druckt Goethe den Lobgesang eines französischen Rezensenten nach; besonders preist er dessen Satz: „An der Langsamkeit, mit welcher Goethes Ruf sich bei uns verbreitete, ist größtenteils die vorzüglichste Eigenschaft seines Geistes schuld, die Originalität.“

Das war die Zeitschrift. Für seinen Ruhm inszeniert hatte Goethe auch sein *Haus am Frauenplan* mit seinem streng kalkulierten Aufstieg zum Olymp. Im Entrée, nach römischem Muster, Gipsfiguren eines Satyrs und eines betenden Knaben, die von ihm selbst entworfene Treppe mit ungewöhnlich flachen Stufen versehen („So brachte ich aus Italien den Begriff der schönen Treppen zurück“, sprach er zu Eckermann). Im Treppenhaus ein Deckengemälde der Götterbotin Iris, ein Gemälde der Medusa und die Büsten der Götter des Krieges und der Kunst, Ares und Apoll. Auf dem Vorplatz zum eigentlichen Eingang im ersten Stock ein Gemälde des Dionysos und der Aphrodite sowie eine Knabengruppe in Gips; über der Tür der Adler des Zeus mit Blitzen in den Klauen; eine mächtige Büste des Zeus im Empfangszimmer über dem Kopf des öffnenden Goethe. „Sein Haus ist das einzige in Weimar in italienischem Geschmack“, schrieb *Jean Paul* über seinen Besuch von 1796, „mit solchen Treppen, ein Panthéon voll Bilder und Statuen, eine Kühle der Angst presset die Brust – endlich tritt der Gott her, kalt und einsilbig.“

Das war das Haus. Und schließlich war da *Johann Peter Eckermann:* armer Leute Kind aus Winsen an der Luhe, Gymnasium erst als Erwachsener, Studium der Literatur und Ästhetik in Göttingen. 1823 übersandte er Goethe seine „Beiträge zur Poesie mit besonderer Hinweisung auf Goethe“, mit Floskeln wie: „Goethe gleicht dem Schein der Sonne bei heiterem Himmel, alles Klarheit, Ruhe und Milde.“ Das gefiel Goethe, der 73jährige lud den 30jährigen nach Weimar ein, und gegen freien Mittagstisch durfte der Bewunderer erst Goethes Frühschriften zusammenstellen, dann bei der Redaktion von „Dichtung und Wahrheit“ helfen und schließlich die geplante Gesamtausgabe vorbereiten. Bald begann Eckermann mit Gesprächsnotizen und kündigte 1824 an, daß er sie veröffentlichen wolle; nach seinem Tode gern, sagte Goethe. „Es war zwischen uns die innigste Harmonie“, berichtet Eckermann in seiner Vorrede. „Er reichte mir über den Tisch herüber seine Hand, die ich drückte. Dann ergriff ich wohl ein neben mir stehendes gefülltes Glas, das ich, ohne etwas zu sagen, ihm zutrank, indem meine Blicke über den Wein hin in seinen Augen ruhten.“

Welcher Grad von Wahrheitsliebe ist von einem so leidenschaftlichen Jünger zu erwarten? Sollte sich Goethes Neigung, sich als Jupiter darzustellen, mit einer Neigung seines Anbeters verbündet haben, ihm dabei behilflich zu sein? Einerseits gibt es Indizien, daß Eckermann ein vorzügliches Gedächtnis hatte und die von ihm zitierten Goethe-Worte weithin als authentisch gelten dürfen. Andererseits räumt Eckermann im Vorwort ein, er könne nicht behaupten, den ganzen Goethe widerzuspiegeln, sondern nur bescheiden sagen: „Dies ist mein Goethe.“ Er habe es mit einem Helden zu tun gehabt, „den ich nicht durfte sinken lassen. In der ganzen Milde der Gesinnung, in der vollen Klarheit und Kraft des Geistes und in der gewohnten Würde einer hohen Persönlichkeit mußte er erscheinen.“ Genau so also, wie Eckermann ihn schon in seiner Huldigungsschrift beschrieben hatte, bevor er ihm begegnet war – und so serviert er uns denn einen milden, klaren und hoheitsvollen Goethe, den Goethe ohne die Steifheit, Schroffheit, Bitterkeit und gelegentliche Depression, die für ihn nicht minder typisch waren. Ein strenger Kritiker dürfte demnach nicht formulieren: „Goethe sprach zu Eckermann“, sondern „Eckermann ließ seinen Goethe sagen“.

Mit Goethes Tod im Jahre 1832 verstummten weder die Spötter, noch war die Frage entschieden, ob er Deutschlands größter Dichter sei. „Wäre ich so ein Geck wie er“, schrieb *Ludwig Börne* noch 1832, so könnte er dem adligen Landleben, das er, Börne, gegenwärtig führe, die erhabenste Poesie abgewinnen. Der Brockhaus von 1833 feierte Goethe als „Hohenpriester der deutschen Muse“. 1836 erschienen Eckermanns *Gespräche mit Goethe in den letzten Jahren seines Lebens.* Sie wurden alsbald zum „weltlichen Andachtsbuch beim Bildungsbürgertum des 19. und 20. Jahrhunderts“ (Mandelkow) und sind laut Nietzsche „das beste deutsche Buch“. Dennoch galt zunächst weiterhin *Schiller* als der Größere – bis zu dem Grade, daß der Brockhaus von 1844 dessen Verehrern entgegenhielt: „Viele suchen Goethe in der öffentlichen Meinung durch das Gewicht Schillers herabzudrücken, ohne zu bedenken, daß der Genius Schillers hierin eine gegen sich und gegen die Nation gerichtete Beleidigung erkennen würde."

An den 100. Geburtstagen schien der Wettlauf um den größeren Ruhm entschieden: Goethe (1849) wurde allein von den Literaten gefeiert; Emerson schrieb: „Der Ewige Genius, der die Welt errichtete, hat sich diesem Menschen mehr als jedem anderen anvertraut." 1859 aber „ging eine Woge der Schillerliebe durch die Länder deutscher Sprache" (Max Rychner). Unverdrossen schrieb *Varnhagen von Ense* 1858, im 51. und letzten Jahr seines Werbens, Goethe sei „das reichste Füllhorn und der höchste Glanz" der deutschen Literatur. „Warum sollten wir unseren Goethe nicht in gleichen Ehren halten, nicht mit der gleichen Sorgfalt pflegen wie die Italiener ihren Dante, die Engländer ihren Shakespeare?" Da war es benannt, das Dreigestirn, das über dem Abendland bis heute leuchtet.

Es geschah nach der Reichsgründung von 1871, daß das Bedürfnis nach dem deutschen Dichterfürsten, der neben den großen Bismarck treten könnte, durch den Namen „Goethe" befriedigt wurde – oft mit dem Etikett „der Olympier" versehen, offenbar in später Anlehnung an „Jupiter" und „Apollo", wie Goethe von Heine und anderen Zeitgenossen genannt worden war, wenn auch meist ironisch. Goethe stand ja für alles Edle und Gute, und Unruhe war von ihm nicht zu befürchten.

Nun erst wurde auch der „Faust" zur Nationaldichtung der Deutschen erhoben, zum „Herrscher unter den übrigen Figuren der gesamten europäischen Dichtung" nach den Worten *Herman Grimms*, dessen Goethe-Vorlesungen seit 1874 den Durchbruch brachten. „Dadurch, daß wir Faust und Gretchen besitzen, stehen die Deutschen in der Dichtkunst aller Zeiten und Nationen an erster Stelle." Manche sahen das noch immer anders: Wenn ein großer Gelehrter eine kleine Näherin verführen wolle und dabei nicht ohne die Beihilfe des Teufels auszukommen glaube – „sollte dies wirklich der größte ‚tragische Gedanke' sein, wie man in Deutschland sagen hört?" fragte Nietzsche 1880. Und der Berliner Physiologe Eduard Du Bois-Reymond sagte zwei Jahre später in seiner Rektoratsrede, Faust hätte besser getan, Gretchen zu heiraten und die Luftpumpe zu erfinden, statt „ungedecktes Papiergeld auszugeben und zu den Müttern in die vierte Dimension zu steigen".

Doch die Spötter kamen gegen die mächtig angeschwollene Phalanx der Huldiger nicht an. 1890 stand für den Großen Meyer fest: „der größte Dichter deutscher Nation". 1916 ernannte Friedrich Gundolf

Dante, Shakespeare und Goethe zu „Kulturheilanden" und „kosmischen Urgeistern"; Goethe aber sei der größte unter ihnen.

Die annähernde Einmütigkeit des offiziösen Urteils wurde durch eine Gesinnung gefördert, der Herman Grimm 1898 unerschrocken Ausdruck gab (wie schon in Kap. 1 zitiert): „Wir verlangen monumentale Bilder unserer großen Männer", schrieb er. „Nicht wie sie waren, wollen wir sie sehen (...), sondern wie sie innerhalb der Volksphantasie sich erheben." So werde für Goethe eines Tages weder das Hofkleid noch der Arbeitsrock die richtige Gewandung sein; „das Thronende, das Olympische (...) muß seine Statue umschweben".

Da schwebt es nun, und vielen Lebenden hat es Goethe verleidet. Wer ihn zu einem gelesenen, begeisternden Dichter machen wollte, hätte sich keine größere Torheit ausdenken können als die Überhöhung zum Weltweisen, zum Religionsersatz, zum allzu geheimen Rat. Die Kritik ist geblieben. Hermann Hesse schrieb 1921, die europäische, zumal die deutsche Jugend empfinde nicht Goethe als ihren großen Schriftsteller, sondern Dostojewski. Arno Schmidt schrieb 1949, literarisch sei es Goethe zum Verhängnis geworden, daß er zeitlebens vom Glück begünstigt war. Jorge Luis Borges stellte 1965 fest: „Für die Deutschen und die Österreicher ist der ‚Faust' ein geniales Werk; für andere ist er eine der berühmtesten Formen der Langeweile." Die „Frankfurter Allgemeine" schrieb 1979: „Die Studenten lesen seine Hauptwerke nur widerwillig"; Goethe gelte als verstaubt.

Das Goethe-Jahr 1982 (zum 150. Todestag) eröffnete der „Stern" mit der Überschrift „Goethe zum Gähnen", und die „Süddeutsche Zeitung" beschloß es mit dem Satz: „Man wird zwar kaum sagen können, daß Goethe im Goethe-Jahr gestört hat – nein, man hat seiner Kunst durchaus Beifall gezollt; aber wirklich gebraucht hat ihn niemand." 1983 schrieb Marcel Reich-Ranicki: „Wer darauf hinweist, daß Goethe ein gar nicht so übler Dichter sei und es sich immer noch lohne, ihn zu lesen, der wird bei uns in der Regel denunziert als einer, der hinter dem Mond lebt."

Da muß es uns trösten, was der „Stern" 1984 ermittelte: Gefragt, was „unbedingt zur Kultur gehört", antworteten 84 Prozent der Westdeutschen: Goethe! (vor Mozart, Bach, Rembrandt und Luther). Und *Peter Handke* versicherte 1987 im Gespräch mit der „Süddeutschen Zeitung": „Vom größten aller Menschen, die gelebt haben – und als den seh' ich Goethe – fühl' ich mich erkannt."

Ein großer Mann mit großen Werken hat es verstanden, sich der Welt so darzustellen, daß sie nach dem „Götz" auch die „Iphigenie" mochte, daß sie seine Weltflucht als Aufstieg in die wahre Poesie hinnahm, ja daß sie noch im Geheimrat weniger den Hagestolz als den Jupiter erkannte. Seine Selbstdeutung, seine Selbstinszenierung, seine ungehemmte Eigenwerbung wurde von Aposteln unterstützt, denen es vierzig Jahre nach seinem Tod endlich gelang, ihn als den Größten durchzusetzen. Für *Baudelaire* blieb Goethe „marmorkalt und nicht mehr menschlich“; für *Thomas Mann* war er „der Größte, weil er Dämonie und Urbanität (...) auf eine vielleicht sonst nie gesehene Weise in sich vereinigt“, und es sei eben diese Synthese, die ihn zum Liebling der Menschheit gemacht habe.

Dämonie! Mehr als ein Flämmchen sah man von ihr in Weimar nicht. Das Dämonische, schrieb Goethe im letzten Buch von „Dichtung und Wahrheit“, sei eine Macht, die die moralische Weltordnung durchkreuze, ein „furchtbares Wesen“, vor dem er sich, 26 Jahre alt, zu retten versucht habe, indem er sich in den „Egmont“ flüchtete.

Daß er den Dämon in sich niederrang – das ist es wohl, was die einen an Goethe bewundern und was die anderen an ihm enttäuscht. „Die Hauptsache ist, daß man lerne, sich selbst zu beherrschen“, sprach er am 21. März 1830 zu Eckermann. „Wollte ich mich ungehindert gehenlassen, so läge es wohl in mir, mich selbst und meine Umgebung zugrunde zu richten.“ Seine Umgebung wie Napoleon – sich selbst wie Kleist? Eckermann fragte nicht nach.

42.

Kritiker und Schleusenwärter

Die Kritik setzt das Werk der natürlichen Auslese
auf einer nichtgenetischen Ebene fort.
Karl Popper

Ich grüße dich, du einzige Phiole,
Die ich mit Andacht jetzt herunterhole.

Es hilft nichts, das ist von Goethe; vermutlich das Schwächste, das er je zum Druck freigab. Ein Problem der Kritik, wenn auch ein kleines: Sollte der Kritiker von dieser Textprobe auf ein Genie der Reimkunst schließen können – schließen dürfen? Wenn aber nicht: Wie stark sollte einem Kunstwerk eine einzelne Schwäche angekreidet werden? Und umgekehrt: Kann ein einziger Höhepunkt den Rang eines Dichters begründen? Der restliche Ruhm des *Matthias Claudius* beruht im wesentlichen auf seinem „Abendlied": „Der Mond ist aufgegangen ...", ja für viele sogar nur auf dem unerhörten Treffer von dessen vierter Zeile: „Der Wald steht schwarz und schweiget". *Gottfried Benn* bezeichnete sechs bis acht seiner Gedichte als „hinterlassungsfähige Gebilde". *Tolstoi* schrieb in sein Tagebuch, alle Großen hätten auch Scheußliches geschaffen, und es wäre töricht, selbst in mißglückten Werken die Schönheit zu suchen, bloß weil ihr Autor Shakespeare oder Goethe heiße.

Und wer sagt uns nun, welchen Rang einer wirklich hatte – was aus der uferlosen Fülle des Gedruckten und Überlieferten es am ehesten wert wäre, gelesen, gehört, betrachtet, bewahrt zu werden? Am Eingangstor zum Ruhm stehen als Pförtner die Verleger und die Buchhändler, die Galeristen und Museumsleiter, die Intendanten und Dirigenten, neuerdings die Fernsehredakteure und jene Ministerialräte in den Kultusministerien, die für die Vergabe von Fördermitteln zuständig sind. *Schleusenwärter* nennt man solche Leute, weil es an ihnen ist, den Weg zum Ruhm zu versperren oder freizugeben. Nur der, den sie durchgelassen haben, kann zum Gegenstand der *Kritik* werden.

Nach den Kritikern treten die Literaturwissenschaftler, die Biographen, Lexikonredakteure, Schulbuch-Autoren, Lehrer, Herausgeber von Anthologien in Aktion – und dann alle immer wieder: Ob ein Buch neu aufgelegt, das Werk eines Schriftstellers gesammelt herausgegeben, ein Drama ins Repertoire aufgenommen werden soll, wird stets aufs neue von solchen selbstberufenen Treuhändern entschieden; woraufhin wiederum die Kritiker zur Feder greifen – kurz: Der Künstler ist nichts ohne die Gönnerschaft der Mittelsmänner, der Leute, die ihm entweder zu einem Treffer in der Lotterie des Ruhms verhelfen oder ihn zur Niete verdammen – der „Priester der Genie-religion" mit den Worten Edgar Zilsels. Wie weit hätte *Ibsen* es gebracht ohne *Otto Brahm,* von 1889 bis 1912 maßgeblicher Theaterleiter Berlins, „der seinen Ibsen, den Ibsen dieser Erde, durchgesetzt hat, der ihn aufgedrängt, aufgezwungen, eingefilzt hat, bis sie nachgaben, bis sie ihn großartig fanden, bis es ein Bedürfnis war, ihn zu verstehen, ihn für stark zu halten, sich mit ihm auseinanderzusetzen; bis sie mußten" (Alfred Kerr 1912). Die im deutschen Sprachraum meistgespielten Dramatiker waren in den achtziger Jahren Shakespeare vor Brecht, Molière und Schiller, die meistgespielten Stücke „Der zerbrochene Krug", „Hamlet" und die „Dreigroschenoper".

Biographen nehmen sich die Freiheit, ein Gesamturteil über einen zumeist Verstorbenen zu fällen, und das Recht, ihn zu einem Halbgott hochzuloben oder ihn als halben Teufel zu entlarven – in einem Anbetungs- oder Rachebedürfnis, das sich mit handverlesenen Fakten tarnt, oft abhängig von der herrschenden Mode; die hält es heute weit weniger als im 19. Jahrhundert mit der Idealisierung. Eine 1990 erschienene Biographie der Clara Schumann entwarf ein derart negatives Bild der Pianistin, daß ein Kritiker der Autorin vorrechnete, sie, die als Kind zur Klaviervirtuosin gedrillt werden sollte, habe es Clara Schumann offensichtlich nicht verziehen, daß sie eine geworden war.

Die berühmteste, witzigste und noch heute meistgelesene Biographie der abendländischen Literatur hat die Besonderheit, daß der Held im wesentlichen dieser Biographie seinen nachhaltigen Ruhm verdankt, ja daß der literarische Rang des Autors heute oft höher eingeschätzt wird als der seines Gegenstandes. Der Held, das ist der englische Schriftsteller, Kritiker und Lexikograph *Samuel Johnson,* sein Biograph der schottische Schriftsteller *James Boswell.* 21 Jahre jünger als Johnson, suchte er 1763 die Gesellschaft des berühmten, massigen, häßlichen Mannes, machte sich zwanzig Jahre lang Notizen über dessen drastische und schlagfertige Lebensäußerungen und verarbeitete sie zu einem zweibändigen Werk voll krasser Sprüche und funkelnder Anekdoten. Daß Boswell sich dabei als ständiges Opfer der Bosheiten Samuel Johnsons bloßstellt, wurde ihm lange Zeit als würdelos verübelt. Boswell rühmte sich, er habe Johnson vollständiger und vollkommener porträtiert, als je ein anderer Mensch der Nachwelt überliefert worden sei. Zugleich könnte er geahnt haben, daß er der *Schöpfer* jenes Samuel Johnson ist, wie die Engländer ihn heute lieben – wie Platon der Schöpfer jenes *Sokrates,* den wir aus Platons Dialogen kennen; wobei, nach Goethe, „die unglaubliche Dummheit" vieler Gesprächspartner auffällt, „damit nur Sokrates recht weise sein könne".

So viel Macht hat ein *Kritiker* im allgemeinen nicht. Wenn dieses Kapitel trotzdem vorwiegend von den Kritikern handelt, so deshalb, weil sie an der Schnittstelle zwischen den Schleusenwärtern und den Nachbereitern tätig werden und weil man am ehesten bei ihnen hoffen kann, auf die Maßstäbe für Rang und Ruhm zu stoßen – ob sie Hymnen singen oder Hinrichtungen vornehmen, einen Möchtegern-Dichter zu Recht durch Verschweigen töten oder große Geister „durch Nachlässigkeit, Unkultur und Intoleranz aus der lebendigen Überlieferung verdrängen"; ein Unrecht, wie es (nach Gert Ueding) Friedrich Maximilian von Klinger, Gottfried August Bürger und Ludwig Uhland widerfuhr.

Zunächst: Daß eigentlich *das Publikum* über den Ruhm von Künstlern entscheide, wie oft behauptet wird, ist erstens nicht wahr und wäre zweitens vielleicht nicht einmal wünschenswert. Die Mehrheit redet ohnehin nicht mit, weil sie an Literatur, Theater, Musik und den bildenden Künsten wenig Interesse nimmt, und wenn sie etwa einem Buch, das die Experten verreißen oder ignorieren, dennoch zum Erfolg verhilft, dann handelt es sich mit Sicherheit um Trivialliteratur, jedenfalls nach Meinung der Kritiker. Die Minderheit der Interessierten mag wohl hie und da mit ihrem Geschmack ein paar Kunstrichter niederringen; doch was die Pförtner nicht eingelassen haben, davon erfährt sie nichts; und ihr Urteil lebt aus der Emotion des Augenblicks: Tränen, Gelächter und Ohnmachten, Jubelschreie, Pfiffe und faules Obst waren von der Antike bis zu Anfang des 19. Jahrhunderts die einzige Theaterkritik.

Das lädt dazu ein, die Ruhmzuteilung durch professionelle Kritiker mit Maßen zu bejahen: Etwas kundiger als die nach Millionen zählende Minderheit der Interessierten sind sie schon, wenn es darum geht, aus der verwirrenden Menge des Angebotenen das Bedeutende herauszupicken. Auch befinden sich unter den Kritikern und den Schleusenwärtern durchaus etliche von hohem Rang – jene „bevorzugten Köpfe", die nach Schopenhauer nötig sind, um die Werke der Genies zu erkennen und zu genießen. Es sei ein Glück, daß die meisten Menschen „*nicht* aus eigenen Mitteln, sondern bloß auf fremde Autorität urteilen", schreibt Schopenhauer. „Denn was für Urteile würden über Plato und Kant, über Homer, Shakespeare und Goethe ergehen, wenn jeder nach dem urteilte, was er wirklich an ihnen hat und genießt." Wir brauchen einen Kanon des Vorbildlichen, wenn zwischen Völkern und Generationen überhaupt ein wenig Kontinuität gewahrt werden soll. „Ohne Tradition und historische Kritik würde der Genuß aller oder fast aller Kunstwerke unwiderruflich verloren sein", sagt der italienische Philosoph Benedetto Croce; ohne sie wären wir nicht mehr als Tiere, nur in die Gegenwart oder eine ganz nahe Vergangenheit versenkt.

Wenn wir also ohne Vermittler nicht auskommen – wogegen blieben dann Bedenken anzumelden? Gegen viererlei: daß es viele Zufälle und etliche sachfremde Talente sind, die die Ruhmzuweiser in ihre Schlüsselrolle bringen; daß sie ihre Maßstäbe selten offenlegen und ihre Motive fast nie; daß ihre Wertskala, soweit man sie erkennen kann, oft mehr politische Sympathien mißt als künstlerischen Rang; und daß viele Kritiker schließlich gern mit der Aura der Unfehlbarkeit auftreten, obwohl es naheliegend und ehrlicher wäre, das Tastende und Subjektive ihrer Arbeit vor ihren Lesern wachzuhalten.

Die Schule beginnt mit dem Gegenteil: Sie dekretiert „Goethe ist ..." Sie hält, soweit sie noch Lateinunterricht erteilt, *historische* Größen wie Vergil, Horaz und Cicero am Leben, die den meisten Schülern als Mumien erscheinen. Und sie klopft ihre Maßstäbe in einem Alter und in einem Zustand sozialer Unterordnung fest, worin kein Widerstand möglich ist, es sei denn in der Form totalen Desinteresses. *Die Universität* reduziert literarische Bildung auf die Fähigkeit, „über Dichter und ihre Texte abgesichert mitreden zu können", schreibt Adolf Muschg; „also auf ihren Einschüchterungswert. Literatur wird dem Studenten zugemutet, aber niemals zugetraut."

Den Zwischenträgern wiederum tut man wohl nicht unrecht, wenn man auf eine verbreitete Erfahrung verweist: Um im Kulturbetrieb in die Position der Verleger, Intendanten oder anderen Türsteher zu gelangen, ist ein sicherer Geschmack zwar von Nutzen, jedoch kaum so wichtig wie Durchsetzungsvermögen und Witterung für die Chancen des Marktes; und auch von Kritikern erwarten die Chefredakteure nicht allein ein souveränes Urteil, sondern ebenso sehr Schnelligkeit, Biß und Gespür für den Geist der Zeit – nicht gerechnet jene Rezensenten, die allein durch Ehrgeiz oder Sitzfleisch auf ihren Platz gekommen sind.

Alfred Kerr, der meistbeachtete und -gefürchtete Theaterkritiker des deutschen Sprachraums im ersten Drittel des Jahrhunderts, machte einen rücksichtslosen und durchaus nicht tastenden Gebrauch von seiner Chance, seine Werturteile hunderttausendfach unter die Leute zu bringen. Die Kritik wollte er als eigenständiges Kunstwerk gewürdigt wissen, unabhängig von ihrem Gegenstand. Seine öffentlichen Abstrafungen waren berühmt, selbst sein Lob konnte teuflisch sein: „Kein noch so schwaches Stück enthält nicht irgendeinen Punkt, wo der Poet wider seine Gewohnheit minder unbegabt war." *Friedrich Gundolf,* Literaturfürst der zwanziger Jahre, gefiel sich in der Pose, auf den Buchrücken prägen zu lassen: „Goethe/von Gundolf"; was den Verdacht nahelegt, daß er ein Gegenstück mit dem Titel „Gundolf/ von Goethe" nicht unangemessen gefunden haben würde; es drückt, wie bei Kerr, die Selbsteinschätzung aus, daß ich, der Kritiker, allemal so wichtig bin wie der, den ich kritisiere.

Recht geben läßt sich den Kerrs und Gundolfs nur auf eine Weise, die sie vermutlich *nicht* meinten: daß der literarische Rang nichts ist, was dem Dichter innewohnte, sondern eine Zuschreibung, die die Kritiker und Literaturwissenschaftler vornehmen. Literarische Werturteile sagen mehr über die Kritiker aus als über die kritisierten Werke und Autoren (Hans Mathias Kepplinger). Unsere Genies sind keine Sterne, „sondern Laternen, die wir uns erst selbst angezündet haben" (Joachim Fernau).

Wie aber ist es um die Maßstäbe der Kritiker bestellt? Haben sie welche – welche haben sie – zu welchen bekennen sie sich – darf man ihren Bekenntnissen trauen? Nicht jeder läßt sich so treuherzig in die Küche schauen wie der schweizerische Theologe *Walter Nigg,* der sich in einem seiner reichlich erschienenen Bücher den Satz erlaubt: „Allzu verwunderlich ist Thomas Manns widerspruchsvolle Haltung nicht, da der manierierte Schriftsteller wenig Substanz in sich hatte." Punkt. Alles ist gesagt. Subjektiv sein darf ja der Kritiker; *Marcel Reich-Ranicki* meint ohne Wenn und Aber: „Ein Buch, das mich interessiert, halte ich für gut, eines, das mich langweilt, für schlecht." Nur suche er dann rationale Argumente, die seine Reaktion auf dieses Buch „objektivieren und begründen". Dazu brauche der Kritiker die Fähigkeit, alles, was er gelernt hat, zu vergessen, wenn ein Talent auftauche oder gar ein Genie. Im übrigen vermöge kein Kritiker – und wäre er selber eines – „ein lebendiges literarisches Kunstwerk zu vernichten und ein totes zu beleben".

Die Probe aufs Exempel bestehen freilich viele nicht. 1978 machte der Südwestfunk in Baden-Baden ein Experiment: Neue Texte etablierter Autoren wurden anonym von Schauspielern vorgetragen, und es verunsicherte die Kritiker, daß sie weder Geschlecht noch Alter noch die übrigen Veröffentlichungen des Schreibers identifizieren konnten. „Denkwürdige Kapriolen“ drehte da die Kritik, schrieb der Veranstalter, Jürgen Lodemann; und als sich einer überhaupt ein Urteil zutraute, habe er einen Autor gelobt, den er vor wenigen Wochen verrissen hatte.

Sie wollen also schon den Goldschürfer kennen, ehe sie zu entscheiden wagen, ob die Goldkörner vielleicht Kieselsteine sind oder umgekehrt. Wenn ein Genie ein bißchen Schrott zwischen die Goldkörner streut, so verzeihen sie ihm das (der Fall Goethe). Kurioserweise verzeihen sie es den Goldkörnern nicht, wenn sie erfahren, daß sie nicht von einem stammen, der als Genie etabliert ist (der Fall des „Mannes mit dem Goldhelm“, seit wir wissen, daß er nicht von Rembrandt ist); ja sie erklären die Goldkörner ausdrücklich zu Kieselsteinen, wenn das Genie politisch-moralisch versagt hat (der Fall Hamsun).

Hamsun: ein krasses Beispiel für nichtliterarische, außerkünstlerische Kriterien; doch eben sie sind die ältesten und populärsten. *Johann Christoph Gottsched,* Deutschlands erster „Literaturpapst“, dekretierte 1730 in seinem „Versuch einer kritischen Dichtkunst vor die Deutschen“, der Tragödiendichter wähle sich „einen moralischen Lehrsatz, den er seinen Zuschauern auf eine sinnliche Art einprägen will“. Für *Lessing* war es die Funktion der Tragödie, die Erschütterung durch Furcht und Mitleid „in tugendhafte Fertigkeiten“ zu verwandeln. *Schiller* schrieb beherzt die Geschichte um, wann immer dies seinen moralischen Zwecken diente; „er predigte das Evangelium der Freiheit“, schrieb Goethe, „ich wollte die Rechte der Natur nicht verkürzt wissen“.

Goethe seinerseits wurde 1910 von Heinrich Mann dafür gerügt, daß er nichts verändert habe – „keine Unmenschlichkeit ausgemerzt, keinen Zoll Weges Bahn gebrochen in eine bessere Zeit“. An *Heine* tadelte der Brockhaus von 1845, daß es ihm „an Ehrlichkeit der Gesinnung und Festigkeit des Charakters“ fehle. *Ibsen* mußte sich vor allem als Gesellschaftskritiker und Bilderstürmer feiern oder verwünschen lassen. *Lenin* forderte 1905, die literarische Tätigkeit müsse ein Bestandteil der organisierten Parteiarbeit werden. *Brechts* späte Dramen waren Lehrstücke, nach seiner Theorie nicht so sehr dazu da, betrachtet, als vielmehr selbst gespielt zu werden, weil der Spielende „durch die Durchführung bestimmter Handlungsweisen, Einnahme bestimmter Haltungen, Wiedergabe bestimmter Reden usw. gesellschaftlich beeinflußt werden kann“.

Auch nach 1945 gab die Gesinnungskritik den Ton an. Es blieb ein wesentliches Kriterium öffentlichen Widerhalls, ob ein Werk gesellschaftspolitisches Engagement verriet oder wenigstens von einem Autor stammte, der für ein solches bekannt war. Daß ein „linkes Literatur-Establishment“ den Ton angab, wurde auch von linker Seite nicht bestritten. Als der Berliner Soziologe *Urs Jaeggi* 1981 den Roman „Grundrisse“ veröffentlichte, schrieb Christian Schultz-Gerstein im „Spiegel“: „Wieso applaudiert der Literaturbetrieb einem Buch, dem es an literarischen Qualitäten so sehr mangelt, daß selbst Jaeggis Bewunderer ihre Lobeshymnen mit dem verlegenen Eingeständnis beschließen, Sprache und Stil ließen doch sehr zu wünschen übrig?“ Weil Jaeggi in der „Außerparlamentarischen Opposition“ aktiv gewesen sei, Rudi Dutschke gekannt habe, mit Hausbesetzern sympathisiere, der Anti-Atom-Bewegung nahestehe und einen Aussteiger schildere. Da brauche der engagierte Kritiker gar nicht mehr hinzuhören, „denn dieser Autor nimmt ihm ja beständig das Wort aus dem Mund. Und eben dies gilt ihm als hohe Romankunst, daß es aus einem Buch herausschallt, wie er in sein Feuilleton hineingerufen hat.“

Solche Begünstigung multipliziert sich mit Hilfe der bekannten Besprechungs- und Lob-Kartelle. Sie funktionieren nach dem Muster: Der Schriftsteller A sitzt in der Jury, die dem Schriftsteller B einen Literaturpreis verleiht; dann sitzt der Schriftsteller B in der Jury, die dem Schriftsteller A einen Preis verleiht; und der Schriftsteller C, der auf A oder B die Laudatio hielt, wird ebenfalls bald einen Preis bekommen. Tucholsky sprach von einer „Lobesversicherungsanstalt auf Gegenseitigkeit“. Reinhard Lettau schrieb 1979: „Heimlich erklären sie sich zu einer Jahreszeitschrift über sich selbst, welche dann unter wechselnden Titeln als Buch erscheint.“ Der deutschen Literatur sagte Frank Schirrmacher 1989 nach, ihre Themen seien blaß; „der Betrieb hingegen ist gesund und auf Expansionskurs (...) Seine fidele Belegschaft tauscht Gerüchte und Indiskretionen, entscheidet über Aufstieg und Niedergang, erfindet Namen oder gibt sie dem Vergessen preis (...) Das alles ist Spiel und wäre es lange geblieben, hätte sich der Literaturbetrieb nicht eines Tages mit seinem Gegenstand verwechselt.“ In Frankreich nicht besser: Die Juroren für die drei führenden Literaturpreise seien ohne Urteil, korrupt und träfen zwielichtige Absprachen, schrieb 1989 die Literaturredakteurin von „Le Monde“.

Schön, daß es Kritiker gibt, die die Klüngel beim Namen nennen; nur ändern sie wenig daran, daß da literarische Eintagsfliegen mit den Weihen der großen Literatur versehen werden, weil der Autor der richtigen Clique angehört und sein Werk sich als „progressiv" einstufen läßt – während mancher Größere auch heute im hintersten Regal verkümmert oder die Schleusen gar nicht erst passieren darf.

Die Suche nach *literarischen* Maßstäben setzt man unter diesen Umständen leicht entmutigt fort: So viel wie die modisch-politischen bewirken sie nicht, jedenfalls nicht bei lebenden Autoren. Aber vielleicht liegt ja der Wert eines literarischen Textes gerade „in seiner Widerstandskraft gegen die einseitige Vereinnahmung für einen außerliterarischen Zweck" (Peter Grotzer in der „Neuen Zürcher Zeitung"), darin also, daß sein literarischer Reichtum die Kriterien der Zeitgenossen überlebe.

Edmund Wilson, Amerikas führender Literaturkritiker der vierziger bis sechziger Jahre, Bahnbrecher für Faulkner und Hemingway, forderte vom Schriftsteller, er müsse etwas ausdrücken, was noch nie ausgesprochen worden sei; er müsse Phänomene meistern, die vor ihm keiner in den Griff bekommen habe. Das ist ein Eichmaß, das viele Kritiker und Literaturwissenschaftler in Ehren halten: Stößt das Werk zu neuen Ufern vor in Inhalt oder Form, erweitert es unsere Erfahrung, zerbricht es Klischees? Woran lassen die kühnen Neuerer, die großen Vollender sich messen?

Zum ersten an Sprachkunst und Sprachgewalt, der *Form* im engeren Sinn des Wortes. Vor allem keine vorgestanzte Sprache, keine „zusammengeplünderten Phrasen und Formeln", wie es in Schillers und Goethes Essay „Über den Dilettantismus" heißt – sondern „das Originalschöne". Die Lyrik lebt von ihm; Flaubert hat versucht, es auch in der Prosa durchzusetzen. *Ezra Pound* schlägt als Kriterium die äußerste Verdichtung vor, das Maximum an Sinn pro Silbe – Sprache, die bis zur Grenze des Möglichen mit Bedeutung aufgeladen ist. *Elias Canetti* rühmt an *Georg Büchner,* er habe von allen Dichtern „die größte Konzentration": Jeder Satz von Büchner sei ihm, Canetti, neu; er kenne jeden, doch er sei ihm neu.

Zum zweiten an der Dramaturgie, an den Gestaltungsmitteln, an der Form im weiteren Sinn des Wortes – bei Büchners „Dantons Tod" zum Beispiel der Technik der Schlaglichter, der dramatischen Bruchstücke, der Andeutungen und Aussparungen. Büchner war ein Meister in beiden Metiers, wie vor ihm *Shakespeare;* wie *Poe,* der brillante Stilist und Dramaturg in einem – wie er den Roten Tod durch die sieben Gemächer schreiten läßt, unerbittlich bis ins letzte, das schwarze, wo die ehernen Lungen der riesigen Uhr die Mitternacht einläuten und der Pest den Weg freischlagen.

Während Shakespeare, Büchner, Poe ihr Raffinement in den darstellerischen Mitteln mit höchster Sprachkunst verbanden, wurden viele gerade der größten Schriftsteller – *Cervantes, Balzac, Dostojewski* – noch nie als große Stilisten gerühmt. Ihren Weltruhm hat das nicht behindert, im Gegenteil, sagt *Jorge Luis Borges:* Während ausgefeilte Prosa eine Verstümmelung nicht überlebe, „gewinnt der ‚Don Quijote' im Kampf mit seinen Übersetzern postume Schlachten und überlebt jede verwahrloste Textausgabe". Über die Sprache Dostojewskis sagt der russische Lyriker *Joseph Brodsky,* der 1987 den Nobelpreis bekam: „Seine Sätze haben ein fiebriges, hysterisches Tempo, und schier bis zum Wahnsinn treiben sie die Verschmelzung von Schöngeistigem, Umgangssprachlichem und Beamtenjargon (...) Die unersättliche Gefräßigkeit seiner Sprache kommt schließlich an einen Punkt, wo Gott, Mensch, Wirklichkeit, Schuld, Tod, Erlösung, Feuer, Geld ihr nicht mehr genügen, und dann geht sie auf sich selber los." In dieser Sprache macht Dostojewski uns 45 atemversetzende Seiten lang zu Zeugen, wie Fürst Myschkin, der „Idiot", von der übermütigen Tochter seiner Gastgeberin bedrängt wird, eine kostbare chinesische Vase zu zerschlagen, wie ihn die Vorahnung befällt, daß eben dies bei seinem drohenden epileptischen Anfall geschehen werde, und wie er sich gegen seinen Willen dem Prunkstück unerbittlich nähert, bis er es zertrümmert hat.

Thomas Mann schrieb 1946, ein Vierteljahrhundert nach seinem großen Essay über Goethe und Tolstoi, seine „Ehrfurcht vor den Vertrauten der Hölle", *Dostojewski und Nietzsche,* sei „im Grunde weit tiefer – und nur darum schweigsamer – als die vor den Söhnen des Lichts": Goethe, dem „egoistischen Sonntagskind", Tolstoi mit der „Riesentölpelei" seines Moralismus. Die psychologischen Funde der Franzosen seien „das reine Amusement, verglichen mit den bleichen Offenbarungen Dostojewskis, eines Menschen, der in der Hölle war".

Da ist es zugleich, das dritte Maß: ob einer etwas zu sagen hat, was noch nie ausgesprochen worden ist (Edmund Wilson), ob das Werk innerhalb seiner Grenzen „grenzenlos und unerschöpflich" ist (Friedrich Schlegel). *Shakespeare* biete „immer neue Seiten", schrieb Goethe, wie das Universum, das er darstelle, und bleibe am Ende unerforschlich. Über *Dostojewski* sagte Hermann Hesse 1921: „Daß ein einzelner Mensch ‚Die Brüder Karamasow' schreiben konnte, grenzt an ein Wunder"; Heinrich Böll sagte 1972, Dostojewskis „Dämonen" seien ein prophetisches Modell für den blinden politischen Fanatismus und „die exakte Voraussage dessen, was man inzwischen ‚Stalinismus' nennt". Tonangebende Schulen der heutigen Literaturwissenschaft rühmen „Vieldeutigkeit", „innere Unendlichkeit", „interpretatorische Ergiebigkeit"; dem bloß vollkommenen Werk ziehen sie „die schwierige Schönheit" vor.

Unerschöpflich wird ein Dichter vollends dann, wenn er uns eine „rezeptive Kreativität" abfordert, eine Eigenarbeit der Sinngebung. Viele Texte *Kafkas* sind so vieldeutig, daß man sie als „Rorschach-Tests der Literatur" bezeichnet hat: Wie bei diesem Test die Versuchsperson aufgefordert wird, Kleckse, die ausdrücklich nichts bedeuten, in freiem Phantasieren mit Bedeutung zu erfüllen, um so ein Bild *ihrer* Persönlichkeit zu malen – so verschaffe Kafka seinen Lesern die Freiheit zu einer fast unbegrenzten Zahl von Interpretationen, und damit sagten sie mehr über sich als über ihn. Klaren Schriftstellern wende man keine Mühe zu, das hatte schon Nietzsche erkannt; es sei „das Glück der unklaren, daß der Leser sich an ihnen abmüht und die Freude über seinen Eifer ihnen zugute schreibt". Karl Kraus wird der Spruch zugeschrieben: „Künstler ist nur einer, der aus der Lösung ein Rätsel machen kann." So viel Leerraum und sinnstiftende Deutungsmöglichkeit sei vor allem das Entzücken der Kritiker, meinte *Peter Rühmkorf* 1984; da bewege sich die „Kunst-Camorra" in ihrem Element.

Bei Kafka ist die Mühe noch bescheiden, die Zahl der Leser groß und ein Spekulieren des Autors auf diese Wirkung nicht erkennbar – anders als bei Goethe und James Joyce. *Goethe* wollte ja, daß der zweite „Faust" ein Rätsel bleibe und den Menschen zu schaffen mache (Kap. 39), und so hält er denn in der Tat die Goethe-Philologie seit anderthalb Jahrhunderten in Atem. *Joyce* räumte ein, daß er „Professoren beschäftigen" wolle im Dienst seiner Unsterblichkeit; er setzte darauf, sein Publikum „durch Sinnverweigerung" desto sicherer zu gewinnen, schreibt *Hans Blumenberg*. „An den Schreibtisch-Adel des 20. Jahrhunderts" habe sich Joyce gewandt, eine Gruppe, groß genug, „daß es sich immer mehr lohnt, nur für sie und nach ihren Zunftregeln zu schreiben". Der ratlose Leser tröste sich mit der Entfaltung seiner mitschöpferischen Potenz, brauche aber trotzdem etwas, was nur „unter kultischen Bedingungen" akzeptiert werde: die Bereitschaft zur Langeweile. Wie hatte *H. G. Wells* 1928 an Joyce geschrieben? Das Schreiben seiner Bücher müsse amüsanter gewesen sein, „als es deren Lektüre je sein wird".

Großer Ruf und Langeweile: Das rückt Joyce in die Nähe der sogenannten *Klassiker*. Was ist ein Klassiker? Vielerlei und nichts Präzises, noch schlimmer als beim Wort „Genie". Ein Klassiker ist erstens einer, der der Definition A der Lexika entspricht: ein Künstler von höchstem Rang, dessen Werke als vollendet, bleibend, mustergültig angesehen werden (von wem, sagen sie nicht). Ein Klassiker ist zweitens einer, der unter die Definition B der Wörterbücher fällt: ein Großmeister in einer Kunstepoche, die sich das schöne Ebenmaß der griechischen Klassik zum Vorbild nimmt, wie über allen Goethe. Kleist oder Heine werden in der deutschen Literaturgeschichte zumeist nicht als Klassiker eingestuft, weil sie zwar der Definition A entsprechen würden, der Definition B aber nicht.

Und drittens ist ein Klassiker einer, der von Menschen mit Einfluß so bezeichnet wird – zum Beispiel von Georg Cotta von Cottendorf, der als Inhaber der Cotta'schen Buchhandlung, die auch Goethe verlegte, von 1853 bis 1858 zum erstenmal die „Volksbibliothek deutscher Klassiker" herausgab. Zum Klassiker in diesem bald populären Wortsinn wurde *Johann Ladislaus Pyrker,* der es zum kaiserlichen Wirklichen Geheimen Rat und 1818 zum Bischof von Zips gebracht hatte; seine „Perlen der heiligen Vorzeit" und andere Heldengedichte legten „bei manchen epischen Mängeln doch insgesamt für den edlen Geschmack ihres Verfassers ein vortheilhaftes Zeugnis ab" (Brockhaus 1846). Ein weiterer Cotta-Klassiker war *Moritz August von Tümmel,* Geheimer Rat des Herzogs von Sachsen-Coburg-Gotha und Autor galanter Vers-Erzählungen wie „Wilhelmine oder der vermählte Pedant"; laut Großem Meyer von 1890 sicherten ihm „eine gewisse Anmut, daneben freilich auch lüsterne Leichtfertigkeit die nachhaltigste Wirkung". In keiner Klassikerausgabe vor dem Ersten Weltkrieg durfte *Heinrich Zschokke* fehlen, berühmt durch historische Dramen und Romane wie „Abällino, der große Bandit".

Da hatten also *Verleger* entschieden, wer ein Klassiker sei, und offenbar so entschieden, daß jeder Schiller noch einen Zschokke mitziehen sollte. Solcher Klassiker-Inflation setzte das deutsche Gymnasium bis in die Mitte unseres Jahrhunderts den strengen Kanon entgegen, es gebe nur sechs: *Klopstock, Wieland, Lessing, Herder, Goethe, Schiller.* Klopstock hatte 1751 mit seinem Epos „Der Messias" unter den Gebildeten deutscher Sprache Furore gemacht, doch schon Lessing schrieb über ihn:

> Wer wird nicht einen Klopstock loben?
> Doch wird ihn jeder lesen? Nein.
> Wir wollen weniger erhoben
> Und fleißiger gelesen sein.

Wer liest Klopstock heute noch? Oder Wieland, der einst ungleich mehr gelesen wurde als Goethe? Wenn Lessings Verdienste wenig in die Augen stächen, so deshalb, weil „das meiste, was er anregte, zum geistigen Gemeingut aller Gebildeten geworden ist" (Brockhaus 1845). Populäre Namen tragen nur noch Goethe und Schiller. „Wenn ein Deutscher nicht Schiller oder Goethe heißt, geht er unbekannt durch die ganze Welt", schrieb *Grillparzer* in seiner Selbstbiographie – Grillparzer, der nach dem Wort von Karl Kraus „vornehmlich aus dem Bedürfnis Österreichs nach einem Klassiker entstanden ist" und dessen Weg laut Hans Weigel „unter Umgehung des Olymps aus der Biographie direkt in die Lesebücher" führte.

Den meisten ist offensichtlich gemeinsam, was *Brecht* „die durchschlagende Wirkungslosigkeit der Klassiker" nannte. Da kann man nur seufzen über die erhabenen Definitionen: Nicht Vollkommenheit mache den Klassiker aus, schrieb *Ortega y Gasset,* „sondern einzig seine Eignung, mit uns zu streiten". Noch lange nach seinem Tod müsse er uns Rätsel aufgeben, Probleme stellen, „die Schlacht anbieten". Ähnlich *Ossip Mandelstam:* Klassiker, das seien „Pulvermagazine, die noch nicht explodiert sind". *Jorge Luis Borges* nannte klassisch „jenes Buch, das ein Volk oder eine Gruppe von Nationen zu lesen beschlossen hat, als wäre auf seinen Seiten alles erörtert, schicksalhaft, tief wie der Kosmos und unendlicher Auslegungen fähig".

Wo sind sie, diese wahren Klassiker? In den Schulbüchern offensichtlich nicht. Wer einem „die Schlacht anbietet", das kann nur jeder Interessierte selbst verspüren; im letzten Kapitel mehr darüber.

Literarische Europa-Wahl

Fünf führende Zeitungen und Zeitschriften aus Deutschland, England, Frankreich, Spanien und Italien fragten 1984 ihre Leser nach den Dichtern und Schriftstellern, die sie für die bedeutendsten hielten. Dabei wurde ihnen eine Liste mit zehn Namen vorgegeben, die jedoch drei Arten von Dichtern nicht enthielt: keine lebenden, keine aus anderen Ländern als den fünf genannten (das erklärt die Nichterwähnung zum Beispiel der großen Russen); und in jedem dieser fünf Länder nur die aus den jeweils anderen vier Nationen. Die Deutschen konnten also nicht über Deutsche abstimmen, sondern nur über Engländer, Franzosen, Spanier und Italiener. Auf diese Weise ergab sich folgende internationale Rangordnung:

1. Shakespeare
2. Goethe
3. Dante
4. Cervantes
5. Kafka

6.7. Thomas Mann
6.7. Proust

8. Molière
9. Joyce
10. Dickens

Bei den fünf Zeitungen handelte es sich um „Die Zeit", „The Times", „Lire", „El Pais" und „La Stampa". Unter den zehn Vorgaben der „Zeit" für nichtdeutsche Autoren erhielten die meisten Stimmen: Shakespeare, Dante, Cervantes, Joyce, Balzac.

In England fielen die meisten Stimmen auf Dante, Thomas Mann, Proust, Cervantes, Goethe (Thomas Mann vor Goethe). In Frankreich siegten Shakespeare, Goethe, Cervantes, Dante, Kafka.

Die Spanier entschieden sich für Shakespeare, Kafka, Goethe, Proust, Joyce (Kafka vor Goethe). Die Italiener stimmten für Shakespeare, Goethe, Kafka, Thomas Mann, Cervantes.

43.

Ruhm durch Filz und Fett

> Der Stil in der Kunst wandelt sich ungefähr alle zehn bis fünfzehn Jahre. Und fast unvermeidlich wandelt sich die Wertung mit dem Stil. Eine der sichersten Methoden, Aufmerksamkeit zu erregen, ist, etwas zu tun, was vom Üblichen abweicht, und wenige Künstler haben das Rückgrat, dieser Versuchung zu entgehen.
>
> *Arnold Schönberg*

Daß der Kritiker Arm in Arm mit dem Kritisierten Partei gegen das Publikum ergreift, ist in der Literatur die Ausnahme, in der Bildenden Kunst des 20. Jahrhunderts aber die Regel. Fast nie agiert der Kunstkritiker als Anwalt der Kunstfreunde oder gar der Laien, indem er das verwirrende Überangebot an Bildern, Objekten, Installationen, Assemblagen und Aktionen nach Qualität sortieren hilft; fast immer versteht er sich als der Interpret und Propagandist derer, die sich Künstler nennen, und versucht sie durchzusetzen gegen den drohenden Unverstand des Publikums. Dies wird man als kulturhistorische Zäsur registrieren dürfen, zunächst ohne Werturteil über die Kritiker und ihren Gegenstand und dennoch mit leichtem Erstaunen.

Die Deutung der bildenden Künste durch wortmächtige Apologeten wurde in dem Maße wichtiger, wie sich einerseits die Malerei von der naiven Sehweise immer weiter entfernte, um 1860 mit dem Impressionismus beginnend und heute in die Aufforderung mündend, auch dann von Kunst zu sprechen, wenn eine Leinwand monochrom bemalt worden ist oder *Joseph Beuys* sich einen Klumpen Fett in die Kniekehlen schmierte. Das war ein Teil des „erweiterten Kunstbegriffs", den Beuys unablässig propagierte: Jeder sei ein Künstler, aufgerufen zur „Gestaltung der sozialen Plastik", also zur Veränderung der Gesellschaft. „Auch Hitler war ein Künstler, ein großer Aktionist – er hat nur seine schöpferische Fähigkeit negativ gebraucht" (1981 in einem Interview mit dem „Stern"). Sich in Filz einwickeln, sich Honig ins Haar reiben, einen Stuhl mit Fett auspolstern: Das wollte Beuys *verstanden wissen* „als Gleichnisse zur Überwindung des Gegensatzes von Kunst und Leben". Honig auf dem Kopf habe überdies etwas mit Denken zu tun, der Honig mache „den Todescharakter des Gedankens wieder lebendig".

Das ließ sich hören. Es hätte nur, beim Wort genommen, eine merkwürdige Konsequenz: Wenn jeder ein Künstler ist und da jeder sich Honig ins Haar reiben kann, besteht eigentlich kein Bedarf an Beuys – es sei denn in der Form, daß er seine möglicherweise überlegene Phantasie in Volkshochschulkursen gegen das übliche Vortragshonorar an seine Mitbürger, also Mitkünstler weitergegeben hätte.

Diese Konsequenz aber wäre entsetzlich gewesen – für die Galeristen, die Kunsthändler, die Ausstellungsveranstalter, die Museumsdirektoren und für Joseph Beuys. Gemeinsam mußten sie das Kunststück zustande bringen, die Öffentlichkeit davon zu überzeugen, daß, wenn Beuys eine Kinderbadewanne mit Leukoplast verklebte, mit einem Pferd auf der Bühne Goethe rezitierte, Sauerkraut in einen Konzertflügel schüttete oder an einer acht Meter hohen Holzstange eine kleine Blutwurst baumeln ließ, dies etwas grundsätzlich Anderes war, als wenn Hinz und Kunz mit Blutwurst, Leukoplast und Sauerkraut dasselbe taten. Natürlich, er brauchte den Einfall; vor allem aber brauchte er die Selbstgewißheit, dergleichen „Kunst" zu nennen und dafür bewundert und bezahlt werden zu wollen – was ihm nur gelingen konnte, wenn er Verbündete fand.

Die Kritiker vor allem. Der der „Frankfurter Allgemeinen" schrieb, die von Beuys gern verwendeten Alltagsgegenstände „fungieren als Zeichen, deren spezifische Bedeutung sich oft erst aus der Kenntnis des Gesamtwerkes und seiner besonderen Ikonographie erschließt. Die eigentümliche Kombination von Evidenz und Hintersinn steigert sich mit für Beuys so typischen Materialien wie Fett und Filz, Schokolade und Blut ..." Fett bezeichne für Beuys nicht nur das Chaos, sondern auch einerseits ein Wärmepotential und andererseits die Gefahr der Vereisung des Lebens.

Sollte von dieser Art der „gequirlte Tiefsinn" sein, den der Kunstsammler und Museumsgründer Henri Nannen 1981 den Beuys-Interpreten nachsagte? Beuys sei „im besten Fall ein Eulenspiegel", begünstigt von der nach Hitler herrschenden Angst, „geheimnistuerischen Mumpitz als Mumpitz zu bezeichnen". Nannen bekam daraufhin eine Reihe haßerfüllter Drohbriefe – die er vermutlich nicht bekommen haben würde, hätte er sich über Rembrandt lustig gemacht: Denn dessen Malgenie ist ja unbestritten und kann folglich durch keinen Spott beschädigt werden; wogegen die Genialität von Beuys durch ständigen Lobgesang hergestellt und wachgehalten werden muß, was jeden herzhaften Zwischenruf gefährlich macht.

Hans Platschek schrieb 1976 in der „Zeit", Beuys sei zwar nie der beste Geniedarsteller gewesen; als Double eines solchen aber wirke er meisterhaft, „zumal von hinten". Seinem Ruhm tat dies so wenig Abbruch wie seinem kommerziellen Erfolg. 270 000 Mark erlöste Beuys 1981 von der Münchner Städtischen Galerie für ein Arrangement aus zwei Leichenbahren, die er sich aus der Pathologie des Krankenhauses besorgt hatte; er nannte es „Zeige deine Wunde" und fand den Kritiker, der von „nachhaltiger Erschütterung durch tragische Stille" sprach.

Die Zeitschrift „art", die es sich 1983 immerhin geleistet hatte, Beuys einen „Wanderer zwischen Kunst und Karneval" zu nennen, sprach 1990 von der Verdichtung einer künstlerischen Vision, „deren Rang nicht mehr ernsthaft zur Debatte gestellt werden kann" (solche Sätze schreiben manchmal Leute, die Debatten fürchten). „Als Initiationsweg gedeutet, wagt das Werk wie kein anderes im 20. Jahrhundert den Versuch, das ‚Stirb und Werde' als Bedingung für eine Bewußtseinsänderung erfahrbar zu machen."

Erst die Deutung also grenzt den modernen Künstler vom Laien ab, der ja, nach des Künstlers Worten, selber einer ist – und nach einer populären Vorstellung auch dasselbe könnte, wäre er nur dreist genug. Deutung und Werbung sind überdies deshalb lebensnotwendig geworden, weil *die Aufträge* an die Künstler, einst von Päpsten, Königen, Patriziern erteilt, im 19. Jahrhundert von der Regel zur Ausnahme wurden: Sie arbeiten auf Vorrat, in der Hoffnung, daß Galeristen, Kritiker und Händler ihnen die Käufer zutreiben.

So bilden sie alle eine Interessengemeinschaft: der Künstler, der gern als solcher definiert werden und an seinen Produkten verdienen möchte; der Galerist, der ihm das Forum verschafft und an seinen Produkten verdienen möchte; der Händler, der die Sammler sucht und dabei verdienen möchte. Kein Zweifel, schrieb die Zeitschrift „Capital" 1984, daß Galerien keine Tricks und keine Mühen scheuten, ihren Schützlingen zu Ruhm und zu entsprechenden Preisen zu verhelfen (an denen sie in der Regel mit fünfzig Prozent beteiligt sind). „Keine Frage auch, daß es speziell im Bereich junger, noch nicht etablierter Kunst kartellartige Absprachen gibt, die Künstler rascher Karriere machen lassen." Die wirkungsvollste Verkaufshilfe aber leisteten jene Museumsdirektoren, „die sich in der Rolle von Kunstförderern aus öffentlichen Mitteln gefallen und deren unkritische bis hymnische Katalogtexte dem Handel jede Argumentation ersparen". Zusammen mit den Künstlern, Kunsthändlern und Kritikern (wie auch mit den Professoren an den Kunstakademien, die meist aus ihren Reihen hervorgegangen sind) entscheiden sie, was die Öffentlichkeit als Kunstwerk zu akzeptieren hat, laden es auf mit Sinn und Hintersinn und schirmen es ab gegen den schwärenden Verdacht, es sei gar keines.

„Kartellartige Absprachen" sagt „Capital". Die „Zeit" schrieb 1984: „Die Kritik muß die Kunst heute nicht so sehr vor ihren Feinden in Schutz nehmen als vielmehr vor sich selber und dem Betrieb, der um sie herum wuchert und mit dem sie immer mehr verwächst." (*Filz* nennt man dergleichen in der Politik.) Der „Spiegel" sprach 1991 vom „internationalen Brain-Trust derer, die definieren, was als Kunst zu verstehen ist". So würden dann ein paar Pappkartons, die einem jeder Supermarkt gratis nachwirft, mindestens eine Million Dollar wert, da der amerikanische Popkünstler *Robert Rauschenberg* „sie auf eine Fläche klebte". Volkswirtschaftlich stiften die Interpreten damit hohen Nutzen: Sie fördern die Umsätze. Was durch den bloßen Befehl „Diese Schachtel sei Kunst" an Wertsteigerung erzielt wird, ist ohne Beispiel in der Kartonagenindustrie. Noch die pappene Nachbildung einer Kloschüssel weiß der Kritiker als Kunst einzuordnen, mit einem sprachlichen Raffinement, das die Hintergründigkeit des interpretierten Gegenstands nicht selten um das Sechs- bis Achtfache übertrifft: „Nicht die Antikunstgeste oder eine surrealistische Ding-Magie, sondern die höchst sensible und die heimtückisch, wiewohl kokett ästhetisierende Bestandsaufnahme vom Nächstliegenden findet hier statt" (bei der Kloschüssel nämlich, der „Süddeutschen Zeitung" zufolge).

Auch der Literaturkritiker *schreibt Bedeutung zu,* wie wir im vorigen Kapitel sahen – fast durchweg jedoch solchen Produkten, deren Einordnung als Literatur nicht strittig ist. Der Kunstkritiker des 20. Jahrhunderts dagegen fühlt sich aufgerufen, Farborgien, Collagen, Happenings überhaupt erst als Kunstwerke einzustufen und sie auf einschüchterndem Sprachniveau gegen den stets wachen Verdacht zu verteidigen, es handle sich in Wahrheit um Scharlatanerie und Beutelschneiderei. Nirgends sonst ist der Ruhm so deutlich ein Akt der Zuweisung, wenn auch nur dem gewährt, der es versteht, die Kritiker zeitgeisttypisch zu bedienen.

Galerist, Händler und Kritiker in einer Person war der aus Mannheim stammende *Daniel-Henry Kahnweiler.* Er managte *Picasso* und baute sich einen Kreis von reichen Sammlern auf, die er für die neue Kunst zu motivieren verstand. Aber nicht nur das: Er lieferte den Sammlern auch die schriftlichen Begründungen mit. Über die „Demoiselles d'Avignon", Picassos Schocker und Revolte von 1907, schrieb er: „Der Aufbau des Gemäldes, das heißt die Zusammenfassung des Mannigfaltigen der Außenwelt in der Einheit des Kunstwerks, bedingt einen Formenrhythmus, der mit der eng an die Außenwelt anschließenden Darstellung der Außenwelt in Widerstreit geraten kann oder besser: muß." Nun wußten die Sammler Bescheid. 1920 schob Kahnweiler das Standardwerk zur Rechtfertigung des Kubismus nach, den Picasso und *Georges Braque* seit 1908 entwickelt hatten, als Sieg der geometrischen Form über die Natur: Nicht nur grundsätzliche Probleme der Malerei seien damit gelöst, schrieb er, sondern ebenso solche der Philosophie, der Mathematik, der Musik und der Psychoanalyse.

Picasso selber blieb allen tiefschürfenden Auslegungen gegenüber mißtrauisch – in erfrischendem Gegensatz zu dem, der nach Picassos Tod für zwei Jahrzehnte der berühmteste zeitgenössische Künstler wurde: zu *Beuys* eben. Picasso hatte auch Zweifler und Gegner fasziniert durch seine unglaubliche Produktivität, den jähen Wechsel seiner Stile und die Meisterschaft in allen, ebenso durch den Saft seiner Persönlichkeit – mit der vermeidbaren Übertreibung, ihm jegliche Clownerie als Geniestreich zuzurechnen. Beuys, mit seiner ungleich dürftigeren Palette und des Filzhuts in der Tat bedürftig, weil man sich sonst wenig an ihm hätte merken können – Beuys brauchte eine ausgeklügelte Strategie der Selbstvermarktung und schaltete sich überdies in die Redseligkeit seiner Interpreten mit eigenen Deutungen ein; in der Zuversicht, daß *ein* Teil Aktion in Verbindung mit *neun* Teilen Exegese von der veröffentlichten Meinung als eine Art Gesamtkunstwerk akzeptiert werden würden.

Wie sie ihr Werk *verstanden wissen wollen* – diese auch von Beuys verwendete Formulierung windet sich durch den gesamten Kunstbetrieb und ist das Kleingeld in allen Kunstzeitschriften. Als „Protest gegen allzu gängige Museumskunst" beispielsweise wollen sie es verstanden wissen, als optische Poesie, darauf angelegt, „eloquent mit dem Auge des Betrachters zu kommunizieren" (Ich soll also in der Tat etwas sehen, wenn ich hingucke), und natürlich wollen sie es als Monument für spätere Generationen verstanden wissen, „das die gesamte zurückliegende Zivilisation bis heute repräsentiert" – nicht weniger, aber auch nicht mehr. Und schon gar nicht will einer seine Anleihen bei anderen modernen Künstlern „als Plagiate verstanden wissen".

Von dem Ruhme der berühmtesten Menschen, sagt Lichtenberg, „gehört immer etwas der Blödsichtigkeit der Bewunderer zu". Was sich heute noch Bildende Kunst nennt, wird eines Tages nicht zuletzt als Ursache einer noch feiner ziselierten Wortkunst gewürdigt werden.

Nie zuvor ist die Wollust der Interpretation zu solchen Orgasmen emporgeschossen – zumal auf deutsch. Der Kunsthistoriker Erwin Panofsky, 1933 nach Amerika emigriert, schrieb 1957: Ohne den Zwang, sich auf englisch präzise und veständlich auszudrücken, hätte er vielleicht nie gelernt, Trivialität und Tiefsinn voneinander zu unterscheiden; und „Time“ mokierte sich 1982 über den pompösen Schwulst („the turgid hyperbole“) der deutschen Kritiker. Doch weder der Schwulst noch „Time“ konnten verhindern, daß sich unter den fünf meistbeachteten lebenden Künstlern 1991 drei Deutsche befanden, an der Spitze *Georg Baselitz* – nach dem internationalen „Kunstkompaß“, den „Capital“ seit 1970 aus Ausstellungen, Rezensionen und Preisen errechnet.

Baselitz nimmt für sich in Anspruch, „keinerlei Talent“ zu haben, wurde 1963 berühmt durch das Bild eines onanierenden Zwerges, weil die Berliner Staatsanwaltschaft es beschlagnahmte, hängt seit 1969 seine Bilder mit den Köpfen nach unten auf und trat 1991 die Farben mit den Füßen auf die Leinwand. „Die Aufgabe der Malerei bestand für Baselitz nie in der Deutung eines Motivs, das sie, einmal aus der Unsichtbarkeit befreit und in die Sichtbarkeit hineingeboren, annimmt und zur Schönheit erzieht“, schrieb die „Frankfurter Allgemeine“ 1992. „Ihm gilt das Bild, auf dem der Kampf zwischen Farbflächen und zu einem ablesbaren Sinn tendierenden Motiven unentschieden bleibt, mehr als jede Vergegenwärtigung eines außerbildlichen Geschehens. Erstrebt wird eine Selbstermächtigung der Malerei aus der Negation des Motivs, an das sie gleichwohl obsessiv gebunden bleibt.“

In der Pop Art – einer Gegenbewegung gegen die allzu abstrakt gewordene Kunst – brachte es der Werbegrafiker Andrew Warhola am weitesten, der sich *Andy Warhol* nannte und 1962 auf den längst fahrenden Zug sprang. Er verstand es, eine Campbell-Suppendose oder 25 Marilyn-Monroe-Köpfe in Siebdruck zur Kunst erklären zu lassen und damit Weltruhm zu erwerben, unterstützt von dem Kunsthistoriker *Henry Geldzahler* und der New Yorker Schickeria. Ein Vierteljahrhundert lang sonnte er sich im Erfolg, scheffelte Geld und hastete von Party zu Party, mit weißlicher Perücke über seinem weißlichen Gesicht, so daß er neben den Kunstkritikern auch den Klatschkolumnisten Futter bot.

In die Lücken sprang Warhol mit Sprüchen wie „Ich mag langweilige Dinge“ oder „Jeder kann fünfzehn Minuten lang weltberühmt sein“. Außerdem zitierte er den französischen Künstler *Marcel Duchamp,* der schon 1914 in New York Alltagsgegenstände „wie Kunst“ ausgestellt hatte, so Würfelzucker in einem Käfig mit dem Titel „Warum nicht niesen?“ Denn Kunst, sagte Duchamp, legitimiere sich durch Wirkung, nicht durch Werke; „alles ist schön“, sprach ihm Warhol, „jeder ist ein Künstler“, sprachen Warhol und Beuys ihm nach. Warum hat Duchamp, der weit Originellere, es zu so viel weniger Ruhm gebracht? Wahrscheinlich, weil der Kunstbetrieb damals noch nicht so schnell rotierte, weil das Fernsehen nicht erfunden war und weil aus beiden Gründen die Preise für die Kunstobjekte zu niedrig lagen, als daß sie Schlagzeilen hätten machen können.

So sehr aber die Warhols und die Beuysens der Lobredner bedurften, da ihre Produkte allein wenig Ruhm verhießen – in einem waren sie sich einig mit dem Publikum. Warhol stellte dreißig „Mona Lisas“ im Siebdruck aus; Beuys antwortete auf die Frage einer Journalistin, welche drei Kunstwerke er wählen würde, wenn er sie immer für sich behalten dürfte: zwei von Beuys und die „Mona Lisa“; und als „art“ 1989 einen repräsentativen Querschnitt der Westdeutschen nach ihrem Lieblingsbild fragte, siegte die Mona Lisa vor Spitzwegs „Armem Poeten“ und Dürers „Feldhasen“. Im Wochenmagazin der „Frankfurter Allgemeinen“ stellten 443 Prominente zwischen 1981 und 1990 folgende Reihenfolge ihrer „Lieblingsmaler“ her: Goya – van Gogh – Picasso – Chagall – Rembrandt; „bezeichnend für den gediegenen und nahezu unwandelbaren Kunstgeschmack“ der Meinungsführer, kommentierte die Zeitschrift „art“, die die Statistik aufmachte.

Man muß also mit dem Gedanken leben, daß künftige Jahrhunderte vielleicht doch wieder Leonardo und Goya über Beuys und Warhol stellen werden, ja daß der ganze Kunstrummel der letzten Jahrzehnte nichts als einen kurzlebigen künstlichen Ruhm herbeigeredet haben könnte – unter den unzähligen Produkten aus Leistung, Selbstinszenierung, Zufall und Willkür, die wir Berühmtheit nennen, eines der fragwürdigsten. „Zusehends zieht sich die Kunst in die Phantasie ihrer Veranstalter zurück“, schrieb 1992 die „Frankfurter Allgemeine“. „Sie lebt heute vor allem in der Vorstellung, durch den Glauben und die Behauptung ihrer Impresarios.“

Den Tiefpunkt markierte Ende der sechziger Jahre der Wiener Aktionist *Otto Muehl,* indem er frisches Schweinsgedärm auf nackte Frauen häufte und das so entstandene Gebilde durch Kot, Urin und Erbrochenes eigener Produktion zum Kunstwerk läuterte. Und das war noch nicht einmal so grotesk wie der erhobene Zeigefinger, mit dem die „Zeit“ 1970 den Protesten gegen Muehl entgegentrat: „Es muß doch wohl dem Künstler überlassen sein, das Seine in der Kunst zu verwirklichen.“ Auch Beuys setzte ja, wie uns „art“ belehrte, bei seinem berühmten Fett-Stuhl „bewußt auf Ekelgefühle, um die Diskussion über seinen Begriff der Sozialen Plastik in Gang zu bringen. Er erinnerte auch an die Nebenbedeutung des Wortes Stuhl: Exkremente.“

„Kunst ist, wenn man mitten in die Stube scheißt“, heißt es in einer von Brechts Geschichten des Herrn B. Der widerspricht: „Kunst ist, wenn man unter Beifall mitten in die Stube scheißt.“

44.

Historiker und Hofpoeten

> Gott kann die Vergangenheit nicht ändern. Darum beneidet er die Historiker.
>
> *Samuel Butler*

Als die amerikanische Illustrierte „Life" 1990 eine Jury aus Wissenschaftlern, Künstlern und Kulturmanagern nach den Namen der hundert wichtigsten Personen des 20. Jahrhunderts fragte – da herrschte genau über drei Namen Einigkeit: Henry Ford und die Brüder Wright. Offensichtlich hatte die Jury keinen Maßstab zur Verfügung. Wenn das Bild der Großen *vergangener* Jahrhunderte weniger verwirrend ist, so nicht deshalb, weil die Zeit das Urteil hätte reifen lassen, sondern umgekehrt: weil gefestigte Vorurteile im Verein mit lückenhaften Überlieferungen uns Klarheit vorgaukeln. Den Staatsmännern und Feldherren weisen die Historiker und Biographen den Ruhm nicht weniger zufällig und selbstherrlich zu als die Kritiker den Dichtern und Malern – ja zwangsläufig mit noch mehr Willkür, da ihnen nicht Kunstwerke vorliegen, sondern nur parteiische oder sonstwie dubiose Berichte über längst verflossene Taten, und da sie nicht Geschmacksurteile fällen, sondern oft genug einer politischen oder moralischen Leitlinie folgen.

Historiker, die bloß zeigen wollen, „wie es eigentlich gewesen", sind erstens rar und zweitens gänzlich außerstande, diesem Motto nachzuleben, das *Ranke* 1824 in jugendlichem Überschwang in die Vorrede zu seinem historischen Erstling setzte. „Wie es eigentlich gewesen": Das wissen wir nicht – und wüßten wir es, wir könnten das „eigentlich" nicht definieren. Die Wahrheit zu enträtseln sei schwer genug, wenn wir verschiedene Zeugen von einer Begebenheit berichten hörten, die sich heute in unserer Stadt ereignet habe, schrieb Schiller 1789; „welchen Mut können wir zu Nationen und Zeiten mitbringen, die durch Fremdartigkeit der Sitten weiter als durch Jahrtausende von uns entlegen sind?" Erinnerungen verfälscht, Maßstäbe verschoben, Archive verbrannt; Dokumente geschönt, fingiert, beiseite geschafft oder noch heute unter Verschluß gehalten; Geheimabsprachen verschwiegen; die wahren Motive nie fixiert und vielleicht den Handelnden selber unbekannt, die falschen Motive von Hofpoeten zu einem Glorienschein gebündelt – so sehen sie doch aus, die Quellen, aus denen auch der redliche Historiker schöpfen muß.

Könnte er indessen alles wissen, was er zu wissen wünschte – was wäre *dann* „eigentlich“ gewesen? Kein Historiker ist passiv, sagt Hegel, er bringt „seine Kategorien mit und sieht durch sie das Vorhandene“. Borges schreibt, ein allwissender Beobachter könnte über einen Menschen eine fast unendliche Zahl von Biographien verfassen: eine Geschichte seiner Organe, eine von seinen Träumen, eine von seinen Betrügereien, eine von seinem Umgang mit Nacht und Morgengrauen. Dies sei durchaus kein Hirngespinst: Niemand begnüge sich ja damit, die literarische Biographie eines Schriftstellers oder die militärische eines Soldaten zu schreiben; seine Familiengeschichte werde hineingemengt oder seine finanziellen Verhältnisse, seine Krankheiten und seine Seelenverfassung.

Damit ist noch nicht einmal das Kardinalproblem berührt, auf das Kap. 4 verwies: unsere eilfertige Lust, historische Abläufe mit Zehntausenden von Mitwirkenden auf eine Person zu projizieren, den sogenannten großen Mann. Ihm macht man „alle großen Eigenschaften und Tugenden seines Jahrhunderts zum Geschenk“, sagt Nietzsche – einerseits, weil wir bewundern wollen, zum andern, weil die angemessene Würdigung aller Beteiligten schreiberisch kaum zu bewältigen wäre, und wenn, dann keine Chance hätte, gelesen zu werden. Der Historiker steht unter dem doppelten Zwang, die Mehrheit aller Aspekte und Personen zu verschweigen und sich für den Rest eines Mediums zu bedienen, das ihn zum Verwandten des Dichters macht: der Sprache.

Theodor Mommsen hat diesen Zusammenhang freudig bejaht: Der Historiker habe nicht „das Tagebuch der Welt“ in möglichster Vollständigkeit wiederherzustellen, sondern er solle die Vergangenheit durch jene Phantasie vergegenwärtigen, „welche, wie aller Poesie, so auch aller Historie Mutter ist“; Geschichte sei so wenig ohne Liebe und Haß zu schreiben, wie sie ohne Liebe und Haß gemacht werde. Ergebnis: „Ein Mann wie Mommsens Cäsar hat überhaupt niemals existiert“, stellte der Althistoriker Eduard Meyer 1922 fest. *Golo Mann* sieht ebenfalls den Zusammenhang mit der Poesie, doch er freut ihn nicht: Die Erzählung dessen, was sich begeben hat, sei „immer auch Dichtung, weil es so, wie es wirklich gewesen, in seiner formlosen Unendlichkeit, sich ja doch nicht ergreifen läßt; wer etwas erzählen will, (muß) es schön erzählen und sein eigenes Ich mit einsetzen und Worte zu Rhythmen fügen und so den Chaosdrachen bannen für eine Zeit“.

Friedrich der Große, von Thomas Mann mit Liebe gesehen: eine Figur von einer „erfinderisch-tätigen Energie, wie unseres Wissens weder vorher noch nachher ein Mensch sie bekundet hat"; ausgesandt, „um große, notwendige Erdendinge in die Wege zu leiten". Von Heinrich Mann mit Haß gesehen: „Seine ebenso leichtfertigen wie barbarischen Kriege" habe er nicht gewonnen, sondern nur überstanden; gesiegt haben wolle er mit geheimnisvollen strategischen Kunstgriffen, die niemals wirklich stattgefunden hätten; seinen Ruhm habe er getragen „wie ein Schauspieler". Die Kanonade von *Valmy mit* Phantasie gesehen: „Von hier und heute geht eine neue Epoche der Weltgeschichte aus", will *Goethe* 1792 am Abend des Gefechts verkündet haben, „und ihr könnt sagen, ihr seid dabei gewesen." Die Behauptung, ihm sei es in so jähem Zugriff gelungen, der Weltgeschichte den Puls zu fühlen, stellte Goethe jedoch erst dreißig Jahre später auf.

Brachte Valmy eine Wende? Vielleicht – insofern, als die französischen Rekruten vor dem deutschen Berufsheer nicht davongelaufen waren, wie man es bis dahin für unvermeidlich gehalten hatte. Erkannte Goethe an Ort und Stelle die Zäsur, falls es eine war? Wahrscheinlich nicht; Historiker und Biographen sind sich da ziemlich einig. Wäre der Satz aber wirklich zu Recht und an Ort und Stelle gesprochen worden – er wäre noch immer eine gewaltige Abstraktion, „die das riesige Knäuel von Taten und Leiden, Regen und Schlamm, Mut und Angst, das an jenen Tagen Wirklichkeit war, weit hinter sich läßt (...) Die wahren Sieger aller Schlachten sind die Historiker." (Gustav Seibt).

Deuten, rätseln, abstrahieren und vom Sieg geblendet sein: Das sind noch mäßige Verzerrungen der uns unbekannten Wirklichkeit, verglichen mit der Macht und dem selten angefochtenen Recht der *Sieger,* die Geschichte zu fixieren. „Ein Unglück für den Lebenden, daß er eine siegende Partei sich zum Feinde gemacht hatte", schrieb Schiller über Wallenstein; „ein Unglück für den Toten, daß ihn dieser Feind überlebte und seine Geschichte schrieb." Wobei Sieger dazu neigen, den Sieg nicht auf ihr Glück oder ihre Überlegenheit an Macht und Brutalität zurückzuführen, sondern auf ihr inniges Bündnis mit Gott oder mit der Gerechtigkeit. „Dem Erschlagenen entstellt der Schläger die Züge", sagt Brecht. „Aus der Welt geht der Schwächere, und zurück bleibt die Lüge."

Die Berühmten, über die wir folglich am wenigsten wissen, sind *die Stifter der großen Religionen:* Ihr Sieg war überwältigend, Schriften haben sie allesamt nicht hinterlassen, und eine Schar faszinierter Jünger hat das Äußerste getan, um ihr schlichtes Leben zum Mythos zu verklären. *Jesus* schrieb zweimal „mit dem Finger auf die Erde“ (Johannes 8, Vers 6 und 8) – was, erfahren wir nicht, und mehr wird nirgendwo im Neuen Testament erwähnt. Matthäus und Johannes waren zwar Jünger Jesu, aber sie sind mit Sicherheit nicht die Verfasser der nach ihnen benannten Evangelien; alle vier entstanden 35 bis 70 Jahre nach der Kreuzigung jenes jüdischen Wanderpredigers, von dem wir aus römischen Quellen wissen. Keiner der Evangelisten hat Jesus gesehen, alle stützen sich auf mündliche Überlieferungen und die drei späteren überdies auf den frühesten, Markus, der wiederum nichts über eine Bergpredigt berichtet. Keiner der vier *wollte* auch nur sagen, „was eigentlich gewesen“; jeder wollte seinen Beitrag zur Stiftung eines Glaubens leisten.

Konfuzius ist eine historisch ebenfalls nur dürftig belegte Figur; Schüler sammelten seine Sprüche; 300 Jahre nach seinem Tod wurde er zum Gegenstand gottähnlicher Verehrung und 1906, fast 2400 Jahre danach, durch kaiserliches Edikt den höchsten Göttern gleichgestellt, als angeblicher Alleinurheber eines religiös-moralisch-politischen Systems, das wahrscheinlich von Hunderten von Gelehrten errichtet worden ist. Nun sind aber Konfuzius, Buddha und Jesus zusammen mit Sokrates für Karl Jaspers die *vier maßgebenden Menschen* – solche, „die durch ihr Dasein und Wesen das Menschsein wie kein anderer Mensch geschichtlich bestimmt haben“, „Grundlage gewaltiger philosophischer Denkbewegungen“. *Mohammed* habe historisch zwar vergleichbar stark gewirkt, schreibt Jaspers, sei aber „an Tiefe des Wesens nicht zu vergleichen“. (Für die Frage, ob Mohammed „maßgebend“ war, kann dies eigentlich keine Rolle spielen. Auch bei Jacob Burckhardt kommt Mohammed ja nicht gut weg: Unter den Religionsstiftern sei er „das unsauberste Exemplar“ – Kap. 9; für Michael Hart dagegen war er der überhaupt einflußreichste Mensch der Weltgeschichte – Kap. 5.)

Was bedeutet Jaspers' Urteil? Daß die stärkste geschichtliche Wirkung nicht von wirklichen Menschen ausgeht, sondern von Überlieferungen, die aus einer uns weithin unbekannten historischen Figur jenen Heiligen gezimmert haben, den die Gläubigen sich wünschten. Daß Jaspers gerade *Sokrates* neben die Religionsstifter stellt, fügt sich in dieses Bild: Unter allen namhaften Philosophen ist er der einzige, der keine Zeile hinterlassen hat, uns nur bekannt als Platons Geschöpf. Gilt aber Platon unter Philosophen nicht als der weit größere von den beiden? Wie also können wir ausschließen, daß auch der Heilige, der der Legende nach die Religion gestiftet hat, weniger groß oder historisch weniger bedeutend war als einer der Legendenstifter – zum Beispiel Jesus weniger als *Paulus?* So oder so: Die „maßgebenden Menschen" sollten wir uns als die maßgebenden Mythen vorstellen, die das namensgebende Individuum völlig überwuchert haben; und wer nach den großartigsten oder einflußreichsten Exemplaren unserer Gattung sucht, kann die Religionsstifter nicht berücksichtigen: Denn wir kennen sie nicht.

Kennen wir denn die Pharaonen und die Monarchen der klassischen Antike? Viele von ihnen erlangten oder erzwangen gottähnliche Verehrung – mit allen Verfälschungen, die daraus folgten; und an die Stelle der Jünger traten die besoldeten Hofpoeten. Cäsar stammte väterlicherseits von den Göttern ab, wie er selbst verkündete. *Alexander der Große* ließ sich in Ägypten als Sohn des höchsten Gottes feiern und nahm einen Schüler und Neffen des Aristoteles, Kallisthenes, als Chronisten seiner Taten mit nach Indien; der erklärte, er fühle sich aufgerufen, der Nachwelt das Göttliche in Alexander zu verdeutlichen. Doch zog Kallisthenes sich den Unwillen des Königs zu, weil er sich weigerte, vor ihm mit der Stirn den Boden zu berühren, und da er angeblich in eine Verschwörung gegen Alexander verwickelt war, ließ der ihn foltern und hängen.

Horaz wurde von Augustus besoldet, Walther von der Vogelweide hatte sein Leben lang die Fürsten zu verherrlichen, von deren Zuwendungen er lebte (Kap. 28). Karl der Große, Maximilian I., Ludwig XIV. nahmen auf ihre Feldzüge ihre Biographen mit. Von einem der Hofchronisten haben wir ein doppeltes Bild des Monarchen: *Prokop* verherrlichte den byzantinischen Kaiser Justinian in einer Geschichte seiner Kriege und einer Beschreibung seiner Bauwerke; aber in seiner hinterlassenen „Geheimgeschichte" zerstörte er dieses Bild und prangerte haßerfüllt die Lasterhaftigkeit Justinians und seiner Frau, der Theodora, an. Mit beiden Versionen zusammen besitzt Prokop das Monopol der Überlieferung – und wie also wäre es „eigentlich" gewesen?

Peter der Große ließ sich 1721 auf einer Sitzung der obersten Würdenträger bitten, sich „Vater des Vaterlands" und „der Große" zu nennen. *Friedrich II.* von Preußen fand seinen Hofdichter in Voltaire: Der redete ihn schon 1742 nach dem Ersten Schlesischen Krieg mit „Frédéric le Grand" an. 1757, mit dem Sieg Friedrichs über die Franzosen bei Roßbach, begann der Titel „der Große" sich in Europa durchzusetzen. *Napoleon* hielt sich einen Hauspoeten namens François Auguste Parseval-Grandmaison, der ihn schon nach Ägypten begleitete, um die Siege des neuen Alexander zu besingen, wie später seine Hochzeit und die Geburt seines Sohnes. Einen Hofmaler bezahlte er, Jacques David, in Kap. 13 vorgestellt als einer, der aus einem kleinen Mann auf einem Maultier einen Heros zu machen verstand; und andere Maler, die seine Siege verherrlichten, wurden gefördert und belohnt. Hofschranzen schrieben ihre eigenen Einfälle dem Kaiser zu, berichtet Varnhagen von Ense, womit sie ihr geistiges Eigentum „ehrfurchtsvoll verleugneten". Und bald zog Napoleon auch unbezahlten Enthusiasmus auf sich, in Frankreich vor allem von *Pierre Jean de Béranger,* der ihn zunächst als Vorkämpfer der Freiheit feierte, im Ausland von Byron und Puschkin, von Goethe, Heine, Hegel (der Halbgott, der weltliche Heiland, der Weltgeist zu Pferde). Da war sie versammelt, „die so häufig nachweisbare unwahre, ja unredliche schriftliche Überlieferung durch geblendete oder direkt bestochene Skribenten, welche der bloßen Macht schmeichelten und sie für Größe ausgaben" (Jacob Burckhardt).

Das volle Maß antiker Vergöttlichung aber wurde erst wieder im 20. Jahrhundert erreicht: im Personenkult um *Hitler,* dem vom „Allmächtigen" entsandten Erlöser, der sich obendrein als größter Feldherr aller Zeiten feiern ließ; und noch mehr mit den Säulenheiligen des Kommunismus, denn er wütete in vielen Ländern und währte 70 Jahre lang. *Lenin* war „das größte Genie der Menschheitsgeschichte", der offiziellen Darstellung der KPdSU zufolge, und seine zahllosen Bewunderer im Westen eiferten ihr nach: „Ein Mensch-Regent neuen, demokratisch-gigantischen Stils" — so besang ihn Thomas Mann 1924 nach seinem Tod, „eine kraftgeladene Verbindung von Machtwille und Askese, ein großer Papst der Idee, voll vernichtenden Gotteseifers". Mehr Berge, Kindergärten und Eisbrecher wurden nach Lenin benannt als je nach einem anderen Menschen, zwei Bände Lenin entfielen rechnerisch auf jeden Sowjetbürger.

Stalin, der Welt größten Massenmörder, priesen seine angstschlotternden Lakaien — aber auch Romain Rolland und André Gide, Shaw und Feuchtwanger, Bloch und Brecht — als Genie, Menschenfreund und Hoffnung der Unterdrückten. Für den Schriftsteller Friedrich Wolf war Stalin ein Meister der „sokratisch-platonischen Form der Gedankenanalyse". Anna Seghers gab kund, Stalin habe immer das Richtige getan, so daß sie ihm auch dann vertraue, „wenn ich etwas nicht gleich verstehe". Und Johannes R. Becher, Mitglied des Zentralkomitees der SED und nach offizieller Sprachregelung der DDR „der größte lebende deutsche Dichter", markierte den Tiefpunkt aller irdischen Lobhudelei mit seiner Ode von vierundzwanzig Strophen auf Stalins Tod, darunter diesen:

Es wird ganz Deutschland einstmals Stalin danken.
In jeder Stadt steht Stalins Monument.
Dort wird er sein, wo sich die Reben ranken,
Und dort in Kiel erkennt ihn ein Student.

Dort wirst du, Stalin, stehn in voller Blüte
Der Apfelbäume an dem Bodensee,
Und durch den Schwarzwald wandert seine Güte,
Und winkt zu sich heran ein scheues Reh.

Mit Lenin sitzt er abends auf der Bank,
Ernst Thälmann setzt sich nieder zu den beiden.
Und eine Ziehharmonika singt Dank,
Da lächeln sie, selbst dankbar und bescheiden.

Wenn einer im In- und Ausland solche Hymnen auf sich zog, wenn er seine Widersacher, ja alle frühen Zeugen seines bloßen Menschseins liquidieren ließ, wenn er noch dazu Herr über alle gedruckten Wörter war und Trotzki aus der Sowjet-Enzyklopädie tilgen konnte (wie auch von den Fotos, die Trotzki an der Seite Lenins zeigten) – welche Chance bleibt dann dem Historiker, der zeigen wollte, „wie es eigentlich gewesen"?

Doch viele westliche, zumal amerikanische Staatsmänner verstehen sich mit anderen Mitteln ebenso gut darauf, den Historikern ein angemessenes Urteil schwerzumachen. Präsident *Reagan* beschäftigte hauptberufliche Image-Pfleger wie Mike Deaver, mit dem doppelten Auftrag, nicht nur zu seinen Taten die Glocken zu läuten, sondern sich auch Handlungen auszudenken, denen der Präsident gewachsen war („to construct an agenda that Reagan then cheerfully pursues", schrieb „Time" 1984). Und oft Arm in Arm mit den Jüngern, Hausbiographen und Image-Kosmetikern steht den Historikern die Phalanx derer gegenüber, die sich die Helden ihrer Lesebücher nicht durch irgendeine Form von Wahrheit beflecken lassen möchten. Millionen ältere Deutsche lassen nun einmal nichts auf den Alten Fritzen kommen, typische Amerikaner wollen ihre Washington- und Lincoln-Monumente unbesudelt sehen, wackere Sozialdemokraten sind nicht auf die letzte Wahrheit über August Bebel oder Willy Brandt erpicht.

Inwieweit also haben berühmte Politiker und Soldaten ihren Ruhm verdient? Uns hier einer wie auch immer definierten Art von Wahrheit zu nähern ist noch ungleich schwieriger als bei allen anderen, die das Etikett „Größe" tragen. Selbst wenn wir die beiden wichtigsten Einwände beiseite schöben – wären dieselben Wirkungen auch ohne sie eingetreten, und wieviel Böses durften sie tun? – bleibt zu bedenken: Stets wurden sie emporgeschwemmt durch die Gunst von Zeit und Ort; meist aus einer Kollektivleistung herausoperiert durch den Personifizierungs- und Vereinfachungsdrang ihrer Biographen; oft glorifiziert durch bezahlte Hausdichter und unbesoldete Bewunderer; und nie wird die Debatte darüber enden, was eigentlich sie trieb; wie ihre Motive, falls wir sie zu kennen glauben, zu bewerten sind; und wie sich schließlich ihre Antriebe zu ihren historischen Wirkungen verhalten.

Denn das ist ja ebenso offenkundig wie unpopulär: Motive und Resultate haben miteinander wenig oder nichts zu tun – nach dem schönen Satz von Friedrich Engels: „Was jeder einzelne will, das wird von jedem anderen verhindert, und was herauskommt, ist etwas, das keiner gewollt hat." Max Weber nannte es eine Grundtatsache aller Geschichte, daß das Resultat politischen Handelns „regelmäßig in völlig unadäquatem, oft in geradezu paradoxem Verhältnis zu seinem ursprünglichen Sinn steht". Über Alexander sagte Jacob Burckhardt, es sei eine Eigenschaft der großen Weltbezwinger, „daß sie nicht sowohl direkt die Zukunft bewirken als vielmehr die Welt auf eine neue Grundlage stellen". *Ludwig XVI.* war ein wohlmeinender Sozialreformer, der es weniger als die meisten seiner Vorgänger verdient gehabt hätte, von einer Revolution hinweggefegt und schließlich guillotiniert zu werden: In keiner Epoche *nach* der Französischen Revolution habe sich der öffentliche Wohlstand schneller entwickelt als während der zwanzig Jahre zuvor, schreibt Tocqueville. *Churchill* wollte das britische Empire retten und hat de facto beigetragen zu seinem Niedergang. *Gorbatschow* wollte die Sowjetunion reformieren und hat sie aufgelöst. In einem Hitler-Drama des Juden George Steiner (1981) fordert Hitler von den Juden Dankbarkeit: Denn ohne ihn gäbe es keinen Staat Israel.

Die guten Absichten dennoch mit den nützlichen Wirkungen gleichzusetzen ist die Lebenslüge einer Institution, von der doch viele hofften, sie würde dazu beitragen, eine einsichtige Rangordnung politischer Größe herzustellen: des *Friedensnobelpreises.* Methodisch hat er eine weitere Schwäche – er erweckt den Anschein, *Frieden* sei unter allen Umständen der oberste Wert. Für die UNO nicht: In Artikel V ihrer Resolution von 1974 wird die militärische Aggression verurteilt; in Artikel VII wird der Krieg gegen ein kolonialistisches oder rassistisches Regime von dieser Verurteilung ausgenommen. Für Karl Popper nicht: „Unser erstes Ziel heute muß der Friede sein", sagte er 1992.

„Wir dürfen hier nicht davor zurückschrecken, für den Frieden Krieg zu führen. Das ist unter den gegenwärtigen Umständen unvermeidbar." Und wer wollte Churchill vorwerfen, daß er Hitlers Eroberungen nicht durch einen Friedensschluß besiegeln wollte, wie dies 1940 in seiner Macht gestanden hätte?

Zum anderen aber und vor allem hält der Friedensnobelpreis den Trugschluß am Leben, daß einer, der den Frieden am dringendsten will, auch die größte Chance habe, ihn herbeizuführen. Keiner wollte ihn leidenschaftlicher als *Neville Chamberlain:* „Peace in our time" versprach er den Engländern, nachdem er geholfen hatte, Hitler das Sudetenland zu schenken, und sie jubelten ihm zu. Viele Historiker aber rechnen Chamberlains Politik der Beschwichtigung unter die Ursachen des Zweiten Weltkriegs, da sie dazu beigetragen habe, das Ungeheuer in Sicherheit zu wiegen und seinen Appetit zu steigern. (Immerhin, den Friedensnobelpreis bekam Chamberlain 1939 nicht; das Nobelkomitee erkannte, daß der Krieg heraufzog, und verzichtete auf die Verleihung.) Dem ersten Träger des Preises, *Henri Dunant,* hatte Tolstoi in „Krieg und Frieden" vorgeworfen, mit seinem Versuch, durch Rotes Kreuz und Genfer Konvention die Grausamkeit des Kriegs zu mildern, habe er ihn de facto wieder salonfähig gemacht.

Und so blieb oft ein Fragezeichen. 1973 fiel der Preis auf die beiden Verhandlungsführer für den Waffenstillstand in Vietnam, *Henry Kissinger* und *Le Duc Tho;* aber ist es preiswürdig, wenn zwei Parteien einen unsinnigen Krieg beenden, den sie selber angezettelt hatten? Ob Le Duc Tho sich das auch gefragt hat oder ob er, strammer Kommunist, den Frieden durchaus nicht als höchsten Wert betrachtete – jedenfalls verweigerte er die Annahme. *Menachem Begin,* Preisträger von 1978 zusammen mit Anwar es-Sadat, war von 1942 bis 1948 Führer der terroristischen Untergrundorganisation Irgun Zwai Leumi, auf deren Konto viele Morde gehen – in der selbstverständlichen Meinung, daß Krieg gegen einen Unterdrücker besser sei als Frieden. Der polnische Arbeiterführer *Lech Walesa* (1983) und der sowjetische Dissident *Andrej Sacharow* (1984) hatten natürlich nicht Frieden, sondern Unfrieden gestiftet in einem erstarrten System. *Eli Wiesel* (1986) predigte nicht Versöhnung, sondern die nie nachlassende Erinnerung an Hitlers Holocaust; der israelische Publizist Uri Avnery hielt ihm vor, Wiesel hätte besser daran getan, den Übeln von heute entgegenzutreten: der Unterdrückung der Palästinenser durch Israel.

Gorbatschow (1990) bekam den Preis gewiß zu Recht, weil er zusammen mit *Ronald Reagan* Zug um Zug das mörderische Wettrüsten beendete; nur war es Reagans erklärte Absicht, die Sowjetunion „kaputtzurüsten"; und wenn nun Gorbatschow den Wettlauf aufgab – müßte man das nicht auch Reagan als Verdienst anrechnen, also darüber nachdenken, ob der Erzvater der Aufrüstung der wirksamste Beförderer der Abrüstung und mithin des Nobelpreises ebenso würdig gewesen wäre? *Gandhi* aber, der Ausnahmemensch, der mit Gewaltlosigkeit große Politik zu machen verstand: Er hat den Friedensnobelpreis nie bekommen.

Auch das Nobelkomitee in Oslo hilft uns also nicht viel weiter, wenn wir politische Größe zu definieren und zu würdigen versuchen. In all dem Wirrwarr aus Zufall, Irrtum, Willkür und Vertuschung bleibt wohl nur der Rat: Bewundern wir die Politiker und Soldaten ein bißchen weniger, allesamt. Was ist das Leben? „A tale told by an idiot full of sound and fury, signifying nothing", sagt Shakespeares Macbeth: ein Märchen, das ein Dummkopf erzählt, voll von hohlem Getöse, und es bedeutet nichts.

Roosevelt und Gorbatschow

Seit Januar 1928 stellt das amerikanische Nachrichtenmagazin TIME alljährlich in seiner Neujahrsausgabe den Mann des Jahres vor: den, der im gerade abgelaufenen Jahr den größten Einfluß auf den Gang der Ereignisse hatte und die meisten Schlagzeilen machte.

Charles Lindbergh war der erste dieser Männer. 36mal fiel die Wahl auf Bürger der USA, darunter 16mal auf den amerikanischen Präsidenten (auf alle außer Calvin Coolidge, Herbert Hoover und Gerald Ford); 27mal wurden Ausländer gewählt.

Dreimal Mann des Jahres war
Präsident Roosevelt (1932, 1934, 1941)

Zweimal waren Mann des Jahres:
Stalin (1939, 1942)
Churchill (1940, 1949)
George Marshall (amerikanischer Generalstabchef, Außenminister und Verteidigungsminister, Träger des Friedensnobelpreises: 1943, 1947)
Eisenhower (1944 als alliierter Oberbefehlshaber, 1959 als Präsident)
Präsident Truman (1945, 1948)
Präsident Johnson (1964, 1967)
Präsident Nixon (1971; 1972 zusammen mit Henry Kissinger)
Deng Xiao-Ping (1978, 1985)
Präsident Reagan (1980; 1983 zusammen mit Juri Andropow)
Michail Gorbatschow (1987; 1989 „Mann des Jahrzehnts“)

Dreimal traf es Deutsche:
1938 Hitler
1953 Adenauer
1970 Willy Brandt

Unter den Nichtamerikanern befanden sich ferner:
1930 Mahatma Gandhi (der erste Nichtamerikaner)
1957 Nikita Chruschtschow
1958 Charles De Gaulle
1962 Papst Johannes XXIII.
1979 Ayatolla Chomeini
1981 Lech Walesa

Viermal wurden Frauen des Jahres gewählt:
1936 Wallis Simpson, Herzogin von Windsor
1952 Königin Elisabeth II. von England
1975 Zwölf amerikanische Frauen
1986 Corazón Aquino, Präsidentin der Philippinen

Einmal ein Ehepaar:
1937 Tschiang Kai-scheck

Viermal trat an die Stelle von Einzelpersonen ein anonymes Kollektiv:

1950 Der amerikanische Korea-Kämpfer
1956 Der ungarische Freiheitskämpfer
1966 Die Generation der unter 26jährigen
1969 Der Durchschnitts-Amerikaner

Zweimal eine Sache:

1983 Die Maschine des Jahres: der Computer
1988 Der Planet des Jahres: die gefährdete Erde.

45.

Die Tragikomödie der Nobelpreise

> Ich habe das unangenehme Gefühl, daß, wenn der Nobelpreis für Physik abgeschafft wäre, man keine Elementarteilchen mehr entdecken würde.
> *Erwin Chargaff, österreichisch-amerikanischer Biochemiker (1980)*

Über keinen Nobelpreis wird soviel gerätselt und gelästert wie über den für Literatur. George Steiner zog 1984 unter der Überschrift „Der Skandal des Nobelpreises" die Bilanz, die Schwedische Akademie habe mehr Nieten als Treffer gezogen (more misses than hits); „mit einigen gewichtigen Ausnahmen sind es die Ungekrönten, die sich als die wahren Könige erwiesen haben"; Jahr für Jahr sei der Preis ein Produkt aus „Schacher, Laune, Begünstigung und Scheinheiligkeit".

Bekommen haben den Literaturnobelpreis *Paul Heyse* (1910), in Stockholm als größter deutscher Lyriker seit Goethe gefeiert, und die amerikanische Erfolgsautorin *Pearl S. Buck* (1938), von Mitgliedern der Akademie später als der genierlichste Teil ihrer Geschichte bezeichnet. Nicht bekommen haben ihn Tolstoi, Ibsen und James Joyce (worauf sich die häufigste nachträgliche Empörung richtet) und viele andere der Großen des Jahrhunderts: Emile Zola und Paul Valéry, Strindberg und Brecht, Joseph Conrad, Virginia Woolf und Graham Greene. (Bei Proust, Kafka und Musil dagegen verweist die Akademie zu Recht darauf, daß ihre größten Werke erst nach ihrem Tod erschienen sind, und im Prinzip wird der Preis an Lebende verliehen.)

Selbst da aber, wo die Literaturhistoriker ziemlich einmütig von einem Treffer sprechen, wie bei *Hamsun* oder *Hemingway,* hat die Schwedische Akademie sich partiell blamiert: *Shaw* bekam den Nobelpreis zwar 1925, aber erst, nachdem er 1911 als „brutal" und „querköpfig" abqualifiziert worden war. *Thomas Mann* wurde 1929 für die 1901 erschienenen „Buddenbrooks" ausgezeichnet; der „Zauberberg" von 1924 wird im Gutachten der Akademie nicht einmal erwähnt. *Rudyard Kipling* bekam 1907 den Preis nicht nur als großer Erzähler, sondern auch in Würdigung seiner Gottesfurcht und als „Bannerträger der Gesetzestreue".

Ob damit eigentlich der Wille *Alfred Nobels* vollzogen wurde, blieb lange umstritten. Er hatte den Preis als Belohnung für den gedacht, der im abgelaufenen Jahr in der Literatur „das vorzüglichste Werk idealer/

idealistischer Prägung" geschaffen habe – *idealisk* im Original, was die Deutung „idealisch = dem Ideal nahe" ebenso zuläßt wie „idealistisch = an Ideale glaubend, nach ihnen strebend"; aber nach welchen Idealen?

Die Akademie interpretierte Nobels Floskel lange Zeit als Aufforderung, das Erbauliche, Erhabene und Staatstragende zu prämiieren. 1901, bei der ersten Verleihung, fiel *Emile Zola* wegen des „oft grob Zynischen in seinem Naturalismus" durch gegen *Sully Prudhomme*, dessen Lyrik die Brockhaus-Enzyklopädie als „leicht süßlich" einstuft; Strindberg nannte die Akademie daraufhin „eine Versammlung von Angsthasen, Pfuschern und Dilettanten". 1902 bereiteten sich die achtzehn Juroren drei Niederlagen auf einmal: Sie verwarfen die Kandidatur des jungen *Gerhart Hauptmann* wegen seines „krassen Naturalismus" und „erschreckenden Individualismus"; die des unstreitig größten Dramatikers seiner Zeit, *Henrik Ibsen*, denn sein spätes Schaffen sei negativ und rätselhaft; und die des berühmtesten lebenden Schriftstellers, *Tolstoi*. Warum? Weil er „in seinem sonst großartigen ‚Krieg und Frieden' dem blinden Zufall eine so entscheidende Rolle zuspricht, in der ‚Kreutzersonate' körperliche Kontakte zwischen Ehegatten mißbilligt" und in vielen Werken Kirche, Staat, Eigentum und das Recht auf Selbstverteidigung in Frage stelle.

1904: Nobelpreis für den provenzalischen Dichter *Frédéric Mistral*. Begründung: „sonnige Phantasie, naive Volkstümlichkeit, taufrisch perlende Echtheit der Eingebung". 1905: Das Nobelkomitee betont, daß es nicht einen bloß literarischen Preis verleihe; vielmehr solle er die Menschen „besser und edler machen". 1907: Kein Preis für den Kandidaten *Swinburne*. Begründung: Atheismus, Mangel an Adel, das Werk „verletzend und anstößig". 1910: Preis für *Paul Heyse*. Begründung: „Jedem naturalistischen Abfotografieren der niedrigen, der häßlichen Wirklichkeit" sei er abhold. Im selben Jahr forderte das Nobelkomitee von der Kunst „die tröstliche Erquickung des Geistes".

1912 waren Tolstoi, Ibsen, Zola und Swinburne tot, aber *Gerhart Hauptmann* erst 50 Jahre alt – und nun bekam er den Preis, denn die Akademie hatte sich verjüngt, und außerdem bezog sie sich darauf, daß Hauptmann neben seinen sozialkritischen Dramen auch „Hanneles Himmelfahrt" geschrieben habe, eine Dichtung „voll der zartesten Poesie" (die 1902 freilich auch schon seit neun Jahren vorgelegen hatte).

Die Rolle des moralischen Zeigefingers war damit verkleinert; ausgespielt ist sie bis heute nicht. 1967 empfahl ein Symposion von Nobelpreis-Trägern, mit der Vorliebe für den Idealismus zu brechen; unklar in diesem Punkt sei Nobels Wille immer gewesen, und gewürdigt werden solle nicht der, „der das Beste will, sondern der das Beste macht". Doch gleichzeitig empfahlen *François Mauriac* (Preisträger 1952) und andere, im Nobelpreis nicht so sehr eine literarische Ehrung als vielmehr eine Art Friedenspreis zu sehen. In der Praxis änderte sich ohnehin nicht viel: *Samuel Beckett* war 1969 nur schwer gegen den Vorwurf des schwarzen Pessimismus durchzusetzen, und 1985 mußte der französische Schriftsteller *Claude Simon* sich dafür rühmen lassen, daß seine Gestalten nicht nur von düsteren Leidenschaften geleitet würden, sondern auch von „Zärtlichkeit, Treue und Hingabe an Auftrag und Pflicht".

Das einflußreichste Ruhmverleihungs-Gremium unseres Jahrhunderts bekennt sich also in der Literatur zu Maßstäben, die mit einer literarischen Wertung, wenn überhaupt, nur locker zusammenhängen. Und die moralischen Kategorien sind durchaus nicht die einzigen: Die politischen und die geographischen kommen hinzu; gewiß zumeist mit guten Gründen, jedoch mit dem gemeinsamen Resultat, daß es erschreckend wenig über die Größe eines Dichters aussagt, ob er den Nobelpreis bekommen hat – selbst wenn wir den Vorwurf von Schacher und Begünstigung beiseite lassen.

Als *politische* Demonstration verstanden die Akademie und die Weltöffentlichkeit die Nobelpreise für Alexander Solschenizyn (1970), den tschechischen Lyriker Jaroslav Seifert (1984), die weiße Kämpferin für die Rechte der Schwarzen in Südafrika, Nadine Gordimer (1991). Pablo Neruda hatte sich von Stalin distanziert, bevor er 1971 den Preis bekam. Politik war freilich auch anders herum im Spiel: Es gilt als ausgemacht, daß der linientreue Sowjetschriftsteller *Michail Scholochow den* Nobelpreis 1965 nur bekam, weil die Schwedische Akademie dem Unmut entgegenwirken wollte, den sie 1958 mit dem Preis für den Dissidenten *Boris Pasternak* in Moskau auf sich gezogen hatte. Über den Literaturnobelpreis für *Churchill* (1953) schrieb Gabriel Garcia Márquez 1980, auf Churchill sei die Wahl deshalb gefallen, weil er damals der Mann mit dem höchsten Prestige gewesen sei „und man ihm keinen der anderen Preise verleihen konnte, am wenigsten den für den Frieden".

Ezra Pound scheiterte an seinem Lob für Hitler, *Jorge Luis Borges* an dem für die Militärdiktatoren in Argentinien und Chile. 1976, angeblich schon auserkoren, sei Borges wieder gestrichen worden, weil er kurz vor der Entscheidung der Akademie den chilenischen Präsidenten Pinochet mit Lob überhäuft habe – aber doch in erkennbar ironischer Übertreibung! schrieb Márquez 1980. Er sei der spanischsprachige Schriftsteller mit den höchsten künstlerischen Verdiensten. George Steiner meinte 1984: „Die Tatsache allein, daß der Nobelpreis einem Borges so lange vorenthalten blieb, reicht aus, um die ganze Institution in Frage zu stellen." Ob Borges nun Pinochet ironisch feierte oder nicht: Große Kunst vereinigt sich eben in derselben Person gern mit politischer Blindheit wie bei Brecht und menschlicher Niedertracht wie bei Wagner, und wer Anstand und Weisheit zur Bedingung der Größe machen wollte, müßte ein fürchterliches Aufräumen veranstalten im Panthéon.

Die *geographische* Streuung setzt alle Dichter in Nachteil, die nicht dem germanisch-romanischen Kulturkreis angehören: von 89 Nobelpreisträgern bis 1991 zwei aus Asien (1913 und 1968) und zwei aus Afrika (1986 und 1988), dagegen 15 aus den fünf nordischen Staaten – gemäß Alfred Nobels listiger Formulierung, der Würdigste müsse den Preis bekommen, „ob er Skandinavier ist oder nicht". Der Nobelpreis für die chilenische Lyrikerin *Gabriela Mistral* (1945) wurde von der Akademie als überfällige Geste gegenüber Lateinamerika bezeichnet; der für *Heinrich Böll* (1972) nicht nur dem Repräsentanten einer moralischen Wiedergeburt verliehen, sondern auch dem Deutschen – denn seit 1929 (Thomas Mann) hatte kein Deutscher mehr den Preis bekommen. (Laut Steiner war es „eine bestürzende Entscheidung", Böll dem viel bedeutenderen *Günther Grass* vorzuziehen.)

Denn auch darauf wird in Stockholm geachtet: Weder darf der Preis zweimal hintereinander ins selbe Land fallen, noch darf einer der großen abendländischen Kulturräume allzu lange übergangen werden. Ein Quantum Ungerechtigkeit gegenüber dem großen Individuum ist damit festgemauert; zu schweigen von den chancenlosen Regionen: noch nie ein Literaturnobelpreis für eine Milliarde Chinesen.

Selbst wenn nun einer nach den bisher genannten Kriterien im Stockholmer Raster hängenbleibt: Dann wird er noch zum Objekt dreier Zwistigkeiten, die die Schwedische Akademie alle paar Jahre auf andere Weise schlichtet.

Erstes Problem: Ist der Nobelpreis ein Orden für geleistete Verdienste – oder umgekehrt ein Förderpreis für solche, die mit seiner Hilfe größere Leistungen ansteuern sollen? Alfred Nobel hatte sich eine Persönlichkeit gewünscht, „die sich noch in einem schöpferischen Abschnitt ihres Lebens befindet, so daß eine weitere Entwicklung ihres Schaffens erwartet werden kann und durch den Preis gefördert wird". (Insofern hätten die alten Männer Tolstoi, Zola, Ibsen zu Recht keinen Preis bekommen; nur daß dies nicht die Begründung war.) Mehrfach wurde Nobels Empfehlung in Stockholm noch zugespitzt. 1903: Lieber einen Unbekannten herausheben als einem Weltberühmten Geld nachwerfen. 1950: Denjenigen den Preis verleihen, die ihr literarisches Niveau nicht den Anforderungen des Marktes opfern. Das Nobelpreisträger-Symposion von 1967: „Es gibt auch fruchtbare Fehler. Die irrige Wahl eines Schriftstellers aus einem entlegenen Kulturkreis oder eines Neuerers, der dann verblaßt, kann zu fruchtbaren Kontroversen und neuen Aufbrüchen führen."

Das war die Theorie. Der Preis ging weiter ebenso oft an ausgereifte, zuweilen ausgereizte Bestseller-Autoren des Abendlands wie Selma Lagerlöf (1909), Sinclair Lewis (1930), John Galsworthy (1932), Pearl S. Buck (1938), John Steinbeck (1962), Gabriel Garcia Márquez (1982). Als er aber fünf Jahre hintereinander (1977 bis 1981) auf kaum Bekannte traf – die Lyriker Vicente Aleixandre, Odysseus Elytis und Czeslaw Milosz sowie die nur Eingeweihten geläufigen Schriftsteller Isaac Singer und Elias Canetti –, machte sich in der Öffentlichkeit Unmut breit: Das Publikum will eben lieber einen Berühmten geehrt sehen als sich durch einen Unbekannten überraschen lassen, schrieb das Akademiemitglied Anders Österling.

Zweites Problem: Soll man den Preis an solche verleihen, die eine literarische Schule zur Vollendung geführt haben wie Thomas Mann – oder die „bahnbrechend" gewirkt haben, wie 1948 die Begründung für den Nobelpreis an T. S. Eliot lautete – oder an die großen Experimentierer wie James Joyce, der ihn nie bekam? Jeder Aspekt hat seine Meriten; nur daß der Wechsel der Gesichtspunkte würdige Kandidaten immer wieder aus dem Rennen wirft, je nachdem, welche Mode in der Akademie dominiert oder welche Gattung im Vorjahr an der Reihe war.

Die eigentlich literarischen Kriterien haben es nach alldem schwer, noch Aufmerksamkeit auf sich zu ziehen. An welchen Werten und Vorbildern – das dritte Problem – soll sich das Urteil orientieren? In ihren Anfängen war die Akademie sich einig: an Goethe und dem Ideal von Maß, Gleichgewicht und Harmonie (in das die eingangs dargelegten moralischen Kategorien mühelos hineinspielten). 1922, mit Per Hallström als neuem Vorsitzenden des Nobelkomitees, wurde „großer Stil" zum Maß, repräsentiert durch *Tolstoi,* den einst Verschmähten; auch klassischer Realismus, eindringliche Erzählkunst, epische Kraft. Dies wiederum konnte nur für die Romanciers gelten, nicht für die Lyriker, die seit 1945 einen wachsenden Teil der Preisträger ausmachen; und epische Kraft wird im allgemeinen auch der Margaret Mitchell nicht abgesprochen, von der sich die Akademie 1938 angeekelt abwandte.

Was bleibt? „Einige von denen, die des Nobelpreises würdig sind, werden ihn bekommen; andere, die des Preises würdig sind, werden ihn nicht bekommen." Der schwedische Schriftsteller Lars Gyllensten, Mitglied der Akademie seit 1966, schrieb das 1984; und er hat offensichtlich recht – wenn man hinzufügt: Etliche, die den Preis bekommen haben, waren seiner nicht würdig. Über Größe also sagt der Nobelpreis nicht viel aus. Oft verleiht er nicht einmal Ruhm: wenn er nämlich gar zu mutig einem exotischen Lyriker angeheftet wird, für den sich fünf Jahre später von neuem kaum noch einer interessiert.

Die Nobelpreise für *Physik, Chemie und Medizin* legen nicht weniger, nur andere kritische Fragen nahe. Das Problem, wie man in Stockholm zu einem gerechten Urteil kommt, mag geringer sein, weil Geschmacksfragen und Ideologien eine kleinere Rolle spielen; dem stehen ungleich größere Nöte und Versuchungen bei den Preisträgern und denen, die es werden wollen, gegenüber.

1912 belohnten die schwedischen Juroren ihren Landsmann Gustav Dalén mit dem Physik-Nobelpreis „für die Erfindung selbsttätiger Regulatoren für die Gasbehälter von Leuchttürmen und Leuchtbojen". Der Nobelpreis für *Albert Einstein* ließ siebzehn Jahre nach Veröffentlichung der Speziellen Relativitätstheorie auf sich warten, weil es sich ja um eine Hypothese handelte, die nicht experimentell bewiesen war; um sich nun nicht zu blamieren, weder durch eine vielleicht noch eintreffende Widerlegung der Theorie noch durch längeres Schweigen zu dem Weltruhm, den Einstein längst genoß, bezog sich die Akademie auf ein Nebenprodukt seiner Forschungen und gab ihm den Preis „für seine verdienstvollen mathematisch-physikalischen Untersuchungen, insbesondere für die Entdeckung des Gesetzes des fotoelektrischen Effekts", von dem die magischen Augen an Rolltreppen und Fahrstuhltüren leben und die Fernsehkameras. Darwin also hätte bei der Schwedischen Akademie keine Chance gehabt, resümierte 1978 die amerikanische Wissenschaftshistorikerin Harriet Zuckerman.

Vor den Preis haben die Juroren die Auswahl der Kandidaten gesetzt, und da häufen sich die Probleme. Während heute wohl kaum mehr gedichtet wird als 1901, hat sich die Zahl der Physiker, Chemiker und Mediziner auf Erden seither mindestens verdreißigfacht. Wie ein Aspirant überhaupt auf die Vorschlagsliste kommt, wird also zu einem Zentralproblem seiner Karriere. Seiner Pflicht zur wissenschaftlichen Gründlichkeit arbeitet die Ungeduld entgegen, durch rasche Resultate früher als andere auf sich aufmerksam zu machen. Als Verbündete wählt er sich am besten die Nobelpreisträger seines Fachs, denn sie sind vorschlagsberechtigt und setzen die Maßstäbe; es gibt Schätzungen, wonach die Hälfte aller Preisträger Schüler von Preisträgern sind.

Die natürlichen Gegner des Aspiranten sind erstens chauvinistische Fachkollegen aus dem Ausland (1989 tadelte das Nobelkomitee die vorschlagsberechtigten amerikanischen Chemiker, daß sie ausschließlich Amerikaner vorgeschlagen hätten); zweitens Wissenschaftler konkurrierender Institute; drittens die eigenen Kollegen und Assistenten: In der Naturwissenschaft wird fast durchweg im Team geforscht, auf mehr als drei Wissenschaftler will die Schwedische Akademie ihre Preise nicht verteilen – wie also schafft man es, in einer vielleicht zehnköpfigen Arbeitsgruppe einer dieser drei zu sein? Kein Fachmann bestreitet, daß da manche schlimme Intrige gesponnen und daß mancher Tüchtigere in Stockholm übersehen wird, weil er zugleich der Redlichere war.

Wer den Preis dann hat, erntet so viel Ruhm und muß so viele Vorträge halten, daß seine Schaffenskraft oft nachläßt – eine Versuchung, die er mit den preisgekrönten Schriftstellern teilt, jedoch mit schlimmeren Folgen: Seine weitere Forschung leide darunter, daß die Fachkollegen ihn nicht mehr zu kritisieren wagten, sagte der Molekularbiologe *David Baltimore* 1975, kaum daß er den Nobelpreis für Medizin gewonnen hatte. Derselbe Baltimore, inzwischen Präsident der Rokkefeller-Universität, erlag später einer weiteren Versuchung: 1991 ging er durch die amerikanische Presse, weil eine seiner Mitarbeiterinnen Daten über Versuche mit transgenen Mäusen manipuliert hatte; Baltimore hatte sie nicht kontrolliert, und nachdem der Betrug aufgeflogen war, verschleierte er den Hergang und attackierte die Kritiker. Kann der Nobelpreis den Charakter verderben – oder wäre auch hier der schlechte Charakter eine gute Hilfe auf dem Weg zu Ruhm und Preis?

Wer auf seinem Feld der Menschheit *den größten Nutzen* gebracht habe, solle den Preis bekommen, heißt es in Nobels Testament. Aber wer kann noch wissen, was „Nutzen" ist? „Gegen die heutige Biologie ist nicht anzukommen, da sie alles, was sie macht, zum Triumph erklärt", schrieb Erwin Chargaff 1980. Längst gebe es Wissenschaften, in denen es immer schwieriger werde, noch etwas Anständiges zu leisten, vor allem in der Physik (mit der Folge, die im Motto des Kapitels steht).

So bleibt vor allem *ein* Zweck des Nobelpreises unbestritten: Seinem Stifter hat er den Weltruhm eingebracht. Seine Empfänger aber sind die Gewinner in einem Preisausschreiben – die Lösung muß stimmen; dann entscheiden Zufall und Willkür.

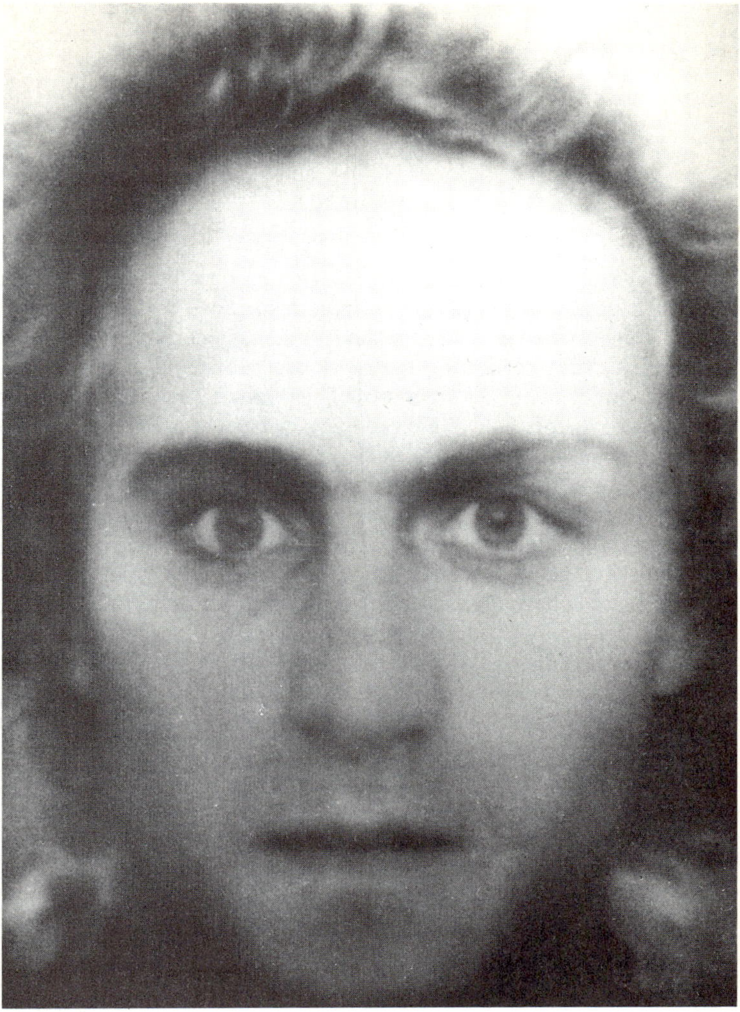

MOZART
Wie sah er aus? Viele Maler schönten ihren Gegenstand, manchmal zweifelt man, ob sie denselben Menschen meinten. Da forschte im Auftrag des Reiß-Museums in Mannheim das Bundeskriminalamt Mozart aus: Es rechnete die Schrägansichten per Computer auf Frontalansichten um und kopierte sie zusammen mit den überlieferten Frontalansichten übereinander – hier das Ergebnis. Zeitgenossen beschrieben Mozart als klein und dicklich, seine Nase als fleischig, seine Ohrläppchen als deformiert.

46.

Ruhm in Zentimetern?

> Die großen Geister sind den kleinen Geistern deshalb einige Schonung schuldig, weil sie eben nur vermöge der Kleinheit dieser große Geister sind.
>
> *Arthur Schopenhauer*

Irrende Kritiker, beschönigende Historiker, bezahlte Schmeichler, schauspielernde Geniedarsteller, hochdekorierte Kriminelle, viele Nobelpreise an die Falschen – keine Aussicht auf ein Maß für Größe?

Nein. Nur für ihre *Geltung* ist ein Maßstab in Sicht, für den Ruhm; und er besteht nicht aus irgendwelchen Preisen (denn Paul Heyses Ruhm hat den von Tolstoi nie erreicht); er besteht aus den Quadratzentimetern im Konversationslexikon.

Im 19. Jahrhundert schreckten unsere Enzyklopädien nicht vor beherzten Werturteilen zurück. Über *Rousseau* beispielsweise heißt es im Großen Brockhaus von 1847, seine „Bekenntnisse" enthielten „neben dem Köstlichsten und Schönsten, was je geschrieben worden, auch viel Häßliches"; oder über *Rossini,* er sei, zusammen mit Beethoven, „der musikalische Höhepunkt der ersten Hälfte des 19. Jahrhunderts", ja von 1815 bis 1830 habe er „die musikalische Weltherrschaft errungen". Doch teile Rossini nicht nur die Vorzüge seines Vaterlands, sondern auch dessen Mängel, indem er den tieferen Eindruck, die Charakterzeichnung und die Gesetze der Ästhetik vernachlässige.

Da wußte man Bescheid, da ließ „Größe" sich nachschlagen wie noch heute in den Schülerkalendern „Die größten Inseln". Schüler wollen ja dergleichen wissen, sie fragen auch: „Wer war nun eigentlich der größte Komponist?" Heute liefern unsere Lexika ziemlich strohige Texte; Superlative und andere direkte Werturteile werden zumindest in den deutschen Enzyklopädien zumeist vermieden – aber ihr Urteil fällen sie doch: Je bedeutender ein Mensch nach ihrer Ansicht war, desto mehr Zeilen werden ihm zugeteilt.

Einerseits ist dagegen nichts zu sagen. Niemand erwartet, daß Paul Heyse breiter abgehandelt wird als Goethe, und wenig spricht für die erklärte Absicht von „Kindlers Literaturlexikon", es umgekehrt zu machen, im Grenzfall also einen türkischen Dichter ausführlicher als Schiller darzustellen, weil man ja Schiller kenne und den Türken nicht. Nein, alles in allem sind wir zufrieden, daß dem Größten der meiste Platz zugewiesen wird.

Nur daß, andererseits, uns keiner sagt, wer über die Zumessung der Zeilen entschieden hat und nach welchen Kriterien dies geschah. Manche Nachschlagewerke setzen Kürzel hinter die einzelnen Beiträge, mit deren Hilfe die Autoren identifiziert werden können; doch die meisten tun es nicht, und dem Laien nutzt es ohnehin nicht viel. Wenn wir Glück haben, sind die mehr oder minder anonymen Geschmacksrichter überdurchschnittlich gebildet oder gar hochqualifiziert; ihre Legitimation bleibt gleichwohl anfechtbar.

Noch schwerer zu durchschauen sind ihre Maßstäbe. Kein Lexikon teilt uns mit, *warum* es Goethe mehr Spalten gönnt als Dostojewski. Die Verfasser stützen sich auf einen Kanon, der in ihren Kreisen gilt und den man allenfalls mäßig variieren darf, wenn man in der Zunft für voll genommen werden will. Gewiß geht die Verteilung des meist beengten Raumes nicht durchweg nach klaren und mitteilbaren Grundsätzen vonstatten; doch beeinflußt die Zeilenzahl unsere Meinung über den Rang eines Berühmten selbst dann, wenn wir dies *nicht* spüren und wenn es *nicht* in der Absicht des Enzyklopädisten gelegen haben sollte. Das Lexikon macht die Geheimniskrämerei der Experten öffentlich, es multipliziert ihre Maßstäbe – wiewohl nicht ihre Gründe; für Geltung liefert es das beste Maß.

Die Verbreitung solcher Werturteile durch eine Politik der Quadratzentimeter stößt nur auf ein Hindernis: Den Feinheiten der Abstufung kommt allein der auf die Spur, der mit Lineal von Band zu Band springt, und wer tut das schon! Am ehesten geschieht dies noch, wenn ein Kritiker ein Sammelwerk rezensiert: Daß, im Verhältnis zu diesem französischen Literaten oder gar zu jenem amerikanischen Boxer, der deutsche Favorit des Kritikers zu kurz gekommen sei, liest man allenthalben. (1983 in der „Neuen Zürcher Zeitung“: Warum nur 15 Zeilen für Lichtenberg? 1985 in der FAZ: Warum mehr Zentimeter für Heinz Konsalik als für Stanislaw Lem?)

Nur die Mühe, ein Nachschlagewerk wirklich durchzuzählen und damit dessen kalkulierte oder halbbewußte Maßstäbe anzuleuchten – die macht sich so leicht keiner. Der erste, von dem bekannt ist, daß er es dennoch tat, war der amerikanische Historiker J. McKeen Cattell. Aus den grundlegenden, jedoch überwiegend den englischsprachigen Nachschlagewerken seiner Zeit stellte er 1903 eine Rangfolge derjenigen Menschen her, die von den Redaktionen am wichtigsten genommen worden waren:

1.	Napoleon	6.	Aristoteles
2.	Shakespeare	7.	Goethe
3.	Mohammed	8.	Cäsar
4.	Voltaire	9.	Luther
5.	Francis Bacon	10.	Platon

Ist das nun erhellend oder ist es albern? Zentimetermessen als Gesellschaftsspiel – oder als Schlüssel zu dem Spiel, das die Gesellschaft ihrerseits mit herausragenden Vorfahren zu spielen liebt? Ganz falsch kann es nicht sein, den Zuteilern der Zeilen, wenn sie schon auf unsere Weltsicht einwirken, durch ein bißchen Zeilenzählen auf den Zahn zu fühlen.

Wer also ist der Größte im ganzen Land, gemessen an der ihm gewidmeten Fläche im jeweils führenden Lexikon? Welch Zufall: In England ein Engländer, in Frankreich ein Franzose, in Italien ein Italiener, in Deutschland ein Deutscher. Das ist nicht ermutigend und verleidet dem Zentimetermesser die Lust, seine grimmige Kleinarbeit aufs Spanische auszudehnen. Eine russische Enzyklopädie auszuwerten lohnt sich nicht, weil dort siebzig Jahre lang die Partei diktierte und mißliebige Figuren nachträglich aus der Geschichte tilgte. Macht man überdies deutlich, daß alle Aussagen nur für das Abendland gelten können, da es teils in der übrigen Welt an Lexika, teils beim Abendländer am Urteilsvermögen, teils im Morgenland am Genie-Kult fehlt: so sollten die vier Nationen genügen. Ihre jeweiligen Favoriten sind die folgenden.

	Sprachraum			
	Englisch	**Französisch**	**Italienisch**	**Deutsch**
1.	Shakespeare	Napoleon	Dante	Goethe
2.	Platon	Balzac	Napoleon	Schiller
3.	Napoleon	Voltaire	Michelangelo	Luther
4.	Homer	Goethe	Shakespeare	Shakespeare
5.	Bismarck	Dante	Leonardo	Michelangelo

Siehe da: Auf den ersten fünf Plätzen findet sich nicht ein großer Mann, über dessen Rang man sich in den vier Kulturräumen einig wäre. Shakespeare und Napoleon kommen dreimal vor, je zweimal Goethe, Dante und Michelango, die anderen acht sind nur je einmal vertreten. Das Bild wird nicht klarer, wenn man die ausländischen Enzyklopädien nur nach dem größten Deutschen befragt:

	Engl. Sprachraum	Franz. Sprachraum	Ital. Sprachraum
1.	Bismarck	Goethe	Goethe
2.	Luther	Beethoven	Marx
3.	Bach	Wagner	Kant

Wie soll sich da eine internationale abendländische Reihenfolge errechnen lassen? Die Zeilen einfach zu addieren, würde ein schiefes Bild ergeben, weil die Enzyklopädien höchst unterschiedliche Gesamtumfänge haben. Aber der in jedem Lexikon am ausführlichsten dargestellte Mensch ließe sich gleich 100 setzen, alle anderen in Prozenten dieses längsten ausdrücken und dann die Prozente international addieren. Dies ist hier geschehen. Um den nationalen Überschwang zu bremsen, der zum Beispiel in Deutschland Schiller unverhältnismäßig über sein internationales Ansehen hinaushebt, sind bei Männern aus dem Sprachraum, in dem das Lexikon erscheint, die Prozentzahlen überdies halbiert. Das Spiel legt seine Regeln offen und stellt sich der Kritik. (Quellen: Encyclopaedia Britannica, Grand Larousse, Gran Dizionario Enciclopèdico Utet, Brockhaus-Enzyklopädie.)

Die Großen der Lexika

beurteilt nach der Länge, in der sie in der jeweils verbreitetsten Enzyklopädie ihres Sprachraums abgehandelt werden. Der jeweils längste Eintrag ist gleich 100 gesetzt, die Länge der anderen in Prozent des längsten Eintrags ausgedrückt. Die Einträge aus dem jeweiligen Mutterland sind halbiert.

	Maßstab	Nat.	Summe	Englisch Shakesp.	Französ. Napoleon	Italien. Dante	Deutsch Goethe
1.	Napoleon	F	208	58	100 (= 50)	76	24
2.	Shakespeare	GB	178	100 (= 50)	32	50	46
3.	Goethe	D	152	30	37	35	100 (= 50)
4.	Platon	Grie	140	77	16	29	18
5.	Dante	I	136	25	37	100 (= 50)	24
6.	Michelangelo	I	110	24	24	64 (= 32)	30
7.	Leonardo	I	103	38	18	42 (= 21)	26
8.	Luther	D	98	33	26	12	55 (= 27)
9.	Rembrandt	NL	96	13	23	33	27
10.	Homer	Grie	95	49	10	22	14
11.	Kant	D	95	30	25	28	24 (= 12)
12.	Aristoteles	Grie	88	25	19	22	22
13.	Bismarck	D	84	45	20	6	27 (= 13)
14.	Beethoven	D	81	26	35	12	17 (= 8)
15.	Hegel	D	81	24	23	26	16 (= 8)
16.	Bach, Joh. Seb.	D	80	31	25	14	21 (= 10)
17.	Marx	D	79	16	20	30	27 (= 13)
18.	Paulus	Isr.	76	40	13	5	18
19.	Voltaire	F	74	19	40 (= 20)	12	23
20.	Schiller	D	72	7	11	17	74 (= 37)
21.	Mozart	A	71	15	24	15	17
22.	Raffael	I	70	13	23	32 (= 16)	18
23.	Wagner, Rich.	D	70	15	34	10	23 (= 11)
24.	Descartes	F	67	33	13 (= 6)	16	12

Mehreres an dieser Tabelle ist provokant. An ihrer Spitze steht einsam ein großer Menschenschlächter. Kein Naturwissenschaftler kommt in ihr vor: Kepler, Galilei, Newton, Einstein – nicht einer. Und dann ist da die erstaunliche Rolle der Deutschen: Dem wahrlich internationalen Rechenansatz zum Trotz besagt die Übersicht, unter den 24 abendländischen Spitzenprodukten der Gattung „Mensch" hätten sich nicht weniger als 10 Deutsche befunden (vor 4 Italienern, 3 Franzosen und 3 Griechen). Umgekehrt scheint der angelsächsische Kulturraum unterhalb des berühmtesten aller Dichter, Shakespeare, keinen zweiten Mann von überragender internationaler Geltung hervorgebracht zu haben. „Eine optische Täuschung", sagt Thomas Mann: Denn während die Helden anderer Länder nur mäßig über einen Gebirgsstock aufragten, „sind die großen Männer deutscher Nation wie Bergkolosse, die sich in erdrückender Imposanz unvermittelt aus der Ebene erheben und dadurch überdimensioniert, ja als die eigentlichen Beispiele irdischer Größe überhaupt erscheinen. Aus diesem Grunde sind Heldenverehrer, wie Carlyle, immer sehr deutschfreundlich gewesen."

Genug, genug. Ein gutes Spiel will ernst gespielt sein, doch nicht verbissen. Vielleicht hat das Spiel das Verdienst, einen Maßstab sichtbar aufgestellt zu haben, und dies auf einem Feld, auf dem keiner seine Kompetenz beweisen kann und auf dem die Ruhmzuweiser anonym in der Person und undurchschaubar in der Sache zu agieren lieben. Einen kuriosen Maßstab, sicher; doch am Ende liegt das weniger am Stab als an unserer krausen Art, an Judas oder an Kolumbus, an Goethe oder an Lenin Maß zu nehmen.

GRETA GUSTAFSSON
Sie war eine hübsche Friseurgehilfin, später Hutverkäuferin in Stockholm, als der Filmregisseur Mauritz Stiller sie entdeckte. 1926 ging er mit ihr nach Hollywood. Dort wurden ihre Zähne begradigt, ihre Locken geglättet, der Haaransatz zurückverlegt, die tragischen Posen einstudiert, die Rollen mit dem richtigen haut-goût gefunden – sie wurde Greta Garbo, die Königin des Films.

GRETA GARBO
Weltruhm durch ein Gesicht: Mit einem so geringen Verdienst zu solchem Ruhm zu kommen, dazu bedurfte es des Kinos, der Großaufnahme und der weltmarktbeherrschenden Stellung von Hollywood. Millionen schluchzten, wenn die Garbo liebte, wenn sie starb. Mit 36 zog sie sich in die Einsamkeit zurück – genau in jenem Alter, in dem Marilyn Monroe auf ungeklärte Weise ums Leben kam.

NORMA JEAN MORTENSON
Oder: Die traurige Ballade von einer, die auszog, berühmt zu werden, und die den Gipfel des Ruhms in der Tat erklomm – jedoch mit Pillen, Depressionen und einem ungeklärten Ende. Was, außer Lebenshunger, war an diesem Gesicht? Nase und Zähne wurden begradigt, ins Kinn ein Stückchen Knorpel hineinoperiert, das rötlich-braune Haar blond gefärbt, Marilyn Monroe geboren.

MARILYN MONROE
Juli 1962: Die 20th Century Fox hat sie wegen notorischer Unpünktlichkeit gefeuert. Das Labile, Zerbrechliche, Kindliche, Mitleidheischende an ihr, das sie von jeher aus der Schar der bloßen Sexbomben herausgehoben hat – nun rührt es die Leute um so mehr. Ein paar Wochen später ist sie tot. Selbstmord? Schlafmittelmißbrauch? Ein Mafia-Verbrechen?

47.

Die Garbo und die Monroe

> Wonach sehnen wir uns beim Anblick der Schönheit? Danach, schön zu sein: Wir wähnen, es müsse viel Glück damit verbunden sein. Aber das ist ein Irrtum.
>
> *Nietzsche, Menschliches, Allzumenschliches*

Talent verbürgt, wie wir gesehen haben, noch keine Leistung und Leistung keinen Ruhm; doch meistens umgekehrt: Die Mehrzahl der Berühmten hat eine auffallende Leistung immerhin vollbracht, wie willkürlich und ungerecht sie von der Mit- und Nachwelt auch bewertet worden sein mag. Überhaupt nichts geleistet haben oder eher weniger als Millionen unbekannter Zeitgenossen – und dennoch berühmt geworden sein: Das war die Ausnahme, im wesentlichen beschränkt auf geborene Monarchen oder auf bloße Opfer wie Kaspar Hauser.

Bis etwa 1930. Dann kamen die Stars und machten den *Ruhm ohne Leistung* zur Regel. Das Kino hatte vom Abendland Besitz ergriffen, während gleichzeitig die Technik des Drucks von Fotografien (erfunden im späten 19. Jahrhundert) sich verfeinerte, die Illustrierten eine eigene Bilderwelt zu entfalten begannen (1936 „Life" gegründet, 1938 „Paris Match") und die Sensationspresse ihren heutigen Skandal-Standard erreichte. Nun genügte es, ein Gesicht zu haben, das die Leute faszinierte, oder der Gegenstand des Klatsches zu sein, den sie lesen wollten. Mit dem Fernsehen und dem explodierenden Schallplattengeschäft wurde diese Entwicklung in den 50er Jahren komplettiert: Weltruhm binnen Wochen, wo früher Jahre oder Jahrzehnte verstreichen mußten; Weltruhm ohne Leistung oder für ein bescheidenes Talent, wie es einst im Hoftheater vielleicht zu einer verschwiegenen Affäre mit dem Erbprinzen ausgereicht haben würde.

Jacqueline Bouvier hieß die Pressefotografin, die als 24jährige den Senator John F. Kennedy heiratete und mit 31 Jahren ins Weiße Haus einzog – die bei weitem jüngste und hübscheste First Lady der amerikanischen Geschichte, die Frau des populärsten Mannes auf Erden. Mit 34 war sie Witwe – mit 39 die Frau des reichsten Mannes der Welt, Aristoteles Onassis. Die meisten Amerikaner verziehen ihr das nie, aber die Boulevardzeitungen und die Illustrierten hatten wieder für viele Jahre Futter.

Juri Gagarin hatte mindestens das Verdienst, ein Wagnis einzugehen, als er sich 1961 als erster Mensch in den Weltraum schießen ließ; ebenso *Neil Armstrong,* der 1969 als erster Mensch seinen Fuß auf den Mond setzte, mit dem zur Erde gefunkten Ausspruch: „Das ist ein kleiner Schritt für einen Menschen, aber ein gigantischer Sprung für die Menschheit." Damit ist Armstrong in alle amerikanischen Schullesebücher eingegangen, und etliche Journalisten haben vergeblich recherchiert, ob dieser Satz dem Armstrong wohl selber eingefallen oder ihm von der NASA mit auf den Weg gegeben worden sei.

Elvis Presley wiederum konnte durchaus etwas, nämlich auf eine Weise singen, stöhnen und mit Knien und Hüften wackeln, die ihm mehr als 300 Millionen verkaufte Schallplatten eintrug und 1973 für eine Fernsehshow eine Milliarde Zuschauer in aller Welt. Daß er mit 42 Jahren starb, verfettet und von Rauschgift zerfressen, hat selbstverständlich seinen Ruhm gemehrt.

Die leuchtendsten Sterne des Jahrhunderts indessen hat das Kino produziert – zwei, die aus eigener Kraft mit eigener genialer Witterung den Weg in die Herzen von Milliarden fanden: *Charlie Chaplin* und *Walt Disney;* zwei, die nichts mitbrachten als ihr Gesicht, also etwas, das nichts bewirkt hätte ohne die Erfindung der Großaufnahme und die Möglichkeit ihrer unendlichen Verbreitung und Wiederholung: die Garbo und die Monroe.

Greta Garbo hatte eckige Bewegungen, große Füße, breite Schultern und eine flache Brust, woran Hollywood nichts ändern konnte; aber ihre Zähne ließen sich begradigen, ihre Locken glätten, ihre Stirn durch Verlegung des Haaransatzes höher machen; die Posen, bei denen Millionen zitterten, konnte man ihr auferlegen, vor allem das berühmte Zurückwerfen des Kopfes und Darbieten des Halses, wenn sie liebte, und, wie meistens, starb; natürlich im Profil. Die Rollen verstanden sich da von selbst: Anna Karenina, Mata Hari, die Kameliendame. Ernst Lubitsch, der sie in „Ninotschka" zum Lachen brachte, bezeichnete sie als den gehemmtesten Menschen, mit dem er je gearbeitet habe. Sie war melancholisch, wortkarg, menschenscheu; einige Schauspielerinnen berichteten von lesbischem Umgang mit ihr; alle, die sie kannten, versicherten, sie langweile sich, langweile ihre wenigen Freunde und sei unbeschreiblich und unglaublich schön. In der Großaufnahme sah das alles aus nach göttlicher Entrücktheit, nach weiblichem Hamlet, nach schwedischer Sphinx; es war der erfüllte Traum vom überirdischen, rätselhaften Weib.

Marilyn Monroe brachte für ihre Karriere buntere und ungleich günstigere Voraussetzungen als die Garbo mit – ja überraschend vieles in ihrem Leben scheint einem Ratgeber mit dem Titel „Wie werde ich berühmt?“ entnommen.

Einerseits war sie ja nur ein hübsches Mädchen mit stattlichem Busen und eher kurzen Beinen. Sie half ein bißchen nach: Das rötlichbraune Haar färbte sie blond, die Zähne und die Nase ließ sie begradigen, und da ihr Kinn etwas spitz war nach den Maßstäben Hollywoods, wurde ihr ein Stück Knorpel hineinoperiert. Nun konnte sie als sehr hübsche Frau passieren, und da sie lebenshungrig war und der Hunger sich in ihren Augen spiegelte und da sie den Busen wie ein Schlachtschiff einsetzte, hatte sie sich bald das Gütesiegel „Sexbombe“ verdient.

Doch davon gab es ja etliche – und warum wurde gerade Marilyn Monroe zum Jahrhundertstar? Weil sie die unglückliche, die hilflose Sexbombe war – eine nie zuvor erlebte Mischung. Die Erbmasse labil: Ihre Großmutter und ihre Mutter endeten in der Nervenheilanstalt, ein Bruder der Mutter beging Selbstmord. Die Kindheit unglücklich: den Vater nie gesehen, der Mutter beraubt, aufgewachsen bei wechselnden Pflegeeltern und im Waisenhaus, mit 16 ein Selbstmordversuch und Flucht in die erste Ehe. Bis hierher könnte es sich um eine typische Genie-Biographie handeln: seelisch krank und mit einer unseligen Kindheit ausgestattet, der besten Basis für Ehrgeiz und Leistung.

Und von dieser Rampe startete sie in der Tat. Berühmt wollte sie werden, berühmt um jeden Preis; den Frondienst für das Eine zu leisten war sie bereit, und instinktsicher managte sie ihren Ruhm. Mit den Schönheitsoperationen noch nicht zufrieden, investierte sie bis zu sechs Stunden in ihr Makeup; in manches Kleid ließ sie sich einnähen, damit Busen und Gesäß zur rechten Geltung kamen. 1951, noch vor ihrer ersten Hauptrolle, legte sie den langen Weg von ihrer Garderobe bis zum Studio barfuß in jenem Negligé zurück, in dem sie fotografiert werden sollte; die Boten pfiffen, die Statisten eilten herbei, und auf dem Rückweg schritt sie durch ein Spalier von johlenden Gaffern und blitzenden Pressefotografen. Bei der Truppenbetreuung in Korea hängte sie sich im Tiefflug aus dem Hubschrauber, indem sie sich von zwei Soldaten an den Füßen halten ließ. Ihre zweite wie ihre dritte Ehe waren perfekte PR-Aktionen – gewiß von der Wirkung, wahrscheinlich auch von der Absicht her: Erst heiratete sie Amerikas populärsten Sportler, den Baseball-Star Joe DiMaggio, dann den Dramatiker Arthur Miller; wozu die Presse jubelte: „Das große amerikanische Hirn heiratet den großen amerikanischen Körper!“ Kurz: Sie war, mit Norman Mailer, „das mörderischste Publicity-Ungeheuer der Welt“.

Gleichzeitig sprach sich herum, daß sie Schlaf- und Aufputschmittel nahm, daß sie in ihren Wohnungen eine schlimme Schlampe war, daß sie notorisch zu spät kam zu den Dreharbeiten, manchmal um sieben Stunden und dann oft dem Text nicht gewachsen, weil sie noch unter der Wirkung ihrer Pillen stand, so daß einige Szenen bis zu vierzigmal wiederholt werden mußten. Mitleid also zog sie auf sich, die Königin; die Leute spürten, daß sie, wie Norman Mailer schrieb, „ein scheues, heimatloses Wesen" war, zu schwach für diese Welt, lasziv und naiv zugleich, hilflos und frivol, ein bestürztes und beschwipstes Engelein – da konnte keine der männermordenden Sexbomben mithalten, an die das Publikum gewöhnt war.

Arthur Miller beschützte seine Frau, betreute sie, bediente sie, ertrug und verteidigte ihre Marotten – und schrieb nicht mehr. Sie hatte mehrere Fehlgeburten, die vielleicht auch Scheinschwangerschaften waren; das verstärkte ihre Depressionen und ihren Tablettenkonsum. Von dem bekam sie 1959 Geschwüre in der Mundhöhle. 1960 wurde sie von Miller geschieden. 1961 drehte sie noch den Film „The Misfits" („Nicht gesellschaftsfähig") mit Clark Gable, ihrem Schwarm. Anfang Juni 1962, zwei Monate vor ihrem Tod, erschien sie drei Tage lang nicht zu den Dreharbeiten für „Something's Got to Give" und wurde von der 20th Century Fox hinausgeworfen.

Sie flog nach New York und betrat, mit der üblichen Verspätung, angesagt als „the *late* Marilyn Monroe" (was „verspätet" ebenso wie „verstorben" heißen kann), den Madison Square Garden zu einer nachträglichen Geburtstagsparty für John F. Kennedy, und die schlichten Worte „Happy Birthday, Mr. President" sang sie mit einer obszönen Inbrunst, die den Zwanzigtausend den Atem verschlug und aus dem Augenzwinkern der Eingeweihten ein Gerücht für Millionen machte.

Nun konnte nur noch eines ihren Ruhm bedrohen: das Verwelken, „der furchtbare Dritte Akt", wie Billy Wilder sagte, einer ihrer Regisseure – der zähe Niedergang, vor dem Greta Garbo frühzeitig in die Unsichtbarkeit flüchtete und schließlich sogar die scheinbar unverwüstliche Marlene Dietrich. Aber sich und uns hat die Monroe den dritten Akt erspart; und hätte ein professioneller Agent des Ruhms die Hand im Spiel gehabt: Er hätte kein zweckmäßigeres Ende arrangieren können.

Am 5. August 1962 wurde Marilyn Monroe tot aufgefunden, nackt auf dem Bauch quer über ihrem Bett, einen Arm nach dem Telefon ausgestreckt, als habe sie noch Hilfe gesucht in ihren letzten Sekunden.

Nach dem Barbiturat-Gehalt des Blutes zu schließen, mußte sie 40 Kapseln ihres Schlafmittels eingenommen haben – aber im Magen fanden sich keine Rückstände, im Zimmer keine leere Packung und in ihrem Körper kein Einstich einer Injektion. Ihre Todesstunde wurde nie ermittelt. Das Gerücht, sie habe an jenem Abend mit Robert Kennedy gespeist, blieb unwiderlegt, und verschwunden blieben die Lochstreifen der Telefongesellschaft, aus der sich die Partner ihrer letzten Gespräche hätten rekonstruieren lassen. Bis heute fehlt die Antwort auf die Frage, ob Marilyn Monroe sich mit klarem Willen tötete, ob sie mit bedingtem Vorsatz in einen tödlichen Schlafmittelmißbrauch taumelte oder ob sie ermordet worden ist.

Wäre es Selbstmord oder eine Tat irgendwo zwischen Verzweiflung und Schusseligkeit gewesen, so war sie zum Gegenstand überwältigenden Mitgefühls geworden: das arme, ungeliebte Kind, das an der Grausamkeit der Glitzerwelt zerbrach. „Eine Karriere ist wunderbar", hatte sie gesagt, „aber nichts, woran man sich wärmen kann in einer kalten Nacht." Wäre sie einem Mordkomplott zum Opfer gefallen, so stiege noch das Mitgefühl, und die ungeklärte Rolle der Kennedy-Brüder trüge bei zum schauerlichen Reiz des Mysteriums.

Marilyn Monroe demonstriert, daß ein kleines Talent (das sie ja durchaus besaß) zum Weltruhm führen kann, wenn es mit Ehrgeiz genutzt wird und ein offenbar überwältigendes Bedürfnis befriedigt. Von keinem Menschen auf Erden gibt es mehr Fotografien und nur über den Tod John F. Kennedys noch mehr Theorien. Wahrscheinlich hat Arthur Miller das Rätsel wenn nicht gelöst, so doch treffend beschrieben mit dem Satz: „Sie war Marilyn Monroe, und genau das brachte sie um" – und genau damit wurde sie zum Liebling des Jahrhunderts.

E

BILANZ

48.

Vom Unglück der Großen

> Mir, der ich bloß ein wandernder Rhapsode,
> Genügt ein Freund, ein Becher Wein im Schatten,
> Und ein berühmter Name nach dem Tode.
> *August von Platen*

Sie waren Krüppel, Melancholiker und Epileptiker, sie waren Säufer, Rauschgiftsüchtige, Selbstmörder und Wahnsinnige – erschreckend viele der Großen. Dennoch sollten wir keine zu rasche Antwort auf die Frage geben, ob sie mehr gelitten haben als andere Menschen. Es gibt ein paar Gründe dafür, daß wir uns täuschen könnten.

Zum ersten: Das Unglück ist ja, wie wir sahen, ein konstituierendes Element des Ruhms – wen das Schicksal zur Tragödie ausersah, der fand leichter einen Biographen, und im Lexikon bekam er mehr Zentimeter zugeteilt. Es könnte also sein, daß unsere Neigung, uns vom Unglück faszinieren zu lassen, zu einer Überrepräsentation der Leidenden in unseren Ruhmeshallen geführt hätte. Nicht das Genie selbst brauche unglücklich zu sein, schreibt Lange-Eichbaum, sondern: Wer bei gleicher Leistung unglücklicher war, der habe eher Aussicht, von uns als Genie anerkannt zu werden.

Zum zweiten gilt es zu bedenken, daß viele Große sich mit ihrem Leiden schmückten, es also möglicherweise übertrieben. Sie legten Wert darauf, sich die Rolle des Märtyrers zuzusprechen und so für sich und für die Welt ihre Bedeutung zu erhöhen. „Genialität ist etwas, das die genialen Menschen auf sich genommen haben", verkündete Otto Weininger gravitätisch. „Es ist die größte Aufgabe und der größte Stolz, das größte Unglück und das größte Hochgefühl, das einem Menschen möglich ist." *Heine* fragte 1837 rhetorisch seinen Onkel Salomon: „Was ist der letzte Grund jenes Fluches, der auf allen Männern von großem Genius lastet? Warum trifft der Blitz des Unglücks die hohen Geister, die Türme der Menschheit, am öftesten, während er die niedrigen Strohkopfdächer der Mittelmäßigkeit so liebreich verschont?" Auf solche Weise kann man sich mit Weltschmerz wie mit Zahnschmerz zum Turm der Menschheit stilisieren. Noch der Kriminalschriftsteller Georges Simenon legte Wert auf die Feststellung, daß das Schreiben kein Beruf sei, „sondern eine Berufung durch das Unglück".

Zum dritten: Jenes Unglück wiederum, das sie wirklich heimsuchte, konnten die Sprachmächtigen unter den Großen eindringlicher artikulieren als gewöhnliche Menschen. „Da ich aber ansah alle meine Werke, die meine Hand getan hatte“, sprach Salomo, „und die Mühe, die ich gehabt hatte, siehe, da war es alles eitel und Haschen nach Wind und kein Gewinn unter der Sonne (...) Darum verdroß mich zu leben; denn es gefiel mir übel, was unter der Sonne geschieht, daß alles eitel ist und Haschen nach Wind“ (Salomo 2,11 und 17). Leopardi beklagte die unendliche Vergeblichkeit aller Dinge (l'infinita vanità del tutto), der Philosoph Friedrich Schelling „die tiefe unzerstörbare Melancholie alles Lebens“. Kafka schrieb an Milena: „Ich beschäftige mich mit nichts anderem als mit Gefoltertwerden und Foltern“.

Versuchen wir also alles Unglück abzuziehen, was in den Büchern der Großen und den Büchern über die Großen überrepräsentiert sein könnte, weil sie es erstens besser zu sagen vermögen, weil zweitens viele offensichtlich im Leiden zu baden lieben und weil drittens die Glücklichen es schwerer haben, Ruhm einzuheimsen – es bleibt alldem zum Trotz: Die meisten Großen haben mehr gelitten als unsereiner, ja etliche vielleicht die überhaupt tiefsten Qualen des Menschseins erduldet.

Da ist die Krankheit des Leibes und der Seele: Mehr als anderen leistet sie ihnen Gesellschaft, und gerade Verkrüppelung und Seelenpein sind der typische Antrieb zu Tat und Werk (Kap. 29/30 haben es nachgewiesen). „Die glücklichen Jahre sind verlorene Jahre“, schrieb *Marcel Proust;* „man wartet auf einen Schmerz, um an die Arbeit gehen zu können.“ *Michelangelo* unterschied in einem seiner Nachtsonette die Söhne der Sonne von denen des Mondes und der Düsternis, zu denen er sich rechnete: Ihm sei auferlegt, „in trüber Dämmrung hinzuleben“, und gramvoll stehe er bei seinen dunklen Werken.

So sind Leid und Werk verschwistert. Und noch mehr Schmerzen haben daran teil, wie der nichtschöpferische Mensch sie nicht oder nicht in solcher Stärke kennt. Da ist die Hypersensibilität vieler Künstler, die Aufgeschlossenheit für feinste Schwingungen, die schon eine Nadel so schmerzlich machen kann wie sonst den Dolch. *Mozart* litt unter falschen Tönen, wo seine Umgebung nur richtige zu hören glaubte. *Adolph von Menzel* konnte sich an dem Gesicht einer gefeierten Schönheit nicht erfreuen wegen der „entsetzlichen Öde zwischen Nasenflügel und Ohr“. *Kleist* klagte elf Tage vor seinem Tod: „Meine Seele ist so wund, daß mir, ich möchte fast sagen, wenn ich die Nase aus dem Fenster stecke, das Tageslicht wehe tut, das mir darauf schimmert.“ *Chopin* war „so hochgradig empfindlich, daß es fast unmöglich war, ihn nicht zu verletzen“, schrieb George Sand über ihn. „Seine Seele wurde lebendig geröstet; ein zerknittertes Rosenblatt, der Schatten einer Fliege konnten ihn Blut speien lassen.“

Gleichzeitig und oft im Zusammenhang damit blieben vielen Großen die typischen Freuden des Alltags versagt: Von Ehrgeiz getrieben, von ihrem Dämon besessen, verzehrten sie sich im Frondienst für das Eine. Robert Walser schreibt über *Kleist:* „Das Glück, ein vernunftvoll abwägender, einfach empfindender Mensch zu sein, sieht er, zu Geröll zersprengt, wie polternde und schmetternde Felsblöcke den Bergsturz seines Lebens hinunterrollen.“ C. G. Jung meint, es gebe selten einen schöpferischen Menschen, „der den göttlichen Funken des großen Könnens nicht teuer bezahlen muß“. Seine schöpferische Leidenschaft trete alle persönlichen Wünsche in den Staub, das Menschliche werde zugunsten des Schöpferischen „entblutet“.

Und noch mehr des Unglücks. Der typische Begleiter aller, die als Dichter, Maler, Musiker, Philosophen etwas Neues wagen, ist ja *der Mißerfolg:* Jahre- und jahrzehntelang bleiben sie mit ihrem eigenen Beifall allein. Obendrein leiden sie unter ihrer Verkanntheit oder ihren Rückschlägen mehr als andere Menschen – ihrer überlegenen Empfindsamkeit wegen und weil der Fehlschlag jenen ungewöhnlichen Ehrgeiz trifft, an den die große Leistung meist gebunden ist. Demgemäß vergällt der *Neid* vielen Großen das Leben: Newtons Neid auf Leibniz, Goethes auf Newton, Kleists auf Goethe, Schopenhauers auf Hegel, Marx' auf Lassalle, Richard Wagners auf sämtliche erfolgreichen Zeitgenossen; und es wäre kurios, wenn Günter Grass *nicht* darunter litte, daß den Nobelpreis Heinrich Böll bekommen hat. *Ferdinand Raimund* schoß sich 1836 in den Kopf, nachdem ein Hund, der ihn gebissen hatte, unter dem Verdacht der Tollwut getötet worden war; doch nicht eigentlich deshalb brachte er sich um: sondern weil er ein Zerrissener und Zerfressener war, der es nicht verwand, daß er nicht Shakespeare und nicht Schiller sein konnte, nicht einmal Grillparzer. *Thomas Mann* war imstande, sich inmitten der enthusiastischen Kritiken zu seinem „Dr. Faustus“ über „zwei kleine erzdumme Besprechungen aus Zürich und dem Aargau“ zu grämen, wie er seinem Tagebuch anvertraute.

Und schließlich das Leiden an einer mißgünstigen, oft feindseligen Welt, die den Großen entweder nicht erkennt oder, wenn doch, ihn dann gern kleiner hätte; ein Sichreiben an Widerständen, die andere entweder so nicht kennen oder weniger leidvoll erfahren. Vielen liefen die Straßenjungen nach: Rousseau, Beethoven, Schopenhauer, Cézanne. Goethe litt, sagt Thomas Mann, unter der „Vereinsamung und Vereisung seines Alters" und schrieb im West-östlichen Divan:

> Sie lassen mich alle grüßen
> Und hassen mich bis in den Tod.

Richard Wagner schrieb als 39jähriger, von einer Kur nach Zürich zurückgekehrt: „Was haben mich wieder auf dieser Reise (...) die Kanaillen von Menschen geärgert: Immer muß ich mich mit Ekel von ihnen zurückziehen, und doch sehne ich mich so nach Menschen!" *Wittgenstein* erlebte die Soldaten, mit denen er im Ersten Weltkrieg den Schützengraben und ein Wachboot auf der Weichsel teilen mußte, als „Gaunerpack" und „Saubande", aus deren Stimmen „die ganze Schlechtigkeit der Welt kreischt".

Stehen aber all den Leiden und Versagungen nicht Genüsse gegenüber, die denen gewöhnlicher Menschen ebenfalls überlegen sind? Durchaus. Mindestens bleibe dem großem Geist ja die Langeweile erspart, sagt Schopenhauer – „dieser beständige Hausteufel der Gewöhnlichen". Und beim Schaffen, schreibt Nietzsche, habe der Genius mehr Vergnügen als die übrigen Menschen bei jeder anderen Tätigkeit. K. R. Eissler sagt: „Der Schöpfungsprozeß führt das Genie zu einer Erlebnistiefe, die von anderen schwerlich erreicht wird, und diese Tiefe der Erfahrung hält unvergleichliche Lust und Freude bereit." Auch Alfred Einstein meint, jeder große Künstler sei in bestimmtem Sinne glücklich. „Er kennt das Glück des Schaffens und Gelingens, dem kein anderes Glück auf Erden zu vergleichen ist – und wie oft muß *Schubert,* der Allerärmste im materiellen Sinn, dies Glück genossen haben!" Auch *Beethoven* sei ein glücklicher Meister gewesen, schreibt Einstein, „trotz Taubheit, Wassersucht und Behaftung mit einem nichtsnutzigen Neffen. Nichts ist verlogener als die populäre Vorstellung von dem tragischen Titanen (...) *Mozart* ist viel pessimistischer, resignierter, glückloser."

Mozart, in der Tat: Seine letzten Jahre, die des nachlassenden Erfolgs, waren zugleich von Schwermut gezeichnet. Er hielt sich dazu an, schreibt Hildesheimer, „nicht ohne Grimm und Bitternis, nach Möglichkeit das gesamte Leben als komisch zu empfinden, was ihm nicht immer gelingen wollte". Fünf Monate vor seinem Tod schrieb er seiner Frau: „Ich kann dir meine Empfindung nicht erklären, es ist eine gewisse Leere – die mir halt wehetut – ein gewisses Sehnen, welches nie befriedigt wird (...), ja von Tag zu Tag wächst."

Einsteins Urteil aber, daß *Beethoven* ein glücklicher Meister gewesen sei, wird man einseitig nennen dürfen. Er wäre vielleicht einer der glücklichsten Menschen, hatte Beethoven 1810 geschrieben, „wenn nicht der Dämon in meinen Ohren seinen Aufenthalt aufgeschlagen (...) O, so schön ist das Leben, aber bei mir ist es für immer vergiftet." 1816 fand ihn ein Freund, wie er mit der Faust auf die Tasten donnerte und dazu schrie: „Ich höre nichts!" 1823, vier Jahre vor seinem Tod, geplagt von Durchfall, Übelkeit und Nasenbluten, schlug er mit dem hölzernen Stiefelknecht auf einen Stuhl, um überhaupt noch eine Gehörsensation zu haben.

Und nicht einmal dem Schöpfungsprozeß, bei den meisten ohnehin einer Insel im Meer der Depressionen und der Widerstände – nicht einmal ihm läßt sich mit einem so schlichten Wort wie „Glück" beikommen. Da hat es gewiß Entzückungen gegeben und einen breiten Unterstrom von Genugtuung. Doch sollte Michelangelo seine siebenjährige Arbeit an den 200 Quadratmetern des „Jüngsten Gerichts" wirklich als Genuß empfunden haben und Robert Musil die zwanzigste Fassung des 178. Kapitels des „Mannes ohne Eigenschaften"? Hat nicht Richard Wagner „das blutig schwere Werk der Bildung einer unvorhandenen Welt" beklagt?

Doch, es gibt Genüsse: den Rausch des Gelingens, wie Nietzsche ihn geschildert hat oder *Verdi:* „Wenn ich ganz allein mit mir und meinen Noten kämpfe, dann zittert mir das Herz, die Tränen kommen mir, die Freuden sind unsagbar", schrieb er 1860, nach dem Erfolg des „Maskenballs"; doch im Jahr zuvor, nach dem Durchfall des „Simone Boccanegra", hatte er geflucht: „Wir armen Zigeuner (...) sind gezwungen, unsere Mühen, Gedanken, Entzückungen für Gold zu verkaufen – das Publikum kauft sich für drei Lire das Recht, uns auszupfeifen."

Und es gibt Triumphe: Den Weg des Franz Liszt begleiteten sie jahrzehntelang; die meisten großen Opernkomponisten haben sie erlebt; dem 83jährigen *Voltaire* huldigten im Théatre Français zu Paris Philosophen und Literaten und krönten seine Büste; Benjamin Franklin stellte ihm seine Enkel vor, damit er sie segne; und drei Monate später war er tot – „im eigentlichen Verstande vor Freude gestorben", wie der Brockhaus von 1848 schrieb.

Doch wie viel Leid und Verbitterung daneben! Sie starben verschuldet und verlassen; in Taubheit wie Beethoven, Goya, Smetana, erblindet wie Milton, Händel, Joyce, gelähmt wie Louis Pasteur; und die Unzähligen, die in Suff, Verfolgungswahn und Irrsinn endeten! Ja von einigen der Großen muß man wohl sagen, daß sie zu den unglücklichsten Menschen gehörten, die je über die Erde gewandelt sind.

Bevor *Jonathan Swift* im Schwachsinn verdämmerte, von seinem Augentumor gequält, sah er noch klaren Geistes die Verblödung kommen und flehte um den Tod, und das Grauen der *Struldbruggs* malte er wahrscheinlich aus, meint Borges, weil er in Angst davor lebte. Die Struldbruggs, das sind eine Rasse von tausend Unsterblichen, die Gulliver auf seiner dritten Reise kennenlernt: Sie werden 80 wie andere Menschen, doch dann bleiben sie so, nur törichter, habgieriger und mürrischer, weil die furchtbare Aussicht, niemals sterben zu können, sie peinigt. Mit 90 verlieren sie die Haare, mit 200 das Gedächtnis; mit Sterblichen können sie kein Gespräch mehr führen, weil die Landessprache sich im Lauf der Jahrhunderte zu sehr verändert hat. Nach 1000 Jahren werden ihre Geburtsurkunden vernichtet. Sehen sie ein Begräbnis, so beneiden sie den Toten.

Und *Hölderlin,* dieser Fremdling auf Erden: „Wenig lebt ich, doch atmet kalt mein Abend schon." Robert Walser hat über ihn geschrieben: „Indem der Mensch in ihm verzweifelte, sein Wesen aus vielen Wunden blutete, stieg sein Künstlertum gleich reichgekleidetem Tänzer hoch empor, und wo Hölderlin fühlte, daß er zugrunde gehe, musizierte und dichtete er zum Entzücken. Die Zerstörung und Zertrümmerung seines Lebens besang er auf dem Instrumente der Sprache (...) Er klagte um sein Recht und um sein zerschmettertes Glück, wie nur Könige fähig sind zu klagen."

Flaubert hat die Genialität als eine „schreckliche Krankheit" beschrieben: „Jeder Schriftsteller trägt in seinem Herzen ein Ungeheuer, das ständig an seinen Gefühlen zehrt." Sein Leben verbrachte er „zum Krepieren traurig", der Roman, an dem er schrieb, „widert mich an und erdrückt mich", und auf seinen sechs letzten Jahren lastete der Schatten seiner Todesangst. „Ein alter Einsamer", war er für Heinrich Mann, „hinter sich von der Liebe nur Bitternisse", den letzten Gedanken an die Kunst gehängt – jenes ausgestopfte, schon halb zerfressene Gefieder, das purpurn über seiner Stirne schwebe. „Wem hätte er sein Herz eröffnet, wen jemals in sein Leben eingelassen?" Thomas Mann schrieb das über seinen Dr. Faustus, doch für viele, für ihn selber, für Flaubert scheint es zu gelten: „Ich möchte seine Einsamkeit einem Abgrund vergleichen, in welchem Gefühle, die man ihm entgegenbrachte, lautlos und spurlos untergingen. Um ihn war Kälte ..."

Eine der erstaunlichsten Biographien des Unglücks und eine gänzlich unvermutete dazu liefert der kleine, zappelige *Johann Strauß,* der *Vater,* der sich in 45 Jahren verzehrte und verbrannte, gejagt von zwei Rivalen: von Josef Lanner, dem anderen Walzerfürsten, bis der 1843 starb; und nach anderthalb Jahren der Alleinherrschaft von seinem Sohn, der als 18jähriger sein eigenes Orchester gründete, gegen die Weisung und unter dem Wutgeheul des Vaters: Der wollte ihm sogar durch ein förmliches Gesuch beim Wiener Magistrat die öffentliche Musikausübung verbieten lassen – wie er überhaupt dagegen war, daß seine drei Söhne Musiker wurden.

Der Vater, reich und weltberühmt, hätte nun die Zügel schleifen lassen können. Doch der Neid trieb ihn zum Gegenteil: Im nächsten Fasching, 1845, bestritt er 76 Bälle, mehr als der Sohn und mehr als je zuvor, wobei er zeitweilig über 200 Musiker unter Vertrag nahm, damit sie gleichzeitig auf verschiedenen Festen spielen konnten. Er selbst hastete von Saal zu Saal, einen „Nervendämon" nannte ihn Richard Wagner, „wie ein Mohr" sah ihn Heinrich Laube: weil er schwarzes Kraushaar und aufgeworfene Lippen hatte und seine Tänze „echt afrikanisch" leite: „Die eigenen Gliedmaßen gehören ihm nicht mehr, wenn sein Walzerdonnerwetter losgegangen ist."

Und nicht nur mehr dirigieren – auch mehr komponieren mußte er in Konkurrenz zu seinem Sohn: Fünfzehn Kompositionen veröffentlichte er 1845, der Sohn nur zehn. 1847 hatte der Sohn die Nase vorn – 1848 noch einmal der Vater: mit der Zahl der Editionen und vor allem mit seinem Geniestreich, dem Marsch auf den greisen Feldmarschall Radetzky, der bei Custoza die Italiener geschlagen hatte. Ein Jahr später war der Vater tot: Von einem seiner vielen Zusammenbrüche stand er nicht mehr auf. Er lag in der schäbigen Wohnung der Emilie Trambusch, die fünf Kinder von ihm hatte und sofort alles ausräumte, nur die Leiche ließ sie liegen.

Ob *Kleist* recht haben kann, wenn er sein eigenes Leben „das allerqualvollste, das je ein Mensch geführt hat", nannte? Schon deshalb nicht, weil *Schubert* sich als „den unglücklichsten, elendesten Menschen der Welt" bezeichnete; und *Cézanne* sich gezwungen sah, „zuzugeben, daß es keinen unglücklicheren Menschen auf Erden gibt"; und *Robert Walser* in der Anstalt in seiner Mikroschrift notierte: „Niemandem wünsche ich, er wäre ich. Nur ich bin imstande, mich zu ertragen." Und dabei haben die Staatsmänner und die Feldherren, die Forscher und die Entdecker noch gar nicht Revue passiert.

Auch sie kennen höchste Lust und tiefste Qual – wobei sie uns eine traurige Einsicht abnötigen: In der Stunde ihrer Triumphe, am Abend ihrer Siege haben sie unbezweifelbar ein Glück von einer Fülle und Intensität genossen, wie es ein gewöhnlicher Mensch und auch ein Künstler kaum je für sich wird in Anspruch nehmen können – zum

Beispiel *Hitler,* im Juni 1940 in Paris einziehend und sich anschließend von den Berlinern feiern lassend. Wir haben also Grund, der historischen Größe dort, wo sie besonders viel Glück einstreicht, besonders mißtrauisch gegenüberzustehen. Daß der tiefe Sturz, mit dem so viele endeten, dann für sie um so schmerzlicher war, ist ein geringer Trost für uns.

Cäsars vermutlich glücklichste Stunden schlugen im Jahre 47 v. Chr., als er auf der Prachtbarke der Kleopatra mit riesigem Gefolge nilaufwärts fuhr, um sich die Wunder des besiegten Ägypten zeigen zu lassen, und ein Jahr später beim triumphalen Einzug in Rom: im Viergespann stehend zum Kapitol hinauf, an der Spitze des siegreichen Heeres, das erbeutete Gold tonnenweise mitgeführt, dazu den Gallierfürsten Vercingetorix, am Leben gelassen nur für diesen Tag und am folgenden hingerichtet, während das viertägige Volksfest begann, mit der Verteilung der Beute an die Soldaten und der Speisung von 66 000 Menschen. Auch war Cäsar einer der beiden Feldherren (der andere Friedrich der Große), denen Oswald Spengler „die höchste und letzte Gabe vollkommensten Menschentums" zubilligte: daß sie, *befehlend* zum Mittelpunkt einer tätigen Welt geworden, am Abend nach der Schlacht ein wunderbares Gefühl von Macht besäßen, eins mit dem Schicksal und der Weltmitte.

Doch dann haben wir ein paar erstaunliche Indizien, daß Cäsar sich am Abend aller seiner Siege gelangweilt haben könnte und der Ermordung nicht auswich. Eine Leibwache hatte er immer abgelehnt; daß sein Spitzelapparat die von langer Hand vorbereitete Verschwörung ihm nicht gemeldet haben sollte, fanden schon ein paar Zeitgenossen ungewöhnlich; Cicero und die späteren Historiker Sueton und Plutarch berichten, Cäsar habe in seinen letzten Wochen mehrfach geäußert, er habe lange genug gelebt für seinen Ruhm, und zu sterben wünsche er unerwartet und schnell. Von 23 Dolchstichen wurde er durchbohrt, nur nach dem ersten zeigte er Erschrecken.

Langeweile im Triumph – das hat eine merkwürdige Parallele in einer Schrift des 21jährigen Oberleutnants *Bonaparte,* mit der er 1791 auf ein Preisausschreiben der Akademie von Lyon antwortete; Thema: „Beschreibung der Wahrheiten und Gefühle, die den Menschen zu ihrem Glück eingeflößt werden sollten". Napoleon plädiert darin für den Ehrgeiz zum Guten: den gebändigten, der das Glück des Staates fördert. Was er tadelt, ist der Dämon der Selbstsucht (von dem er selbst besessen war): Ihm seien die Verbrechen nur Spiel, die Lüge nur eine Stilfigur. Und dann der Satz: „Kommt er endlich auf den Gipfel der Gewalt, so langweilen ihn die Huldigungen der Völker." Solcher Ehrgeiz habe Alexander getrieben, „die Welt zu erobern und zu verwüsten, ohne ihn je zu befriedigen; von seiner eigenen Flamme verzehrt, gerät er von Sinnen, hält sich für einen Gott und verlangt, daß die anderen es glauben".

Eben das, was Napoleon an Alexander rügte, war sein eigener unerfüllter Traum. Nachdem er sich 1804 zum Kaiser der Franzosen gekrönt hatte, vertraute er, den Memoiren des Marschalls Marmont zufolge, seinem Marineminister an: „Ich bin zu spät auf die Welt gekommen: Die Menschen sind zu aufgeklärt, man kann nichts Großes mehr unternehmen (...) Gewiß, meine Laufbahn ist schön – doch welcher Unterschied gegen das Altertum!" Als Alexander verkündete, er sei der Sohn Jupiters, habe der gesamte Orient ihm geglaubt! „Mich würde heute jedes Fischweib auspfeifen." (Napoleon fand jedoch einen Kompromiß: 1806 verfügte er, der 15. August, das katholische Fest Mariä Himmelfahrt, an dem er geboren war, sei in Zukunft gleichzeitig als „das Fest des Heiligen Napoleon" zu begehen.)

Und dann Waterloo! Und bei so vielen die verlorenen Kriege, die verlorenen Wahlen, Niederlage und Demütigung, Entlassung und Sturz! *Werke* werden ja nicht widerlegt, höchstens mißachtet, sie lassen dem Schöpfer die Hoffnung auf späte Würdigung. Mit Taten aber kann man scheitern, endgültig und ohne Trost. Blicken wir auf das Schicksal der welthistorischen Individuen, „welche den Beruf hatten, die Geschäftsführer des Weltgeistes zu sein, so ist es kein glückliches gewesen", sagt Hegel; und trotz aller Fragezeichen hinter dem Weltgeist: Damit hat er recht. „Ist der Zweck erreicht, so fallen sie, die leeren Hülsen des Kernes, ab", wie Alexander, Cäsar, Napoleon. Nur der Neid gewähre den schauderhaften Trost, daß die geschichtlichen Menschen nicht das gewesen seien, was man glücklich nennt.

Wer das Feuer des Genius in sich spüre, der sei zu beklagen, hatte der Oberleutnant Bonaparte geschrieben: „Sein Leben wird unglücklich sein. Ach, das ist das Feuer des Genies! Doch zu unserer Beruhigung können wir sagen: Es kommt nur selten vor (...) Denn das Genie ist ein Meteor, bestimmt, zu verbrennen, um sein Jahrhundert zu erleuchten."

49.

Gegen die Versteinerung

> Einen so großen Dichter werden wir wohl nie richtig verstehen können; und da wir ihn nie richtig verstehen können, ist es besser, wenn wir unsere Art, ihn falsch zu verstehen, von Zeit zu Zeit ändern.
>
> *T. S. Eliot über Shakespeare*

Sind wir wirklich gehalten, all die gehätschelten Spaltenfüller von Brockhaus und Meyer zu bewundern – und, im Umkehrschluß, keinen groß zu nennen, bloß weil die Sonne der Enzyklopädien nicht über ihm aufgegangen ist? Am Schluß dieses Buches steht die Einladung, die vertraute Wertskala zu überprüfen, im Sinne der Einsicht: Von hundert Hochtalenten fand immer nur eines die Chance zur Bewährung; und wer in dieser Lotterie zu den wenigen Gewinnern zählt, der bleibt immer noch in einem Netz aus Mißverständnis, Mißgunst, Schmeichelei, Heroenkult und Skrupellosigkeit gefangen und dem oft unerforschlichen Ratschluß der Kritiker und der Historiker ausgeliefert.

Also – bewerten wir mit! Steigen wir herab vom Podest des bewundernden Gaffens. Subjektiv ist *jedes* Werturteil, und töricht sind so viele, daß ein gutwilliger und halbwegs belesener Zeitgenosse nur ein geringes Risiko eingeht, schiefere Wertungen vorzunehmen als so manche, die durch unsere Bibliotheken geistern. In einem Punkt fällt es leicht, sogar Überlegenheit zu demonstrieren: wenn wir uns weigern, die Bewunderung für jene Berühmten fortzuschreiben, die ihren Weg mit Hunderttausenden von Leichen gepflastert haben. Schon Herder hatte den „ländererobernden Heldengeist" als Würg-Engel der Menschheit entlarvt (Kap. 10); Emerson von dem verheerenden Krafteinsatz *Napoleons* geschrieben: „Er verflüchtigte sich wie der Rauch seiner Kanonen und hinterließ keine Spur"; Shaw seinen Abscheu geäußert, daß Napoleons Grab so viel prächtiger sei als die Gräber von Kant, Goethe, Mozart und Beethoven. Hitler hat das Erobern um den letzten Kredit gebracht, und spät im 20. Jahrhundert verloren sogar Stalin und Mao die meisten ihrer Bewunderer.

Doch offensichtlich ist es schwer, von den glitzernden Rabauken der Weltgeschichte *nicht* fasziniert zu sein. Welche Distanz zu ihnen läßt sich von kleineren Geistern erwarten, wenn selbst Goethe durch nichts von seinem Enthusiasmus für Napoleon abzubringen war, in Kenntnis seines schmählichen Endes und der Tonnen von Blut, die er vergossen hatte? Neunzehnmal lobt Goethe Napoleon gegenüber Eckermann oder setzt sich in eine zuweilen abstruse Beziehung zu ihm. Die Einkäufe seiner Frau erinnern ihn an die Putzmacherin, deren Rechnung Napoleon noch auf Elba habe begleichen müssen; seinem Sohn schenkt Goethe ein Gemälde des Hofmalers David mit verschiedenen Ansichten von Napoleons Hut; Newtons falsche Farbenlehre sei ihm, sagt Goethe, als willkommene Erbschaft zugefallen wie Napoleon die Französische Revolution, und ein Brustbild Napoleons, das Eckermann ihm 1830 schenkte, war von solcher Farbenpracht, daß der Beschenkte anmerkte: „Man sieht hier wirklich den Helden auch für die Farbenlehre sieghaft."

Schwer also, der Bewunderung für den Heros auszuweichen. Dabei gehört es zum demokratischen Verständnis des menschlichen Zusammenlebens, den genialen Staatsmann stets zu fürchten, auch wenn er nicht blutbesudelt ist. Denn einerseits darf man sich ohnehin nicht auf den großen Mann verlassen: „Wenn die Staatsgeschäfte immer ein Genie erforderten – die Welt würde sich in einem trostlosen Zustand befinden", schrieb Swift 1715, „denn auch das fruchtbarste Zeitalter bringt nicht mehr als drei oder vier Genies in einer Nation hervor. Bei den Prinzen, die überdies schlechter erzogen sind als alle anderen Sterblichen, liegt die Wahrscheinlichkeit, daß sie dazugehören, bei 20 000 000 : 1." Und Henry Kissinger schrieb in seinem Bismarck-Essay von 1968: „Eine Gesellschaft, die in jeder Generation einen großen Mann hervorbringen muß, um sich innen- oder außenpolitisch zu behaupten, verurteilt sich zum Untergang."

Zum anderen sollte schon der Wunsch nach dem großen Mann ein Quantum Mißtrauen auf sich ziehen – da es, mit Margarete Mitscherlich, der Wunsch nach Hierarchie, Autorität und elitärem Denken ist. Auch Sidney Hook warnt vor solchem Streben: Der Große könnte ja meinen, es besser als die Mehrheit zu wissen, und folglich versuchen, sie zu entmündigen. Insofern wäre selbst der nichtdiktatorische, aber allzu charismatische Staatsmann ein Risiko. Der Publizist Johannes Gross trieb 1991 die Unbefangenheit so weit, den Deutschen die Befreiung von den Kennedy-Brücken und -Alleen anzuraten: „Das Andenken an die um Deutschland nicht verdiente, vornehmlich durch Lasterhaftigkeit und politische Korruption auffällig gewordene Familie sollte von öffentlichen Straßen und Plätzen getilgt werden."

Wo große Männer noch herbeigesehnt oder gar Gewaltmenschen bewundert werden, herrscht immerhin Lebendigkeit, wenn auch oft eine dubiose; das Gegenteil dessen also, was einer anderen Art von Größe widerfährt: daß sie niemanden mehr bewegt, daß sie rein historisch geworden – daß sie versteinert ist. Wem hat *Pindar* noch etwas zu sagen, der griechische Lyriker des 5. Jahrhunderts v. Chr., der einer der ersten Favoriten des beginnenden Geniekults im 18. Jahrhundert war? *Vergil* galt fast zweitausend Jahre lang als „Vater des Abendlands", Dante erflehte seinen Segen und wählte ihn zum Führer durch Hölle und Fegefeuer; nur das Paradies mußte Vergil als vorchristlichem Römer verschlossen bleiben. Während in Deutschland seit dem 17. Jahrhundert sein Ruhm weit überstrahlt wird von dem Homers, gilt Vergil in England und in den romanischen Ländern weithin immer noch als der größte Dichter der Antike, für T. S. Eliot war er „der Klassiker ganz Europas".

Doch wie groß ist die Zahl gebildeter Abendländer, die Vergil mit Gewinn oder gar mit Genuß zu lesen verstehen – ja die, und das wäre der eigentliche Test, sich in ihrem Urteil sicher genug fühlten, um ihn, falls seine Schriften jetzt erst zum Vorschein kämen, der Menschheit als einen ihrer größten Dichter zu präsentieren? Die Formel von der *historischen* Größe gewinnt hier neues Leben: Vergil war wichtig; Kyros der Große war auch einmal wichtig; und unser museales Verhältnis zur Geschichte ehrt uns ja und bewahrt uns vor der Perspektive der Eintagsfliegen. Aber wem bietet Vergil noch „die Schlacht an", wie Ortega es von einem Klassiker verlangt?

Mit *Dante* haben es gebildete Abendländer schwer genug, einen sehr kleinen Zirkel ausgenommen; daß er einer der größten, wenn nicht der überhaupt erhabenste Dichter der Menschheit sei, kann die Mehrzahl auch der Gutwilligen und Belesenen diesem Zirkel nur nachbeten. All die Cavalcanti und Petrarca, Chaucer und Milton, Corneille und Racine, Klopstock und Wieland: Mitsamt ihrer völlig unbestrittenen Rolle in der Entwicklung der abendländischen Poesie fordern sie uns, wenn sie uns noch etwas sagen sollen, ein Maß an historischer Zuwendung ab, das kaum geringer ist, als wenn wir versuchen wollten, uns in die chinesische Lyrik des 1. Jahrtausends liebend einzufühlen. „Wieland hat besser als irgend jemand Deutsch geschrieben", sagt Nietzsche, „aber seine Gedanken geben uns nichts mehr zu denken." Norbert Mecklenburg nennt Kritik „die Kunst, die *Scheinlebendigen* in der Literatur zu töten, das heißt zu unterscheiden, was noch heute Bedeutsamkeit beanspruchen kann und was nicht. Historische Kritik befragt die Texte nicht historisch nach den Bedingungen ihrer Entstehung, sondern nach den Bedingungen ihrer Gegenwärtigkeit." Ähnlich in der Musik: Große Meister wie Palestrina und Monteverdi seien in eine Atmosphäre der Versteinerung entrückt, „die dem Tode gleichkommt", sagt Alfred Einstein.

Andere Große geraten langsam in die Nähe dieses Zustands, bei gleichzeitiger Abkehr von den erhabenen Urteilen, die sie einst begleiteten; so *Platon,* für die Encyclopaedia Britannica nächst Shakespeare die wichtigste historische Figur und für Jean Paul „der größte Mensch der Erde". Borges warnte vor dem „schrecklichen Museum" der platonischen Ideen, Walther Rathenau warf ihm vor, sich den schlechten Instinkten des Sokrates unterworfen zu haben; Ernst Bloch und Karl Popper wandten sich von seiner Staatsutopie angewidert ab; Arno Schmidt nannte sie ein „Brevier für einen fanatischen, unsterblichkeitssüchtigen Eunuchen" und Platon einen „kalten Narren".

Platon, immerhin, beschäftigt uns noch; ja man sollte fragen: Ist nicht selbst die Schmähung eines Großen ein willkommenes Zeichen seiner Lebendigkeit, verglichen mit der marmornen Distanz, aus der nur die wenigsten noch die Stimme des Vergil vernehmen? Ja könnten wir nicht bei vielen Großen die drohende Versteinerung verhindern, wenn wir sie von den oft allzu hohen Sockeln holten und sie freigäben zu fröhlichem Umgang?

Wenn einer auf die Idee käme, jungen Menschen *Goethe* zum hundertstenmal als „Olympier" und einen der drei „Kulturheilande" vorzustellen – wie viele von ihnen würde das zur Lektüre animieren? Aber vielleicht könnte er ihm ein paar Leser gewinnen, wenn er gänzlich anders spräche; etwa so: „Laßt euch nicht von dem Weihrauch irremachen. Vieles von Goethe geht uns in der Tat kaum noch etwas an. Lichtenberg hat einst von ‚500 Narren wie Goethe' gesprochen, Baudelaire hat Poe über ihn gestellt, Fontane jeden als Lügner oder als Schaf bezeichnet, der von sich behaupte, die Aufführung der ‚Iphigenie' sei für ihn ein Hochgenuß gewesen; und Ortega y Gasset sagt, vor dem Tribunal von Schiffbrüchigen, vor das man jeden Klassiker stellen sollte, würde Goethe nicht bestehen. Alles möglich. Aber nun blättert mal in seinen Schweizer Reisen, und hier sind ein paar Gedichte – frischer, eleganter, kühner ist keiner mit der deutschen Sprache umgegangen. Wenn euch das gefällt, könnt ihr es ja noch mit ein bißchen mehr versuchen."

Sind unsere Großen nicht zu schade, um im Museum zu verstauben – von eifernden Kustoden konserviert und zugleich gegen Fragen und

Berühren abgesichert? Hat nicht *Mozart* durch die Keßheit moderner Arrangeure, Sätze aus seinen Symphonien mit Schlagzeug zu unterlegen und als Tanzmusik anzubieten, etliche junge Freunde gewonnen – darunter solche, die ihn eines Tages auch ohne Schlagzeug lieben werden? Könnten in den Buchbeilagen unserer Zeitungen nicht regelmäßig Kritiken *alter* Bücher erscheinen, solcher nämlich, von denen Tausende lesenswerter sind als drei Viertel jener Neuerscheinungen, die traditionsgemäß die Seiten blockieren? „Weil die Leute, statt des Besten aller Zeiten, immer nur das Neueste lesen", sagt Schopenhauer, „bleiben die Schriftsteller im engen Kreise der zirkulierenden Ideen, und das Zeitalter verschlammt immer tiefer in seinem eigenen Dreck."

Zum Schluß ein paar Danksagungen – und eine Entschuldigung. Auch dieses Buch hat sie nicht zum Leben erwecken können, die Hunderttausende von großartig angelegten Menschen, denen die Umstände die Entfaltung versagten, die „ermordeten Mozarts", die abgedrängten Frauen, die Verlierer in der Lotterie des Ruhms. Es hat nur die Scheinwerfer auf ein paar zu wenig Berühmte gerichtet und für die Heerschar der Unterdrückten und Vergessenen um Verständnis geworben. Soweit das Buch aber an Thronen sägte, hat der Autor sich um jene Höflichkeit bemüht, die *Heine* für sich in Anspruch nahm: Wenn man an einen König der Literatur wie Goethe das kritische Messer lege, schrieb er in der „Romantischen Schule", so dürfe man „es nie an der gebührenden Courtoisie fehlen lassen, gleich dem Scharfrichter, welcher Karl I. zu köpfen hatte und, ehe er sein Amt verrichtete, vor dem Könige niederkniete und seine allerhöchste Verzeihung erbat".

Und nun zum Dank. Dank zumal an alle Staatsmänner, die auf Eroberungen verzichtet haben; vielleicht auch an all jene Menschen, die nicht nach den höchsten Ämtern strebten – wie der deutsche Diplomat Friedrich Melchior von Grimm dies 1760 beispielhaft an *Richard Cromwell* rühmte, Olivers Sohn: Der habe, anders als der Vater, die Klugheit besessen, sich für ein ruhmloses Leben in Stille und Verborgenheit zu entscheiden statt für die Mühen und Gefahren, ein mürrisches und unberechenbares Volk zu regieren. „Der Ruhm und die Ruhe," sagt Montaigne, „wohnen nicht unter einem Dach."

Dank ferner allen, die davon Abstand nahmen, den Inhalt ihrer Schubladen einem Verleger anzubieten – im Sinne des ehrenden Nachrufs, den Peter von Matt 1988 in der „Frankfurter Allgemeinen" publizierte: „Bimbam, Ilse, geb. 1903. Frühe prägende Begegnung mit Rilke und Hofmannsthal. Verzichtete mit 19 Jahren auf die Produktion tiefgefühlter, aber völlig dilettantischer Verse. Auch die Begegnung mit dem Werk G. Benns, die ihr Schaffen stark verändert haben würde, konnte sie nicht von ihrem Entschluß abbringen."

Jenen Teil des Dankes abzustatten, der ganz und gar unironisch ist, fällt dem Verfasser schwerer – da er sich doch frei von jenem Pathos halten möchte, das ihn beim Kult so vieler Götzen stört.

Was bleibt? Zähneknirschender Respekt für die Hochseilartisten, die die äußersten Möglichkeiten des Menschseins herrlich und schrecklich entfaltet haben; Bewunderung für die großen Dichter, Musiker, Maler, Visionäre. Mit der Gegenwelt, die sie erschufen, haben sie unser Leben unendlich bereichert – und uns mehr Glück und Trost gespendet, als den meisten von ihnen je zuteil geworden ist. Gerade die Allerleidendsten sind ja für viele die Allergrößten geworden: Dostojewski und Nietzsche, die Thomas Mann „die Vertrauten der Hölle" nannte; Kleist, Büchner, Poe, Kafka; Beethoven; Michelangelo, Goya, van Gogh. „Ohne die Sixtinische Kapelle gesehen zu haben, kann man sich keinen anschauenden Begriff machen, was ein Mensch vermag", schrieb Goethe aus Rom, und: „Ich bin in diesem Augenblick so von Michelangelo eingenommen, daß mir nicht einmal die Natur auf ihn schmeckt."

Die Besessenen, die Zerrissenen, die Gejagten, die ihr Leiden in Schöpferkraft verwandelten – von ihnen gilt, was Baudelaire über Poe geschrieben hat: „Man möchte meinen, ein blinder Racheengel habe sich einiger ganz bestimmter Menschen bemächtigt und peitsche sie mit aller Kraft dazu, die übrige Menschheit zu erbauen." Ihnen, den Gepeitschten, auf die nicht einmal die Natur uns schmeckt, ist dieses Buch gewidmet.

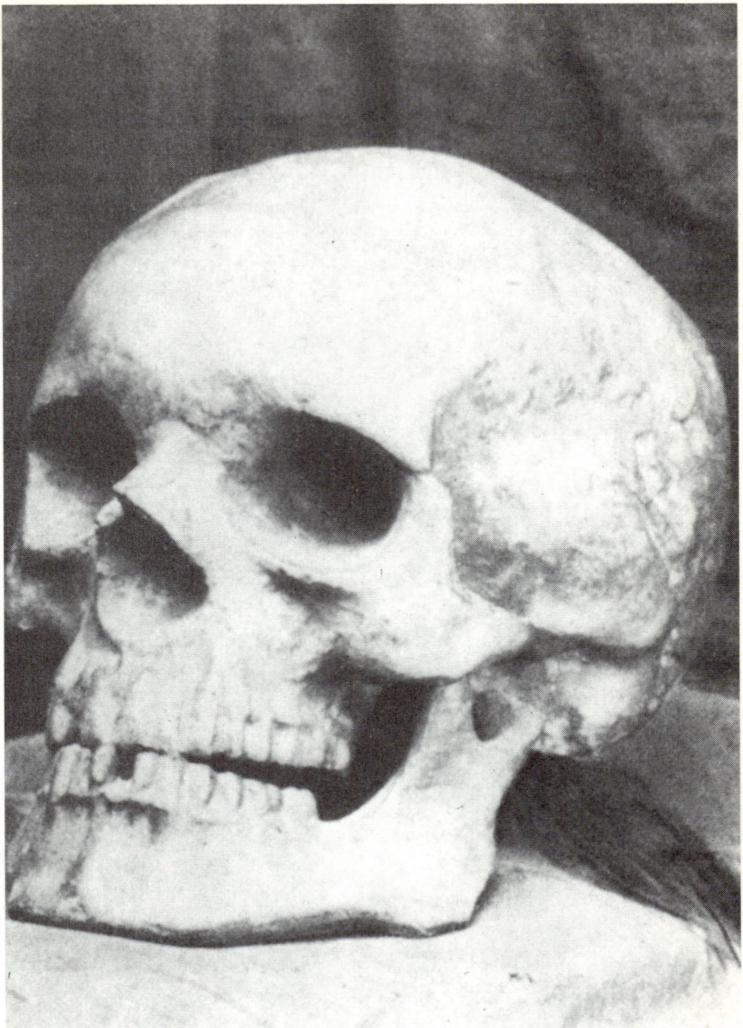

DAS RÄTSEL
Da schaut er uns an, Schuberts Schädel. Verrät er uns, wie die 14 Milliarden Zellen hinter dieser Stirn so wundersam zusammenwirkten? Oder wie das Genie der Ehe einer Köchin mit einem Schulmeister entspringen konnte, der noch dazu dem Franz das Komponieren verbot? Nichts davon. Was wir wissen, ist nur dies: Auch dieser Kopf gehörte einem armen Teufel – einem von denen, die in Flammen standen, damit die Menschen es warm haben sollten.

ANHANG

Literaturverzeichnis

Dieses Verzeichnis enthält zwei Arten von Büchern und Essays: erstens Untersuchungen über Größe, Genie, Erfolg und Ruhm; zweitens Sammeldarstellungen mehrerer historischer Persönlichkeiten. Einzeldarstellungen (Monographien, Biographien) sind nicht aufgenommen.

Abel, Jakob Friedrich
Rede über das Genie (1776); neu: Marbach 1955

Adorno, Theodor
– Fragment über Musik und Sprache; in: Musikalische Schriften I – III. Frankfurt 1978
– Die musikalischen Monographien: Wagner – Mahler – Berg. Frankfurt 1986

Andreasen/Canter
The Creative Writer; in: Comprehensive Psychiatry, Band 15 (1974)

Anz, Thomas
Genie, Krankheit und Ruhm; in: „Frankfurter Allgemeine", 28.3.1987

Bacon, Francis
Über Ehre und Ruhm; in: Essays, LV. London 1625; deutsch Wiesbaden 1946

Bankl, Hans
Woran sie wirklich starben. Krankheit und Tod historischer Persönlichkeiten. Wien 1989

Baumeister, Willi
Das Unbekannte in der Kunst. Köln 1947

Baumgart, Reinhard
Selbstvergessenheit. Drei Wege zum Werk: Thomas Mann, Franz Kafka, Bertolt Brecht. München 1989

Bäumler, Ernst
Amors vergifteter Pfeil. Kulturgeschichte einer verschwiegenen Krankheit. Hamburg 1976

Benjamin, Walter
Der Weg zum Erfolg in dreizehn Thesen; in: Denkbilder. Frankfurt 1972

Benn, Gottfried
– Genie und Gesundheit (1930)
– Das Genieproblem (1930)
Beide in: Essays, Reden, Vorträge. Wiesbaden 1959

Bentley, E. R.
A Century of Hero Worship: A Study of the Idea of Heroism in Carlyle and Nietzsche. Philadelphia 1944

Berenson, Bernard
The Italian Painters of the Renaissance. London 1959

Bettelheim, Anton
– Führende Geister. Dresden 1894
– Geisteshelden. Berlin 1904

Bettelheim, Bruno
Die Kinder der Zukunft. Wien 1971

Bierce, Ambrose
Who are great? In: The Controversialist; in: Collected Works, New York 1966, Band 10

Bitterli, Urs
Die Entdeckung Amerikas. Von Kolumbus bis Alexander v. Humboldt. München 1991
Boccaccio, Giovanni
Die 9 Bücher vom Glück und Unglück berühmter Männer und Frauen (1360); deutsch: München 1965
Boorstin, Daniel J.
The Discoverers. New York 1983. Deutsch: Entdeckungen. Basel 1985
Brinkler-Gabler, Gisela (Hrsg)
Deutsche Literatur von Frauen. 2 Bände. München 1988
Brischar, K. M.
Das Genie. Ein Versuch. Leipzig 1914
Broch, Hermann
Das Böse im Wertsystem der Kunst (1933); in: Essays, Band 1. Frankfurt 1955
Burckhardt, Carl J.
Bildnisse. Frankfurt 1958
Burckhardt, Jacob
– Das Individuum und das Allgemeine (Die historische Größe), 1870
– Über Glück und Unglück in der Weltgeschichte, 1871
Beide in: Weltgeschichtliche Betrachtungen. Tübingen 1949
Bychowski, Gustav
Dictators and Disciples. From Caesar to Stalin. A Psychoanalytic Interpretation of History. New York 1984
Canetti, Elias
Masse und Macht. Hamburg 1960
Carlyle, Thomas
On Heroes, Hero-Worship, and the Heroic in History (1841); deutsch: Über Helden und Heldenverehrung (1926)
Carrière, Ludwig
Wandlungen im Begriffe des Heldischen; in: Psyche III/2, Heidelberg 1949
Carrol, H. A.
Genius in the Making. New York 1940
Carus, Carl Gustav
Psyche. Zur Entwicklungsgeschichte der Seele (1846). Neu: Stuttgart 1941
Cassirer, Ernst
From Hero Worship to Race Worship; in: The Myth of the State. New Haven 1946
Cattell, James
A Statistical Study of Eminent Men; in: Popular Science Monthly, 1902/03, S. 359
Churchill, Winston
Great Contemporaries. London 1937. Deutsch: Große Zeitgenossen. Frankfurt 1959
Clausewitz, Carl v.
Der kriegerische Genius; in: Vom Kriege, I, 3 (1832)
Corino, Karl (Hrsg)
Genie und Geld. Vom Auskommen deutscher Schriftsteller. Nördlingen 1987
Cowley, Malcolm (Hrsg)
Writers at Work. London 1958
Dahlke, P.
Das Buch vom Genie. Leipzig 1905
Daninos, Pierre
La composition d'histoire. Paris 1979

Defoe, Daniel
The Instability of Human Glory; in: Selected English Essays. London 1966
Demandt, Alexander
Ungeschehene Geschichte. Ein Traktat über die Frage: Was wäre geschehen, wenn . . .? Göttingen 1984
Diewald, Hellmut
Auch Karpfen werden 150 Jahre alt. Fug und Unfug geschichtlicher Jubiläen. In „Frankfurter Allgemeine", 11.1.1975
Dilthey, Wilhelm
– Dichterische Einbildungskraft und Wahnsinn (1886)
– Die Einbildungskraft des Dichters: Bausteine zu einer Poetik (1887)
Beide in: Gesammelte Werke, VI
Diogenes Laertios
Leben und Meinungen der berühmten Philosophen (200–250 n. Chr.). Deutsch Leipzig 1921
Donovan, Hedley
Job Specs for the Oval Office. What does it take to be a good President? In: „Time", 13.12.1982
Durant, Will
Die großen Denker. Die Geschichte der Philosophie von Plato bis Nietzsche. Bergisch-Gladbach o. J.
Eich, Hermann
Die mißhandelte Geschichte. Historische Schuld und Freisprüche. Düsseldorf 1983
Eigen, Manfred
Vom Problem, das Genie zu erkennen (Vortrag 1982, abgedruckt in der „Neuen Zürcher Zeitung", 22.12.1982)
Einstein, Alfred
Größe in der Musik (1949). München 1980
Eissler, K. R.
– Skizzen zu einer Psychologie des Genies; in: Goethe. Eine psychoanalytische Studie. Detroit 1963; deutsch Basel 1985, Band 2, Anhang T.
– Prinzipielles zur Psychoanalyse des Genies; in: Jahrbuch der Psychoanalyse, Bern 1975
Eliot, Thomas Stearns
On Poetry and Poets. London 1957
Elster, Hanns Martin (Hrsg)
Der deutsche Genius. Berlin 1926
Emerson, Ralph Waldo
Representative Men (1849), deutsch: Vertreter der Menschheit (1905)
Ermatinger, Emil
– Philosophie der Literaturwissenschaft. Berlin 1930
– Deutsche Dichter 1700-1900. Eine Geistesgeschichte in Lebensbildern. 2 Bände. Bonn 1949
Escarpit, Robert
Das Buch und der Leser. Köln 1958
Espmark, Kjell
Der Nobelpreis für Literatur. Prinzipien und Bewertungen hinter den Entscheidungen. Stockholm 1986; deutsch Göttingen 1988
ESQUIRE (12/83)
50 Who Made the Difference. A Celebration of Fifty American Originals. New York 1983

Eucken-Erdsiek, Edith
Sie prägten unser Jahrhundert. Zeitgeschichtliche Porträts. Freiburg 1980
Eysenck, Hans Jürgen
Some Factors in the Appreciation of Poetry, and their Relation to Temperamental Qualities; in: Character and Personality, 9 (1940)
Fassmann, Kurt (Hrsg)
Die Großen der Weltgeschichte. 12 Bände. Zürich 1970-1979
Feger, Barbara
Hochbegabung – Chancen und Probleme. Stuttgart 1988
Fernau, Joachim
Die Genies der Deutschen. München 1979
Fest, Joachim
Hitler und die historische Größe; in: Hitler. Frankfurt 1973
Fetzer, Günter
Die Klassiker der deutschen Literatur. Die 50 großen Autoren von der Aufklärung bis zum Realismus. Düsseldorf 1983
Feyerabend, Paul
Wider den Methodenzwang. Frankfurt 1983
Fontana/Carr
Objektivität und Parteinahme in der Geschichtsschreibung. Reinbek 1979
Franken, Franz Hermann
Die Krankeiten großer Komponisten. Wilhelmshaven 1989
Freud, Sigmund
– Der Dichter und das Phantasieren (1908); in: Ges. Werke, Band VII, London 1941, S. 213
– Formulierungen über die zwei Prinzipien des psychischen Geschehens (1911); in: Ges. Werke, Band VIII, London 1943, S. 230
– Das Unbehagen in der Kultur (1930); in: Ges. Werke, Band XIV, London 1948, S. 419
– Der große Mann; in: Der Mann Moses und die monotheistische Religion (1939): in: Ges. Werke, Band XVI, London 1948, S. 214
Friedell, Egon
Abschaffung des Genies; in: Essays bis 1918. München 1982
Friedenthal, Richard
Entdecker des Ich: Montaigne – Pascal – Diderot. München 1969
Gerard, Alexander
An Essay on Genius (1774); neu München 1966
Gerhardt, K. A.
Das Wesen des Genies. Leipzig 1907
Gerlach, Walther (Hrsg)
Der Natur die Zunge lösen. Leben und Leistung großer Forscher. München 1967
Gervinus, Georg
Geschichte der deutschen Dichtung. 5 Bände. Leipzig 1853
Giraud, V.
La critique littéraire. Le problème, les théories, les méthodes. Paris 1945
Göbels, Hubert
Dreihundert berühmte deutsche Männer. Bildnisse und Lebensabrisse (1890). neu: Dortmund 1980
Goldschmit-Jentner, Rudolf
– Die Begegnung mit dem Genius (1939), neu: Frankfurt 1940
– Genius der Jugend. Gestalten und Werke der Frühvollendeten. München 1960

Gorki, Maxim
- Die Zerstörung der Persönlichkeit (1909)
- Wie ich schreiben lernte (1928)
- Über Prosa (1933)

Alle in: Porträts, Aufsätze, Reden. München o. J.

Gottwald/Ilgauds/Schlote (Hrsg)
Lexikon bedeutender Mathematiker. Leipzig 1990

Grappin, Pierre
La théorie du génie dans le préclassicisme allemand. Paris 1952

Gregor-Dellin, Martin
Was ist Größe? Sieben Deutsche und ein deutsches Problem. München 1985

Grimm, Gunter (Hrsg)
- Literatur und Leser. Theorien und Modelle der Rezeption literarischer Werke. Stuttgart 1975
- Rezeptionsgeschichte. Grundlegung einer Theorie. München 1977

Groeben, Norbert
Literaturpsychologie. Literaturwissenschaft zwischen Hermeneutik und Empirie. Stuttgart 1972

Gundolf, Friedrich
Dichter und Helden. Heidelberg 1923

Haffner, Sebastian
Helden und Heldenverehrung; in: Im Schatten der Geschichte. Stuttgart 1985

Hamm, Peter
Kritik: von wem – für wen – wie. München 1968

Hegel, Georg Wilhelm Friedrich
Vorlesungen über die Philosophie der Geschichte, Einleitung (1840); neu: Frankfurt 1970

Heimpel/Heuss/Reifenberg (Hrsg)
Die großen Deutschen. 5 Bände. Berlin 1956. Neu: Frankfurt 1983

Hellpach, Willy
Sozialpsychologie. Stuttgart 1946

Helvétius, Claude-Adrien
Muß der Geist als Gabe der Natur oder als Produkt der Erziehung betrachtet werden? In: De l'esprit (1758); deutsch: Discurs über den Geist des Menschen (1760)

Herre, Paul
Schöpferisches Alter. Geschichtliche Spätaltersleistungen in Überschau und Deutung. Leipzig 1943

Hertslet, William Lewis
Treppenwitz der Weltgeschichte. Berlin 1912

Heuss, Theodor
Über Maßstäbe geschichtlicher Würdigung (Einführung zu Heimpel/Heuss/Reifenberg)

Hildebrand, Rudolf
Genie; in: Grimmsches Wörterbuch, Band 5, Leipzig 1897, Sp. 3396 – 3450

Hirsch, Julian
Die Genesis des Ruhmes. Leipzig 1914

Höffe, Otfried (Hrsg)
Klassiker der Philosophie. 2 Bände. München 1981

Hofmann, W. A.
- Schöpferische Kraft. Stuttgart 1935
- Gründe genialer Leistungen. Erfolgreiche, wie sie planten, wie sie arbeiteten, wie sie geniale Leistungen vollbrachten. Bern 1943

Hofstätter, Peter R.
Warum jeder von uns auf einen starken Mann aus ist. In: „Die Welt“, 25.10.1980
Hohendahl, P. U. (Hrsg)
Geschichte der deutschen Literaturkritik (1730-1980). Stuttgart 1985
Hook, Sidney
Hero in History (1943), deutsch: Der Held in der Geschichte. Nürnberg 1951
Hülsenbeck, Richard
Sinn und Unsinn des Ruhmes; in: „Frankfurter Allgemeine“, 2.1.1958
Hume, David
The Natural History of Religion (1757), Section VI: „Various Forms of Polytheism: Allegory, Hero-Worship“
Ichheiser, Gustav
Kritik des Erfolges. Leipzig 1930
Isenburg, Wilhelm Karl Prinz von
Genie und Landschaft im europäischen Raum. Berlin 1936
Iser, Wolfgang
Die Appellstruktur der Texte. Unbestimmtheit als Wirkungsbedingung literarischer Prosa. Konstanz 1970
Israeli, Nathan
Social Interaction in Creation and Criticism in the Fine Arts; in: Journal of Social Psychology, 35 (1952)
Jaspers, Karl
- Vom Ursprung und Ziel der Geschichte. München 1949
- Die maßgebenden Menschen: Sokrates, Buddha, Konfuzius, Jesus. München 1964
- Die großen Philosophen. 3 Bände. München 1981

Jauß, Hans Robert
Ästhetische Erfahrung und literarische Hermeneutik. Frankfurt 1982
Jean Paul
Vorschule der Ästhetik (1804):
- Stufenfolge poetischer Kräfte (6-10)
- Über das Genie (11-15)

Johnson, Samuel
The Lives of the Most Eminent English Poets. 10 Bände. London 1779-1781
Jung, Carl Gustav
- Über die Beziehungen der analytischen Psychologie zum dichterischen Kunstwerk (Vortrag 1922). In: Gesammelte Werke, Band 15, Olten 1971, S. 75 ff
- Psychologie und Dichtung (Aufsatz 1930). In: Gesammelte Werke, Band 15, Olten 1971, S. 97 ff
- Der Begabte (Vortrag 1942). In: Gesammelte Werke, Band 17, Olten 1972, S. 155 ff
- Die Entstehung des Heros; in: Symbole der Wandlung (1952); in: Gesammelte Werke, Band 5, Olten 1973, S. 216 ff

Kaiser, Joachim
Erlebte Literatur. Deutsche Schriftsteller in unserer Zeit. München 1988
Kant, Immanuel
Kritik der Urteilskraft, 46 – 53 (1799)
Kassner, Rudolf
- Von den Elementen der menschlichen Größe (1911)
- Betrachtungen über den Ruhm, die Nachahmung und das Glück. München 1934

Keegan, John
The Mask of Command. New York 1988
Kepplinger, Hans Mathias
Realkultur und Medienkultur. Literarische Karrieren in der Bundesrepublik. Freiburg 1975
Klein, Carole
Mothers and Sons. New York 1984
Koenen, Gerd
Die großen Gesänge: Lenin, Stalin, Mao, Castro. Sozialistischer Personenkult und seine Sänger. Frankfurt 1987
Koesters, Paul-Heinz
Deutschland, deine Denker. Geschichten von Philosophen und Ideen, die unsere Welt bewegen. Hamburg 1981
Koestler, Arthur
– The Sleepwalkers (1959); deutsch: Die Nachtwandler. Die Entstehungsgeschichte unserer Welterkenntnis. Frankfurt 1980
– The Act of Creation. New York 1964
Kohlhagen, Norgard
Frauen, die die Welt veränderten. Frauenfeld 1982
König, René
Literarische Geschmacksbildung; in: Das deutsche Wort, 13 (1937)
Korff, Wilhelm
Ehre, Prestige, Gewissen. Freiburg 1966
Kretschmer, Ernst
Geniale Menschen. Berlin 1958
Kuhn, Thomas S.
The Structure of Scientific Revolutions. Chicago 1962. Deutsch: Die Struktur wissenschaftlicher Revolutionen. Frankfurt 1967
Küntzel, Ulrich
Die Finanzen großer Männer. Wien 1966
Lamont, William F.
The Nobel Prizes in Literature; in: Books Abroad. Oklahoma 1951
Lanczkowski, Johanna (Hrsg)
Die Heiligen. Von Paulus bis Katharina von Siena. Stuttgart 1990
Lange-Eichbaum, Wilhelm
– Genie, Irrsinn und Ruhm (1927). Neu: München 1967
– In 12 Bänden, bearbeitet von Wolfgang Ritter. München 1986
– Das Genieproblem. München 1931
Leder, Karl Bruno
Wie man Diktator wird. Geheimnis und Technik der Macht. München 1983
Leibbrand/Wettley
Genie und Wahnsinn; in: Der Wahnsinn. Geschichte der abendländischen Psychopathologie. Freiburg 1961
Lessing, Theodor
– Geschichte als Sinngebung des Sinnlosen (1919) Neu: München 1983
– Komödie des Ruhms; in: Nietzsche. Berlin 1925
Liddell Hart, Basil Henry
Great Captains Unveiled; deutsch: Große Heerführer, Düsseldorf 1968
LIFE: The 100 most important Americans of the 20th Century (Special Issue, Autumn 1990)
Lippmann, Walter
Public Opinion (1922); deutsch: Die öffentliche Meinung. München 1964

Löbl, Emil
Kultur und Presse. Leipzig 1903
Lodemann, Jürgen (Hrsg)
Die besten Bücher der „Bestenliste“ des SWF-Literaturmagazins. Frankfurt 1981
Lombroso, Cesare
– Genio e follia (1864); deutsch: Genie und Irrsinn. Leipzig 1887
– L'uomo di genio (1887); deutsch: Der geniale Mensch. Hamburg 1890
– Genio e degenerazione, 3 Bände (1894-1907); deutsch: Studien über Genie und Entartung. Leipzig 1910
Lucka, Emil
Stufen der Genialität. Berlin 1919
Ludwig, Emil
Genie und Charakter. Zwanzig männliche Bildnisse. Berlin 1924
Machiavelli, Niccolo
Il principe (1513); deutsch: Der Fürst (1714 u. öfter)
Malraux, André
Psychologie de l'art
1. Le musée imaginaire. Genf 1947; deutsch: Das imaginäre Museum. Frankfurt 1987
2. La création artistique (1948); deutsch: Die künstlerische Gestaltung (1958)
3. La monnaie de l'absolu (1950); deutsch: Das Lösegeld des Absoluten (1961)
Mandelkow, Karl Robert
Probleme der Wirkungsgeschichte. In: Jahrbuch für internationale Germanistik, 2 (1970)
Mander, Carel van
Het Schilder-Boeck (1604); deutsch: Das Leben der niederländischen und deutschen Maler. München 1906
Mann, Heinrich
Geist und Tat. Franzosen 1780 – 1930 (Laclos, Stendhal, Hugo, Flaubert, Sand, Zola, France, Soupault). Berlin 1931
Mann, Thomas
– Goethe und Tolstoi (1921); in : Reden und Aufsätze 1; in: Gesammelte Werke, Frankfurt 1960, Band IX
– Zur Physiologie des dichterischen Schaffens (1928); in: Reden und Aufsätze 3; in Band XI
– Bruder Hitler (1939); in: Reden und Aufsätze 4; in: Band XII
– Die drei Gewaltigen: Luther, Goethe, Bismarck (1949); in: Reden und Aufsätze 2; in: Band X
– Lotte in Weimar: Das siebente Kapitel (Goethes innerer Monolog); in: Band II
Matt, Beatrice von
Mütter und Söhne. Literarische Streiflichter auf eine Beziehung. In: Neue Zürcher Zeitung, 25.1.1985
Mauthner, Fritz
Genie; in: Wörterbuch der Philosophie (1910); Nachdruck Zürich 1980
McCombs/Shaw
The Agenda-Setting Function of Mass Media, in: Public Opinion Quarterly, 36 (1972)
Meinecke, Friedrich
Zur Geschichte der Geschichtsschreibung. Darmstadt 1968
Miller, Alice
Das Drama des begabten Kindes und die Suche nach dem wahren Selbst.

Frankfurt 1980
Möbius, Paul
Über Kunst und Künstler. Leipzig 1901
Montaigne, Michel de
Essais (1588).
II, 16: De la gloire (Über den Ruhm)
III, 7: De l'incommodité de la grandeur (Von der Unbequemlichkeit der Größe)
I, 38: De la solitude (Von der Einsamkeit)
III, 2: Du repentir (Von der Reue)
Morel, Bénédict Augustin
Traité des dégénérescences physiques, intellectuelles et morales de l'espèce humaine et des causes qui produisent ces variétés maladives. Paris 1857
Mühlberger, Josef
Berühmte und berüchtigte Frauen. München 1979
Müller-Freienfels, Richard
– Das Denken und die Phantasie. Leipzig 1916
– Poetik auf psychologischer Grundlage. Leipzig 1921
– Psychologie des Kunstschaffens. Leipzig 1923
Müller-Seidel, Walter
Probleme der literarischen Wertung. Über die Wissenschaftlichkeit eines unwissenschaftlichen Themas. Stuttgart 1965
Mundt, Theodor
Charaktere und Situationen. 2 Bände (1837)
Muschg, Walter
– Tragische Literaturgeschichte. Bern 1948
– Literatur als Therapie? Ein Exkurs über das Heilsame und das Unheilbare. Frankfurt 1981
Musil, Robert
Genialität als Frage; in: Der Mann ohne Eigenschaften, Teil III, Kap. 47 – 50. Reinbek 1952, S. 1095 - 1121
Naumann, Michael
Strukturwandel des Heroismus. Vom sakralen zum revolutionären Heldentum. Königstein 1984
Nepos, Cornelius
De viris illustribus (1. Jh. v. Chr.). Deutsch: Berühmte Männer. München 1962
Neumayr, Anton
Musik und Medizin am Beispiel der Wiener Klassik. München 1988
Niederland, William G.
Trauma und Kreativität. Frankfurt 1989
Nietzsche, Friedrich
Aus der Seele der Künstler und Schriftsteller; in: Menschliches, Allzumenschliches, I, Viertes Hauptstück
Nigg, Walter
– Religiöse Denker: Kierkegaard, Dostojewski, Nietzsche, van Gogh. Bern 1942
– Große Heilige. München o. J.
– Große Unheilige. Olten 1980
– Prophetische Denker. Rottweil 1986
Nordau, Max
Entartung. 2 Bände. Berlin 1892/93
Österling, Anders
Nobel. The Man and his Prizes. Stockholm 1950. Deutsch: Alfred Nobel. Der

Mann und seine Preise. Zürich 1972
Ostwald, Wilhelm
– Erfinder und Entdecker. Frankfurt 1908
– Große Männer. Leipzig 1911
Pilgrim, Elias
Muttersöhne. Düsseldorf 1988
Pinder, Wilhelm
Aussagen zur Kunst. München 1949
Plechanow, Georgi
Über die Rolle der Persönlichkeit in der Geschichte (1898)
Plutarch
Parallelbiographien (105-115 n. Chr.); deutsch: Große Griechen und Römer, 6 Bände, Zürich 1954-64
Poe, Edgar Allan
The Poetic Principle (1850); deutsch: Vom Ursprung des Dichterischen. Köln 1947
Pöhlmann, C. L. (Hrsg)
Das Geheimnis des genialen Schaffens. Stuttgart 1910
Popp, Georg
Die Großen der Welt. Künstler und Wissenschaftler, die jeder kennen sollte. Würzburg 1955
Prause, Gerhard
– Niemand hat Kolumbus ausgelacht. Düsseldorf 1966
– Genies ganz privat. Düsseldorf 1975
– Sechziger. Bergisch Gladbach 1983
– Genies in der Schule. Legende und Wahrheit über den Erfolg im Leben. Düsseldorf 1987
Prentky, R. A.
Creativity and Psychopathology. New York 1981
Prinzhorn, Hans
Bildnerei der Geisteskranken. Berlin 1922
Raddatz, Fritz J.
Zur deutschen Literatur der Zeit. 3 Bände. Reinbek 1987
Rank, Otto
– Das Inzest-Motiv in Dichtung und Sage. Grundzüge einer Psychologie des dichterischen Schaffens (Hrsg, 1912). Neu: Darmstadt 1974
– Der Mythus von der Geburt des Helden (1922)
Raulff, Ulrich (Hrsg)
Vom Umschreiben der Geschichte. Neue historische Perspektiven. Berlin 1986
Reich-Ranicki, Marcel
– Die Ungeliebten. Sieben Emigranten. Pfullingen 1968
– Literatur der kleinen Schritte. Deutsche Schriftsteller heute. Frankfurt 1971
– Über Ruhestörer. Juden in der deutschen Literatur. Stuttgart 1989
– Erfolg und Ruhm; in: „Frankfurter Allgemeine", 23.10.1974
Révész, Geza
Talent und Genie. Grundzüge einer Begabungspsychologie. München 1952
Rickman, J.
On the Nature of Ugliness and the Creative Impulse (1940); in: Internationales Jahrbuch für Psychoanalyse, 21, S. 294
Rieger, Eva
Frau, Musik und Männerherrschaft. Berlin 1981
Ritter, Wolfgang (Hrsg)
S. Lange-Eichbaum

Russell, Bertrand
– Eminent Men I have Known
– Philosophy's Ulterior Motives
Beide in: Unpopular Essays. New York 1950
– Power. A New Social Analysis. London 1957
Rutschky, Michael
Lektüre der Seele. Eine historische Studie über die Psychoanalyse der Literatur. Berlin 1981
Rychner, Max
Bewundern (1949), in: Aufsätze zur Literatur. Zürich 1966
Safranski, Rüdiger
Wieviel Wahrheit braucht der Mensch? Über das Denkbare und das Lebbare (Rousseau, Kleist, Nietzsche, Kafka). München 1990
Saitschik, Robert
Genie und Charakter. Darmstadt 1926
Saint-Lambert, Charles François
Génie (Stichwort in Band 7 der Encyclopédie, 1757)
Schieder, Theodor
Reflexionen über historische Größe; in: Friedrich der Große. Frankfurt 1983
Schiller, Friedrich
Über naive und sentimentalische Dichtung (1800)
Schleiermacher, Friedrich
Über den Begriff des großen Mannes. Abhandlung, in der Berliner Akademie gelesen zum Gedächtnis Friedrichs des Großen (1826)
Schmidt, Jochen
Die Geschichte des Genie-Gedankens in der deutschen Literatur, Philosophie und Politik 1850-1945. 2 Bände. Darmstadt 1988
Schonberg, Harold C.
Die großen Komponisten. Ihr Leben und Werk. Königstein 1984
Schönberg, Arnold
Kriterien für die Bewertung von Musik; in: Style and Idea (1950);
deutsch: Stil und Gedanke. Aufsätze zur Musik. Frankfurt 1976
Schopenhauer, Arthur
– Vom Genie; in: Die Welt als Wille und Vorstellung, Zweiter Teil, Kap. 31
– Zur Ästhetik der Dichtkunst; in: Die Welt als Wille und Vorstellung, Zweiter Teil, Kap. 37
– Über Urteil, Kritik, Beifall und Ruhm; in: Parerga und Paralipomena, XX
Schücking, Levin Ludwig
– Literaturgeschichte und Geschmacksgeschichte; in: Germanisch-Romanische Monatsschrift, 5 (1913)
– Soziologie der literarischen Geschmacksbildung (1923); neu: Bern 1961
– Literarische „Fehlurteile"; in: Deutsche Vierteljahresschrift für Literaturwissenschaft und Geistesgeschichte, 10 (1932)
Schulte-Sasse, Jochen
Literarische Wertung. Stuttgart 1976
Schütz, Hans J.
„Ein deutscher Dichter bin ich einst gewesen." Vergessene und verkannte Autoren des 20. Jahrhunderts. München 1988
Schwarz, Hans-Peter
Das Künstlerhaus. Anmerkungen zur Sozialgeschichte des Genies. Braunschweig 1990
Shaftesbury, Anthony, 3. Earl of
A Letter Concerning Enthusiasm; in: Characteristics of Men, Manners,

Opinions, Times. London 1711. Deutsch: Ein Brief über den Enthusiasmus. Leipzig 1909

Shaw, Bernard
Everybody's Political What's What? (Kap. 16-24 und 39). London 1944

Shelley, Percy Bysshe
A Defence of Poetry (1821). London 1948

Sidney, Philip
The Defence of Poesie. London 1595, Heidelberg 1950

Simonton, D. K.
Genius, Creativity, and Leadership. Cambridge/Mass. 1984

Springer, Alfred
Die genialen Syphilitiker. Berlin 1926

Squire, J. C.
If, or History Rewritten. New York 1931

Steinecke, Hartmut
Literaturkritik des jungen Deutschland. Entwicklungen – Tendenzen – Texte. Berlin 1982

Steiner, George
The Scandal of the Nobel Prize; in: The New York Times Book Review, 30.9.1984

Storr, Anthony
- The School of Genius (1988); deutsch: Die schöpferische Einsamkeit.
- Das Geheimnis des Genies. Wien 1990

Sueton
De Vita Caesarum (um 120 n. Chr.); deutsch: Cäsarenleben. Stuttgart 1951

Swift, Jonathan
A digression concerning the original, the use and improvement of madness in a Commonwealth; in: A Tale of a Tub (Collected Works, London 1801, Band 2, S. 161-78)

Taine, Hippolyte
Philosophie de l'art. Paris 1865. Deutsch: Philosophie der Kunst. Leipzig 1903

Tarde, Gabriel
L'opposition universelle. Paris 1897

Thomas, Antoine Léonard
Essai sur les éloges. Paris 1773

„Time"
In Quest of Leadership (15.7.1974, cover story)

Tucholsky, Kurt
Plädoyer gegen die Unsterblichkeit (1925, unter dem Pseudonym Peter Panter)

Ude, Karl
Der Einbruch in die Festung „Publicity" – Wege zur Öffentlichkeit. Die Chancen der Nachwuchsautoren. In: „Süddeutsche Zeitung", 22.7.1963

Ueding, Gert
Die anderen Klassiker. Literarische Porträts aus zwei Jahrhunderten. München 1986

Vasari, Giorgio
Lebensläufe der berühmtesten Maler, Bildhauer und Architekten, 3 Bände (1568); deutsch Zürich 1974

Venzmer, Gerhard
- Krankheit macht Weltgeschichte. Stuttgart 1960
- Genius und Wahn. Stuttgart 1964

Weber, Max
- Politik als Beruf (1919); in: Ges. politische Schriften. Tübingen 1958, S. 493

– Die drei reinen Typen der legitimen Herrschaft (1922); in: Soziologie – Weltgeschichtliche Analysen – Politik. Stuttgart 1968, S. 151

Weigel, Hans
Flucht vor der Größe. Sechs Variationen über die Vollendung im Unvollendeten. Köln 1960

Weininger, Otto
Geschlecht und Charakter (1903). Wien 1926
II, 4: Begabung und Genialität
II, 8: Ich-Problem und Genialität

Weisberg, Robert W.
Creativity. New York 1986; deutsch: Kreativität und Begabung. Was wir mit Mozart, Einstein und Picasso gemeinsam haben. Heidelberg 1989

Weise, Ferdinand Christoph
Allgemeine Theorie des Genies. Heidelberg 1821

Weissweiler, Eva
Komponistinnen aus 500 Jahren. Frankfurt 1981

Wenz, Gutav (Hrsg)
Taten und Schicksale. Höhepunkte weltgeschichtlicher Entwicklung. 3 Bände. Stuttgart 1961

Wenzl, Aloys
Theorie der Begabung. Leipzig 1934

Whitman, Walt
Democratic Vistas (1871); deutsch: Demokratische Ausblicke. München 1960

Wolf, Hermann
Versuch einer Geschichte des Geniebegriffs in der deutschen Ästhetik des 18. Jahrhunderts. 2 Bände, Heidelberg 1923

Worringer, Wilhelm
Abstraktion und Einfühlung. München 1959

Young, Edward
Conjectures on Original Composition (1759); deutsch: Gedanken über die Originalwerke. Heidelberg 1977

Young, L. M.
Thomas Carlyle and the Art of History. Philadelphia 1939

Zeltner, Renate (Hrsg)
Das Buch der Köpfe. 300 berühmte Leute von der Antike bis zur Gegenwart. München 1981.

Zilsel, Edgar
– Die Geniereligion. Ein kritischer Versuch über das moderne Persönlichkeitsideal. Wien 1918; neu Frankfurt 1990
– Die Entstehung des Geniebegriffs. Tübingen 1926

Zola, Emile
– L'argent dans la litterature
– De la critique
Beide in: Le roman expérimental. Paris 1880; deutsch: Der Experimentalroman. Leipzig 1904

Zweig, Arnold
Lessing, Kleist, Büchner. Drei Versuche. Berlin 1925

Zweig, Stefan
– Baumeister der Welt (1920-1928); neu: Frankfurt 1951
– Ist die Geschichte gerecht? in: Zeit und Welt (1943); neu in : Die Monotonisierung der Welt, Frankfurt 1978

Namen- und Sachregister

Bildnachweis

Seite 83 o.li. Indo British Films; o.re. BBC Hulton Picture Library; u. Keystone, 120 o.li. Len Sirman/Camera Press; o.re. Ullstein Bilderdienst; u. Otto Haeckel, 121 o.li. Keystone Paris; o.re Henning Sietz; u. AFB, 142 Bildarchiv d. Öst. Nationalbibliothek, 143 Nationale Forschungs- u. Gedenkstätten d. klass. deutschen Literatur in Weimar, 186 o.li. Presse Foto Röhnert; Mitte Brown Brothers; re. Roger Viollet; u. Peter Thomann/STERN/Thomas Mann-Archiv Zürich, 222 Department of State – Magazine Branch, 223 Max Scheler/STERN, 235 Nancy Burson, 1983 – Courtesy Jayne H. Baum Gallery, N.Y., 236 Novosti Agency, 248 o.li. rororo Bildmonographien; o.re. Ullstein Bilderdienst; u.li. Carl Winter Universitätsverlag Heidelberg; u.re. Look Magazine N.Y., 261 United Press Photo, 262 Camera Press, 305 + 306 Ullstein Bilderdienst, 307 Bildarchiv d. Öst. Nationalbibliothek, 316o. STERN-Archiv; u. Archiv f. Kunst u. Geschichte, Berlin, 327o. Archiv Klaus Wagenbach Berlin; u. Ullstein Bilderdienst, 339 Vincent van Gogh Museum Amsterdam, 340o. Novosti Press Agency; u. STERN-Archiv, 341o. Reporters Associés Paris; u. Seeliger/STERN, 342 STERN-Archiv, 343 Associated Press, 344 dpa, 345 STERN-Archiv, 346 Bild + News, Zürich, 347 Jacques Lowe, 360 o.li. Bildarchiv Preußischer Kulturbesitz; o.re. Albrecht Knaus Verlag; u. Bilderdienst Süddeutscher Verlag, 361 Bilderdienst Süddeutscher Verlag, 362 Ullstein Bilderdienst, 363 Reporters Associés Paris, 409 Michael Friedel, 410 Hans Malmberg, 411 John F. Kennedy Library, 412 Robert Descharnes, 413 Ullstein Bilderdienst, 441o. Archiv f. Kunst u. Geschichte, Berlin; u. Historia-Photo, 495 Reiß-Museum der Stadt Mannheim, 502 Paris Match-Marie Claire, 503 STERN-Archiv, 504 Roy Schatt/Peter Rose Gallery, 505 Allan Grant, 527 Archiv f. Kunst u. Geschichte, Berlin

ÜBERALL IST BABYLON – Weltgeschichte der Städte (Econ 1960). Deutsche Auflage 225000, elf Übersetzungen

ESSEN – Geschichte des Ruhrgebiets und seiner Metropole (Econ 1963, 5. Auflage 1991)

SOLDATEN – Weltgeschichte und Psychologie einer umstrittenen Gestalt (Econ 1964, Das moderne Sachbuch 1966). Übersetzungen in Holland und Mexiko

WÖRTER MACHEN LEUTE – Magie und Macht der Sprache (Piper 1976, Rowohlt-TB 1979, Serie Piper 1986, 9. Auflage 2000)

DEUTSCH FÜR PROFIS – Handbuch der Journalistensprache (STERN-Buch 1982, 7. Auflage 1986, Goldmann-TB 1985, Mosaik-TB 1999, 23. Auflage 2000, Gesamtauflage 210000)

DIE ALPEN – Wildnis - Almrausch - Rummelplatz (GEO-Buch 1984, 3. Auflage 1989)

UNSERE TÄGLICHE DESINFORMATION – Wie die Massenmedien uns in die Irre führen (STERN-Buch 1984, 5. Auflage 1992), zusammen mit fünf Absolventen der Journalistenschule

MYTHOS TITANIC – Drei Stunden, die die Welt erschütterten (STERN-Buch 1986, 5. Auflage 1991)

DEUTSCH FÜR KENNER – Die neue Stilkunde (STERN-Buch 1987, 7. Auflage 1994, Serie Piper 1996, 5. Auflage 2000)

DIE ÜBERSCHRIFT – Sachzwänge, Fallstricke, Versuchungen, Rezepte (List Journ. Praxis 1993, 2. Auflage 1998), zusammen mit Detlef Esslinger

DEUTSCH FÜRS LEBEN – Was die Schule zu lehren vergaß (Rowohlt-TB 1994, 9. Auflage 2000)

HANDBUCH DES JOURNALISMUS (Rowohlt 1996, Rowohlt-TB 1998, 4. Auflage 2000), zusammen mit Paul-Josef Raue

AM PULS DES PLANETEN – Expeditionen-Zeitreisen-Kulturgeschichten. 18 GEO-Reportagen, 1980 bis 1999 (Hoffmann und Campe 1999)

DIE GRUNER + JAHR STORY – Ein Stück deutsche Pressegeschichte (Piper 2000)

ÜBERALL IST BABYLON – Weltgeschichte der Städte (Econ 1960). Deutsche Auflage 225 000, elf Übersetzungen

ESSEN – Geschichte des Ruhrgebiets und seiner Metropole (Econ 1963, 5. Auflage 1991)

SOLDATEN – Weltgeschichte und Psychologie einer umstrittenen Gestalt (Econ 1964, Das moderne Sachbuch 1966). Übersetzungen in Holland und Mexiko

WÖRTER MACHEN LEUTE – Magie und Macht der Sprache (Piper 1976, Rowohlt-TB 1979, Serie Piper 1986, 9. Auflage 2000)

DEUTSCH FÜR PROFIS – Handbuch der Journalistensprache (STERN-Buch 1982, 7. Auflage 1986, Goldmann-TB 1985, Mosaik-TB 1999, 23. Auflage 2000, Gesamtauflage 210 000)

DIE ALPEN – Wildnis - Almrausch - Rummelplatz (GEO-Buch 1984, 3. Auflage 1989)

UNSERE TÄGLICHE DESINFORMATION – Wie die Massenmedien uns in die Irre führen (STERN-Buch 1984, 5. Auflage 1992), zusammen mit fünf Absolventen der Journalistenschule

MYTHOS TITANIC – Drei Stunden, die die Welt erschütterten (STERN-Buch 1986, 5. Auflage 1991)

DEUTSCH FÜR KENNER – Die neue Stilkunde (STERN-Buch 1987, 7. Auflage 1994, Serie Piper 1996, 5. Auflage 2000)

DIE ÜBERSCHRIFT – Sachzwänge, Fallstricke, Versuchungen, Rezepte (List Journ. Praxis 1993, 2. Auflage 1998), zusammen mit Detlef Esslinger

DEUTSCH FÜRS LEBEN – Was die Schule zu lehren vergaß (Rowohlt-TB 1994, 9. Auflage 2000)

HANDBUCH DES JOURNALISMUS (Rowohlt 1996, Rowohlt-TB 1998, 4. Auflage 2000), zusammen mit Paul-Josef Raue

AM PULS DES PLANETEN – Expeditionen-Zeitreisen-Kulturgeschichten. 18 GEO-Reportagen, 1980 bis 1999 (Hoffmann und Campe 1999)

DIE GRUNER + JAHR STORY – Ein Stück deutsche Pressegeschichte (Piper 2000)